Cettina Militello

Mütter und Geliebte, Nonnen und Rebellinnen

Cettina Militello

Mütter und Geliebte, Nonnen und Rebellinnen

Frauen, die Geschichte machten

Styria

Aus dem Italienischen von Margot Müller

Der Titel der italienischen Originalausgabe lautet
IL VOLTO FEMMINILE DELLA STORIA
und ist © 1995 bei Edizioni Piemme S. p. A.
15033 Casale Monferrato (AL) – Via del Carmine, 5 erschienen

Die Deutsche Bibliothek – CIP-Einheitsaufnahme

Militello, Cettina:
Mütter und Geliebte, Nonnen und Rebellinnen : Frauen, die Geschichte machten /
Cettina Militello. – Graz ; Wien ; Köln – Verl. Styria, 1997
ISBN 3-222-12532-5

Printed in Austria
Umschlaggestaltung: Zembsch'Werkstatt, München
Satz: Weitzer & Partner, Graz
Druck und Bindung: Wiener Verlag, Himberg
ISBN 3-222-12532-5

INHALT

Vorwort 9

1. Kapitel
Das christliche Altertum 11

Das Netz der familiären Beziehungen 12
Eine Mutter von Heiligen: Emmelia 13
Eine vergessene Ehefrau: Theosebia 16
Eine zärtliche Schwester: Marcellina 18
Großmutter und Enkelin: Die beiden Melanien 21

Das Netz der kirchlichen Dienste 28
Eine junge Märtyrerin: Blandina 29
Eine gelehrte Frau: Katharina von Alexandrien 30
Freundschaft und kirchliches Amt: Die Diakonin Olympias 34

Das Modell und die Abweichung 40
Eine emanzipierte Schülerin: Thekla 40
Zwischen Geist und Häresie: Priscilla und Maximilla 43
Eine ruhelose Büßerin: Fabiola 48

2. Kapitel
Das frühe Mittelalter 53

Das Netz der familiären Beziehungen 53
Eine starke Schwester: Scholastica 54
Eine „königliche" Frau: Theodolinde 57
Eine fromme Witwe: Valdetrude 59
Eine verantwortungsbewußte Mutter: Duoda 61

Das Netz der kirchlichen Dienste 63
Eine bedeutende „Prophetin": Genovefa 64
Eine Vorkämpferin des Glaubens: Lioba 66
Eine edle Dichterin: Cassia 68

Das Modell und die Abweichung 70
Eine Ex-Königin, die ihr Glück findet: Radegunde 71
Eine allzu tolerante Äbtissin: Ebba 75
Eine Kanonisse und Schriftstellerin: Roswitha von Gandersheim 81

3. Kapitel
Das Hochmittelalter 87

Das Netz der familiären Beziehungen 88

Eine Tochter und „Chronistin“: Anna Komnene 89
Eine liebende Gattin: Elisabeth von Thüringen 94
Eine ungewöhnliche Witwe: Birgitta von Schweden 98
Eine leidgeprüfte Mutter: Rita von Cascia 105

Das Netz der kirchlichen Dienste 111

Eine Frau und „Lehrerin“: Hildegard von Bingen 112
Eine politische und kirchliche Prophetin: Katharina von Siena 120
Eine „kriegerische“ Frau: Jeanne d’Arc 126

Das Modell und die Abweichung 130

Die Geschichte einer Leidenschaft: Héloise 130
Eine unerschütterliche Liebe zur Kirche: Klara von Assisi 137
Eine feministische Häresie: Vilemina 143

4. Kapitel
Von der katholischen Reform zur Gegenreformation 149

Das Netz der familiären Beziehungen 150

Eine unglückliche Ehefrau: Caterina Fieschi Adorno 150
Ein ruheloser Geist: Vittoria Colonna 156
Eine liebevolle Tochter: Margaret More 164
Mehr als eine Mutter: Jeanne de Lestonnac 170

Das Netz der kirchlichen Dienste 175

Herausgefordert von den Nöten der Zeit: Angela Merici 175
Eine bedeutende Reformatorin: Teresa von Avila 181
Eine verkannte Prophetin: Mary Ward 187

Das Modell und die Abweichung 192

Eine Frau der Reform: Caterina Cibo 193
Geschichten rund um die Hexen: Gostanza 196
Eine Wahlverwandtschaft: Jeanne de Chantal 204

5. Kapitel
Vom Barock zur Romantik 211

Das Netz der familiären Beziehungen 213

Eine hochherzige Witwe: Louise de Marillac 214

Eine geniale Tochter: Elena Lucrezia Cornaro Piscopia 218
Eine treue Ehefrau: Elisabetta Canori Mora 223
Eine mitfühlende Mutter: Margherita Occhiena Bosco 228

Das Netz der kirchlichen Dienste 233

Ein alternatives Modell: Marie Adelaide Champion de Cicé 234
Die Gräfin und die Büßerinnen: Maria Maddalena Frescobaldi 240
Ein Leben für die Ärmsten: Jeanne Jugan 245

Das Modell und die Abweichung 250

Der Einfluß des „Jansenismus“: Angélique Arnauld 251
Das Inferno des Klosters: Arcangela Tarabotti 254
Eine Mystikerin aus der Neuen Welt: Juana de la Cruz 261

6. Kapitel
Das 20. Jahrhundert 267

Das Netz der familiären Beziehungen 267

Eine „ältere Schwester“: Armida Barelli 268
Die Frau eines Philosophen: Raissa Maritain 274
Eine ungewöhnliche Witwe: Adrienne von Speyr 280
Eine heldenhafte Mutter: Gianna Beretta Molla 286

Das Netz der kirchlichen Dienste 293

Von der Philosophie ins Kloster: Edith Stein 294
Die weltliche Herausforderung: Madeleine Delbrêl 303
Eine Prophetin des Dialogs: Schwester Maria 311

Das Modell und die Abweichung 320

Eine verzweifelte Suche nach Liebe: Alessandra di Rudinì 321
An der Schwelle zur Kirche: Simone Weil 332
Zwischen Emanzipation und Freundschaft: Adelaide Coari 340

Nachwort 353

Bibliographie 357
Zeittafel 371
Namenregister 379

VORWORT

Nicht ohne ein gewisses Zögern habe ich letzten Endes eingewilligt, dieses Buch zu schreiben. Seine Aufgabenstellung schien mir zu umfangreich und vom wissenschaftlichen Standpunkt zu wenig innovativ zu sein. Schließlich hat mich aber doch die Feststellung überzeugt, daß das Schweigen der Frauen und über die Frauen in einem Mißverhältnis zu dem steht, was über die männlichen Protagonisten der Geschichte gesagt wurde und gesagt wird. Die Frauen sind immer verkannt und unter allerlei Vorwänden zu einem Schattendasein und zum Schweigen verurteilt worden. Zu Recht gab Armanda Guiducci einer ihrer gelungenen Reportagen den Titel *Vergessene Frauengestalten der Geschichte.* Mir schien, als müßte ich die Herausforderung annehmen und die Gelegenheit ergreifen, sie wiederzuentdecken.

Dieses Buch macht sich also auf die Suche nach dem weiblichen Antlitz der Geschichte. Und obwohl die darin behandelten Personen überwiegend im Raum der Kirche beheimatet sind, haben sie doch unausweichlich mit der gesamten Geschichte des Abendlandes zu tun. Alle diese Frauen repräsentieren die abendländische Kultur der letzten zweitausend Jahre. Es ist wichtig, sie auch jenen näherzubringen, die nicht an Gott glauben, denn die Erinnerung an sie alle gehört zu den Grundlagen und Voraussetzungen unserer Zukunft.

Die Darstellungsweise in diesem Buch, dessen Thematik vor allem in letzter Zeit große Aktualität gewonnen hat, folgt einem ganz bestimmten Interpretationsschema. Obwohl es mir einige Mühe machte und ich mir der Grenzen meines Vorhabens bewußt war, wollte ich meine weiblichen Figuren in sechs verschiedene Zeiträume eingliedern, von denen manche vielleicht wirklich etwas zu weit gefaßt sind. In ihnen ließ ich mich jeweils von denselben Konstanten leiten. Ich wollte für jeden Zeitraum die Typologie der „familiären" Beziehungen und daneben die Typologie der „Dienste", das Netz der „kirchlichen" Beziehungen, herausarbeiten. Und um unsere Frauen nicht nur in ihrer „familiären" Rolle (als Mutter, Tochter, Schwester, Gattin, Witwe) oder nur in ihrer „dienenden" Funktion darzustellen, in der sie ihre „prophetische, königliche und priesterliche" Berufung deutlich machen – ich beziehe mich dabei natürlich auf die „allgemeine" Berufung aufgrund der Taufe –, wollte ich meine Auswahl für jeden Zeitraum durch besondere Gestalten ergänzen, die entweder auf emblematische und vorbildliche oder aber auf rebellische und umstürzlerische Weise die Geschichte und die Welt der christlichen Frauen gleichermaßen einschneidend repräsentiert haben. So wollte ich einer Gestalt, die voll und ganz der kirchlichen Vorstellung entspricht und das Ethos der Glaubensgemeinschaft ihrer Zeit verkörpert, andere Gestalten zur Seite stellen, die von innerer Unruhe und von Zweifeln erfaßt sind, weil sie entweder unbeugsam an ihrem Irrtum festhalten oder sich schmerzlicher Buße hingeben. Reuige Sünderinnen, mehr oder weniger geständige Häretikerinnen oder einfach in Verruf geratene Frauen, aber auch solche, die bei der Verwirklichung ihres eigenen Lebens ungewöhnliche Wege gingen – sie alle sind nicht weniger als die beispielhaften Frauen Ausdruck ein und desselben Kulturkreises.

Wir bewegen uns also von der frühchristlichen Zeit bis in unsere Tage, wobei wir mehr als sechzig weibliche Gestalten in Erinnerung rufen und uns dabei mit Themen beschäftigen, die oft sehr weit zurückliegen, oder mit anderen, die von mir aufgrund ihrer konkreten und überzeugenden weiblichen Thematik besonders hervorgehoben werden. Bei meiner Darstellung nach dem Schema „Das Netz der familiären Beziehungen" – „Das Netz der kirchlichen Dienste" – „Das Modell und die Abweichung" habe ich mich, allerdings nur innerhalb dieser Bereiche, von einem chronologischen Kriterium leiten lassen, was zu einer gewissen Diskontinuität, zu einem Vor- und Zurückgehen im jeweils behandelten Zeitraum führt. Ich habe keinen Weg gefunden, diese Inkongruenz zu vermeiden, ohne dabei mein Hauptziel zu opfern, nämlich das, die Frauen nicht nur einfach darzustellen, sondern sie unter einem spezifischen Gesichtspunkt zu interpretieren.

Einige Gestalten unserer Geschichte sind wohlbekannt; andere sind den meisten wenig oder überhaupt nicht geläufig, gleichgültig, ob es sich dabei um Männer oder Frauen handelt. Doch je näher wir unserer Zeit kommen, desto bekannter werden die Namen und die Geschichten; es wird immer mühsamer, angesichts eines so pulsierenden und komplexen Universums des Weiblichen eine doch begrenzte Auswahl treffen zu müssen.

Ich möchte nochmals betonen, daß ich nur eine stichprobenartige Auswahl vorgenommen habe, über die man diskutieren kann. Ich hoffe aber, daß sie uns gleichermaßen den Sinn und die Erfüllung, Frau zu sein, vor Augen führen kann – in einer „Geschichte der Frauen", die zugleich eine „Geschichte der Kirche" ist.

1. Kapitel

DAS CHRISTLICHE ALTERTUM

Tief beeindruckt von der Botschaft des Jesus von Nazaret, entdecken die Frauen in vollem Umfang die befreiende Wirkung seines Beispiels, das von der Achtung ihrer Persönlichkeit und ihrer Erwartungen gekennzeichnet ist. Die erste christliche Gemeinde übernimmt den Enthusiasmus des Ursprungs: Die Frauen erleben mit letzter Konsequenz das Ende aller Unterlegenheit, die ihnen von der Natur, vom Gesetz und vom Glauben ihrer Zeit auferlegt worden ist. Die Haltung, die Jesus ihnen gegenüber einnimmt, integriert sie wieder in den ursprünglichen Plan der Schöpfung. Die volle Anerkennung ihrer Menschenwürde befreit sie von jeder gesetzlichen Abhängigkeit und religiösen Ausgrenzung. Dieses höchst erfreuliche Bild erfährt jedoch bereits beim Übergang von der apostolischen zur nachapostolischen Zeit eine Wandlung. Nicht zufällig verweist der erste Timotheusbrief (2,9–15) die Frau wiederum auf ihren traditionellen Platz: Angesichts der Ursünde, für die sie allein die Verantwortung trage, sei die Mutterschaft für sie der einzige Heilsweg.

Trotz der Widersprüchlichkeit und Zwiespältigkeit vieler Verhaltensweisen der Männer gegenüber den Frauen, die in die Rolle zurückgedrängt werden, die ihnen im zwischentestamentarischen Judentum zukommt, bezeugt uns das frühe Christentum eine starke weibliche Präsenz. Und es ist wirklich sehr schwer, hier eine Auswahl zu treffen. Die große Zahl der Märtyrerinnen zerstört endgültig das Bild weiblicher Schwäche und offenbart die heroische Verwirklichung der Nachfolge Christi; die Vielzahl an heiligen Frauen sowohl im Bereich der „familiären Beziehungen" als auch im Bereich der „kirchlichen Dienste" zeigt ebenfalls, wie Frauen und Männer in der frühen Kirche zu Partnern werden und wie gerade das junge Christentum den Frauen neue und authentische Wege der „Emanzipation" erschließt. Es sind die christliche Jungfräulichkeit und die Askese, die eindrucksvoll beweisen, wie das Christentum die Frau von patriarchalischer Bevormundung und Unterordnung befreit. Paradoxerweise stellt die („reiche") Witwe die emanzipierteste Frauengestalt dar, die praktisch völlig autonom ist. Bereits vorher erscheinen die mythischen Gestalten der Wandermissionarinnen oder jene anderen, nicht weniger komplexen Frauenfiguren, die in erklärter Opposition zur Großkirche mehr Radikalität und Glaubenstreue einfordern.

In der historischen Reihenfolge steht an erster Stelle Thekla, gefolgt von Blandina, Priscilla und Maximilla, Katharina von Alexandrien, Emmelia, Marcellina, Theosebia, Melania der Älteren, Fabiola, Melania der Jüngeren und der Diakonin Olympias. Die vier Jahrhunderte, in deren Verlauf diese Frauen leben, können nicht zu einer Einheit verschmolzen werden. Doch die meisten von ihnen, von Marcellina bis Olympias, leben im sogenannten „Goldenen Zeitalter" der Kirchenväter (was eine patriarchale Bezeichnung ist). Das Christentum erfährt einen Aufschwung, auch wenn es vor allem im Abendland unmöglich ist, die bestehende Krise der antiken Gesellschaft und die beginnende kulturelle Veränderung nicht zu bemerken. Das Christentum der sogenannten „Väterzeit" fällt zeitlich mit dem Ende des Weströmischen Reiches zusammen und erlebt bereits die kulturellen Spannungen mit dem Osten. Es ist schwierig, unsere Frauengestalten unabhängig von diesem Gesamtbild zu betrachten. Sie alle bezeugen die Entwicklung der Kirche, verkörpern sie und steuern sie mit. Jede einzelne von ihnen ist ein wertvolles Mitglied einer begeisterten und heroischen Gemeinschaft, die – jenseits unserer stereotypen Vorstellungen – voller Leben, aber auch voller Probleme ist. Die Frauen in dieser Zeit sind auf die eine oder andere Weise ein prophetisches Manifest und gleichzeitig ein Zeichen des Widerspruchs.

Das Netz der familiären Beziehungen

Gattin, Witwe, Mutter, Tochter, Schwester, Großmutter, Enkelin ... Für das Leben der Frau ist scheinbar nicht so sehr ihr eigener Name als vielmehr das Netz ihrer Beziehungen von Bedeutung. Seit jeher lebt sie in einer Funktion, in Abhängigkeit von anderen. Damit ist nicht jenes Anderssein gemeint, das naturgegeben und somit Grundlage allen menschlichen Lebens ist. Für die Vertreter des männlichen Geschlechts hat das Netz der familiären Beziehungen eine geringere Bedeutung. Ihre Orientierung nach außen gibt ihnen reichlich Gelegenheit, ihre Individualität auszuleben. Nicht so für die Frauen, sie bleiben immer fest mit ihrer Bezugsperson verbunden. Und es ist dabei nebensächlich, ob es sich um den Gatten, den Sohn oder den Bruder handelt ... Die Frauen im frühen Christentum bilden da keine Ausnahme. Sie werden in ihrer Beziehung zu den Männern dargestellt, in ihrer „Funktion" als Mütter, Ehefrauen, Witwen, Töchter, Schwestern. Doch dieses Stereotyp bleibt nicht bestehen, die Abhängigkeit verwandelt sich zunehmend in Partnerschaft.

Unsere Frauen unterstehen nicht mehr dem Mann, Sohn oder Bruder. Sie „gebären" ihn, jedoch nicht für ein Leben im biologischen Sinn, sondern für die Gemeinschaft des Glaubens. Es genügt ihnen aber nicht, ihn „geboren" zu haben, sie wollen in einer gleichwertigen Beziehung an seiner Seite stehen. Die Frauen des frühen Christentums – zumindest diese Frauen – verwandeln das

Stereotyp der Unterordnung in ein Manifest und Programm der Gleichheit. Dadurch leben sie letztlich nicht mehr in Abhängigkeit, sondern in einer Beziehung, die auf Gegenseitigkeit beruht.

Eine Mutter von Heiligen: **Emmelia († um 372)**

Wir alle kennen Basilius den Großen und seinen berühmten Bruder Gregor von Nyssa. Der eine ein kühner Theologe, vor allem aber Bischof und Gesetzgeber, ein großer Gestalter und Wegbereiter des Glaubens; der andere, in praktischen Fragen weniger versiert, ein gebildeter und feinsinniger Mystiker. Und wir kennen auch Makrina, eine der populärsten Heiligen des Ostens, die von beiden gerühmt wird und der vor allem Gregor in der gleichnamigen *Vita* sowie in einem platonisch inspirierten Dialog mit dem Titel *De anima et resurrectione* („Über die Seele und die Auferstehung") ein literarisches Denkmal setzt. Der geistige Gefährte Makrinas, deren letzte Gespräche Gregor so tief beeindruckt haben, ist jedoch vor allem ihr anderer Bruder Basilius, der mit ihr die noch unbekannten Pfade des beginnenden monastischen Lebens beschreitet. Doch die Aufzählung ihrer heiligen Brüder ist damit noch nicht zu Ende; zumindest Petros muß noch erwähnt werden, der Bischof von Sebaste. Weniger bekannt ist hingegen deren Mutter Emmelia. Dennoch hat sie unbestreitbar großen Einfluß auf alle ihre neun oder zehn Kinder, die sie ihrem Gatten, Basilius dem Älteren, schenkt, einem ausgezeichneten Advokaten und Rhetoriklehrer, der seinen Beruf im 4. Jahrhundert in Neo-Caesarea in Kappadokien ausübt.

Selbst für eine wohlhabende Familie, wie diese es ist, stellen so viele Kinder ein Problem dar. Obwohl Emmelia die Möglichkeit gehabt hätte und es zu dieser Zeit üblich war, die Kinder einer Amme zu überlassen, tat sie es nicht, sondern stillte sie, eines nach dem anderen, selbst. Für sie zu sorgen, sie zu erziehen und jedem von ihnen eine standesgemäße Bildung zu geben war sicher keine leichte Aufgabe. Umso beachtlicher, daß es ihr gelang, sie zu einem so tiefen Glauben zu erziehen, daß immerhin vier von ihnen „Heilige" wurden.

Heilige und Kinder von Heiligen – wir könnten noch Enkel von Heiligen hinzufügen, da auch Makrina die Ältere als Heilige verehrt wird, die Mutter von Basilius dem Älteren, die für ihren Glauben zu leiden hatte, als zu Beginn des 4. Jahrhunderts die Christenverfolgung unter Maximinus Daja das Gebiet von Pontus erreichte. Makrina die Ältere, die einer reichen und gläubigen Familie entstammte, war gezwungen, mit ihrem Gatten, ihren Kindern und den Dienern in die Berge zu flüchten. Dort blieb sie sieben Jahre, bis sie nach dem Tod des Kaisers schließlich in ihr Haus zurückkehren konnte. Es wird auch berichtet, daß sie eine Schülerin des hochverehrten Gregorios Thaumaturgos (des „Wundertäters") gewesen sein soll.

Erst vor kurzem haben wir verwundert festgestellt, wie viele absolut „normale“ Männer und Frauen, die ein ganz gewöhnliches Eheleben führten, unter den „Heiligen“ zu finden sind. Emmelia und Basilius gehören zu ihnen.

Emmelia ist eine ausgeglichene Frau, die mit ihrem Gatten eine harmonische Ehe führt. Ihre Heiligkeit ist nicht der Lohn für eine heroische Glaubenstreue, sondern für die fruchtbare Normalität eines Lebens, das „im Herrn verbunden“ ist. Als junges Mädchen und als Waise, wohl wissend, welche Gefahren einer wegen ihrer Schönheit umschwärmten Jungfrau drohten, die sogar befürchten mußte, geraubt zu werden, wählte sie unter ihren zahlreichen Verehrern diesen klugen Jüngling, einen glühenden Christen und begeisterten Freund der Literatur. So berichten es uns ihr Sohn Gregor sowie Gregor von Nazianz. Wenn also Emmelia nicht in Vergessenheit geraten ist (dasselbe müssen wir von ihrem Gatten sagen), dann nicht aufgrund ihrer eigenen Verdienste, so bedeutend sie auch sein mögen. Die Nachrichten über sie stammen vielmehr alle aus zweiter Hand: aus der Grabrede, die Gregor von Nazianz für seinen Freund Basilius den Großen gehalten hat, und aus den Worten, die ihr Sohn Gregor in der *Vita S. Macrinae* ihr eher nebenbei widmet.

Hinter vielen für die Kirchengeschichte so bedeutenden Persönlichkeiten steht also dieses ganz gewöhnliche, tiefgläubige Ehepaar, dessen Familien um ihres Glaubens willen gelitten haben. Denn es muß erwähnt werden, daß auch der Vater Emmelias während derselben Christenverfolgung das Martyrium erlitten und seinen ganzen Besitz verloren hat.

Gregor von Nyssa berichtet, daß seine Mutter sich eigentlich am liebsten ganz Gott geweiht hätte. Ob das nun stimmt oder nicht, ihre Ehe mit Basilius dem Älteren ist jedenfalls fruchtbar und glücklich. Der Ruf ihrer Tugendhaftigkeit und Güte verbreitet sich überall in Pontus und Kappadokien. Die beiden Gatten wetteifern darin, die Armen zu speisen und die Pilger gastlich aufzunehmen. Auf die Kinder Basilius, Makrina, Petros von Sebaste und auch auf Naukratios, der früh und unerwartet stirbt, macht diese Art der tätigen Nächstenliebe einen unauslöschlichen Eindruck und wird schließlich zu einem wesentlichen Teil ihrer eigenen Form der Heiligkeit. Auch die Vorliebe von Basilius dem Älteren für die Kultur der Antike findet in den Herzen seiner Kinder Widerhall. Das junge Christentum distanziert sich zwar von seinem antiken Erbe, nicht aber Basilius oder Gregor, deren literarisches Werk tief in der Kultur verwurzelt bleibt, der sie entstammen.

Im Jahr 349 stirbt Basilius der Ältere kurz nach der Geburt seines letzten Kindes. Emmelia muß nun allein für ihre große Familie sorgen. Voll Energie führt und leitet sie alle ihre Kinder, bis sie erwachsen sind, lehrt sie die Bibel und bringt ihnen vor allem das *Buch der Weisheit* nahe. Als Makrina sich für ein jungfräuliches Leben entscheidet und sich mit einigen Freundinnen und Verwandten zu eifrigem Gebet auf das Familiengut in Annesis zurückzieht, leistet sie keinen großen Widerstand. Sie ist im Gegenteil vom religiösen Ideal ihrer

Tochter tief beeindruckt und schließt sich nach der Verheiratung der anderen Kinder ihr an. Gregor schreibt:

> Da Makrina materielle Güter ablehnt, überredet sie die Mutter, ihr gewohntes Leben als große Dame aufzugeben, auf ihre bisherige Dienerschaft zu verzichten und so zu denken und zu leben wie die Jungfrauen, die sie um sich geschart und von Dienerinnen und Sklavinnen zu Schwestern und Gleichgestellten gemacht hat.

Von diesem Augenblick an kehrt die Mutter-Tochter-Beziehung sich um. Es ist nun Makrina, die sich um die Mutter und ihren Weg zur Tugend sorgt. Emmelia fügt sich willig in alles, auch in den tragischen Verlust ihres Sohnes Naukratios.

> Ein Bote kam, um ihr das Unglück mitzuteilen. Emmelia war zwar vollkommen in ihrer Selbstbeherrschung, aber da gewann auch bei ihr begreiflicherweise die Natur die Oberhand. Zutiefst getroffen verlor sie auf einmal das Bewußtsein und wurde stumm, denn der Schmerz hatte über die Vernunft gesiegt; sie wurde von der schlimmen Nachricht so plötzlich getroffen wie ein Athlet, den ein unerwarteter Hieb niedergestreckt hat.

Makrina steht ihr bei und tröstet sie. Als die Mutter ihre große Tugend sieht, ist die Freude über das Gute, das sich vor ihren Augen in ihrer Erstgeborenen vollzieht, größer als die Trauer um den Sohn, den sie verloren hat.

In Annesis beschließt Emmelia um das Jahr 372 ihre Tage. Zur Seite steht ihr, gemeinsam mit Makrina, auch ihr Sohn Petros, der am anderen Ufer des Flusses Iris ebenfalls ein Kloster errichtet hat. Sie halten die Hände der Mutter, die sie beide segnet und darum bittet, ihren Leichnam im Grab ihres Gatten Basilius zu bestatten.

Emmelia ist nicht die einzige Mutter aus der Zeit der frühen Kirche, von der uns berichtet wird. Doch von der Berühmteren der beiden, die ihre Zeitgenossin ist, erhalten wir ein völlig anderes Bild. Gemeint ist Monika, die Mutter von Aurelius Augustinus, die ihren Sohn unerbittlich und unermüdlich ermahnt. Zweifellos steht die Ausgeglichenheit Emmelias in Zusammenhang mit ihrem erfüllten Eheleben – die Ehe von Monika ist ja weniger glücklich. Wenn auch ihre Tränen schließlich die erhoffte Wirkung haben, so verhindern die Unausgeglichenheit von Augustinus und sein etwas gestörtes Verhältnis zu den Frauen doch – auch wenn er ihnen Respekt und Höflichkeit entgegenbringt –, daß er jemals die zutiefst humanen Worte eines Basilius für jene Jungfrauen findet, die ihr Gelübde gebrochen haben, oder für die von Soldaten und Legionären mißbrauchten Mädchen, die er für unschuldig erklärt und daher auch an der Eucharistiefeier teilnehmen läßt.

Eine vergessene Ehefrau: Theosebia (2. Hälfte des 4. Jhs.)

Der Name Theosebia ist eigentlich völlig unbekannt. Es ist seltsam, daß in einer Familie, in der es so viele Heilige gibt, die Gattin des Gregor von Nyssa nicht nur keine Heilige, sondern geradezu aus dem Gedächtnis gelöscht und vollkommen vergessen ist.

Genügen diese dreißig Jahre oder etwas weniger, die zwischen Emmelia und Theosebia liegen? Genügt ein Menschenalter, um die Werte der christlichen Ehe derart in den Hintergrund zu drängen? Oder war Theosebia vielleicht einer so bedeutenden Familie nicht ebenbürtig? Wir wissen es nicht. Was bleibt, ist der bittere Beigeschmack eines Namens, der keinerlei Verbindung mit dem Gatten erkennen läßt. Dieser Bischof und Schriftsteller – obwohl sein Bruder ihn so bezeichnet, ist er in Wahrheit mehr Schriftsteller als Bischof –, der seinen Ehestand nur eher widerwillig hinnimmt, klagt darüber, kein Jünger der seligen Jungfräulichkeit zu sein, und vertieft sich mit noch größerem Pathos als jeder Asket in die Topik der „molestia nuptiarum". Im 3. Kapitel von *De virginitate* („Über die Jungfräulichkeit") schreibt er:

> Könnte doch auch ich von einer solchen Lebenserfahrung profitieren! Mit wieviel größerer Begeisterung hätte ich diese Mühe auf mich genommen, hätte ich meine Abhandlung so schreiben können, wie es in der Bibel steht, nämlich „von der Hoffnung beseelt, daß auch ich die Früchte des Pfluges und der Dreschzeit genießen werde"! Nun aber ist für mich das Wissen um die Schönheit der Jungfräulichkeit in gewisser Weise so vergeblich und nutzlos wie „die Früchte der Erde für den Ochsen, der mit seinem Maulkorb den Boden des Dreschplatzes absucht", oder wie für den Dürstenden das Wasser, das er nicht erreichen kann, da es über einen Felssturz fließt. Selig sind diejenigen, die in Freiheit die besten Dinge wählen können und nicht von ihnen ferngehalten werden, weil sie zu Gefangenen des alltäglichen Lebens geworden sind! Wir aber sind wie durch einen Abgrund vom Ruhm der Jungfräulichkeit getrennt, die niemand mehr erreichen kann, der einmal den Weg des weltlichen Lebens beschritten hat.
>
> Aus diesem Grund sind wir nur Betrachter der Freuden anderer und Zeugen ihrer Glückseligkeit: Auch wenn wir uns ein schönes Bild der Jungfräulichkeit gemacht haben, ist unser Schicksal kein anderes als das der Köche und Diener, die andere die reichgedeckte Tafel der Reichen genießen lassen, ohne etwas davon für sich verlangen zu können. Wie glücklich wären wir gewesen, wenn die Dinge anders verlaufen wären und wir das Schöne nicht erst nach einer späten Reue erkannt hätten! ...

Auch wenn man diese Äußerungen als literarisch bezeichnen kann, sind sie für Theosebia, die ihm immerhin einen Sohn, Kynegios, geschenkt hat, sicher nicht schmeichelhaft. Nach Jean Daniélou wurde er zwischen 360 und 364 geboren. Gregor berichtet davon in einem Schreiben an den berühmten Rhetor Libanios.

Letztlich bleibt uns von Theosebia nichts als ihr Name und der Zweifel, ob der Wunsch Gregors, der Mühsal des Ehestandes zu entfliehen, mit ihrer Person zu tun hat. Vielleicht trifft Theosebia auch keinerlei Schuld, und die Äußerungen Gregors, die in einer Phase des Übergangs und der wachsenden Begeisterung für die Werte der Jungfräulichkeit, gestützt auf die lange Tradition der heidnischen Kultur, geschrieben wurden, sind rein literarischer Natur – denn alle Kirchenväter sind große Meister der Rhetorik und übernehmen von ihr die traditionelle frauenfeindliche Einstellung.

Dennoch kann man nicht behaupten, daß die Frauen für Gregor bedeutungslos sind. Sie nehmen sogar einen sehr wichtigen Platz in seinem Leben ein. Denken wir nur an die bereits erwähnte Makrina oder an die gebildete und feinsinnige Diakonin Olympias, der er seinen *Kommentar zum Hohenlied* gewidmet hat.

Doch Theosebia ist nicht die einzige Ehefrau, deren Leben in Dunkel gehüllt bleibt. Das gleiche Schicksal erleidet auch Therasia, die Gattin des Paulinus von Nola. In ihrem Fall ist es die Christengemeinde, die sich Ende des 4. und zu Beginn des 5. Jahrhunderts gegen sie wendet. Die Tatsache, daß sie ihren Gatten inspiriert und zum Glauben geführt hat, daß sie ihm in Nola bei einem der eindrucksvollsten Experimente des beginnenden monastischen Lebens zur Seite steht, ist offenbar kein ausreichender Grund, die Erinnerung an sie zu bewahren. Als Gefährtin eines Bischofs wird sie zugleich mit seiner Nominierung für das Bischofsamt aus seinem Leben gestrichen. Vielleicht stirbt Therasia aber auch gerade zu diesem Zeitpunkt. Denn es ist unwahrscheinlich, daß es für einen Bischof bereits üblich war, sich von seiner Ehefrau zu trennen, wenn er sein Amt antrat. Auf jeden Fall versiegt in diesem Augenblick auch die poetische Ader von Paulinus, dem ersten Kirchenvater, der uns in seinem Hochzeitsgedicht für Julianus von Eclanum von einer christlichen Feier der Eheschließung berichtet.

Von einer weiteren Ehefrau kennen wir ebenfalls den Namen, doch mit welcher Niedertracht hat sie der Biograph ihres Gatten dargestellt! Es handelt sich um Priska, die Gattin von Synesios, der vor seiner Wahl zum Bischof von Kyrene ein überzeugter heidnischer Philosoph, Gesprächspartner und Verehrer der Philosophin Hypatia gewesen ist. Wir wissen mit Sicherheit, daß er eine Trennung von ihr ablehnt, als er zum Bischof berufen wird. Das ist wohl der Grund, warum das Bild Priskas später in den schwärzesten Farben gemalt wird. Der Gedanke, daß ein Bischof eine Frau haben könnte, ist in diesem von einem leibfeindlichen und ungebildeten Asketismus beherrschten kulturellen Klima einfach unerträglich.

Eine zärtliche Schwester: Marcellina (ca. 330 – ca. 400)

Abgesehen von wenigen Ausnahmen – Paulinus und Therasia sind ein Beispiel dafür – wird im Zeitalter der Kirchenväter das gegenseitige Verhältnis von Mann und Frau nicht so sehr in der Ehe oder in der Mutter-Sohn-Beziehung verwirklicht gesehen, sondern eher in der Beziehung von Bruder und Schwester. An diesem Idealbild der Geschwisterpaare, das in der Zeit der Kirchenväter von einzigartigen Gestalten verkörpert wird, hält das Christentum bis in unsere Tage fest.

Wir haben von den vielen Paaren jenes ausgewählt, dessen weibliche Hälfte kaum jemand kennt – während ihr Bruder Ambrosius bestens bekannt ist. Marcellina hat nicht diesen starken Einfluß, den zum Beispiel später Scholastica auf Benedikt ausübt. Sie entspricht eher dem Typ einer Caesaria in deren Nachgiebigkeit gegenüber Caesarius von Arles – oder einer Florentina in deren Beziehung zu ihrem Bruder Leander ... Marcellina ist eine liebevolle und zurückgezogen lebende Frau, die uns als Korrektiv für einen Bischof dienen soll, der den Werten der Weiblichkeit anscheinend wenig Beachtung schenkt. Es scheint, als gäbe es in der geistigen Welt des Ambrosius keinen Platz für Frauen. Tatsächlich sind sie jedoch ein ständig wiederkehrendes Thema seiner Bibelauslegung, und vor allem der Jungfräulichkeit widmet er sich mit großer Ausdauer. Von dieser legalen Möglichkeit, Emanzipation und Freiheit zu erlangen, möchte Ambrosius die jungen Mädchen in seiner Kirche überzeugen, doch großen Erfolg hat er damit nicht ... Es ist unbestreitbar, daß Ambrosius nicht aus Frauenfeindlichkeit für die Jungfräulichkeit eintritt, sondern wegen der damit für die Frauen verbundenen Autonomie. Ihm verdanken wir auch eine alternative Interpretation der Würde Evas im Vergleich zu Adam. Die Geschichte der Frauen wäre wohl ganz anders verlaufen, hätte sich seine These gegenüber der gebräuchlicheren durchgesetzt, die in der Erschaffung Evas als „zweiter" nach Adam nicht ein Privileg gesehen hat, sondern den Grund für ihre Abhängigkeit und Zweitrangigkeit. Durchgesetzt hat sich hingegen seine Verehrung Marias als Vorbild und Königin der Jungfrauen. Und es ist bekannt, daß die kirchliche Verehrung Marias nicht immer gleichbedeutend ist mit der Wertschätzung des Weiblichen. Wahrscheinlich ist Ambrosius, ohne es zu wissen oder zu wollen, zum Urheber dieser Differenzierung geworden.

Marcellina ist seine einzige Schwester. Daß sie sieben Jahre älter ist als er, erklärt vielleicht ihren Einfluß. Nach dem Tod des Vaters folgt sie der Mutter aus dem heimatlichen Trier nach Rom, wo sie ihr wohl bei der Erziehung der beiden Brüder geholfen hat. Auf eigenen Wunsch Jungfrau geblieben, hat Marcellina ihre Berufung zunächst innerhalb der häuslichen vier Wände gelebt und sich erst nach dem Tod der Mutter der Gemeinde von Jungfrauen am Aventin angeschlossen. Mit Sicherheit wissen wir, daß sie zu Weihnachten des Jahres 353 in Rom von Papst Liberius zur Jungfrau geweiht wurde – über dessen Predigt berichtet Ambrosius im 3. Buch von *De virginibus* („Über die Jungfrauen").

In Mailand treffen wir sie aus Anlaß des Todes von Satyrus an der Seite des Bruders wieder. Wir können daraus schließen, daß sie gemeinsam mit ihren beiden Brüdern in Mailand lebte, wenn auch in einer Gemeinschaft von Jungfrauen. Andernfalls wären die drei Briefe unverständlich, die Ambrosius an sie richtet und die uns mit den übrigen seiner Briefsammlung erhalten geblieben sind. Wir wissen auch, daß sie zwischen 397 und 401, auf jeden Fall nach Ambrosius, in Mailand starb und dort in jener Basilika begraben ist, die den Namen ihres Bruders trägt.

Es war wohl sie, die Ambrosius dazu inspiriert hat, sein Schaffen in den Dienst der Jungfräulichkeit zu stellen. Er selbst bestätigt, ihrem ausdrücklichen Wunsch zu entsprechen, als er die erste jener Schriften verfaßt, die so wie die anderen zur Pflichtlektüre frommer junger Frauen in der damaligen Zeit werden sollte.

So lesen wir im *Brief 22*, der sich ebenfalls mit der Jungfräulichkeit befaßt, wie Hieronymus der Jungfrau Eustochium diesbezüglich Ratschläge erteilt. Ambrosius schließt damit an Cyprian und Tertullian an, die sich als erste an dieses Thema heranwagten.

Die Berichte über Marcellina stammen aus der *Vita des Ambrosius*, die Paulinus von Mailand auf Anregung von Augustinus geschrieben hat. Nichtssagend ist hingegen ihre Grabinschrift, die Simplicianus verfassen ließ, der zunächst Berater und später Nachfolger von Ambrosius war. Ein genaueres Bild vermittelt uns natürlich Ambrosius selbst:

> Da Du praktisch in jedem Deiner Briefe besorgt darum bittest, davon Mitteilung zu erhalten, was in der Kirche geschieht, erfülle ich hiermit Deinen Wunsch. Einen Tag, nachdem ich Deine Briefe erhalten habe, in denen Du schreibst, was Dich beunruhigt, fingen schwere Sorgen an. Sie forderten tatsächlich nicht mehr die Basilika Porciana, die vor den Stadtmauern liegt, sondern die neue Basilika ...

Es folgt dann, im *Brief 20* der Sammlung, die Chronik der Ereignisse. Ambrosius berichtet der Schwester von der schweren Krise, in der sich die Mailänder Kirche unter dem Druck der Forderungen der Arianer befindet. In diesem Brief, einer nüchternen Darstellung der Geschehnisse, gibt es keinen Platz für Freundlichkeiten. Und doch können wir innige Vertrautheit und Übereinstimmung, ihre gemeinsame Liebe zur Kirche voraussetzen, vor allem wenn man davon ausgeht, daß Ambrosius hier auf eine präzise und dringend gestellte Frage antwortet.

Auch der *Brief 22* steht ganz im Zeichen der Anteilnahme der abwesenden Schwester am Geschehen innerhalb der Mailänder Kirche. Der höfliche Briefkopf lautet: „An die Frau Schwester, kostbarer als das Augenlicht und das Leben ... ihr Bruder." Ambrosius berichtet ihr von der Auffindung der Gebeine der heiligen Märtyrer Gervasius und Protasius, „denn nichts von dem, was während Deiner Abwesenheit geschieht, soll verschwiegen werden....“; und er fügt die Predigten hinzu, die er aus diesem Anlaß gehalten hat. Im *Brief 41* schreibt Ambrosius:

> Du hast geruht zu schreiben, daß Du von Herzen besorgt bist, weil ich Dir über meine Sorgen berichtet habe, und ich frage mich, ob Du meine Briefe nicht erhalten hast, in denen ich Dir ausführlich über mein Wohlbefinden berichte.

Und dann folgt ein Bericht über seine Auseinandersetzung mit Kaiser Theodosios. Das Leben Marcellinas ist also eng mit dem des Bruders verbunden; sie nimmt Anteil an seinen Problemen als Bischof, sie teilt mit ihm die Freuden seines Amtes ebenso wie die traurigen und dramatischen Augenblicke. Tatsächlich bekleidet Ambrosius ein schwieriges Bischofsamt, nicht nur wegen der Auseinandersetzung mit der Gemeinde der Arianer, die vom Kaiserhaus unterstützt wird. Der im *Brief 20* erwähnte Streit ruft sogar Kaiserin Justina auf den Plan. Schließlich werden Ambrosius und die Seinen während der Fastenzeit und in der Karwoche des Jahres 386 regelrecht belagert – in diesen dramatischen Tagen besiegt die Gemeinde gegen alle Erwartung ihre Angst, indem sie jene Hymnen singt, die Ambrosius selbst verfaßt hat. Eine noch größere Belastung für ihn ist sein schwieriges und komplexes Verhältnis zur kaiserlichen Autorität überhaupt, das schließlich in der Auseinandersetzung mit Theodosios gipfelt. Nachdem er ihn wegen der Zerstörung der Synagoge von Callinicum und vor allem wegen des Massakers an den Bewohnern von Thessalonike öffentlich gerügt hat, fordert er von ihm auch noch öffentliche Buße; der Kaiser bekennt seine Schuld, und in der Weihnachtsnacht des Jahres 390 wird ihm Vergebung gewährt. Die *Briefe 20 und 41* fallen also mit zwei äußerst schwierigen Momenten seiner Amtszeit zusammen. Gerade deshalb ist die Einbeziehung der Schwester für uns so bedeutungsvoll. So wie in seinen Augen die Auffindung der Gebeine der Märtyrer Gervasius und Protasius von höchster Bedeutung ist, an deren Seite er begraben werden möchte.

Wie bereits erwähnt, wird Marcellina in den Grabreden für ihren Bruder Satyrus sehr lebendig beschrieben. Hier wird sie als „Heilige, verehrungswürdig wegen ihrer Jungfräulichkeit“ bezeichnet, angeblich schwankend zwischen dem Wunsch, dem toten Satyrus nachzufolgen oder bei Ambrosius zu bleiben, der noch am Leben ist. Ambrosius berichtet über seine Diskussionen mit der Schwester und rühmt die Ausgeglichenheit von Satyrus, der zum Schiedsrichter wurde, wenn ihre Meinungen wieder einmal auseinandergingen.

Es entspricht der kulturellen Stereotypie, daß der Schmerz Marcellinas über den Tod des Bruders besonders groß ist. Ambrosius findet in den Aufgaben seines Amtes Trost. Bei Marcellina wird durch die frommen Bräuche zu Ehren des Toten die Qual nur noch gesteigert. Und so entsteht ein Bild, das sie trotz aller tröstenden Worte vollkommen am Boden zerstört und in Tränen aufgelöst zeigt. Am genauesten beschreibt Ambrosius Marcellina im ersten seiner Traktate über die Jungfräulichkeit:

> Meine Liebe zur Keuschheit – und auch Du, verehrte Schwester, ohne viele Worte, sondern durch das stille Beispiel Deines Lebens – lädt mich dazu ein, einige Worte über die Jungfräulichkeit zu verlieren.

So seine Einleitung zum ersten Buch von *De virginibus*. Darin bringt er mit leidenschaftlichen Worten seine Überzeugung zum Ausdruck, daß die Jungfräulichkeit die einzige Möglichkeit für die Frau sei, der Sklaverei der Ehe zu entfliehen. Innerhalb einer Kultur, die wenig Raum für Liebe läßt und in der die Frau bei einer Eheschließung aus dem Einflußbereich des Vaters in den des Gatten überwechselt, ist es wirklich keine Übertreibung, wenn Ambrosius eine Parallele zwischen kostbaren Halsketten und den Ketten der Sklaverei zieht.

> Was ist es doch für ein armseliges Schicksal, zum Zweck der Heirat wie ein Sklave auf dem öffentlichen Marktplatz feilgeboten zu werden, um dann von dem Meistbietenden gekauft zu werden. Da ist doch das Los eines Sklaven noch erträglicher, wenn es ihm gelingt, den geeigneten Herrn zu finden.
> Wenn jedoch eine junge Frau ihren Mann selbst auswählt, wird ihr daraus ein Vorwurf gemacht; trifft sie ihre Wahl nicht, so erleidet sie bittere Schmach ...
> Die Keuschheit kennt keine Gefangenschaft. Sie ist auf das Himmelreich ausgerichtet und verachtet die Schande der Sklaverei.

Dann wendet er sich wieder an Marcellina:

> Begreife also, meine Schwester, wieviel Dir erspart geblieben ist; denn das, was Du meiden mußt, habe nicht ich Dich zu lehren, noch mußt Du es lernen: Die Vollkommenheit der Tugend hat keine Unterweisung nötig, sie selbst ist Unterweisung.

Grossmutter und Enkelin:
Die beiden Melanien (die Ältere: † 410; die Jüngere: 382 – 439)

Aus dem sogenannten „Goldenen Zeitalter" der Kirche, der Väterzeit, wird uns von zwei außergewöhnlichen Frauen berichtet, einer Großmutter und ihrer Enkelin, die ihr Name und eine einzigartige persönliche Geschichte miteinander verbindet.

Melania die Ältere und Melania die Jüngere – nur sie ist auch eine Heilige – bezeugen uns, jede auf ihre Weise, ein kostbares Fragment kirchlichen Lebens und den Versuch der christlichen Frau, in ihm ihre Identität zu finden. Es handelt sich dabei nicht um feministische oder radikale Wege. Und dennoch sind die beiden Melanien insofern „feministisch" und „radikal", als sie sich gegenseitig in einer Askese übertreffen, die für die Gesellschaft im Rom der Senatoren in gewisser Weise neu ist. Beide bestätigen das unstillbare Verlangen der Menschen nach Erwiderung ihrer Gefühle, und beide nehmen diese kreatürliche Abhängigkeit zum Anlaß für eine sehr glaubwürdige und vollkommene Nachfolge Christi: Melania die Ältere durch ihre Freundschaft mit Rufinus von Aquileja; Melania die Jüngere dadurch, daß sie ihr ganzes Eheleben in asketische Freundschaft umwandelt.

Man darf jedoch nicht glauben, daß die Erinnerung an diese beiden Frauen auch für die Kirche eine Selbstverständlichkeit ist. Erstere hat sie wegen ihrer Freundschaft mit Rufinus und dessen Rolle in der Kontroverse um Origenes aus dem Gedächtnis gestrichen, und zwar so gründlich, daß es auch für einen noch so bemühten Forscher ein aussichtsloses Unterfangen darstellt, ihre Lebensdaten genau festzustellen. Von der zweiten sind nur dank der liturgischen Tradition des Ostens jene Zeugnisse bis zu uns gelangt, die schließlich, mit neuer Sensibilität gelesen, zu Beginn des 20. Jahrhunderts die kritische Neubearbeitung der von Gerontios kurz nach ihrem Tod verfaßten *Vita* ermöglicht haben. Dieser „Gedächtnisschwund" ist erstaunlich, da es genügend einander entsprechende Aufzeichnungen gibt, wie zum Beispiel in den Schriften von Augustinus und Hieronymus oder in den Schriften und Gedichten von Paulinus, dem Bischof von Nola. Über beide Frauen berichtet auch Palladios in seiner *Historia Lausiaca*, auch wenn er sie zeitweise zu verwechseln scheint.

Hat das Schweigen über Melania die Ältere einen doktrinären Grund, so rührt jenes über ihre Enkelin möglicherweise daher, daß sie zu den Heiligen der Kirche von Jerusalem gezählt wird, deren Traditionen Mühe gehabt haben, im Abendland zu überleben. Auf jeden Fall sind sie beide „lateinische" Gestalten, die ein asketisches Modell nach Palästina exportieren, das sich im Rom des 4. Jahrhunderts entwickelt hat.

Melania die Ältere, die aus der *Gens Antonia* (einer hocharistokratischen Sippe) stammt, hatte als noch sehr junges Mädchen Valerius Maximus geheiratet, den einstigen Präfekten von Rom. Nach dem Tod ihres Gatten und zweier Söhne entschied sie sich bereits mit zweiundzwanzig Jahren für ein Leben der Askese. Nachdem sie den kleinen Publicola der Fürsorge eines Vormundes anvertraut hatte, brach sie mit anderen adeligen Damen in Richtung Ägypten auf und löste damit einen Skandal aus. Das geschah vermutlich im Jahr 372.

Bereits seit etwa dreißig Jahren standen die aristokratischen Kreise Roms unter dem Einfluß eines Mönchtums, das noch keine genauen Regeln besaß. Nach Aussage von Hieronymus war Marcella die erste gewesen, die sich dem Leben der Askese verschrieben hatte und in deren Kreis Hieronymus als Lehrer gerufen wurde – wo er auch die Bekanntschaft der adeligen Paula machte, deren Leben in vielerlei Hinsicht dem von Melania ähnlich ist.

In Ägypten, in Alexandrien, begegnet Melania Rufinus. Nachdem sich der Kreis von Asketen in Aquileja, dem er gemeinsam mit Hieronymus angehörte, aufgelöst hatte, war Rufinus nach Ägypten aufgebrochen, während sein Freund sich in die Wüste von Chalkis begeben hatte. In Ägypten blieb er, studierte dort Theologie und erwarb sich das exegetische Instrumentarium der Schule von Alexandrien. Als Schüler von Didymos dem Blinden befaßte er sich mit den Werken des Origenes und anderer griechischer Theologen.

Rufinus bleibt in Alexandrien, während Melania mit großer Wahrscheinlichkeit im Jahr 378 nach Jerusalem reist, wo sie ein Kloster und ein Hospiz am Ölberg gründet; einige Jahre später folgt Rufinus ihr nach. Nicht weit von ihrem Kloster entfernt läßt sie ein Männerkloster erbauen, dessen Führung sie ihm anvertraut. Offensichtlich macht sie ihn auch zum geistlichen Leiter des Frauenklosters.

Palladios schreibt, daß fünfzig Jungfrauen die Gefährtinnen Melanias gewesen seien. Wir wissen nur wenig über ihren Lebensrhythmus und ihre Aufgaben. Zweifellos gehörte Gastfreundschaft dazu, deren ausgezeichneter Ruf bis zu uns gelangt ist, weiters das Gebet und die spirituelle Beschäftigung mit der Bibel. Das intellektuelle Bemühen, das kritisch-exegetische Studium der Bibel, war hingegen eher dem Männerkloster vorbehalten.

Etwa dreißig Jahre lang erfreuen sich Rufinus und Melania als Freunde des Bischofs von Jerusalem, Johannes, ungetrübter Hochachtung. Diese Idylle zerbricht mit dem Ausbruch der Kontroverse um Origenes.

Im Jahr 386 hatten sich Paula und Hieronymus in Bethlehem niedergelassen, wo sie zwei Klöster und ein Hospiz errichteten. Nach der Wahl von Papst Siricius hatte es eine Verschwörung gegen Hieronymus gegeben, der dank des von Papst Damasus in ihn gesetzten Vertrauens bis dahin seine kämpferische und unnachgiebige Stimme ungestört hatte erschallen lassen können. Nachdem er zunächst in das Heilige Land gereist war, traf er Paula im Jahr 385 beim Besuch ägyptischer Klöster und ließ sich im Herbst des Jahres 386 mit ihr in Bethlehem nieder.

Die gleichzeitige Präsenz dieser beiden berühmten Paare wird durch ihre räumliche Entfernung etwas relativiert. Paula hat das ruhige Bethlehem dem kosmopolitischen und lärmenden Jerusalem vorgezogen. Doch die Kontroverse um Origenes zerstört den Schutzwall, den weibliche Klugheit zu errichten versucht hatte.

Es ist schwer zu verstehen, daß intelligente Menschen, die von derselben Liebe zur Wahrheit erfüllt und von der Bibel tief genug beeindruckt sind, um sie zu ihrem Lebensinhalt zu machen, in einem bestimmten Punkt so unerbittlich voneinander abweichen. Doch das ist in der Kirche nichts Ungewohntes. Vielleicht ist es gerade die Liebe zur Wahrheit, die solche Zerwürfnisse auslöst, weil diese letztlich den Fähigkeiten und Mitteln dessen anvertraut ist, der nach ihr sucht. Das Ende der Freundschaft von Hieronymus und Rufinus wird von der christlichen Intelligenz jener Zeit jedenfalls als Katastrophe empfunden. So schreibt Augustinus:

Kann es noch einmal zwei Seelen oder Freunde geben, die sicher sind, daß sie einander vertrauen können? Auf welche Gefühle und Menschen kann man sich noch verlassen? Und welcher Freund wird nicht für einen möglichen Feind gehalten werden, wenn sogar zwischen Hieronymus und Rufinus ein so erbärmlicher Streit ausbrechen konnte?

Tatsache ist, daß Hieronymus und Rufinus über den großen Lehrer der Antike, Origenes, verschiedener Meinung sind. Letzterer hält seine Verehrung für den Alexandriner unverändert aufrecht; Hieronymus teilt die Ansicht derjenigen, die ihn für einen Häretiker halten. Trotz einer öffentlichen Aussöhnung zu Ostern des Jahres 397 ist der endgültige Bruch nicht zu verhindern. Rufinus und Melania bleibt nichts anderes übrig, als nach Rom zurückzukehren. Als erster verläßt Rufinus Jerusalem im Jahr 397.

Melania trifft einige Jahre später in Neapel ein, wo sie von ihrer gesamten Familie empfangen wird. Sie verweilt zunächst in Nola bei Paulinus und Therasia und reist schließlich nach Rom weiter. Überall wird sie mit Bewunderung aufgenommen. Allerdings herrscht einige Bestürzung über ihre ärmliche Kleidung und vor allem über den unangenehmen Geruch, den sie verbreitet – Askese nach den Vorschriften der damaligen Zeit war eben nicht gerade mit Körperpflege verbunden.

Im Jahr 403 kehrt Melania nach Jerusalem zurück, wo sie 410 stirbt, falls man dieser Chronologie Glauben schenkt. Tatsächlich läßt Palladios sie bereits vierzig Tage nach ihrer Rückkehr nach Jerusalem sterben, und um die Sache noch komplizierter zu machen, mutmaßt er, sie habe entscheidenden Einfluß darauf gehabt, daß ihre Enkelin sich für ein Leben der Askese entschieden hat. Melania die Jüngere kommt zwar wahrscheinlich mit ihrer Familie nach Neapel, um die Großmutter zu empfangen, ist jedoch zu diesem Zeitpunkt noch zu jung, um schon verheiratet zu sein.

Rufinus stirbt im Jahr 411 in Messina, wo er als Gast im Haus von Melania der Jüngeren und ihrem Gatten Pinian lebt.

* * *

Als Angehörige des vornehmsten Senatorenadels ist Melania die Jüngere vielleicht noch enger mit jener luxuriösen Welt verbunden, deren klingende Namen als Empfänger von erbaulichen Briefen, Beileidsbekundungen und Dankschreiben von einem Kirchenvater zum anderen weitergereicht werden. Im Besitz ungeheurer Reichtümer – sie gilt als die bedeutendste Erbin ihrer Zeit – und mit der kaiserlichen Familie verwandt, ist Melania von jedem erdenklichen Wohlstand und Prunk umgeben: Paläste, Landhäuser, Sklaven, Besitztümer in allen Teilen des Imperiums. Sie ist die Tochter von Valerius Publicola und Albina, einer Tochter jenes römischen Pontifex Albinus, der unbeirrt an den heidnischen Traditionen seiner Vorfahren festhält.

Auf Melania konzentriert sich die ganze Aufmerksamkeit einer Familie, die außer ihr keine Nachkommen hat. Publicola möchte sie Valerius Pinian zur Frau geben, der ihr hinsichtlich Erziehung, Familie und Reichtum ebenbürtig ist.

Palladios berichtet, daß diese Heirat für Melania einer Nötigung gleichkam, weil sie zu ihr gezwungen wurde, obwohl sie andere Wünsche hegte. Wir wissen nicht, ob dieses Stereotyp, das für die Eheschließung unzähliger heiliger Frauen gilt, dem hagiographischen Wunsch entspringt, sie um jeden Preis als Jungfrau zu sehen, oder ob Melania einfach nur einem alten Brauch entsprechend verheiratet wurde, der den Frauen wenig Wahlmöglichkeit ließ. Auf jeden Fall war dieser Jüngling von kaum siebzehn Jahren der Verbindung mit dem noch nicht vierzehnjährigen Mädchen durchaus würdig. Die Berichte über Pinian sind einhellig, denkt man nur an die tiefe Bewunderung, mit der Paulinus von Nola ihn in seinem *Gedicht XXI* preist.

Melania hatte von ihrem Gatten das Versprechen erhalten, daß er einem enthaltsamen Leben zustimmen würde, sobald seine Zeugungspflicht erfüllt sei. Als erstes wurde ein Mädchen geboren, doch Pinian wünschte sich einen männlichen Erben. Bei seiner Geburt bestand für Melania größte Lebensgefahr; doch der Kleine starb und bald darauf auch seine Schwester. Pinian war an das Grab des Märtyrers Laurentius geeilt, um die Heilung der Gattin zu erflehen, doch sie gab ihm zu verstehen, daß nur sein Versprechen, mit ihr in Keuschheit zu leben, sie wieder gesund machen könnte. Seine Liebe siegte, und Melania wurde durch das Gelübde ihres jungen Gatten geheilt.

Nach dem Tod Publicolas verlassen Melania und Pinian die Stadt und ziehen sich in einen der Vororte zurück. Hier beginnen sie ein Leben ohne Luxus, d. h. sie geben nach und nach ihren gewohnten Lebensstandard auf. Außerhalb der Stadt fühlt sich Melania wie in einem Kloster. Und ihrem christlichen Glauben folgend schart sie die zahllosen Sklaven um sich, damit sie als Brüder und Schwestern und nicht mehr als Untergebene mit ihr lebten.

Palladios berichtet in der *Historia Lausiaca* im Zusammenhang mit einer Reise, die ihn im Auftrag von Johannes Chrysostomos zu Papst Innozenz I. führt, von der Gastfreundschaft, mit der Melania und Pinian nicht nur Familienmitglieder, sondern auch Rompilger bei sich aufnehmen, und schreibt, daß er selbst bei dieser Gelegenheit ihr Gast gewesen sei.

Da ihr veränderter Lebensstil ihnen noch nicht genügt, beschließen die beiden, sich ihres gesamten Vermögens zu entledigen. Natürlich findet ihre Entscheidung keine Billigung. Sie wird vom Bruder Pinians vehement angefochten, der die Dienerschaft gegen ihn aufwiegelt und die Ehegatten auf jede erdenkliche Weise bekämpft. Doch mit Hilfe von Prinzessin Serena erreichen sie schließlich ihr Ziel: die Freiheit, ihren gesamten Besitz zu veräußern.

Es war jedoch selbst mit kaiserlicher Erlaubnis nicht einfach, sich von einem so großen Vermögen zu trennen. Der Verkauf zieht sich über Jahre hin. Die Käufer haben Mühe, die verlangten Barmittel flüssig zu machen. Unverkauft bleibt nur der Palast in Rom, der im Jahr 410 vom Gotenkönig Alarich zerstört wird.

Gleichzeitig mit dem Verkauf ihrer Güter schenkt Melania ihren Sklaven die Freiheit. Ihr Biograph berichtet, daß sie allein in den ersten beiden Jahren ihres asketischen Lebens achttausend von ihnen freiließ.

Im Jahr 406 treffen wir sie in Nola wieder. Gemeinsam mit ihrem Gatten und einer Schar von Dienern ist sie unterwegs nach Sizilien. Und im Jahr 408, nachdem sie ihre Villa in der Vorstadt aufgrund des erneuten Vordringens der Goten endgültig verlassen haben, machen sich Melania, ihre Familie und ihr Gast Rufinus erneut auf den Weg nach Sizilien.

Von Ostia aus segeln sie nach Neapel, wo sie vermutlich wieder bei Paulinus haltmachen. Schließlich lassen sie sich in Messina nieder. Doch die Goten dringen immer weiter nach Süden vor. Hilflos müssen Melania und ihre Gäste den Brand von Reggio mitansehen. Wie andere adelige Familien beschließen auch sie, nach Afrika zu fliehen. Die Reise verläuft abenteuerlich. Während das Wüten des Sturmes immer ärger wird, gibt Melania Befehl, das Schiff dem freien Spiel der Winde zu überlassen. Sie landen auf Lipari. Die Insel ist von den Goten verwüstet worden, und Melania zahlt für den dortigen Bischof und die Inselbewohner das verlangte Lösegeld. Schließlich segelt sie weiter nach Afrika. Augustinus, dem es nicht möglich ist, sie persönlich zu treffen, schickt ihr ein Entschuldigungsschreiben.

Melania wählt Tagaste zu ihrem Wohnort. Hier ist Alypius Bischof, ein Freund von Augustinus und Paulinus von Nola. Sie verliert keine Zeit und beginnt, ihre Besitztümer in Afrika zu veräußern. Sie errichtet ein Doppelkloster für die freigelassenen Sklaven, die ihr nachfolgen und sich ebenfalls für ein asketisches Leben entschieden haben.

Und Pinian? Er lebt nicht bloß passiv im Schatten Melanias, sondern beteiligt sich voll und ganz an der Veräußerung der Besitztümer. Auch wenn er zunächst über den Entschluß seiner Gattin bestürzt ist, siegt am Ende doch seine Liebe. Sein einfaches und strenges Leben bleibt auch den Bürgern von Hippo nicht verborgen, und lauthals fordern sie, er solle ihr Presbyter werden. Im Gegensatz zu ähnlichen Begebenheiten bleibt hier der Wunsch der Allgemeinheit jedoch unerfüllt. Vielleicht wird die Anwesenheit des Paares für Alypius und Augustinus mit der Zeit zu unbequem; sie fürchten wohl, ihr Beispiel könnte subversive Folgen haben. Melania und Pinian leben sieben Jahre lang in Tagaste. Sie teilt das Leben ihrer ehemaligen Sklavinnen, die nun ihre Schwestern sind. Einem alten Brauch entsprechend widmen sie ihre Zeit dem Gebet und der Buße, das sie mit dem Studium der Bibel verbinden.

Im Jahr 417 besteigt Pinian mit Melania und ihrer Mutter Albina ein Schiff, um zu den Heiligen Stätten zu reisen. Eine Zeitlang bleiben sie als Gäste Kyrills in Alexandrien. Schließlich erreichen sie Jerusalem. Melania, die inzwischen fast ihr gesamtes Vermögen veräußert hat, lebt in größter Bescheidenheit. In einer

Zelle des Pilgerhospizes führt sie ein zurückgezogenes Leben; Pinian wohnt hingegen im Männerhospiz. Sie stehen in ständiger Verbindung mit Paula der Jüngeren und Eustochium, der Tochter der heiligen Paula, die ebenfalls noch am Leben ist. Das bestätigt unter anderem ein Brief, in dem Hieronymus Augustinus vom Tod Eustochiums unterrichtet und auch Grüße von Melania, Albina und Pinian hinzufügt.

Nachdem sich die politische Lage wieder gebessert hat und Frieden eingekehrt ist, kann Melania auch noch die Güter, die ihr in Spanien geblieben sind, veräußern. Den Erlös verwendet sie für eine Reise zu den Klöstern Ägyptens, und als sie schließlich nach Jerusalem zurückkehrt, bezieht sie eine Zelle am Ölberg. Hier lebt sie in freiwilliger Isolation und empfängt niemanden mit Ausnahme ihrer Mutter, ihres Gatten und ihrer Kusine Paula der Jüngeren. Am Ölberg bestattet sie ihre Mutter Albina; hier errichtet sie ein Oratorium und schließlich ein Kloster. Ein Jahr nach dem Tod Albinas stirbt auch Pinian. Etwa vier Jahre lang lebt Melania abgeschieden in der Nähe des Oratoriums mit den Grabstätten. Durch ihr unermüdliches Bemühen gelingt es ihr, mit fremder Hilfe zwei weitere Klöster neben den bereits bestehenden geweihten Stätten auf dem Ölberg zu errichten.

Melanias einsames und zurückgezogenes Leben wird durch einen Brief ihres Onkels Volusianus, des Bruders von Albina, unterbrochen, der sich auf dem Weg nach Konstantinopel befindet, um die Hochzeit von Kaiser Valentinian III. mit Eudokia, der Tochter von Theodosios II., in die Wege zu leiten. Er ist nach wie vor Heide. Dieser Umstand und ihre Liebe zu ihm sind für Melania trotz ihres fortgeschrittenen Alters Grund genug, um nach Konstantinopel zu reisen. Dort erfüllt sich ihr Wunsch: Der Onkel empfängt noch vor seinem Tod die Taufe.

Melania kehrt nach Jerusalem zurück. Es herrscht strengster Winter, doch sie nimmt unerschrocken die Anstrengung der Reise auf sich. Beim Abschied verspricht ihr Kaiserin Eudokia, die Heiligen Stätten zu besuchen. Während der langen und frommen Pilgerreise wird Melania ihre Führerin und Gesprächspartnerin sein.

Melania ist inzwischen siebenundfünfzig Jahre alt; sie fühlt, daß ihr Leben sich dem Ende zuneigt. Zu Weihnachten 439 begibt sie sich zu ihrer Kusine Paula nach Jerusalem. Dort besucht sie das Grab des Märtyrers Stephanus am Tag seines Namensfestes. Kurz danach stirbt sie an einer Lungenentzündung. Es ist ein Sonntag, der letzte Tag des Jahres. Schon bald spricht die Glaubensgemeinde des Ostens sie heilig, doch selbst die Krone der Heiligkeit kann ihren Gatten Pinian nicht von ihr trennen. An seiner Seite wird sie bestattet.

Das Netz der kirchlichen Dienste

Gibt es für die Frauen des frühen Christentums auch einen Wirkungsbereich außerhalb der Familie? Haben sie die Möglichkeit, sich nach außen zu wenden? Gibt es für sie ein öffentliches Leben und eine öffentliche Ausübung ihres Glaubens?

Wir haben von den vielen möglichen Beispielen drei ausgewählt. Das erste, wirklich über jeden Zweifel erhabene, ist das der jungen Blandina, das stellvertretend für viele Frauen steht, die sich bis zum Tode „mannhaft“ zu Christus bekennen. Das Martyrium ist vielleicht eine der strahlendsten Perlen des jungen Christentums. In der heroischen Nachfolge Christi gibt es keinen Unterschied zwischen Männern und Frauen. Weder das Alter noch die Liebe zu den Kindern, zum Gatten oder zu den Eltern sind ein Hindernis. Ob Freie oder Sklavinnen, die Frauen der ersten Christengemeinden befreien sich von jeder Abhängigkeit und Bindung und bekennen sich bis zum Tod zu Christus. Blandina von Lyon, die wir anderen Frauen vorziehen, weil sie nicht im Mittelpunkt gläubiger Verehrung steht, ist eine junge Sklavin. Sie erinnert uns sehr deutlich an den auch gesellschaftlich revolutionären Einfluß des Christentums, das zu Beginn hauptsächlich die unteren Schichten der Bevölkerung anspricht. Auch Katharina von Alexandrien ist eine Märtyrerin, falls es sich bei ihr nicht nur um eine legendäre Gestalt handelt. Sie befindet sich in unserer Galerie als Bestätigung dafür, daß es bereits zur Zeit der Kirchenväter ein erklärter Wunsch der Frauen war, sich mit Philosophie und Wissenschaft zu befassen. Im Fall Katharinas handelt es sich aber nicht um die Ausübung der Philosophie in Askese, Weltflucht, Zurückgezogenheit und Enthaltsamkeit. Sie ist vielmehr eine pragmatische und kämpferische Philosophin.

Während Blandina ein „Priestertum“ verkörpert, dessen Besonderheit darin besteht, im Tod die Hingabe Christi an den Vater nachzuvollziehen, versteht Katharina ihr „Prophetentum“ als ein natürliches und aktives Recht zur Auslegung und Vermittlung des Wortes Gottes. Als letzte folgt eine Diakonin, die von Johannes Chrysostomos tief verehrte und geliebte Olympias. Sie bekleidet ein heute nicht mehr existentes Amt, das praktisch völlig in Vergessenheit geraten ist. Es handelt sich um den Dienst für die kirchliche Gemeinde in Form der Diakonie. Jede dieser Frauen verkörpert auf ihre Weise einen bestimmten Aspekt jenes Amtes, das von Männern und Frauen innerhalb der Kirche ausgeübt worden ist. Prophetentum, Priestertum und Königtum sind den Frauen nicht verwehrt. Im Gegenteil, sie geben diesen Funktionen eine ganz spezifische weibliche Note.

Eine junge Märtyrerin: **Blandina († 177)**

Berichte über den Tod eines Märtyrers findet man vor allem in den sogenannten *Acta martyrum*. Es handelt sich dabei zum Teil um originale Prozeßprotokolle, die gemeinsam mit Briefen von einer Christengemeinde zur nächsten gesandt wurden, um sie zu informieren und ihren Glauben zu stärken. Die als *Passiones* bekannten Texte gehören hingegen zur Erbauungsliteratur. Im Gegensatz zur nüchternen und knappen Schilderung der *Acta* befassen sie sich ausschließlich mit wunderbaren und übernatürlichen Ereignissen, und es ist immer schwierig, historisch zuverlässige Belege dafür zu finden.

Während es sich im Fall der Katharina von Alexandrien um eine sogenannte *Passio* handelt, wird das Martyrium Blandinas im knappen und ernsten Stil der *Acta martyrum* geschildert. In der *Kirchengeschichte* von Eusebius finden wir den „Brief an die Kirchen Asiens und Phrygiens", in dem er ihnen vom Martyrium Blandinas und ihrer Gefährten berichtet.

Während der Christenverfolgung unter Kaiser Marc Aurel im Jahre 177 wird auch Blandina, eine junge Sklavin aus Lyon, gemeinsam mit ihrer Herrin verhaftet. Von der heidnischen Bevölkerung angefeindet, lebt sie wie andere Christen in einer Atmosphäre allgemeiner Ächtung, ausgeschlossen vom öffentlichen Leben, von den Bädern und Plätzen ... Nach und nach wird die Feindseligkeit immer offener und führt schließlich zu ihrer Vernehmung vor dem Militärtribun und den Behörden. Es folgen das Gefängnis und der Prozeß vor dem Statthalter. Einige wenige schwören ihrem Glauben ab, doch die Mehrzahl bekennt sich zu ihm. Die Gefährten – vor allem ihre Herrin – hegen Zweifel, ob Blandina, die klein und zart ist, fähig sein würde, das Martyrium auf sich zu nehmen. Doch sie übersteht tapfer alle Torturen und auch die Folter. Als sie zum ersten Mal, an einen Pfahl gebunden, in der Arena steht, hält sie mit ihrem Gebet die wilden Tiere von sich ab. In den folgenden Tagen muß sie zusehen, wie die anderen Christen bei den Gladiatorenkämpfen den Tod finden. Dieses grausame Schicksal trifft auch Pontikus, einen Jüngling von fünfzehn Jahren, dem sie beisteht und Mut zuspricht und so für ihn zur „Schwester" und „Mutter" wird, bis sie schließlich auch ihn sterben sieht. Nach Geißelung, wilden Tieren und glühendem Rost wird sie, in ein Netz gehüllt, schließlich einem wütenden Stier vorgeworfen.

Blandina vereinigt in sich alle nur vorstellbaren kulturellen Negativa: Sie ist eine Frau, eine Sklavin, sie ist klein und zart. Doch aufgrund ihrer „tiefen Vertrautheit mit Christus" überwindet sie jedes Vorurteil und jeden Zweifel. Durch ihr Glaubensbekenntnis gestärkt, wiederholt sie immer wieder: „Ich bin Christin, und unter uns geschieht nichts Böses." Vereint mit Christus und den Gefährten, spricht ihr Beispiel deutlicher als alle Worte:

> Durch sie zeigte Christus, daß alles, was in den Augen der Menschen gewöhnlich und verächtlich erscheint, vor den Augen Gottes große Gnade findet, weil die Liebe zu ihm sich in Taten zeigt und nicht in leeren Worten.
> Für alle sichtbar in Kreuzesform gefesselt, unaufhörlich betend, gab sie denen, die noch kämpften, großen Mut, und während des Kampfes sahen sie mit ihren leiblichen Augen durch die Schwester Ihn, der für sie gekreuzigt worden war, und sie konnte die, welche an Ihn glaubten, davon überzeugen, daß jeder, der zur Ehre Christi leidet, für immer mit dem lebendigen Gott vereint ist.
> Sie spornte die Brüder an, denn in ihr, die so klein, schwach und verächtlich war, erschien Christus wieder, der große und unbesiegbare Kämpfer. Sie besiegte neuerlich das Böse, und durch ihr Leiden erwarb sie die Krone der Unsterblichkeit.

Eusebius schließt damit, daß am Ende selbst die Heiden eingestehen, sie hätten noch nie zuvor gesehen, daß eine Frau so große und fürchterliche Qualen ertragen könne.

Eine gelehrte Frau:
Katharina von Alexandrien († 305 oder 307)

Eine legendäre Gestalt – warum also befassen wir uns mit ihr? Auch wenn es keinen urkundlichen Beweis für ihre Existenz gibt, ist damit noch nicht gesagt, daß es ein Mädchen, dessen Lebensgeschichte verfolgt werden kann, nie gegeben hat; es ist sogar wahrscheinlich, daß ihre zum Mythos erhobene „Geschichte" auf einer realen Grundlage beruht. Ihr mit dem Mythos verbundenes „Prophetentum" ist eine utopisch anmutende Verbindung weiblicher Zerbrechlichkeit mit geistiger Stärke. Aus diesem Grund ist Katharina von Alexandrien, die Schutzpatronin der Theologen und Philosophen, ein weibliches „Sinnbild" für die Liebe zur Weisheit, ein Manifest der „wahren Philosophie".

Während das Zeugnis, das Leiden und die Existenz so vieler Frauen für die Geschichte verlorengegangen sind, trifft in ihrem Fall genau das Gegenteil zu. Auch wenn man sie nur für einen Mythos hält, lohnt es sich daher, sich mit ihrem Leben als einem Manifest diskursiver weiblicher Weisheit zu befassen.

Über ihr Martyrium gibt es unterschiedliche Versionen, die sich alle auf eine verschiedentlich gedeutete *Passio* und eine bisher wenig erforschte *Conversio* zurückführen lassen. Die *Passio* versetzt das Geschehen in die Zeit der Christenverfolgung unter Kaiser Maxentius. Der Zeitpunkt ihres Martyriums soll der 24. November 305 oder 307 gewesen sein. Tatsächlich handelt es sich, falls das jüngere Datum stimmt, aber nicht um Maxentius, sondern um Maximinus Daja, seinen Mitkaiser im Osten.

Nach der Schilderung der *Passio* verlangt der Kaiser, daß den römischen Göttern geopfert werde. Während alle, einschließlich vieler Christen, dazu bereit sind, ist diese fromme junge Frau ganz anderer Meinung. Vom Aussehen her eine Schönheit und von königlicher Abstammung, kennt sie alle heiligen und profanen Schriften und führt mit ihren Dienerinnen ein zurückgezogenes Leben; Christus ist ihr Bräutigam, und nur für ihn ist ihr Herz entflammt. Doch nun verläßt sie ihre Gemächer, um den Kaiser von der Unsinnigkeit seines Edikts zu überzeugen. Sie möchte ihm die Machtlosigkeit der römischen Gottheiten beweisen, die zu Unrecht für wahre Götter gehalten werden.

Der Kaiser ist perplex. Katharina erklärt ihm, sie sei eine Tochter seines Vorgängers und „in jeder Disziplin geübt, ganz gleich, ob es sich um Rhetorik, Philosophie, Geometrie oder irgendeine andere Wissenschaft handelt". Doch dieses Wissen bedeute in diesem Fall nichts. Denn sie sei gekommen, um Zeugnis für ihren himmlischen Bräutigam abzulegen, der durch seinen Propheten verkündet hat: „Dann wird die Weisheit seiner Weisen vergehen und die Klugheit seiner Klugen verschwinden" (Jes 29,14).

Wie bereits erwähnt, ist Katharina eine Schönheit. Der Kaiser macht ihr seine Avancen. Doch sie weist ihn ab und verlangt von ihm, die Weisheit des Schöpfers anzuerkennen, der aus einfacher Materie ihre Schönheit hervorgebracht habe. Er hingegen fordert sie nochmals auf, den Göttern zu huldigen. Doch Katharina erwidert, er sei es, der anerkennen müsse, daß es nur *einen* ewigen und unsterblichen Gott gibt. Katharina ist zu einem öffentlichen Wahrheitsbeweis bereit. Der Kaiser befindet sich in einer schwierigen Lage, da er fürchtet, von einer Frau widerlegt zu werden. Daher beschließt er, daß andere die Diskussion mit ihr führen sollten. Die gut fünfzig Gelehrten, die er schließlich um sich versammelt, warnt er eindringlich:

> Hat man eine Frau vor sich, so denkt man, sie sei unfähig, zu diskutieren, und ihre Wortgewandtheit habe keine tiefere Bedeutung; man glaubt, daß sie nichts Wichtiges und Bedeutsames sagen oder tun kann ... Diese hier kenne ich, und ich glaube, daß sie zu einem zweiten Plato werden kann und fähig ist, den Gipfel der Weisheit zu erklimmen.

Doch einer der Gelehrten bemerkt: „Welche Verbindung kann es zwischen einer Frau und der Rhetorik geben?" Und nun geschieht das erste einer ganzen Reihe von Wundern. Ein Engel erscheint, um Katharina Kraft zu geben. Gott selbst eilt ihr zu Hilfe, und durch seine Weisheit steigert er noch die ihre; so gelingt es ihr, die fünfzig Rhetoren und noch weitere zu überzeugen.

Die Konfrontation mit den Gelehrten stellt das überlieferte Wissen in Frage. Argument steht gegen Argument, ihre fließende Wortgewandtheit macht Katharina am Ende zur Überlegenen. Der erzürnte Kaiser befiehlt, alle fünfzig zum Feuertod zu verurteilen. Doch statt ihn um Gnade anzuflehen, bitten sie Katharina, ihnen zu helfen, den wahren Gott zu erkennen. Sie spricht ihnen Mut zu und versichert ihnen, daß sie durch ihren Tod zu ihm gelangen würden. So gehen sie heiteren Sinnes in das Feuer, in dem sie alle umkommen. Ihre sterblichen Hüllen aber werden von den Flammen nicht verzehrt.

Dennoch gibt der Kaiser nicht nach. Was er durch Logik nicht erreicht hat, glaubt er durch Schmeichelei gewinnen zu können. Wieder huldigt er der Schönheit Katharinas; er verspricht ihr, sie an der Herrschaft zu beteiligen. Sie aber ändert ihre Meinung nicht: Sie sei die Braut Christi, sagt sie, und ihr einziger Wunsch sei das Martyrium.

Katharina befindet sich nun im Kerker. Während der zwölf Tage ihrer Gefangenschaft versorgt eine Taube sie mit Nahrung. Christus selbst erscheint ihr in seiner Herrlichkeit, von Engeln umgeben, um sie zu ermutigen und zu stärken.

Ihr letzter Tag ist gekommen, und schöner denn je wird die junge Frau vor den Kaiser geführt. Brennend vor Verlangen spielt er den Sanftmütigen: Wie kann er eine solche Schönheit in den Tod schicken? Doch unsere Heldin bleibt standhaft.

Nun erwartet sie die Hinrichtung durch das Rad. Doch das Foltergerät läßt sie unversehrt; gleichsam zu eigenem Leben erwacht, bewegen sich die Räder vorwärts, um unter ihren Henkern ein Blutbad anzurichten. Durch das Eingreifen eines Engels ist das Mädchen im Nu von Fesseln, Eisen und Rädern befreit.

Man möchte meinen, daß damit ihr Leben gerettet war und ihr Peiniger sich bekehrt hat. Doch es ist nicht so. Sie wird zum Tod durch Enthauptung verurteilt, und während sie Gott für den Opfertod dankt, bittet sie auch, es möge jeder erhört werden, der ihren Namen anruft.

Als ihr Haupt schon beinahe ganz abgetrennt ist, geschieht plötzlich wieder ein Wunder. Nicht Blut, sondern Milch quillt aus ihrem Hals. Dann fügen die Engel die Teile wieder zusammen, und man sieht, wie Katharina von ihnen zum Berg Sinai entrückt wird.

Jugend, Schönheit, adelige Herkunft, Standhaftigkeit, Wissen und dialektische Fähigkeit, die der Unwahrheit entgegentritt und andere zu wahrem Wissen bekehrt, haben wir als Elemente dieses Mythos bereits gesehen. Zu ihnen tritt eine ganze Reihe weiterer symbolischer Elemente mit vorwiegend theophanem Charakter, wie die Erscheinungen, die Taube, das Feuer. Milch und Öl bedeuten unbegrenzt gewährten Überfluß, himmlische Freude und Weitergabe von Wissen und Weisheit, die man erworben und die sich bewährt hat. Hinter dem Schleier der Theophanie oder anderer bildhafter Darstellungen verbirgt sich nichts anderes als der Besitz, der Genuß und die Vermittlung der himmlischen Wahrheit, einer Erkenntnis, die auf unmittelbarer und direkter Erfahrung des Göttlichen beruht.

Katharina ist daher ein Sinnbild für den Genuß und die Erkenntnis. Wie ein Festmahl ist die göttliche Weisheit (vgl. Weish 8); vollkommene Erkenntnis schenkt die Erfahrung der Ehe (vgl. Gen 4). Vielleicht integriert das mittelalterliche Thema der mystischen Hochzeit die Symbolik des Festmahls, um die vollkommene Wechselbeziehung zwischen Katharina und der göttlichen Weisheit darzustellen.

Diese Frauengestalt verkörpert aber auch den Geist der Kirche von Alexandrien, deren theologisches Schaffen das christliche Altertum beherrscht. Exegetisch und anthropologisch eigenständig und schöpferisch, steht sie jedem kulturellen Dialog offen gegenüber. In Alexandrien ist der Synkretismus Philons zur Blüte gelangt, dem die Kirchenväter so viel verdanken. In dieser Stadt hat der große Origenes gelehrt. Und ebenfalls in Alexandrien hat Klemens, der dem Christentum die Sprache der Mysterien schenkte, eine der kühnsten Transkulturationen des christlichen „Kerygmas" verwirklicht. Der Schlußteil der *Passio* versetzt Katharina auf den Sinai, wo sie der Überlieferung nach begraben liegt. Diese Verbindung mit dem Sinai ist für die Entschlüsselung des Mythos von großer Bedeutung. Zwischen Ägypten und Palästina, dem Schauplatz der Wanderung des Volkes Israel nach dem Auszug aus Ägypten, ist der Sinai in der religiösen Vorstellung des alten und neuen Volkes Gottes nicht nur der Ort der Theophanie, der Erscheinung Gottes, sondern auch der Ort der Reinigung und der Begegnung mit Gott.

Die Christengemeinde nimmt den heiligen Berg sogleich in Besitz. Wahrscheinlich gelangen zunächst ägyptische Mönche dorthin, um der Verfolgung zu entgehen. Wie auch immer, ein dem Berg Horeb nahegelegener Gipfel trägt noch heute den Namen St. Katharina, und das Andenken an eine der Jungfrau Maria geweihte Kirche ist eng mit einer Kultstätte der Heiligen verbunden, die schließlich sogar größere Bedeutung erlangt, so daß das in der Nähe errichtete Kloster bis heute den Namen der heiligen Katharina trägt.

Wurde die Märtyrerin wirklich auf den Sinai entrückt? Es gibt dafür keine Beweise. Von Bedeutung ist jedoch nicht so sehr die Tatsache als vielmehr die Verbindung der Verehrung des Sinai mit Katharina. Das geht so weit, daß sie als der Inbegriff für Askese und Kontemplation angesehen wird und man sie schließlich als Symbol christlicher Spiritualität darstellt, deren Streben nach Wahrheit und Weisheit in der theophanen Manifestation der „Glorie" sichtbar wird.

Eine ungenaue Überlieferung verknüpft Katharina von Alexandrien mit einer anderen Frau, die ebenfalls eine Märtyrerin ist, allerdings unter entgegengesetzten Vorzeichen. Gemeint ist die Philosophin Hypatia, eine Vertreterin der neuplatonischen alexandrinischen Schule, die im Jahre 415 von Christen auf grausame Weise ermordet wurde, weil sie ihre „heidnische" Wissenschaft verachteten.

Zum Unterschied von Katharina ist Hypatia eine historische Persönlichkeit. Vielleicht war es der Wunsch, ein Verbrechen wiedergutmachen, der Katharina zum christlichen Gegenstück Hypatias werden ließ? Wie auch immer, die Verknüpfung der beiden Gestalten ist in gewisser Weise ebenfalls ein Zeichen für die Anerkennung der Frau und ihrer Möglichkeiten, Weisheit zu erlangen. Da außerdem die Weisheit stets als Frau dargestellt wird, bedeutet es tatsächlich eine kulturelle Wiedergutmachung, die historische Gestalt Hypatias und die mythische Gestalt Katharinas nicht nur als Ausnahmeerscheinungen anzusehen, sondern als einen weiteren Beweis für die Identität von Weiblichkeit und Weisheit.

Freundschaft und kirchliches Amt: Die Diakonin Olympias († um 410)

Es ist unmöglich, die Gestalt der Diakonin Olympias darzustellen, ohne ihre Freundschaft mit Johannes Chrysostomos miteinzubeziehen. Die beiden lernen sich in den Jahren seiner Wahl zum Patriarchen von Konstantinopel kennen. Johannes Chrysostomos, der aus Antiochia stammt und von seiner Mutter Anthusa im christlichen Glauben erzogen wurde, hatte den für junge Männer der wohlhabenden Klassen üblichen Bildungsweg durchlaufen. Er befaßte sich zunächst mit Rhetorik und entschied sich dann zu einem Leben radikaler Askese – anfangs zwar noch etwas gemäßigt, um seine Mutter nicht zu enttäuschen –, dem er sich später, nach ihrem Tod, mit großem Enthusiasmus etwa sechs Jahre lang hingab. Die Jugend von Chrysostomos, seine Taufe und die grundsätzlichen Entscheidungen seines Lebens sind eng mit der Geschichte der Kirche von Antiochia verbunden, für die in diesen Jahren ein langes Schisma zu Ende geht, das mit jenem Bischof Meletios beginnt, der Chrysostomos im Jahr 369 als achtzehnjährigen Jüngling tauft und ihn zunächst zum Lektor und 380 zum Diakon beruft. Von Bischof Flabianos wird er zum Priester geweiht und übt dieses Amt bis zu seiner Wahl zum Patriarchen von Konstantinopel im Dezember 397 aus.

Chrysostomos bringt die Forderungen eines radikalen Christentums nach Konstantinopel mit. Das prächtige und kosmopolitische „Zweite Rom", gerade am Höhepunkt seines Glanzes angelangt, ist zwar christlich, hält im übrigen aber am heidnischen Prunk bei Hof und an den Schauspielen fest und findet diesen asketischen Bischof, dem der soziale Rang seiner Gesprächspartner völlig gleichgültig ist, unbequem und störend. So fällt es Theophilos von Alexandrien, seinem Gegenspieler und Rivalen, nur allzu leicht, zum Katalysator jedweder Unzufriedenheit zu werden, die bei Hof und seitens des Klerus über den neuen Patriarchen geäußert wird.

Zu diesem Zeitpunkt tritt Olympias in das Leben von Chrysostomos. Man kann sagen, daß sie den einflußreichen Kreisen angehört. Ihre Vermählung mit einem hohen kaiserlichen Beamten war ein gesellschaftliches Ereignis, an dem alle bedeutenden Persönlichkeiten der Kaiserhäuser des Ostens und des Westens teilnahmen. Als Waise war sie von ihrem Vormund Theodosia anvertraut worden, der Schwester von Amphilochios, dem Bischof von Ikonion. Sie wuchs in einem religiösen und intellektuellen Kreis auf, in dem die Heilige Schrift eine zentrale Rolle spielte und der Gregor von Nazianz (der ihr, weil er an der

Hochzeit nicht teilnehmen konnte, ein *Gedicht* sandte) und Gregor von Nyssa, der ihr seinen *Kommentar zum Hohenlied* gewidmet hat, zu seinen Gesprächspartnern zählte.

Die Ehe von Olympias dauert kaum ein Jahr. Als Witwe hält sie es für ihre Pflicht, ein Lebensideal zu verwirklichen, dem auch andere adelige Frauen bereits folgen. Sie beginnt also, ihr beträchtliches Vermögen allen erdenklichen kirchlichen Zwecken und den Armen zur Verfügung zu stellen. Der Kaiser aber verlangt von ihr, sich wieder zu verheiraten. Als sie sich weigert, wird ihr Vermögen konfisziert. Der Lebenswandel der jungen Witwe ist jedoch so beispielhaft, daß Theodosios seine Entscheidung rückgängig macht. Nachdem sie ihren Besitz zurückerhalten hat, stellt sie ihn erneut großzügig wohltätigen Zwecken zur Verfügung. Obwohl sie noch nicht vierzig Jahre alt ist, ernennt Bischof Nektarios sie zur Diakonin.

Als Chrysostomos dessen Nachfolger wird, macht Olympias sich mit Begeisterung seine Reformpläne zu eigen und hält ihm auch die Treue, als er seines Amtes enthoben und verbannt wird. Ihr, die ihm in der Zeit des ersten und schließlich des zweiten und endgültigen Exils zur Seite steht, wird später selbst der Prozeß gemacht, sie wird verurteilt und ihre Gemeinde aufgelöst.

Die Lebensgeschichte von Chrysostomos und Olympias ist also mit Leid und Prüfungen verbunden. Die beiden erleben das tragische Schicksal ihrer Kirchengemeinde, aber auch den Schmerz ihrer Trennung voneinander.

Im 4. Jahrhundert entpricht das Bischofsamt natürlich nicht unseren heutigen Verhältnissen. Die christliche Gemeinde ist viel mehr miteinbezogen. Das Amt des Bischofs ist zwar ein sogenannter Monepiskopat (jede Stadt hat nur einen Bischof, der alle Rechte innehat) – der einzige, der aus der nachapostolischen Zeit bekannt ist –, doch die Beziehung zwischen Bischof und Ortskirche ist eher durch Väterlichkeit als durch Macht gekennzeichnet. Der Bischof ist der Garant für die Einheit der Ortskirche, deren Gläubige sich bei der Eucharistiefeier um ihn versammeln. Mit ihm stehen die Diakone und Diakoninnen im Dienst der Kirche, weiters die Priester sowie die Lektoren, die Akolythen und Katechisten. Die Kirchengemeinde im 3. und 4. Jahrhundert ist alles andere als homogen. Es gibt in ihr eine Vielfalt von Diensten. Männer und Frauen bekleiden im Dienst der Kirche verschiedene Arten von Ämtern oder üben das allgemeine Priestertum aus, dem Johannes Chrysostomos besondere Beachtung schenkt.

Dem zivilen Leben mit seinen Pferderennen und seinen Schauspielen setzt die Kirche ihre Rituale der Nachtwachen und liturgischen Feiern entgegen. Auf die geschliffene Rede der heidnischen Rhetoren antwortet sie mit den „goldenen“ Worten ihrer Hirten und Seelsorger.

Das Ende des 4. und der Beginn des 5. Jahrhunderts sind von verschiedenen politischen und sozialen Spannungen gekennzeichnet. Der Westen gerät durch die Germanenvölker immer mehr in Bedrängnis, und auch der Osten bleibt davon nicht verschont, wie die Beschreibungen von Johannes Chrysostomos über die Einfälle der Isauriker beweisen. Inzwischen verbannt man ihn immer weiter an die Grenzen des Reiches, um sich auf diese Weise eines hinderlichen und unbequemen Gefangenen zu entledigen.

Innerhalb des Reiches wird vor allem in Konstantinopel die soziale Kluft immer größer. Wie auch heute noch entsteht dort, wo sich der größte Wohlstand konzentriert, auch die größte Armut. Größter Verschwendung steht bitterste Not gegenüber. In jedem Armen, der um Hilfe fleht, sieht Chrysostomos Christus selbst. Die Wohlhabenden, die kaum auf ihn hören, die selbst gut genährt und gekleidet sind und auch während der Liturgie nicht darauf verzichten, ihren Luxus zur Schau zu stellen, erinnert er daran, daß auch die Armen ein Teil des Leibes Christi, also der Kirche, sind: Man dürfe den Aufschrei des gepeinigten und verwundeten, des elenden und nackten Christus nicht überhören.

Chrysostomos ist davon überzeugt, daß die *Nachfolge Christi* keinen Weg der Mitte duldet. Es kann nicht eine Regel der Askese geben, die nur wenige befolgen, und einen Mittelweg, den alle anderen gehen. Der christliche Radikalismus macht keinen Unterschied zwischen Laien und Klerikern, zwischen Verheirateten und jenen, die enthaltsam leben. Seine Strenge stört vor allem den Klerus, der in der damaligen Gesellschaft bereits eine bevorzugte gesellschaftliche Stellung einnimmt.

Olympias hat bisher also unbewußt ein kirchenfeindliches Vorhaben unterstützt. Indem sie dem Klerus unter die Arme griff, hat sie sein Parasitentum gefördert. Als Chrysostomos nach Konstantinopel kommt, bittet er sie, vorsichtiger zu sein. Die Gastfreundschaft, die in der alten Kirche eine besonders große Bedeutung hat, dürfe nicht ohne Unterschied gewährt werden; Nächstenliebe solle nicht unüberlegt sein. Man dürfe nicht ein Christentum fördern, das die zentralen Werte des Evangeliums mißachtet.

Olympias befolgt seine Anweisungen aufs Wort. Nach der Begegnung mit ihm unterstützt sie die Kirche womöglich noch großzügiger, ist jedoch auch strenger und vorsichtiger. An seiner Seite erfüllt sie alle Aufgaben, die ihr Amt als Diakonin mit sich bringt: die Salbung nach der Taufe, die Katechese für die Frauen, die Werke kirchlicher Wohltätigkeit, den Gebetsdienst, die kirchliche Vermittlertätigkeit und den Dienst der Gastfreundschaft. Olympias stellt ihr Haus gänzlich dem Bischof und der Kirche von Konstantinopel zur Verfügung. Hier nimmt sie alte Ehepaare auf, ehemalige Sklavinnen, die nun ihre Schwestern sind, und andere adelige Damen. Sie verwirklichen das Modell eines strengen Gemeinschaftslebens, das sich am Wort Gottes orientiert und vor allem der kirchlichen Gastfreundschaft gewidmet ist. Chrysostomos, der besonders hart mit der Unsitte der *Agapeten* (Jungfrauen, die mit einem Mönch oder Kleriker unter einem Dach wohnen) ins Gericht geht, sieht das Zusammenleben mehrerer Frauen als ein Modell an, das sie von der Notwendigkeit befreit, mit einem Mann zusammenleben zu müssen. Er hält eine schwesterliche Gemeinschaft, die sich Gott und der Kirche weiht, für eine weit wirksamere Möglichkeit der Glaubensverkündigung und des Zeugnisses.

Die Gemeinschaft um Olympias gelangt also zu ihrer Blüte, weil sie die Erwartungen des Bischofs erfüllt und außerdem jene völlige Emanzipation der Frau erreicht, die er, wie Ambrosius und Hieronymus, in der christlichen Jungfräulichkeit verwirklicht sieht.

Doch kirchliches Prophetentum im Sinne von Chrysostomos und Olympias bedeutet auch noch etwas anderes, nämlich die Treue zur Ortskirche, zu ihrer Autonomie und zu ihren Werten. Chrysostomos wird zwar verbannt und seines Amtes enthoben, erkennt jedoch beides nicht an. Daß man ihn von seiner Kirche trennt, betrachtet er als ein Verbrechen, und seinen Nachfolger, der ein Werkzeug des kaiserlichen Hofes ist, bezeichnet er als „Ehebrecher", weil der Kirche von Konstantinopel zu Unrecht der „Bräutigam" genommen wurde. Olympias muß die Qual dieser unrechtmäßigen Usurpation des Amtes miterleben.

Chrysostomos macht eine bittere Erfahrung. Aufgrund seiner außerordentlichen Fähigkeiten hat er ein hohes Amt erreicht, doch sobald er eine seinen Vorstellungen entsprechende Lebensweise einfordert, wird er mit Skepsis betrachtet. Seine verbalen Kraftausdrücke sind jedoch nicht Selbstzweck. Sie sind nicht auf den Applaus seiner Zuhörer ausgerichtet. Die *Nachfolge Christi* und die *Freiheit der Kirche* stehen auf dem Spiel. Andererseits – seine Begegnung mit Olympias fällt hier sicher ins Gewicht – ist der Sprecher der Kirche von Konstantinopel nicht mehr jener Asket, den einst in Antiochia das radikale Modell so tief beeindruckte, daß er ihm, wie die Enkratiten, bis zur völligen Enthaltsamkeit folgte. Der Bischof von Konstantinopel ist ein genauer Kenner des menschlichen Wesens und kann daher auch die Bedeutung des Dialogs und der menschlichen Beziehungen genau erkennen. Sein Reisetagebuch, in dem er sich auf den Sinn der Ehe bezieht, beweist es; und auch die Tatsache, daß er die *paideia* (Bildung) für Mann und Frau gleichermaßen für notwendig erachtet; und schließlich zeigen auch die Briefe an Olympias, daß er nicht von vornherein ein unduldsamer und rechthaberischer Gesprächspartner ist.

Wie Chrysostomos läutert auch Olympias ihr Seele. Sie denkt über ihren Witwenstand nach. Vermutlich fragt sie sich auch, ob die Tatsache, daß sie verheiratet war, ein Hindernis auf dem Weg zu jenem radikalen Glaubensideal darstellt, das sie durch Gebet, durch die Strenge ihres Lebens und durch Almosen erreichen möchte. Zu ihrer Zeit gilt die Jungfräulichkeit als der einzig mögliche Weg der authentischen *Nachfolge Christi*. Chrysostomos schreibt ihr, daß die Nächstenliebe noch wichtiger sei. Am Tag des Jüngsten Gerichts werde Christus für den Eintritt in sein Reich keinen Unterschied zwischen der Jungfräulichkeit und dem Ehestand machen. Er werde Rechenschaft über die Nächstenliebe verlangen. Die törichten Jungfrauen, schreibt Chrysostomos, würden verdammt werden, denn es genügte nicht, daß sie Jungfrauen waren; ihnen fehlte das Öl der Nächstenliebe, das nur die Lampen der klugen Jungfrauen speiste.

Olympias aber werde tausend Kronen erhalten, weil ihre Nächstenliebe unerschöpflich sei.

Doch diese Nächstenliebe äußert sich nicht nur still und leise und im privaten Rahmen. Die Kronen, die Olympias sich verdient, verdankt sie nicht bloß den guten Werken, die sie im Verborgenen leistet, nicht ihnen allein. Man kann das Amt und das kirchliche Prophetentum der Diakonin nur verstehen, wenn man es unter dem besonderen Aspekt der Solidarität mit ihrem Bischof betrachtet. Olympias ist und bleibt in heiklen Fragen stets der verlängerte Arm von Chrysostomos. Solche Fragen sind etwa die Beziehungen zum Klerus und zu den anderen Bischöfen; die Mittlertätigkeit bei der Nominierung neuer Bischöfe; die Weiterleitung von schriftlichen und mündlichen Botschaften. Alle diese Aufgaben erhalten in den Briefen, die Chrysostomos aus dem Exil schreibt, ihre Bestätigung. Es besteht jedoch Grund zur Annahme, daß sie diese Aufgaben bereits vor dem Exil innehatte. Palladios berichtet beispielsweise, daß diese Dienste nicht nur auf Chrysostomos beschränkt waren. Auch Bischof Nektarios hörte laut Palladios auf ihren Rat und wandte sich in jeder Angelegenheit an sie. Auch andere Frauen der Geschichte hatten Mittlerfunktionen, waren Vertraute von Bischöfen, Priestern und Päpsten. Das Besondere an Olympias ist die Tatsache, daß sie alle diese Aufgaben kraft ihres Amtes als „Diakonin" wahrnimmt.

Wie bereits erwähnt wurde, ist Olympias aber auch die „Freundin" von Chrysostomos. Schon die Griechen haben sich immer wieder gefragt, ob es die *philia*, die selbstlose Freundesliebe, im Herzen einer Frau überhaupt geben könne; mehr noch, ob Frauen, abgesehen von ihrer Fähigkeit zur *philia*, ihrer auch würdig seien. Das Christentum bricht mit den Gesetzen einer Welt, die aus Freundschaft eine männliche Tugend gemacht hat. Sicher zeigen die Frauen in ihrer Nachfolge Christi Heroismus und „männliche" Stärke, doch ich glaube, daß die befreiende Wirkung des jungen Christentums darin besteht, daß es Männer und Frauen einander gleichstellt, so daß sie schließlich darum wetteifern, das Ziel der Vollkommenheit zu erreichen. Dieses Idealbild schließt gegenseitige Zuneigung nicht aus. So wie einst die mythologischen Helden der Antike den Kreislauf von Leben und Tod unter dem Aspekt der Freundschaft betrachteten, sind es nun christliche Männer und Frauen, die sich in Freundschaft miteinander verbinden.

Die Beziehung zwischen Olympias und Johannes Chrysostomos ist nicht nur funktional und hierarchisch. Es ist vor allem eine freundschaftliche Beziehung, die im gemeinsamen Dienst an der Kirche fest verwurzelt ist.

Möglicherweise wüßten wir nichts darüber, wenn ihr Leben nicht so tragisch verlaufen wäre. Zugleich mit einem außergewöhnlichen kirchlichen Zeugnis sehen wir ihre völlige Übereinstimmung: Das Leiden um der Kirche willen, der Schmerz ob ihrer Trennung und ihres Fernseins voneinander sind wie ihre Freundschaft und ihr Kirchenamt untrennbar miteinander verbunden.

Wir alle kennen die Depression und die Niedergeschlagenheit, die uns erfaßt, wenn ohne unser Zutun eines unserer Vorhaben zunichte wird. Umso schlimmer ist es, wenn wir uns mit jeder Faser bewußt sind, daß dieses Vorhaben für die Zukunft der kirchlichen Gemeinschaft, der wir angehören, entscheidend ist.

Das alles erlebt Olympias, und es erfüllt sie mit Verzweiflung und Niedergeschlagenheit. Ihre Depression, als ernste seelische Erkrankung, entsteht, als ihr quälend bewußt wird, daß der Reformplan von Chrysostomos, sein Modell von Kirche, von Gott stammt. Aus diesem Grund kann sie auch seine Demütigung, seine Verfolgung und seine Verbannung nicht verstehen. Doch die Parteien von Kaiserin Eudokia und Theophilos von Alexandrien sind stärker; die Gegenargumente gewinnen die Oberhand, obwohl sie aus kirchlicher Sicht überhaupt nicht stichhaltig sind. Doch angesichts einer so gespaltenen Kirche mit ihren untereinander zerstrittenen Bischöfen ist die Niederlage unvermeidlich. Dieser Zwist ist wirklich ein düsteres und unrühmliches Kapitel der Kirchengeschichte. Chrysostomos ist sich dessen bewußt und schreibt darüber in düstersten Farben. Dennoch fordert er Olympias auf, sich nicht zu sorgen. Es sei für die Seele tödlich, anderer wegen betrübt zu sein. Der Gedanke an den Lohn, der sie erwartet, solle ihr ein Trost sein.

Doch dieser Gedanke kann die Schwermut, die Olympias erfaßt hat, nicht heilen. Ihr Kummer hat noch eine andere Ursache. Viele Jahre lang hatte sie in allem das Leben ihres bischöflichen Freundes geteilt und jeden seiner Wünsche erfüllt. Er war der einzige, der stets freien Zutritt zu ihrem Haus hatte. Mit ihm hat sie jeden Kummer, jede Freude, jedes pastorale Vorhaben geteilt. Dieses gewohnte Leben liegt nun in Trümmern. Sie kann seine Worte nicht mehr hören und seinem Rat nicht mehr folgen; sie darf ihn nicht mehr sehen ... Neben der Verzweiflung über das Unwetter, das über die Kirche hereingebrochen ist, empfindet die Diakonin es als tiefen Schmerz, der körperlichen Nähe jenes Menschen beraubt zu sein, den sie liebt.

Und nicht nur sie fühlt diesen Schmerz. Auch Chrysostomos, der sie inständig bittet, ihm möglichst oft zu schreiben, verzehrt sich in der Erwartung ihrer Briefe, die in der Ferne sein einziger Trost sind. Er leidet unter ihrer Niedergeschlagenheit, doch das Wissen, daß sie siegreich bleiben, die Prüfung bestehen und ihre Krankheit, die Verfolgung und die Trauer überwinden wird, gibt auch ihm neuen Mut. Und wenn er sie auch nicht durch seine Anwesenheit, seinen Trost und seinen Rat aufrichten kann, so versteht er doch ihre Qual und findet Worte für ihren Schmerz.

Seine Abwesenheit stürzt Olympias in tiefste Verzweiflung. Sie fragt sich, wie sie ohne ihn weiterleben soll. Er versteht ihren Kummer und schreibt:

> Den Liebenden genügt es nicht, wenn ihre Seelen miteinander verbunden sind, sie sind mit diesem Trost nicht zufrieden, sie sehnen sich auch nach körperlicher Nähe: ohne sie fehlt ihnen ein wesentlicher Teil ihres Glücks ... Sind nur zwei Seelen

miteinander verbunden, so können sie nichts sagen und nichts hören. Nur die körperliche Nähe macht es möglich, etwas zu sagen und denen zuzuhören, die man liebt ...

Olympias solle die Hoffnung auf ein Wiedersehen nicht aufgeben, sie werde sich sicher erfüllen ... Die Worte von Chrysostomos klingen tröstlich. Sie zeigen uns aber auch, daß wahre Liebe den Mut findet, sich konkret zu äußern. Als Wahrheit eines Gottes, der Mensch geworden ist, darf das Christentum nicht vergessen, daß die Erlösung auch körperliche Dimensionen hat.

Johannes Chrysostomos und Olympias haben sich nicht wiedergesehen. Er stirbt im Jahr 407 in Cumana in Pontus. Einige Jahre nach ihm stirbt auch die Diakonin; es war ihr nicht mehr vergönnt, die Rehabilitierung der Anhänger des verbannten Bischofs mitzuerleben.

Das Modell und die Abweichung

Die folgenden Gestalten sind in verschiedener Hinsicht „beispielhaft“: Zunächst in ihrer Verkörperung des Glaubensmodells der Kirchenväter, doch ebenso in der Darstellung der Anomalien und Probleme dieser Zeit. Von den drei Frauengestalten ist Thekla am wenigsten faßbar. Es handelt sich bei ihr nicht so sehr um eine historische Persönlichkeit als um eine Gestalt, die im Volksglauben als unermüdliche Weggefährtin des Apostels Paulus bekannt geworden ist. Priscilla und Maximilla sind Vertreterinnen der komplexen Häresiebewegung des Montanismus. Fabiola schließlich ist eine Frau, die in den Augen der Glaubensgemeinde der Kirchenväter besonders schwere Schuld auf sich lädt, weil sie es wagt, sich von einem unerträglichen Mann zu trennen und einen anderen zu heiraten.

Eine emanzipierte Schülerin: **Thekla (1. Jh.)**

Es ist schwierig, sich in einem Labyrinth der Erinnerung zurechtzufinden, vor allem, wenn Liebe und Verehrung es errichtet haben. Die historische Gestalt einer Märtyrerin namens Thekla wird überlagert von der legendären Gestalt einer anderenThekla, der Hauptfigur einer Art von Roman, den ein Priester aus Kleinasien unvorsichtigerweise verfaßt hatte. Als er diesen ganz offen als Produkt seiner Phantasie bezeichnete, konnte er wirklich nicht ahnen, daß man ihn deshalb seines Amtes entheben würde.

Diese apokryphen *Acta Pauli et Theclae*, die im 2. Jahrhundert verfaßt wurden, sind ihrem Inhalt nach keineswegs häretisch. Sie gehören zur Gänze der

Kunstgattung der frommen und erbaulichen Dichtung an. Neben der konkreten Frau, von der sie inspiriert sind, beschreiben sie uns eindrucksvoll eine außergewöhnliche weibliche Modellgestalt, die in der Christengemeinde zweifellos großen Anklang findet. Thekla wird der „geheime Name“ Makrinas, den Emmelia in einem Traum erfährt. Mit Thekla und ihrer Beziehung zu Paulus wird Olympias in ihrer Sorge um Chrysostomos verglichen, und auch Ambrosius nennt sie neben anderen Frauengestalten seiner Schwester als Beispiel.

Von den Theklas des Heiligenkalenders ist Thekla aus Ikonion jene Heilige, über die es die ältesten Dokumente gibt und deren Verehrung am weitesten verbreitet war. Doch in den maßlosen Übertreibungen der Legende verliert sich jede historische Spur einer Frau, die in den ältesten Martyrologien erwähnt wird.

Dasselbe gilt auch für Beweise in Form von Ikonographien und Denkmälern. Archäologische Forschungen sehen das türkische Seleukia als die wahrscheinlich älteste Kultstätte der Heiligen an. Diese Orte hat übrigens bereits die mysteriöse Pilgerin Egeria besucht. In Seleukia befindet sich auch die unterirdische Kirche, die möglicherweise eine Erweiterung jener Grotte ist, in der Thekla die letzten Jahre ihres Lebens im Gebet verbracht hatte und wo der Felsspalt sie aufnahm, um sie vor ihren Verfolgern zu retten.

In der Legende ist Thekla eine junge Frau aus Ikonion, die von der Lehre des Apostels Paulus tief beeindruckt ist:

> Am Fenster des Nachbarhauses lauschte die Jungfrau Thekla Tag und Nacht den Worten des Paulus, der über die Keuschheit sprach; nie verließ sie ihren Platz am Fenster, sondern blieb, vom Glauben gestärkt, dort sitzen, und unaussprechliche Freude erfüllte sie. Als sie aber viele Frauen und Jungfrauen in sein Haus gehen sah, wünschte auch sie, seiner Gegenwart würdig zu sein und das Wort Christi hören zu können: Noch nie hatte sie Paulus gesehen, nur seine Worte hatte sie gehört.

Ihre Mutter Theoklia und ihr Verlobter Thamyris bemühen sich vergebens, sie aus ihrer Verzückung zu reißen:

> Sie weinten bittere Tränen: Thamyris um die verlorene Frau, Theoklia um den Verlust der Tochter ...

In der Erzählung erscheinen nun zwei dunkle Gestalten, die sich Paulus in böser Absicht anschließen. An sie wendet sich Thamyris, um zu erfahren, warum Thekla ihn nicht erhören will. Sie raten ihm, Paulus vor dem Statthalter zu denunzieren. Er folgt ihrem Rat, und Paulus wird daraufhin festgenommen. In der Nacht besticht Thekla die Wachen mit ihren Armbändern und besucht Paulus im Gefängnis. Inzwischen suchen die Eltern nach ihr und finden sie dort mit Hilfe des Gefängnisaufsehers sozusagen „in Ketten der Liebe“. Paulus wird aus der Stadt gejagt, und Thekla, die sich weigert, zu heiraten – und damit gleichsam gegen die Gesetze des Staates verstoßen hat –, wird zum Feuertod verurteilt. Wie erwartet, kann das Feuer ihr nichts anhaben: Ein von Gott gesandter Regen rettet sie. Eilig macht sie sich auf den Weg zu Paulus, der sich an der Straße, die von Ikonion nach Daphne führt, verborgen hält. Er ist bereits in Sorge um sie und freut sich, als er sieht, daß sie der Gefahr wohlbehalten entronnen ist.

> Und Thekla sprach zu Paulus: „Ich werde meine Haare abschneiden lassen und dich begleiten, wohin du auch gehst." Doch er entgegnete: „Es sind schlimme Zeiten, und du bist voll Anmut. Es könnte dir eine Prüfung bevorstehen, die schlimmer ist als die erste, und vielleicht wirst du sie nicht bestehen ..." Und Thekla sprach: „Besiegle meinen Bund mit Christus, und ich werde jede Prüfung bestehen." Paulus antwortete: „Hab Geduld, Thekla, du wirst das Wasser (der Taufe) empfangen."

Thekla verläßt ihren Verlobten und ihre Familie, um dem Apostel auf seiner Missionsreise zu folgen. In Antiochia erweckt sie das Verlangen eines gewissen Alexander. Als sie ihn abweist und sogar lächerlich macht, wird sie wieder vor dem Statthalter angeklagt. Diesmal lautet ihr Urteil auf Tod durch die wilden Tiere. In der dramatischen Schilderung des Martyriums greift nun Königin Tryphaina in das Geschehen ein. Sie verteidigt die Jungfräulichkeit Theklas, kann sie jedoch nicht vor der Verurteilung retten. Und während sie bereits in der Arena steht, wo die Bestien jedoch nicht sie anfallen, sondern gegeneinander kämpfen, spendet sie sich selbst die Taufe:

> Man ließ nun viele Raubtiere auf sie los, doch sie stand immer aufrecht da, die Hände zum Gebet erhoben. Nachdem sie ihr Gebet beendet hatte, wandte sie sich um, erblickte einen großen, mit Wasser gefüllten Graben und sprach: „Nun ist es Zeit, mich zu waschen." Und mit den Worten „Im Namen Jesu Christi taufe ich mich an meinem letzten Tag" sprang sie ins Wasser.

Es ist das Becken der Seehunde. Die Menge denkt, diese würden sie nun töten. Doch die Tiere treiben tot auf der Wasseroberfläche, während Thekla von einer feurigen Wolke verhüllt wird: So können die Bestien ihr nichts anhaben und die Zuschauer ihre Nacktheit nicht sehen.

Selbst nach diesen Wundern findet sie vor dem Statthalter keine Gnade. Doch nun sinkt Königin Tryphaina in tiefe Bewußtlosigkeit, die sie wie tot erscheinen läßt. Aus Furcht, der Tod könnte die ganze Stadt heimsuchen, bittet nun auch Alexander um Gnade. Als der Statthalter sich vor der unbekannten Macht, die Thekla schützt, geschlagen gibt, rufen die anwesenden Frauen: „Es gibt nur einen Gott, und er ist es, der Thekla gerettet hat."

Tryphaina nimmt die Jungfrau in ihrem Haus auf. Dort bleibt sie acht Tage lang, verkündet ihr das Wort Gottes und erreicht, daß sie und ihre Dienerinnen sich zum Christentum bekehren.

Wie schon erwähnt, ist Thekla von Paulus tief beeindruckt. Sie verkleidet sich daher als Mann, um ihn zu suchen. Schließlich findet sie ihn in der Stadt Myra. Sie berichtet ihm von den Ereignissen, und beide freuen sich. Dann erklärt sie ihm, sie wolle nach Ikonion zurückkehren. Er antwortet ihr: „Geh hin und verkünde das Wort Gottes!" Thekla kehrt zu ihrer Mutter zurück, um ihr den Willen Gottes zu bezeugen. Dann macht sie sich auf den Weg nach Seleukia, wo sie „in einen süßen Schlaf fällt, nachdem sie viele Menschen durch das Wort Gottes erleuchtet hat".

Im Grunde endet damit die Erzählung, doch gibt es verschiedene Schlußversionen, die alle schildern, wie Thekla nach einem langen asketischen Leben ihren Verfolgern entkommt, die ihr trotz ihres hohen Alters Gewalt antun wollen. Durch ein Wunder öffnet sich die Felswand, durch die sie in den Frieden des Herrn eingeht.

Dieser phantasievolle Roman enthält eine ganze Reihe interessanter Details über die Geisteshaltung christlicher Frauen in der damaligen Zeit. Thekla ist eine Art Vorläuferin des Feminismus: Zugunsten der Jungfräulichkeit lehnt sie die Ehe ab; sie erduldet mannhaft das Martyrium und geht daraus als Siegerin hervor; sie verkleidet sich als Mann und entspricht so auch äußerlich der ethischen Forderung, „männlich" zu werden, um so weibliche Schwäche und Unvollkommenheit zu überwinden. Sie legt nicht nur ihren Schmuck und ihre Frauenkleider ab, sondern wagt es sogar, sich die Haare zu schneiden, um glaubhafter zu wirken. Wie wir sehen können, ist sie schließlich selbst den Männern überlegen. Am Ende emanzipiert sie sich sogar von Paulus, als sie sich von ihm trennt, um nach Ikonion zurückzukehren.

Die Besonderheit dieser Gestalt, der mutige Beweis ihrer Unabhängigkeit ist die Tatsache, daß sie sich selbst die Taufe spendet. Nicht weniger bedeutsam ist, daß sie ohne Unterstützung oder Hilfe eines Mannes zur Wandermissionarin wird. Hat es also im frühen Christentum doch Wandermissionarinnen gegeben? Die Frage ist schwer zu beantworten und sehr aktuell. Die feministische Deutung des Textes spricht dafür. Die Missionsbewegung der Frauen war wohl ebenso wie das Christentum gezwungen, sich den herrschenden Bräuchen anzupassen, so daß ihre Geschichte und ihre Erfahrung ausgelöscht wurden und es den Frauen – siehe Lk 10,42 – nur mehr gestattet war, das Wort zu „hören".

Man kann verstehen, weshalb der dissidente Feminismus Thekla zu seinem Vorbild gewählt hat, und auch, daß ein anderes, von Bischof Basilius von Seleukia im 5. Jahrhundert verfaßtes und geradezu frauenfeindliches Werk über *Das Leben und die Wunder Theklas* darauf abzielt, das herkömmliche Bild der Frau wiederherzustellen.

Zwischen Geist und Häresie: Priscilla und Maximilla (2. – 3. Jh.)

Eines der interessantesten, historisch betrachtet jedoch schwierigsten Kapitel ist die Präsenz der Frauen in den Bewegungen des dissidenten Christentums um die

Wende vom 2. zum 3. Jahrhundert. Trotz ihrer feindseligen Polemik bestätigen die historischen Quellen, daß die Frauen in ihnen eine führende prophetische Rolle gespielt haben. Ob die Gründe dafür in ihrer größeren disziplinären Treue zu suchen sind, etwa in einer Art von Konservatismus, der die Bedeutung des Prophetentums in der Frühzeit des Christentums besonders respektierte? Disziplinärer Konservatismus oder nicht, die Kirchenschriftsteller, die darüber berichten, zögern jedenfalls nicht, dieses Phänomen als „Häresie" zu bezeichnen. Die Beziehung Frau – Heiliger Geist scheint ihnen suspekt, wenn nicht gar diabolisch zu sein; und Frauen, die zu behaupten wagen, mit dem Heiligen Geist in Verbindung zu stehen, werden als Häretikerinnen und Gegnerinnen der wahren Lehre bezeichnet.

Die Beziehung Frau – Heiliger Geist reicht weit zurück. Man kann sie unmittelbar mit dem weiblichen Geschlecht des Geistes in Verbindung bringen – mit der *ruah* des Alten Testaments. Oder einfacher noch, man kann es als ein Phänomen des Prophetentums bezeichnen, als Attribut seiner unlogischen und oft ekstatischen Sprache – man denke nur an die Sybillen –, daß es vor allem mit weiblichen Stereotypen verbunden wird. Das frühe Christentum legitimiert das Prophetenamt der Frauen innerhalb der geltenden Regeln von Anstand und Bescheidenheit (vgl. 1 Kor 11). Doch mit der fortschreitenden Strukturierung der christlichen Gemeinde wächst der Argwohn gegenüber Prophetinnen oder auch Frauen, deren Leben beweist, daß sie die Gabe des Geistes besitzen. Wenn wir so wollen, bedingt die Institutionalisierung einer Lehre die Verdrängung charismatischer Phänomene. Parallel zu dieser Entwicklung, offenbar als Reaktion darauf, können wir sehen, daß die Frauen immer enger mit dem Geist verbunden werden und er sogar als göttliches weibliches Prinzip definiert wird. Die heterodoxen Gemeinschaften, die sich solche Theorien zu eigen machen, zeigen eine starke weibliche Präsenz, die bis zur Ausübung von Ämtern reicht. Hier wagen es Frauen, zu unterrichten, zu diskutieren, Exorzismen durchzuführen, zu heilen und sogar zu taufen ...

Ganz abgesehen von der jeweiligen Lehrmeinung – orthodox oder heterodox –, ist das wahre Problem die Frage nach der Identität der Frauen in der Kirche. Zweifellos ist die Großkirche nur zu gerne bereit, sich einer kulturellen Tradition anzuschließen, die der Frau jede Autorität verweigert, sie von der Öffentlichkeit ausschließt und sie auf eine dienende Funktion beschränkt. Da die heterodoxen Gemeinschaften die enge Verbindung zwischen Geist und Weiblichkeit anerkennen, schaffen sie einen Freiraum für die Frauen, ja sie gestehen ihnen im Dienst der Kirche sogar eine charismatische Führungsrolle zu. Diese Meinungsverschiedenheit hat im Neuen Testament ihre Präzedenzfälle. Man denke nur an die verschiedenen und widersprüchlichen Behauptungen in den Paulusbriefen von Gal 3,28 über 1 Kor 11 oder 1 Kor 14,34 bis zu 1 Tim 2,9 ff.

Maximilla und Priscilla, die an der Seite von Montanus wirken – wir befinden uns im 2. Jahrhundert, in den Jahren zwischen 160 und 170 – stehen mitten in einer langen Reihe, die vermutlich mit jener Isebel der Kirche von Thyatira beginnt, über die sich bereits der Autor der Johannes-Apokalypse erbost. Über die beiden Frauen berichten uns Eusebius von Caesarea und Epiphanios. Wie bereits angedeutet, handelt es sich dabei eindeutig um Streitschriften. Wir haben es also mit abwertenden und noch dazu ungenauen Berichten zu tun. Über die beiden Prophetinnen werden die üblichen Gerüchte verbreitet: daß sie sich schminken, den Luxus lieben, Geld annehmen und für Zinsen verleihen und daß sie ihre Gatten verlassen haben, nachdem der Geist über sie gekommen ist ...

> Wir können beweisen, daß diese ersten Prophetinnen ihre Männer verließen, sobald der Geist sie erfüllt hatte. Wie kann man daher lügen und Priscilla als Jungfrau bezeichnen?
> Verbietet nicht die Heilige Schrift dem Propheten, Gaben und Geld anzunehmen? Wenn ich sehe, daß die Prophetin Gold, Silber und kostbare Gewänder erhalten hat, wie könnte ich sie nicht tadeln?
> Sag mir, färbt eine Prophetin ihre Haare? Schminkt sie ihre Augenbrauen schwarz? Liebt sie den Luxus? Spielt sie mit Würfeln? Verleiht sie Geld? Sagt, ob das alles gestattet ist oder nicht, und ich werde beweisen, daß sie es getan haben.

Man muß hinzufügen, daß es sich hier um Informationen aus zweiter Hand handelt. Was wir bei Eusebius lesen, übernimmt dieser von Apollonios, Miltiades, Serapion und anderen, die Schriften gegen die Kataphrygier verfaßt haben. Es ist zum Beispiel nicht bewiesen, daß Maximilla und Montanus sich tatsächlich erhängt haben.

Außer Zweifel steht hingegen die Rolle, die Priscilla und Maximilla im frühen Montanismus spielen. Die Quellen berichten, daß Montanus und die Seinen von „albernen Frauen" auf Abwege gebracht worden seien. Die beiden Frauen wurden als Prophetinnen betrachtet, in denen der Geist wohnte. In den Berichten steht, daß sie das Prophetenamt und die Glaubensverkündigung aktiv praktiziert haben.

Der Erfolg der montanistischen Bewegung war ungeheuer. Sie wurde in Phrygien von Montanus begründet, einem ehemaligen Priester der Kybele, der sich kurz zuvor zum Christentum bekehrt hatte und nun begann, beängstigende Prophezeiungen zu äußern. Stets waren die beiden Frauen an seiner Seite. Gemeinsam verkündeten sie das Ende der Welt und die Wiederkunft Christi. Montanus glaubte, daß während seiner Trancezustände der Heilige Geist aus ihm spräche. Auch Priscilla und Maximilla fielen in die für das asiatische Prophetentum typischen ekstatischen Zustände und behaupteten, der Geist Gottes spreche aus ihnen. Sie forderten zu einem asketischen, bescheidenen und enthaltsamen Leben auf und zu einer verstärkten Wachsamkeit in Erwartung der Wiederkunft des Herrn.

Der Grund, weshalb die orthodoxe Glaubensgemeinde sich von ihnen distanzierte, war vor allem die ekstatische Typologie ihres Prophetentums.

Der falsche Prophet aber gerät in Trance, auf die Unverschämtheit und Vermessenheit folgen, und was mit einer willkürlichen Unwissenheit beginnt, endet in einer unwillkürlichen geistigen Umnachtung ... Doch man kennt weder im Alten noch im Neuen Testament einen Propheten, der auf diese Weise inspiriert worden wäre ...

Vielleicht aber standen hinter diesen Vorbehalten andere, radikalere Kräfte, die bestrebt waren, die führende Rolle des Prophetismus der ersten Stunde aus der Kirche zu verbannen. Hinter der Ablehnung des Prophetentums in dieser seiner ekstatischen Ausformung stand möglicherweise die Ablehnung des Prophetentums an sich.

Man warf Priscilla und Maximilla vor, mit ihren Prophezeiungen gegen die weiblichen Anstandsregeln zu verstoßen, und vor allem fand man, daß sie Vorbilder und Rollen verkörperten, die sich für Frauen nicht ziemten. Tatsächlich waren die beiden nicht nur Prophetinnen, sondern hatten auch die Fähigkeit, Gedanken zu lesen; ihre Vorahnungen veränderten das Denken und Fühlen ihrer Gesprächspartner.

Die Kirchenschriftsteller sind bestrebt, sie als vom Teufel besessen hinzustellen. Doch alle Bemühungen, Maximilla und Priscilla einem Exorzismus zu unterziehen, führten zu keinem Ergebnis; anscheinend verhinderten es ihre Anhänger – Eusebius weist in seiner *Kirchengeschichte* wiederholt darauf hin. Daß Priscilla und Maximilla nicht ungebildet waren, kann man bei Hippolyt nachlesen, der in seiner *Refutatio* („Widerlegung aller Häresien") schreibt:

Die Zahl ihrer Bücher ist unermeßlich. Doch diese Schriften führen sie [die Montanisten] auf Irrwege, weil sie die Weissagungen dieser angeblich charismatischen Frauen rational nicht beurteilen können ... Sie behaupten sogar, durch diese Bücher mehr gelernt zu haben als durch das Gesetz, die Propheten oder die Evangelien. Mehr als die Apostel oder irgendein Charisma verehren sie ihre albernen Frauen, und einige von ihnen hatten sogar die Unverschämtheit, zu behaupten, daß in diesen Frauen mehr Gutes zu finden sei als in Christus.

Eine Zeitlang kursierten regelrechte Sammlungen mit den Weissagungen von Montanus, Maximilla und Priscilla, die offenbar ebenso geschätzt waren wie die Heilige Schrift. Diese Sammlungen wurden auf kaiserlichen Befehl, vom Ende des 4. Jahrhunderts an, vernichtet.

Von Maximilla ist beispielsweise der folgende Ausspruch überliefert:

Wie einen Wolf von den Schafen hat man mich verjagt. Doch ich bin kein Wolf: Ich bin das Wort, der Geist und die Kraft.

Das heterodoxe weibliche Prophetentum endet nicht mit den Vertreterinnen des frühen Montanismus, sondern erlebt in den späteren Abwandlungen der Bewegung eine Fortsetzung. Stets spielt die Frau eine zentrale Rolle, wie zum Beispiel Quintilla in der Sekte der Pepuzianer. Die Betonung des weiblichen

Elements wird immer stärker und führt bis zur kultischen Verehrung Evas als der ersten, die vom Baum der Erkenntnis gegessen hat. In dieser Bewegung verkünden die Frauen nicht nur das Wort Jesu, sie lehren und taufen nicht nur im Namen des Vaters und des Sohnes, wobei sie der Tauformel noch Montanus oder Priscilla hinzufügen, sondern gelangen auch innerhalb des Klerus zu höchsten Würden. Sie berufen sich dabei auf den Galaterbrief (3,28), der als Manifest der völligen Gleichheit von Mann und Frau verstanden wird.

> Es wird erzählt, daß eine ihrer Prophetinnen in Pepuza einen Traum gehabt habe: Christus sei ihr erschienen und habe bei ihr geschlafen; das behauptete diese irregeleitete Frau. Und sie sagte: „In Gestalt einer Frau und in ein kostbares Gewand gehüllt erschien mir Christus, erleuchtete mich und verkündete, daß dieser Ort geheiligt sei und hier Jerusalem vom Himmel herabkommen werde." Man erzählt auch, daß bis heute Männer und Frauen nach Pepuza kommen, um dort gleiche Weihen zu erleben ... Daher haben sie die Frauen Prophetinnen genannt. Ich weiß jedoch nicht genau, ob es die Quintillianer oder die phrygischen Montanisten sind, die diesen Brauch pflegen, weil sie alle in ein und demselben Gebiet leben und die gleichen Ideen vertreten ... An ihrer Spitze steht Quintilla gemeinsam mit Priscilla, die auch bei den phrygischen Montanisten hohes Ansehen genießt ... Sie verehren Eva als die erste, die vom Baum der Erkenntnis gegessen hat; für eine Prophetin geben sie auch die Schwester des Mose aus, um damit die Tatsache biblisch zu rechtfertigen, daß bei ihnen auch Frauen dem Klerus angehören. Eine ihrer Quellen berichtet sogar, daß Philippus vier Töchter hatte, die Prophetinnen waren. Während ihrer Versammlungen treten häufig sieben Jungfrauen in weißen Gewändern und mit Fackeln in den Händen auf; ihre Aufgabe ist es, dem Volk Weissagungen zu verkünden. Sobald sie irgendwelche Anzeichen göttlicher Inspiration zeigen, belügen und betrügen sie die Anwesenden, bis diese in Schluchzen ausbrechen, und unter dem Vorwand, Gefühle der Reue zu erwecken, vergießen auch sie selbst reichlich Tränen ... Bei ihnen sind Frauen Bischöfe, Priester und andere Würdenträger. Sie sagen, es bestünde kein Unterschied, denn in Jesus Christus gäbe es nicht mehr Mann und Frau (vgl. Gal 3,28). Das ist alles, was wir in Erfahrung bringen konnten.

Die Berichte des Epiphanios sind zu verworren und einseitig, um sie buchstäblich ernstnehmen zu können. Auf jeden Fall gibt es eine Parallele zwischen der Bewegung der Pepuzianer und den Priscillianern, deren Inspiratorin Priscilla ist; auch in der Bewegung der Kollyridianer wird vermutlich die Forderung nach einer Gleichstellung der Frau erhoben. In Anlehnung an die Anhänger von Quintilla, Maximilla und Priscilla entwickelt sich hier eine kultische Verehrung Marias, der die Frauen rituelle Brote darbringen, die sie zuvor in ihrem Namen geweiht haben. Auch darüber berichtet Epiphanios:

> An einem bestimmten, festlich begangenen Tag des Jahres schmücken sie einen kleinen Schemel ... Sie breiten ein Tuch darüber, und einige Tage legen sie dort Brot

> aus, das sie anbeten und zu Ehren Marias opfern. Dann empfangen alle ein Stück von diesem Brot ...
> Seit die Welt besteht hat niemals eine Frau priesterliche Funktionen im Kult ausgeübt; nicht einmal Eva, die in Sünde gefallen ist, hat den Versuch eines solchen Frevels gewagt ...

Epiphanios übersieht offenbar die Kulthandlungen zu Ehren der Großen Mutter. Er kommt nicht auf den Gedanken, daß hier ein viel älteres Ritual fortlebt, als es in irgendeiner patriarchalischen Religion zu finden ist. Ihn erschüttert, daß Frauen es wagen, ein kultisches oder prophetisches Amt auszuüben. Dabei vergißt er sogar die Berichte der Apostelgeschichte über die vier Töchter des Diakons Philippus, die alle Prophetinnen waren.

Tatsache ist, daß in der alten Kirche nur der Montanismus den Frauen eine so bedeutende Rolle zugesteht. Die Konsequenzen lassen nicht lange auf sich warten. Die Meinungsverschiedenheit führt letzlich dazu, daß die Frauen in der Kirche mit der Zeit jede Bedeutung verlieren. Nach dem Prophetenamt verschwindet sehr bald auch das weibliche Amt der Diakonie.

Diese Frauen, die so vehement bekämpft und verleumdet wurden, deren wahres Leben und deren Botschaft so schwer zu deuten ist, lassen uns nicht unberührt. Sie vertreten eine Art von Feminismus, der durch den Versuch, Weiblichkeit mit Weisheit und Geist zu verbinden, seltsam aktuell anmutet.

Obwohl es nicht danach aussieht, bleiben diese Forderungen nach wie vor aufrecht. Der Geist wird auch weiterhin auf die Frauen herabkommen. In keinem Augenblick der Kirchengeschichte werden ihre Unterscheidungsgabe, ihre Weisheit, ihr sinnvoller und kluger Rat fehlen, und manchmal werden sie im wahrsten Sinne des Wortes Prophetinnen sein.

Doch auch die Unruhe und rastlose Suche der Frauen wird nicht nachlassen, und sie werden sich oft aufgrund von Vorurteilen und nicht, weil sie objektiv gegen die christliche Wahrheit verstoßen, an den Rand der Glaubensgemeinschaft gedrängt sehen.

Eine ruhelose Büsserin:
Fabiola († 400)

Um Fabiola zu verstehen, ist es nötig, kurz den intellektuellen Frauenkreis zu erwähnen, der sich am Aventin in Rom gebildet hat. Hieronymus ist der Lehrmeister dieser Frauen und Marcella, eine adelige römische Witwe, die treibende Kraft. Es handelt sich um einen aristokratischen und gebildeten Kreis, der als erster einem streng theologischen Ideal folgt. Wir können ihn als den ersten „weiblichen" Bibelkreis betrachten. Hieronymus kommt in der zweiten Hälfte des 3. Jahrhunderts nach Rom. Er beginnt dort das Mönchtum zu verbreiten, von dessen Idee er tief beeindruckt ist. Er hat kein besonders gewinnendes Wesen, und zu seinen wenigen Gesprächspartnern gehört diese kleine Gruppe von Frauen, die reich und gebildet und zu einem strengeren asketischen Leben bereit sind. Die meisten von ihnen sind Witwen; doch auch Jungfrauen und andere Freunde oder Verwandte schließen sich ihnen an. Dem Zirkel am Aventin gehören Frauen aus den höchsten Kreisen der römischen Aristokratie an, aus dem Senatorenstand, dessen Geschichte bis zu den Mythen der römischen Republik zurückreicht. Fabiola entstammt beispielsweise der *Gens Fabia*; Paula zählt sogar die Gracchen und Scipionen zu ihren Vorfahren.

Hieronymus ist ein jähzorniger, nachtragender und leicht verletzlicher Mensch. Diese Frauen, die ihn als einzige ernst nehmen, sind Balsam für ihn, der sich so danach sehnt, geschätzt und geliebt zu werden. An sie sind viele seiner Briefe gerichtet, und einige von ihnen sind insofern bedeutsam, weil sie zeigen, daß die Kirchenväter oft vorschnell und unverdient als frauenfeindlich bezeichnet werden. Neben dem *Brief 22* an Eustochium, einer teilweise sehr strengen Abhandlung über die Jungfräulichkeit, beweist dies vor allem der zutiefst menschliche *Brief 65* an Asella, in dem er ein berührendes Loblied auf die Frauen in der Heilsgeschichte anstimmt. Dem Zirkel am Aventin gehört auch Paula an, die zu seiner engsten Vertrauten wird. Wie Melania und andere Frauen trennt sie sich von ihrem jüngsten, noch unmündigen Sohn und folgt Hieronymus in das Heilige Land.

Auch Fabiola gehört zu dieser Gruppe. Daß sie dafür gelobt wird, ist eine Selbstverständlichkeit. Doch wie kann man eine Frau loben, die eine zweite Ehe schließt, obwohl ihr erster Gatte noch lebt? Er war ganz gewiß kein Heiliger, sondern ein sehr schlechter Ehemann. Und Hieronymus meint, daß Fabiola keineswegs verpflichtet war, bei ihm zu bleiben.

> Die Regeln, die für Männer gelten, sollen auch für Frauen Gültigkeit haben. Mit anderen Worten: Man kann nicht eine Frau als Ehebrecherin verstoßen und andererseits denken, daß eine Frau verpflichtet sei, bei einem schlechten Ehemann zu bleiben ... Man kann ruhig sagen, daß im (römischen) Gesetz der Unmoral der Männer Vorschub geleistet wird ... Nach unserem Gesetz hingegen herrscht völlige Gleichheit: Was den Frauen nicht erlaubt ist, wird auch den Männern nicht gestattet; und da sie einander gleichgestellt sind, haben sie auch die gleichen Pflichten.

Was man ihr vorwerfen kann, ist die Tatsache, daß sie ein zweites Mal heiratet. Hieronymus findet auch dafür Entschuldigungsgründe: die Jugend Fabiolas, ihre Lebenslust ... Sie hat es vor allem vorgezogen, sich in aller Öffentlichkeit zu einem Mann zu bekennen, statt heimlich als eine Frau für alle zu gelten. Sie fühlte sich nicht schuldig. Sie ignorierte die strengen Gesetze der Christengemeinde. Doch nach dem Tod ihres zweiten Gatten befreite sie sich von diesem Zustand der Sünde: Statt ihren Witwenstand zu genießen, widmete sie sich der Buße.

In dem tröstlichen Brief, den Hieronymus nach dem Tod Fabiolas an Oceanus schreibt *(Brief* 77*)*, erzählt er, wie sie sich in Anwesenheit der ganzen Stadt in der Osternacht vor der Lateranbasilika in die Schar der Büßer eingereiht hat:

> Bischof, Priester und Gläubige, alle weinten mit ihr, als sie so vor ihnen stand, mit wirren Haaren, blassem Gesicht, abgezehrten Händen, das Haupt gesenkt und mit Asche bedeckt.

Hieronymus beschreibt ausführlich die Buße Fabiolas und berichtet dann, daß sie aufgrund ihres neuen Lebens von der Gemeinde wieder aufgenommen wurde. Sie verkaufte ihr gesamtes Vermögen und stellte den Erlös den Armen zur Verfügung. Fabiola errichtete als erste

> ein Hospiz, in dem sie alle Kranken aufnahm, die sie in der Umgebung fand, und wo sie den Angehörigen dieser Armen, die von Krankheit und Entbehrungen gezeichnet waren, Trost spendete ... Oft pflegte sie selbst die an Lepra und Wundbrand Erkrankten ... Sie hat sie gefüttert und diesen lebenden Leichnamen belebende Suppe einflößen lassen ...

Ihre persönliche Fürsorge, die sie ihnen angedeihen ließ, weckte geradezu den Neid derer, die zwar arm, aber gesund waren. Rom, fährt Hieronymus fort, wurde für ihre Wohltätigkeit zu klein. Sie begann, die Inseln zu bereisen, das Tyrrhenische Meer, und überall gab sie zuverlässigen und frommen Menschen Geld. Er berichtet vor allem über ihre Reise nach Palästina und ihren dortigen Aufenthalt. Das war im Jahr 394.

Fabiola übertrug ihre innere Unruhe, die sie immer wieder neue Wege der Wohltätigkeit finden ließ, schließlich auch auf die Heilige Schrift. Sie stellte Hieronymus unzählige Fragen zu den verschiedensten Themen, die ihm oft selbst nicht geläufig waren. Sie rang ihm beispielsweise das Versprechen ab, einen Kommentar über die Priestergewänder und einen zweiten über die Stationen des Volkes Israel in der Wüste zu schreiben und ihr zu widmen. Ihre drängendsten Fragen galten jedoch damals dem *Buch Numeri*. Hieronymus hielt sein Versprechen und sandte ihr die beiden Schriften, zunächst den *Brief 64* im Jahr 397 und dann, im Jahr ihres Todes, den *Brief 78*, den *Liber exegeticus de XLII mansionibus Israelitarum in deserto.*

Die ruhelose Seele Fabiolas konnte auch bei Hieronymus und Paula in Bethlehem keinen Frieden finden. Die Nachricht über die schrecklichen Überfälle der Hunnen versetzte die römischen Bewohner der Heiligen Stätten in Angst und Schrecken. Sie wurden sich nicht darüber einig, was zu tun sei, und hielten sich bereit, die Anker zu lichten, falls die Gefahr näherrücken sollte. Fabiola, die mit diesen Stätten nicht so verwurzelt war, entschloß sich im Gegensatz zu ihren Freunden, sofort nach Rom zurückzukehren. Dort widmete sie sich bis zu ihrem Tod frommen Werken.

Der Nachruf, den Hieronymus im Sommer des Jahres 400 verfaßt, hat einen außergewöhnlichen Schlußteil. Er, der so oft untadelige und schuldlose Jungfrauen, Witwen und Ehegatten gepriesen hat, appelliert nun an die Barmherzigkeit Gottes: Christus habe das Schaf auf seine Schultern genommen, als es unter die Diebe geraten war ... Denken wir daher nicht mehr an die Sünde, die Fabiola durch ein beipielhaftes Leben zu tilgen versuchte, sondern beugen wir uns dem Willen Gottes, dessen besondere Liebe ja den Sündern gilt und nicht den Gerechten.

2. Kapitel

DAS FRÜHE MITTELALTER

Die Frauengestalten im Zeitalter der Kirchenväter verdeutlichen ganz besonders auch die kulturelle Krise dieser Zeit. Sie erleben das Drama der „Barbaren"-Einfälle und die Eroberung Roms durch die Vandalen. Das mit Ende des 5. und Anfang des 6. Jahrhunderts immer stärker werdende Nachdrängen der neuen Völker führt nach und nach zu neuen und dauerhaften Ordnungen. Das formelle Ende des Weströmischen Reiches (476) verändert schließlich unwiderruflich das politische Bild Europas.

Die Frauen des beginnenden Mittelalters – bei einem Großteil von ihnen beweisen es schon die Namen – sind ein sichtbares Zeichen der neuen Völker und Kulturen, die bereits überall im Abendland Fuß fassen. Die Auswahl unserer Gestalten zeigt die nachlassende Bedeutung des Ostens, die hier nur in der Erinnerung an die Dichterin Cassia (9. Jh.) fortlebt, obwohl wir im Zusammenhang mit dem Schaffen Roswithas (10. Jh.) auch Theophanu erwähnen müssen, die hochgebildete byzantinische Prinzessin, die durch ihre Vermählung an den Sächsischen Hof gelangt. Mit der „spätrömischen" Gestalt Scholasticas überschneidet sich Genovefa, die etwas früher lebt, gefolgt von Radegunde, Theodolinde, Valdetrude, Ebba, Lioba, Duoda, Cassia und Roswitha. Wir befinden uns an der Schwelle des ersten Jahrtausends, das üblicherweise als Wendepunkt zwischen Früh- und Hochmittelalter gilt.

Das Netz der familiären Beziehungen

Das germanische Recht unterscheidet sich in vielem vom römischen Recht. Dieses gestand zumindest den Frauen aus der Oberschicht eine gewisse Freiheit auf dem Gebiet des Familienrechts zu, vor allem durch die Gesetzgebung der Kaiserzeit. Die Übernahme der germanischen Kultur verstärkte jedoch zum Teil die Abhängigkeit der Frauen von den Männern. Die Bedeutung der Frau wird vor allem in ihrer Fähigkeit gesehen, Leben zu schenken, wodurch sie noch enger in das Netz der „familiären" Beziehungen verstrickt wird. Natürlich weist dieses Modell aufgrund der besonderen Rechtsvorschriften der verschiedenen Stammeskulturen eine gewisse Flexibilität auf.

Im großen und ganzen führt jedoch auch der ausgleichende Einfluß der christlichen Kultur nicht zu einer Emanzipation der Frau. Denn er radikalisiert sogar noch Mutterschaft und Jungfräulichkeit; letztere wird nun in den Grundregeln des monastischen Lebens festgeschrieben.

Obwohl die Frauen zumeist am Rande des kulturellen Schaffens stehen, sind sie doch nicht völlig an den Rand der Geschichte gedrängt. Aber die Erinnerung an sie ist eher von Zufällen abhängig: von Geburt, Heiligkeit, Funktion. Auf jeden Fall sind die Frauen des frühen Mittelalters interessant und fesselnd. Vielleicht sind sie nicht so phantasievoll und kreativ, so heroisch und elitär wie zur Zeit der Kirchenväter. Mit Sicherheit aber sind sie, vor allem im Abendland, von allen kirchlichen Ämtern ausgeschlossen.

Im Netz der familiären Beziehungen beschreiben wir zunächst Scholastica, die Zwillingsschwester des heiligen Benedikt, dann das beispielhafte Leben von Theodolinde, die durch ihre Vermählung Königin wird und schließlich aufgrund ihrer großen Leistungen als Nachfolgerin ihres Gatten die Herrschaft übernimmt. Auf sie folgt, praktisch als ihre Zeitgenossin, eine fromme Witwe, Valdetrude, die sich nach dem Tod ihres Mannes für ein Leben im Kloster entscheidet. Ein Jahrhundert nach ihr lebt Duoda, eine hingebungsvolle und kluge Mutter, die uns ein wertvolles Büchlein hinterläßt, das sie für ihren Sohn Wilhelm geschrieben hat. Schwester, Gattin, Witwe, Mutter ... Die Familie ist unverändert der wichtigste Aufgabenbereich der Frauen, deren Leben fast immer durch ihre enge Beziehung zu einem Mann gekennzeichnet ist, sei es nun der Bruder, der Sohn oder der Ehegatte. Das Netz der familiären Beziehungen bewahrt uns nicht nur die Erinnerung an sie, sondern zeigt auch, auf welche Weise sie es verstehen und verwirklichen.

Eine starke Schwester:
Scholastica (480 – vor 547)

Die Lebensgeschichte der heiligen Scholastica und ihres Bruders Benedikt, der genaugenommen ein Epigone des Zeitalters der Kirchenväter ist, fällt in die Zeit zwischen dem Ende des 5. und der ersten Hälfte des 6. Jahrhunderts. Alle Berichte über die beiden stammen von Papst Gregor dem Großen, aus den Kapiteln 34 und 35 seiner *Dialoge*.

Benedikt, der um das Jahr 480 in Nursia geboren wird, erhält die für eine wohlhabende Familie übliche Ausbildung. Der Legende nach soll er der Sohn eines gewissen Euprobius aus dem Geschlecht der Anicier sein. Seine Mutter starb vermutlich, als sie ihn und seine Schwester Scholastica zur Welt brachte.

Als Jüngling finden wir ihn in Begleitung seiner Amme in Rom, wo er Rhetorik und Recht studieren soll. Dem jungen Studenten gefällt die Stadt nicht, ja sie stößt ihn geradezu ab. Die Macht befindet sich in den Händen des

Ostgoten Theoderich, der im Streit um den Besitz Roms über Odoaker gesiegt hat. Europa ist völlig aus dem Gleichgewicht geraten. In Rom herrscht eine unsichere politische Lage, und gleichzeitig wird die Kirche durch den Konflikt erschüttert, der zwischen den Anhängern von Papst Symmachus und Laurentius ausbricht. Den Hintergrund bildet das komplexe Problem der Beziehungen zum byzantinischen Kaiserreich.

Benedikt verläßt Rom. Er geht zunächst nach Tivoli, später nach Subiaco und schließlich nach Montecassino. Die beiden letzten Stationen bestimmen entscheidend seinen Weg zum Mönchtum und den Übergang von einem bisher „charismatischen" Modell, das im wesentlichen von der Ordensregel des Pachomios inspiriert ist, zu einer neuen Regel, eben der benediktinischen, deren strenger Zentralismus in dem programmatischen Manifest „Ora et labora" seinen Ausdruck findet. Benedikt stirbt am 21. März 547 in Montecassino. Wie er es vorausgesagt hat, erobert im Dezember davor der Gotenkönig Totila die Stadt Rom.

In den *Dialogen* Papst Gregors erscheint Scholastica erst auf den letzten Seiten:

> Er hatte eine Schwester mit Namen Scholastica, die sich seit ihrer Kindheit dem Herrn geweiht hatte. Einmal im Jahr pflegte sie ihrem Bruder einen Besuch abzustatten, und der Mann Gottes ging ihr entgegen, bis zu einem unweit des Tores gelegenen Besitztum des Klosters.
> Einmal kam sie, und ihr verehrter Bruder ging ihr mit einigen Schülern entgegen. Sie verbrachten den Tag mit der Lobpreisung Gottes und frommen Gesprächen, und als es Abend wurde, nahmen sie gemeinsam ein einfaches Mahl ein. Sie verweilten noch länger bei Tisch, und die frommen Gespräche dauerten an, so daß es später wurde als gewöhnlich ...

Gregor berichtet ausführlich von dieser letzten Begegnung. Alles, was wir über ihre Beziehung wissen, entstammt der Beschreibung dieses Tages. Vernunft und Sitte hätten verlangt, daß Benedikt sich nun von der Schwester verabschiedete. Doch sie wollte, daß er das Gespräch fortsetzt. Benedikt aber lehnt ihre Bitte ab:

> ... Nachdem die fromme Frau die Ablehnung des Bruders vernommen hatte, faltete sie die Hände und verneigte sich, um zum Allmächtigen zu beten. Als sie den Kopf hob, brach ein Unwetter mit Blitz und Donner und strömendem Regen los ...

Gregor schreibt, daß sich keine einzige Wolke am Himmel befand. Das Unwetter entstand allein durch das Gebet Scholasticas, was auch ihr Bruder sogleich bemerkte:

> Der allmächtige Gott möge dir verzeihen, meine Schwester. Was hast du da getan?

... Du siehst, ich habe dich um etwas gebeten, doch du wolltest mir nicht zuhören; so habe ich den Herrn gebeten, und er hat mich erhört. Doch geh nur ... laß mich hier und kehr in dein Kloster zurück.

Dazu bemerkt Gregor:

Es ist nicht verwunderlich, daß die Frau, die den Wunsch hatte, noch länger mit dem Bruder zusammen zu sein, in diesem Fall stärker war als er. Da die Lehre des Johannes sagt: „Gott ist die Liebe", war es nur zu gerecht, daß sie, die eine größere Liebe hatte, auch die größere Macht besaß.

In den *Dialogen* steht auch, daß Benedikt drei Tage nach diesem Vorfall auf wunderbare Weise vom Tod der Schwester erfährt und sie nach Montecassino bringen läßt, wo er sie in das Grab bettet, das er für sich selbst bestimmt hat.

Benedikt und Scholastica, der Welt zugleich geschenkt und dem Himmel durch eine einzige Liebe zu Gott zurückgegeben, nimmt hier ein einziges Grab auf, das ihre sterblichen Reste für die Ewigkeit bewahrt.

So lautet die Inschrift auf ihrem Grab.

Es ist sehr schwierig, wenn nicht gar unmöglich, Scholastica geschichtlich zu dokumentieren. Es gibt nur Vermutungen, was umso verwirrender ist, wenn man bedenkt, daß der Orden der Benediktinerinnen sie als seine Gründerin ansieht. Es gibt dafür allerdings keine Beweise. So können wir auch annehmen, daß sie „Zwilling" nicht im leiblichen, sondern nur im übertragenen Sinne ist; eine Art weibliches Gegenstück der Spiritualität und des Gründungsplans ihres Bruders, das Papst Gregor benötigt, um Benedikt zu interpretieren. Auch ihr Name hat eine symbolhafte Bedeutung. Scholastica leitet sich von „Schule" ab. Sie kann somit über ihre historische Darstellung hinaus vor allem als Vorbild und ideales Beispiel für die Beachtung der benediktinischen Ordensregel und Spiritualität angesehen werden.

Viele Details der Erzählung erscheinen uns unverständlich. Warum hat Scholastica, als sie Benedikt besuchte, ihr Gelübde der *stabilitas loci*, der Ortsgebundenheit, verletzt? Wo genau lebte Scholastica? Hatte nicht auch sie die Pflicht, mit Anbruch der Dunkelheit heimzukehren? Fragen, auf die es keine Antwort gibt. Einer alten Überlieferung zufolge hat sie in nächster Nähe von Montecassino gelebt und war mit dem Bruder bereits gemeinsam in Subiaco gewesen. Wenn es auch keinen Beweis dafür gibt, daß Scholastica und Benedikt Zwillinge sind, zeigt doch gerade dieses Detail der Überlieferung ihre geistige Verwandtschaft. Wenn Scholastica schon nicht seine leibliche Zwillingsschwester war, dann wurde sie sein Zwilling durch ihren vollkommenen Lebenswandel, durch die Übernahme der Ordensregel und ihre große Bedeutung als Ordensfrau und Äbtissin.

So zeigt die Lebensgeschichte Scholasticas letztlich alle Merkmale männlichen Heldentums und soll uns daran erinnern, daß die Frau aus der Geschichte der Kirche nicht wegzudenken ist und man auf ihre Bedeutung notfalls über eine vielleicht mythische, sicher aber beispielhafte Gestalt nachdrücklich hinweisen muß. Scholastica ist die Inkarnation der benediktinischen Spiritualität: eine Frau, deren Liebe über jede kluge Auslegung der Ordensregel siegt und ihr so ihre charismatische Bedeutung wiedergibt.

Eine „königliche" Frau: Theodolinde († 625)

Die Geschichte dieser Königstochter, die ihre Heirat aus dem heimatlichen Bayern in die Lombardei führt, ist untrennbar mit der Geschichte der Langobarden und ihres Königs Authari verbunden. Paulus Diaconus berichtet, vermutlich mit reichen Ausschmückungen, von der Reise des künftigen Ehegatten, der unerkannt mit seinen Gesandten bei ihr erscheint, um sich von ihrer Schönheit zu überzeugen. Als die junge Prinzessin den Gästen nach Langobardensitte einen Becher mit Wein darbietet und die Reihe an ihn kommt, verrät er sich, indem er ihr die Hand und das Gesicht streichelt. Authari, der bis an die Grenzen seines Reiches gekommen ist, gibt sich seinen Gastgebern zu erkennen. Ihre Amme gibt Theodolinde den entscheidenden Hinweis: Nur der König, ihr Bräutigam, könne so etwas wagen. Es vergehen zwei Jahre, ehe Hochzeit gefeiert wird. Und es ist Theodolinde, die zu ihrem Bräutigam reist. Denn die Franken, die sich der politischen Folgen dieser Eheschließung bewußt sind, haben inzwischen die Bayern angegriffen.

Theodolinde ist Katholikin und entstammt einem Volk, dessen Sitten weniger rauh sind als die ihrer neuen Heimat. Sie bezieht ihren Wohnsitz in Pavia, im einstigen Königspalast Theoderichs. Ihre Ehe mit König Authari dauert kaum ein Jahr; lange genug, um sie in die Politik einzuweihen. Nach dem Tod des Gatten erkennen die Langobarden, die von ihren Fähigkeiten überzeugt sind, sie gegen alle Regeln als ihre Königin an. Sie verlangen nur, daß sie sich wieder verheiratet und lassen ihr dabei freie Wahl.

Sie vermählt sich mit Agilulf, einem adeligen Langobarden, und es wird eine „glückliche" Ehe. Obwohl sie verschiedenen Kulturen und religiösen Bekenntnissen angehören – Agilulf ist Arianer –, verbindet die beiden eine tiefe Zuneigung. Die Langobarden, von denen die meisten noch Heiden sind, haben bereits seit einiger Zeit ihre kriegerischen Streifzüge und ihr Nomadentum aufgegeben. Tatsächlich fällt die Zeit Theodolindes mit dem Beginn ihrer Seßhaftigkeit zusammen. Diese überaus günstige, geradezu friedliche Zeit ermöglicht es Papst Gregor dem Großen, unter anderem auch zur Königin der Langobarden Beziehungen aufzunehmen. Die verschiedenen Briefe, die er an sie gerichtet hat, sind uns erhalten geblieben. Der Papst läßt der Königin wertvolle Geschenke überreichen. Theodolinde wiederum beweist ihren Glauben, indem sie sich frommen Werken und der Kunst widmet. So errichtet sie in Monza eine Basilika zu Ehren des heiligen Johannes des Täufers und für sich einen Palast, dessen Inneres sie mit Malereien über die Heldentaten der Langobarden ausschmücken läßt.

Die junge Prinzessin, die nun Königin ist, hat das Herz ihres Volkes gewonnen, und mit einem zugleich politischen und religiösen Konzept zügelt sie das Ungestüm seines Charakters. Sie erreicht zwar nicht die Bekehrung des Gatten, doch wie schon Amalaswintha bei den Ostgoten und Chlothilde bei den Franken gelingt es ihr, den Übertritt des gesamten Adels der Langobarden zum Katholizismus zu erreichen. Dieses Ereignis erfolgt bezeichnenderweise ein Jahr nach der Taufe ihres einzigen Sohnes Adaluald, den sie Agilulf im Jahre 602 geboren hat; sie findet in der katholischen Kirche statt. Unbestreitbar hat sie auch Einfluß auf ihren Gatten, den sie dazu veranlaßt, der Kirche zumindest teilweise die von den Langobarden auf ihren Streifzügen erbeuteten Güter zurückzugeben.

Das politische Konzept und die Ausgeglichenheit Theodolindes werden auch von den Würdenträgern ihres Reiches geschätzt und anerkannt, so daß sie ihr nach dem Tod Agilulfs die Alleinherrschaft zugestehen, zumal der Thronerbe dafür noch zu jung ist. Sie regiert mit großer Weisheit vom Jahr 616 bis 625. In diesem Jahr verliert sie wegen des angeblichen Wahnsinns ihres Sohnes die Unterstützung ihrer Untertanen und stirbt bald darauf in ihrem Palast in Monza.

Nachdem die Langobardenfürsten Adaluald aus dem Weg geräumt haben, scheinen sie dazu entschlossen zu sein, ihre Kirchenpolitik zu revidieren und sich wieder dem Arianismus zuzuwenden. Tatsächlich gehen das Erbe und das Werk Theodolindes auf ihre Tochter Gundeberg über, die Ariovald, den Herzog von Turin, zum Gatten nimmt und so ihren Anspruch auf den Thron sichert.

Die Königin der Langobarden geht somit als einzigartige Gestalt in die Geschichte ein, die es glänzend verstanden hat, ein Volk zu zivilisieren und zum christlichen Glauben zu führen. Ein Volk, geprägt von Stammesrechten, ungezähmt und wild, auf der Suche nach seiner Identität, das sich schließlich in der Poebene niederläßt. Mit erstaunlicher Ausgeglichenheit und großem Weitblick gelingt ihr ein umfassendes Werk der Akkulturation. Zur Seite stehen ihr die Fürsten ihres Reiches und der große Papst Gregor, der intuitiv erkennt, daß sie eine wertvolle Bundesgenossin darstellt für seinen Plan eines christlichen Europa, dessen Verwirklichung allerdings noch in weiter Ferne liegt.

Eine fromme Witwe: Valdetrude († 688)

An ihrem germanischen Namen können wir erkennen, daß auch Valdetrude eine Angehörige der neuen, wenn auch bereits christianisierten Völker ist. Wir nehmen sie unter unsere Frauen auf als Sinnbild für einen im Christentum des Mittelalters immer wieder beschrittenen Weg: Ehe, Kinder, einvernehmliche Trennung aus Gründen der Askese, Gründung eines Klosters und Eintritt in dieses als Nonne, Witwenschaft ... Und auch aufgrund des seltsamen Umstandes, daß sie eine Tochter von Heiligen, die Schwester einer Heiligen, die Gattin eines Heiligen und Mutter von vier Heiligen ist – um nur die nächste Verwandtschaft zu erwähnen. In gewisser Weise realisiert diese fränkische Adelsfamilie im 7. Jahrhundert eine Glaubenserfahrung, die uns bei näherer Betrachtung an eine andere Familie aus dem 4. Jahrhundert erinnert, an die Familie von Emmelia, Makrina, Basilius und Gregor von Nyssa ... Und an eine weitere, mit der wir uns nicht näher befaßt haben, an die Familie des Gregor von Nazianz, in der sein Vater Gregor, die Mutter Nonna und die Geschwister Caesarius und Gorgonia ebenfalls Heilige sind. Trotz ihrer völligen kulturellen Verschiedenheit und ihrer ganz unterschiedlichen Bedeutung in der Geschichte der Kirche muß eine solche Vielfalt von Heiligkeit innerhalb derselben Familie einfach Aufmerksamkeit erregen.

Valdetrude, als Witwe und Äbtissin in unserem Heiligenkalender vermerkt, war die Tochter des heiligen Walbert und der heiligen Bertilla, die der Überlieferung nach einem Königsgeschlecht entstammte. Sie wurde mit Walbert, der vermutlich im Dienst König Chlothars stand, vermählt, und aus ihrer Ehe gingen zumindest zwei Töchter hervor: Adelgunde und Valdetrude. Nach dem Tod Walberts lebte Bertilla völlig zurückgezogen in Mareuil, in der Nähe der Kirche St. Amand, die sie selbst erbauen ließ.

Adelgunde entsagte dem weltlichen Leben und zog sich in die Einsamkeit zurück. Sie folgte dem Rat Valdetrudes und gründete das Kloster von Maubeuge. Eine *Vita* aus dem 9. Jahrhundert berichtet über ihre mystischen Visionen. Sie starb am Wundbrand und wurde vor allem als Fürsprecherin gegen diese Krankheit angerufen.

Valdetrude hingegen war von ihren frommen Eltern mit Vincentius Madelgarius vermählt worden, einem adeligen und sehr tugendhaften Jüngling, der am Hofe der Merowinger lebte. Eine phantasievolle *Vita* berichtet, daß er in seiner frühesten Jugend nur widerwillig an Hochzeit dachte. Aus der Ehe mit Valdetrude entsprossen dennoch vier Kinder, die ebenfalls Heilige werden sollten.

Es war im Mittelalter allgemein üblich, adelige und besonders tugendhafte Persönlichkeiten zur Ehre der Altäre zu erheben, und man brauchte dazu keine kirchenrechtlichen Verfahren. So wurde Valdetrude auf Wunsch der Bevölkerung zur „Heiligen". Ihr Verdienst bestand darin, daß sie eine beispielhafte Mutter und Ehefrau war. Sie hatte ihre vier Kinder von frühester Jugend an zur Mithilfe bei ihren wohltätigen Werken erzogen: Almosen zu verteilen, Gefangene zu betreuen, Fremde und Pilger gastfreundlich aufzunehmen.

Doch ihr tugendhaftes Leben allein genügte ihr nicht, und sie beschloß, sich noch vollkommener dem Herrn zu weihen. Der Sinnspruch von Hieronymus, in dem er als Kommentar zum Gleichnis vom Samen, der Früchte trägt, seinen adeligen Briefpartnerinnen den Ertrag der Jungfräulichkeit mit hundert Prozent, den der Witwenschaft mit sechzig Prozent und den der Ehe mit dreißig Prozent angibt, wurde von den Christen im Mittelalter nicht angezweifelt. Wie so vielen anderen Männern und Frauen ihrer Zeit schien auch Valdetrude das Klosterleben fruchtbarer und würdevoller zu sein als die Ehe. Da sie ihre Pflichten als Ehefrau und Mutter erfüllt hatte, konnte sie dieses Ziel in aller Freiheit verfolgen. Es fiel ihr nicht schwer, den Gatten zu überzeugen, der ihr nicht nur zustimmte, sondern sogar ihrem Vorbild folgte und sich ebenfalls dem asketischen Leben weihte.

Die Entscheidung zum monastischen Leben bedeutete automatisch die Auflösung der Ehe. Dabei handelte es sich nicht um eine nur im Abendland übliche Praxis; dasselbe geschah im Orient, wo es vor allem verheiratete Frauen und nicht junge Mädchen waren, die in das Kloster eintraten.

Valdetrude und ihr Gatte hatten ihren Kindern gegenüber keine Pflichten mehr zu erfüllen. Der älteste Sohn, Landerich, war bereits Priester – er soll Bischof von Meaux gewesen sein; die beiden Töchter, Aldetrude und Madelberta, waren in das von ihrer Tante Adelgunde gegründete Kloster von Maubeuge eingetreten; Dentlin, ihr viertes Kind, war gestorben ...

Valdetrude erhielt den Nonnenschleier durch den heiligen Gislenus, der in der Nähe lebte, und zog sich nach Castrilocus (das sich als Anhöhe mitten im heutigen Mons erhebt) in ein bescheidenes Haus zurück, wo später ihr Kloster entstehen sollte. Ihr Gatte ließ sich zunächst in Hautmont und später in Soignes nieder, wo er starb, nachdem er seinem Sohn Landerich die Führung der von ihm gegründeten Gemeinschaft übertragen hatte.

Valdetrude, die Witwe blieb, starb im Jahr 688. Zu den Wundern, die sie bereits zu Lebzeiten gewirkt hatte, traten nach ihrem Tod noch weitere hinzu. Sie wurde zur Schutzheiligen der Stadt Mons – deren Gründung mit der Errichtung ihres Klosters zusammenfällt –, wo sie lange Zeit verehrt und um Hilfe angerufen wurde. Ihrer Fürsprache wird 1349 das Ende einer Pestepidemie zugeschrieben: Sie habe geendet, nachdem ihre Reliquien in einer Prozession durch die Straßen von Mons getragen wurden. Im 15. Jahrhundert wurde dann die wunderbare gotische Kirche errichtet, in der ihr Leichnam ruht.

EINE VERANTWORTUNGSBEWUSSTE MUTTER: Duoda († nach 872)

Nur sehr wenige Frauen des christlichen Altertums haben uns schriftliche Zeugnisse hinterlassen. Zu den Frauen des Mittelalters, die Schriften verfaßt haben, gehört Duoda, die Herzogin von Septimanien und Barcelona. Ihr *Liber manualis* entsteht aus einer Sensibilität für Kultur und Glauben heraus, die für die Frauen zur Zeit der Karolinger charakteristisch ist. In dieser Zeit werden die Frauen – vorausgesetzt, sie gehören adeligen Familien an – zwar zur kulturellen Bildung angeregt, jedoch nicht unbedingt in produktivem Sinn. Gerade aus diesem Grund ist das Büchlein Duodas, das außerhalb des bestehenden religiösen und klerikalen Monopols entsteht, für uns besonders wertvoll. Duoda schreibt es für ihren Sohn Wilhelm in der Zeit vom 30. November 841 bis 2. Februar 843, wie sie selbst sorgfältig vermerkt. Ihr Sohn ist zu dieser Zeit etwa fünfzehn oder sechzehn Jahre alt.

Doch weshalb schreibt eine Adelige des 9. Jahrhunderts ein Buch für ihren Sohn? Gewiß nicht zur bleibenden Erinnerung an eine Mutter, die doch jeden Tag seines Heranwachsens miterlebt hat. Duoda spricht mit ihrem Sohn; sie möchte ihn mit ihren Ratschlägen und ihrer Liebe erreichen; sie will ihm, wenn auch aus der Ferne, den Ehrenkodex und das Bewußtsein seines Standes und seiner Pflichten vermitteln sowie den christlichen Glauben, den sie ihm mündlich nicht weitergeben kann. Denn der Sohn ist ein Gefangener, besser gesagt, die Geisel Karls des Kahlen, gegen den sein Vater Bernhard sich erhoben hatte.

> Ich, Duoda, sende Dir, mein Sohn Wilhelm, im Bewußtsein der Schwachheit meines Geschlechts, als eine Unwürdige, die unter würdigen Frauen lebt, als Deine Mutter, was ich für Dich in meinem Büchlein aufgeschrieben habe ...
> ... Wenn Du auch von Deinen vielen gesellschaftlichen und weltlichen Pflichten in Anspruch genommen bist, so hoffe ich doch, daß Du des öfteren zu meinem Andenken in diesem Büchlein, das ich Dir widme, lesen wirst ...
> Auch wenn ... Deine Bibliothek sich mit vielen Bänden füllt, solltest Du doch oft und gerne mein kleines Werk lesen; möge es Dir mit Gottes Hilfe zum Vorteil gereichen. In ihm wirst Du alles finden, was Du wissen möchtest; es wird Dir auch als Spiegel dienen, in dem Du ohne jeden Zweifel den Zustand Deiner Seele erblicken kannst ... Hier wirst Du etwas finden, das Dir immer nützlich sein kann, mein Sohn Wilhelm, denn durch Dein Handeln sollst Du beweisen, daß Du sowohl der Welt dienen als auch Gott gefallen kannst.

Die Ratschläge Duodas umfassen zehn Abschnitte, deren literarisches Vorbild die während des gesamten Mittelalters äußerst beliebten „Spiegel" sind: Die Liebe zu Gott; das Mysterium der heiligsten Dreifaltigkeit, die göttlichen Tugenden und das Gebet; die soziale Moral (Pflichten gegenüber dem Vater, gegenüber dem König, gegenüber den Männern der Kirche); Laster und Tugenden, Gaben des Heiligen Geistes, Seligpreisungen; irdische Drangsal des Menschen und die Pflicht, Gott dennoch stets zu preisen; Weg zur Vollkommenheit und Analyse seiner fünfzehn „Stufen“; zweifache „Geburt“ und zweifacher „Tod“; Gebete, die Wilhelm sprechen soll; *excursus* über den „Rhythmus“ des Kirchenjahres ... Der zehnte Abschnitt hat autobiographischen Charakter. Duoda erzählt Wilhelm Episoden aus ihrem Leben und hinterläßt ihm ein Verzeichnis der Verstorbenen ihrer Familie; sie fertigt eine Art Zusammenfassung des bisher Geschriebenen an; schließlich läßt sie ihn wissen, wie die Inschrift auf ihrem Grab lauten soll. Den Anhang bildet eine Anleitung zum Beten der Psalmen.

Das religiöse und moralische Weltbild Duodas ist von einer androzentrischen Kultur geprägt, der sie, wie die meisten Frauen ihrer Zeit, positiv gegenübersteht. Gerade aus diesem Grund verwundert es, daß sie in ihrem *Liber manualis* der Marienverehrung keinerlei Beachtung schenkt, obwohl sie sicher noch miterlebt, wie Paschasius Radbertus die „virginitas in partu“ (Jungfrauschaft Marias bei der Geburt) in allen Einzelheiten gegen Rathramnus verteidigt.

Wir wissen nichts Genaues über Duoda. Aufgrund ihres Namens könnte sie aus Nordfrankreich oder sogar aus Deutschland stammen. Weit mehr wissen wir hingegen über ihren Mann Bernhard, dessen Vater, Wilhelm von Aquitanien, ein Vetter Karls des Großen war. Eine Verwandtschaft, die ihn zu großen Aufgaben bestimmte. Nach seiner Vermählung übertrug ihm der Kaiser die Verteidigung der Spanischen Mark (Aquitanien) gegen die Araber.

Im Jahre 840, kurz nach dem Tod Ludwigs des Frommen, sind die Ehegatten wieder vereint – ihr zweiter Sohn, Bernhard, wird 841 geboren. Der Ausbruch des Konflikts zwischen Karl dem Kahlen und Lothar sowie dessen Bundesgenossen Pippin zwingt die Gatten, sich voneinander zu trennen. Bernhard ergreift zunächst die Partei Pippins, nimmt dann aber eine gemäßigtere Haltung gegenüber Karl ein und vertraut ihm zum Beweis seiner Treue den Sohn Wilhelm an.

Von Duoda gibt es außer dem erwähnten Büchlein keine weiteren Aufzeichnungen. Wir wissen nur, daß sie nach 872 gestorben ist. Ihre Familie bleibt weiterhin in das politische Geschehen jener Zeit verwickelt. Obwohl Bernhard Karl den Kahlen als Lehensherrn anerkannt hatte, entkam er dessen Rachefeldzug gegen die Rebellen nicht. Wilhelm schloß sich ihrer politischen Bewegung an. Obwohl es ihm gelang, sich ein eigenes Territorium in der Spanischen Mark zu sichern, unterlag er schließlich dem König. Im Jahre 850 wurde er in Barcelona enthauptet.

Das Leben Duodas steht völlig im Zeichen dieser Familientragödie. Ihr Sohn Bernhard überlebt als einziger und ist mit ziemlicher Sicherheit der Vater Wilhelms des Frommen, des Herzogs von Aquitanien, dem wir die Errichtung des Klosters Cluny verdanken.

Der *Liber manualis* ist das Vermächtnis einer gottesfürchtigen Frau, die moralisch die Entscheidungen ihres Gatten mitträgt, gezwungenermaßen fern von ihm, von wirtschaftlichen und gesundheitlichen Problemen belastet. Eine einsame Frau, fern auch von ihren Söhnen, gezeichnet von der Allgegenwart des Todes, des ständigen Gefährten der Männer und Frauen in der Unsicherheit und Gefährdung des mittelalterlichen Lebens. Eine Frau, die sich aber dennoch nicht geschlagen gibt und aus ihrer Einsamkeit und Bedrängnis heraus uns ein wertvolles Zeugnis jener schweren und längst vergangenen Zeit hinterläßt, in der auch eine Frau in ihrer mißlichen Lage ein Zeichen setzen konnte, dank ihres tiefen Glaubens und der Liebe zu ihrem fernen Sohn. Duoda, die ihre Pflichten als adelige Dame und Mutter so verantwortungsbewußt ernst nimmt, darf nicht in Vergessenheit geraten.

Der *Liber manualis* gelangte mit Sicherheit in die Hände ihres Sohnes Wilhelm. Die Mühe Duodas war also nicht vergeblich. Das beweist eine Handschrift, die in der Bibliothek von Barcelona aufbewahrt wird und die sich im übrigen grundlegend von jenen Handschriften des *Liber manualis* unterscheidet, die im französischen Raum Verbreitung gefunden haben.

Das Netz der kirchlichen Dienste

Was kann eine Frau in einer Kirche bewirken, wenn ihr als einzige Alternative zur Ehe nur der Weg ins Kloster offensteht? Was kann sie für eine Glaubensgemeinschaft tun, in der das weibliche Amt des Diakonats – von dem der Westen ohnehin nie begeistert war – jede Bedeutung verloren hat?

Hier gibt es am Rande des beginnenden Mittelalters ein Modell, das wir wieder als „prophetisch" bezeichnen können. Ein soziales und kirchliches Engagement, das mit dem Eremitentum verbunden ist, das ursprünglich nicht als Weltflucht, sondern als eine kirchliche und politische Aufgabe verstanden wird. Genovefa, die Eremitin, von der hier die Rede ist, bleibt jedoch eher eine Ausnahme- bzw. Übergangserscheinung als ein Modellfall.

Nach ihr, und auch bereits zu ihrer Zeit, erfährt das Netz der kirchlichen Dienste eine unglaubliche Veränderung. Es wird damit sicher nicht das persönliche Zeugnis, die Verkündigung oder die öffentliche Funktion des Gebetes abgeschafft. Doch es ist die Klostergemeinschaft, die nun für diese „Dienste" Sorge trägt. Sicher sind die Nonnen hauptsächlich dazu da, sich dem Lob Gottes zu widmen. Dennoch wäre es eine Herabwürdigung, das engagierte und aktive Leben in den Klöstern, die überall im Abendland entstehen, auf das Gebet allein zu reduzieren, denn sie werden vor allem als Vorposten zur Verkündigung des Evangeliums gegründet. Das Netz der Klöster wird sozusagen der Garant für die Stabilität der eben erst gegründeten Kirchen. Es bildet die Ausgangsbasis für ihre territoriale Institutionalisierung.

Die germanischen Völker bekehren sich eines nach dem anderen zum Christentum. So findet bei den Sachsen sogar eine Bekehrung durch ihre eigenen Landsleute statt. Um ihnen das Evangelium zu verkünden, kehren sie aus England zurück, dem Land, das Jahrhunderte zuvor das Ziel ihrer Eroberungen gewesen war. Dort hatte die Invasion der Angeln und Sachsen das bereits bestehende Christentum weitgehend verdrängt. Erst mit der Evangelisierung durch einen gewissen Augustinus von Canterbury zur Zeit Papst Gregors des Großen beginnt es sich wieder zu verbreiten. Bereits ein Jahrhundert danach kehren angelsächsische Mönche als Missionare nach Europa zurück. Beispielsweise der heilige Bonifatius und seine Nonnen, die er aus England zur Unterstützung seiner Missionstätigkeit zu sich ruft.

Die kirchliche Funktion der Frauen des Frühmittelalters beschränkt sich jedoch nicht nur auf diese Aufgabe, die im übrigen auch verschiedene fromme Königinnen erfüllen, denen es gelingt, ihren König und ihr Volk zu bekehren. Der Lobpreis Gottes führt zu einem weiteren, heute fast vergessenen kreativen Schaffen der Frau. Es ist nämlich undenkbar, daß diese Frauen damals ohne jede Eigenständigkeit und ohne Inspiration des Heiligen Geistes nur jene Gebete und Gesänge wiederholten, die allesamt von Männern stammten. Den Beweis dafür liefert uns aus Byzanz die Geschichte über das Leben und künstlerische Schaffen von Cassia, einer Nonne und Hymnendichterin.

Eine bedeutende „Prophetin“:
Genovefa (422 – 466)

Von den Parisern verehrt – sie ist die Schutzheilige der Stadt –, ist Genovefa eine Gestalt, bei der sich Geschichte und Legende vermischen. Sie wird zu Beginn der zweiten Dekade des 5. Jahrhunderts geboren. Als Tochter eines Bauern hütet sie selbst die Herde ihres Vaters. Der heilige Germanus von Auxerre, der sich auf der Durchreise in Nanterre, ihrem Geburtsort, aufhält – er ist auf dem Weg nach England, um dort im Auftrag von Papst Coelestin den Pelagianismus zu bekämpfen –, prophezeit den Eltern ihre künftige Größe: Der Herr habe sie zu seinem Instrument für die Bekehrung vieler Menschen ausersehen. Genovefa ist gerade sechs Jahre alt und bejaht die Frage, ob sie sich Gott weihen wolle, mit großer Begeisterung. Doch ihre Eltern wollen vom Entschluß ihrer Tochter, ein Leben in frommer Askese zu führen, nichts hören. Eines Tages schlägt die Mutter ihr deshalb ins Gesicht und bleibt daraufhin zwölf Monate lang blind, bis sie schließlich Reue zeigt und ihre Augen mit jenem Wasser wäscht, das ihre Tochter gesammelt und gesegnet hat. Nun erhält Genovefa die Erlaubnis, nach Paris zu Bischof Vilicus zu gehen, wo sie mit dem Ritus der *velatio* (Verhüllung mit dem Schleier) die Gottesweihe empfängt. Sie ist etwa fünfzehn Jahre alt. Als „Jungfrau“ lebt sie danach weiterhin bei ihrer Familie. Erst nach dem Tod ihrer

Eltern zieht sie zu ihrer Patin nach Paris. Sie unterzieht sich strengem Fasten, ißt nur zweimal in der Woche und lebt in der Zeit von Epiphanie bis Gründonnerstag in völliger Zurückgezogenheit. Sie führt das Leben einer Eremitin. Gott verleiht ihr eine Fülle von Gaben und vor allem die Fähigkeit, Gedanken zu lesen. Sie verfolgt einen – zumindest im Abendland – unüblichen Lebensstil. Schon bald werden böse Gerüchte über sie verbreitet. Doch Germanus von Auxerre hält seine schützende Hand über Genovefa. Als er nach achtzehn Jahren vorübergehend wieder in Paris weilt, macht er sich auf die Suche nach ihr. Als er sie gefunden hat, rühmt er sie in aller Öffentlichkeit, und die Pariser geben ihre ablehnende Haltung auf.

Seit dem Jahr 451 sieht sich die Heilige mit bedeutenden politischen Problemen konfrontiert. Während die Hunnen unter Attila auf Paris zu marschieren, beschwichtigt sie die Angst der Bevölkerung. Sie fordert die Leute auf, die Stadt nicht zu verlassen, sondern Buße zu tun. Attila werde ihnen kein Leid zufügen. Die Frauen lassen sich überzeugen, doch die Männer betrachten die Worte der Eremitin als Verhöhnung. Voll Zorn denken sie sogar daran, sie in die Seine zu stürzen. Und noch einmal greift der heilige Wundertäter ein und schickt von seinem Totenbett aus einen seiner Diakone zu ihrer Rettung nach Paris.

Genovefa behält recht. Attila verläßt das Tal der Seine und wendet sich dem Loiretal zu. Dort wird er von den fränkischen und keltisch-römischen Truppen besiegt.

Doch Paris verdankt Genovefa noch mehr. Während Childerich Paris belagert, rettet sie die Stadt vor einer Hungersnot, indem sie eine kleine Flotte ausrüstet und mit ihr auf der Suche nach Nahrungsmitteln in die benachbarte Champagne fährt. Hier vollbringt sie weitere Wunder. Auf dem Rückweg drohen die Schiffe unterzugehen, doch das Gebet der Heiligen wendet die Katastrophe ab. Bei Childerich setzt sie sich für das Leben Gefangener ein, die bereits zum Tode verurteilt sind.

Unter den Parisern wächst die Bewunderung für sie, und so kann sie schließlich durchsetzen, daß am Ort des Martyriums des heiligen Dionysius, des ersten Bischofs der Stadt, die nun auch die ihre geworden ist, eine Kapelle errichtet wird, und zwar auf jener kleinen Anhöhe am linken Ufer der Seine, die noch heute ihren Namen trägt. Hier empfängt sie Chlodwig, den ersten christlichen König und Begründer des fränkischen Königshauses, dem sie in Freundschaft verbunden ist. Sie stirbt mit etwa vierundvierzig Jahren.

Es ist schwer, Genovefa vom Nationalethos der Franzosen zu trennen. Die Vermischung religiöser und ziviler Tradition wird am Beispiel der Königskirche von Saint-Denis besonders deutlich. Auch daß man ihr die Kapelle widmet, die noch älter ist als die Abtei König Dagoberts, ist nicht ohne Bedeutung.

Abgesehen von ihren Wundern, die sie zu Lebzeiten und nach ihrem Tod vollbringt, zeigt Genovefa, daß sie eine Frau mit großer Initiative ist. Wie sonst könnten wir sie uns an der Spitze jener kleinen Flotte vorstellen, mit der sie nicht auf wundersame Weise, sondern im festen Glauben an ihre Bestimmung einem anrückenden Heer die Stirn bietet. Gerade diese unglaubliche Führungsrolle Genovefas, ihr nicht gerade „weibliches" Handeln, hat dazu geführt, die Authentiziät ihrer *Vita* in Frage zu stellen, deren Autor behauptet, daß er sie nicht einmal achtzehn Jahre nach ihrem Tod geschrieben habe. Auch ohne die Hypothek der üblichen Hagiographie spricht nichts gegen den grundsätzlichen Wahrheitsgehalt der berichteten Ereignisse, denn sie passen sehr gut in das politische und kirchliche Gesamtbild jener Zeit.

Genovefa verkörpert ein charismatisches und prophetisches Modell. Sie ist im wahrsten Sinne des Wortes eine bedeutende und starke Frau. Eine emanzipierte Frau, die fähig ist, sich offen und aufrichtig für die Kirche und das Wohlergehen der Bürger einzusetzen.

Eine Vorkämpferin des Glaubens: Lioba († um 782)

In seiner Predigt in der katholischen Kathedrale von Westminster im Jahr 1982 hat Papst Johannes Paul II. neben Beda von Jarrow und Bonifatius von Devon, den Apostel der Deutschen, auch an Frauen wie Hilda von Whitby, Walburga und Lioba erinnert, an berühmte Namen der englischen Geschichte. Walburga und Lioba sind jedoch nicht die einzigen, die mit dem heiligen Bonifatius gemeinsam in deutschen Landen segensreich wirken. Wie er verlassen auch sie – so lautet jedenfalls eine ergänzende Bemerkung im 3. Kapitel der *Vita IV*, die ein ungenannter Autor aus Mainz geschrieben hat – auf seine Bitte hin ihre Heimat England, um ihm bei seinem Bekehrungswerk Gefolgschaft zu leisten. Die Tätigkeit von Bonifatius ist nicht das Werk eines wunderlichen Einzelgängers. Er verwirklicht seinen Bekehrungsplan mit einer ganzen Reihe von Mitarbeitern. Unter ihnen Willibald und Wunibald, die mit ihm verwandt sind und später ebenfalls Heilige werden. Da ihm die Unterstützung durch Priester und Mönche allein nicht genügt, bittet Bonifatius schließlich seine Landsleute um Hilfe, Nonnen aus Wimborne in Dorset und aus Minster in Kent; etliche von ihnen machen sich auf den Weg zu ihm: Walburga, die Schwester von Willibald und Wunibald; Lioba, die seit ihrer Kindheit als Nonne im Kloster von Wimborne lebt und mit Bonifatius bereits in Liebe und Freundschaft verbunden ist, wie der *Brief 29* ihrer Briefsammlung beweist:

> Dem hochverehrtesten und hochwürdigsten Herrn Bonifatius, geliebt in Christus und mit mir verwandt, wünscht Leobgytha als geringste Magd aller, die das sanfte Werk Christi fortsetzen, Glück und Segen.
> Ich bitte darum, Dich gnädigst der alten Freundschaft zu entsinnen, die Dich einst mit meinem Vater verband ... Und auch mit meiner Mutter ... die Deine Verwandte ist ... Gestatte mir als einer Unwürdigen, Dich als einen Bruder zu betrachten, weil

ich in keinen Mann meiner Familie so viel Vertrauen und Hoffnung setze wie in Dich.
Ich möchte Dir diese kleine Gabe senden ... damit Du Dich weiter an meine Wenigkeit erinnerst und mich trotz der großen Entfernung, die uns trennt, nicht vergißt ...

Dem Brief können wir entnehmen, daß Lioba – so der vereinfachte Name – die einzige Tochter ihres verstorbenen Vaters ist; nur ihre alte Mutter ist ihr noch geblieben. Voll Zuversicht wendet sie sich an den einzigen Mann in ihrer Familie, dem sie vertraut. Auch hier wiederholt sich das Stereotyp der Schwäche der Frau und der Notwendigkeit, sich auf einen Mann zu stützen.

Sie ersucht Bonifatius, für ihren verstorbenen Vater, ihre alte Mutter und für sie selbst zu beten. Doch sie bittet ihn auch, den Stil ihres Briefes zu korrigieren und ihr zuvorkommenderweise einige Zeilen zukommen zu lassen, die sie schon mit „lebhaftem Bangen" erwarte.

Als Beweis dafür, daß die Nonnen ihrer Zeit des Schreibens kundig sind, schickt Lioba ihm auch ein kleines Gedicht, das sie selbst verfaßt hat:

Nicht von Kühnheit, doch vom Wunsch beseelt, sich zu üben, ist mein Verstand bei seinen ersten Versuchen noch schwach und Deiner Hilfe bedürftig.

Lioba ist noch sehr jung. Sie ist in der Abgeschiedenheit des Klosters erzogen worden, in der Obhut Edburgas, die im selben Brief zitiert wird und ebenfalls mit Bonifatius in Briefwechsel steht. Lioba wollte sich offensichtlich wie sie dem Apostolat widmen (und vielleicht auch Bonifatius nahe sein). Mit Zustimmung der Äbtissin von Wimborne machte sie sich auf den Weg nach Deutschland. In Baden, zu Tauberbischofsheim, gründete sie ein Kloster und versammelte eine ansehnliche Gruppe von Nonnen um sich, die sie mit ihrem Eifer ansteckte. Mit Bonifatius unterhielt sie einen regen Briefwechsel. Es sind jedoch nur zwei Briefe des Heiligen an sie erhalten geblieben. Der erste, der *Brief 67*, ist eigentlich eine Art Rundschreiben, das Bonifatius auch an Thekla richtet, die Äbtissin der Klöster Kitzingen und Ochsenfurt, beide in der Nähe von Würzburg, und an Cynehild, eine Tante von Lullus, jenem sächsischen Mönch, der Bonifatius begleitete und durch ihn die Bischofswürde erlangte. Cynehild und ihre Tochter Berchtgitta unterrichteten damals die neubekehrten Christen in Thüringen. In diesem Schreiben fordert Bonifatius sie auf, darum zu beten, daß seine Missionsarbeit von Erfolg gekrönt werde.

Im zweiten Brief, dem *Brief 96*, der sehr kurz gehalten ist und mit liebenswürdigem Pathos geschrieben wurde, erteilt er Lioba die Erlaubnis zur Erziehung eines jungen Mädchens.

Bevor Bonifatius nach Friesland aufbricht, wo er als Märtyrer stirbt, fordert er sie zum Abschied auf, ihrer Bestimmung treu zu bleiben. Er macht ihr seinen Mantel zum Geschenk und gibt seiner Hoffnung Ausdruck, daß ihre Gebeine einst in einem einzigen Grab vereint sein mögen. Als der Leichnam von Bonifatius nach Fulda überführt wurde, verließ Lioba ihre Klausur und begab sich zum Gebet an sein Grab. Gemäß dem Wunsch des Heiligen wurde sie nach ihrem Tod im Jahre 782 in Fulda unweit seines Grabes bestattet. Alle diese Berichte stammen nicht aus dem *Leben des heiligen Bonifatius*, sondern aus dem *Leben von Lioba*, das der Mönch Rudolf unter Anleitung von vier ihrer Schülerinnen verfaßt hat.

Von allen selbstlosen Gefährtinnen, die aus ihrer Heimat England zu seiner Unterstützung herbeieilen, ist es Lioba, mit der Bonifatius besonders innig verbunden bleibt. Nur so läßt sich sein Wunsch erklären, auch noch im Tode mit ihr vereint zu sein.

Eine edle Dichterin:
Cassia (800/810 – 843 oder 867)

Zur Gattin des byzantinischen Kaisers erwählt zu werden und dann erleben zu müssen, daß eine andere den Vorzug erhält, ist keine ungewöhnliche Geschichte. Doch wir sprechen von einem Ereignis, das im 9. Jahrhundert stattfindet. Und zu dieser Zeit ist es der verschmähten Auserwählten nicht mehr gestattet, einen anderen zu heiraten. Für Cassia, eine kluge und feinsinnige Frau, beginnt daher ein Leben in Askese, während der Kaiser sich mit Theodora vermählt.

Es klingt wie eine ganz alltägliche Geschichte, und doch ist sie nicht so einfach, wie es auf den ersten Blick aussieht. Denn nicht die unwiderstehliche Anziehungskraft Theodoras – die wir in all ihrer strahlenden Schönheit auf den prächtigen Mosaiken von Ravenna bewundern können – bestimmt die Entscheidung von Kaiser Theophilos, es ist vielmehr ihre ihm nur allzusehr „gebührende" Antwort, mit der Cassia sich seine Gunst verscherzt.

Um dem Kaiser seine Auswahl zu erleichtern, ist es am Hof von Byzanz üblich, eine Art Schönheitskonkurrenz zu veranstalten, an der die edelsten und schönsten Jungfrauen teilnehmen. Der Kaiser überreicht dann seiner Auserwählten einen goldenen Apfel. Nach der Erzählung eines Zeitgenossen jener Ereignisse, Georgios Monachos, die dann ein Jahrhundert später von Symeon Logothetes in seiner *Weltchronik* aufgegriffen wurde, nähert sich der Kaiser Cassia und sagt zu ihr: „Nun denn, durch die Frau ist alles Übel entstanden." Worauf sie antwortet: „Aber kommen von der Frau nicht auch die besten Dinge?" Und eben diese Antwort veranlaßt den Kaiser, sich Theodora zuzuwenden. Denn auch die Schönheit gibt keiner Frau das Recht, auf eine Provokation in dieser Weise zu antworten. Wenn man der Erzählung Symeons glauben kann, hat Cassia sich dem Kaiser Theophilos auch als Bilderverehrerin zu erkennen gegeben, während er Ikonoklast (Bilderstürmer) war.

So flüchtet die verhinderte Kaiserin in ein Kloster, wo sie ihre Zeit damit verbringt, ihre verletzten Gefühle mit Hilfe der Dichtkunst zu heilen. Hier wird die Literatur ihre geistige Nahrung. Von den etwa fünfzehn Gedichten, die uns von ihr überliefert sind, ist eines besonders berühmt geworden, und es gibt verschiedene Versionen über die besonderen Umstände seiner Entstehung.

Eines Tages besucht der Kaiser unerwartet das Kloster, in dem Cassia ihre Tage zurückgezogen und im Gebet verbringt. Vielleicht sind seine Amtspflichten, vielleicht aber auch die Erinnerung an ihre Schönheit der Grund für den Besuch. Als sie von seinem plötzlichen Erscheinen hört, verläßt Cassia überstürzt ihre Zelle, um ihm nicht zu begegnen, versteckt sich und läßt dabei auf dem Tisch das Pergament mit der Niederschrift jenes Gedichtes liegen, an dem sie gerade arbeitet. Der Kaiser liest es und kommentiert seinerseits in Versen die überstürzte Flucht der Nonne. In die Zelle zurückgekehrt, liest Cassia die Worte ihres einstigen Bräutigams und läßt sie so stehen, wie er sie in ihr Manuskript eingefügt hat. Und so hat sich dieser Text erhalten, der heute noch bei der Vesper am Mittwoch der Karwoche in der byzantinischen Liturgie gesungen wird. Diese Legende, falls es nur eine solche ist, bietet eine Erklärung für die Stelle, bei der es sich ganz offensichtlich um eine Interpolation handelt.

O Herr, die Frau, mit vielen Sünden beladen,
erkennt Dich als ihren Gott
und Wundertäter an,
und trauernd bringt sie Wohlgerüche an Dein Grab.
Weh mir, spricht sie, um mich ist Nacht,
als Strafe meines schlechten Lebens,
dunkel und mondlos, sündige Liebe.
Nimm hin den Strom meiner Tränen,
Du, der Du das Meer mit Wolken speist.
Erbarme dich der Klagen meines Herzens,
Du, der Du vom Himmel herabgestiegen bist.
Deine unbefleckten Füße küsse ich
und trockne sie
mit den Flechten meiner Haare.

Und Eva im Paradies
hörte des Abends die nahenden Schritte,
und voller Angst verbarg sie sich.

Die Vielzahl meiner Sünden und die Unerforschlichkeit Deines Ratschlusses –
wer kann sie begreifen, o Retter der Seelen, o mein Erlöser?
Wende Dich nicht ab von Deiner Magd
in Deiner unermeßlichen Liebe.

Man findet kaum eine Frau, deren Dichtkunst sich mit dem liturgischen Beten befaßt. Ja, wir können sogar behaupten, daß die Frauen vom liturgischen Schaffen praktisch zur Gänze ausgeschlossen waren. Auch wenn wir die großen Frauen des Alten und Neuen Testamentes anführen, von denen uns zum Teil sehr alte Psalmendichtungen überliefert sind, so scheint es doch sehr unwahrscheinlich zu sein, daß es sich dabei um weibliche Schöpfungen handelte. Man denke nur an den Gesang vom Roten Meer, an das Danklied der Hanna oder das Lied der Debora, den Lobgesang Judits und schließlich an das „Magnificat" Marias. Dennoch muß es eine Verbindung der Frauen zur Hymnendichtung geben, wenn die Heilige Schrift selbst etwas so Ungewöhnliches verbreitet.

Im frühen Mittelalter – wie wir noch sehen werden – steht die Dichtkunst einer anderen Frau eng mit dem Schaffen eines berühmten Hymnendichters in Verbindung. Es ist die Freundschaft von Königin Radegunde mit Venantius Fortunatus, die zur Vermutung führt, daß ihre Werke einander überlagern. Auch im Falle Cassias wollte man Texte, die uns unter ihrem Namen überliefert sind, anderen zuschreiben. Doch bei allem Respekt vor den Vorbehalten der Wissenschaft kann eine so übereinstimmende Überlieferung nicht unbegründet sein. Aufgrund neuerer Forschungen können wir Cassia daher durchaus als Urheberin jener Verse betrachten, die uns als die ihren überliefert sind.

Was ihre lyrische Dichtung betrifft, die wir transkribiert haben, so zeigt sich deutlich eine von festen Schemata abgehende, eigenständige Rhythmik. Lange und kurze Verse wechseln in einer bilderreichen Sprache einander ab. Unschwer läßt sich hinter dieser Hingabe und dieser Inspiration die Sensibilität einer Frau erkennen. Cassia bringt die literarische Bildung, die sie in ihrer Jugend erfahren und während des Klosterlebens noch vervollkommnet hat, hier zu voller Entfaltung. Bei aller Zurückhaltung kann man fühlen, wie sie mit der reuigen Sünderin leidet, die mit kostbarem Balsam die Füße des Meisters vor seiner Beisetzung salbt. Mit ihren Tränen vereint Cassia die eigenen und wird so zum schmerzlichen Manifest einer Frau, die gesündigt hat und von ihren Sünden erlöst worden ist.

Das Modell und die Abweichung

Auch die folgenden Gestalten, die wir zwischen Modell und Abweichung ansiedeln wollen, gehören dem geistlichen oder, genauer gesagt, dem klösterlichen Leben an. Ob frei gewählt oder erzwungen, es ist der vorgezeichnete Weg für sehr viele Frauen in der Zeit des frühen Mittelalters. Unsere „exemplarische" Hauptgestalt, Radegunde, die eine Königin ist, bevor sie Nonne wird, erlaubt es uns, den inneren Zwiespalt und das Leiden der Frauen im Europa des 7. Jahrhunderts unmittelbar nachzuvollziehen. Die Freiheit, die sie gewinnt, hat einen sehr hohen Preis, ist bitterer Lohn eines sicher nicht gütigen Schicksals. Ebba wiederum leitet, vielleicht ohne es zu wollen, ein „Doppelkloster", dessen feudales Gepräge die Strenge klösterlichen Lebens zunichte macht. In dieser so widersprüchlichen Welt mit ihren Gegensätzen in der Deutung und Verwirklichung des klösterlichen Lebens finden wir, fasziniert von den Ausdrucksmöglichkeiten der Schriftstellerei, die Chorfrau Roswitha von Gandersheim, Autorin von Legenden und Theaterstücken, zu denen sie sowohl von der lateinischen Literatur als auch von den apokryphen und hagiographischen Texten aus der Zeit der Kirchenväter und des frühen Mittelalters inspiriert wird.

Ob wir wollen oder nicht, alle diese Frauen brechen mit dem gängigen Vorurteil ihres Schweigens. Auch in den Jahrhunderten vor der Jahrtausendwende sind die Frauen also kreativ, sie singen und schreiben, und sie erreichen eine erstaunliche Emanzipation, die sicherlich mit der Bildung zusammenhängt, die ihnen vor allem das klösterliche Leben zu bieten vermag.

Eine Ex-Königin, die ihr Glück findet: Radegunde (um 520 – 587)

Der Dynastiewechsel erfolgt bei den Germanenstämmen stets auf die gleiche Weise. Ist der gegnerische König besiegt, so wird fast immer seine Tochter als Gefangene weggeführt, ja geradezu als Sklavin gehalten und schließlich vom siegreichen König zur Frau genommen. Es ist schwer zu sagen, welche Liebesbeziehung aus einer solchen Ehe jemals entstehen konnte. Auf jeden Fall scheint es sich um eine konstante Vorgangsweise zu handeln. Vielleicht dient die ethnische Vergewaltigung, die wir bis in unsere Tage verfolgen können, auch dazu, die Macht des Gegners endgültig zu brechen. In unserem Fall geht es darum, ein Königsgeschlecht zu unterwerfen, dessen unmittelbare Verkörperung die Tochter des besiegten Königs ist. Damit läßt sich auch der Wettstreit um den körperlichen Besitz der Frau erklären, der in gewisser Weise das konstante Merkmal einer patriarchalischen Kultur und ihrer Gesellschaft ist.

Wie auch immer man es interpretiert, es ist und bleibt eine gewalttätige Handlung, mit deren Hilfe man sich des Besiegten entledigt und sich gleichzeitig seiner vitalen Energie bemächtigt. Eine Art „Kannibalismus“, der nicht durch ein rituelles Festmahl, sondern durch den rituellen Akt der Ehe und damit durch das Medium des weiblichen Körpers vollzogen wird.

So finden wir Radegunde, ein Kind von nicht einmal zwölf Jahren, unter den unglücklichen Gefangenen, die dem Franken Chlothar I., dem Sieger über das Königreich der Thüringer, nach Neustrien folgen müssen. Radegunde, die vermutlich im Jahr 520 geboren wurde, hatte mitansehen müssen, wie ihr Vater Berthar, König über einen Teil der Thüringer, von der Hand seines Bruders Hermenefred starb. Dem mordgierigen Wüten Hermenefreds fiel schließlich auch sein zweiter Bruder Baderich zum Opfer. So kam es, daß die Waise Radegunde am Hof ihres brudermörderischen Onkels aufwuchs. Nachdem dieser vom Frankenkönig Chlothar vernichtend geschlagen worden war, mußte die junge Prinzessin dem Sieger folgen. Er war von ihrem Liebreiz bezaubert und beschloß, nachdem sie ihm im Wettstreit mit seinem Bruder Theuderich durch das Los zugefallen war, sie zu gegebener Zeit zu heiraten und ihr bis dahin die bestmögliche Erziehung angedeihen zu lassen. Daher stellte er seiner künftigen Gemahlin die angesehensten Lehrer zur Verfügung. Radegunde nützte ihre Möglichkeiten und kann als eine der gebildetsten Frauen ihrer Zeit angesehen werden. Nach den Worten von Venantius Fortunatus hatte sie alle Schriften von Gregor und Basilius gelesen, kannte Athanasios und Hilarius, Ambrosius, Hieronymus und Augustinus, Sedulius und Orosius. Radegunde erweiterte in der Folge noch ihre Bildung und ging von den lateinischen zu den griechischen Schriftstellern über, die sie jedoch sicher in ihrer lateinischen Übersetzung las, da die Verwendung der griechischen Sprache damals nicht mehr üblich war.

Man kann nicht behaupten, daß die Hochzeit, zu der sie als kaum Zwanzigjährige gezwungen wurde, das Ziel ihrer Wünsche war, versuchte sie doch, sich ihr durch Flucht zu entziehen. Schließlich blieb ihr aber keine andere Wahl, als sich in ihr Schicksal zu fügen, und so widmete sie sich in jeder Weise dem frommen und gottesfürchtigen Leben, zu dem sie sich berufen fühlte. Sie machte gute Miene zum zügellosen Leben ihres Gatten Chlothar und ertrug geduldig sein gewalttätiges und rauhes Wesen. Seinen Ausschweifungen setzte sie ein beispielhaftes christliches Leben entgegen, ohne deshalb ihre königlichen Pflichten zu vernachlässigen. Für den Geschmack des Königs und der Höflinge war sie viel zu sanft und tugendhaft, zu sehr dem Werk der Barmherzigkeit und Frömmigkeit ergeben und dem Rhythmus von Gebet und Fasten verpflichtet. Venantius Fortunatus überliefert uns folgende Beschreibung ihres Ehelebens:

> ... Wenn sie des Nachts beim König lag, bat sie ihn um Erlaubnis, aufstehen zu dürfen, um einem natürlichen Bedürfnis zu folgen. Nachdem sie sich erhoben und das Ehegemach verlassen hatte, verharrte sie lange Zeit am Boden liegend in der Hauskapelle, einen Bußgürtel um die Mitte. Und nur das Feuer in ihrer Seele brannte, während sie von Frost geschüttelt auf der Erde lag. Ihre Seele aber befand sich im Paradies, und sie vergaß ihre körperlichen Qualen ... In das Ehegemach zurückgekehrt, hatte sie Mühe, sich vor dem Kaminfeuer oder auf einem Sofa wieder zu erwärmen. Dem König aber wurde vorgehalten, er habe sich eher mit einer Nonne als mit einer Königin vermählt. Er war darüber erzürnt und behandelte sie vor den Adeligen sehr schroff, doch sie besänftigte ihn und ertrug gelassen den Streit mit dem Gatten.

Ohne Zweifel war Radegunde sehr duldsam, doch die Geduld, die Chlothar mit einer so außergewöhnlichen Frau beweisen mußte, konnte nicht geringer gewesen sein. Als sie bereits glaubte, genug gelitten zu haben, ließ der Gatte ohne jeden Grund auch ihren Bruder töten, den einzigen Verwandten, der ihr noch geblieben war. Dieses Ereignis weckte in ihr vermutlich die Erinnerung an die mit Blut getränkten Tage ihrer Kindheit. Mit Zustimmung Chlothars verließ sie den Königshof und das eheliche Lager, um sich ganz dem geistlichen und asketischen Leben zu widmen.

Der heilige Medardus, Bischof von Noyon, hatte gar keine andere Wahl, als sie zur Diakonin zu weihen. Über Tours und andere Städte gelangte die einstige Königin schließlich nach Saix, wo sie sich einige Zeit niederließ und sich der Armen und Kranken annahm, während sie darauf wartete, das Kloster zu beziehen, das auf ihre Anordnung hin in Poitiers erbaut wurde.

Inzwischen hatte König Chlothar seine Meinung jedoch wieder geändert, und Radegunde mußte mit dem Gatten um ihre gerade erst wiedergewonnene Freiheit kämpfen. So rasch die Umstände es gestatteten, trat sie feierlich in das Kloster ein, das ihre Adoptivtochter Agnes als Äbtissin leitete. Vermutlich gab es auch Schwierigkeiten mit dem dortigen Bischof Marovech. Doch Radegunde, die willens war, ihre Freiheit und die Unabhängigkeit des Klosters zu verteidigen, beschloß, mit der Äbtissin Agnes nach Arles zu reisen, um dort die Ordensregel des heiligen Caesarius zu studieren und sie für ihr Kloster zu übernehmen. Diese Regel, die er für seine Schwester Caesaria erstellt hatte, enthielt die Autonomie der Nonnen gegenüber dem Ortsbischof und garantierte ihnen trotz strenger Klausur das Recht auf Bildung, indem sie vorschrieb, die Schwestern müßten für das Chorgebet lesen und schreiben können.

Im Kloster zu Poitiers widmete Radegunde ihr Leben dem Gebet und dem Studium. Sie las die Werke der griechischen und lateinischen Kirchenväter und einige Dichter der Antike. Höchstwahrscheinlich führte sie auch religiöse (oder weltliche?) Theaterstücke auf, die Gregor von Tours „barbatoriae" nannte. Doch auch ihre Verbindung zum Hof der Merowinger riß nicht ganz ab und betraf vor allem Friedensmissionen.

Als Wendepunkt im Leben von Radegunde gilt das Jahr 567, in dem sie dem Dichter Venantius Fortunatus begegnet, den eine Pilgerreise zum Grab des heiligen Hilarius nach Poitiers geführt hat. Die Freundschaft mit diesem italienischen Kleriker, der in Aquileja und Ravenna studiert hat und nun die germanischen Fürstenhöfe bereist, wo er hohes Ansehen genießt, ist eine der vielen Beziehungen, die mit der Geschichte christlicher Spiritualität eng verknüpft sind. Venantius befindet sich auf dem Weg nach Tours zum berühmten Kloster des heiligen Martin. Doch er gibt seinen ursprünglichen Plan auf und erfüllt damit einen Wunsch von Radegunde, die ihn in ihrer Nähe haben möchte. Zu diesem Zeitpunkt beginnt zwischen den beiden jener Dichterwettstreit, den wir bereits angedeutet haben. Einige der Gedichte von Venantius Fortunatus dienen Radegunde eindeutig als Vorlage für ihr eigenes Schaffen. Hingegen sind uns Werke von Venantius überliefert, die wohl eher der einstigen Königin zugeschrieben werden müßten. Es ist schwierig, diese strittige Frage zu beantworten, und daher viel einfacher, anzunehmen, daß Radegunde nicht so sehr selbst Dichterin als vielmehr die anregende Muse von Venantius ist. Möglicherweise könnte uns eine aufmerksamere und vorurteilslose Lektüre enthüllen, wieviel vom Werk des Venantius Fortunatus wirklich von ihm selbst stammt. Auf jeden Fall sind die berühmtesten Werke des mittelalterlichen Dichters Radegunde gewidmet. Die Hymnen „Vexilla Regis prodeunt“ und „Pange lingua gloriosi“, zu denen er durch die Kreuzesreliquie inspiriert wurde, die Radegunde von Kaiser Justin II. erhalten hatte, sind bis heute ein wesentlicher Bestandteil der lateinischen Liturgie (von diesen Begebenheiten berichtet zehn Jahre nach dem Tod von Radegunde die Nonne Baudonivia und liefert uns damit Details, die Venantius unerwähnt läßt, als er sein *Leben der heiligen Radegunde* verfaßt).

Ihr spontaner Briefwechsel, das feste Band zwischen Venantius und Radegunde ist möglicherweise beispielgebend für jene höfische Minne, die in den späteren Jahrhunderten tatsächlich zu einem Vorbild für die Dichtkunst wird. Losgelöst von ihren körperlichen Reizen wird hier die Frau erstmals Anlaß und Vorbild einer geistigen Anziehungskraft. So sehr, daß man sich fragen muß, ob sich nicht vielleicht dort, innerhalb der Mauern des Klosters zum Heiligen Kreuz, die Einstellung zur Frau zu verändern begann und unter dem Aspekt einer seelischen Hingabe eine neue Qualität und Bedeutung erlangte.

Venantius Fortunatus, der offiziell das Amt des Schatzmeisters des Klosters bekleidet, unterhält sich ungeachtet der Klausur mit Radegunde und der Äbtissin Agnes, ja er regt sie sogar zu lockeren Plaudereien an. So nimmt er jene geistige Transfiguration vorweg, die im 12. und 13. Jahrhundert zu einem wesentlichen Ausdruckselement wird, wenn er sich mit folgenden Worten an die einstige Königin wendet:

> Ehrwürdige Mutter, geliebte Schwester,
> die ich mit reinem und treuem Herzen verehre,
> mit himmlischer Liebe, ohne Verlangen:
> Nicht das Fleisch ist es, das in mir liebt.

Und an Agnes schreibt er:

> Christus sei mein Zeuge und die Apostel Petrus und Paulus,
> die heilige Jungfrau Maria mit ihrem Gefolge möge es bestätigen:
> Du bist für mich in meinem Herzen nicht anders,
> als wärest du Tiziana, meine leibliche Schwester.
> Und als hätte Radegunde, die uns beiden Mutter ist,
> uns in einer einzigen Geburt aus ihrem reinen Schoß hervorgebracht,
> schon vor langer Zeit.
> Und als hätten uns zur selben Zeit die teuren Brüste der Seligen
> mit derselben Muttermilch genährt.

Durch sein dichterisches Werk erfahren wir von ihrer innigen Beziehung, dem Austausch von Geschenken, von den kleinen Aufmerksamkeiten, die er den beiden erweist und sie ihm. Für Venantius wird es zu einer Qual, von Radegunde getrennt zu sein, wenn sie sich während der langen vorösterlichen Fastenzeit harter Buße unterwirft und sich in strengste Klausur zurückzieht. Das Warten auf das Osterfest wird so auch zu einem Warten auf sie, ihr Gesicht, ihre liebgewordenen Plaudereien.

Radegunde starb im Jahr 587. Gregor von Tours, der ihrem Begräbnis beiwohnte, hat uns eine berührende Schilderung vom Schmerz der Nonnen hinterlassen. Bischof Marovech hält auch jetzt noch seine Vorbehalte oder, besser gesagt, seine Abneigung gegen diese Frau aufrecht, die sich seiner Jurisdiktion entzogen hat. Schon sehr bald, und diesmal mit Erfolg, sollte er das Kloster wieder seiner bischöflichen Autorität unterstellen, ungeachtet des Testamentes, das Radegunde abgefaßt hatte, damit ihr Wille auch nach ihrem Tod respektiert würde.

Abgesehen von diesem letzten Mißerfolg gelingt es Radegunde, das Beste aus ihrem Leben zu machen. Sie verkörpert die Figur eines leiderfahrenen und wertvollen Menschen, der letztlich Trost in der Unabhängigkeit des Klosterlebens gefunden hat. Diese kultivierte und spirituelle Atmosphäre bedeutet Balsam für ihre Seele und bietet ihr gleichzeitig Raum für eine elitäre Freiheit. Hier kann sie sich dem Studium und der Literatur, dem Gebet und der Meditation widmen und mit dem bekanntesten Dichter ihrer Zeit in einen künstlerischen Wettstreit treten. Durch die Wärme seiner Freundschaft vernarben die Wunden ihrer von Gewalt geprägten Kindheit und ihrer schmerzlichen Jugend. Bei ihm findet sie die feinfühlige und liebenswerte Übereinstimmung und einen Frieden, den sie als Prinzessin und später als Königin nicht gekannt hat. Doch ob es uns gefällt oder nicht, sie hätte sicher nicht die Möglichkeit gehabt, so großes Wissen zu erlangen und solchen Gefallen an der Literatur und der Dichtkunst zu finden, wenn sie nicht als Königstochter zur Welt gekommen wäre. Und so paradox es klingt, die Mittel dazu hat ihr ausgerechnet ein Mann geboten, der, obwohl man ihn objektiv als ungeschliffen und gehässig bezeichnen muß, den Weitblick besaß, seiner künftigen Gemahlin die beste zur damaligen Zeit mögliche Bildung angedeihen zu lassen. Es ist eigentlich schade, daß er es nicht verstanden hat, diesen großen Schatz für sich selbst zu nützen.

Eine allzu tolerante Äbtissin:
Ebba († 683)

In seiner *Historia ecclesiastica gentis Anglorum* berichtet Beda Venerabilis auch von einer gewissen Ebba, Äbtissin eines Doppelklosters in Coldingham, in dem

> ... praktisch alle, ob Männer oder Frauen, entweder müßig im Schlaf dahindämmern oder Sünden begehen, wenn sie wach sind; auch die Oratorien, die der Schriftlesung und dem Gebet dienen sollen, sind zu Orten geworden, an denen man ißt, trinkt, unnütz plaudert und andere unsinnige Dinge treibt ...

Die Nonnen vergeuden ihre Zeit damit, für sich und ihre Freunde raffinierte und kostbare Gewänder zu nähen. Und Bedas Bericht ist nicht der einzige, denn auch der Biograph Ebbas schreibt:

Das Geschlecht der Jungfrauen zieht die Männer an, und das ruhelose Verlangen der Männer finden wieder die Jungfrauen anziehend, und wie Sternschnuppen, die vom Himmel fallen, versinken sie im Wirbel der Wollust.

Ist schon diese Ausdrucksweise eigenartig, so verwundert es noch mehr, daß ausgerechnet diese Äbtissin Ebba zu den Heiligen zählt. Doch der einzige Schönheitsfehler ihres sonst untadeligen Lebens war die Führung des Doppelklosters in Coldingham.

Ebba stammt aus einer Familie von höchstem Adel – sie ist die Tochter des Königs Ethelfrith von Northumbrien und seiner zweiten Frau Akka, die Schwester des heiligen Oswald und von Oswin, ebenfalls König von Northumbrien. Nach dem Tod ihres Vaters fand sie Aufnahme am Hof des Königs von Schottland. Als ein Prinz dieses Königreiches sie zur Frau begehrte, zog sie es vor, nach Coldingham zu fliehen, und das Meer half ihr auf wunderbare Weise bei ihrer Flucht und hinderte den Freier daran, sie einzuholen.

Als sie bereits Nonne war, machte ihr Bruder Oswin, der einst die Partei des Freiers ergriffen hatte, ihr ein kleines Stück Land am Fluß Derwent in der Grafschaft Durham zum Geschenk. Hier gründete sie ein Kloster. Nach dem Vorbild des von Hilda in Whitby gegründeten Klosters errichtete Ebba anschließend ein Doppelkloster in Coldingham. Als der heilige Cuthbert es im Jahr 664 besuchte und die Mißstände sah, die dort aufgrund der Nähe des Frauenklosters zum Männerkloster herrschten, beschloß er, sich in Zukunft von den Frauen fernzuhalten.

Obwohl sie als Äbtissin einen schlechten Ruf hatte, spielte Ebba eine bedeutende Rolle im politischen Leben ihrer Zeit. Unter anderem ergriff sie die Partei des heiligen Wilfrith, des Bischofs von York, der seines Amtes enthoben worden war, später aber wieder in sein Amt eingesetzt wurde, nachdem die Königin von Northumbrien, die mit ihrem Gatten zu Besuch in Coldingham weilte, von einem rätselhaften Unwohlsein befallen wurde, das man für ein göttliches Zeichen hielt.

Ein aktives und untadeliges Leben also, mit dem einzigen Fehler, einen für ein Kloster unpassenden Lebensstil toleriert zu haben.

Beda berichtet auch, daß der heilige Adamnanus, ein Priester, der in Coldingham lebte, Ebba vorausgesagt habe, daß nach ihrem Tod die Strafe Gottes das Kloster treffen werde, da alle mit Ausnahme von Ebba und ihm selbst schwere Schuld auf sich geladen hätten. Die Nonnen lebten daraufhin eine Zeitlang etwas gesitteter, doch nach dem Tod Ebbas nahmen sie ihren früheren Lebenswandel wieder auf. Schließlich zerstörte ein Brand das Kloster. Über den genauen Zeitpunkt sind sich die Historiker nicht einig. Vielleicht hat sich die Katastrophe bereits vor dem Tod Ebbas im Jahr 683 ereignet. Vermutlich diente Beda die in schwärzesten Farben geschilderte Sittenlosigkeit als literarisches Hilfsmittel, um die Katastrophe als göttliche Strafe erklären zu können. Beda hat im übrigen auch die Lebensgeschichte des heiligen Cuthbert geschrieben. Wir wissen jedoch nichts Näheres darüber.

Eigentlich haben wir Ebba nur in unsere „Galerie“ aufgenommen, um eine weit komplexere Geschichte anzuschneiden, als ihre persönliche es ist. Es scheint uns wichtig zu sein, einen Gesamteindruck des während des ganzen Mittelalters so bedeutenden Phänomens des Klosterlebens zu vermitteln.

Wir haben mehrmals betont, daß es für die christliche Frau jener Zeit nur zwei Möglichkeiten gab: die Ehe oder das Kloster. Wir wissen auch, daß es sich in den meisten Fällen nicht um einen persönlichen Wunsch handelte, sondern um eine aus familiären Gründen getroffene Entscheidung.

Am Anfang stellt das mönchische Leben ein klares Modell der Selbstbestimmung dar. Wird es zunächst als eine Alternative zum Märtyrertum erlebt, so entwickelt es später unterschiedliche Strukturen, die von sozialen, politischen und kirchlichen Interessen gleichermaßen abhängig sind. Auf die ursprüngliche Freiheit und die Formen der Selbstverwaltung nach anachoretischem oder eremitischem Muster des 3. und 4. Jahrhunderts folgt nach und nach vom 5. bis 6. Jahrhundert eine immer weiter fortschreitende Strukturierung, für die immer genauere Regeln und vor allem die Praxis der Klausur kennzeichnend sind.

Als erster fordert sie Caesarius von Arles in der Ordensregel, die er für seine Schwester Caesaria verfaßt. Nonnen, die einmal in das Kloster eingetreten sind, dürfen es nie mehr verlassen, nicht einmal nach ihrem Tod. Als Begründung dafür wird nicht so sehr die Keuschheit angeführt als vielmehr das Bedürfnis, jener „Wüste“, die sozusagen die historische Wiege des Mönchtums – auch des weiblichen – ist, neues Leben einzuhauchen. Der Rückzug hinter die Klostermauern stellt in gewisser Weise den historischen Zusammenhang wieder her. Schweigen, Isolation und Weltflucht können nun auch auf dem Land oder in den Städten praktiziert werden.

Auf unserer Reise durch das christliche Altertum haben wir uns mit den Frauen der Wüste nicht befaßt. Ihr Lebensmodell gelangt durch die Bischöfe, die wegen der durch den Arianismus heraufbeschworenen Krise aus dem Osten kommen, nach Rom. Als erster begeistert sich der „Bibelkreis“ am Aventin dafür. Ein von der Regel des Pachomios inspiriertes „Kloster“ – seine Schwester Maria hatte in der Thebais zwei Klöster gegründet – ist jenes von Marcella. Und ebenfalls an Pachomios ist das „Kloster“ orientiert, das Paula, die mit ihrer Tochter Eustochium Hieronymus nach Palästina folgt, in Bethlehem gründet. Die Klöster und „Hospize“, die auf Betreiben der adeligen Damen aus dem Kreis um Hieronymus entstehen, haben keine bestimmten Regeln. Wie bei den von den beiden Melanien gegründeten Klöstern und Hospizen handelt es sich um Lebensgemeinschaften, die auf die Inspiration ihrer Gründerinnen und auf deren Mittel angewiesen sind. Ihnen gemeinsam ist eine radikale Askese, die eigentlich jede weitere Untersuchung hinsichtlich der Klausur überflüssig macht. Wie wir gesehen haben, sind es im Osten Makrina und – analog zu ihr, wenn auch auf andere Weise – Olympias, die sich einer Form gemeinschaftlichen Lebens im Zeichen der Askese bzw. des kirchlichen Dienstes verschreiben. Wie wir schon sagten, gibt es für diese Frauen die Klausur noch nicht, weder als Regel noch als Gesetz. Daß „geistliche" Frauen reisen, sich fortbewegen, geschieht vor allem aus Gründen der Wohltätigkeit und ist eine weitverbreitete Sitte. Man muß jedoch hinzufügen, daß dies nicht den Beifall der Kirchenmänner findet, die, wie zum Beispiel Gregor von Nyssa, auch die besonders fromme und zur Pflicht gewordene Pilgerreise ins Heilige Land kritisieren. Obwohl uns mit Egeria ein einzigartiges Zeugnis weiblicher Reisetätigkeit vorliegt, sind die Männer bemüht, die Frauen von einer weltoffenen Lebensweise abzuhalten, auch wenn sie noch so fromm ist. Ob aus Gründen der Frömmigkeit oder der Sitte, es ist jedenfalls gut, so meinen sie, wenn die Frauen „unter Verschluß" bleiben.

Doch es ist mühsam, das griechische Vorbild des „Gynaikeion" aufrechtzuerhalten. Auch als bereits immer mehr Klöster entstehen – in Gallien, Spanien, England und Irland –, versucht man noch, wenn auch nicht immer mit Erfolg, die Frauen – und zwar ausnahmslos alle, nicht nur die „geistlichen" – einzusperren. Im selben 7. Jahrhundert, in dem unsere Ebba lebt, sendet ein Bischof von Mailand ein Schreiben an Cuthbert, den Erzbischof von Canterbury, und ersucht ihn, den Frauen, vor allem den „geistlichen", die Pilgerreise nach Rom zu verbieten. Seiner Beschreibung nach wimmelt es auf den dortigen Straßen von „englischen" Prostituierten.

Die Kirche, die ab dem 4. Jahrhundert den Ritus der *velatio* (Übernahme des Schleiers) eingeführt hat, um die Jungfrauen den verheirateten Frauen gleichzustellen – das mit einem Schleier bedeckte Haupt ist Ausdruck für den „Rang" der verheirateten Frau –, hat in jeder erdenklichen Weise ein Modell stabilen Zusammenlebens unterstützt und umgekehrt jedes Modell unruhiger Instabilität bekämpft. Aus welcher Motivation auch immer sie entstanden ist, die Klausur schafft die Rahmenbedingungen zum Schutz der weiblichen Gemeinschaft, sei es zur Verteidigung von Geist und Seele, die so vor Versuchungen und Schmeicheleien sicher sind, oder auch zur Verteidigung nach außen in von Gewalt beherrschten und harten Zeiten, in denen die Errichtung hoher Mauern und die Befestigung der Klöster eine Möglichkeit ist, die dort lebenden Frauen zu schützen und Krieg und Vergewaltigung von ihnen fernzuhalten. In diesem Zusammenhang sei erwähnt, daß Ebba die Jüngere, auch sie eine Äbtissin von Coldingham, etwa zwei Jahrhunderte später beschließt, sich gemeinsam mit ihren Gefährtinnen das Gesicht grauenvoll zu zerschneiden, um der Vergewaltigung zu entgehen. Obwohl die Dänen entsetzt vor ihnen zurückschrecken, hindert es sie nicht daran, das Kloster in Brand zu setzen. Ebba und ihre Gefährtinnen kommen in den Flammen um und werden seither zu den Jungfrauen und Märtyrerinnen gezählt.

Es ist nicht einfach, die Entwicklung einer so komplexen Einrichtung, wie die Klausur es ist, in wenigen Zeilen abzuhandeln. Es steht jedoch fest, daß die Klöster trotz aller Bemühungen nicht immer die abgeschiedenen und frommen Orte der Erbauung waren, die sie sein sollten. Zum Bruch mit dem ursprünglichen Modell kommt es, weil die Frauen sich vor allem aus sozialen Gründen für den Weg ins Kloster entscheiden. Ein Lebensstil der Askese, Entsagung und Klausur kann jedoch nicht bestehen, wenn er sich nicht auf eine klare persönliche Entscheidung gründet. Die Klöster aber werden so etwas wie ein würdiger Unterbringungsort für Frauen, die aus verschiedenen Gründen keine Ehe eingehen oder aber einer unglücklichen Ehe entfliehen wollen. Kurz gesagt, im Schutze des Klosters führen junge und auch ältere Frauen ein Leben, das ihnen über die ewige Seligkeit hinaus eine angenehme Existenz garantiert, die ihrer sozialen Stellung voll und ganz entspricht. Die Klöster stehen jedoch nur jenen Frauen offen, die eine Mitgift einbringen können. Klöster zu errichten und auszusteuern wird so zu einem typischen Mäzenatentum adeliger Damen wie Prinzessinnen und Königinnen aufstrebender Dynastien. Nach der Rechtsauffassung der neuen Völker dürfen Frauen nicht nur eigenes Vermögen besitzen, sondern es auch autonom verwalten. So kommt es, daß Prinzessinnen und Königinnen zu Gründerinnen oder Schutzherrinnen von Klöstern werden, in die sie sich ständig oder auch nur zuweilen als Gäste zurückziehen. Als Orte des Friedens, vor allem aber der Kultur werden die Klöster zu Bildungsstätten für Frauen aller Altersstufen. Doch offensichtlich ändern sie dort ihren gewohnten Lebensstil nicht. So kommt es, daß im Kloster von Coldingham ausgelassene Feste gefeiert werden können.

Im Interesse der Wirtschaftspolitik der Königreiche dienen die Klöster auch als Herbergen. Sie sind die einzigen gastlichen Orte, an denen Adelige während ihrer Reisen Aufnahme finden können. Doch auch viele Frauen, die nicht das klösterliche Gelübde ablegen, zahlen eine Pension und kommen so in den Genuß der Annehmlichkeiten und der Sicherheit des Klosters, auf dessen Gebräuche sie offensichtlich Einfluß nehmen.

Vor allem im frühen Mittelalter gibt es viele Doppelklöster. Zwar voneinander getrennt, doch in unmittelbarer Nachbarschaft entstehen ein Männerkloster und ein Frauenkloster. Die wirtschaftliche Freiheit, die das beginnende Feudalsystem der Frau zugesteht, bringt es mit sich, daß nach den Gründungssatzungen das Männerkloster oft dem Frauenkloster unterstellt ist. So entsteht der scheinbare Widerspruch, daß eine Äbtissin nicht nur alle Macht über ihre Nonnen besitzt, sondern auch über das benachbarte Männerkloster verfügt und dort Gesetze erläßt.

Die wirtschaftliche und politische Macht der Äbtissin führt sehr oft zu schweren Konflikten mit dem ortsansässigen Bischof, der das Recht beansprucht, die Klöster zu überwachen, Mißbräuche dort festzustellen und die Einhaltung der Regeln durchzusetzen. Das ganze Mittelalter steht im Zeichen dieser Konfliktsituation, die es, wie wir sehen konnten, auch in den ersten

Jahrhunderten der Kirche zwischen einem weiblichen und einem männlichen Führungsanspruch, sowohl geistlich wie institutionell, gegeben hat. Der Streit zwischen Radegunde und dem Bischof von Poitiers ist nur einer von den vielen für das gesamte Mittelalter charakteristischen Konflikten.

Um die Bedeutung der Äbtissin verstehen zu können, muß man ihre Rolle kennen, ihre absolute Macht über die ihr unterstellten Männer und Frauen. Ihr obliegt es, das Vermögen des Klosters zu verwalten – das oft beträchtlich ist, namentlich im Fall der Königsklöster –, für den Lebensunterhalt der Gemeinschaft zu sorgen, Besuchern Audienzen zu gewähren, an die Gemeinschaft gerichtete Briefe zu beantworten. Nur die Äbtissin darf Personen oder Botschaften empfangen. Sie ist die einzige Verbindung des Klosters zur Außenwelt. Zum Unterschied von den einfachen Nonnen ist die Äbtissin von manuellen Arbeiten wie dem Küchendienst oder der Spinnarbeit befreit. Sie ist nur an die Ordensregel gebunden, die sie weder ändern noch aufheben kann, und hat enormen Einfluß nicht nur auf das Leben innerhalb, sondern auch außerhalb des Klosters. Sie steht im Mittelpunkt eines Netzwerks von Beziehungen, die zuweilen sogar politisch-diplomatischen Charakter annehmen; durch die Beziehungen, die sie anknüpfen und aufrechterhalten kann, ist sie in der Lage, auch bei Hof weitreichenden Einfluß zu gewinnen. So sehen wir die Äbtissinnen als Gesprächspartnerinnen von Fürsten, Königen, Bischöfen, Päpsten, und sie sind es nicht nur der Höflichkeit halber, sondern wirken aktiv am politischen und religiösen Geschehen mit.

Typisch für das 6. und 7. Jahrhundert, aber auch für die folgenden Jahrhunderte ist die strategische Aufgabe, die von den Klöstern und ihren Äbtissinnen (nicht nur als Vorposten der Evangelisierung) übernommen wird. Es sind die Klöster, die den Frauen die Möglichkeit der kulturellen Wiedergutmachung bieten: durch den Zugang zu einer Bildung, die völlig der des Mannes entspricht; durch größere politische Macht, als sie den Laien zugestanden wird.

Die von den Männern ursprünglich aus brüderlicher Liebe erstellten Regeln waren darauf ausgerichtet, das Kloster gleichsam als ideale Stadt darzustellen, in der durch die Strenge der Klausur eine grundsätzliche Gleichheit der Möglichkeiten und Aufgaben herrschte. Doch gerade dieses Idealbild wurde durch die gesellschaftliche und politische Mitsprache der adeligen Damen, die als Mäzene ein Kloster errichteten, sowie durch das Standesbewußtsein der dort lebenden Frauen auf eine harte Probe gestellt. So konnte in den Klöstern alles mögliche geschehen, es konnte zu einer völligen Mißachtung der Regeln des Gehorsams und auch der Keuschheit kommen. Über eine besonders schauerliche Begebenheit, die sich einige Jahrhunderte später ereignet und die Nonne von Watt betrifft, berichtet Aelred von Riveaulx. Unabhängig von solchen makabren Geschichten ist es eine Tatsache, daß es in den Klöstern nicht immer sittsam und tugendhaft zuging. So berichten die Klosterchroniken über zahllose Kraftproben, die Bischöfe und Äbtissinnen nicht aus politischen, sondern aus disziplinären Gründen miteinander ausfechten. Am meisten stört die bischöflichen Visitatoren der Luxus der Gewänder, das Tragen von Geschmeide, die Erlesenheit der Speisen, die Gewohnheit, Besuche zu empfangen, und die Vertraulichkeit mit Gästen und Besuchern. Vor allem das Gelübde der Keuschheit wird aus verschiedenen Gründen oft gebrochen. Es kann geschehen, daß eine Nonne sexuelle Beziehungen anknüpft oder die Umstände sie mehr oder weniger dazu zwingen, mit dem Geliebten zu fliehen. Es war nicht einfach, die Tugend an einem Ort zu bewahren und zu pflegen, an dem Geburt, Stellung und Erziehung dagegen standen. Dennoch gab es viele Nonnen, die gläubig und fromm waren, obwohl sie den reichsten und mächtigsten Familien angehörten. Was Ebba betrifft, so kann man allein aufgrund der Geschichte ihrer Reliquien erkennen, wie sehr sie geachtet und verehrt wurde. Vielleicht war sie mit ihren Nonnen und Mönchen so nachsichtig, weil sie die Gründe verstehen konnte, die so verschiedene Menschen, die alles andere als religiös und fromm waren, in ihrem Kloster zusammengeführt hatten.

Es ist jedenfalls ein Kuriosum, daß ausgerechnet der heilige Cuthbert, der nach seinem Besuch in Coldingham beschließt, jeden Kontakt zu Frauen abzubrechen, es am Ende nicht verhindern kann, daß seine sterblichen Überreste gemeinsam mit denen Ebbas in einem Reliquienschrein in der Kathedrale von Durham aufbewahrt werden.

Eine Kanonisse und Schriftstellerin:
Roswitha von Gandersheim (um 935 – nach 973)

Ein herausragendes Beispiel für den Zugang der Frau zur Literatur und vor allem für den Aufschwung der Bildung, der sich in der Stille des Klosters vollzieht, ist zweifellos Roswitha von Gandersheim, eine „Kanonisse“ aus dem 10. Jahrhundert, die uns ein bedeutendes literarisches Werk hinterlassen hat.

Sie entstammte vermutlich einer sächsischen Adelsfamilie und wurde um das Jahr 935 geboren – ihre Erwähnung, die Äbtissin Gerberga, die im Jahr 940 geboren wurde, sei jünger als sie, läßt diesen Schluß zu. Ihre Spuren verlieren sich nach dem Jahr 973. Jedenfalls berichtet sie in ihren Versen noch über den Tod des Sachsenkaisers Otto I., der in dieses Jahr fällt. Um wieviel sie ihn überlebt hat, wissen wir nicht.

Wir haben mehrmals gesehen, daß die Verbindung von Frau und Bildung, so umstritten sie auch sein mag, dem frühen Mittelalter nicht völlig fremd ist. Roswitha ist daher keine Ausnahme und auch kein Einzelfall. Tatsächlich lebte im Stift Gandersheim, wo Roswitha einen großen Teil ihres Lebens verbrachte, eine gebildete und erlesene Gemeinschaft, deren Aufgabe es war, die adeligen sächsischen Jungfrauen aufzunehmen und zu erziehen; es war ein mit bedeutenden Mitteln ausgestattetes Stift, das unter dem Schutz des Königshauses stand und von Ludolf von Sachsen etwa hundert Jahre zuvor, im Jahr 852, gegründet worden war.

Während Roswitha dort wirkt, weilt auch Theophanu, die byzantinische Prinzessin und Gattin des Kaisers Otto II., gerne als Gast im Kloster. Mit Sicherheit werden ihre beiden Töchter in diesem Stift erzogen. Doch die enge Verbindung zum Kaiserhof entwickelt sich hauptsächlich durch den Bruder Ottos I., Bruno, den Herzog von Lothringen, Erzbischof von Köln und später auch Kanzler des Reiches und nach Aussage Roswithas der gebildetste Mann jener Zeit. Ihm war die Erziehung Ottos II. anvertraut worden, und er unterhielt auch zu seiner Nichte Gerberga, der Äbtissin von Gandersheim, enge Beziehungen. Dasselbe gilt auch für die Schwester Gerbergas, Hedwig von Bayern, die nach dem Tod ihres Gatten, des Herzogs Burchard, auch über das Herzogtum Schwaben herrschte. Da sie ursprünglich dem byzantinischen Prinzen Romanos II. versprochen worden war, hatte sie bereits in frühester Jugend die griechische Sprache erlernt. Die hochgebildete Frau hatte sich mit Erfolg gegen diese Ehe gewehrt; später als Witwe hatte sie sich geweigert, in das Stift einzutreten, obwohl sie enge Beziehungen zum Kloster St. Gallen unterhielt und dessen Mönchen Unterricht in Griechisch gab, während sie selbst dort Vergil studierte. Möglicherweise hatte sie die Funktion einer Vermittlerin zwischen den beiden Klöstern, und es ist nicht ausgeschlossen, daß sie die jungen Prinzessinnen Adelheid und Mathilde, die Töchter von Kaiserin Theophanu und Kaiser Otto II., in die Lektüre des römischen Dichters Terenz eingeführt hat. Auch einige adelige Bischöfe waren Kenner und Liebhaber dieses Dichters, wie zum Beispiel Ratherius, der aus seinem Bistum Verona verbannt worden war und nun am Hof Ottos II. lebte. Über dieses komplexes Netz von Beziehungen lernte Roswitha die Texte von Terenz kennen und so sehr schätzen, daß sie ihr als Vorlage für ihr dramatisches Schaffen dienten. Die Tatsache, daß man die Manuskripte Roswithas im Kloster St. Emmeran in Regensburg wiederentdeckt hat, wo Gerberga erzogen worden war und mit dem sie stets in Verbindung gestanden hatte, sowie auch in Köln, wo Bruno Erzbischof war, bestätigt diese engen Kontakte.

Roswitha erwähnt später, sie verdanke ihre Ausbildung in den Fächern des Triviums (Grammatik, Dialektik, Rhetorik) und die Lektüre der Klassiker der Äbtissin Gerberga, während die Nonne Richarda sie in die Grundbegriffe des Quadriviums (Arithmetik, Geometrie, Musik und Astronomie) eingeweiht habe. Über ihr kulturelles Umfeld berichtet sie selbst im Geleitwort zum zweiten Buch ihrer Werke. Sie schreibt, daß viele Christen die heidnischen Bücher wegen ihrer höheren sprachlichen Eleganz der Bibel vorzögen, was man sicher nicht gutheißen könne. Andere, die zwar aus Ehrfurcht vor der Bibel die heidnischen Werke grundsätzlich ablehnten, würden Terenz immer wieder lesen, weil sie seine Sprache schätzten, und so lernten sie den sündigen Inhalt seiner Erzählungen kennen. Roswitha selbst hat keine Bedenken, sein Versmaß und seinen Stil nachzuahmen, doch sie ersetzt die „Schändlichkeiten schamloser Frauen“ durch

„die lobwürdige Keuschheit christlicher Jungfrauen". Roswitha merkt weiters an, daß es für die Vollkommenheit des dramatischen Aufbaues wichtig sei, Sündhaftes darzustellen, weil nur so „der Ruhm der Unschuldigen" hervortreten könne. Und dann wird sie geradezu feministisch, wenn sie hinzufügt:

> Und der Ruhm muß umso heller erstrahlen ... wenn dabei weibliche Schwachheit gegen rohe männliche Kraft siegreich bleibt.

Weiters schreibt sie, wieviel Freude ihr eine Arbeit macht, die es ihr, ob erwünscht oder unerwünscht, gestattet, „die Kraft Christi, die in den Heiligen fortwirkt", zu rühmen.

Es ist anzunehmen, daß Roswitha ihr ganzes Leben im Stift Gandersheim verbracht hat. Dennoch war sie keine Nonne, sie gehörte vielmehr den Kanonissen an, geistlichen Frauen, die im Kloster lebten, ohne zur strengen Einhaltung der Ordensregel der Benediktinerinnen verpflichtet zu sein: Sie waren nicht an das Gelübde der Armut gebunden und auch nicht der Klausur unterworfen. Es handelte sich offenbar um eine besonders angenehme Art der Unterbringung, die von adeligen Familien für ihre unverheirateten oder zur Ehelosigkeit bestimmten Töchter gewählt wurde.

Roswitha unterteilt ihre Werke in drei Bücher, die alle in lateinischer Sprache geschrieben sind. Das erste enthält eine Sammlung von Legenden: *Maria – Die Himmelfahrt des Herrn – Das Martyrium des heiligen Gangolf – Das Martyrium des heiligen Pelagius – Fall und Bekehrung des Vicedomnus Theophilus – Basilius – Das Martyrium des heiligen Dionysius – Das Martyrium der heiligen Jungfrau Agnes.* Das zweite Buch umfaßt sechs Dramen in Reimprosa: *Gallicanus – Dulcitius – Calimachus – Abraham – Paphnutius* und *Sapientia.* Das dritte schließlich hat die epischen Gedichte über *Die Taten Ottos I.* und die Geschichte über *Die Anfänge des Gandersheimer Stifts* zum Inhalt.

Doch woher stammt Roswithas Begeisterung für das Theater zu einer Zeit, in der man sich offenbar an die Wünsche der Kirchenväter gehalten hat – an Chrysostomos vor allem –, die, allerdings nicht immer mit Erfolg, die Theaterstücke durch die heilige Liturgie ersetzt sehen wollten? Rund um Roswitha gibt es nichts, das dem Theater ähnlich wäre. Der nächstliegende Anknüpfungspunkt sind die Aufführungen, die einst Radegunde im Kloster von Poitiers inszeniert hat. Auf jeden Fall nimmt Roswitha das geistliche Spiel des Hochmittelalters um Jahrhunderte vorweg. Die Vorlagen für ihr Schaffen stammen offenbar aus verschiedenen Quellen, aus Informationen, die sie von anderen erhält oder sich selbst bei jenen Gelegenheiten, zu denen sie das Stift verläßt, verschaffen kann.

Ob Roswitha bei ihren Zeitgenossen Erfolg hatte, ist zweifelhaft. Wir können sogar sagen, daß man sie bald vergessen hat, falls es stimmt, daß eine andere Nonne kurz nach ihr ebenfalls über die Gründung des Stifts schreibt, ohne dabei auf die Arbeit Roswithas Bezug zu nehmen.

Auf jeden Fall erwachte im 20. und auch schon im 19. Jahrhundert vor allem für das Theaterschaffen Roswithas ein reges Interesse. Vielleicht wird man die Frage, wie sie ihre Werke präsentierte, nie lösen können: Waren sie zur Aufführung oder nur zur Lektüre bestimmt? Für die zweite Hypothese sprechen die weiten und trockenen Abschweifungen, in denen Roswitha ihre Bildung zur Schau stellt. Was die erste Hypothese betrifft, so dürfte eine Aufführung ihrer Werke ziemlich schwierig gewesen sein, wenn man bedenkt, daß sie die klassischen Einheiten von Zeit und Ort nicht berücksichtigt und sich im Bereich der Phantasie bewegt. Doch vielleicht überwand die Vorstellungskraft der Darsteller und des Publikums die Schwierigkeiten und die fehlenden Zusammenhänge des Textbuches. Es ist jedoch nach übereinstimmender Meinung vieler Experten eher anzunehmen, daß die Dramen Roswithas ursprünglich nur zur erbaulichen Lektüre bestimmt waren.

Der Inhalt aller Werke, mit Ausnahme der *Taten Ottos I.* und der *Geschichte von Gandersheim*, beruht auf hagiographischen Vorlagen. Bereits zu Beginn des Zeitalters der Kirchenväter, von Hieronymus unbarmherzig verspottet, hatte Petronia Proba versucht, das Alte und Neue Testament in Vergilverse (Cento) zu übertragen. Roswitha setzt also eine traditionelle Kunstgattung fort, die es ihr gestattet, bedeutende Gestalten des christlichen „Romans" aufzugreifen, wie in *Abraham*, wo sie eigentlich den Fall und die Bekehrung Marias, der Nichte des Eremiten, schildert, oder in dem Werk *Paphnutius*, das die Geschichte der berühmten Thais zum Inhalt hat, einer der „Frauen der Wüste", die eine Sünderin war und dann zur Büßerin wurde. Der Text dient später Anatole France als Vorlage zu seinem Roman *Thais*, doch leider stellt er Paphnutius nicht als keuschen Jüngling, sondern als den hörigen Sklaven der schönen Thais dar.

Von den Dramen, in denen stets der Sieg des Guten über das Böse gezeigt wird, ist *Abraham* wohl das beste Werk; das heikle Thema wird von Roswitha mit großem Einfühlungsvermögen behandelt.

Roswitha geriet, wie gesagt, bald in Vergessenheit, obwohl es in ihrer nächsten Umgebung nicht an Zustimmung fehlte. Sie selbst erklärt, daß sie durch die Unterstützung ihrer Freunde den Mut gefunden habe, sich mit der dramatischen Dichtung zu befassen:

> Doch nun ... durch eure Aufmunterungen bestärkt, habe ich genügend Selbstvertrauen, um mich an das Schreiben zu wagen und das Urteil von Gelehrten nicht zu fürchten, wenn nur Gott mir die Kraft dazu gibt.
> Und doch beherrschen mich zwei gegensätzliche Gefühle: Freude und Angst. Tatsächlich bin ich einerseits froh ... daß Gott sich durch mich preisen läßt, denn nur durch seine Gnade bin ich, was ich bin; andererseits fürchte ich, daß man mich für besser halten könnte, als ich bin; denn ich weiß, daß es ebenso tadelnswert ist, die Gaben Gottes zu leugnen, wie vorzugeben, etwas erhalten zu haben, das man nicht hat.

Daher leugne ich nicht, daß ich durch die Gnade Gottes meine Kenntnisse erwarb, durch eine Kraft, die er mir gegeben hat, weil ich ein Wesen bin, das fähig ist, zu lernen; doch ich gestehe, daß ich durch meine Kräfte allein nichts wäre. Ich bin dankbar, daß die Güte Gottes mir einen wachen Geist gegeben hat, der jedoch ohne die Sorgfalt der Lehrer abstumpft und seiner natürlichen Trägheit nachgibt. Damit also die Gabe Gottes in mir nicht durch meine Nachlässigkeit zunichte gemacht wird, habe ich mich bemüht, einige Fäden oder auch Stücke aus dem alten Gewand der Philosophie zu reißen und sie in diesem Büchlein zu verwenden; auf diese Weise versuchte ich, den Mangel meiner Unwissenheit etwas auszugleichen, und fügte einige edlere Gedanken hinzu, damit der Geist des Schöpfers in mir umso berechtigter gepriesen würde, je geringer man meinen Verstand als Frau einschätzt ...

Wir wollen von Roswitha mit diesen Worten Abschied nehmen, die sie selbst zum Geleit ihrer sechs Dramen verfaßt hat. Es besteht kein Zweifel daran, daß sie eine Frömmigkeit besitzt, die jede Begabung als ein Geschenk Gottes ansieht; doch durch die Art, wie sie ihre kreatürliche Abhängigkeit eingesteht, zeigt sie klar und deutlich ihr „weibliches" Bewußtsein und ihren Stolz über das Talent, das ihr geschenkt wurde. Für sie strahlt die Tugend nicht nur am hellsten, wenn eine Frau sie durch ihr Handeln beweist, auch die literarische Leistung ist in ihren Augen besonders bedeutend, wenn es eine Frau ist, die sich mit den Größen der Vergangenheit mißt, und wenn gelehrte Männer der Gegenwart ihr Gehör schenken. Für Roswitha – ihre Koketterie mit der Bildung bedarf keines Kommentars – unterstreicht die hohe Intelligenz einer „begabten" Frau einmal mehr die große Gnade des Schöpfers. Die leichte Ironie, mit der sie – hie und da – auf die weibliche Schwäche anspielt, zeigt, daß Roswitha glücklich ist, eine Frau zu sein. Die weite und fromme Welt, die sie umgibt, hält sie für die bestmögliche und das Leben im Kloster geradezu für einen Idealzustand.

3. Kapitel

DAS HOCHMITTELALTER

Die allgemein anerkannte Geschichtsschreibung trifft eine klare Unterscheidung zwischen dem Frühmittelalter und dem Hochmittelalter. Auf die Düsternis, vor allem des 10. Jahrhunderts, folgt in Europa nach der Jahrtausendwende überschäumende Lebenslust. Dennoch glauben wir nicht, daß zwischen Cassia und der Tochter von Alexios Komnenos ein großer kultureller Unterschied bestanden hat. Dasselbe gilt für die familiären Beziehungen der Frauen zwischen dem 11. und 15. Jahrhundert.

Vermutlich tritt jetzt an die Stelle der Konflikte zwischen Völkern und Kulturen der Gegensatz zwischen den sozialen Schichten, bedingt durch die langsame Umwandlung des Feudalsystems. Statt neuer Völker entstehen neue Gesellschaftsklassen, eine neue Organisation der Arbeit, ein neues Netz wirtschaftlicher Beziehungen, neue wissenschaftliche und geistige Interessen.

Nicht alle der folgenden Frauengestalten verkörpern in gleicher Weise diesen Übergang. Einige scheinen fest im Feudalismus verwurzelt zu sein, auch wenn sich die Veränderungen schon ankündigen. Andere wieder sind von ihrem Auftreten, ihrer Sensibilität, ihren Fähigkeiten und Interessen her absolut neuartig.

Wie in jeder Epoche des Christentums beweisen die Frauen auch zu Beginn des neuen Jahrtausends ihre Aktivität. Sie erleben mehr oder weniger glücklich und auch mehr oder weniger emanzipiert die Dynamik ihrer Beziehungen. Das Netz der kirchlichen Dienste zeigt sie uns als Lehrende, als Prophetinnen und als führende Persönlichkeiten. Es ist schwierig, da eine Auswahl zu treffen, und nicht wenige Gestalten bleiben unberücksichtigt. Wo, zum Beispiel, soll man Trotula einordnen, jene Ärztin der Medizinischen Schule von Salerno, die man vor zwanzig Jahren noch als reines Phantasiegebilde bezeichnet hat und deren geschichtliche Bedeutung von der Frauenforschung heute durchaus bestätigt wird? Oder wie können wir die geistige Unruhe der Frauen, die sich von den Katharern bis zu den Beginen durch das gesamte Mittelalter hinzieht, umfassend beschreiben? Die religiösen Vorstellungen beginnen sich zu verändern; unaufhaltsam fordern die Frauen ihre volle und gleichberechtigte Mitsprache.

Tatsächlich ist es ihnen immer noch verwehrt, an Klosterschulen, Palastschulen und Domschulen zu unterrichten. Und wenn es einigen doch gelingt,

„Lehrerinnen" im wahrsten Sinne des Wortes zu werden, so müssen diese wenigen, oft in öffentlichen Diskussionen ausgewählten Frauen für die unzähligen anderen einspringen, die einen hohen Preis dafür zahlen mußten, daß sie es gewagt hatten, unmittelbare und direkte Mitsprache zu fordern.

Während unsere Frauen ihr abenteuerliches Leben bestehen, liegen Papsttum und Kaisertum noch immer in einer Jahrhunderte dauernden Konfrontation. Die päpstliche Theokratie ist unfähig, sich von ihrem feudalen System zu lösen. Obwohl sie im Konflikt mit dem Kaiserreich vorläufig siegreich bleibt, steht sie vor ihrer schwersten Krise. Am Rande der „Babylonischen Gefangenschaft" der Kirche (Zeit der Päpste in Avignon) und der darauffolgenden Kirchenspaltung (Reformation) werden die Frauen zum kritischen Gewissen der Kirche und der Gesellschaft. Mit dem Entstehen selbständiger und autonomer Staaten sieht sich auch das Papsttum als Staat unter Staaten, in der Art der Fürstentümer und Stadtstaaten Italiens.

Das Hochmittelalter endet, wie es begonnen hat, mit einem dringenden Appell zu einer Reform *in capite et in membris* (an Haupt und Gliedern). Man kann die erreichte Veränderung nicht gerade als die beste bezeichnen. Die Krise der Kirche ist noch lange nicht beendet, was die folgenden Frauengestalten, bei denen es sich wieder um bedeutende Vertreterinnen des Christentums handelt, bestätigen werden.

Das Netz der familiären Beziehungen

Die Frauen, die wir als Beispiele für die Liebe einer Tochter (Anna Komnene), eine glückliche Ehe (Elisabeth von Thüringen), eine schwere und tragische Mutterrolle (Rita von Cascia) und ein selbstbewußtes Witwendasein (Birgitta von Schweden) heranziehen, leben jeweils etwa ein Jahrhundert voneinander getrennt. Es ist wichtig, auf diesen Zeitunterschied hinzuweisen, weil die Gefahr besteht, daß man sie dadurch nicht mehr miteinander vergleichen kann. Dennoch haben wir es für unsere Pflicht gehalten, diese innerhalb der Kirche unumstrittenen Persönlichkeiten hier gemeinsam darzustellen.

Anna Komnene, die im Abendland weniger bekannt ist, gestattet uns einen Einblick in das Leben und die Kultur am Hof von Byzanz; gleichzeitig vermittelt sie uns die faszinierende Ausstrahlung einer Frau und Schriftstellerin. Sie ist nicht die einzige: Auch Birgitta von Schweden ist eine Frau, die schreibt. Und auch Elisabeth von Thüringen ist schon aufgrund ihrer königlichen Stellung eine gebildete Frau; sie hat uns zwar kein schriftliches Zeugnis hinterlassen, doch es gibt ein „Gebetbuch", das ihren Namen trägt und heute im Museum von Cividale in Friaul aufbewahrt wird. Es handelt sich um eine mit Miniaturen verzierte Handschrift aus dem 13. Jahrhundert, die wahrscheinlich anläßlich der Hochzeit ihrer Schwiegereltern in Auftrag gegeben wurde; eine Widmung in lateinischer Sprache weist sie als „Geschenk der heiligen Elisabeth, Gemahlin des Landgrafen von Thüringen“ aus. Völlig ungebildet, eine „Analphabetin“ also, ist hingegen die letzte unserer Frauen, mit deren familiären Beziehungen wir uns befassen: Rita von Cascia. Und es konnte gar nicht anders sein, denn Bildung war zu ihrer Zeit ein Privileg der Geburt.

Eine Tochter und „Chronistin“: **Anna Komnene (1083 – 1148)**

G. Ostrogorsky betont, daß die byzantinische Geschichtsschreibung zur Zeit der Komnenen zu höchster Blüte gelangt, was vor allem Anna zu verdanken ist, der klugen und gebildeten Tochter von Alexios I., dem sie in ihrem Werk *Alexias* ein literarisches Denkmal setzt. Nach dem Vorbild der klassischen Antike erzogen und mit der griechischen Tradition der Geschichtsschreibung ebenso wie mit deren Dichtkunst und Philosophie vertraut, verfaßte die Prinzessin ihr Werk in einem archaischen und gewählten Stil. Bis heute gilt es als eine erstrangige Quelle der Geschichtsschreibung, die uns über die Restauration der byzantinischen Macht und ihr Zusammentreffen mit dem Abendland (erster Kreuzzug, die Beziehungen zu den Normannen) und mit den Völkern aus den Steppen des Nordens und Ostens informiert. Obwohl der *Alexias* die Hypothek einer „Laudatio“ anhaftet und sie gewisse chronologische Ungereimtheiten aufweist, übertrifft sie den historiographischen Versuch ihres Gatten Nikephoros Bryennios bei weitem, vor allem was ihre außergewöhnliche Intensität und die Fülle an Informationen betrifft.

Die Analyse des Lebens und der Schriften von Anna Komnene zeigt die Kombination einer von ihr verinnerlichten androzentrischen Anthropologie mit gleichzeitiger Bejahung des Frauseins. Nicht anders als die gebildeten Frauen des Abendlandes akzeptiert auch Anna die Regeln ihrer Welt, die sie jedoch gleichzeitig nach Kräften untergräbt, was vermutlich daran liegt, daß ihr bewußt ist, „im Purpur geboren und aufgewachsen“ zu sein. Als Tochter des Kaisers intrigiert sie gegen den eigenen Bruder, um an seiner Stelle Kaiserin zu werden. Der Tatsache, daß es ihr nicht gelingt, verdanken wir die *Alexias*. Sie schreibt das Werk wahrscheinlich in jenem Kloster, in das Johannes II. sie verbannt, nachdem auch ihr letzter Versuch einer Verschwörung gegen ihn gescheitert ist. Diese fixe Idee Annas, ein größeres Recht auf den Thron als ihr Bruder zu besitzen, ist wirklich eigenartig. Vom Gesetz her steht es ihr sicher nicht zu – die männliche Erbfolge ist nämlich im byzantinischen Kaiserreich bereits fest verankert –, doch ihre Hartnäckigkeit beweist, welch großen Einfluß die kaiserlichen Prinzessinnen am Hof von Byzanz haben. Als Mütter oder Witwen von Kaisern und als regierende Kaiserinnen üben sie zweifellos große Macht aus und versuchen, durch Verschwörungen oder auf friedlichem Weg ihren persönlichen Anspruch auf den Thron durchzusetzen. Vergessen wir nicht, daß sich bereits Jahrhunderte zuvor Irene, eine Zeitgenossin Karls des Großen, per Edikt zum Mann erklärt, um diejenigen zum Schweigen zu bringen, die ihr die Befähigung, den Thron zu besteigen, absprechen, weil sie eine Frau ist: Sie nennt sich „Irene, der Kaiser ..."

Anna erzählt die Lebensgeschichte ihres Vaters Alexios, der von 1081 bis 1118 regiert hat, und setzt damit ein Werk fort, das schon ihr Gatte zu Ehren seines Schwiegervaters begonnen hat. Anna hatte sich mit dem byzantinischen Caesar Nikephoros Bryennios (einem Neffen des gleichnamigen Nikephoros Bryennios, der sich gegen Michael Dukas und später dann gegen Nikephoros Botaniates erhoben hatte) im Jahre 1097 vermählt. Davor war sie mit Konstantin Dukas verlobt. Sie führte eine lange und wahrscheinlich im großen und ganzen auch glückliche Ehe, die bis zum Jahr 1137 dauerte. Nach dem Tod ihres Gatten legte Anna nicht nur äußerlich Trauer an; wohl eher aus einer kulturbedingten Prüderie heraus betont sie, daß sie nur ihren Eltern zuliebe geheiratet habe; sie selbst hätte sich ein keusches Leben gewünscht. Sie schreibt, daß im Alter von acht Jahren eine Wende in ihrem Leben eingetreten sei, durch die für sie Schmerz und Leid begonnen hätten. Etwa zu dieser Zeit stirbt ihr Verlobter, den sie allerdings nie so bezeichnet, auch wenn man ihren Bemerkungen entnehmen kann, daß er es war. Konstantin Dukas hatte zwei Eheverträge geschlossen; das erste Mal hatte ihn sein Vater, Michael VII., Helena, der Tochter des Normannen Robert Guiscard, versprochen. Der Bruch dieses Vertrages hatte die normannische Invasion des Kaiserreichs zur Folge. Diese Vorfälle, die mit der Niederlage der Normannen endeten, ereigneten sich noch vor der Geburt Annas im Dezember des Jahres 1083.

Anna (sie selbst bestätigt damit indirekt ihre Verlobung) war gemäß den Gebräuchen der damaligen Zeit bis zu ihrem achten Lebensjahr gemeinsam mit ihrem künftigen Gatten von der Ex-Kaiserin Maria erzogen worden. Möglicherweise aus politischem Kalkül, vermutlich aber, weil er noch keinen direkten männlichen Erben hatte, bestimmte Alexios Konstantin, den Enkel von Michael Dukas, zum Thronerben, zumindest bis zum Zeitpunkt der Geburt von Johannes II. Genauere Informationen über die Verlobung liefert uns Nikephoros Bryennios. Auf jeden Fall betont Anna nachdrücklich ihren Schmerz über den Tod Konstantins, obwohl er bereits im Jahr 1091 seinen kaiserlichen Rang verloren hatte.

Nach dem Tod des Verlobten wurde Anna mit ziemlicher Sicherheit aus politischen Gründen mit einem Mann vermählt, dessen Familie mit der ihres Vaters verfeindet war. Mit ihm hatte sie mehrere Kinder. Die Namen von zwei Töchtern und die Hochzeitsgedichte anläßlich der Eheschließung zweier Söhne sind erhalten geblieben, doch höchstwahrscheinlich hatte sie noch weitere Kinder, die früh starben. Daß sie Unstimmigkeiten mit ihrem Gatten hatte, lag sicher daran, daß er wenig Neigung zeigte, sich an den Intrigen im Kampf um die Macht zu beteiligen, die nach dem Tod von Alexios Komnenos auf Johannes übergegangen war (der bereits im Jahr 1092 Mitregent wurde), auf den einzigen ihrer Familie, mit dem sie sich nicht besonders gut verstand. Wir wissen, daß sie sich nach dem Tod des Vaters gegen ihren Bruder erhob, der es Kaiserin Irene und ihren Töchtern gestattete, ein eigenständiges Leben zu führen und persönlich jene Einrichtungen zu verwalten, die sie gegründet hatten. Wir können auch annehmen, daß Anna ihre Pflichten gegenüber dem verhaßten Kaiser nicht ganz vernachlässigt hat, wenn es stimmt, daß sie sich die Krankheit, an der sie schließlich stirbt, auf einem seiner asiatischen Feldzüge zugezogen hat, auf dem sie ihn begleitet hatte.

Was ihren Gatten betrifft, so war er ein tapferer Soldat und gleichzeitig ein gelehrter und gebildeter Mann, der seine literarische Welt den Intrigen am Kaiserhof vorzog. Obwohl Anna über ihre ersten Lebensjahre und ihr gesamtes Leben einen Mantel der Trauer breitet, dürften die vierzig Ehejahre mit Nikephoros Bryennios überaus harmonisch gewesen sein. Sie zeigt nämlich nicht nur tiefen Schmerz über den Tod ihres Gatten, sondern spricht auch stets mit großer Hochachtung von ihm.

Wie wir wissen, ist das Reich des Alexios Komnenos von Krisenschauplätzen umgeben, die sich vor allem im asiatischen Raum befinden; doch auch Italien und der byzantinische Teil des Balkans sind Gefahrenherde. Alexios I. steht vor der Aufgabe, die katastrophale Lage in seinem Land zu verbessern, und muß gleichzeitig dem äußeren Druck standhalten, den die Normannen, Seldschuken und Petschenegen auf sein Reich ausüben. Es ist ihm bewußt, daß der morgenländische Teil seines Reiches bereits unter türkischer Herrschaft steht, und er versucht dort zumindest formell seine Souveränität zu wahren, indem er die Anwesenheit der Türken in dieser Region und der Petschenegen auf dem Balkan als Entgegenkommen des byzantinischen Kaisers darstellt. An der abendländischen Front ist er in Auseinandersetzungen mit den Normannen verwickelt, die sich der byzantinischen Besitztümer in Süditalien bemächtigt haben und die Ostküste des Adriatischen Meeres bedrohen. Den Kampf gegen Robert Guiscard gewinnt er dank der Unterstützung Venedigs, das die Belagerung Durazzos vom Meer aus beenden kann, obwohl Guiscard die Stadt mit seinen Landstreitkräften angreift. Die schwierige Situation in Italien veranlaßt Guiscard, das Kommando seinem Sohn Bohemund zu übergeben und nach Italien zurückzukehren. Man schreibt das Jahr 1082. Byzanz verstärkt seinen Druck, worauf die Normannen gezwungen sind, sich zurückzuziehen. Es kommt zu einem Versuch, den Krieg erneut aufzunehmen, doch 1085 stirbt Robert Guiscard, womit für Byzanz die Gefahr durch die Normannen gebannt ist. Nutznießerin dieser Entwicklung ist die Republik Venedig, die ihre wirtschaftlichen Privilegien im Osten ausbauen kann.

Nachdem die Gefahr durch die Normannen abgewendet war, mußte Alexios den Ansturm der Petschenegen abwehren, die im Jahr 1090 bis vor die Mauern von Byzanz vordrangen, während die Stadt gleichzeitig vom Meer her durch den

Emir von Smyrna, Tzachas, angegriffen wurde. Der Winter 1090/91 war eine schlimme Zeit für die belagerte Stadt. Um die Gefahr noch einmal abwenden zu können, mußte Alexios fremde Streitkräfte zu Hilfe rufen und verbündete sich diesmal mit den Kumanen. Anna hat uns eine erschütternde Beschreibung von der Niederlage der Petschenegen hinterlassen, die an nur einem Tag zu Tausenden niedergemacht wurden. Alexios konnte nun in Richtung Serbien vordringen und hätte sich wahrscheinlich auch wieder der Front im Osten zugewandt, wenn nicht plötzlich aus dem Westen in Gestalt des Kreuzzugs, zu dem Papst Urban II. aufgerufen hatte, eine neue Gefahr aufgetaucht wäre. In Byzanz ahnt man nichts Gutes von einem Unternehmen, das nach der ersten Schar versprengter Soldaten schließlich die Auslese des abendländischen Adels an den Hof von Byzanz führt. Der Kaiser versucht, ihre expansionistischen Absichten durch ein Treuegelöbnis zu stoppen, doch die abendländischen Fürsten sind fest entschlossen, dort, wo sie siegreich bleiben, ihre eigenen Reiche zu gründen. In einem komplexen Zusammenspiel von Bündnissen und Gegenbündnissen ist der byzantinische Kaiser gezwungen, mit Waffengewalt gegen das Fürstentum Antiochia vorzugehen, das Bohemund, der Sohn Guiscards, errichtet hat. Am Ende behält der Kaiser die Oberhand, doch obwohl Bohemund sich ihm unterwirft, regiert sein Vetter Tankred weiterhin unbeirrt in Antiochia.

Die vierzig Jahre dauernde Herrschaft von Alexios I. steht somit völlig im Zeichen des Krieges, und nur mit einem dünnen Netz von Bündnissen kann er die Gefahr immer wieder abwenden. Insgesamt gelingt es ihm, sein Reich zu vergrößern, es im Inneren zu stärken und seine militärische Macht zu Wasser und zu Lande wiederherzustellen. Den Schlußpunkt dieser Stärkung kaiserlicher Autorität bildet die Gründung der Dynastie der Komnenen. Trotz der Kämpfe, die ihm die letzte Zeit seines Lebens vergällten, gelang es Alexios I., die Macht an seinen Sohn Johannes II. zu übergeben, der trotz Annas gegenteiliger Meinung ebenfalls ein überaus fähiger Herrscher und womöglich noch klüger und erfolgreicher als Alexios I. war.

Soviel zu den Fakten, über die Anna bis in die kleinsten Einzelheiten in einem feierlichen und altmodischen Stil berichtet, der sie als Epigonin der großen Tradition der Vergangenheit ausweist. Sie beweist zweifelsohne, daß auch eine christliche Frau, ein Laie, sich in der Adelsgesellschaft von Byzanz behaupten konnte, auch wenn nochmals betont werden muß, daß der Schlüssel dafür und für die Tatsache, daß wir sie heute noch aufgrund ihrer geschichtlichen und literarischen Verdienste kennen, darin besteht, daß sie „im Purpur geboren und aufgewachsen" ist. Im Grunde verherrlicht sie mit den Heldentaten des Vaters ihre eigene Familie, auch wenn sie immer wieder betont, nicht nur eine unmittelbare, sondern auch eine unparteiische Zeugin der Ereignisse zu sein.

Sie sieht es als ihr Vorrecht an, die Biographin ihres Vaters zu sein, und verweist dabei auf ihre hervorragende Erziehung, die sie, wie sie betont, ihren Eltern verdankt, und auf das Talent, das die Natur ihr geschenkt hat. Ihren

Ehrgeiz, ihre Liebe zur Familie, den Wunsch, das begonnene Werk ihres Gatten zu beenden, und ihre Verbannung vom Hof nennt sie als Entstehungsgründe der *Alexias*. Doch mehr als alles andere bezeichnet sie einen tiefen Schmerz als das dominante Merkmal ihres Lebens. Verglichen mit dem Schmerz über den Tod des Gatten erscheinen ihre früheren Schmerzen geringfügig zu sein, und der Tod des Vaters bedeutet für sie schließlich den größten Schmerz. Sie sagt entschuldigend, daß sie allen Grund habe, sich zu beklagen, abgesehen von dem Glück, als Tochter regierender Herrscher geboren worden zu sein. Ihre Kritiker bemerken dazu, daß es wirklich schwer zu verstehen sei, worüber sie sich beklagt, wo sie doch stets ihren hohen Rang und ihre Freiheit behalten hat. So kann man letztlich nur vermuten, daß sie die Enttäuschung darüber, daß ihr die Erfüllung ihrer königlichen Bestimmung verwehrt worden war, nie verwinden konnte.

Tatsächlich ist die *Alexias* weit mehr als nur die Lebensgeschichte eines mächtigen Kaisers und Dynastiegründers, der das byzantinische Reich zu neuer Größe führte; sie gestattet auch Einblicke in ihre persönliche Welt, zeigt die Hoffnungen, Enttäuschungen und Pläne dieser stolzen Prinzessin, die sich stets ihres Privilegs als Aristokratin bewußt war. Wenn sie in ihrer Geschichte Personen beschreibt, befaßt sie sich stets mit den Privilegien der Geburt und den Familienverhältnissen der Getreuen wie der Widersacher ihres Vaters. Sie zeigt offen ihre Geringschätzung für die unteren Klassen, für die Sklaven und alle anderen, die außerhalb der nach klassischem Vorbild geforderten ästhetischen und moralischen Regeln des *kalòs kai agathòn* (des Schönen und Guten) stehen. Anna liebt es, die Personen in allen physischen Einzelheiten zu beschreiben, und sie erscheinen ihr umso reizvoller, ja näher sie dem klassischen Schönheitsideal kommen. Ihr Klassenbewußtsein zeigt sich auch in ihrer Ausdrucksweise, darin, daß sie in ihrer Geschichte nie etwas beschreibt, was unschicklich, würdelos oder einfach gewöhnlich ist, sowie in ihrer Verachtung der „Barbaren", ganz gleich, ob es sich um jene handelt, die aus dem Osten vordringen, oder um die Normannen, deren Charme sie jedoch offenbar erliegt, denn in ihrer Schilderung Bohemunds gibt sie zu, von ihm fasziniert und gleichsam in ihn verliebt zu sein.

Auf jeden Fall sind Annas Fähigkeiten, ihre überzeugende Ausdruckskraft als Schriftstellerin selbst für ihre Kreise ungewöhnliche Gaben. Auch außerhalb des byzantinischen Hofes gibt es in der Geschichte nicht viele Prinzessinnen, die Schriftstellerinnen sind. Um ein solches Musterbeispiel für Bildung und Adel, wie diese byzantinische Prinzessin es ist, zu finden, müssen wir bis zu den Frauen des Hauses Valois vorstoßen. Aufgrund der kulturellen Unterschiede ist es jedoch schwierig, bei ihnen jenes Idealbild der *megalophrosyne* (Großherzigkeit) wiederzufinden, das die Erzählung Annas prägt und das ihrer Meinung nach mehr als alles andere eine besondere Charaktereigenschaft ihres Vaters Alexios darstellt. Und hier stimmt einmal das Urteil einer Tochter mit der Einschätzung der Historiker überein.

Eine liebende Gattin: Elisabeth von Thüringen (1207 - 1231)

Das Leben Elisabeths, der Gattin Ludwigs IV., des Landgrafen von Thüringen, dauert kaum vierundzwanzig Jahre, von 1207 bis 1231. Doch diese Zeit genügt für sie, um sich zu vermählen, drei Kinder zu bekommen, Witwe zu werden und den Beweis einer tiefen Religiosität zu liefern, die in der bereits aktiven franziskanischen Bewegung wurzelt.

Als drittes Kind von König Andreas II. von Ungarn und Gertrud von Andechs wird Elisabeth vermutlich in Preßburg geboren. Über ihre ersten Lebensjahre gibt es keine Berichte, nur fromme Legenden, die ihr bereits in ihrer Kindheit die typischen Merkmale einer Heiligen zusprechen. Sie wird mit kaum vier Jahren verlobt – Verlobungen und Eheschließungen auch in frühestem Kindesalter sind während des gesamten Mittelalters üblich – und bei ihren Schwiegereltern auf der Wartburg, ihrem späteren Wohnsitz als Königin, erzogen.

Elisabeth kommt im Jahre 1211 auf die sagenumwobene Burg, die 1070 von Ludwig dem Springer erbaut worden war und wo Jahrhunderte später Luther als Gefangener mit seiner Bibelübersetzung beginnt. Sie ist mit einer angemessenen Mitgift ausgestattet, über die ihre Biographen uns detailliert berichten. Wenige Tage nach ihrer Ankunft wird die Verlobung durch die feierliche Einsegnung des Brautpaares besiegelt. Der Bräutigam Ludwig ist gerade elf Jahre alt.

In der von ihrem zweiten Beichtvater, Konrad von Marburg, verfaßten Biographie wird ausführlich beschrieben, daß sich Elisabeth über ihre kurze Verlobungszeit beklagt hat und auch darüber, daß sie ihre Jungfräulichkeit nicht habe bewahren können. Dieses zweite Element entspricht ganz und gar der hagiographischen Tradition und der allgemein üblichen Auffassung, daß die Jungfräulichkeit höher zu achten sei als die Ehe. Tatsache ist jedoch, daß sie ihren Gatten leidenschaftlich liebte. Im übrigen entwickelte sich durch eine im frühen Kindesalter vereinbarte Eheschließung, die es mit sich brachte, daß die Braut praktisch im Haus ihres künftigen Gatten aufwuchs, sehr oft eine Beziehung inniger Vertrautheit zwischen den Verlobten.

Vermutlich sind die Jahre unmittelbar vor der Hochzeit keine leichte Zeit für die junge Prinzessin, deren Natürlichkeit und Frömmigkeit wenig zu der für sie bestimmten Würde zu passen scheinen. Wir wollen hier nur die bekannteste Episode erwähnen, die erzählt, wie sie in der Kirche das Diadem abnimmt, um nicht mit Gold gekrönt vor Christus zu treten, auf dessen Haupt sich eine Dornenkrone befindet.

Abgesehen von solchen hagiographischen Berichten hat vermutlich eher die Tatsache, daß sie keine gute Partie mehr war, zu einer gewissen Aversion gegen sie geführt. Die Mutter Elisabeths war als Opfer einer Verschwörung gestorben, und ihr Bruder, der als Bischof eine eher zwielichtige Figur abgab, war geflohen und hatte auch den Schatz mitgenommen, den seine Schwester für ihre Kinder gehortet hatte. Der von ihrem Vater Andreas aus politischen Gründen unternommene Kreuzzug war zu einem Fehlschlag geworden; und auch die Lage in Ungarn war nicht gerade die beste; Prinz Koloman, sein Sohn, hatte den Thron Galiziens verloren, und Katharina von Aragon, die frühere Gattin seines Bruders, die nun mit Friedrich II. vermählt war, beschuldigte den Schwager, er habe sie um ihre Mitgift betrogen.

Wie schon Agnes von Böhmen, die ebenfalls zu dieser Zeit erleben mußte, daß ihre geplante Hochzeit mit dem Kaiser nicht zustande kam, mußte auch Elisabeth die Auflösung ihrer Verlobung befürchten. Doch die Gefühle der beiden jungen Menschen füreinander waren stärker als die Interessen und der Druck des Hofes. Alle Berichte bestätigen übereinstimmend die tiefe Vertrautheit und die herzliche Zuneigung, die Ludwig und Elisabeth miteinander verbanden. Der Jüngling, dessen Herrschaft im Jahr 1217 beginnt, ist schön, liebenswert, großzügig, feinfühlig, keusch, standhaft und mutig. Einer seiner Biographen schreibt auch, daß „seine Seele rein blieb, weil er den Frauen Repekt erwies". Auch wenn die Erinnerung an ihn durch das Andenken an seine heilige Gemahlin verklärt sein mag, bestätigen verschiedene Episoden seine Keuschheit, seine Ehrfurcht vor der Tugend und die Weigerung, seiner so geliebten Elisabeth irgendein Leid zuzufügen.

Im Jahr 1221 wird mit großem Prunk Hochzeit gefeiert. Wenig später lädt eine Gesandtschaft von Andreas II. die beiden Jungvermählten nach Ungarn ein. Für Elisabeth ist es eine glückliche Reise in das Land ihrer Geburt. Doch ihre Schwangerschaft veranlaßt die beiden, eiligst auf die Wartburg zurückzukehren, wo Elisabeth im März 1222 ihren ersten Sohn zur Welt bringt.

Ihre Ehe verläuft harmonisch, die beiden sind miteinander glücklich. Elisabeth begleitet ihren Gemahl, so oft sie kann, um nicht von ihm getrennt sein zu müssen. Und immer, wenn er sie verläßt, legt sie ihre höfischen Prunkgewänder ab, kleidet sich einfach und führt ein bescheidenes Leben. Bei seiner Rückkehr kleidet sie sich wieder so, wie es ihrem Rang entspricht, und tut alles, um schön und attraktiv auszusehen und ihrem Gatten keinen Anlaß zu Mißfallen und Kummer zu geben.

Wenn sie auch bereits in den ersten Jahren ihrer Ehe gezwungen ist, sich immer wieder für kurze Zeit von ihrem Gemahl zu trennen, so beginnt mit dem Jahr 1226 doch eine lange Periode der Trennung, und sie wird in der Zeit, in der sie allein ist, mit schwerwiegenden Ereignissen konfrontiert. Ludwig befindet sich in Italien auf dem Reichstag, den Friedrich II. zu Ostern dieses Jahres in Cremona einberufen hat. Der Kaiser hat ihm seine Gunst gewährt, und der junge Landgraf glaubt, eine glänzende Zukunft vor sich zu haben. Doch gerade im Sommer dieses Jahres wütet die Hungersnot, von der die Gebiete seines Reiches seit drei Jahren schwer heimgesucht werden, besonders arg. Elisabeth, die in seiner Abwesenheit regiert, setzt sich für die Bevölkerung Thüringens und

Hessens ein, indem sie zunächst die Goldreserven aufbraucht und dann die Kornspeicher des Landes öffnet und den Bäckern ihrer Burg den Auftrag erteilt, das für die vielen Notleidenden benötigte Brot zu backen. Es handelt sich da um eine wohlüberlegte Nächstenliebe. Natürlich rankt sich um diese Ereignisse auch eine ganze Reihe wunderbarer und erbaulicher Anekdoten. Auf die Hungersnot folgt die Pest, und auch den Opfern dieser Epidemie hilft Elisabeth großzügig und wirkungsvoll. Ludwig kehrt in der Zwischenzeit nach Hause zurück, wo er von seiner jungen Gemahlin mit großer Freude empfangen wird, und er beschwichtigt die Hofbeamten, die ihm besorgt von der großen Verschwendung öffentlicher Gelder berichten.

Den beiden bleibt jedoch nur eine kurze Zeit des Glücks. Religiöse und politische Gründe führen Ludwig endgültig von ihr fort. Um einem Konflikt mit dem Mainzer Bischof aus dem Weg zu gehen, der schon dem Vater Ludwigs die Exkommunikation eingetragen hatte, folgt er dem Ruf von Papst Honorius III. und wird „Kreuzritter". Neben anderen Vorteilen erreicht er so die Befreiung von der Jurisdiktion des Bischofs von Mainz. Ludwig nimmt das „Kreuz" im Juni des Jahres 1224, gestützt auf das Versprechen des Papstes, daß ihm alle seine Rechte erhalten bleiben würden und er bis zu seiner Rückkehr unter dessen direktem Schutz stünde. Von diesem Augenblick an trifft er seine Vorbereitungen. Im Jahr 1226 befindet er sich in Ravenna. Wir wissen unter anderem, daß er Konrad von Marburg, der den Kreuzzug von der Kanzel predigt und bereits der Beichtvater seiner Gattin ist, darum bittet, ihr in seiner Abwesenheit beizustehen. Er stirbt im Jahr 1227 in Otranto. Im selben Jahr schenkt ihm Elisabeth posthum noch eine Tochter, Gertrud, die ebenfalls den Ruf einer Heiligen erlangt.

Der Schmerz Elisabeths ist unermeßlich; es scheint, als habe sie den Bezug zur Realität verloren. Nur langsam erholt sie sich, doch ihr Leben hat einen endgültigen Wendepunkt erreicht. Sie verläßt die Wartburg und zieht sich nach Marburg zurück, wo sie in äußerster Armut lebt. Es ist nicht ganz klar, was sie zu diesem Entschluß treibt. Die hagiographischen Quellen berichten, daß sie mit Sicherheit vom Hof vertrieben worden sei; möglicherweise aus Interessensgründen oder aber aus Verärgerung über ihre allzu große Frömmigkeit und über den Gehorsam, mit dem sie die strengen Anordnungen ihres Beichtvaters befolgt. Konrad von Marburg befindet während all dieser Ereignisse als Wanderprediger auf Reisen. Nachdem Elisabeth den Hof verlassen hat, gerät sie zunehmend in bittere Not und ist sogar gezwungen, sich von ihren Kindern zu trennen. Gerade in dieser schwierigen Situation entscheidet sie sich immer deutlicher zu einem Leben in Armut, Keuschheit und Gehorsam. Konrad von Marburg, der inzwischen zurückgekehrt ist, richtet ein Gesuch an den Papst, damit ihre Rechte als Witwe anerkannt würden.

Die junge Frau könnte mit einer neuerlichen Eheschließung ihren Schwierigkeiten ein Ende bereiten, und verschiedene Familienmitglieder versuchen auch, sie mit drastischen Maßnahmen zu diesem Schritt zu bewegen. In diesem schwierigen Augenblick, während sie sich in Bamberg bei ihrem Onkel, dem dortigen Bischof, aufhält, kehren die Freunde und Lehensmänner ihres Gatten von der Kreuzfahrt zurück und bringen aus Otranto seine sterblichen Überreste mit. Im Glauben, daß ihr nun Gerechtigkeit widerfahren werde, läßt ihr Onkel, der ein überzeugter Befürworter einer neuerlichen Eheschließung ist, zu, daß sie dem Sarg nach Thüringen folgt. Doch Elisabeth wird nicht mehr in ihre Rechte eingesetzt; in Marburg gerät sie erneut in Schwierigkeiten. Es kommt zu Beleidigungen und übler Nachrede; man munkelt, daß undurchsichtige Interessen ihres Beichtvaters sie in die Stadt geführt hätten, und sie flüchtet mit ihren beiden treuen Dienerinnen in ein nahegelegenes Dorf.

In der Zwischenzeit ist Konrad mit dem Landgrafen Heinrich zu einer Verständigung gelangt. Elisabeth verzichtet auf ihre Rechte und erhält dafür eine Entschädigung in der Höhe von zweitausend Mark und die Nutznießung einiger Latifundien, unter anderem auch der Stadt Marburg. Es wird ihr auch ihr gesamtes persönliches Vermögen zurückerstattet, das sie aus Ungarn mitgebracht hatte. Mit Hilfe dieser Mittel errichtet sie in Marburg ein Krankenhaus. Laut Aussage Konrads und seiner *Summa Vitae*, einem Schreiben, das er zur Befürwortung ihrer Heiligsprechung an den Papst richtet, pflegt Elisabeth eigenhändig die Kranken, besucht sie zweimal täglich und sorgt für sie, ungeachtet der Gefährlichkeit und Schwere ihrer Krankheiten. Der Beichtvater sieht sich gezwungen, ihr Vorwürfe zu machen, weil sie sogar einen Leprakranken persönlich pflegt. Aus den Berichten wird ihr wachsendes Engagement ersichtlich, das sich vor allem in der von ihr geübten Armut ausdrückt, die zum zentralen Element ihres spirituellen Lebens geworden ist. Diese „franziskanische" Spiritualität, deretwegen man sie zu den Terziarinnen dieses Ordens zählt – obwohl sie es nie gewesen ist –, entwickelt sich vermutlich unabhängig von der Führung durch Konrad und widerspricht sogar dessen Empfinden und Absichten. In seinem Konflikt mit dem Bischof von Mainz hinsichtlich der Heiligsprechung Elisabeths – die im Jahr 1235 stattfindet – verfolgt Konrad eine seinen Kreuzzugspredigten entsprechende Absicht. Er möchte Elisabeth zum Manifest einer Heiligkeit machen, die auch Frauen erreichen können, für die es nicht möglich ist, wie die Männer in den Kampf zu ziehen. Der Kreuzzug dieser Frauen, der nicht weniger fruchtbar ist, findet in Abwesenheit ihrer Ehemänner statt und besteht darin, daß sie mit Eifer ihre christlichen Pflichten erfüllen.

Aufgrund ihrer bewußt auf sich genommenen Armut paßt Elisabeth nicht ganz in dieses Klischee. Ihre Armut bedeutet, daß sie auf Privilegien verzichtet und ihre Juwelen und Gewänder den Armen schenkt. Als einen Höhepunkt dieses Weges kann man das feierliche Versprechen bezeichnen, das sie am 24. März des Jahres 1228 vor dem schmucklosen Karfreitagsaltar ablegt und mit dem sie auf ihren eigenen Willen, auf allen Prunk dieser Welt und auf alle anderen Dinge verzichtet, die das Evangelium noch nennt. Möglicherweise war sie durch ihren ersten Beichtvater Rüdiger, einen Franziskaner, auf diese Werte gestoßen. Außerdem legt sie dieses Gelübde in einer Franziskanerkirche ab, und es ist wohl auch kein Zufall, daß sie ihr Krankenhaus dem heiligen Franziskus weiht.

Auch in ihren letzten Lebensjahren widmet sich Elisabeth von Thüringen konsequent und mit heldenhafter Aufopferung anderen Menschen, Kranken oder Notleidenden. Obwohl der Tod sie nicht unerwartet ereilt, stirbt sie schließlich sehr plötzlich nach einer mysteriösen Krankheit.

Es ist schön, sich an eine Frau wie sie zu erinnern, nicht nur, weil sie vor und nach ihrer Witwenschaft besonders fromm und wohltätig war, sondern wegen ihrer zärtlichen Liebe zu ihrem Gatten, dem sie, ohne auf ihre königliche Würde zu achten, entgegenlief, wenn er von einer Reise heimkehrte, um sich in seine Arme zu werfen und ihn „mit dem Herzen und dem Mund tausendmal zu küssen", wie eine alte Chronik berichtet.

Eine ungewöhnliche Witwe: Birgitta von Schweden (1302 oder 1303 – 1373)

Es kann vorkommen, daß eine Frau ungefähr zwanzig Jahre mit ihrem über alles geliebten Gatten zusammenlebt, ihm mehr als ein halbes Dutzend Kinder schenkt, mit ihm alle religiösen Gebräuche ihrer Zeit mitmacht wie Pilgerfahrten, Novenen, Andachtsübungen usw., daß sie eine harmonische Ehe führt und sich dennoch zur Enthaltsamkeit entscheidet und vor allem dazu, sofort nach dem Tod des Gatten den Ring vom Finger zu streifen, den er ihr kurz zuvor als Unterpfand der Treue über den Tod hinaus geschenkt hat. Soviel zum ersten Lebensabschnitt Birgittas, dessen zweite Hälfte von asketischer Strenge, Gründungscharisma, vor allem aber von Visionen, Offenbarungen und Prophezeiungen geprägt ist. Ihr Schicksal führt sie aus ihrer Heimat Schweden als Pilgerin nach Rom, wo sie fünfundzwanzig Jahre lang lebt.

Birgitta ist eine außergewöhnlich komplexe Gestalt, eine Mischung aus Selbstbewußtsein und Frömmigkeit, mit einem Hang zum Protest und dennoch eine überzeugte, wenn auch kritische Anhängerin des herrschenden Systems, gleichgültig, ob es sich um die Kirche und den Papst oder um das Reich handelt. Es ist schwierig, sie richtig einzuordnen. Im Jahr 1991 hat es, sechshundert Jahre nach ihrer Heiligsprechung, verschiedene Versuche in dieser Richtung gegeben, doch es ist nicht leicht, sie aus den üblichen Kategorien der mittelalterlichen Vorstellungen zu lösen. Bisher gibt es kaum kritische Betrachtungen über sie; vieles ist voller Pathos und unkritischer Bewunderung, wie etwa die rührende Biographie, die J. Jörgensen Anfang der vierziger Jahre geschrieben hat.

Birgitta wird im Jahr 1302 oder 1303 in Finstad nahe von Stockholm als Tochter frommer, adeliger und sehr reicher Eltern geboren. Bereits ihre Geburt ist von einer Aura des Wunderbaren umgeben: Ihre Mutter überlebt einen

Schiffbruch und empfängt die Erleuchtung, daß sie diese Gnade der Tochter verdankt, die sie unter ihrem Herzen trägt. Birgittas Familie besitzt großen Einfluß. Der Vater ist Statthalter und Volksrichter der Provinz Uppland. Ihm verdankt das Königreich Schweden seine erste christliche Gesetzgebung.

Entgegen allen Erwartungen zeigt die kleine Birgitta keinerlei außergewöhnliche Eigenschaften; bis zu ihrem dritten Lebensjahr fürchtet man sogar, daß sie stumm sei. Doch pötzlich beginnt sie ganz normal zu sprechen. Als zweites von sieben Kindern und von ihren Eltern liebevoll umsorgt, ist sie äußerst lernwillig und entwickelt schon früh eine tiefe Frömmigkeit und Gottesliebe. Als die Mutter stirbt, bringt der Vater sie zu ihrer Patin, einer gottesfürchtigen und frommen Frau. Birgitta setzt ihren Weg zu Gott fort und nimmt bereitwillig alle Prüfungen auf sich, die das Leben ihr auferlegt. Aufgrund der mystischen Erfahrungen, die bereits ihre Kindheit und Jugend kennzeichnen, nimmt man allgemein an, daß sie sich ganz Gott weihen würde. Es ist schwer zu sagen, ob es sich dabei nur um Hagiographie oder um eine reale Empfindung handelt. Als ihr Vater sie mit dem 18jährigen Adelsmann Ulf Gudmarsson verlobt, gehorcht sie ihm bereitwillig. Ulf ist ein kluger junger Mann. Er hat viele Begabungen, ist bereits Mitglied des Reichsrates, und auch bezüglich seines Glaubens und seiner Frömmigkeit ist er Birgitta durchaus ebenbürtig. Später wird Birgitta schreiben:

> Der Jungfräulichkeit gebührt die Krone, die Witwenschaft führt zu Gott, und der Ehestand bedeutet keineswegs den Ausschluß vom Himmel, doch nur der Gehorsam führt alle Menschen zur Seligkeit.

Es ist heute nicht leicht zu verstehen, was dieser Gehorsam aus der Sicht mittelalterlicher Frömmigkeit bedeutet. Es könnte der Verdacht aufkommen, daß es sich um ein ausgeklügeltes Konzept der Frauen zur Durchsetzung ihrer Gefühle und Wünsche handelt. Gehorchen bedeutet, sich selbst zu verleugnen, seinen eigenen Willen aufzugeben. Es scheint jedenfalls eine Art äußerer Vorwand zu sein, der eine gegenteilige innere Bedeutung hat. Birgitta macht letztlich nur, was sie will: Für sie gibt es das Stereotyp des Gehorsams nicht. Und was bedeutet schließlich „gehorchen" in einer Ehe, die erfüllt und fruchtbar ist? Sie schenkt Ulf acht Kinder, und wenn sie sich schließlich, wie zu dieser Zeit üblich, der Askese zuwendet, dürfte der Grund dafür wohl eine gewisse Ermüdung sein. Eine sexuelle Beziehung, die nur der Fortpflanzung dient, zehrt an den Kräften, auch wenn sie von tiefem Glauben begleitet ist.

Was uns jedoch seltsam erscheint, ist die Tatsache, daß Ulf in ein Kloster eintritt, enthaltsam lebt, das Mönchsgewand trägt und daneben doch immer noch Birgitta hat. Der Ring, den er ihr kurz vor seinem Tod an den Finger steckt, damit sie nicht vergißt, für ihn zu beten, spricht nicht gerade für eine Auflösung ihrer Beziehung, sondern für ihre „natürliche" Weiterentwicklung. Die beiden leben im übrigen wegen des jugendlichen Alters Birgittas in den ersten Jahren ihrer Ehe wie Bruder und Schwester zusammen. Es handelt sich dabei wahrscheinlich nicht um eine Glaubensentscheidung, sondern um ein kulturelles Gebot, das besagt, daß die Ehe nicht vor der ersten Regelblutung der Gattin vollzogen werden darf.

Von Anfang an widmet Birgitta sich völlig ihrer Familie. Sie ist eine beispielhafte Mutter. In ihrem Haus regiert sie mit sanfter Strenge, und sie widmet sich auch weiterhin der Caritas, die seit jeher zu den Grundlagen des christlichen Lebens gehört. Weder ihre Heirat noch die damit verbundenen Pflichten können dieses außergewöhnliche spirituelle Leben ändern.

Es ist bezeichnend für Birgittas Sensibilität, daß die ständige Anwesenheit bei Hof, zu der Ulf im Dienste des Königs verpflichtet ist, auch bei ihr Interesse für politische Fragen weckt; sie sind etwas, das sie stets auch als Teil ihrer religiösen Verpflichtung betrachtet.

Als ihre acht Kinder, vier Mädchen und vier Knaben – zwei sterben im zarten Kindesalter, und ein drittes Mädchen stirbt sehr jung in einem Zisterzienserkloster –, erwachsen sind und ihre Erziehung abgeschlossen ist, erhält Birgitta durch ihren Gatten den Anstoß zu einer Intensivierung des inneren und gottesfürchtigen Lebens, das die beiden ohnehin bereits führen. Ulf ist mit einem Zusammenleben in Keuschheit einverstanden und stimmt vor allem dem Vorschlag seiner Gattin zu, sich mit ihr gemeinsam auf die Reise nach Santiago di Compostela zu begeben. Die Pilgerreisen des Mittelalters sind eine beliebte Art, Glauben und Frömmigkeit zu äußern. Obwohl sie aufgrund der harten Zeiten und der schlechten Reiseverbindungen gefährlich sind, gelten sie als die beste Möglichkeit, Ablaß von den Sündenstrafen und ewiges Seelenheil zu erlangen. Aus dieser ersten Pilgerreise, die Birgitta mit ihrem Gatten unternimmt, entwickelt sich später eine Gewohnheit, die sie auch in Rom beibehält und die sie bis ins Heilige Land führt. Da ihr diese fernen Ziele nicht genügen, besucht sie auch noch die anderen, näher gelegenen Andachtsstätten wie Assisi und Monte S. Angelo.

Birgitta verläßt Schweden mit ihrem Gatten im Frühsommer des Jahres 1341. Die Reise ist äußerst anstrengend. Sie besuchen alle Kultstätten mit Reliquien berühmter Heiliger. Auf der Rückreise erkrankt Ulf schwer. Birgitta erbittet die Fürsprache des heiligen Dionysius und erreicht damit seine Heilung. Ihr Mann ist nun entschlossen, das Gelübde der Keuschheit abzulegen und ein geistliches Leben zu führen; er tritt in das Zisterzienserkloster Alvastra ein. Dort lebt er bis zu seinem Tod im Jahr 1344. Groß ist die Trauer des Königs, des gesamten Volkes und Birgittas, die sich nun, von jeder Verpflichtung befreit, endgültig der Buße widmet. Sie kleidet sich einfach, trägt einen Bußgürtel und teilt ihr Vermögen unter ihren Kindern auf. Nur einen geringen Teil behält sie für wohltätige Zwecke zurück. Was zunächst wie eine Laune Birgittas aussieht, hat jedoch für sie eine tiefere Bedeutung. Sie betrachtet ihr neues Leben als eine Mission, zu der sie sich von Christus selbst berufen fühlt: als seine Braut und sein

„Kanal". Von nun an sieht sie sich als seine Mittelsperson, als das Werkzeug seiner Offenbarung.

Als sie sich ihrer neuen Berufung bewußt wird, zieht Birgitta sich nach Alvastra zurück. Ihre besondere Ausstrahlung besänftigt alle, die darüber bestürzt sind, daß eine Frau innerhalb der Mauern eines Männerklosters wohnt. Hier, am Grab ihres Gatten und vor allem mit der Unterstützung einer beispielhaften Gemeinschaft, löst sie sich von ihren bisherigen Bindungen. Sie verliert ihre letzten Zweifel und hält immer öfter Zwiesprache mit dem Herrn, der sich ihr auf verschiedene Weise zeigt: Gottvater, Christus, die Jungfrau Maria, die heilige Agnes – sie alle schenken ihre Aufmerksamkeit einer Frau, die nicht mehr Ulfs Witwe, sondern die geliebte Braut Christi ist. Treu zu Birgitta steht auch der Prior von Alvastra, ihr Beichtvater, der sie später auf ihrer Pilgerschaft begleitet.

In einem ihrer Gespräche teilt der himmlische Bräutigam Birgitta mit, sie solle eine neue Ordensgemeinschaft ins Leben rufen: ein Doppelkloster für Männer und Frauen unter weiblicher Führung. Etwa sechzig Nonnen, aber nur fünfundzwanzig Mönche (zwölf Priester in Erinnerung an die zwölf Apostel, vier Diakone und acht Laienbrüder) sollten unter der Leitung einer Äbtissin stehen. Überraschend ist, daß Christus selbst Birgitta die Regeln des neuen Ordens diktiert, und zwar bis in alle Einzelheiten der Kleidung hinein, wie der typischen „Krone" des Birgittenordens, dessen Mitglieder noch heute fünf „Tropfen" aus rotem Tuch zur Erinnerung an die Wundmale des Herrn auf ihrem Schleier tragen. Wie in den Doppelklöstern der Zisterzienser dient der hohe Rang der Äbtissin dazu, die Anwesenheit Marias unter den Jüngern und Aposteln beim Letzten Abendmahl in Erinnerung zu rufen.

Daß Christus selbst die Ordensregel diktiert, genügt jedoch nicht für deren kirchliche Approbation. Birgitta gelingt es nicht, ihr Vorhaben in seiner ursprünglichen Form zu verwirklichen. Die Hauptschwierigkeit ergibt sich durch das Verbot neuer Ordensgemeinschaften, das in den Beschlüssen des 4. Laterankonzils und des 2. Konzils von Lyon festgeschrieben ist. Mit dieser unüberwindlichen Schwierigkeit hatten übrigens alle Ordensgründer zu kämpfen, nicht nur im Mittelalter. Die Amtskirche erkennt nur die Ordensregeln der Augustiner und der Benediktiner als legitim an. Auch für Klara von Assisi galt zwei Jahrhunderte vor Birgitta nicht weniger als dreißig Jahre lang die Ordensregel der Benediktiner.

Die Approbation der Ordensregel führt Birgitta schließlich nach Rom. Es ist Christus selbst, der ihr diesen Auftrag erteilt und sie bittet, so lange dort zu bleiben, bis sie mit dem Papst und dem Kaiser zusammengetroffen sei, um ihnen seine Botschaft zu überbringen. Zur Zeit Birgittas befinden sich das Papsttum und die Kirche in einer schwierigen Lage. Der Schutz Frankreichs und die Ablehnung des Kaisertums bedeuten für das Papsttum die Gefangenschaft in Avignon. Die Päpste residieren bereits seit dreißig Jahren in dieser Stadt, als

Birgitta im Jahr 1349 mit ihrem getreuen Beichtvater und einem kleinen Gefolge von Freunden und Verwandten nach Rom aufbricht. Der Grund ist der für das Jubeljahr 1350 angekündigte Ablaß. In Rom ist Birgitta Gast des Kardinals Hugo de Beaufort, des Bruders von Papst Clemens VI. Auf die kleine und fromme Pilgerschar macht die Ewige Stadt einen verheerenden Eindruck. Rom liegt nicht nur im materiellen Sinn in Trümmern. Die Abwesenheit des Hirten hat auch zu einer allgemeinen Lockerung der Sitten geführt. Der Papst, der auf ihren Rat hin den Jubelablaß angekündigt hat, hört nicht auf die Appelle, nach Rom zurückzukehren. Birgitta quält sich mit Fasten- und Bußübungen. Ihre Appelle und Visionen werden immer eindringlicher, ihre Nächstenliebe wird immer selbstloser. Doch für die meisten scheint sie eine Visionärin, ja eine Häretikerin zu sein, und nur wie durch ein Wunder entgeht sie der Wut des Pöbels, der versucht, sie auf den Scheiterhaufen zu bringen.

Inzwischen ist ihre Tochter Katharina nach Rom gekommen, um den Jubelablaß zu empfangen. Sie hat die Absicht, anschließend wieder zu ihrem Gatten heimzukehren. Auf wunderbare Weise erfährt Birgitta zunächst von der Krankheit und dann vom Tod ihres Schwiegersohns. Christus wünscht nun, daß Katharina endgültig bei ihrer Mutter bleiben soll. Von nun an verläuft das Leben Birgittas und ihrer Tochter im selben Rhythmus. Alles wäre einfach, wenn nicht Katharinas Schönheit die Männer auf schlechte Gedanken brächte. Einmal muß sie sich sogar verstecken, weil man droht, sie zu entführen. Doch weder diese noch andere Episoden spielen eine wesentliche Rolle in Birgittas Leben, sondern ihre ständigen Gespräche mit Christus, ihre Visionen und Offenbarungen, die sie ihrem Beichtvater wortgetreu mitteilt. Im Zusammenhang mit dieser mystischen Erfahrung steht der sogenannte *Sermo angelicus*. Es handelt sich dabei um die 52 Lesungen des Offiziums des „Erlöserordens", wie der Birgittenorden auch genannt wird, die sie von einem Engel erhalten haben soll, den Christus ihr zu diesem Zweck gesandt hat.

Birgitta befindet sich nun bereits seit vier Jahren in Rom. Die Gastfreundschaft des Kardinals Hugo de Beaufort scheint ihr nicht länger annehmbar zu sein. Eine adelige Römerin stellt ihr ein Haus in der Nähe des Campo de' Fiori zur Verfügung. Dort wohnt sie mehr als zwanzig Jahre lang. Dieses Haus an der Piazza Farnese ist bis heute ihre wichtigste Gedenkstätte in Rom. Hier lebt Birgitta mit ihrem kleinen Gefolge und ihrer Tochter, wenn sie sich nicht gerade auf einer Pilgerreise befindet. Bekannt sind uns ihre Reisen durch Süditalien und ihr langer Aufenthalt in Neapel. Dort erreicht sie die Nachricht von der Rückkehr Papst Urbans V. nach Rom. Birgitta beeilt sich, den Papst zu treffen, um ihm die Botschaft Christi über die Bedeutung des Papsttums und der Kirche zu überbringen. Natürlich will sie ihn auch um die Approbation des „Erlöserordens" bitten. Im gleichen Jahr 1367 richtet Birgitta diesbezüglich auch einen Appell an Kaiser Karl IV., der nach Rom gekommen ist, um vom Papst die Anerkennung seiner Kaiserwürde zu erhalten. Die Römische Kurie findet jedoch, daß die Ordensregel zu streng und in schlechtem Stil geschrieben sei. Was den Stil betrifft, so handelt es sich allerdings um Ausreden.

Die Freude über die Rückkehr Urbans V. ist nur von kurzer Dauer. Jeder Versuch Birgittas, ihn von seinem Vorhaben abzubringen, ist vergeblich. Er kehrt nach Avignon zurück, wo er kurz darauf stirbt. Sein Nachfolger wird Kardinal Pierre Roger de Beaufort, der sich Gregor XI. nennt.

Birgitta begibt sich nun auf die Reise ins Heilige Land. Obwohl sie erschöpft und schwer geprüft ist, folgt sie mit Freuden dem Ruf Christi, die Stätten seiner Leiden zu besuchen. Sie reist Ende des Jahres 1371 nach Jerusalem ab. Zunächst macht sie in Neapel Station, wo im darauffolgenden Frühjahr ihr Sohn Karl stirbt, der sie gemeinsam mit Katharina und seinem Bruder Birger begleitet. Obwohl Karls Tod Birgitta tief schmerzt, wirkt er gleichzeitig befreiend auf sie. In Neapel hatte sich nämlich Königin Johanna – die Birgitta vergeblich davon abzubringen versuchte – unsterblich in den jungen Schweden verliebt, der ihr nicht widerstehen konnte. Der Tod befreite ihn also aus einer Situation höchster moralischer Gefährdung. Im April reist Birgitta nach Zypern weiter, wo sie bei Eleonora von Aragon Aufnahme findet, und schließlich erreicht sie Jerusalem. Sie ist physisch völlig erschöpft. Bald darauf kehren die Pilger wieder nach Rom zurück. Hier widmet sich Birgitta von neuem der Aufgabe, die ihr besonders am Herzen liegt. Doch entgegen ihren Erwartungen will Papst Gregor XI. offenbar nicht nach Rom zurückkehren. Sie schreibt und prophezeit ihm, daß seine Weigerung die Kirche in eine sehr schmerzliche Spaltung führen werde. Und Birgitta ist nicht die einzige, die eine solche Bittschrift an den Papst richtet. Auch Katharina von Siena dringt in Gregor XI., der schließlich im Januar 1377 doch nach Rom zurückkehrt.

Birgittas Mission ist damit beendet. Sie stirbt am 23. Juli 1373, umgeben von ihren Freunden und getröstet von ihrem himmlischen Bräutigam. Ihre Überführung nach Wadstena wird zu einem Triumphzug für sie. Begleitet von Katharina und Birger trifft ihr Leichnam am 4. Juli 1374 dort ein. Die Heiligsprechung durch Papst Bonifaz IX. erfolgt am 7. Oktober des Jahres 1391.

Wir haben versucht, in dieser biographischen Skizze den Bereich des Wunderbaren nicht zu sehr zu betonen. Tatsächlich betrifft die religiöse Erfahrung Birgittas einen Grenzbereich, der von unserem Empfinden und unseren Vorstellungen sehr weit entfernt ist. Was an ihr – abgesehen vom Wunder ihrer ständigen Zwiesprache mit himmlischen Personen – auffällt, ist die ungewöhnliche Unabhängigkeit, mit der sie als junge Witwe durch Europa reist und unter schwierigen wirtschaftlichen Verhältnissen in einer fremden Stadt lebt, ohne auch nur einen Augenblick ihre Weissagungen, Mahnungen und Visionen aufzugeben.

Andere fromme Frauen folgen ihrem Beispiel. Das christliche Zeitalter ist gewissermaßen von der Pilgerfahrt als einem Symbol für die Reise in das himmlische Jerusalem, das als Inbegriff christlichen Lebens gilt, fasziniert.

Birgitta erweckt stellenweise den Eindruck einer Vorläuferin des religiösen Tourismus unserer Zeit. Nichts entgeht ihrer tiefen Frömmigkeit, weder das Grab des heiligen Olaf, des Königs von Norwegen, noch das Heiligtum von S. Michele am Gargano. Dazu kommt, daß sie aufgrund ihrer Persönlichkeit in ständigem Kontakt mit adeligen Damen und Königinnen steht, denen sie einerseits zweifellos zur Erbauung dient, andererseits aber auch lästig fällt, und zwar so sehr, daß sie sich bei ihrer Rückkehr aus dem Heiligen Land in Neapel einer öffentlichen Untersuchung stellen muß. Es besteht noch immer der Verdacht, daß ihre vielen Offenbarungen und Visionen nur eine Ausgeburt der Phantasie oder sogar des Teufels sein könnten. Birgitta geht aus der öffentlichen Diskussion als Siegerin hervor. Sie wird der Häresie nicht für schuldig befunden. Und dabei hat sie wirklich Glück. Es ist in diesem Zusammenhang wichtig, daran zu erinnern, welche Bedeutung dieses Sicherheitsventil der mystischen Erfahrung für die Frauen hat. In einer von Männern dominierten Gesellschaft, in der aufgrund der Schöpfungsordnung das Prinzip der Unterlegenheit der Frau gilt, bieten ihr die Sprache und die mystische Erfahrung eine Möglichkeit, ihre weibliche Persönlichkeit zu behaupten und ihr eine besondere Signifikanz zu geben. Nichts anderes bedeutet auch ihre Betonung des Gehorsams. Tatsächlich erreicht Birgitta dadurch alles, was sie will. Wenn sie den Lauf der Geschichte auch nicht ändern kann, so wird sie doch zu einer bedeutenden historischen Persönlichkeit.

Als Vertreterin des religiösen „Feminismus" im Mittelalter behauptet Birgitta sich in einem androzentrischen System, das sie unbewußt ad absurdum führt. Beispielsweise durch ihre Überzeugung, Verkünderin der Offenbarung zu sein: Birgitta versteht sich als Prophetin, ja als Evangelistin und weiblicher Apostel; sie steht im Zentrum einer Offenbarung, die sich in einer ständigen und dynamischen Entwicklung befindet; ihre Rolle als Vermittlerin ist ein direkter Auftrag Christi und des Heiligen Geistes. Man denke hier nur an ihre Mariologie: Birgitta identifiziert sich mit Maria, sieht sich als Werkzeug der Offenbarung insofern, als sie auch Marias Rolle bei der Menschwerdung Gottes nachvollzieht, bis hin zum Erlebnis der mystischen Schwangerschaft; sie stellt Maria in den Mittelpunkt ihres Ordens; sie wagt sich an die theologischen Fachfragen der Mariendiskussion ihrer Zeit heran und verbindet in ihren Offenbarungen orthodoxe und apokryphe Tradition. Man denke schließlich an das Doppelprinzip (Männer und Frauen) des Erlöserordens, des einzigen, der von einer Frau erdacht und errichtet worden ist. In ihm spielt der Mariozentrismus Birgittas und ihre Betrachtungsweise als Frau die zentrale Rolle. Maria ist *caput et domina*, die Äbtissin ihre Vertreterin; sie steht dem Kloster vor und symbolisiert die Anwesenheit Marias beim Letzten Abendmahl, als Königin der Apostel und der Heiligen. Vielleicht wird Birgitta ihr hervorbrechender Feminismus erst bei der Abfassung der Ordensregel wirklich bewußt: Die Äbtissin soll den Beichtvater der Mönche und Nonnen auswählen – sie soll auch an der Spitze der männlichen Gemeinschaft stehen; die Äbtissin soll die Eucharistie aussetzen und sie zur Anbetung zu den Kranken bringen; die Anerkennung der männlichen Autorität gestattet jedoch nicht, daß sie selbst ihnen die Kommunion reicht.

Während Birgitta sich als „Kanal“ der Offenbarung erfolgreich darstellen und behaupten kann, erleidet ihr Orden eine Niederlage, weil er ihrer Inspiration entsprechend nie verwirklicht wird. Trotz der zentralen Stellung Marias wird ihr Vorschlag letztlich als unannehmbar betrachtet. Die Ordensregeln Birgittas wurden lediglich als „Konstitutionen“, als Ergänzung der Regel des heiligen Augustinus approbiert. Papst Urban V. sprach ihnen außerdem jeden Offenbarungscharakter ab und gestattete lediglich die Errichtung zweier Klöster, eines Männerklosters und eines Frauenklosters, in Wadstena. Katharina erreichte später von Urban VI. die Billigung einer Ordensregel, die dem Plan ihrer Mutter eher entsprach, und hatte dadurch die Möglichkeit, weitere Klöster mit einer angeschlossenen Unterbringungsmöglichkeit für Priester zu errichten. Im Jahr 1422 trennte Papst Martin V. schließlich die beiden Gemeinschaften voneinander und machte sie zu selbständigen Orden. Vorübergehend verbesserte er ihre schwierige finanzielle Lage mit Hilfe von Dispenstaxen und Privilegien. Laut K. Boerresen blieb die Gerichtsbarkeit der Äbtissin über die Mönche nur noch dem Namen nach bestehen. Die weitere Entwicklung des Ordens beweist, daß der Gründungsplan Birgittas niemals verwirklicht worden ist.

Wahrscheinlich wäre auch Birgitta unterbewertet und vergessen worden, wenn ihre außergewöhnliche prophetisch-visionäre Aktivität sich nicht so positiv auf das Papsttum ausgewirkt hätte. Daß ihr Mythos die Zeit überdauert hat, beruht eigentlich nicht auf der Anerkennung ihres Charismas – die Bulle ihrer Heiligsprechung erwähnt die Authentizität der Offenbarungen und deren doktrinäre Bedeutung mit keinem Wort. Das durch die Kirchenspaltung angeschlagene Papsttum – Birgitta selbst hat sie Papst Gregor XI. als Konsequenz seiner Rückkehr nach Avignon vorausgesagt – benutzte sie einfach für seine Interessen. Die zweite Heiligsprechung Birgittas unter dem Gegenpapst Johannes XXIII., die nach dem Ende des Schismas von Martin V. ratifiziert wurde, war vor allem ein Diktat der päpstlichen Politik, für die sie als ein Manifest der Ergebenheit gegenüber dem Römischen Stuhl mißbraucht wurde.

Eine leidgeprüfte Mutter:
Rita von Cascia (1381 – 1457)

Einen festen Platz in der christlichen Hagiographie nimmt die unglücklich verheiratete Frau ein, die in der Ehe zur Heiligen wird, weil sie geduldig die Grobheiten und Gewalttätigkeiten ihres Gatten erträgt, um zu ihren Lebzeiten, oft aber erst nach ihrem Tod seine Bekehrung zu erreichen. Die Lebensgeschichte der heiligen Rita von Cascia steht nach der Überlieferung ganz in diesem

Zeichen; zumindest was ihren ersten Teil betrifft. Denn nach dem Tod ihres Mannes verwirklicht sie ihren bisher unerfüllten Wunsch, sich gänzlich dem Herrn zu weihen. Den Höhepunkt der Heiligkeit erreicht sie durch ihr enthaltsames und gottgeweihtes Leben als Witwe.

Was in ihrem Fall verwundert, ist das völlige Fehlen sicherer Anhaltspunkte. Der Mythos Ritas ist ausschließlich mit ihrer Verehrung verbunden. Es gibt nur wenige gesicherte Berichte über sie. Dennoch gehört sie zu den meistverehrten Heiligen in Italien. Sie wurde früher vor allem von Frauen angerufen, die sich wegen ihres Gatten oder ihrer Kinder in familiären Schwierigkeiten befanden. Ihre Situation als unglückliche und gedemütigte Ehefrau ist nämlich eng mit ihrem ebenso außergewöhnlichen Schicksal als Mutter verknüpft. Und ihre Geschichte wirkt auch ganz und gar nicht unglaubwürdig, wenn man bedenkt, daß die Frauen stets für eine alternative Kultur des Verzeihens und des Friedens eingetreten sind. Daß sie ihre Kinder Gott dargeboten hat, er möge sie zu sich nehmen, bringt diese Einstellung deutlich zum Ausdruck.

Man darf auch einen für uns heute schwer verständlichen Aspekt nicht vergessen, nämlich die Sehnsucht, Gefährtin des Gekreuzigten zu sein und gleichsam als Geschenk an seinen Leiden teilhaben zu können. Stigmata, körperliche oder seelische Wundmale, sind für die Spiritualität des Hochmittelalters charakteristisch. Man denke nur an Franziskus, der durch seine fünf Wundmale zum Zeugen der Leiden Christi wird. So sind unvorstellbare Bußübungen und Fasten bis an die Grenze des Erträglichen Mittel, zu denen Männer und Frauen in dieser Zeit häufig greifen. Unserem Empfinden nach wird damit eine Grenze dessen erreicht, was wir ebensogut bereits als Masochismus bezeichnen könnten. Es besteht hier zweifellos eine Ablehnung der eigenen Person, des eigenen Körpers, der auch Rita erliegt. Man braucht nur an die vielen anderen Frauen des italienischen Mittelalters zu denken, an die vielen Heiligen, beispielsweise an Angela von Foligno, an Veronica Giuliani oder an Eustochia von Messina, welch letztere ihr trotz der räumlichen Entfernung in ihrer heroischen und leidvollen Nachfolge Christi um nichts nachsteht. Verschiedene Arten der Spiritualität – franziskanisch, servitisch, augustinisch – und doch ein einziger Wunsch: die Leiden Christi am eigenen Leib zu erfahren.

Bei der Analyse des ältesten hagiographischen Textes, der von Agostino Cavallucci von Foligno im Jahr 1610 verfaßt wurde und vermutlich dazu diente, den Nonnen ein Beispiel zu geben und Ritas Heiligsprechung zu fördern, läßt sich eine Einteilung in fünfzehn Episoden vornehmen. Die ersten fünf befassen sich mit dem Leben Ritas vor ihrem Eintritt ins Kloster und betreffen ihre wundersame Geburt, das Bienenwunder, ihre beispielhafte Kindheit und ungewollte Ehe, ihr unglückliches Eheleben mit einem gewalttätigen Mann und zwei Söhnen, den Tod des Ehemannes und der Söhne. Drei weitere Episoden bilden eine Überleitung vom ersten zum letzten Lebensabschnitt: die Ablehnung ihrer Aufnahme ins Kloster, der wunderbare Eintritt in das Kloster und die Profeß.

Der letzte Teil betrifft die Reise nach Rom samt der Episode mit dem verdorrten Baum (Gehorsam), das Stigma der Dornenwunde zu San Giacomo della Marca (Anbetung), das Rosenwunder, das Feigenwunder und ihren heiligmäßigen Tod. Insgesamt handelt es sich um ein Werk, das eine Kombination aus Elementen lokaler mündlicher Überlieferung, ikonographischer Tradition (der bemalte Schrein, der im Jahr 1457 ihren Leichnam aufnimmt, und ein Gemälde, auf dem ebenfalls im Jahr ihres Todes auf sechs Feldern Episoden aus ihrem Leben dargestellt sind) und hagiographischen Gemeinplätzen darstellt. Der Verfasser verknüpft die verschiedenen Elemente willkürlich miteinander und zeichnet das Bild Ritas so, wie es den Vorstellungen der Zeit am besten entspricht. Der Hauptakzent verlagert sich zunehmend auf die Geschichte Ritas als „unglücklich verheiratete Frau", und ihre Heiligsprechung im Jahr 1900 erfolgt eindeutig in der Absicht, sie als eine Frau darzustellen, die ihre ehelichen Pflichten mit heroischer Treue erfüllt hat.

Auch A. Trapè hat in seiner Deutung der Botschaft Ritas auf den Mangel an dokumentarischen Quellen hingewiesen. Es sind jedoch immerhin genug, um das Leben und die Gestalt der Heiligen nicht nur für eine Legende halten zu müssen. Laut Trapè sind der bemalte Schrein und vor allem dessen in Versen gehaltene Inschrift, das Gemälde, auf das wir bereits hingewiesen haben, und die sehr kurze notarielle Biographie aus dem Jahr 1457 Elemente, die dafür sprechen, daß Rita wirklich gelebt hat. Gemeinsam mit dem *Codex miraculorum*, in dem vom Jahr 1457 an ihre Wunder verzeichnet sind, diente dieses Material als dokumentarischer Beweis in den Akten des Seligsprechungsprozesses aus dem Jahr 1626, die uns heute als Nachdruck zugänglich sind.

Nach der Überlieferung wird die „heilige Rita" in Roccaporena, nicht weit von Cascia, um das Jahr 1381 als heißersehnte Tochter nicht mehr ganz junger Eltern geboren. Die Legende schmückt bereits ihre Wiege mit frommen Einzelheiten aus: Ein Schwarm Bienen umkreist das Kind, ohne ihm etwas anzutun. Es ist eigentlich unnötig zu erwähnen, daß sowohl das fortgeschrittene Alter ihrer Eltern als auch die Episode mit den Bienen dem Bereich der Hagiographie angehören. Speziell die Bienen sind üblicherweise ein Zeichen für Redegewandtheit – wir finden ihre Darstellung zum Beispiel auch um den Mund des kleinen Ambrosius. Wahrscheinlich – die Episode ist auf dem Gemälde dargestellt – handelt es sich um ein Wunder Ritas, das wegen des schlechten Zustandes der Malerei falsch interpretiert worden ist.

Ihre gottesfürchtigen Eltern erziehen Rita zur Einhaltung der religiösen Pflichten und unterstützen ihre große Frömmigkeit. Warum geben sie dann ihre Tochter einem wohl kaum empfehlenswerten und gewalttätigen Menschen zur Frau? Sind sie vielleicht dazu gezwungen? Gewohnt, zu gehorchen und jeden ihrer eigenen Wünsche dem Willen der Eltern unterzuordnen, akzeptiert Rita den ihr zugedachten Bräutigam, und damit beginnt für sie ein schrecklicher Leidensweg. Dennoch beklagt sie sich nie. Sie unterwirft sich ihm so sehr, daß sie ihn sogar um Erlaubnis bittet, wenn sie in die Kirche gehen möchte. Ihr Ehemann ist notorisch streitsüchtig und in seinen Wutausbrüchen völlig unberechenbar. Doch im Gegensatz zu Rita lassen sich die Dorfbewohner von ihm nichts gefallen. Vermutlich ist die Familie ihres Gatten in einen Strudel von Gewalt hineingezogen, in den – auch das ist durchaus üblich – gegnerische Familien oft über Generationen hinweg verstrickt sind. Kurz gesagt, eine Fehde, bei der Gewalt mit Gewalt beantwortet wird und die eine unendliche Kette von Leid und Tod nach sich zieht.

Besänftigt das Zusammenleben mit einer so fügsamen Frau nicht sogar einen Mann solchen Zuschnitts? Dafür scheint der von den Nonnen des Klosters S. Maria Maddalena für den Seligsprechungsprozeß verfaßte Lebenslauf Ritas zu sprechen. Darin wird betont, daß sie „mit ihrer Liebenswürdigkeit den Gatten zur Einsicht brachte und achtzehn Jahre lang in gutem und von allen bewundertem Einvernehmen mit ihm lebte“. Doch trotz dieser Sinnesänderung gelingt es ihm nicht, die Kette der Gewalt zu durchbrechen, in die er aus eigener Schuld geraten war. Und so „endete er auf schreckliche Weise durch einen gewaltsamen Tod“.

Vor dem Leichnam betet Rita zu Gott, er möge den Mördern ihres Mannes vergeben.

> Doch da sie befürchtete, daß ihre beiden Söhne, die noch Kinder waren, einst bittere Rache für den Tod des Vaters nehmen könnten, bemühte sie sich mit bewundernswerter Liebe, sie zu besänftigen und nicht nur zum Vergessen, sondern auch zur Vergebung des Verbrechens zu bewegen. Als sie jedoch bemerkte, daß sie nicht auf ihre mütterlichen Warnungen hören wollten, erschrak sie über die bevorstehende Beleidigung Gottes. Mit der unglaublichen Kraft ihrer Liebe und Leidenschaft flehte sie Gott in heißen Gebeten an, sich zu erbarmen und ihre Söhne zu sich zu nehmen, noch bevor die Zeit kam, da sie den Tod ihres Vaters rächen mußten.

Und Gott erhört sie: Die beiden Knaben sterben bereits ein Jahr nach ihrem Vater. Rita ist jetzt allein. Ihre Eltern, der Gatte, die Söhne – alle sind sie tot. Sie ist niemandem mehr verpflichtet. In ihrem Herzen erwacht der einstige Wunsch, in ein Kloster einzutreten. Sie macht sich auf den Weg nach Cascia und ersucht um Aufnahme bei den Augustinerinnen von S. Maria Maddalena. Doch an diesem „heiligen“ Ort gibt es keinen Platz für eine Frau, die verheiratet war. Zweimal erhält Rita eine Absage. Doch sie hat Verbündete. Es sind die von ihr verehrten und angebeteten Schutzheiligen – der heilige Johannes der Täufer, der heilige Augustinus und der heilige Nikolaus von Tolentino –, die sie zu nächtlicher Stunde auf wunderbare Weise in das Kloster führen sollten. Diese Episode wird von der Inschrift auf dem Gemälde bestätigt, das sie an der Schwelle des Klosters zeigt, während hinter ihr, unter einem Baum, Johannes, Augustinus und Nikolaus von Tolentino stehen. Die nicht mehr lesbare Inschrift berichtete jedoch nicht von einem wundersamen Sprung über die Mauern oder durch das versperrte Tor, sondern von einer Vision, die für ihren Entschluß entscheidend war. Es gibt auch keinen Hinweis über den Zeitpunkt oder die Schwierigkeiten, die sich ihr in den Weg stellten. Ist es die junge Rita, die Nonne werden möchte, oder ist es die Witwe? Sicher ist nur die Absicht, Rita mit der augustinischen Spiritualität in Verbindung zu bringen. Was die Schwierigkeiten betrifft, die sich ihr entgegengestellt haben sollen, so stehen sie wohl nicht so sehr im Zusammenhang mit ihrer „Witwenschaft" als vielmehr mit den blutigen Ereignissen, in die sie verwickelt war, mit der Furcht vor einer Rache oder davor, daß sich die schrecklichen Leiden, die ihr Leben geprägt hatten, nachteilig auf die Ruhe des Klosters auswirken könnten. Der hagiographische Text schließt sich natürlich der These des Wunders an. Demnach fordert Johannes der Täufer sie auf, ihm zu einer Felsschlucht zu folgen, die im Volksmund „Schioppo di Roccaporena" genannt wird, und während er die Schönheit des geistlichen Lebens mit der metaphorischen und realen Schönheit der Schlucht vergleicht, die sich vor ihr auftut, tröstet er sie gemeinsam mit dem heiligen Augustinus und dem heiligen Nikolaus von Tolentino, und die drei bringen sie auf wunderbare Weise in das Innere des Klosters, ohne daß sie selbst begreift, wie das geschieht. Im Kloster wird sie am nächsten Morgen von den Nonnen entdeckt. Rita kann nun nicht mehr länger abgewiesen werden. Sie bleibt bei den Augustinerinnen und wird, obwohl sie Analphabetin ist, unter die Chorfrauen aufgenommen, wo sie statt der Psalmen fromme Gebete rezitiert. Ein Teil des Gemäldes zeigt den Beginn ihres geistlichen Lebens, genauer gesagt ihre Einkleidung. Die Inschrift lautet: „Sie nahm das Gewand der heiligen Monika" und „wurde von den anderen aufgenommen". Wieder sieht man den heiligen Augustinus und den heiligen Nikolaus von Tolentino. Doch von ihrer Profeß ist keine Spur erhalten geblieben: Jener Teil des Archivs, der dem Kloster erhalten geblieben ist, beginnt erst mit dem Jahr 1463.

Das Klosterleben Ritas ist beispielhaft. Der Notar Domenico Angeli aus Cascia schreibt darüber am 25. Mai 1457 in einem kurzen Bericht:

> Eine hochgeehrte Ordensschwester, die ehrenwerte Frau Rita, die vierzig Jahre lang als Nonne im Kloster der obengenannten Kirche von S. Maria Maddalena mit ihrer Nächstenliebe Gott diente, ging am Ende den Weg aller Sterblichen. Gott, dessen Dienerin sie während dieser Zeit war, wollte den Gläubigen das Vorbild ihres Lebens zeigen, damit auch andere gläubige Christen wie sie mit Fasten und Gebeten Gott dienten. Und mit seiner Macht vollbrachte er durch die selige Rita auf wunderbare Weise viele Zeichen und Wunder.

Nach dem hagiographischen Text ist Rita vom Leiden des Herrn tief bewegt und wünscht sich nichts sehnlicher, als seine Schmerzen zu teilen. An einem Karfreitag, als sie gerade andächtig den frommen Worten von Jacobus de Marchia lauscht, erfüllt sich ihr Wunsch auf wunderbare Weise. Ein Dorn, der sich aus der Krone des Gekreuzigten löste, bohrte sich so tief in ihre Stirn, daß sie dieses Wundmal bis zu ihrem Tod behielt, wie man es auch an ihrem heiligen Leichnam sehen kann.

Diese Worte der Schwestern haben sich bei der Exhumierung ihrer Leiche bestätigt. Nach der Überlieferung trägt sie dieses Wundmal nicht nur über ihren Tod hinaus, es zwingt sie vielmehr, da es eitert und übel riecht, zu einem Leben in völliger Abgeschiedenheit. Auch diese Episode ist auf dem Gemälde festgehalten. Doch bereits zur Zeit des Seligsprechungsprozesses war es unmöglich, die dazugehörende Inschrift zu entziffern. Christus ist mit gefalteten Händen und einer Krone auf dem Haupt dargestellt – es ist die Ikonographie des *nynphios*, die Christus als „Bräutigam“ der Kirche zeigt, der sich schmerzerfüllt aus dem Sarkophag erhebt, in dem sich seine Hochzeit vollzogen hat. Die Teilnahme Ritas an seinem Mysterium wird durch die blutende Stelle auf ihrer Stirn ausgedrückt und symbolisiert so ihre Vermählung. Wie man den Versen auf dem bemalten Schrein entnehmen kann, trägt Rita fünfzehn Jahre lang das Zeichen ihrer Teilnahme am Leiden Christi auf ihrer Stirn.

Zweifellos handelt es sich dabei ebenso wie auch bei der Episode ihrer Reise nach Rom, um dort den Jubelablaß (welchen?) zu erhalten, um die Darstellung eines Ideals weiblicher Heiligkeit, das im 14. und 15. Jahrhundert besonders große Verbreitung findet. Doch im Unterschied zu anderen Heiligen, wie beispielsweise Katharina von Siena, sind weder die Stigmata noch die Reise nach Rom mit einer aktiven Beteiligung am öffentlichen und kirchlichen Leben verbunden. Rita wird auch nicht als Beispiel der Gelehrsamkeit dargestellt. Einzig A. Trapè interpretiert das Buch, das auf der Darstellung der Episode mit dem Dorn zu sehen ist, als einen Hinweis darauf, daß sie des Lesens kundig war: Rita ist vielleicht gar nicht die Analphabetin gewesen, als die sie die Tradition so gerne sehen möchte.

Ein einziges Mal betet Rita, Gott möge sie von den unangenehmen Begleiterscheinungen ihres Wundmals befreien: Als sie ihre Mitschwestern auf der Pilgerreise nach Rom begleiten möchte, wünscht sie sich, mit den anderen beisammensein zu können, ohne deren Ekel zu erregen. Doch selbst bei dieser Gelegenheit verschwindet der Schmerz nicht, den der Dorn in ihrem Fleisch verursacht.

Leiden, Fasten, Mühsal. Bis zu ihrem Tod – die letzten vier Jahre verbringt sie an das Bett gefesselt – ist das Leben Ritas ein wahrer Kreuzweg. Sie stirbt am 22. Mai 1457, und wie durch ein Wunder beginnt die Klosterglocke zu läuten und verkündet der Gemeinschaft ihre Heimkehr zu Gott.

Es ist eigentlich unnötig, all die Wunder zu erwähnen, die sich an ihrem Grab ereignen, das auch heute noch Ziel frommer und andächtiger Pilger ist. Rita ist in der Vorstellung der Gläubigen sehr lebendig geblieben; bis heute versammeln sich am 22. Mai Frauen um ihr Bild in den Kirchen, um dort Rosen weihen zu lassen. Damit gedenken sie am Todestag der Heiligen jenes Wunders, durch das im letzten Winter ihres Lebens die Rosen blühten (und die Feigen reif wurden), um ihr einen Wunsch zu erfüllen. Paradoxerweise soll durch die Blütenpracht, durch den Duft und die Farbe der Rosen, die gerade im Mai am schönsten blühen, im Volksglauben der Dorn, den Rita durch den Gekreuzigten empfangen hat, mit jeder Frau, die zu ihr betet und sie um ihre Fürsprache bittet, für immer zum Verschwinden gebracht werden.

In diesem Sinne möchten wir von Rita Abschied nehmen und zumindest hier ihre Gestalt nicht weiter in Frage stellen oder entmythologisieren. Es ist anzunehmen, daß die beiden Abschnitte ihres Lebens, vor und nach dem Eintritt ins Kloster, von ihrem ersten Biographen nicht ohne Schwierigkeiten miteinander verknüpft worden sind. Es gibt zweifellos eine Kluft zwischen ihrem weltlichen und ihrem klösterlichen Leben, die durch den phantasievollen „Flug", der sie schließlich ins Kloster führt, überbrückt werden soll – falls Rita wirklich eine augustinische Nonne gewesen sein sollte. Jedenfalls stellt ihr „Mythos", wenn man ihn als solchen bezeichnen will, sie uns als eine Frau dar, deren innere Werte ihre Verehrung bis heute rechtfertigen: ihr heldenhafter Entschluß zur Verzeihung, die ebenso heldenhafte Anerkennung der Werte des Friedens, der Demut und des Dienens in Liebe; ihre völlige Übereinstimmung mit dem Mysterium des leidenden und gekreuzigten Christus.

Das Netz der kirchlichen Dienste

Es ist schwierig, den kirchlichen Dienst einer Hildegard von Bingen von dem einer Katharina von Siena zu unterscheiden. Beide besitzen prophetisches Charisma. Beide sind bedeutende Mystikerinnen. Gemeinsam mit Birgitta von Schweden und vielen anderen Frauen sind sie die Hauptvertreterinnen einer Richtung, die wir als „weibliche Theologie des Mittelalters" bezeichnen könnten. Wir wollen jedoch den Dienst der beiden in ihrer jeweils eigenen und besonderen Bedeutung darstellen. So personifiziert Hildegard die gebildete Nonne, die „Lehrerin" im Sinne jener *magistri*, die zu ihrer Zeit die entstehenden Universitäten bevölkern. Zwei Jahrhunderte später wird Katharina zu einer bedeutenden Prophetin, die sich auf einzigartige Weise der Sache der Kirche und der *civitas* annimmt und damit einem für das Mittelalter typischen Modell entspricht. Auch Jeanne d'Arc ist eine Prophetin. Ihre Mission ist jedoch weltlicher als die Katharinas. Während die eine von Italien nach Avignon aufbricht und zum kritischen Gewissen für ein Papsttum und ein Italien wird, die sich beide in einer Krise befinden, greift die andere zu den Waffen, um für die Legitimität eines Königs und einer Nation zu kämpfen.

Bei näherer Betrachtung – und es verwundert nicht, daß auch Katharina entprechende theoretische Überlegungen anstellt – verstehen praktisch alle Frauen des Mittelalters das Netz ihrer Dienste als Diakonie am Wort. Königtum, Priestertum und Prophetentum nehmen durch die verschiedenen Wertigkeiten des Wortes in Form von Unterweisung, kritischer Mahnung oder autoritätsbewußter Führung konkrete Gestalt an und entkräften das Vorurteil, daß die Frau schwach sei. Hildegard, Katharina und Jeanne d'Arc beweisen es.

Eine Frau und „Lehrerin“: Hildegard von Bingen (1098 – 1179)

Als Mystikerin, Prophetin und Seherin, ganz eingebunden in die feudale Kultur und das entsprechende Gedankengut ihrer Zeit, zählt die „Sybille vom Rhein“ zu den außergewöhnlichsten Frauen aller Zeiten. Sie wurde 1098 zu Bermersheim in Rheinhessen als Tochter einer kinderreichen Adelsfamilie geboren.

> ... Obwohl ihre Eltern ... reich waren und weltliche Aufgaben zu erfüllen hatten, fehlte es ihnen nicht an Dankbarkeit für die Gaben des Schöpfers, und sie bestimmten ihre Tochter dazu, Gott zu dienen, weil ihre Keuschheit bereits von frühester Kindheit an bewiesen hatte, daß weltliche Dinge ihr nichts bedeuteten.

Mit etwa acht Jahren wurde sie Jutta von Sponheim anvertraut, einer jungen Adeligen, die es abgelehnt hatte, zu heiraten, und ein zurückgezogenes Leben führte. Ihr Vater, Graf Stephan, hatte für sie in der Nähe des Klosters Disibodenberg eine Zelle errichten lassen, die sich wahrscheinlich unmittelbar neben der Kirche befand, damit sie die Meßfeier der Mönche verfolgen konnte. Das Kloster, dessen Name auf den gleichnamigen Bischof aus Irland zurückgeht, der im 7. Jahrhundert gelebt hatte, gehörte zur Diözese Mainz. Hildegard, die dort mit Jutta zurückgezogen lebte, erwarb durch sie die Grundkenntnisse des Lesens und Schreibens, der Musik, des Gesangs sowie der Liturgie und der Klosterregel. Sie selbst jedoch führte ihr Wissen, das sich von ihren erlernten Kenntnissen deutlich unterschied, auf eine Erleuchtung durch die Göttliche Weisheit zurück. Als alte Frau berichtet sie Gilbert von Gembloux, der später ihr dritter und letzter Sekretär wurde, in einem Brief, daß sie stets von einem inneren Licht erleuchtet worden sei, vom „Abglanz des lebendigen Lichtes“, wie sie selbst es nennt:

> Von Kindheit an, als meine Knochen, Nerven und Adern noch nicht geschwächt waren, bis heute, da ich über siebzig Jahre alt bin, trage ich diese Vision in mir: Durch den Willen Gottes steigt meine Seele bis zu den Höhen des Firmaments empor, breitet sich in der Atmosphäre aus und gelangt zu verschiedenen Völkern, obwohl sie getrennt von mir in weit entfernten Gebieten und Ländern leben.
> Ich sehe die Dinge in ihrer Veränderlichkeit, die auch die Wolken und die übrige Schöpfung kennzeichnet. Ich höre sie nicht mit meinen leiblichen Ohren und nehme sie nicht auf den verborgenen Wegen meines Herzens oder mit Hilfe meiner fünf Sinne wahr; ich sehe sie nur in meiner Seele ...

Das Licht, das ich sehe, ist an keinen Raum gebunden. Es ist viel heller als eine Wolke, die von der Sonne durchstrahlt wird. Ich kann seine Höhe, Länge und Breite nicht ermessen; ich nenne es „Abglanz des lebendigen Lichtes". So wie die Sonne, der Mond und die Sterne sich im Wasser spiegeln, erscheinen mir in ihm Schriften, Worte, Tugenden und menschliche Taten. Alles, was ich in dieser Vision sehe und begreife, bleibt lange Zeit in meiner Erinnerung bewahrt, denn jede Sache, die ich sehe und höre, prägt sich tief in mein Gedächtnis ein ...

An einer anderen Stelle, im Vorwort des *Liber Scivias*, schreibt sie, daß sie bereits seit ihrem fünften Lebensjahr „die Macht der Mysterien, der geheimen und wunderbaren Visionen" erlebte. So speicherte sie nach und nach auf diese außergewöhnliche Weise alle nur möglichen Kenntnisse der Theologie, Medizin, Musik und vieles andere mehr. Diese geheimnisvolle Erfahrung des Lernens durch Offenbarung war von solchem Unwohlsein und solchen Schmerzen begleitet, daß es ihr schien, als müßte sie jeden Augenblick sterben.

Aller Wahrscheinlichkeit nach hat sie sich mit etwa fünfzehn Jahren endgültig für das Kloster entschieden. Sie erhielt den Schleier von Bischof Otto von Bamberg in Vertretung des Bischofs Adalbert von Mainz. Im Lauf der Jahre hatten sich ihr weitere Frauen angeschlossen, so daß ihre Zelle praktisch unbewohnbar geworden sein mußte. Im Jahr 1136, als Jutta starb, sah sie sich selbst vor die Aufgabe gestellt, diese kleine Gemeinschaft zu leiten. Ihre Biographen berichten nichts Besonderes über diese Jahre. Sie war oft ans Bett gefesselt, geschwächt von mysteriösen Krankheiten, die ihre Visionen begleiteten. Schließlich vertraute sie sich eines Tages Volkmar an, einem Mönch von Disibodenberg, der auch ihr Lehrer war. Dieser berichtete dem Abt Kuno davon. Nachdem der Abt seine erfahrensten Mönche um ihre Meinung gebeten und Hildegard selbst zu ihren Visionen befragt hatte, riet er ihr, alles niederzuschreiben, was Gott ihr eingab. Und siehe da, kaum hatte sie damit begonnen, besserte sich ihr Zustand, ein klares Zeichen, daß diese Phänomene von Gott stammten.

Wer immer sich auch nur oberflächlich mit Hildegard befaßt, muß sich eingestehen, daß es sich bei ihr um eine Frau mit außergewöhnlichen Kräften handelt: Sehergabe, Blick in die Zukunft, Heilkraft und Unterscheidungsgabe, lauter Fähigkeiten und Kräfte, die wir heute als übernatürlich bezeichnen würden. Es ist nicht schwer zu verstehen, daß diese Fähigkeiten sie verwirrten und verzehrten und es ihr unmöglich machten, ein normales Leben zu führen. Seit sie ein kleines Mädchen war, bemühte sie sich, diese Kräfte zu beherrschen und zu verbergen; vermutlich steht ihr ganzes Leben bis zur Wende durch den *Liber Scivias* im Zeichen der Bemühung, etwas zu unterdrücken und zu verbergen, das sie selbst nicht versteht. Auch Jutta kann für sie keine große Hilfe gewesen sein, wenn es stimmt, daß Hildegard erst nach deren Tod nach außen in Erscheinung tritt. Jetzt kann sie ihre innere Erfahrung rationalisieren, sie im Rahmen der prophetischen Tradition bestätigt finden und in aller Konsequenz das Recht einfordern, sie im Auftrag Gottes einzusetzen.

Ihr Prophetenamt konkretisiert sich für Hildegard mit der Möglichkeit, ihre Visionen niederzuschreiben, und damit überwindet sie zwei beträchtliche Hindernisse: eine Frau zu sein und eine Frau ohne Bildung zu sein. Es ist für eine Frau auch als Nonne nicht einfach, zum Schrifttum Zutritt zu erhalten, und es ist umso schwieriger, wenn es sich um eine zumindest im landläufigen Sinn ungebildete Frau handelt. Nur in Verkleidung – es gibt diesbezüglich eine ganze Anekdotensammlung – soll es ihr möglich gewesen sein, Schulen im eigentlichen und akademischen Sinn zu besuchen. Durch den von ihr verfolgten Weg und ihre direkte Verbindung zu Gott gelingt es ihr, sowohl durch ihr Amt als auch durch ihr Wissen das objektive Hindernis ihres Geschlechts und auch den Mangel, ungebildet zu sein, zu überwinden.

Die Selbsterkenntnis Hildegards erfolgt langsam und mühevoll, ist alles andere als leicht und problemlos. Als schließlich ihre Ängste überwunden sind, hat sie sich das Recht erworben, ihre Gabe auch einzusetzen:

> Im Alter von dreiundvierzig Jahren hatte ich eine himmlische Vision, die mich mit Angst und Schrecken erfüllte. Aus dem strahlenden Glanz, den ich sah, sprach eine Stimme vom Himmel zu mir: „Du schwaches menschliches Wesen, ... schreibe, was du siehst und hörst ..."
> Es geschah im Jahre 1141 nach der Menschwerdung Jesu Christi ... ein blendendes Licht kam vom Himmel, der sich geöffnet hatte, und durchdrang meinen Geist, und wie eine Flamme, die nicht brennt, sondern wärmt, entzündete es mein Herz und meine Seele ...

Sie schreibt im *Liber Scivias*, daß sie von diesem Augenblick an die Heilige Schrift interpretieren konnte, obwohl sie weder die Sprache noch die Texte ausreichend kannte.

Die Zeiten, in denen Hildegard lebt, sind ganz besonders komplex. Als Äbtissin mußte sie die schwierige Entscheidung treffen, auf welche Seite sie sich in dem trotz des Wormser Konkordats weiter schwelenden Konflikt zwischen Papsttum und Kaiserreich stellen sollte. Die deutschen Bischöfe nahmen für den Kaiser Partei, zunächst gegen Papst Hadrian IV. und später gegen Alexander III. In diesen Auseinandersetzungen ergriff Hildegard mehrmals das Wort, und aufgrund ihrer Autorität tadelte sie Bischöfe, Fürsten und selbst den Kaiser. Nicht weniger eindringlich wandte sie sich an den Papst selbst und erinnerte ihn an seine Pflicht, der Gerechtigkeit zu dienen. Einer der dreihundert erhalten gebliebenen Briefe Hildegards, unter denen sich solche an den Kaiser, den Papst, an Bischöfe und mächtige Fürsten befinden, ist an Bernhard von Clairvaux gerichtet. Von diesem bis zur Intoleranz leidenschaftlichen Mönch, der ein erbitterter Gegner Abaelards war, hat Jean Leclercq die Betrachtung über die Frau und die Beziehungen zu seinen vielen Gesprächspartnerinnen rekonstruiert. Als Hildegard an ihn schreibt, ist sie bereits eine bekannte Frau, die mit Unterstützung des getreuen Volkmar begonnen hat, im *Liber Scivias* – wahrscheinlich eine Kurzform von *Sci(to) vias Domini* = „Erkenne die Wege des Herrn“ – ihre Visionen niederzuschreiben. Bernhard reist zu dieser Zeit gerade durch das Rheinland. Er hat weder Zeit noch Lust, sich mit dieser gelehrten Frau zu befassen, die im Volk bereits als Prophetin gilt. Dennoch schreibt Hildegard ihm in lobenden, ja bewundernden Worten von einer Vision, die ihr seine Aufgabe deutlich gezeigt habe, und bittet ihn gleichzeitig, für sie zu beten. Der Brief zeigt, daß sie sich ihrer Gaben bewußt ist; dennoch braucht sie jemanden, der sie versteht und ihre Erkenntnis bestätigt. In den nüchternen zwölf Antwortzeilen, die distanziert und höflich gehalten sind, äußert sich Bernhard zwar zurückhaltend, bestätigt aber im Grunde die Gabe, die Hildegard geschenkt worden ist:

> Nachdem Du die innere Erkenntnis besitzt und der Heilige Geist Dich belehrt, wie kann ich Dir da einen Rat erteilen?

Wir halten diese Ansicht für bemerkenswert, weil sie im Verlauf der Synode von Trier im Jahr 1148, an der Bernhard teilnimmt und die im Beisein von Papst Eugen III. stattfindet, nicht ohne Bedeutung ist. Erweckt das mystische Schaffen der Nonne Verblüffung und Neugier? Vielleicht. Tatsächlich wird eine Kommission eingesetzt, die ihre Lehre überprüfen soll. Diejenigen, die sie aufsuchen und befragen, sind von der Bescheidenheit und Weisheit Hildegards beeindruckt. Der Papst erhält den bereits geschriebenen Teil des *Liber Scivias* und liest ihn im Dom in Gegenwart des Erzbischofs und der Kardinäle vor. Auf das Gutachten Bernhards gestützt, approbiert Eugen III. nicht nur den Text, den er hinsichtlich der Lehre als irrtumsfrei bezeichnet, sondern fordert die Nonne auch auf, weiterhin alles niederzuschreiben, was der Heilige Geist ihr mitteilt. Leclercq stellt fest, daß von diesem Augenblick an der Briefwechsel Hildegards mit den Mächtigen der Erde sich intensiviert und immer mehr Menschen, ob mächtig oder nicht, an das Tor des Klosters klopfen, um sie zu konsultieren.

Hildegard benötigt zehn Jahre für die Fertigstellung des *Liber Scivias*. Daß sie so lange braucht, liegt sicher an der Komplexität des Werkes, aber auch ihre Aufgaben als Äbtissin spielen dabei eine Rolle. Immer mehr junge Mädchen kommen, um sich der Gemeinschaft anzuschließen, und trotz ständiger Erweiterungsbauten ist die Unterbringung der Frauen nicht die beste. Da sie sich vermutlich der Notwendigkeit größerer Autonomie bewußt ist, beschließt sie im Jahr 1150, das Kloster nach Rupertsberg zu verlegen, einem unwirtlichen und verlassenen Ort in der Nähe von Bingen. Die Mönche von Disibodenberg setzen sich dagegen nicht nur wegen des damit verbundenen Prestigeverlustes, sondern auch aus wirtschaftlichen Gründen zur Wehr: Sie würden ja die Mitgift der Nonnen nicht mehr verwalten und auch nicht mehr von den Spenden profitieren können, die der immer öfter besuchten und verehrten Hildegard reichlich zuflossen. Sie jedoch reagiert nicht ohne weibliche Schlauheit auf diese Schwierigkeiten, indem sie sich ins Bett legt und dort unbeweglich liegen bleibt. Der

Abt überzeugt sich von ihrer absoluten körperlichen Bewegungsunfähigkeit und sieht ein, daß sie dem Willen Gottes gehorchen und das Kloster verlegen muß.

Die Trennung verläuft nicht ungetrübt. Lange bleibt der Rechtsstreit über die Mitgift der Nonnen ungeklärt, und nach dessen Ende wird dem Mutterkloster das Privileg eingeräumt, die geistliche Betreuung der Nonnen zu übernehmen, wobei allerdings die Entscheidung über die Person des Spirituals in Rupertsberg erfolgt.

In diesen Jahren, in denen sie von den komplizierten administrativen Problemen voll in Anspruch genommen wird, widmet sich Hildegard kleineren literarischen Arbeiten wie Hymnen und Sequenzen, die sie selbst vertont, medizinwissenschaftlichen Werken wie der *Physica*, einem naturgeschichtlichen Traktat sowie den *Causae et curae*, einer medizinischen Abhandlung. Man mag sich zunächst über das Naheverhältnis Hildegards zu dieser Disziplin wundern; doch tatsächlich wurde die Medizin in allen mittelalterlichen Klöstern praktiziert. Hildegard ist zum Beispiel eine Kräuterexpertin, aber auch auf dem Gebiet der menschlichen Physiologie zeigt sie eine fachliche Kompetenz, die nur von der praktischen Ausübung medizinischer Tätigkeit stammen kann und einer Tradition entspricht, wonach den Klöstern seit jeher neben der Behandlung der Seele auch die des Körpers übertragen war. Charakteristisch für den zwischen 1158 und 1163 geschriebenen *Liber vitae meritorum* ist dessen ethische Perspektive. Mit größerer Reife als im *Liber Scivias* verknüpft sie hier eindrucksvoll theologische, mystische und allegorische Elemente.

Die Faszination und der Ruhm Hildegards sind inzwischen auch in weltlichen Kreisen so verbreitet, daß selbst der Kaiser sich für sie interessiert. Die Beziehung zwischen Hildegard und Friedrich Barbarossa ist nicht ganz einfach. Ihren herzlichen Glückwünschen zu seiner Wahl folgen später immer schärfere Töne. Doch er gibt seine papstfeindliche Haltung deshalb nicht auf, sondern unterstützt im Gegenteil einen Gegenpapst nach dem anderen.

In den Jahren 1158 bis 1161 verläßt Hildegard mehrmals ihr Kloster, um zu predigen. Zuweilen wendet sie sich an die zu Kapiteln versammelten Mönche und Nonnen, dann wieder predigt sie öffentlich, wie zum Beispiel 1160 im Dom zu Trier. Im Jahr 1163 soll sie außer Köln noch verschiedene andere deutsche Städte besucht haben und sogar bis nach Lüttich gelangt sein. Wahrscheinlich reiste sie auf dem Wasserweg, doch sie muß auch Strecken zu Lande zurückgelegt haben, ein zu dieser Zeit äußerst mühsames Unterfangen, besonders für eine bereits fünfundsechzigjährige Nonne. Die stets wiederkehrenden großen Anliegen ihrer öffentlichen und privaten Predigten sind die Klosterreform und die Reform der Kirche. Trotz ihres fortgeschrittenen Alters und ihrer angegriffenen Gesundheit besucht sie 1170 eine große Zahl von Klöstern in Schwaben und predigt in den Domkirchen und Kathedralen der Region.

Im Jahr 1163 wendet sich Hildegard ihrem dritten theologischen Werk zu, dem *Liber divinorum operum*. Hier greift sie teilweise Themen auf, die sie bereits in ihren früheren theologischen und auch in den wissenschaftlichen Werken behandelt hat. Innerhalb des Rahmens der zeitgenössischen Kultur möchte Hildegard die perfekte Übereinstimmung zwischen Göttlichem und Menschlichem aufzeigen. Sie bedient sich dabei natürlich der Theologie, bezieht aber auch die Kosmologie, die Anthropologie und die Physiologie mit ein. Sie vollendet das komplexe und schwierige Werk erst im Jahr 1174.

In diesen Jahren hat sie ihrem Kloster noch ein zweites hinzugefügt, das Kloster Eibingen, das sie vor den Toren Bingens, am anderen Flußufer, gründet. Vermutlich kann Rupertsberg nicht mehr alle Nonnen unterbringen, die dort um Aufnahme bitten. Zu diesem neugegründeten Kloster unterhält Hildegard engste Beziehungen: Zweimal die Woche überquert sie in einem Boot den Rhein, um es zu besuchen.

Ebenfalls in dieser Zeit verfaßt sie einige kleinere Werke, etwa über das Leben des heiligen Disibod, wozu ihr die Mönche des gleichnamigen Klosters den Auftrag erteilen, weiters über das Leben des heiligen Rupert oder ihren Kommentar zur benediktinischen Ordensregel. Im Jahr 1174 stirbt ihr über alles geliebter Volkmar, der Spiritual des Klosters Rupertsberg, vor allem aber Freund, Mitarbeiter und Sekretär Hildegards. Es ist deutlich zu erkennen, daß im Unterschied zum Tod Juttas der Verlust Volkmars sie zutiefst trifft. Ihre lange Vertrautheit, sein Wissen, das ihr gegenüber bewiesene Verständnis hatten sicher Einfluß auf die Art und die Innigkeit ihrer Beziehung.

Gemäß den Vereinbarungen sollte nun ein anderer Mönch das Amt des Spirituals für Rupertsberg übernehmen. In Disibodenberg leistete man aber gegen die Wahl der Nonnen Widerstand, und da appellierte sie direkt an Papst Alexander. Daraufhin wurde der Mönch Gottfried im Jahr 1175 vom Mutterkloster entsandt; ihm verdanken wir die *Vita* Hildegards, die er bei seinem Tod 1176 unvollendet hinterlassen hat.

Im letzten Jahr ihres Lebens steht Hildegard im Mittelpunkt eines unerfreulichen Vorfalls. In ihrem Kloster, das dieses Vorrecht genießt, hat man einen Adeligen begraben, über dessen Haupt die Strafe der Exkommunikation schwebt. Der Klerus von Mainz verlangt daher seine Exhumierung und die Entfernung seiner Leiche aus dem Friedhof. Die Äbtissin (die damit das mit der mythischen Gestalt der Antigone verbundene Vorbild weiblicher Barmherzigkeit wieder aufgreift) entgegnet, daß er mit der Kirche versöhnt gestorben sei, nachdem er die Sterbesakramente empfangen habe. Im Grunde wehrt sie sich gegen das Sakrileg, einen bereits bestatteten Leichnam der Entweihung auszusetzen, obwohl die Kirchenpolitik es so verlangt. Die Reaktion darauf ist die zur damaligen Zeit denkbar härteste – über das Kloster wird das Interdikt verhängt. Hildegard, die sich nicht geschlagen gibt, appelliert an den Erzbischof von Mainz, der zu dieser Zeit gerade in Rom beim 3. Laterankonzil weilt. Die von ihm angeregte Untersuchung führt zu einem für sie günstigen Urteil: Im Kloster läuten wieder die Glocken, und die Gottesdienste können wieder in aller Feierlichkeit abgehalten werden.

Die schwere Prüfung war in Anbetracht ihres hohen Alters vermutlich eine zu große Belastung für die bereits erschöpfte Hildegard. Sie verbringt ihre letzten Monate ans Bett gefesselt und stirbt am 17. September 1179 im Alter von über achtzig Jahren. Keine Chronik verrät uns ihre letzten Worte. Wir wissen nichts über ihren Abschied von den Mitschwestern. Und obwohl sie bereits umittelbar darauf als Heilige verehrt wird, können wir nicht sagen, ob sie es im kanonischen Sinne wirklich ist. Sicher ist sie jedoch eine Heilige nach der Überlieferung in den von ihr gegründeten Klöstern, und als solche wird sie auch in den benediktinischen Martyrologien und im *Martyrologium Romanum* geführt.

Wir haben bereits auf das ausgedehnte Schaffen Hildegards hingewiesen, dessen Inhalt von rein mystisch-theologischen bis hin zu philosophisch-wissenschaftlichen Themen reicht. Wir haben die drei Sammlungen ihrer Visionen erwähnt und die wichtigsten Bücher als Ergebnis ihrer wissenschaftlichen Arbeit. Daneben muß auch noch an ihr dichterisches Werk erinnert werden, das sie selbst *Symphonia armoniae coelestium revelationum* genannt hat. Dazu gehören auch ein vertontes Schauspiel, *Orto virtutum*, und die *Carmina*. Zu den kleineren Werken zählt *Lingua ignota*, ein Wörterbuch mit 900 Bezeichnungen von Kräutern und Pflanzen.

Zum Unterschied von anderen Mystikerinnen ihrer Zeit schreibt Hildegard ihre Visionen, wissenschaftlichen Werke, Gedichte und Briefe selbst und in lateinischer Sprache. Volkmar, von dem wir bereits berichtet haben, und auch die vielgeliebte Richarda von Stade, eine junge Nonne ihres Klosters, die später, nicht ohne Widerstand Hildegards, zur Äbtissin von Bissen gewählt wird und fast unmittelbar darauf stirbt, sind nicht nur ihre Sachwalter, sondern eher ihre Freunde oder Vertrauten, mit denen sie sich zu unterhalten pflegt.

Sie ist eine „Lehrerin“ im wahrsten Sinne des Wortes. Nur zweimal findet man in Dokumenten den Titel Äbtissin für sie, viel öfter wird sie *magistra, domina, praeposita* genannt, und als solche sehen ohne Zweifel auch wir sie an. Dennoch wäre es absurd, ihre Zerbrechlichkeit und ihre Leiden zu leugnen, jene Mischung aus Kraft und Schwäche, die sie quält, weil sie sich ihrer Sendung, aber auch ihrer menschlichen Grenzen bewußt ist.

Lassen wir daher Hildegard selbst sprechen, nicht in einem ihrer vom Feuer der Vision erleuchteten Werke, sondern mit jenen vollendeten Worten, mit denen sie – von Frau zu Frau – Elisabeth von Schönau antwortet, die wie sie eine Mystikerin und nur wenig jünger ist. Elisabeth hat einen ihrer schmerzlichen Briefe mit folgenden Worten beendet:

> Meine Mutter Oberin Hildegard, ich habe Euch alles erzählt ... damit Ihr um meine Unschuld wißt ... und es auch die anderen wissen lassen könnt. Ich bitte Euch flehentlich, schließt mich in Eure Gebete ein, und sobald der Geist des Herrn Euch erfüllt, schreibt mir einige Worte des Trostes ...

Hildegard antwortet ihr:

Ich, eine ganz geringe Frau, ein tönernes Gefäß, spreche nicht selbst, sondern durch das innere Licht zu Dir: Der Mensch ist ein Gefäß, das Gott zu seinem Wohlgefallen formte und mit seinem göttlichen Hauch erfüllte, um in ihm sein Werk zu vollenden ... Die Kräuter und die Bäume erschienen, und auch die Sonne, der Mond und die Sterne entstanden auf seinen Befehl, und auch die Wasser, die Fische und die Vögel ...
Nur der Mensch erkannte Gott nicht an. Da Gott es dem Menschen gestattete, große Weisheit zu erlangen, wurde er in seinem Herzen stolz und wandte sich von Gott ab ... die Schlange verführte ihn ... und erfüllte ihn mit Hochmut ... Viele sahen das mystische Licht Gottes, doch viele befleckten sich mit Sünden, bis die Zeit kam und mit ihr der Sohn Gottes in all seinem Glanz ... Und so, meine Tochter Elisabeth, ändert sich die Welt. Die Welt ist nun schwach, ihre Tugenden schwinden ... Deshalb ist es nötig, daß Gott einige Menschen erleuchtet, damit die Gaben, über die sie verfügen, nicht vergeudet werden. Höre gut zu, meine betrübte Tochter: Zuweilen führt die Schlange die Menschen, die von Gott erleuchtet worden sind, mit ihrem eitlen Streben in Versuchung. Doch diejenigen, die Gott dienen wollen, mögen immer daran denken, daß sie, wie alle Menschen, tönerne Gefäße sind; sie mögen beachten, was sie sind und was sie sein werden, und den Himmlischen die göttliche Weisheit überlassen, denn sie wissen nichts von den göttlichen Mysterien, sie sind nur fahrende Sänger des Glaubens. Die Flöte tönt nicht von selbst, es ist der Flötist, der sie zum Klingen bringt. Die Gütigen, die Armen, die Unglücklichen und die Sanften sollen die Rüstung des Glaubens anlegen, dessen Sänger sie sind, und sie sollen wie die Kinder werden. Meine Tochter, möge Gott Dir als Spiegel des Lebens dienen. Auch ich zweifle in meiner Kleinmütigkeit und Angst, doch manchmal gebe ich Töne von mir, bin wie eine kleine Flöte, die das lebendige Licht zum Klingen bringt. Möge Gott mir helfen, unerschütterlich meiner Sendung zu folgen.

Diese zerbrechliche Frau, innerlich zerrissen durch das Bewußtsein ihrer Grenzen und das Wissen um das lebendige Licht, das durch sie spricht, hat es sehr wohl verstanden, unerschütterlich ihrer Sendung zu folgen. Und so unbestritten ihre Bedeutung als Mystikerin ist, noch überzeugender ist sie in der Verfolgung eines geistigen Ideals, das wir als „theoretisch“ bezeichnen könnten, wenn wir den Begriff *theoria* als gedachte Wirklichkeit verstehen, die nur in den Augen des Geistes existiert. Für eine Frau des Mittelalters, eine Nonne, konnte die *theoria* nichts anderes als mystische Theologie sein. Der Genius Hildegards besteht darin, daß sie es verstanden hat, sich Gott in einer vollkommenen Hermeneutik zu nähern, die alles Erfaßbare und Geschaffene auf ihn zurückführt. Im Wissen als dem Sinnbild notwendiger Veränderung sah Hildegard die Möglichkeit, Einfluß auf die Welt zu nehmen, und dieses Wissen legitimierte sie dazu, den Menschen ihrer Zeit die göttlichen Wege der Erlösung zu erklären und aufzuzeigen. Die einzigen erlaubten Mittel, die Mission, zu der sie sich von Gott berufen fühlte, zu vollenden, waren für sie die Weissagung und die Vision.

Paradoxerweise zeigte Hildegard gerade in dem Moment, als die großen Schulen ihre kühnen und neuartigen *Summae* ausarbeiteten, durch die Sprache der Mystik und durch ihr Prophetentum, daß es auch eine andere Möglichkeit gibt, Wissen zu erlangen, ein erfahrenes, erprobtes und in der Kontemplation gereiftes Wissen als eine Ganzheitserfahrung der Weisheit.

Eine politische und kirchliche Prophetin: **Katharina von Siena (1347 – 1380)**

Es gibt ganz allgemein nur wenige Frauen, die politische Bedeutung erlangen. Es sind zumeist nicht persönliches Prestige, Heiligkeit oder Klugheit, die ihnen diese Autorität verleihen, sondern ihre Herkunft. Eine Mathilde von Canossa kann zur Vermittlerin zwischen Papst Gregor VII. und Kaiser Heinrich IV. werden, weil ihre feudalen Interessen dieselben sind und sie von Geburt an der Welt der Mächtigen angehört. Analog dazu beruht auch die Macht der Äbtissinnen, die sehr oft demselben sozio-politischen Milieu entstammen und demselben sozio-ökonomischen System angehören, eher auf ihrer Herkunft als auf ekklesiologischen Gründen. So gesehen ist Katharina kein Normalfall. Es handelt sich um eine Besonderheit, die bei ihr jedoch weniger ausgeprägt und – wie wir noch sehen werden – „normaler" ist als etwa bei Jeanne d'Arc, in deren Lebensgeschichte sich das phantastische und das charismatische Element noch eindringlicher und tragischer vermischen; ungewöhnlich ist das Leben Katharinas aber auf jeden Fall. Sicher hilft es ihr, daß in Siena zu ihrer Zeit eine neue soziale Ordnung entsteht. Dennoch prädestiniert sie nichts für die Politik, und nichts, abgesehen von ihrem persönlichen Charisma, rechtfertigt das Prestige, das sie genießt.

Katharina wird im Jahr 1347 Jacopo Benincasa, einem Lederfärber, und seiner Frau Lapa geboren. Sie ist das vierundzwanzigste und vorletzte Kind eines Ehepaares, das selbst für die damalige Zeit außergewöhnlich fruchtbar ist. Die Kleine entwickelt bald eine tiefe Frömmigkeit; sie lebt bußfertig und zurückgezogen und ißt so wenig, daß sie eine Art Anorexie (ständige Appetitlosigkeit) entwickelt. Nach der *Legenda maior*, die Raimund von Capua verfaßt, hat sie mit sechs Jahren die erste Vision, in der ihr Christus in päpstlichem Ornat erscheint. Kaum den Kinderschuhen entwachsen, muß sie schwere Kämpfe mit der Mutter ausfechten, die ihre eigenen Absichten mit ihr verfolgt. Die Auseinandersetzung mit ihren Familienangehörigen, die ihren Entschluß zu einem strengen und zurückgezogenen Leben nicht verstehen, zieht sich einige Zeit hin. Sie wird gezwungen, schwerste Arbeiten zu verrichten, was sie jedoch nicht daran hindert, weiterhin mit ihrem himmlischen Bräutigam Zwiesprache zu halten. Die familiäre Situation beruhigt sich nach einer Vision des Vaters, in der er sieht, wie sich eine Taube auf dem Kopf seiner Tochter niederläßt. Katharina bittet um

Aufnahme bei den „Mantellate“, einer Gruppe überwiegend wohlhabender Witwen, die in ihren Häusern nach den Regeln der Dominikanerinnen leben. Auch diese Entscheidung ist mit Schwierigkeiten verbunden. Es ist ungewöhnlich, daß ein junges Mädchen Mitglied dieser Gruppe werden möchte; ihre Jugend und ihre Schönheit können die Bußschwestern vom hl. Dominikus nicht überzeugen. Doch weder Schönheit noch Jugend, auch nicht der Wunsch ihrer Eltern oder die Ablehnung durch die Gemeinschaft, der sie sich anschließen möchte, können etwas an ihrem unerschütterlichen Entschluß ändern.

Die Emanzipation Katharinas vollzieht sich vor allem durch die Entdekkung, daß nichts die Freiheit ihres Herzens und ihrer Seele erschüttern kann.

> Schafft euch eine Zelle in eurem Geist, aus der euch niemand vertreiben kann!

Diese Worte, die sie an ihre Anhänger richtet, bringen ihre innere Entwicklung gerade in den ersten Jahren zum Ausdruck, in denen sie der Abneigung und Feindseligkeit vor allem ihrer Familienangehörigen ausgesetzt ist.

Die Experten auf dem Gebiet der mittelalterlichen Spiritualität sind der Meinung, daß Katharina nicht beabsichtigt, ihren Entschluß mit einer Klostergründung zu verbinden. Was für Klara noch unmöglich war, ist für sie absolut normal: als *Laie* nach der von ihr gewählten Spiritualität zu leben. Und es handelt sich dabei nicht um ein isoliertes Phänomen. Im Laienstand leben, um nur einige Beispiele anzuführen, auch Margareta von Cortona, Umiliana de' Cerchi, Angela von Foligno, Johanna von Orvieto. Diese Option für den Laienstand, die auf seine Weise bereits Franz von Assisi zum Ausdruck bringt, ist ein Zeichen der vollzogenen politischen und religiösen Wende. Der Konflikt, der zwischen dem 11. und 13. Jahrhundert Papsttum und Kaiserreich entzweit, ist einschneidend und führt zu einer tiefgreifenden Krise, die den religiösen Forderungen des Christentums zuwiderläuft. Angesichts eines Kampfes, der mit den Mitteln weltlicher Macht geführt wird, fällt es der Christenheit schwer, eine rein geistliche Autorität zu würdigen, die für die inneren Werte des Glaubens Raum schafft und ihn als aktive Kraft der Geschichte anerkennt, ohne sich aber in sie einzumischen. Man kann sagen, daß vor allem die Franziskaner, die Christus als den Schmerzensmann vor Augen stellen, jene neuen geistlichen Anforderungen aufzeigen, die von denen völlig verschieden sind, die in den vorangegangenen Jahrhunderten durch die Darstellung des *Pantokrators* zum Ausdruck gebracht wurden. Daß der Konflikt ein ekklesiologischer ist, beweisen auch die Ketzerbewegungen nach der Jahrtausendwende sowie die Spaltungen in die „Spiritualen“ und „Konventualen“, die den Niedergang der franziskanischen Idee charakterisieren. All das ist auch der persönlichen Geschichte Katharinas nicht fremd, die ihre Zeit auf ungemein intensive Weise erlebt und zum Ausdruck bringt. Wie Birgitta schaltet auch sie sich in jene Krise des Papsttums ein, die innerlich mit der Abdankung als geistig-geistliche Institution und mit der Übernahme politischer und weltlicher Formen verbunden ist. Die Gefangenschaft der Päpste in

Avignon, gegen die Birgitta und Katharina gemeinsam kämpfen, ist nichts anderes als der Epilog jener Eskalation der Theokratie, die mit der Demütigung von Anagni (als Papst Bonifaz VIII. dort vom französischen König gefangengenommen wurde) entstanden ist.

Dadurch, daß es ihr gelingt, als „schwache" Frau erfolgreich ein politisches Anliegen zu verfolgen – und dabei handelt es sich sicher nicht nur um Kirchenpolitik –, stellt sich Katharina ebenso wie Birgitta in den Dienst eines Papsttums, das allem Anschein nach nicht mehr primär die kirchliche Gemeinschaft im Blick hat, sondern ausschließlich „hierarchisch" orientiert ist. Obwohl ihre Forderung nach Reform tiefgreifend und leidenschaftlich ist, stellt sie das weltlich-imperiale Erscheinungsbild des Papsttums nicht in Frage, ja bestätigt es sogar in gewisser Weise. Es ist kein Zufall, daß die Beendigung des Schismas zu einer noch ausgeprägteren rechtlichen und institutionellen Ordnung führt, die eine Reform der Kirche in weite Ferne rückt.

Die Biographen Katharinas kehren immer wieder zu jener Vision zurück, in der ihr als kleines Mädchen Christus im feierlichen Ornat erscheint, der bis hin zur Tiara genau der päpstlichen Ikonographie jener Zeit entspricht. Sie gelangt dadurch zur festen Überzeugung, daß der Papst Christus auf Erden sei. Daß diese Vision ihre leidenschaftliche Liebe zur Kirche, die „nichts anderes ist als Christus selbst", begründet, daran erinnerte Papst Paul VI., der in seiner Predigt vom 4. Oktober 1989 den *Brief 171* zitierte, als er sie zur „Kirchenlehrerin" erhob. Aus dieser Erfahrung heraus entsteht ihre „kirchliche Berufung".

Ihre politische Berufung entspringt übrigens nicht utopischen Wahnvorstellungen, sondern ist – was uns auch heute noch anspricht – das Resultat eines Dienstes der Nächstenliebe, der den Armen und den an Leib und Seele Kranken gewidmet ist. Ein Dienst der Nächstenliebe, der die Forderungen nach Frieden nicht außer acht lassen kann. Obwohl sie Analphabetin ist und selbst nicht schreiben kann, gelingt es ihr mit Hilfe ihrer gebildeten und gelehrten Anhänger und unter Mitarbeit einer ganzen Heerschar von Sekretären, die Anzahl ihrer Beziehungen und Briefpartner nach und nach zu vergrößern. Ihr politisches Engagement entsteht letztlich aus der Sorge um die Kirche, denn das politische Geschehen bestimmt zu ihrer Zeit das Leben aller Christen, ob sie mächtig sind oder nicht, ob es sich um einfache Christen oder um Kirchenfürsten handelt.

Einige persönliche Daten im Leben Katharinas heben die Biographen besonders hervor: das Jahr 1367, in dem ihre mystische Hochzeit stattfindet; die Rückkehr Papst Urbans V. nach Avignon 1370, als sie ihre endgültige Wandlung erfährt: Christus pflanzt ihr Herz in seine Brust und legt einige Zeit später sein Herz in ihre Brust. Von diesem Augenblick an zögert sie nicht mehr, sie verläßt ihr stilles Refugium und widmet sich ganz dem öffentlichen Leben. Nun sind die Mächtigen der Erde ihre Gesprächspartner: Päpste und Könige, Bischöfe und Herrscher. Ihr politisches Engagement füllt die letzten zehn Jahre ihres Lebens völlig aus.

Doch nicht alle stimmen in ihrem Urteil über Katharina überein. Sie wird zum Gegenstand böswilliger und erbitterter Kritik. So kommt es auch, daß am 21. Mai 1374 das Generalkapitel der Dominikaner in Florenz sie zu einer öffentlichen Untersuchung vorlädt. Dort wird ihre Rechtgläubigkeit bestätigt und gleichzeitig entschieden, Pater Raimund von Capua zu ihrem Beichtvater zu bestellen. Dieser geistliche Vater, der ihr, wie sie später sagt, als „Geschenk Marias" gegeben wurde, sollte sie in Wahrheit strenger prüfen als zuvor Pater Tommaso della Fonte – ein Cousin Katharinas, der mit ihr aufgewachsen war, bevor er Dominikaner und später ihr Beichtvater wurde – und diese Frau, deren Außergewöhnlichkeit Argwohn erweckte, vermutlich entlarven. Doch auch Raimund erlebt genau das Gegenteil. Er findet sich nicht als „Vater", sondern eher als „Sohn" Katharinas wieder. Die geistige Verbundenheit der beiden gehört mit zu den interessantesten und fesselndsten Kapiteln jener „Wahlverwandtschaften", die es auch in der Kirche zu jeder Zeit gegeben hat.

> Mein teuerster und liebster Vater und Sohn in Christus Jesus! Ich, Katharina, die Dienerin und Sklavin der Diener Jesu Christi, schreibe Euch und empfehle mich Euch im Namen des kostbaren Blutes des Gottessohnes, in der Hoffnung, Euch glühend und von seinem heilbringenden Blut trunken zu sehen, dem Blut, das von seiner brennenden Liebe durchdrungen ist. Meine Seele sehnt sich danach, Euch in seinem Blute zu sehen ... Liebster Vater, Eure Seele, die für mich Nahrung ist (und es vergeht kein Tag, an dem ich diese Speise nicht am Tisch des süßen Lammes, das mit so brennender Liebe geopfert wurde, zu mir nehme), kann nicht zur Tugend der wahren Demut gelangen, wenn Ihr Euch nicht in sein Blut versenkt ... Daher möchte ich, daß Ihr Euch in die geöffnete Seite des Gottessohnes einschließt ...

So beginnt jener berühmte Brief, in dem Katharina Pater Raimund über die Hinrichtung von Nicolò di Toldo berichtet, einem Jüngling aus Perugia, dem sie beisteht und dessen abgeschlagenes Haupt sie in ihren Händen hält. Ich glaube, daß das auch ein beredtes Beispiel für die Beziehung zwischen ihr und Pater Raimund ist.

Das politische Interesse Katharinas gilt der Wiederherstellung des Friedens in Italien und im Abendland, der Rückkehr des Papstes in seine Diözese und dem Kreuzzug gegen die Ungläubigen, der jedoch mit friedlichen Mitteln geführt werden soll. Was sie nach Avignon führt, ist nicht so sehr die Absicht, Papst Gregor XI. zur Rückkehr nach Rom zu bewegen, als sich für eine Aufhebung des Interdikts einzusetzen, das über die Stadt Florenz verhängt worden war, die sich der toskanischen Liga im Kampf gegen den Papst angeschlossen hatte. Katharina kann den Frieden für Florenz zunächst nicht erreichen; erst nach der Rückkehr Gregors XI. aus Avignon gelingt es ihr. Doch sie erreicht, daß der Papst zu seiner Kirche nach Rom zurückkehrt, indem sie ihn an ein Versprechen erinnert, das er ihr bei einer früheren Begegnung gegeben hatte. Die „Babylonische Gefangenschaft" der Kirche endet allerdings nicht kurz und schmerzlos: Nach dem Tod

Gregors XI. belastet das nach der Papstwahl ausgebrochene Schisma noch für lange Zeit das Papsttum, schädigt sein Ansehen und führt zur tiefsten Spaltung in seiner Geschichte. Katharina, die sich für die Anerkennung Urbans VI. einsetzt, stirbt bald nach Ausbruch des Schismas, als sich die Truppen von Clemens VII. und Urban bereits auf dem Schlachtfeld gegenüberstehen, am 29. April 1380 in Rom, in der Stadt, in der sich das Grab Petri befindet, an dem sie so oft in qualvolle Gebete versunken weilte. Ihre sterblichen Überreste sind in der Basilika S. Maria sopra Minerva beigesetzt.

Sie, die sich in der letzten Zeit ihres Lebens auch um die Reform des Dominikanerordens bemüht und gebeten hat, ihren geliebten Pater Raimund zum Ordensgeneral zu wählen, sagt zu den Ihren, die sich um ihr Totenbett versammelt haben:

> Meine geliebten Kinder, wenn ich nun meinen Körper verlasse, könnt ihr sicher sein, daß ich mein Leben in der heiligen Kirche verbracht und es für sie hingegeben habe, was ich als besondere Gnade empfinde.

Die kirchliche Berufung Katharinas entspricht dem Traum von jener Reform *in capite et in membris* (an Haupt und Gliedern), die während des Mittelalters wiederholt gefordert wird und schließlich in die schmerzlichen Ereignisse der Reformation mündet. Ihre Interpreten sehen es als politisches Ziel Katharinas an, den Frieden für die Christenheit durch die Rückkehr des Papstes nach Rom zu erreichen. Doch vor allem setzt sie sich für die Reform der Kirche ein. Mit diesem Punkt möchten wir uns näher befassen, in der Hoffnung, dadurch ihre leidenschaftliche und mit viel Leid verbundene Verteidigung einer uns eher fremden Ekklesiologie besser zu verstehen.

Man ist sich darüber einig, daß die Rückkehr des Papstes und der Friede, den nicht die Abgesandten des Papstes, sondern nur er selbst Italien garantieren kann, für die Reform wichtig sind. Darüber hinaus bedeutet die Kirchenreform, daß der Papst seine Parteinahme für die Interessen Frankreichs aufgibt. Sie gibt dem Papsttum jene Freiheit, die es ihm erlaubt, einseitige politische Bevorzugungen abzustellen und eine wahre Erneuerung herbeizuführen. Die Reformvorstellung Katharinas ist nicht auf strukturelle Veränderungen aus. Weder theologisch noch soziologisch stellt sie das Kirchenbild der Theologen und Juristen ihrer Zeit in Frage. Auch wenn man sie aufgrund ihrer besonderen Achtung des „Menschen“ dem beginnenden Humanismus zuordnen kann, ist es doch eine Tatsache, daß sie die Institution der Kirche anerkennt und hervorhebt.

Für Katharina hat das Erlösungswerk Christi zwei Aspekte: sein Kreuzesopfer und die Offenbarung der Wahrheit. Während er in seiner Auferstehung und Himmelfahrt zum Vater zurückkehrt, hat er es der Kirche überlassen, sein Werk durch den „Dienst des Blutes“ und die Verkündigung der „wahren Lehre“ über die Jahrhunderte hinweg fortzusetzen. Ersteres, das durch die Sakramente vollzogen wird, obliegt ausschließlich dem „mystischen Leib der heiligen Kirche", also dem Klerus; das zweite hingegen dem ganzen „universalen Leib der christlichen Religion", der seinen Beitrag durch das Zeugnis des Wortes und des Lebens leisten kann und leisten muß. Wenn nun der einzige allen offenstehende Weg Christus ist, bedeutet die Einhaltung dieses Weges, dem Beispiel Christi zu folgen und durch das Heil der Seelen die Ehre Gottes zu suchen. Es besteht daher kein Unterschied zwischen dem Wirken Christi während seines Erdenlebens und dem Wirken der Kirche, die sich mit ihm identifiziert: „Die Kirche ist Christus selbst", und der Papst ist „Christus auf Erden" ... *(Gespräch von Gottes Vorsehung).*

Papst Paul VI. bezieht sich ausdrücklich auf Katharinas Lehre von der Kirche, wenn er sie zur „Kirchenlehrerin" erhebt. Es werden hier dieselben Gedankengänge sichtbar. Er nennt sie eine „Mystikerin des mystischen Leibes Christi" und unterstreicht ihre Ergebenheit gegenüber der Kirche als „Mutter"; er lobt auch ihre grenzenlose Treue zum römischen Pontifex, ihre unermüdlichen und intensiven Bemühungen um die Reform der Kirche:

> Vor allem eine innere Reform, aber auch eine äußere, doch stets in kindlichem Gehorsam gegenüber den legitimen Stellvertretern Christi.

Die Worte Katharinas, die uns in ihren Briefen überliefert sind, ihre Theologie, die sie selbst uns in ihrem „Dialogo" (*Libro della divina provvidenza*) darlegt, zeugen von einer ungestümen Vitalität, einer prophetischen Kraft ohnegleichen. Abgesehen von ihrer Verbundenheit mit den für ihre Zeit und vor allem für ihre Gesprächspartner typischen Vorstellungen, erweist sich Katharina von Siena als äußerst leidenschaftliche und leidgeprüfte Interpretin einer unendlichen Liebe zur Kirche.

Ist es ein Sieg der Frauen, ein anerkanntes und gefeiertes Beispiel? Fest steht, daß ihr nichts erspart geblieben ist. Daß keine ihrer außergewöhnlichen Gaben – auch Katharina hat an ihrem Leib die Zeichen des Leidens Christi getragen – sie davor bewahrt, angezweifelt zu werden. Ob es sich nun um die Konkubinen der hohen Geistlichen in Avignon handelt, die nicht zögern, ihr während ihrer Ekstasen Verletzungen zuzufügen, um deren Echtheit zu prüfen, ob es sich um den Prozeß handelt, der gegen sie angestrengt wird, oder um Anschläge auf ihr Leben – Katharina erlebt alle Arten von Demütigung und Gefahr, und es erfüllt sie mit Stolz. Wenn sie auch bedauert, daß ihr das ersehnte Martyrium nicht zuteil geworden ist, so bleibt doch das geistliche Martyrium bestehen, ihr „Leiden" für die Kirche, die Braut Christi.

Über ihr einzigartiges, unwiederholbares Vorbild und ihre politische Effizienz in der Kirchenpolitik wie in der weltlichen Politik hinaus, über die Ehre hinaus, als „Kirchenlehrerin"anerkannt zu werden, ist sie als eine ungebildete Frau, die durch die Weisheit von oben „gebildet" und „weise" wird, ein Sinnbild für Passion, Martyrium und Leid. Damit wird Katharina über ihre Epoche hinaus zu einer Zeitgenossin jener Frauen, die es in ihrem Leid und in ihrer Treue zur Kirche zu allen Zeiten gegeben hat und gibt.

Wie wir bei Héloise noch sehen werden, führt ihre einzigartige Originalität, so überzeugend sie auch ist, zu keiner Kontinuität im Sinne eines Protagonismus. Während bei Héloise ein Bruch zwischen Frau und Bildung erkennbar wird, findet hier sicher keine Trennung zwischen Frau und Politik statt, obwohl die Ergebnisse letztlich dieselben sind. Was Katharina durch ihr persönliches Charisma erreicht und in ihrer Theorie über den „universalen Leib der christlichen Religion“ für alle fordert, die Verkündigung der „wahren Lehre“ – wobei es sich sowohl um eine kulturelle als auch um eine politische Forderung handelt –, diese Aufgabe, durch das Wort und mit dem Leben Zeugnis abzulegen, erfährt in der Zeit nach ihr eine andere Ausrichtung.

Man kann sagen, daß gerade die Identifikation von Kirche und Hierarchie, von Kirche und Amt Schuld daran trägt, das dieser Dienst des Wortes Schaden nimmt, dieses aktive Ringen um Eintracht, Frieden und Reform, lauter Dinge, die sie zwar erreicht, die aber nach ihr ein ganz anderes Ergebnis zeitigen sollten. Das Papsttum ist nach dem Schisma mit seiner Institutionalisierung zufrieden. Es gibt keinen Platz mehr für Laien, ob es nun Fürsten sind oder Gebildete; dessen muß man sich bewußt sein. Was die Frauen betrifft, so werden sie einen anderen Weg finden, ihre unaufhörliche Liebe und ihre unermüdliche Bereitschaft zum Dienen weiterzugeben.

Eine „kriegerische“ Frau: Jeanne d’Arc (1412 – 1431)

Diese junge Frau, die „Jungfrau“, wie sie sich selbst gerne bezeichnet, um ihre Unberührtheit zu betonen, dürfte strenggenommen nichts mit einer Geschichte zu tun haben, die das weibliche Element der christlichen Glaubensgemeinschaft darstellen soll. Nicht nur aufgrund der kulturellen Anomalie einer Frau als Kriegerin, sondern weil sich seit den ersten Jahrhunderten des Christentums ernsthaft die Frage erhebt, ob es für Christen erlaubt sei, zu den Waffen zu greifen. Wenn wir so wollen, steht hier vor allem das schwierige Wort Jesu zur Debatte, das klar zwischen weltlicher und religiöser Macht unterscheidet (vgl. Mt 22, 21). Nachdem das Christentum zur *religio licita* geworden ist, hat es dieses elitäre Denken abgelegt und den Krieg legitimiert, und zwar nicht nur den Verteidigungskrieg. Man kann das Mittelalter nicht gerade als eine friedliche Zeit bezeichnen. Da sind zunächst die instabilen Verhältnisse durch die Invasionen der „Barbaren“, später dynastische Wirren und schließlich das Entstehen der Nationen mit ihren komplexen Einheitsbestrebungen, die sehr oft mit Erbfolgekriegen verbunden sind. Und als ob nicht schon genug Blut geflossen wäre, wird im Mittelalter auch noch der Heilige Krieg gegen die Ungläubigen und gegen die Ketzer legitimiert. Der Kreuzzug in allen seinen Formen ist ein besonderer Aspekt mittelalterlichen Denkens.

Jeanne d'Arcs Krieg ist jedoch kein Kreuzzug, sondern ein Erbfolgekrieg, in dem es zu einer völligen Vermischung der religiösen und der politischen Komponente kommt. Was die Gestalt der Jungfrau von Orleans so interessant und paradox macht, ist nicht nur ihr tragisches Ende oder die Anomalie ihres „männlichen" und kriegerischen Auftretens, sondern die Tatsache, daß sie eine politische Erkenntnis als religiöse Erfahrung und Aufgabe erlebt.

Der Einfluß einer Birgitta von Schweden und einer Katharina von Siena auf den Papst unterscheidet sich nicht wesentlich vom Einfluß Jeanne d'Arcs auf den schwachen König Karl VII., den sie auffordert, seinen legitimen Anspruch auf den Thron Frankreichs geltend zu machen. Diese charismatische Erkenntnis, zu der sie aufgrund göttlicher Erleuchtung gelangt, hat zunächst eher nationalistische als religiöse Bedeutung. Dennoch erlebt sie das typische Schicksal eines Propheten, auch wenn sie nicht der Herzlosigkeit eines Volkes, sondern den politischen Interessen ihrer Gegner zum Opfer fällt.

Jeanne wird im Jahr 1412 in Lothringen geboren. Ob das Datum stimmt, ist zwar nicht ganz sicher, aber sehr wahrscheinlich. Ihre Familie ist zahlreich, die Eltern sind Bauern, sie selbst hilft zu Hause mit und unterscheidet sich von den Gleichaltrigen und ihren Geschwistern nur durch ihre tiefere Frömmigkeit und ihre Liebe zu den Armen. Mit etwa dreizehn Jahren hat sie ihre ersten Visionen: Es sind der heilige Michael, die heilige Katharina (von Alexandrien) und die heilige Margareta, die ihr als Abgesandte des himmlischen Königs erscheinen.

Es ist kein Zufall, daß ihr gerade diese drei erscheinen, vor allem was die beiden Frauen betrifft. Katharina und Margareta – in Wahrheit Marina – gehören zu den volkstümlichsten Heiligen des Mittelalters. Den „Mythos" der ersten kennen wir bereits; die zweite ist ebenfalls eine „legendäre" Prinzessin, die in die Gewalt eines Drachen gerät und auf wunderbare Weise gerettet wird. Die „Stimmen" Jeannes, die keinen einzigen Tag aufhören, zu ihr zu sprechen, sind demnach mächtige, eindringliche Stimmen, von deren Wundertaten in den frommen Erzählungen des Mittelalters immer wieder berichtet wird. Diese mächtigen Abgesandten beauftragen sie mit der außergewöhnlichen Mission, das Königreich Frankreich von der Herrschaft der Engländer zu befreien: Jeanne soll erreichen, daß der legitime König gekrönt wird. Die politische Lage in Frankreich ist zu diesem Zeitpunkt äußerst gespannt. Die Allianz zwischen dem englischen König Heinrich V. und dem Herzog von Burgund hat eine unerträgliche Situation geschaffen, die sich durch die Geisteskrankheit des französischen Königs Karl VI. und den ausschweifenden Lebenswandel seiner Gemahlin Isabella noch weiter zuspitzt. Der im Mai 1420 geschlossene Vertrag von Troyes erklärt den englischen König, der die Tochter Karls VI., Katharina von Frankreich, geheiratet hat, zum Thronerben. All das geschieht zum Nachteil des legitimen Erben. Frankreich ist daraufhin gespalten. Die mit England verbündeten Burgunder sind die unbestrittenen Herren im Norden, und dem König bleiben nur einige vereinzelte Hochburgen treu ergeben, darunter Orleans. Nach dem Tod Heinrichs V. und Karls VI. regiert der Bruder des englischen Königs in Paris und wahrt dort die Interessen seines Neffen, Heinrichs VI. Auf seiner Seite stehen der Herzog von Burgund, der gehobene Mittelstand und die Universität von Paris mit ihrer Theorie der Doppelmonarchie – Frankreich und England durch einen gemeinsamen König vereint.

Jeanne betritt die politische Bühne im Jahr 1429. Es ist ihr gelungen, bis zum König vorzudringen, der sie empfängt und ihre Seriosität überprüfen läßt. Sie weckt den Hof aus seiner Erstarrung. Nachdem sie ein Heer aufgestellt hat, befreit die Jungfrau das belagerte Orleans und rückt auf Reims vor. Der Vormarsch Jeannes ist nicht aufzuhalten. Noch im Juli desselben Jahres wird Karl VII. in der Kathedrale zu Reims feierlich zum König von Frankreich gekrönt. Doch nun hört der König nicht mehr auf Jeanne und zwingt sie zu zermürbender Tatenlosigkeit. Daraufhin greift sie aus eigenem Antrieb erneut zu den Waffen und eilt den in Compiègne belagerten Truppen zu Hilfe. Während eines Ausfalls wird sie von einem Burgunder gefangengenommen, und nach kurzer Gefangenschaft liefert Jean von Luxemburg sie im Dezember 1430 für 10.000 Golddukaten den Engländern aus. Die Engländer, die sie auf der Burg zu Rouen gefangenhalten, beschließen nun mit Unterstützung der Universität von Paris, ihr als Ketzerin den Prozeß zu machen, um sie und vor allem Karl VII. in Mißkredit zu bringen. In Wirklichkeit führt der ehemalige Rektor der Universität, Pierre Cauchon, eher einen politischen als einen religiösen Prozeß. Die Ermittlungsphase dauert vom 9. Januar bis 26. März 1431. Während des Prozesses, am 24. Mai, wird Jeanne zum Abschwören gezwungen, und als sie kurz darauf ihren Schwur bricht und wieder die verbotenen Männerkleider anlegt, wird ihr wegen dieses Rückfalls erneut der Prozeß gemacht. Diese letzte Phase dauert etwa vom 28. bis 30. Mai. An diesem Tag wird sie auf dem öffentlichen Marktplatz bei lebendigem Leib verbrannt, in einem Spektakel, das jeder Legalität widerspricht. Da es nicht möglich ist, sie der Ketzerei zu überführen, wird ihr eben die Tatsache, daß sie wieder Männerkleidung angezogen hat, als Ungehorsam gegen die Kirche ausgelegt.

Die von Jeanne in Gang gebrachte Entwicklung ist jedoch nicht mehr aufzuhalten. Nach der Befreiung von Paris im Jahr 1436 und der Rückeroberung von Rouen 1449 leitet Karl VII. eine Untersuchung über die Abwicklung des Prozesses und den Vollzug der Todesstrafe ein. Sowohl über den ersten als auch über den königlichen Prozeß und schließlich das von Papst Calixtus III. angestrengte Verfahren, das zu ihrer Rehabilitierung führt, sind die notariellen Prozeßmitschriften im Original erhalten.

Erst im Jahr 1904 wird Jeanne seliggesprochen, und 1920 erfolgt ihre Heiligsprechung. Doch auch diese Geste ist nicht frei von politischen Hypotheken. Die Jungfrau von Orleans wird einem rationalistischen und antiklerikalen

Frankreich als Beispiel für die Verbindung von Vaterlandsliebe und Glauben vor Augen gestellt. Doch über diese zweckdienliche und späte Anerkennung hinaus – im Grunde hat man sie fünf Jahrhunderte lang ignoriert – bleibt sie, was die Untersuchungen auch bestätigen, eine Frau des Glaubens, eine Mystikerin, die sich ganz in die Hand Gottes gibt, der letztlich der wahre Herr der Geschichte ist. Die Jungfrau, die bei ihrer Hinrichtung nicht einmal zwanzig Jahre alt ist, führt einen ständigen Dialog mit Gott. Trotz ihres kriegerischen Äußeren betrachtet sich Jeanne als sein Werkzeug. Auf Gott beruft sie sich, er ist es, der sie lenkt. Es ist seine Stimme, der sie folgt. So verkörpert sie einen Menschen, der sich für die unmittelbare, konkrete Geschichte einsetzt, für die vitalen Interessen ihrer Nation, wobei der politische Gesichtspunkt hinter der religiösen Bedeutung an zweiter Stelle steht.

Es ist diese leidvolle Gestalt des Glaubens, die in der Literatur (Ch. Péguy) und auch im Film (C. Th. Dreyer, V. Fleming, R. Rossellini, J. Delannoy, O. Preminger) immer wieder dargestellt worden ist, eine Frau von tiefer Innerlichkeit, einfach und ungebildet, der es dennoch auf geradezu apokalyptische Weise gelingt, durch eine überirdische Berufung die Verantwortung für das Schicksal ihres Volkes zu übernehmen, obwohl die „Stimmen", die sie zu einer so ungewöhnlichen und unglaublichen Mission drängen, ihr Angst einjagen.

Diese Tatsache allein kann aber das Rätsel um eine Gestalt noch nicht lösen, die gleichzeitig ein weibliches und ein männliches Vorbild darstellt (Kleidung, Waffen, strategischer und politischer Plan). Doch abgesehen von diesem Phänomen ist Jeanne d'Arc eine schutzlose Jungfrau, die sich selbst dazu zwingt, ein Sinnbild der Kraft zu werden, wenn es stimmt, daß sie die Männerkleidung zu ihrem Schutz und nicht aus Mißachtung weiblicher Sittsamkeit anlegt, und wenn es weiter stimmt – was der Prozeßbericht bestätigt –, daß sie in der Schlacht das Banner mit ihren Händen umklammert, um, wie sie sagt, „niemanden töten zu müssen", denn – so fügt sie hinzu – „ich habe niemals einen Menschen getötet". Trotz ihrer Angst und Schwachheit gelingt es der Jungfrau, die Glaubwürdigkeit ihrer Berufung und Sendung machtvoll unter Beweis zu stellen. Und wenn sie ihr Wort bricht, den Drohungen der Inquisitoren erliegt, dann nur für kurze Zeit. Sie zieht es vor, mit ihrem Leben für eine Existenz zu bezahlen, die so verschieden ist von dem vorgefaßten Bild der Frau und dennoch nicht im Widerspruch steht zu ihrem Glauben, den sie bis zuletzt bekennt, indem sie noch auf dem Scheiterhaufen den Namen Christi anruft. Dem Inquisitor, der sie fragt, ob sie sich im Stande der Gnade befinde, antwortet sie:

> Wenn ich es nicht bin, möge Gott mich dorthin bringen, und wenn ich es bin, möge er mich darin bestärken, denn ich selbst würde mehr als alle anderen leiden, wenn ich wüßte, daß ich nicht in der Gnade Gottes stünde; und wenn ich im Stande der Sünde wäre, so glaube ich, daß die Stimme nicht zu mir käme, und ich wünschte nur, jeder könnte sie so deutlich hören wie ich.

Das Modell und die Abweichung

Héloise, Klara von Assisi, Vilemina – drei völlig verschiedene Frauen, sowohl was ihren Lebensweg betrifft als auch in ihrer historischen Bedeutung. Die erste verkörpert in vollem Umfang die neue Frau nach der Jahrtausendwende. Als junge Studentin erliegt sie den Verlockungen der Gelehrsamkeit und ihres Lehrers. Sie, die sich für den Laienstand entschieden hat, wird nur durch Zufall Nonne, und in ihrem Herzen bleibt die schmerzende Wunde über ein Leben, das sie so sicher nicht gewollt hat. Wenn Héloise uns bis an die Schwelle einer angekündigten Niederlage führt – der Niederlage einer Frau, die von der praktischen Erfahrung des Wissens nicht abgeschnitten sein will –, so steht Klara ganz im Zeichen absoluter Selbstverwirklichung. Und wenn sich in uns auch Zweifel über ein Vorhaben regen, das vielleicht nicht ganz ihrer ursprünglichen Absicht entspricht, so ist doch nicht zu leugnen, daß sie sich dabei voll und ganz selbst verwirklicht. Vilemina hingegen steht im Zeichen der Niederlage, wenn auch posthum. Wir nehmen sie in unsere „Galerie“ nicht etwa auf, weil sie die einzige unter den mittelalterlichen „Ketzerinnen“ ist, die unser Andenken verdient – Margherita Porete sei hier für alle anderen erwähnt –, sondern weil ihre Häresie eindeutig „feministisch“ ist. Die weibliche Häresie stellt während des gesamten Mittelalters die soziale und religiöse Rolle der Frau in Frage; die Angst vor Erneuerung dringt bis in das Herz Kirche, die fürchtet, ihr Zeitalter des Heiligen Geistes könnte mit dem Zeitalter und der Kirche der Frauen zusammenprallen.

Die Geschichte einer Leidenschaft: Héloise (1101? – 1164)

Die Lebensgeschichte dieser schwergeprüften jungen Frau ist allgemein bekannt. Die romantische Geschichtsschreibung hat ihren Mythos aufgegriffen, da sie seine aktuelle Bedeutung erkannte. Für uns verkörpert Héloise das schwierige Verhältnis von Frau und Bildung. Trotz ihrer außergewöhnlichen Intelligenz und der innigen Liebe ihres Vormunds, der für sie den besten Lehrer auswählt, bleibt es ihr nicht erspart, in dem Konflikt zwischen ihrer Intelligenz und ihrem Schicksal als Frau zu unterliegen. Ihr Lehrer wird in jeder Hinsicht zu ihrem Lehrmeister und nützt sie aus, wie er unbefangen eingesteht. Für ihre Verführung läßt die Ehre des Vormunds keine mildernden Umstände gelten. Der Verführer wird mit dem Verlust seiner eigenen Männlichkeit bestraft. Und sie selbst muß ihm in ein Leben vorausgehen, das ganz im Zeichen der Wiedergutmachung der begangenen Schuld stehen wird. Anders als Abaelard verleugnet Héloise jedoch niemals die große Liebe, die sie zeit ihres Lebens miteinander verbunden hat.

Abaelard begegnet Héloise im Jahre 1116. Er ist etwa vierzig Jahre alt und gerade am Gipfel seines Ruhmes angelangt. Die junge Frau, die bereits eine erste Ausbildung in der Abtei von Argenteuil erhalten hat, zählt etwa sechzehn Jahre. Vermutlich früh verwaist, ist sie die geliebte Nichte Fulberts, der wie Abaelard Kanoniker und Kleriker ist. Abgesehen von dem, was sie selbst oder Abaelard uns berichten, wissen wir nur wenig über sie. Doch ihr hohes Ansehen bezeugt uns auch Petrus Venerabilis, der von ihr fasziniert ist, als er in späteren Jahren die Klause „Paraklet" besucht.

Héloise wurde wahrscheinlich 1101 geboren, doch wir wissen nicht genau, wo, vielleicht in Paris. Und auch ihren Familiennamen kennen wir nicht. Über ihr Aussehen berichtet Abaelard uns nur insofern, als er ihre Schönheit als nicht überragend bezeichnet. Was er jedoch besonders hervorhebt, ist ihre Bildung.

> Es lebte in Paris ein junges Mädchen mit Namen Héloise, die Nichte eines gewissen Fulbert, eines Kanonikers, der nur ihr Bestes wollte und bemüht war, sie in allen literarischen Fächern unterrichten zu lassen. So übertraf Héloise, obwohl sie keine Schönheit war, alle jungen Mädchen durch ihre hohe Bildung. Und es war gerade diese bei Frauen so seltene Gabe, die ihr einen besonderen Reiz verlieh und für die sie bereits im ganzen Königreich gerühmt wurde.

Der angesehene Magister, der in Liebesdingen noch keinerlei Erfahrungen gemacht hat, erliegt mehr der intellektuellen Faszination von Héloise als ihren körperlichen Reizen. Wie auch immer, er erreicht jedenfalls, daß Fulbert ihn in seinem eigenen Haus aufnimmt, wo er sich um die Erziehung des jungen Mädchens kümmern soll. Fulbert bemerkt die Falle nicht, die der „hungrige Wolf" selbstbewußt und stolz auf Ruhm und Schönheit ihm stellt. So erwacht zwischen den beiden Liebe, ja Leidenschaft. Abaelard schreibt dazu:

> In unserer Leidenschaft durchliefen wir alle Stadien der Liebe; und wenn man in der Liebe etwas Neues erfinden kann, dann haben wir es erfunden.

Obwohl der alt und müde gewordene Philosoph, als er diese Zeilen schreibt, in seiner Erinnerung an verlorene Freuden weniger an Héloise zu denken scheint und sich überaus zynisch gibt, ist doch anzunehmen, daß die beiden sich leidenschaftlich geliebt haben und miteinander glücklich waren, ohne auf irgendwelche Hindernisse oder Regeln Rücksicht zu nehmen. Doch der Magister gerät in eine Krise. Seine Vorlesungen wiederholen sich und werden farblos. Sein Talent äußert sich nun mehr in den Liedern und Gedichten, die er für sie verfaßt. Wie Abaelard sagt, versuchen sie gar nicht, ihre Liebe zu verbergen, so daß alle darüber Bescheid wissen. Nur der gutgläubige Fulbert hat keine Ahnung. Die Liebe zu seiner Nichte und der untadelige Ruf Abaelards haben ihn mit Blindheit geschlagen. Die Entdeckung der heimlichen Liebschaft und die Beleidigung seiner Ehre veranlassen Fulbert, sie gewaltsam voneinander zu trennen. Doch Abaelard entführt Héloise, die inzwischen weiß, daß sie ein Kind erwartet. Als Nonne verkleidet bringt er sie in die Bretagne zu seiner Schwester. Um Fulbert zu besänftigen, verspricht er, sie zu heiraten. Doch sie ist damit nicht einverstanden. Andererseits verlangt Abaelard selbst, daß die Hochzeit geheimgehalten werden solle, um seiner Karriere nicht zu schaden.

Im Jahr 1118 wird der kleine Astrolabius geboren, und die beiden kehren nach Paris zurück. Héloise will von einer Hochzeit noch immer nichts wissen. In ihrer völligen Hingabe an den Geliebten sieht sie in vollem Bewußtsein der Tradition nur die Nachteile, die eine Vermählung für das Leben eines Philosophen und Kirchenmannes bringen würde. Sie glaubt, daß sie als seine Ehefrau ihm letztlich nur hinderlich wäre. Vielleicht ahnt sie, daß diese Hochzeit keine Wiedergutmachung bedeutet, sondern Zwietracht und Verderben hervorrufen wird. Doch schließlich gibt sie dem Drängen des Geliebten nach. Die Hochzeit wird also gefeiert, doch statt ihre Geheimhaltung zu wahren, beeilt sich Fulbert, das Ereignis öffentlich zu verkünden. In ihrer Treue zu Abaelard beteuert Héloise, daß eine Hochzeit nie stattgefunden habe. Um sie vor den schweren Vorwürfen des Onkels zu bewahren, beschließt Abaelard, sie nach Argenteuil zurückzubringen, und veranlaßt sie, die Nonnentracht anzulegen. Es handelt sich ganz offensichtlich nicht um eine Einkleidungsfeier, doch Fulbert legt es so aus, weil er glaubt, daß Abaelard auf diese Weise sich seiner Nichte entledigt habe. Um diese Schmach zu rächen, schickt Fulbert zu nächtlicher Stunde zwei gedungene Mörder in das Haus Abaelards, um ihn zu entmannen. Abaelard berichtet später:

> Am nächsten Morgen hatte sich die ganze Stadt vor meinem Haus versammelt: Es wäre schwierig, wenn nicht gar unmöglich, das Staunen, die Klagen, das Geschrei und die Tränen zu beschreiben, die meinen Schmerz und meine Verzweiflung noch steigerten ... In diesem Zustand der Erschöpfung und Verwirrung, mehr aus Scham denn aus echter Berufung ... entschloß ich mich, Zuflucht in der Stille des Klosters zu suchen. Doch zuvor hatte auf mein Verlangen Héloise aus freien Stücken den Schleier genommen und war in das Kloster eingetreten. So legten wir also beide das heilige Gewand an, ich in der Abtei von Saint-Denis, sie im ... Kloster von Argenteuil.

Der Widersinn liegt klar auf der Hand: „auf mein Verlangen“ und „aus freien Stücken“. Die Hast, mit der Abaelard Héloise drängt, als erste diesen Schritt zu vollziehen, verletzt sie tief, zumal sie ihn auf jeden Fall getan hätte, da, wie sie immer wieder beteuert, jeder Wunsch Abaelards auch der ihre war. Für ihn ist Saint-Denis aber nicht die passende Umgebung; er findet hier nicht die nötige Ruhe, um sich von einem „Philosophen der Welt“ zu einem „wahren Philosophen Gottes“ zu wandeln. Er nimmt seine Lehrtätigkeit wieder auf, doch sein Erfolg erweckt Neid und Mißgunst, was im Jahr 1121 zu seiner ersten Verurteilung führt. Nach seiner Freilassung aus dem Kerker kehrt er zunächst nach Saint-Denis zurück, von wo er schließlich an einen einsamen Ort in der Umgebung von Troyes zieht. Hier errichtet er auf einem kleinen Stück Land, das ihm ein Freund geschenkt hat, zu Ehren der Heiligsten Dreifaltigkeit ein Oratorium, das er später in Erinnerung an den hier gefundenen Trost „Paraklet“ nennt. Neuerlich kommen die Schüler in Scharen zu ihm, der andererseits auch keine andere Möglichkeit hat als das Lehramt. Es sind seine produktivsten Jahre. Doch neue Gegner stellen sich ihm in den Weg, vor allem Bernhard von Clairvaux. Abaelard versucht nochmals sein Heil in der Flucht, doch kein Ort und keine Gemeinschaft können seinem ruhelosen Geist Frieden bringen.

Zu diesem Zeitpunkt taucht auch Héloise wieder auf. Obwohl sie vom König und vom Papst die Rückgabe des Klosters von Argenteuil erwirkt hat, das ehemals zu Saint-Denis gehörte, hat der Abt Suger die dort lebenden Nonnen praktisch ausquartiert. Dieser Umstand erscheint Abaelard ein Werk der Vorsehung zu sein, und er beeilt sich, ihr und ihren Gefährtinnen den „Paraklet“ anzubieten. Während der folgenden Jahre erreicht er, daß der Papst seine Schenkung ratifiziert, und 1131 wird Héloise zur ersten Äbtissin des Klosters ernannt. Mit Würde und Umsicht leitet sie die neue Stiftung; Abaelard selbst unterstützt sie mit seinem Rat und seiner Zuneigung. Doch wieder bleibt ihm die üble Nachrede derer nicht erspart, die seine Anwesenheit im „Paraklet“ als Beweis seiner anhaltenden Leidenschaft für sie ansehen. Seine Besuche werden daraufhin seltener. Nun beginnt er, sich mit seinem eigenen Leben zu befassen. Er beschreibt es in der *Historia calamitatum* („Die Geschichte meines Unglücks“), die er wahrscheinlich um das Jahr 1134 verfaßt. Im Jahr darauf kehrt er nach Paris und in sein Lehramt zurück. Wieder wird er angefeindet. Wilhelm von Saint-Thierry und Bernhard von Clairvaux sind seine erbittertsten Gegner. Es kommt zur Synode von Sens, die seine Irrlehren überprüfen soll. Abaelard erleidet wahrscheinlich einen seelischen Zusammenbruch. Er lehnt es ab, sich zu verteidigen, und appelliert direkt an den Papst. Er macht sich daher auf den Weg nach Rom, wo er jedoch nie ankommt. Müde und schwer geprüft findet er Zuflucht bei Petrus Venerabilis, der ihm rät, sich mit Bernhard zu versöhnen, und ihn einlädt, für immer in Cluny zu bleiben. Aus Rom trifft inzwischen seine Verurteilung ein, und Petrus verwendet sich beim Papst für ihn. Abaelard bleiben nur noch wenige Monate, Monate des Friedens, der Arbeit, eines intensiven und abgeklärten Lebens. Er stirbt schließlich in der Gnade Gottes am 21. April 1142.

Wieder tritt Héloise in Erscheinung. Sie, die Petrus Venerabilis bereits ersucht hat, ihr über den Tod Abaelards zu berichten, bittet ihn nun, ihr seine sterblichen Überreste zu übergeben. Petrus folgt ihrem Wunsch und begibt sich sogar persönlich zu ihr. Später schickt er ihr auch eine „Bestätigung“, aus der hervorgeht, daß der einst so innig Geliebte nach der Absolution aller Sünden gestorben ist.

Es sind unter anderem zwei Dinge, die an Héloise beeindrucken: die unglaublich moderne Ausdrucksweise ihres *Briefes 2* und die Passivität, mit der sie bestimmte weibliche Stereotypen anerkennt: darunter die *imbecillitas* (die Schwachheit der Frau), die Menstruation, die *molestia nuptiarum* ...

> Gott ist mein Zeuge, daß ich in Dir nur Dich gesucht habe; Dich habe ich gewollt, nicht Deine Güter oder Reichtümer. Ich habe von Dir keine Eheverträge und keine Geschenke verlangt; nicht meine Wünsche wollte ich erfüllen und mein Vergnügen suchen, sondern Dir zu Gefallen sein, das weißt Du genau. Und auch wenn der Name Gattin heiliger und würdiger scheinen mag, viel süßer war es immer für mich, Freundin oder Geliebte genannt zu werden oder, ohne Dich beleidigen zu wollen, Dirne. Ich glaubte nämlich, Dir umso mehr Freude zu schenken und deinem Stolz am wenigsten zu schaden, je mehr ich mich vor Dir erniedrigte.

Um zu erkennen, wie modern Héloise denkt, muß man einige Sätze der eben zitierten Passage getrennt von der Stereotypie des Ganzen betrachten. Diese Selbstverleugnung, nur um dem Partner zu gefallen, könnte einem Zustand der Ungleichheit, ja der Unterwerfung gleichgesetzt werden, wäre da nicht die Freiwilligkeit ihres Handelns. Zu Recht hat man diese Haltung als eine Weiterentwicklung der Theorie Ciceros über die Freundschaft verstanden, die durch die christliche Betrachtung der Liebe zu höchster Übereinstimmung gebracht worden ist. Héloise erwartet, daß Abaelard die Freundin, Geliebte oder gar Dirne höher schätzt als die Gattin. Die Uneigennützigkeit der Liebe steht über allem, und sie kann es nur in einer Beziehung geben, die nicht dem in der Ehe vertraglich festgelegten *do ut des* unterworfen ist.

Héloise verkörpert die neue Frau auch durch die Beharrlichkeit, mit der sie daran festhält, was Abaelard ihr bedeutet hat, noch immer bedeutet und weiter bedeuten wird. Niemals wird sie ihre Liebe zu ihm als schuldhaft ansehen, und wenn sie schließlich dennoch ihre Liebesbezeigungen aufgibt, so geschieht es nur aus Respekt vor ihm, um ihm auch damit zu beweisen, daß er in ihrem Herzen an erster Stelle steht.

> An ihren Herrn, Vater und Bruder – seine Dienerin und Tochter, seine Gattin und Schwester: Héloise an Abaelard.
>
> An ihn, der nach Christus alles für sie bedeutet – sie, die für ihn alles in Christus bedeutet.
>
> *Domino specialiter, sua singulariter.*

So lauten der Reihenfolge nach die Überschriften der *Briefe 2, 4 und 6.*

Die wahre Tragödie von Héloise ist ihre bedingungslose Treue: Sie beansprucht für sich die Anerkennung des Rechtes, ihr Leben so zu führen, wie sie es geführt hat.

> Ich bin schuldig, schuldig in jeder Beziehung, doch ich bin auch unschuldig, völlig unschuldig, und auch Du weißt, daß die Schuld nicht in der Tat selbst, sondern in der Absicht des Täters liegt: Das Gericht bewertet nicht die Tat an sich, sondern den Gedanken, der die Tat inspiriert hat. Und so kannst nur Du, der Du meine Gefühle für Dich kennst, sie beurteilen und bewerten.

Abaelard begreift die leidenschaftlichen Worte von Héloise nicht. Ist er, der müde, krank, verbittert und verfolgt ist, vielleicht unfähig, das, was er jetzt als „Sünde" bezeichnet, in der Erinnerung so wie sie zu betrachten? Oder will er mit seinen Briefen die Geliebte um jeden Preis zu ihrem inneren Frieden führen, so daß er es riskiert, mißverstanden zu werden, und sich mit Zynismus tarnt?

> Meine Liebe, die Liebe, die uns schuldig werden ließ, war körperliche Anziehung, nicht Liebe. Mit Dir befriedigte ich meine Lust, und das war es, was ich an Dir geliebt habe.

Héloise gibt sich geschlagen, doch sie beruft sich weiter auf ihren „Gehorsam", wenn sie an Abaelard schreibt:

> Ich möchte nicht, daß Du mir vorwerfen kannst, ich hätte Dir in irgendeiner Weise nicht gehorcht, und so habe ich mich entschlossen, wie Du es wolltest, meinen Schmerz zu unterdrücken. Ich habe mir auferlegt, Schweigen zu bewahren ... Ich werde also meiner Hand Einhalt gebieten und sie am Schreiben hindern ... Möge der Himmel mir helfen, daß mein trauerndes Herz mir ebenso gehorcht wie meine Rechte, während ich schreibe. Du aber kannst meinen Schmerz ein wenig lindern ...

Wir wollen Héloise jedoch nicht nur das Loblied ihrer Leidenschaft singen. Sie ist eine hochgebildete Frau, die Abaelard auf die Wege jener Moralphilosophie führt, die er formuliert hat und die sie von ihm übernimmt. Héloise hat nicht nur Philosophie studiert, sondern auch die Heilige Schrift, die Kirchenväter, die Klassiker der Antike ... Ihre Briefe zeigen, mit welcher Selbstverständlichkeit Héloise und Abaelard biblische, patristische, klassische und philosophische Texte zitieren. Sie besitzt das gesamte Wissen, das ihre Zeit erarbeitet und systematisiert hat. Von Abaelard hat sie die Dialektik gelernt, jene Methodik des Denkens, die den kritischen Diskurs und den methodischen Zweifel ermöglicht. Und dieses Wissen ist kirchliches Wissen. Die Bildung, die Héloise sich erworben hat, entspricht jener der „Regularkanoniker". Abaelard ist ebenso wie ihr Onkel Fulbert ein solcher. Am Horizont zeichnet sich jedoch bereits der Übergang von den Domschulen zu den Universitäten ab, deren Entstehung hauptsächlich von den Bettelorden ausging, und der von einer elitären Bildung zur sogenannten Massenkultur führte.

Héloise fügt sich auch deshalb gut in dieses Gesamtbild, weil sie in einer Kirche lebt, in der die Ehe der Kleriker inzwischen abgelehnt wird. Eine Frau paßt nicht so recht zum kulturellen Schaffen eines Magisters, der obendrein noch Geistlicher ist. Die strenge Disziplin der Wissenschaft, die Klerikalisierung der Bildung und letztlich der Wunsch Abaelards, Priester zu werden, verhindern, daß Héloise seine Gefährtin sein kann. Die Lebensgeschichte dieses Klerikers und seiner jungen Schülerin steht somit im Zeichen der Trennung. Auf der einen Seite der schwer geprüfte und müde gewordene Philosoph; auf der anderen Seite die Geliebte und Schülerin, die im Kloster lebt. Dennoch ist sie es, die Abaelard bittet, die Ordensregel für ihre Gemeinschaft zu verfassen. Héloise fehlen sicher nicht die Voraussetzungen dafür, doch auch für sie gilt das Stereotyp der *imbecillitas sexus*. Es erscheint ihr anmaßend, als Frau eine Ordensregel zu verfassen, und so bittet sie ihn, den sie zugleich Vater, Gatte und Bruder in Christus nennt, sie im Sinne jener Frauen, die nach dieser Regel leben sollen, zu schreiben. Denn nicht alle Vorschriften der klassischen Ordensregeln, die für Männer erstellt worden sind, entsprechen auch den Erfordernissen der Frauen. Abaelard stimmt zu. Er ist bereit, diesen Auftrag zu erfüllen. So trägt er seinen Teil dazu bei, daß seine einstige Schülerin das Leben, das er für sie bestimmt hat, so gut wie möglich führen kann. Der *Brief* 7 zeigt die Entstehung des weiblichen Mönchtums, und der Inhalt von *Brief 8* kann als eine Klosterregel betrachtet werden, die eigens für Frauen geschrieben und erdacht worden ist.

So schmerzvoll ihre Geschichte auch ist, so umhüllt die beiden dennoch ein Mantel der Liebe. Bernhard von Clairvaux sieht es sicher nicht so, obwohl er zum Unterschied von anderen Héloise niemals in seinen erbitterten Kampf gegen Abaelard hineinzieht. Es ist der große Humanist Petrus Venerabilis, der für das Paar Mitleid und Verständnis zeigt, und er ist es auch, der Héloise den Tod Abaelards mitteilt:

> Ehrwürdige und teuerste Schwester im Herrn! Den Mann, mit dem Du einst körperlich vereint warst und mit dem Du dann umso fester verbunden warst, je inniger das Band der göttlichen Liebe wurde, den Mann, mit dem und unter dem Du dem Herrn gedient hast, hat Christus nun an Deiner Stelle an sein Herz genommen, und wie ein anderes Ich wird er ihn für Dich beschützen, bis er Dir bei der Ankunft des Herrn ... wiedergegeben wird.
> Gedenke seiner stets im Herrn ...

Wie bereits erwähnt, überlebt Héloise Abaelard um eine beträchtliche Zeit. Der Legende nach soll Abaelard, als sein Grab geöffnet wurde, um den Leib von Héloise aufzunehmen, seine Arme ausgestreckt haben, um sie für immer festzuhalten. Dazu bemerkt Étienne Gilson:

> ... Legende hin, Legende her, anzunehmen ist doch eher, daß Héloise ihre Arme ausstreckte, um ihren Geliebten zu umarmen, als sie endlich im Grab mit ihm vereint war.

Bei aller Größe Abaelards ist es vor allem Héloise, die ein Zeichen bedingungsloser Liebe setzt. Ob sie nun rebellisch oder sanft, ungestüm oder nachgiebig ist, sie hat stets nur das Ziel vor Augen, so zu sein, wie er sie haben möchte. So überragt Héloise den Philosophen, der ihr Gefährte ist, an Größe bei weitem. Sie fällt nicht ihren Gefühlen zum Opfer, sondern dem widrigen Umstand, der es ihr erlaubt, Wissen zu erlangen, ohne aber die grundlegende Verbindung von Frau und Bildung zu legitimieren. Dennoch steht das Leben von Héloise weiter im Zeichen des Denkens, ja der Philosophie in ihrer Bedeutung als Liebe zur

Weisheit. Ihre Briefsammlung, die zu Unrecht zeitweise für apokryph gehalten wurde, zeigt sie uns als Philosophin. Ihre geistige Übereinstimmung mit Abaelard ist differenziert und doch vollkommen. Und wenn wir noch irgendeinen Zweifel hätten, müßten wir uns nur die sogenannten *Problemata* vor Augen führen, jene zweiundvierzig Anfragen zu religiösen Texten und zu bereits abgehandelten Problemen, die sie in ihrem *Brief 9* an Abaelard richtet. Er schreibt die Antworten in ebensovielen *Solutiones* nieder. Wie alle anderen stehen auch die *Briefe 10–13* ganz im Zeichen eines gemeinsamen „philosophischen" Denkens, gleichgültig, ob Héloise sie schreibt und Fragen stellt oder ob Abaelard sie verfaßt und Lösungen vorschlägt oder beifügt. Das *Glaubensbekenntnis* im *Brief 12* ergäbe ohne diese intellektuelle Wechselbeziehung keinen Sinn, ebensowenig wie die Traktate, die Abaelard für Héloise über das Studium der antiken Literatur verfaßt – so wie einst Hieronymus ermuntert er die Nonnen, Griechisch, Latein und Hebräisch zu studieren, um die Bibel im Original lesen zu können –, über das *Hexaëmeron* (Sechstagewerk der Schöpfung) usw.

Trotz der physischen Kastration Abaelards und der psychischen Kastration, die beide erleiden müssen, bleibt zwischen Héloise und Abaelard eine vollkommene Übereinstimmung bestehen. Obwohl dieses Bild ständig schwankt und ihre Verschiedenheit zum Vorschein kommt, führt diese Asymmetrie sie zu den Ursprüngen der Liebe zurück, zur völligen Übereinstimmung von Geist und Seele.

Eine unerschütterliche Liebe zur Kirche: **Klara von Assisi (1193 – 1253)**

Nur wenige Gestalten haben das Bild des Christentums so nachhaltig geprägt wie Klara. Wenige erscheinen uns so lebendig und aktuell, folgen so konsequent ihrer Bestimmung, in der die Begegnung mit Gott sich in der Begegnung mit dem anderen Menschen vollzieht. Die Geschichte Klaras ist untrennbar mit dem Leben des heiligen Franz von Assisi verbunden. Nicht nur durch ihren gemeinsamen Verlauf, sondern auch durch die übereinstimmende Darstellung der Ereignisse, die Klara uns in wenigen, aber wertvollen schriftlichen Zeugnissen hinterlassen hat:

> Ich, Klara, bin zwar unwürdig, aber eine Magd Christi und der Armen Schwestern des Klosters San Damiano und ein Pflänzlein des heiligen Vaters Franziskus ...

Wie sie selbst bekräftigt und wie es auch die verschiedenen Zeugen im Heiligsprechungsprozeß bestätigen, steht Franziskus hinter ihrer Entscheidung zur „Buße". Es handelt sich um ein Ideal, das allem Anschein nach dem typisch mittelalterlichen Empfinden entspricht. Man könnte leicht eine Verbindung zwischen Klara und den Gärungsprozessen im religiösen Leben der Frauen zwischen dem 12. und 14. Jahrhundert herstellen. Doch ihre Begegnung mit Franz von Assisi, die Übernahme seiner Lebensgrundsätze, bewahrt sie vor der fieberhaften Aktivität, vor der „ruhelosen" Suche, die im wesentlichen die religiöse Erfahrung ihrer Zeitgenossinnen charakterisiert.

Klara bekennt sich zu einer Lebensform, die der Sehnsucht nach der Urkirche sehr nahekommt, von der die Christen ihrer Zeit erfaßt sind. Doch es geschieht ohne ersichtliche Bruchlinien und ohne die bestehende Institution in Frage zu stellen. Klara unterstellt sich, wie übrigens auch Franziskus, unvoreingenommen und vertrauensvoll dem Schutz der Mutter Kirche und der Autorität ihrer legitimen Vertreter, vor allem des Papstes. Trotz ihrer Distanz zum Radikalismus des Mittelalters und ihrer bedingungslosen Anerkennung der historischen Formen der kirchlichen Institution ist das Modell von Franziskus und Klara, ihre Art der Nachfolge Christi, ebenso radikal und neuartig. Neu ist das Modell einer streng abgeschlossenen Schwesterngemeinschaft, das Klara in Abweichung von den bisher erprobten Klosterformen verwirklicht und das vom einzigartigen und menschlich gesehen geradezu absurden „Privileg" der Armut geprägt ist.

Die *Fonti Francescane* („Franziskanische Quellen") beschreiben sehr lebendig und deutlich den Weg Klaras und ihre Begegnung mit Franziskus. Sie sind sicher nicht unumstritten. Doch was immer man auch über ihren Wahrheitsgehalt denken mag, man muß anerkennen, daß ihr Leben dort unbeirrt und konsequent zu einer Einheit verschmolzen wird. Im 6. Kapitel der *Regel* beschreibt Klara selbst ihre Lebensgeschichte:

> Nachdem der allerhöchste himmlische Vater geruht hatte, meine Seele zu erleuchten ... daß ich dem Beispiel unseres seligsten Vaters Franziskus folgen und kurz nach seiner eigenen Bekehrung ebenfalls Buße tun sollte, gelobte ich ihm gemeinsam mit meinen Schwestern Gehorsam ... Und damit wir uns niemals von der allerheiligsten Armut, der wir folgten, entfernen und auch die es nicht tun, die nach uns kommen, schrieb er für uns kurz vor seinem Tod neuerlich seinen letzten Willen mit folgenden Worten auf: „Ich, der kleine Bruder Franziskus, will dem Leben der Armut unseres allerhöchsten Herrn Jesus Christus und seiner allerheiligsten Mutter folgen und daran bis zum Ende festhalten. Und ich bitte und rate euch, meine Schwestern, stets in dieser allerheiligsten Armut zu leben. Achtet gut darauf, euch nie und in keiner Weise auf die Belehrung und den Rat irgendeines Menschen hin von ihr zu entfernen." Und so wie ich ... immer eifrig bemüht war, die heilige Armut einzuhalten, die wir Gott dem Herrn und dem seligen Franziskus versprochen haben, sollen auch die Äbtissinnen, die mir im Amt folgen werden, und alle Schwestern dazu verpflichtet sein, sie ungebrochen bis zum Ende zu befolgen.

Hier nun kurz die Lebensgeschichte Klaras: Als junges Mädchen aus einer adeligen und wohlhabenden Familie entschließt sie sich mit kaum achtzehn Jahren zu einem Leben in strengster Armut; sie macht sich das ungewöhnliche

Lebensmodell eines Jünglings aus Assisi zu eigen, der sich ebenfalls allen Hindernissen zum Trotz dazu entschlossen hat, einen neuen Weg der Nachfolge Christi zu beschreiten, indem er auf jede Sicherheit und Stabilität verzichtet und eine charismatische Bruderschaft gründet. Es ist ein Vorhaben, das für Frauen nur schwer umsetzbar ist. Im Fall Klaras endet es daher mit der Gründung eines Klosters. Das Neue daran ist die Regel; neu ist die Inspiration; neu ist in seiner Art auch das Bestreben, jene geistigen Ideale auch für Frauen zu übernehmen, die Franziskus mit den Seinen für die Männer verwirklicht hat.

Hat die Abgeschlossenheit der Klausur den Vorstellungen Klaras wirklich entsprochen? Vielleicht hätte sie die Wanderschaft und Missionstätigkeit der Bettelmönche vorgezogen? Das kann durchaus sein, doch Gewißheit haben wir keine. Auf jeden Fall ist ihre Entscheidung, ob mehr oder weniger freiwillig, die einzig mögliche. Sie ist die notwendige Voraussetzung dafür, daß Klara ihr eigentliches Ziel der völligen und totalen Armut kompromißlos und radikal verwirklichen kann.

Die Geschichte berichtet dann von ihren „heimlichen" Begegnungen mit Franziskus bis zu ihrem letzten öffentlichen Auftreten am Palmsonntag des Jahres 1211 oder 1212 ... Der Legende nach übergibt der Bischof selbst die geweihte Palme an Klara, die gekommen ist, um von ihrem bisherigen öffentlichen und kirchlichen Leben Abschied zu nehmen. Klara, in einem Gewand, wie es sich für ein junges, adeliges Mädchen im heiratsfähigen Alter ziemt, gelingt es, nach Anbruch der Dunkelheit heimlich ihr Vaterhaus zu verlassen, und sie flüchtet zu Franziskus und den Seinen, die sie mit dem Feuer ihrer Fackeln, vor allem aber mit brennenden Herzen empfangen. Hier, in der Stille von S. Maria degli Angeli, schneidet Franziskus ihr die Haare ab; obwohl er Laie ist, setzt er damit ein „Zeichen", das zum Symbol der völligen Hingabe an Gott werden soll. Die *Legende der heiligen Jungfrau Klara* berichtet:

> Das Palmfest war nahe, als sich die Jungfrau mit brennendem Herzen zum Mann Gottes begab, um ihn zu fragen, was sie tun müsse und wie, nun, da sie ihr Leben ändern wolle. Franziskus fordert sie auf, am Tag des Festes geschmückt und festlich gekleidet zu erscheinen, um inmitten der Menge die Palme entgegenzunehmen. In der folgenden Nacht solle sie ihr Heim verlassen und die Freuden der Welt in den Schmerz der Leiden des Herrn verwandeln.
> Am Sonntag betritt also die Jungfrau die Kirche, strahlend in festlicher Pracht inmitten der Schar der adeligen Damen ...; und wirklich, als der Bischof die Stufen herabschreitet, geht er zu ihr hin und legt die Palme in ihre Hände.
> Schon in der folgenden Nacht ist sie bereit, der Anordnung des Heiligen zu gehorchen, und sie unternimmt die ersehnte Flucht ... Nachdem sie Haus, Stadt und Verwandte verlassen hatte, eilte sie nach Portiuncula, wo die Brüder, die im Gebet wachten ... die Jungfrau Klara mit brennenden Fackeln empfingen ... Dort ... ließ sie sich die Haare von den Brüdern abschneiden und legte für immer all ihren Schmuck ab.

Im Rahmen des Heiligsprechungsprozesses präzisiert Beatrice de Messere Favarone, eine Mitschwester Klaras:

> Und dann schnitt ihr der heilige Franziskus vor dem Altar der Kirche der Jungfrau Maria, Portiuncula genannt, die Haare ab.

Endlich in San Damiano angelangt, verbringt Klara ihre Tage auf eine Art, die ansteckend wirkt. Was diesen Ort betrifft, so hat hier Franziskus, als er mit der Instandsetzung beschäftigt war – Klara erinnert sich in ihrem *Testament* daran – seine Mitbürger mit folgenden Worten angesprochen:

> Kommt und helft mir, denn in kurzer Zeit werden hier Frauen wohnen, und für den Ruhm und die Heiligkeit ihres Lebens wird unser himmlischer Vater in seiner heiligen Kirche gepriesen werden.

Etwa drei Jahre nach ihrer Ankunft in San Damiano übernimmt Klara dort die Leitung der Gemeinschaft der „Armen Schwestern". Die *Legende* und die *Prozeßakten* bezeugen ihre Armut, ihre Demut, die Bußübungen, denen sie sich unterzieht, ihr unaufhörliches Gebet. Gleichzeitig berichten sie, wie Klara der Kommunität auf wunderbare Weise in Schwierigkeiten beisteht, ob es sich nun um Knappheit bei Öl oder Brot handelt, um eine Gefahr von außen wie die der Sarazenen oder um die Belagerung, von der Assisi damals heimgesucht wird ... Sie berichten weiters von ihrer Krankheit, von ihren letzten Tagen, vom Besuch des Papstes Innozenz. Der zweite Teil der *Legende* beschreibt die Wunder Klaras nach ihrem Tod am 11. August 1253 bis zum Zeitpunkt ihrer Heiligsprechung am 15. August 1255.

Die franziskanische Tradition scheint einem einfachen Modell zu folgen, das auf Bildung keinerlei Wert legt. Wenn ihre Nonnen nicht schreiben und lesen können, sagt ihnen Klara, sie sollten sich erst gar nicht bemühen, es zu erlernen. Franziskus folgt seinerseits jenem Evangelium *sine glossa*, mit dem er seine Distanz, wenn nicht gar Abneigung gegenüber einer bestimmten Art des scholastischen Theologisierens seiner Zeit zum Ausdruck bringt. Doch so wie Klara folgt er einem etwas anderen Modell von „Weisheit". Vor allem die Briefe Klaras sind zwar spärliche, aber wertvolle Beweise dafür, daß sie sich gänzlich jener „weiblichen Mönchstheologie" anschließt, die sich vor allem mit der Thematik der „mystischen Hochzeit" befaßt. Sie äußert sich dazu in einem Brief an Agnes von Böhmen, und überträgt so ihr eigenes spirituelles Ideal auf die geliebte Schwester in der Ferne:

> ... Ihr hattet die Gelegenheit ... zur legitimen Hochzeit mit dem ... Kaiser ... und doch habt Ihr es aus ganzem Herzen vorgezogen ... der allerheiligsten Armut und den Entsagungen des Körpers zu folgen, um Euch einem Bräutigam von noch höherer Geburt zu schenken, unserem Herrn Jesus Christus, der Eure Jungfräulichkeit immer rein und unbefleckt erhalten wird. Seine Liebe macht Euch keusch, seine Zärtlichkeiten reiner, und er bestätigt Euch als Jungfrau. Seine Macht ist größer als

jede andere, und größer ist auch seine Hochherzigkeit; seine Schönheit ist verführerischer, seine Liebe süßer und seine Gunst erlesener. Nun, da Ihr in seinen Armen liegt, hat er Eure Brust mit kostbaren Steinen geschmückt; an Euren Ohren hat er unschätzbare Perlen befestigt; er hat Euch ganz in neue, schimmernde Edelsteine gekleidet ...

So laß Dich, Du königliche Braut des himmlischen Königs, von diesem Feuer der Liebe immer mehr verbrennen! Denk an seine unbeschreiblichen Freuden, an die Reichtümer und die ewigen Ehren und rufe mit Deiner brennenden Sehnsucht und Liebe: Führ mich zu dir, himmlischer Bräutigam! Zu dir eilen wir, verlockt von der Süße deines Duftes. Ohne müde zu werden, eile ich zu dir, bis du mich in deine Herrlichkeit einführst. Dann möge deine Linke sich unter mein Haupt legen und deine Rechte mich freudig umarmen, und du wirst mich mit dem seligsten Kuß deines Mundes küssen.

Man hat den Eindruck, daß sie eine Theologin ist, die der Bildung keineswegs ablehnend gegenübersteht. Sie hat sogar einen gewissen Geschmack daran gefunden. Es gibt verschiedene Beweise dafür, daß Klara, im Gegensatz zu ihren eigenen Aussagen, einem hohen geistigen Ideal folgt. Zum Beispiel tritt sie in einen „Hungerstreik", als dem Kloster auf Anordnung von Papst Innozenz die geistliche Führung durch die „Brüder" genommen wird: Obwohl ihr der Papst die Bettelmönche gelassen hat, weist Klara nun auch diese zurück. Sie, der man das Brot des Wortes genommen hat, versichert, daß sie auch auf das tägliche Brot verzichten könne.

Es wird berichtet, daß Klara schöne Predigten liebte. Aufgrund ihrer Erziehung war sie wahrscheinlich so weit gebildet, daß sie Geschmack daran fand. Ihre spirituelle Erfahrung hat diese Bildung dann noch vertieft. Jedenfalls ist sie die erste Frau in der Geschichte, die eine Ordensregel verfaßt. Nicht einmal die berühmte Héloise hatte sich an so etwas herangewagt. Die hartnäckige Nonne aus Assisi aber beginnt einen dreißig Jahre dauernden Feldzug, um die Approbation ihrer Regel zu erreichen, und sie erhält diese schließlich zwei Tage vor ihrem Tod. Dreißig Jahre lang lebt sie nach der Ordensregel der Benediktiner, die von ihren Vorstellungen weit entfernt ist. Diese Mischung von Rebellion und Gehorsam, die ihr gesamtes Leben charakterisiert, hält sie so lange durch, bis sie bekommt, was sie verlangt. Wie es scheint, stammt aber nicht die gesamte Regel von ihr selbst. Man erkennt immer wieder die Hand der Kanonisten, die ihre Zensoren sind. Doch im wesentlichen – die Wende wird ab dem 6. Kapitel deutlich sichtbar – handelt es sich um die erste weibliche Ordensregel.

Klara ist in dieser Angelegenheit übrigens ebenso hartnäckig wie in dem Streit, den sie mit der kirchlichen Institution beginnt. Es mag paradox erscheinen, doch obwohl Klara respektiert und geliebt wird, muß sie hart um die Durchsetzung ihrer Grundsätze kämpfen. Die Mönche werden dem radikalen Ideal der Armut, das Franziskus so tief beeindruckt hat, bald untreu. Klara hingegen hält an dem *privilegium paupertatis* fest und legt es mit extremer Strenge aus. Doch gerade das wird für untragbar gehalten. Es sei doch verrückt, sich zu solch absoluter Armut zu bekennen! Was würde dabei aus ihr und den Schwestern werden? Zu Papst Innozenz, der sie im Bewußtsein seiner Verantwortung von diesem Gelübde entbinden will, sagt Klara: „Heiligster Vater, niemand kann mich von der Nachfolge Christi entbinden."

Die Beziehung zwischen Klara und Franziskus stellt einen der Höhepunkte der Begegnung von Mann und Frau in der kirchlichen Glaubensgemeinschaft dar. Die beiden verbindet eine außergewöhnliche Liebe, die auch die *Fonti* nicht schmälern und die der Maler Giotto am schönsten in jener Szene dargestellt hat, in der sie seinen Leichnam umfangen hält, der nach San Damiano gebracht worden ist, damit die „Armen Schwestern" ihn noch ein letztes Mal sehen können. Doch abgesehen von diesem Bild gibt es einhellige Beweise für ihre edle und vollkommene Beziehung zueinander. Wir denken dabei an den Gesang mit Text und Musik, den Franziskus für Klara und die Schwestern, die ihn nicht sehen dürfen, schreibt, um sie seiner Liebe zu versichern und zu trösten. Oder daran, daß Franziskus nach seiner Rückkehr aus der Einsamkeit des Alverno bei Klara Zuflucht sucht, als er körperlich am Ende ist und Pflege benötigt. Wegen der Klausur errichtet ihm Klara außerhalb des Klosters „eine Hütte aus Schilfmatten, in der er sich erholen konnte". Es ist wohl unmöglich, die Beziehung zwischen Klara und Franziskus erschöpfend darzustellen. Es läßt sich nur soviel sagen, daß einer für den anderen ein Mittler zu Christus selbst ist. Anders läßt sich die Zärtlichkeit, die Franz für Klara empfindet, nicht erklären, oder sein Wunsch, gemeinsam mit ihr zu speisen. Die *Fonti* betonen zwar die Abhängigkeit Klaras von Franziskus und greifen damit das bereits von Klara vertretene Bild vom „Vater" Franziskus auf. Doch diese Abhängigkeit hat den Beigeschmack der Weisheit. Was Franziskus für Klara bedeutet, nämlich lebensnotwendige Nahrung, Halt und Stütze, zeigt vor allem die folgende Aussage im Verlauf des Heiligsprechungsprozesses:

> Auch Madonna Klara berichtete, daß sie einmal eine Vision hatte, in der sie dem heiligen Franziskus einen Krug mit warmem Wasser brachte ... Und als sie beim heiligen Franziskus angekommen war, zog er aus seinem Busen eine weibliche Brust und sagte zu ihr, der Jungfrau Klara: „Komm, nimm und trink!" Und nachdem sie es getan hatte, forderte der Heilige sie auf, nochmals zu trinken; und als sie es tat, schmeckte es so süß und köstlich, daß sie es nicht beschreiben konnte. Und nachdem sie getrunken hatte, blieb jene Rundung oder Öffnung, aus der die Milch trat, zwischen den Lippen der seligen Klara; und als sie das, was in ihrem Mund geblieben war, in die Hände nahm, schien es ihr so klar und leuchtend wie Gold, so daß man in ihm alles wie in einem Spiegel sehen konnte.

Die stillende Brust ist ein Symbol für Mütterlichkeit, für erlebte und ununterdrückbare Weiblichkeit. Doch diese Brust ist die von Franziskus, nicht von Klara. Die Zweigeschlechtlichkeit, die sich bereits im weiblichen Antlitz

Gottes ausdrückt und die fähig ist, zu nähren und zu erschaffen, geht hier auf Franziskus über. Er verkörpert sie trotz seines männlichen Geschlechts. Damit wird er zur Verkörperung der Weisheit und des Wortes, das nährt, erhält und vor allem zum festlichen Hochzeitsmahl einlädt. Von Franziskus nährt sich Klara insofern, als sie durch ihn zum Wort und zur Begegnung mit Gott gelangt.

Klara und Franziskus verkörpern die „Braut" und den „Bräutigam"; sie sind das Sinnbild der neuen Eva und des neuen Adam. Eindrucksvoller als jeder noch so klugen Institution gelingt es Klara und Franziskus, durch die beispielhafte Vollkommenheit ihrer Beziehung der Braut Kirche ihren ursprünglichen Glanz als „neue Frau", die aus der Rippe ihres Christus entstanden ist, zurückzugeben.

Eine feministische Häresie: Vilemina (1210 - 1281)

Als Klara von Assisi ihren Brief an Agnes von Böhmen richtet, weiß sie höchstwahrscheinlich nicht, daß deren Schwester Vilemina, die erstgeborene Tochter der Konstanze von Ungarn, der zweiten Gemahlin König Ottokars I. von Böhmen, zur gleichen Zeit in Mailand lebt und wirkt. Welche verschlungenen Pfade sie dorthin geführt haben, ist nicht bekannt. Auf jeden Fall kommt sie zwischen 1260 und 1270 in diese bevölkerungsreiche und weltoffene Stadt, die „Ketzergrube", wie Jakob von Vitry sie nennt. Sie bringt auch ihren Sohn mit, der wahrscheinlich kurz darauf stirbt, da er nie mehr erwähnt wird.

In Mailand ist Vilemina bald bekannt und geachtet, vor allem bei den freien Bürgern, zu denen sie enge Beziehungen unterhält. Die Mönche der Abtei von Chiaravalle schenken ihr besonders großes Vertrauen, und man kann annehmen, daß sie als Oblatin in ihrer Gemeinschaft lebt. Tatsächlich wohnt sie in S. Pietro all'Orto in einem Haus, das zur Abtei gehört.

Von Vilemina selbst wissen wir sehr wenig, nur daß sie gut, großherzig, hilfsbereit und stets verfügbar ist. Unzweifelhaft besitzt sie die Fähigkeit, Trost zu spenden, und hat vielleicht auch das Charisma der Heilkraft. Es gelingt ihr, zu jedermann Kontakt zu finden und sogleich bis ins Innerste der Menschen vorzudringen, ohne deshalb alle auf eine Stufe zu stellen oder zu versuchen, die heterogene Gruppe, mit der sie Umgang pflegt, über einen Kamm zu scheren.

Um ihre Person beginnen sich Hoffnungen und Erwartungen zu ranken, die sie selbst wohl nicht bestärkt, wenn es stimmt, daß sie jedem auf die Frage, ob sie der menschgewordene Heilige Geist sei, entgegnet, sie sei nur eine arme und schwache Frau, von Eltern aus Fleisch und Blut gezeugt und selbst Mutter eines Sohnes. Diese Antworten, die ihr als Bescheidenheit ausgelegt werden, erhöhen noch die Erwartungen in sie, so daß die kleine Gruppe ihrer Anhänger sie zum Zeitpunkt ihres Todes, dem 24. August 1281, bereits als Heilige verehrt – Vilemina hat den Ihren empfohlen, in gegenseitiger Liebe miteinander zu leben, und rätselhafte Äußerungen über deren Unglauben hinzugefügt. Aufgrund des zwischen Mailand und dem benachbarten Lodi herrschenden Krieges ist es ihren Anhängern nicht möglich, sie sogleich neben der Abtei von Chiaravalle zu bestatten, wie sie es gewünscht hat. Erst im Oktober wird sie unter entsprechendem Geleitschutz feierlich dorthin überführt. An diesem Ort entsteht um ihre Person eine Art Kult, der von den Mönchen selbst kräftig gefördert wird. In der Grabkapelle befand sich einst ein Fresko, das darstellte, wie der heilige Bernhard Vilemina gemeinsam mit Mayfreda und Andrea Saramita vor die Muttergottes führt. Die Gesichter von Vilemina und Mayfreda sollen auf diesem Fresko, das heute nicht mehr existiert, rot bemalt gewesen sein – vielleicht die Farbe des Heiligen Geistes?

Der Tod Vileminas bedeutet jedoch keineswegs das Ende der in sie gesetzten Erwartungen, sondern steigert sie noch weiter. So wird etwas, das sie vermutlich nie gelehrt hat, zu einer neuen Wahrheit, vor allem dank Schwester Mayfreda, die mit den Fürsten Visconti verwandt ist und der religiösen Gemeinschaft der Humiliaten angehört, sowie durch Andrea Saramita, einen leidenschaftlichen Anhänger Vileminas. Sie sind es, die ihrer unausgesprochenen Idee Gestalt verleihen. Dies geht so weit, daß sie eine „feministische Häresie" ausarbeiten, wie L. Muraro es nicht ohne verbalen Anachronismus – zu Recht – bezeichnet.

Um zu verstehen, wie es zu dieser Entwicklung kommen konnte, muß man sich die historischen Zusammenhänge ins Gedächtnis rufen. Wir befinden uns in einer Zeit des Übergangs. Die Unterdrückung der geistlichen Erneuerungsbewegungen im 12. Jahrhundert hat den Wunsch nach einer anderen Art von Religiosität nicht ausgelöscht, allenfalls hat sich der Schwerpunkt verlagert, von der Ebene der Volksreligion hin zu kleineren Gemeinschaften, vom öffentlichen in den privaten Bereich, von der Suche nach alternativen Formen zur Übernahme bereits bestehender. Angesichts des weitverbreiteten und unterschwelligen Unbehagens erläßt Papst Bonifaz VIII. sein Apostolisches Schreiben *Saepe sanctam Ecclesiam.* Er beklagt darin jene geheimen Vereinigungen, in denen die Gläubigen sich gegenseitig unterrichten und wo vor allem Frauen wichtige Ämter bekleiden, ja sich geradezu die Schlüsselgewalt Petri anmaßen. Sie nehmen die Beichte ab, sprechen von Sünden los, tragen die Tonsur und bilden sich ein, den Heiligen Geist durch Handauflegung übertragen zu können ... Neben diesen Irrtümern beklagt der Papst noch weitere, die den Beigeschmack sexueller Verirrungen haben. Er sagt, diese Häretiker würden nackt predigen und das heilige Band der Ehe nicht respektieren ... Überhaupt würden die Frauen, wie schon im 2. und 3. Jahrhundert christlicher Zeitrechnung, eine Gefahr darstellen, ja sogar an den Grundfesten der Kirche rütteln, die sie für sich in Anspruch nehmen, obwohl sie sich auf Christus gründet und daher dazu bestimmt sei, das männliche Prinzip zu vertreten. Die Reaktion auf diese Gefahr macht wieder einmal taub für die Bedeutung der neuen „feministischen" Forderungen, noch bevor sie „häretisch" geworden sind. Es verwundert auch nicht, daß neuerlich eine Verbindung zwischen dem Heiligen Geist und diesen Strömungen hergestellt wird, die dann im 13. Jahrhundert in der zisterziensischen Spiritualität ihren Niederschlag finden. Es ist nicht nur die Hinwendung zur zentralen Bedeutung des Heiligen Geistes, nicht nur eine neue Auslegung und die Erwartung seiner Wiederkehr in prophetischer und apokalyptischer Art und Weise, sondern auch die Darstellung einer solchen komplexen Vorstellungswelt mit weiblichen Mitteln. In der Bearbeitung durch Mayfreda beinhaltet die Botschaft Vileminas die zentrale Bedeutung des Heiligen Geistes, dessen Menschwerdung schließlich in Vilemina, einer Frau, stattfindet. Auf die Heilsökonomie, die an die Menschwerdung Christi geknüpft ist, folgt demnach eine weitere, letzte Heilsökonomie, mit der alle bisherigen Formen abgeschafft werden. Die Frauen werden zu Mittlerinnen des Göttlichen, zu Priesterinnen im eigentlichen Sinn; im neuen Zeitalter des Heiligen Geistes wird die christliche Wahrheit auch den bisher ungläubigen Völkern gebracht, den Juden und Muselmanen.

Puricelli, der im 17. Jahrhundert zum erstenmal Zugang zu den Handschriften des Prozesses erhält, hat die Lehre Vileminas in vierzehn Thesen wiedergegeben. Die wichtigste betrifft ihre Identifikation mit dem Heiligen Geist, der sich durch sie im weiblichen Geschlecht verkörpert hat. Es folgen Behauptungen, die sie mit Christus, der wahrer Mensch und wahrer Gott ist, in Zusammenhang bringen und analog dazu in ihr, einem wahren *homo* weiblichen Geschlechts, die Verkörperung des Heiligen Geistes sehen. Wie Christus habe auch Vilemina fünf Wundmale, wie er werde auch sie auferstehen. Christus habe Petrus zu seinem Stellvertreter bestimmt, und ebenso habe Vilemina Mayfreda zu ihrer Stellvertreterin ausersehen. Sie solle daher in Mailand predigen und die Messe lesen und schließlich auf dem Römischen Stuhl Platz nehmen. Es werde unter anderem die Aufgabe der *Päpstin* Mayfreda sein, Juden und Muselmanen und auch die anderen Völker, die noch außerhalb der Kirche stehen, zu taufen. Die Evangelien sollen durch neue ersetzt werden, geschrieben von vier Gelehrten, die Vilemina auswählen würde, sobald Mayfreda das Pontifikat angetreten habe. Vilemina sei auferstanden, und ihr Körper befinde sich dort, wo sie es gerade wolle; die Ablässe, die an ihrem Grab gewährt würden, seien denen am Grab Christi gleichzusetzen. So wie die Jünger Christi Verfolgung erlitten haben, würden auch die Anhänger Vileminas ihretwegen leiden und – wie einst Christus von Judas – von den Gefährten verraten werden.

L. Muraro schreibt, daß die Aufzeichnung Puricellis von Analogien beherrscht sei: von der Analogie zum wahren Glauben und von der Analogie zum Mysterium Christi. Das heißt, es entgehen ihm, wie übrigens auch bereits den Inquisitoren, die autonomen und ursprünglichen wie auch die orthodoxen Elemente der Idee Vileminas. Wir möchten dazu nur feststellen, daß es sich im wesentlichen um drei Lehrsätze handelt: Der erste betrifft die Pneumatologie, deren genauer Ursprung nicht bekannt ist – Vilemina sagt zwar, sie sei am Tag des Pfingstfestes geboren worden, aber genügt diese Tatsache wirklich, um sie mit dem Heiligen Geist in Verbindung zu bringen? Der zweite Lehrsatz betrifft die Nachfolge Christi, die von der historischen und ethischen auf die heilsökonomische und ontologische Ebene transponiert wird – auch diesbezüglich wissen wir nicht, was von Vilemina selbst stammt bzw. wo Mayfreda und Saramita in den Vordergrund treten. Der dritte, ekklesiologisch-eschatologische Lehrsatz enthält die intuitive Erkenntnis, daß die *ecclesia spiritualis* in ihrer historischen Vollendung „noch nicht" verwirklicht werden kann.

Mayfreda und Andrea Saramita werden erstmals im Jahr 1284 vor Gericht gestellt. Der endgültige Prozeß findet im Jahr 1300 statt. Die Tatsache ihres zweimaligen Prozesses – die Akten aus dem Jahr 1300 sind zum Teil erhalten – gestattet es uns, die Entwicklungsphasen des Vilemina-Kultes zu verfolgen und auch die schrittweise Radikalisierung Mayfredas in einer Rolle, von der wir nicht wissen, ob sie diese von sich aus schuf oder auf Anweisung von Vilemina in die Tat umsetzte.

Auf jeden Fall beginnt für Vilemina, wie L. Muraro schreibt, nach dem Jahr 1281 ein neues Leben: als Heilige für die einen, für andere sogar als Reinkarnation des Göttlichen. Ihr Grab wird ebenso wie ihr Haus zum Ziel von Pilgern. Ihre Anhänger brechen zu Fuß von Mailand auf, bringen Kerzen und Opfergaben nach Chiaravalle, wo sie als Gäste der Abtei gemeinsam ein einfaches Mahl einnehmen. Die Mönche, die den Leichnam Vileminas aufbewahren und die Pilger empfangen, feiern auch den Jahrestag ihres Todes und den ihrer Überführung in die Abtei. Zu diesen Anlässen halten sie Predigten im Gedenken an ihre Wundertaten. Die Verehrung Vileminas veranlaßte ihre Anhänger dazu, den Leichnam schon einen Monat nach dem Begräbnis in Chiaravalle zu exhumieren. Er wurde vom Friedhof in den für Laienbrüder bestimmten Bereich der Kirche gebracht. Unter großer Anteilnahme wurde der Leichnam gewaschen und dann in ein Skapulier aus weißer Wolle gehüllt, wie es die Zisterzienser tragen. Das Wasser wurde nach der Waschung aufgefangen und als Reliquie aufbewahrt; es soll Mayfreda als Chrisam gedient haben. Nachdem das Ritual beendet war, wurde die Leiche wieder in ihr Grab gebettet.

Während Saramita sich weiter um das ehrenvolle Andenken Vileminas bemühte – er machte sich sogar auf den Weg nach Böhmen –, pflegte Mayfreda die Liturgie des neuen Kultes. Sie komponierte nicht nur Litaneien und Hymnen zu Ehren des Heiligen Geistes und Vileminas, sondern leitete nach und nach auch echte liturgische Handlungen. So teilte sie zunächst Hostien aus, die durch Berührung mit dem Grab Vileminas geweiht worden waren, um schließlich die Eucharistiefeier selbst zu leiten. Bevor der Kult diese triumphalistischen Züge annahm, feierten seine Anhänger das Pfingstfest, das natürlich ganz auf Vilemina ausgerichtet war, noch mit etwas größerer Zurückhaltung. Unter dem Deckmantel der beiden Heiligen Margareta und Katharina – die nach der Tradition der Ostkirche mit dem Heiligen Geist in Verbindung gebracht werden –, verehrten sie Vilemina auch in den Kirchen. Mayfreda, die selbst über die beiden

Heiligen Predigten hielt, würdigte in Wahrheit das Andenken Vileminas. Es gab vor allem zwei Kultstätten ihrer Anhänger: das Grab in Chiaravalle und das Haus, in dem Mayfreda gemeinsam mit anderen Schwestern des Humiliatenordens wohnte.

Im Jahr 1284 befaßte sich das Inquisitionsgericht mit den „Vilemiten". Doch dieser erste Prozeß hatte noch keine schwerwiegenden Folgen. Andrea Saramita, Mayfreda und anderen Frauen gelang es, sich zu entlasten. Unter Einhaltung einer gewissen Vorsicht lebte die Gruppe völlig ungestört bis zum Jahr 1296, in dem sich das Tribunal erneut mit ihr befaßte. Doch die Aufforderung des Untersuchungsrichters, in Rom zu erscheinen, schuf keine ernsthaften Probleme, weil er bald darauf selbst seines Amtes enthoben wurde. Die Gruppe wurde jedoch noch vorsichtiger, besonders Mayfreda, die vom Haus der Humiliaten in ein Privathaus übersiedelte, wo sie nicht so leicht überwacht werden konnte. Sie und Saramita gaben ihre Aktivitäten deshalb jedoch nicht auf. Und als Papst Bonifaz VIII. regierte, ließ sie sich sogar zu Äußerungen über die Illegitimität seines Pontifikats hinreißen.

Anläßlich des Osterfestes im Jahr 1300 zelebrierte Mayfreda selbst feierlich die Messe unter Mitwirkung von Diakonen und Subdiakonen, mit großem Pomp und unter Beteiligung vieler Anhänger. Sie führte keinen neuen Ritus ein, sondern hielt sich an die katholische Praxis, mit Ausnahme ihrer Person, denn sie war nach geltendem Recht zur Ausübung dieses Amtes nicht befugt. Saramita seinerseits begann nun die Auferstehung Vileminas noch für dasselbe Jahr zu prophezeien, im Einklang mit allen denen, die erwarteten, daß mit dem neuen Jahrhundert ein neues Zeitalter des Heiligen Geistes anbrechen würde.

Wenige Tage später – Ostern fiel in diesem Jahr auf den 10. April – wurde Mayfreda vor die Inquisition gerufen. Diesmal war die logische Konsequenz ihre Verurteilung zum Feuertod. Zeitpunkt und Ort der Vollstreckung lassen sich schwer feststellen. Wahrscheinlich wurde Saramita vor dem 9. September hingerichtet und noch vor ihm eine andere Frau, Schwester Giacoma dei Bassani aus Nova, keine bedeutende Persönlichkeit, aber ebenfalls Mitglied der religiösen Gruppe der Humiliaten. Die Fortsetzung des Prozesses und die weitere Erwähnung Mayfredas lassen darauf schließen, daß ihr Urteil zu diesem Zeitpunkt noch nicht vollstreckt worden war. Matteo und Galeazzo Visconti taten alles, um sie zu befreien, auch als sie bereits der „weltlichen Gerichtsbarkeit" übergeben worden war. Demnach wurde das Urteil vermutlich erst im darauffolgenden Jahr vollstreckt, als der Prozeß beendet war und die Macht von Matteo Visconti zu schwinden begann. Aller Wahrscheinlichkeit nach verbrannten auf dem Scheiterhaufen, der Mayfredas Leben ein Ende setzte, auch die exhumierten sterblichen Überreste Vileminas. Von diesem Augenblick an wurde die Bewegung zur Legende und erhielt jenen schlechten Ruf, den sie historisch gesehen nie hatte.

So endete schließlich auf tragische Weise ein im historischen Zusammenhang verständlicher und konsequenter Versuch, die Frauen dadurch mit dem

Heiligen Geist zu verbinden, daß man die Tochter des Königs von Böhmen – deren hoher Rang übrigens allen unbekannt war – zu seiner weiblichen Personifizierung erhob. Vilemina wurde so zum Manifest eines neuen Zeitalters und einer neuen Kirche, einer „Kirche der Frauen". Sie nimmt damit die Geschichte vorweg und übertrifft wohl auch die kühnsten feministischen Träume.

Dennoch überdauerte von ihrem Anliegen eine damit verbundene, ausgesprochen weibliche Dynamik. Vielleicht hatte Vilemina, die in ihrer Heimat die Andersartigkeit der mongolischen Invasoren kennengelernt hatte, eine besondere Sensibilität und Offenheit für die Notwendigkeit der Beziehungen des Christentums zu anderen Völkern entwickelt. Im ersehnten Zeitalter des Heiligen Geistes sollten Muselmanen, Juden und andere Völker am Ende zu einer einzigen Glaubensgemeinschaft zusammenfinden.

4. Kapitel

VON DER KATHOLISCHEN REFORM ZUR GEGENREFORMATION

Gegen Ende des Mittelalters entwickelt das ruhelose Suchen der Frauen sein komplexes, vorwiegend mystisches Erscheinungsbild. So sind auch die Frauengestalten zu Beginn der Neuzeit zum Großteil Mystikerinnen. Obwohl ihnen Direktheit und Aktivität, wache Aufmerksamkeit und ein prophetisches „Gespür für die Bedürfnisse der Menschen“ nicht fehlen, bevorzugen die Frauen Ende des 15. und zu Beginn des 16. Jahrhunderts eine mystische Sprache. Diese bringt zweifellos in besonders hohem Maße die kulturelle Stereotypie des Weiblichen zum Ausdruck. Von den Frauen erwartet man keine abgeklärte und rationale Sprache, sondern einen Sturm der Gefühle, der auf religiöser Ebene der einzige Weg ist, um Beachtung zu finden. Es wäre jedoch nicht richtig, diesen Frauen wirkliches Prophetentum absprechen zu wollen. Caterina Fieschi, Vittoria Colonna und Jeanne de Lestonnac, die sich nicht nur durch die Verwendung unterschiedlicher Ausdrucksformen der Sprache voneinander unterscheiden, zeigen sich uns ausnahmslos als aktive und engagierte Frauen, sowohl auf sozialer als auch auf politischer und religiöser Ebene. Die unterschiedlichen Lebenswege von Angela Merici, Teresa von Avila und Mary Ward, von Jeanne de Chantal und den Frauen der Reform oder die besonders tragischen Schicksale der sogenannten „Hexen“ – wir haben hier aus gutem Grund Gostanza ausgewählt, eine arme Frau, die gerade noch dem Scheiterhaufen entgeht – zeigen die ganze Widersprüchlichkeit einer Gesellschaft, die zwar das Mittelalter hinter sich gelassen hat, aber unfähig ist, sich von bestimmten Vorurteilen und Trugbildern dieser Zeit zu befreien. Außerdem steht die Aufwertung des Laienstandes und der Frau zur Zeit der katholischen Reform und Gegenreformation im Gegensatz zur nachtridentinischen „Normalisierung“, die in einem übersteigerten Moralismus alles daransetzt, die Frauen wieder unsichtbar zu machen und zum Schweigen zu bringen.

Alle Frauengestalten, mit denen wir uns hier befassen, sind höchst interessant. Und doch wäre es schwierig, eine Kontinuität zwischen ihren Erwartungen, Worten und Handlungen sowie dem Verlauf ihres Lebens zu entdecken, das nicht immer aufregend, sehr oft aber traurig und leidvoll ist. Aber es ist das wesentliche Merkmal dieser geschichtlichen Epoche, daß die Kirche, die das

Erbe mittelalterlicher Anschauungen übernimmt und gleichzeitig die Ideale von Humanismus und Renaissance zum Ausdruck bringt, immer noch von einer grundsätzlichen Angst vor jeder Erneuerung beherrscht wird. Das Verlangen der Frauen, zu ihrer eigenen Identität zu finden, wird immer deutlicher und ist auf die eine oder andere Weise identisch mit einem starken Bedürfnis nach Reform. Das religiöse Leben der Frau ist jener Bereich, in dem sich die Forderungen nach einer Veränderung am deutlichsten zeigen, ob sie nun anerkannt oder abgelehnt werden. Die Laien stehen im Einklang mit der Forderung nach einer Reform, die noch ganz auf die Sphäre des Religiösen ausgerichtet ist. Auf jeden Fall gehören alle unsere Frauengestalten der Renaissance an, die insofern einmalig ist, als sie den Frauen ihr Recht auf kulturelle Identität zurückzugeben scheint, was sich letztlich jedoch als vorübergehende Erscheinung erwiesen hat.

Das Netz der familiären Beziehungen

Eine Ehefrau, eine Mutter, eine Witwe, eine Tochter – wie es eben unserem Darstellungsschema entspricht. Durchwegs aristokratische und gebildete Frauen, die gerade deshalb unserer Meinung nach die Situation der Frau zwischen dem 15. und 17. Jahrhundert besonders gut wiedergeben.

Zunächst eine unglücklich verheiratete Frau: Caterina Fieschi; dann eine ruhelose Witwe: Vittoria Colonna; eine treu ergebene Tochter: Margaret More; und schließlich eine Mutter, die über ihre Pflichten und ihre Rolle hinauswächst: Jeanne de Lestonnac. Sie alle lösen sich aus ihrer rein familiären Rolle und sprechen uns gerade deshalb an, weil sie über ihre Ehe, ihren Witwenstand und ihre Mutterschaft hinausgegangen sind. Die einzige, die keine eigene Bedeutung erlangt hat, ist eigentlich Margaret More: Es ist ihr berühmter Vater, der sie davor bewahrt hat, in Vergessenheit zu geraten. Ihr Beispiel bietet uns die Gelegenheit, uns in die allgemein übliche Situation der vielen Töchter, Ehefrauen, Witwen und Mütter zu versetzen, deren Leben ganz am Rande der „Geschichte" verläuft.

Eine unglückliche Ehefrau:
Caterina Fieschi Adorno (1447 – 1510)

Im Jahre 1447 kommt in Genua nach dem Tod ihres Vaters Caterina Fieschi als Sproß einer adeligen Familie zur Welt. Ihr Vater Giacomo hatte sich 1418 mit Francesca Di Negro vermählt, die ebenfalls einer Adelsfamilie entstammte. Er war Seefahrer wie seine Vorfahren – ein Papst, Innozenz IV., zählt ebenfalls zur Familie – und im Jahr 1435 einer der Kommandanten der über die Spanier siegreichen Flotte. Nach dem Tod von Johanna II. war der Kampf um den Thron

Neapels erneut entbrannt; die genuesische Flotte, die nach Anjou aufbrach, hatte Alfons V. von Aragon besiegt und ihn gefangengenommen. Und keinem Geringeren als Giacomo Fieschi war für einige Zeit das Amt des Vizekönigs von Neapel übertragen worden.

Über die Kindheit Caterinas ist uns nichts bekannt. Doch sie dürfte so verlaufen sein, wie es sich für ein Mädchen aus gutem Hause in einer wirtschaftlich blühenden Stadt gehörte. Auch mit der üblichen Schulbildung wurde bei ihr sicher nicht gespart. Wahrscheinlich wäre sie gern ihrer Schwester Limbania in das Kloster S. Maria delle Grazie der Lateranensischen Regularkanonissen gefolgt, in das trotz seiner strengen Observanz eine große Zahl junger Mädchen des genuesischen Adels aufgenommen wurde. Die frommen Absichten der dreizehnjährigen Caterina hatten jedoch aufgrund ihrer Jugend keine weiteren Folgen. Inzwischen eröffneten sich für sie neue Perspektiven, die den Interessen der Familie eher entsprachen. Ihre Mutter und ihre Brüder hielten es nämlich für vorteilhaft, ein Bündnis mit der mächtigen politischen Partei der Adorno zu schließen. So wurde die sechzehnjährige Caterina Giuliano zur Frau gegeben, einem Neffen des ehemaligen Dogen Raffaele. Er war viel älter als sie, ein liederlicher und gewalttätiger Mann, der von der Insel Scio, dem Familiensitz, mit einer ganzen Schar leiblicher Kinder anreiste. Eine wirklich unpassende Ehe. Die junge Frau war auf die Gefühllosigkeit ihres Gatten überhaupt nicht vorbereitet, dem es sehr rasch gelingen sollte, das restliche Vermögen seiner Familie und auch noch ihre Mitgift durchzubringen. Als sie immer öfter betrogen, immer öfter beleidigt wird, sucht sie nach einer ersten Zeit völliger Niedergeschlagenheit Ablenkung im gesellschaftlichen Leben. Was das genau bedeutet, wissen wir nicht. Unwahrscheinlich ist, daß es sich um ein sündhaftes Leben handelt. Wahrscheinlich verbrachte sie wie andere adelige Damen ihre Zeit mit sinnlosen Besuchen, seichten Unterhaltungen oder gesellschaftlichen Verpflichtungen, die jedoch ihre innere Leere nicht ausfüllen konnten, sondern sie im Gegenteil noch steigerten. Sie ist bereits sechsundzwanzig Jahre alt, als die entscheidende Wende eintritt, mit der eine radikale Änderung ihres Lebens verbunden ist.

Um den 25. März 1473 beginnt Caterinas außergewöhnliche mystische Erfahrung. Sie fühlt, wie sie von einer ungeheuren Liebe durchdrungen wird, die von der göttlichen Güte ausgeht. Gleichzeitig wird sie von einem unsagbaren Schmerz über ihr Elend erfüllt und über die Kränkung, die sie Gott zugefügt hat. So beginnt schließlich jene unaufhörliche Qual, jene Erfahrung der göttlichen Liebe, die sie laut aufschreien läßt:

> Gott, meine Liebe, kann es denn sein, daß du mich mit so großem Verlangen, mit solcher Liebe gerufen hast?

Es ist ein Feuer, ein unerträgliches Feuer, das sie verbrennt. Die Erfahrung dieses „Liebesfeuers“ begleitet sie bis ans Ende ihres Lebens, in einem unerklärbaren, verzehrenden Crescendo. In Verbindung damit glaubt sie Christus zu sehen, der das Kreuz trägt: Von seinem Körper fließt in Strömen das Blut; sie hat das Gefühl, das ganze Haus sei davon überschwemmt. Bei Caterina steigern sich die mystischen Erfahrungen. Sie unterzieht sich härtesten Bußübungen und fast unerträglichem Fasten. Dieses bußfertige Leben ist mit unerklärlichen körperlichen Erscheinungen verbunden. Erwähnenswert ist, daß sie niemanden hat, der ihr den Weg weist. Es gibt keinen sogenannten geistlichen Führer, keinen Beichtvater, der von außen eine Klärung herbeiführt. Man darf jedoch nicht glauben, daß diese strenge Askese sie ihre Umwelt vergessen läßt. Es ist im Gegenteil bezeichnend für die Erfahrung von Caterina Fieschi, daß sie praktisches und asketisches Engagement stets miteinander verbunden hat. So sehen wir, daß sie sich um andere Menschen kümmert, vor allem um die, bei denen es am schwierigsten ist. Sie begibt sich in der Stadt auf die Suche nach den Armen, wendet sich den Unheilbaren, den Aussätzigen und auch allen anderen gefährdeten Menschen zu: den Prostituierten und Findelkindern. Im Jahr 1471 war in Genua das Spital Pammatone gegründet worden, in dem alle bisherigen Hilfswerke der Krankenbetreuung konzentriert worden waren. Nach Aussage ihrer Biographen wurde Caterina, die genötigt war, für ihren Lebensunterhalt zu arbeiten, mit der Leitung der Frauenabteilung betraut. Es muß jedoch gesagt werden, daß ihr Beispiel in der Zwischenzeit auch auf ihren Gatten Eindruck gemacht hat, dem allerdings kaum etwas von seinem früheren Vermögen geblieben ist. Als sie in das Pammatone kommt – dessen Arbeit neu organisiert werden muß, um die neuen sozialen Probleme, vor allem der „Findelkinder", bewältigen zu können –, beteiligt er sich bereitwillig an ihrem karitativen Projekt. Die beiden beschließen daher, das Angebot des Spitals anzunehmen und aus ihrem Palast in ein einfaches Quartier umzuziehen, das ihnen dort zur Verfügung gestellt wird. Sie führen nun ein enthaltsames Leben, und Giuliano tritt sogar in den Dritten Orden der Minoriten von der observanten Richtung ein.

Caterina verbindet die verzehrenden Flammen der göttlichen Liebe mit den unmittelbaren und konkreten Aufgaben, die sich ihr stellen. Ihr Werk der Barmherzigkeit bewährt sich vor allem während der Pestepidemie, die im Frühjahr 1494 ausbricht. Die Hingabe, mit der sie sich um die Kranken kümmert, die sie sogar küßt und umarmt, bringt sie in große Ansteckungsgefahr. Sie stirbt zwar nicht an der Pest, die sie noch um etwa zehn Jahre überlebt, doch ihre Gesundheit bleibt angegriffen, sie leidet bis zu ihrem Tod an einer mysteriösen Krankheit, die niemand diagnostizieren kann, obwohl sie sich geduldig verschiedenen Untersuchungen und Kuren unterzieht, die ihr jedoch alle keine Heilung bringen können.

Es ist unmöglich, die Gestalt dieser Frau zu beschreiben, ohne auf das kirchliche Geschehen ihrer Zeit Bezug zu nehmen. Es sind die Jahre, in denen Savonarola in Florenz wirkt, und es ist die Zeit des großen Predigers Bernhardin von Feltre. Die Stadt Genua muß neue soziale Probleme bewältigen, und man bemüht sich mit vereinten Kräften, sie zu lösen. In diesen Jahren, im Kampf gegen Wucherei und Armut, kommt es auch zur Einrichtung eines sogenannten Pfandleihhauses.

Rund um Caterina, die ein Laie im kämpferischen Sinne ist und bleibt, sammelt sich eine Schar von Anhängern, die sie als Vorbild verehren. Mit ihrer Person ist vor allem eine der bedeutendsten und einschneidendsten Bewegungen der katholischen Reform verbunden, das Oratorium bzw. die „Gesellschaft der Göttlichen Liebe", die ihren Ursprung nicht erst im zweiten Jahrzehnt des 16. Jahrhunderts in Rom hat, sondern bereits in Genua, wo der Notar Ettore Vernazza, ein geistiger Schüler Caterinas und Vater von Battistina, ebenfalls einer Mystikerin, im Jahr 1479 die erste dieser Gesellschaften gründet „mit dem einzigen Ziel, die göttliche Liebe in unsere Herzen zu pflanzen und dort zu verwurzeln". So kann man es in den Statuten lesen, die zu Beginn unseres Jahrhunderts von Tacchi Venturi herausgegeben wurden.

Ettore Vernazza gründet im Einklang mit Caterina in Genua das Hospital für die Unheilbaren – hier wurden diejenigen aufgenommen, die von der Syphilis befallen waren, einer Krankheit, die zur damaligen Zeit wohl ähnliche Ängste und Probleme hervorrief wie heute Aids. Mit großem Eifer setzt sie sich auch in ganz Italien und speziell in Rom mit Unterstützung von Gaetano da Tiene für die Gründung der „Oratorien der Göttlichen Liebe" ein, bis es schließlich 1516 zur rechtmäßigen Errichtung dieser Gesellschaft durch Papst Leo X. kommt. Dazu ist zu sagen, daß die Gesellschaft im Zuge ihrer Verlagerung von Genua nach Rom ihren laikalen Charakter verliert und „klerikale" Züge annimmt. Tatsächlich wird diese fromme Kongregation zum Ausgangspunkt für die neuen Ordensformen der Regularkleriker, der Theatiner, der Barnabiten, der Somasker und schließlich der Jesuiten.

Was Ettore Vernazza betrifft, so sieht er sich vor die Aufgabe gestellt, ein komplexes Gebilde zu schaffen, das später eigenständige Züge annimmt. Zweifellos verwirklicht er mit den Zielsetzungen des Oratoriums die Vorstellungen Caterinas.

Damit kehren wir zu ihr zurück und vor allem zu einer Anekdote, die ihre laikale Ausrichtung eindrucksvoll unterstreicht. Die Geschichte überliefert uns das Kapitel 16 des *Corpus Catherinianum*:

> Einmal sagte ein Prediger zu ihr, er wäre besser als sie geeignet, Gott zu lieben, weil er innerlich und äußerlich allem entsagt hätte und daher aus vielen Gründen fähiger und freier wäre, ihn zu lieben, als sie es sei ... Hauptsächlich spreche gegen sie, daß sie mit der Welt verbunden, er aber ein Geistlicher sei. Als er alle seine Gründe angeführt hatte, entzündete sich in ihr etwas von dem Feuer dieser reinen Liebe ihres geläuterten Herzens, und sie sprang mit solcher Leidenschaft auf, daß sie wie von Sinnen schien, und antwortete ihm: „Wenn ich glaubte, daß euer Umhang mir auch nur eine Spur von Liebe geben könnte, würde ich ihn euch Stück für Stück von den Schultern reißen, ich könnte nicht anders. Vielleicht seid ihr wegen der Ent-

sagungen, die ihr für Gott auf euch genommen habt, mehr wert als ich ... letzten Endes! Doch ich strebe nicht nach diesen Dingen, sie gehören euch. Doch wagt es nicht, zu behaupten, ich könnte Gott nicht so sehr lieben wie ihr.“ Und sie sagte es mit solcher Leidenschaft, daß ihr die Haare aufgelöst über die Schultern fielen und sie wie eine Verrückte aussah ... Denn die Liebe (wie sie sagte) kann nicht unterdrückt werden, und wenn sie unterdrückt wird, kann sie nicht rein und lauter sein. Als sie zu Hause war, sprach sie zu ihrer Liebe: „Meine Liebe, wer kann mich daran hindern, dich zu lieben ...? Wenn die Welt oder mein Gatte mich an der Liebe hindern könnten, was wäre diese Liebe dann anderes als ein niedriger Instinkt? Doch ich denke, daß die Liebe alles besiegt, und kann nicht glauben, daß wahre Liebe jemals betrogen werden kann.“

Im Sommer 1497 war ihr Gatte Giuliano an den Folgen einer schweren Harnvergiftung gestorben. Die Krankheit hatte seine weniger liebenswerten Charaktereigenschaften wieder zum Vorschein gebracht. Caterina, die fürchtete, er könnte in diesem Zustand zu Gott berufen werden, betete zum Herrn um das Heil seiner Seele. Giuliano fand seine innere Ruhe wieder und starb in Frieden.

In den Jahren zwischen 1497 und 1499 hatte Vernazza sich darum bemüht, das Hospital für die Unheilbaren in Betrieb zu nehmen, das nun zum bevorzugten Betätigungsfeld Caterinas und ihrer heroischen Nächstenliebe wird. Indessen ist sie weiterhin von ihren Bewunderern umgeben, die sie gleichsam als ihre Mutter betrachten. Obwohl sie von ihnen oft gebeten wird, über ihre Erfahrungen zu sprechen, erklärt sie ihnen zumeist, daß es ihr unmöglich sei, diese verzehrende Liebe mit Worten auszudrücken. Caterinas Anhänger berichten, daß sie weder Seele noch Körper, weder Willen noch irgend etwas anderes erkennt und fühlt als nur reine Liebe. Während ihrer Ekstasen wiederholt sie, in tiefe Liebe versunken, immer wieder:

Ich weiß nicht, wo ich bin, und ich möchte es auch nicht sehen, hören oder wissen. Ich bin in der Quelle der ewigen Liebe versunken, als wäre ich im Meer, wo ich auch nichts anderes berühren, sehen oder fühlen kann als Wasser.

Sie wird sich der Erfahrung dieser Liebe als eines reinigenden Feuers bewußt, durch das sie das Mysterium der Barmherzigkeit Gottes verstehen lernt, das Mysterium der Läuterung. So entsteht ihre Lehre über das Fegefeuer:

Als diese heilige Seele, die noch im Körper war, bemerkte, daß sie sich im Fegefeuer der glühenden göttlichen Liebe befand, das sie verbrannte und reinigte, was an ihr zu reinigen war ... da fühlte sie in ihrem Innersten, daß die Seelen der Gläubigen sich hier von allem Haß und allen Sünden reinigten, von denen sie sich in diesem Leben noch nicht gereinigt hatten. Und als sie in dem von Gott entflammten Fegefeuer mit der göttlichen Liebe vereint wurde und sich über all das freute, was sie in ihr bewirkte, da verstand sie, weshalb die Seelen im Fegefeuer waren.

Wir haben bereits die mysteriöse Krankheit erwähnt, an der sie nach dem Tod ihres Gatten litt. Unglaubliche Schwächezustände und rasender Hunger befielen sie und richteten sie zugrunde. Sie glaubte körperlich zu verbrennen; und wirklich brannte ihr ganzer Körper; Wasser verdunstete, wenn es mit ihrem Mund in Berührung kam. Sie brannte in ihrer Ekstase, die sie dazu zwang, laut zu schreien, so daß sie sich in den hintersten Winkel ihres Hauses flüchtete, um nicht gehört zu werden. Ihr Körper wurde offenbar von der Leidenschaft, die sie erfaßte, verzehrt. Doch wie schon erwähnt, ließ sie sich dadurch bis zum Schluß nicht davon abhalten, ihrer Berufung treu zu bleiben. Beispielhaft sorgt sie für Tobiolina, eine leibliche Tochter ihres Gatten, die wahrscheinlich noch vor ihr stirbt. An der zärtlichen Fürsorge für dieses Mädchen können wir ihre Sorge um die einsamen und verlassenen Kinder erkennen, deren Situation zu ihrer Zeit eines der größten sozialen Probleme in Genua darstellt. Ihr lebhaftes Interesse an den Menschen rund um sie wird auch aus ihrem Testament ersichtlich, in dem sie sich darüber Gedanken macht, wie für die wenigen Dinge, inklusive der Kleider, die ihr geblieben sind, geeignete Verwendung zu finden wäre.

Das Lebensende Caterinas ist von jenen erschütternden Phänomenen begleitet, die wir bereits erwähnt haben. Sie stirbt buchstäblich verzehrt von diesem unstillbaren Feuer, das sie verschlingt. Ihren engsten Freunden sagte sie, daß ihr Herz verbrannt sei, und später konnte man sehen, daß die Haut in der Umgebung ihres Herzens eine safrangelbe Farbe angenommen hatte. Sie starb am 15. September 1510. Als sie gefragt wurde, ob sie die Kommunion empfangen wolle, verneinte sie und zeigte mit dem Finger zum Himmel, als wollte sie sagen, daß sie bereits ihre ewige Hochzeit vollzogen habe.

Ihre treuen Freunde, die ihre letzten Tage und alles, was sie in ihrem Leben gesagt und getan hatte, liebevoll aufzeichneten, verfaßten mit Hilfe dieser Unterlagen das sogenannte *Corpus Catherinianum.* Es handelt sich dabei nicht um ihre eigenen Schriften, sondern um Texte, die von ihren Anhängern gesammelt wurden. Zum Unterschied von Katharina von Siena diktierte Caterina Fieschi ihre Gedanken keinem anderen Menschen; obwohl sie autobiographische Merkmale aufweisen und in der ersten Person geschrieben sind, haben andere sie aufgezeichnet, auch wenn sie ihre Gesinnung damit getreulich wiedergeben. Das *Corpus* ist eine Handschrift mit 42 Kapiteln, deren Länge und Inhalt unterschiedlich sind; das Kapitel 41 enthält den *Traktat über das Fegefeuer*, während das letzte Kapitel zunächst den Originaltext des *Geistlichen Dialogs* und danach die Erzählung über den Tod zum Inhalt hat.

Das entscheidende Element der komplexen Erfahrung von Caterina Fieschi dürfte wohl ihre Fähigkeit gewesen sein, bis zum Ende ihr mystisches Feuer mit dem Dienst an den Armen, Einsamen und Ausgestoßenen zu verbinden. Sie verkörpert eine Zeit des Übergangs von der Gefühlswelt des Mittelalters zur Gefühlswelt und zur Frömmigkeit der Neuzeit. Sie verbindet die beiden Welten miteinander und bringt damit ihre Zugehörigkeit zur neuen Zeit zum Ausdruck.

Von dieser einzigartigen Verbindung zeugt ihre Vorstellung des Fegefeuers, die sich von den im Mittelalter so beliebten raum-zeitlichen Vorstellungen gelöst hat und eine spirituelle und verinnerlichte Dimension erhält, die einzig und allein vom barmherzigen Feuer der göttlichen Liebe beherrscht wird.

Ein ruheloser Geist: Vittoria Colonna (1490 – 1547)

Eine der großen Frauengestalten der Renaissance, verwandt mit den bedeutendsten Geschlechtern Europas bis hin zum Kaiser, die nicht so sehr durch ihre Schönheit beeindruckt als durch ihren „männlichen" Intellekt, mit dem es ihr gelingt, das Herz eines genialen Künstlers zu gewinnen, der bekanntlich wenig empfänglich war für weibliche Reize – das ist Vittoria Colonna, eine außergewöhnliche Frau im wahrsten Sinne des Wortes. Gebildet, adelig, mächtig durch ihre persönliche Ausstrahlung, vor allem aber aufgrund eines verzweigten Netzes von Beziehungen, zeigt sie sich uns als sinnbildliche Gestalt ihrer Zeit, die allen kulturellen Strömungen offen und aufmerksam gegenübersteht, vor allem der religiösen Unruhe, die den Übergang zur Neuzeit unauslöschlich kennzeichnet.

Eine Vorstellung von dem Prunk, den sie nicht so sehr auf eigenen Wunsch, sondern mehr aufgrund ihrer gesellschaftlichen Verpflichtungen entfaltete, kann uns die festliche Robe vermitteln, die sie im Jahr 1517 anläßlich der Hochzeit von Bona Sforza mit König Sigismund von Polen trug: ein Rock aus Brokat und karmesinrotem Samt, verziert mit großen Zweigen aus getriebenem Gold; ein Atlashut in der gleichen Farbe und Goldstaub im Haar; um die Taille ein Gürtel aus getriebenem Gold; in ihrer Begleitung sechs Edeldamen, in himmelblauen Damast gekleidet, und sechs Lakaien in weiten Wämsen und Jacken aus gelbem und türkisem Atlas. Dennoch war Vittoria alles andere als eine mondäne Frau, man kann sogar sagen, daß sie für Mode unempfänglich war.

Sie entstammte einer sehr alten Familie, die sich bis zu den römischen Geschlechtern zurückverfolgen läßt, und war die Tochter von Fabrizio Colonna, der zu jenen Fürsten zählte, die im Rom der Renaissance den Ton angaben und einmal für, dann wieder gegen die gerade herrschende Aristokratie auftraten, die sich den Stuhl Petri auf mehr oder weniger betrügerische Weise erobert hatte. Als Karl VIII. von Frankreich 1494 in Italien einfiel, nahmen die Colonna, die sich mit den Franzosen gegen die Borgia verbündet hatten, Ostia ein und gefährdeten damit auch den Nachschub für Rom. Papst Alexander VI., den das französische Heer, das neben den Colonna auch die Della Rovere unterstützten, in höchste Bedrängnis gebracht hatte, mußte dem Erobererkönig schließlich die Krone Neapels zuerkennen. Doch gerade als sich Karl von Valois endgültig in Neapel niedergelassen zu haben schien, wurde sein Heer durch die Syphilis dezimiert. Es folgte die Erhebung der Heiligen Liga, einer Koalition bedeutender, von Grund auf antifranzösischer Kräfte. Fabrizio Colonna stellte sich zu diesem Zeitpunkt auf die Seite der Liga, nachdem ihm die Aragon, um ihn für sich zu gewinnen, die Eheschließung seiner Tochter Vittoria mit Ferrante, dem Sohn des verstorbenen Alfonso d'Avalos, des Herzogs von Pescara, zugesichert hatten. So hatte von frühester Kindheit an die Politik über das Schicksal Vittorias entschieden und sollte auch weiterhin ihre eigene und die Geschichte ihrer Familie prägen.

Sie wurde im Jahr 1490 in Marino geboren, als älteste Tochter von Fabrizio und Agnes von Montefeltro. Das Paar hatte fünf weitere Kinder, lauter Knaben, doch nur der jüngste, Ascanio, erreichte das Erwachsenenalter. Man kann Fabrizio eigentlich als Söldnerführer bezeichnen. Wie andere Adelige im damaligen Italien übte er das Kriegshandwerk aus, stets bereit, die Seiten zu wechseln, wenn es seinen persönlichen Interessen oder den Interessen der Familie nützte.

Als die kleine Vittoria mit Ferrante d'Avalos verlobt wurde, übergab man die beiden, die etwa sechs Jahre alt waren, einem uns bereits bekannten Brauch entsprechend der Obhut einer Tante Ferrantes, der Herzogin Costanza von Francavilla. Da diese Schloßherrin auf Ischia war, kam es, daß die beiden Kinder auf dieser Insel ihre ersten Kenntnisse auf dem Gebiet der Literatur und der Künste erwarben. Wie es damals üblich war, hatten sie dieselben Lehrer und erhielten mit Ausnahme des Waffenhandwerks im Grunde dieselbe Ausbildung. Aus verschiedenen politischen und familiären Gründen war die Insel alles andere als abgeschieden. Costanza stand mit den bedeutendsten Persönlichkeiten aus Adel und Kultur ihrer Zeit in Verbindung und zählte sie zu ihren Gästen. Dieser Umgang prägte das Empfindungsvermögen Vittorias und Ferrantes entscheidend mit.

Die Vermählung der beiden fand im Jahr 1509 mit großer Feierlichkeit statt. Die Hochzeit war ein bedeutendes gesellschaftliches Ereignis, und trotz der Jahreszeit – es war Dezember – kamen die Vertreter der angesehensten Adelsgeschlechter Europas nach Neapel. Ferrante war nicht nur eine ausgezeichnete Partie, sondern auch ein schöner Jüngling; Vittoria konnte man zwar nicht als schön bezeichnen, doch sie besaß das gewisse Etwas. Ihre Ehe verlief zumindest in den ersten drei Jahren glücklich. Vittoria war sehr in ihren jungen Gatten verliebt, er in sie allerdings etwas weniger: Ihm lagen kriegerische Unternehmungen mehr am Herzen als der häusliche Herd.

Mit dem Jahr 1511 beginnt für Vittoria eine lange Zeit der Trennung und des Wartens. Aufgrund neuer Allianzen verfolgt Papst Julius II. Della Rovere nun eine antifranzösische Politik. Die Colonna unterstützen ihn gemeinsam mit den spanischen Truppen. Im Jahr 1512 wird dieses Heer nach langem und hartem Kampf nahe von Ravenna geschlagen. Fabrizio Colonna, der einer der Befehlshaber ist, und der junge Ferrante werden gefangengenommen; Ferrante ist außerdem verwundet. Vittoria, die das Unglück vorausahnt, beginnt ihre Sorge und den Schmerz um den fernen Gatten in Gedichte zu kleiden.

Als Gefangener in Ferrara beginnt Ferrante seine Gattin zu betrügen. Unter den adeligen Damen, denen sein Interesse gilt, befindet sich auch Lucrezia Borgia, doch diesmal bleiben seine Gefühle unerwidert. Die Befreiung Fabrizios gelingt relativ rasch; Ferrante, der indessen nach Mailand gebracht worden ist, antwortet auf die Briefe seiner Gattin mit einem Schreiben in Versform: *Un dialogo d' amore*. Doch man darf nicht glauben, daß er deshalb aufhört, schönen Frauen den Hof zu machen. Und als er schließlich seine Freiheit wiedergewonnen hat, zieht er es vor, nicht sofort zu Vittoria zurückzukehren. Die Liebe der Gattin wird also schlecht belohnt. In diesem Fall haben gleiche Erziehung und Lebensweise nicht den Grundstein für Treue und Zärtlichkeit gelegt. Wahrscheinlich entspricht Vittoria nicht den Wünschen dieses Edelmanns, der nicht einmal versucht, seine Untreue zu verbergen, und wenn sie ihm vor und nach seinem Tod die Treue hält, dann entspricht das sicherlich nicht dem Lebensstil einer Gesellschaft, in der Ehebruch niemanden stört.

Die Ehe Vittorias und Ferrantes dauert bis zu seinem Tod im Jahr 1525. In der Zwischenzeit hat sich bis zur Thronbesteigung Kaiser Karls V. das Bild Europas und Italiens weiter verändert. Als Sieger über Frankreich hat er nun sowohl den Norden als auch den Süden Italiens unter seine Herrschaft gebracht. Diese Tatsache ist natürlich weder für das Papsttum, das sich eingekreist fühlt, noch für Frankreich angenehm. In dieser heiklen Situation gelingt es Ferrante, gegen den König von Frankreich, Franz I., einen entscheidenden Sieg zu erringen, für den er sich jedoch nicht hinreichend belohnt fühlt. Dennoch stellt er sich weiter auf die Seite der Spanier – denn vor allem als solcher und nicht als Italiener fühlt er sich. Vittoria ist keine tatenlose Zuseherin, sondern nimmt an dem Geschehen Anteil, wenn auch nur in Form von Briefen, die sie dem Kaiser schreibt und von ihm erhält oder die sie ihrem Gatten schreibt.

Als Antwort auf die Botschaft, die sie an sein Krankenlager ruft, bricht Vittoria in den Norden auf, doch bereits in Viterbo erreicht sie die Nachricht vom Tod ihres Gatten. Von diesem Augenblick an ist sie eine gebrochene Witwe, die sich in „Kummer und Schmerz“ verzehrt und „nur in der Klage um den Toten“ lebt.

> Ich schreibe nur des Herzens Drang zu stillen,
> Zu friedigen es, das mag nichts andres wollen:
> Hätt' ich noch Licht zur Sonne bringen sollen,
> Die hehre Spur mit höh'rem Glanz erfüllen?
>
> Doch auch die Sorge muß dem Drang entquillen,
> Den Ruhm zu mindern ihr, statt ihm zu zollen:
> Will Weis're hindern nicht, ihn zu entrollen,
> Dem Tod zu brechen seinen starken Willen.

Des reinen Glaubens Glück, mein herber Kummer
Rechtfert'ge mich, weil, wegen seiner Schwere,
Wiegt Zeit nicht noch Vernunft ihn je in Schlummer.

Von bittern Tränen, nicht von süßem Klange,
Von dumpfen Seufzern, drin ich mich verzehre,
Leiht nicht mein Stil, mein Schmerz nur Ruhm dem Sange.

Sie möchte in das Kloster S. Silvestro in Capite eintreten, doch Papst Clemens VII. verbietet den Nonnen, sie aufzunehmen. In seiner Abneigung gegen das Haus Colonna versteckt er sich hinter Ausreden und behauptet, Vittorias Entschluß sei zu wenig überlegt und nur von ihrem Schmerz diktiert. Doch ihr Bruder Ascanio rät Vittoria, nicht nur auf das Kloster zu verzichten, sondern auch Rom zu verlassen. Wir befinden uns am Vorabend jenes Geschehens, das als „Sacco di Roma" in die Geschichte eingehen wird. Während sich über der Stadt bereits das Unheil zusammenbraut, befindet sich Vittoria auf Ischia. Sie trägt tiefe Trauer und möchte niemanden sehen. Seite für Seite schreibt sie sich ihren Schmerz von der Seele. Der Kummer über den Tod des Gatten wird durch die Gefangennahme des Bruders und ihres Adoptivsohns Alfonso del Vasto noch verstärkt. Trotz der dramatischen Ereignisse nimmt sie langsam den Faden ihrer Freundschaften und Beziehungen wieder auf. Die vielen Freunde von früher kommen, um sie zu trösten, und neue treten hinzu. Im Jahr 1530 erhalten die Colonna von Papst Clemens VII. die feierliche Vergebung, und die Tore der Stadt stehen für sie wieder offen. Vittoria kann nach Rom zurückkehren. Tatsächlich aber reist sie in diesen Jahren ständig von einem Ort zum anderen. Sie kommt auch wieder nach Neapel, wo sich seit dem Jahr 1533 der Spanier Juan de Valdés aufhält. Seine Predigten begeistern sie, und nicht nur sie ist tief von ihm beeindruckt; es ist vor allem Giulia Gonzaga, die als die schönste Frau der Renaissance besungen wird, in deren Herzen die Worte von Valdés so großen Widerhall finden, daß er sie in seinen *Dialogen* zu seiner Geprächspartnerin macht. Wahrscheinlich sucht Valdés in Neapel bzw. in Italien Schutz vor der spanischen Inquisition, und er wird von Clemens VII. und seinem Sekretär Pietro Carnesecchi wohlwollend empfangen. In diesen Jahren haben Reformatoren wie Valdés in Italien keine großen Probleme – noch nicht. Unter seinen Schülern befindet sich auch Bernardino Ochino, jener Ordensgeneral der Kapuziner, der später zum Protestantismus übertritt. Seine Predigten rühren Vittoria zu Tränen, und ebenso groß ist ihre Erschütterung, als die Inquisition ihn verfolgt und er Rom verläßt, um sich den Protestanten anzuschließen.

Angesichts der religiösen Unruhen jenseits der Alpen formieren sich zwei Lager: auf der einen Seite die unnachgiebigen Reformatoren – unter ihnen auch Kardinal Carafa –, auf der anderen Seite die Gemäßigten, die einer Reform der Kirche durchaus aufgeschlossen gegenüberstehen und auch einiges Verständnis für die Beweggründe der Protestanten zeigen – unter ihnen die Kardinäle

Contarini und Pole. Vittoria, die bereits in den Jahren zwischen 1520 und 1530 Kontakte zu Baldassare Castiglione, Pietro Bembo und Giacomo Sadoleto angeknüpft hat und dann in den Jahren ab 1530 nicht nur mit Juan de Valdés, sondern auch mit Marcantonio Flaminio, Pietro Vermigli und Isabella di Bresegna in Verbindung tritt, ist auch mit Giulia Gonzaga befreundet, mit der sie außerdem noch verwandt ist. Sie ist übrigens nicht die einzige „Frau der Reform", zu der Vittoria Beziehungen anknüpft. Beispielsweise übernimmt sie nach Caterina Cibo die Aufgabe, den neuen Orden der Kapuziner zu verteidigen; sie steht in brieflichem Kontakt mit Renate von Frankreich und Margarethe von Navarra, die sie 1537 in Ferrara trifft. Wir können sagen, daß sie durch ihre Beziehungen und ihre Geisteshaltung völlig in die religiöse Krise ihrer Zeit verwickelt ist, obwohl ihre Anschauungen gemäßigt sind und bleiben. R. H. Bainton schreibt in seinem Buch, daß sie trotz ihrer Kritik an der Kirche der damaligen Zeit die geistliche Autorität der kirchlichen Hierarchie niemals offen in Frage gestellt habe.

Sie hörte auch nie auf, ihren Einfluß zu nutzen, um die Entscheidungen der Kirche mitzubestimmen. Ein Beweis dafür ist ihre Beziehung zu Bernardino Ochino, von dem sie mehr als von allen anderen religiöse Forderungen und Einstellungen entlehnte. Es ist bekannt, daß sie sich in einem Brief an Kardinal Contarini für die Kapuziner und für Ochino einsetzt, indem sie Punkt für Punkt die Anklagen gegen den neuen Orden widerlegt; und als in Verbindung mit der Einrichtung der römischen Inquisition im Jahr 1542 die schwerste Krise ausbricht, sagt man nicht nur, daß sie den an sie gerichteten Brief Ochinos, in dem er sie über seine Flucht nach Genf und seinen Übertritt zum Protestantismus informiert, gar nicht geöffnet habe, sondern man weiß auch, daß sie ihn mit Sicherheit – vermutlich auf Anraten von Kardinal Pole – dem Inquisitor Marcello Cervini geschickt hat, gemeinsam mit einem Buch Ochinos und einem von eigener Hand geschriebenen Kommentar, in dem es heißt:

> Es schmerzt mich sehr, daß er sich umso mehr anklagt, je mehr er glaubt, sich zu entschuldigen, und daß er, wenn er glaubt, andere vor dem Schiffbruch zu retten, sie erst recht der Sintflut aussetzt, da er es ist, der sich außerhalb der rettenden und sicheren Arche befindet.

Um 1540 beginnt für die Marchesa von Pescara eine sehr traurige Zeit, unter anderem wegen des Konflikts, der zwischen ihrem Bruder Ascanio und dem Papst im sogenannten „Salzkrieg" ausbricht. Auf ein altes Privileg gestützt, weigert er sich, Papst Paul III., einem Mitglied der gegnerischen Familie der Orsini, die geforderte Steuer zu zahlen. Er wird besiegt und muß nach Neapel flüchten. Angesichts dieser Ereignisse besingt Vittoria in ihren Versen die Sinnlosigkeit menschlichen Handelns; sie beweint ihre Heimat, die in einen unsinnigen Krieg verwickelt ist; und sie beklagt die Mißstände in einer Kirche, deren Reform sie für notwendig und unaufschiebbar erachtet.

In diese schwierige Zeit fällt ihre Begegnung mit dem großen Michelangelo. Die Freundschaft zwischen Vittoria und Michelangelo dauert von 1538 bis zu ihrem Tod im Jahr 1547 an. Doch sie treffen sich in Rom nicht zum ersten Mal. Die beiden waren mit Sicherheit bereits 1519 einander begegnet und hatten sich vielleicht auch miteinander unterhalten, als Vittoria gemeinsam mit ihrem Gatten Rom besuchte, wo sie von allen geschätzt und von den bedeutendsten Akademien der Zeit mit offenen Armen aufgenommen wurde. Es war die Regierungszeit von Papst Leo X., der sich durch sein großzügiges Mäzenatentum auszeichnete und sich mit Künstlern und Literaten umgab. Doch zwischen Michelangelo, der bereits berühmt war, und der als Dichterin ebenfalls bekannten Vittoria sprang der Funke damals noch nicht über. Sie trafen sich vermutlich, ohne einander zu beachten, weil andere Personen oder Dinge sie ablenkten oder mehr interessierten.

Ihre neuerliche Begegnung findet jetzt wiederum in Rom statt, wo nach der Erfahrung des „Sacco" eine geistige Wende eingetreten ist. Das sorglose Leben von einst ist nur mehr eine ferne Erinnerung. Rom ist nicht mehr die heitere und unbeschwerte Hochburg der Kunst und der Literatur: Es gibt keinen Luxus mehr und keine gedankenlose Fröhlichkeit, nur das schmerzliche Bewußtsein einer völlig veränderten Welt.

Michelangelo befindet sich auf dem Höhepunkt seines Ruhms, und auch Vittoria wird mehr denn je als Dichterin und als Frau hoher Bildung gefeiert. Zwischen den beiden, die sich der Problematik dieser Zeit des Übergangs voll bewußt und von der religiösen Unruhe, die ihr gewohntes Leben belastet, zutiefst betroffen sind, entwickelt sich ein Gefühl großer Verbundenheit. Sie werden füreinander Halt und Stütze in einer Situation, die sie als den tragischen Untergang einer Welt erkennen. Beide sind nicht mehr jung, ihr Altersunterschied beträgt fünfzehn Jahre. Es verbindet sie eine tiefe Liebe, die sich jedoch gänzlich auf geistige Werte gründet. Obwohl die Beziehung zwischen Vittoria Colonna und Michelangelo platonisch bleibt, dürfen wir weder ihre Leidenschaft füreinander noch die Intensität ihrer Gefühle unterbewerten. Michelangelo hat wahrscheinlich noch nie die Faszination einer Frau erlebt. Er erliegt offenbar dem Intellekt Vittorias, ihrer „männlichen" Ausstrahlung. Sie hingegen liebt ihn mit aller Hingabe und freut sich über ihren Einfluß auf dieses mürrische und ruhelose Genie. Sie versteht es, Macht über ihn auszuüben, und hat keine Bedenken, diesen Mann, wenn auch liebevoll, zu tyrannisieren, in dessen Gegenwart die Päpste es nicht wagen, sich zu setzen, weil sie fürchten, er könne sich dadurch berechtigt fühlen, es ihnen gleichzutun. Die Anekdotensammlung über Michelangelo, über seine Reizbarkeit und sein selbstbewußtes Auftreten gegenüber jedermann, auch dem Papst, ist bestens bekannt.

Die Marchesa von Pescara macht auf diesen ebenso genialen wie menschenscheuen Mann einen so großen Eindruck, daß Michelangelo ihr eine große Zahl seiner Gedichte widmet. Bei den Themen handelt es sich um die üblichen

Grundgedanken der Liebe, jedoch auf geistiger Ebene; hinter der poetischen Bildersprache steht vermutlich der reale und konkrete beiderseitige Wunsch, miteinander vereint zu sein. Daß er sich seines Genies auch dann bewußt bleibt, wenn er die geliebte Frau besingt, beweist das folgende Sonett:

> Wie kommt es, Herrin, was ein jeder sehen
> kann und erfahren, daß ein läng'res Sein
> beschieden ist dem Bild aus Stein
> als dem, der's schuf? Zu Staub muß er verwehen.
>
> Der Schöpfer wird vorm Werke nicht bestehen,
> die Kunst besieget die Natur allein;
> ich weiß es, denn die Bildnerei ist mein
> Beruf; vorm Bild muß Zeit und Tod vergehen.
>
> So kann ich langes Leben leihn uns beiden
> in Farben oder Stein, damit von Dauer
> das eine oder andre Antlitz blieben,
>
> so daß noch tausend Jahr' nach unserm Scheiden
> man sieht, wie schön Ihr war't und ich voll Trauer
> und daß kein Tor ich war, Euch so zu lieben.

Neben solchen Gedichten widmet Michelangelo seiner treuen Freundin auch etliche Zeichnungen: eine Samariterin am Brunnen, möglicherweise von einem ihrer Sonette inspiriert, eine Pietà und einen Kruzifixus. Während die erste Zeichnung dem Stil der Zeit entspricht, zeigen die Pietà und der Kruzifixus eine neuartige Darstellungsweise. Der vom Kreuz abgenommene Christus ruht halb aufgerichtet im Schoß seiner Mutter und wird von zwei Engeln gestützt; Christus am Kreuz zeigt nicht mehr den im Mittelalter so beliebten schmerzerfüllten Ausdruck, sondern weist wieder ältere Stilelemente auf: Seine Haltung am Kreuz ist aufrecht, und er hat die Augen geöffnet.

Während ihrer etwa zehn Jahre dauernden Beziehung versuchen Vittoria und Michelangelo sich nahe zu sein, und sie treffen sich auch dann, wenn einer von ihnen, zumeist ist es sie, einmal nicht in Rom weilt. Sie sehen einander so oft wie möglich. Es gibt eigentlich keinen Tag, an dem sie sich nicht zu ihren anregenden Diskussionen treffen, deren Themen von der Philosophie bis zur Theologie, von der Literatur bis zur Heiligen Schrift reichen.

Ihrer Zeit entsprechend verkörpert Vittoria das hartnäckige Streben der Frau nach direktem und unmittelbarem Zugang zur Heiligen Schrift. Ein Beweis dafür ist ihre Deutung der biblischen Gestalten der Samariterin und Maria Magdalenas in einigen Briefen an Costanza d'Avalos. Vermutlich gemeinsam mit Michelangelo greift Vittoria diese und andere Themen auf, die angesichts des neuen Wertes der „Erfahrung" wiederentdeckt werden und im Einklang mit dem Humanismus eines Erasmus und der *Devotio moderna* stehen. Dadurch wird sie zur Gesprächspartnerin verschiedener Persönlichkeiten ihrer Zeit, zu denen unter anderem Reginald Pole gehört, der englische Kardinal, der es seinem Aufenthalt in Rom zu verdanken hat, daß er dem Wüten Heinrichs VIII. entgeht, während etliche seiner Verwandten und auch seine Mutter hingerichtet werden. Er sagt, daß er in Vittoria eine zweite Mutter gefunden habe. Die Freundschaft mit Kardinal Pole prägt ihre geistige Entwicklung und bewirkt unter anderem ihre Abwendung von den im Mittelalter so beliebten asketischen Praktiken, die nach dem neuen religiösen Empfinden als schädlich und unnütz gelten. Die Flucht Ochinos erzeugt Argwohn gegenüber Vittoria und ihren Freunden, die zunächst noch heimlich, bald aber ganz offen der Häresie beschuldigt werden. Vittoria befindet sich in dieser schweren Zeit in Viterbo und schreibt von dort an Michelangelo. An ihre Rückkehr nach Rom ist nicht zu denken. Vittoria zieht sich in ein Kloster zurück, wo sie ihre Tage in Schweigen und im Gebet verbringt, vor allem aber mit Krankheit und Angst zu kämpfen hat.

Nachdem ihr Gesundheitszustand wieder stabil ist, kehrt sie 1544 nach Rom zurück. Reginald Pole nimmt als päpstlicher Legat am Konzil von Trient teil, Viterbo wird von den Türken bedroht – da ist es wohl am besten, sich nach Rom zurückzuziehen. Sie wählt das Kloster S. Anna ai Funari zu ihrem letzten Aufenthaltsort. Doch selbst dort wird sie von den Nonnen verdächtigt. Nach ihrem Tod erheben sie sich zu ihren Anklägerinnen und lehnen es ab, sie im Kloster beizusetzen. Michelangelo gehört zu den wenigen, die sie an diesem düsteren Ort, der für eine gesundheitlich geschwächte Frau denkbar ungeeignet ist, besuchen. Inzwischen zieht sich um die Freunde Vittorias das Netz der Inquisition immer enger zusammen. Pietro Carnesecchi gelingt es zunächst, sich daraus zu befreien, er bezahlt jedoch später den Häresieverdacht mit dem Leben. Vittoria erlebt diese traurigen Ereignisse nicht mehr. Sie stirbt im Jahr 1547. Ihre letzten Tage verbringt sie im Palazzo Cesarini. Am 18. Februar verfaßt sie ihr Testament. Eine Woche danach wird Michelangelo mitten in der Nacht geweckt: Vittoria liegt im Sterben. Er eilt an ihr Lager und hält ihre Hand, die er lange küßt. Er bleibt bis zum Ende bei ihr, spricht Gebete – es ist der 25. Februar. Der Tod seiner Freundin trifft ihn zutiefst: Nach den Worten eines Augenzeugen wirkt er wie betäubt. Während der Verdacht der Häresie sich verdichtet, singt Michelangelo weiterhin ihr Loblied und läßt in seinen Gedichten keinen Zweifel daran, daß sie nur im Himmel sein könne. Ein Jahr später leitet die Inquisition gegen sie *post mortem* ein Verfahren ein. Pietro Carnesecchi wird zum Tode verurteilt, doch seine Aussagen über Vittoria können ihr keinen Schaden mehr zufügen. Abgesehen von diesem schmerzlichen Kapitel in der Geschichte der Kirche ist es vor allem der geniale Künstler Michelangelo, der den Namen Vittorias und vermutlich auch ihr Aussehen der Nachwelt überliefert, falls wir uns der Interpretation derer anschließen (Bellonci u. a.), die in der Gestalt der Maria auf dem Freskogemälde des Jüngsten Gerichts ihre Züge erkennen wollen bzw. glauben, sie in der Gestalt zu Füßen der Madonna wiederzuerkennen. Wie er es in seinen Sonetten ausgedrückt hatte, besaß er die Macht, die Zeit zu besiegen und das Gesicht der geliebten Frau gemeinsam mit seinem eigenen für alle Ewigkeit zu bewahren. Genau das hat er getan, indem er auf der Haut des heiligen Bartholomäus sein Selbstbildnis darstellt und Vittoria ganz in die Nähe jener Gestalt rückt, die schon Dante als „demütig und über jede Kreatur erhaben" beschrieben hatte. In der Transfiguration durch Michelangelo blieb Vittoria die Frau, die der Madonna am nächsten kam.

Eine liebevolle Tochter: Margaret More (1505 – ?)

Als Tochter von Thomas Morus wird Margaret zu einem Teil seiner Geschichte. Ihr Vater, der ein Literat, ein bedeutender Humanist und ein genialer Denker ist, steht unglückseligerweise im Dienste des unbeherrschten Königs Heinrich VIII. Dessen Scheidung von Katharina von Aragon sowie die Eheschließung mit Anne Boleyn und ihre Folgen führen schließlich, vom menschlichen Standpunkt aus betrachtet, zu seinem Untergang. Doch durch die Tatsache, daß er stets seinem Gewissen treu bleibt, beweist er eindrucksvoll seine moralische Größe. Er ist mit den bedeutendsten Humanisten seiner Zeit, vor allem mit Erasmus von Rotterdam, eng befreundet, mit diesem ruhelosen und scharfzüngigen Geist, der ihm mit ungewöhnlichen Lobreden seine Wertschätzung ausdrückt und ihm jenes *Lob der Torheit* widmet, das in gewisser Weise mit dem bedeutendsten Werk Mores vergleichbar ist, mit *Utopia*. Ebenso in lateinischer Sprache verfaßt wie das *Encomium moriae*, wendet sich *Utopia* an einen kleinen Kreis von Gelehrten und prangert die Fehler und Untugenden eines geistig im Umbruch befindlichen Europas an.

Margaret ist die älteste Tochter aus der Ehe mit seiner ersten Frau Jane Colt und kommt vermutlich im Jahr 1505, im Jahr seiner Eheschließung, zur Welt. More selbst, der 1473 in London geboren wurde, war zu dieser Zeit siebenundzwanzig Jahre alt. Nach dem Abschluß seines Studiums in Oxford hatte er sich, wie schon sein Vater, für den Beruf eines Advokaten entschieden. Nach dem Tod Janes – Margaret ist etwa fünf Jahre alt – heiratet Sir Thomas wieder. Es ist eine Vernunftehe, die er nach nicht einmal einem Monat als Witwer ohne jede Feierlichkeit schließt. Diese Ehe mit Alice Middleton, einer Witwe, die älter ist als er und eine zehnjährige Tochter hat, bleibt kinderlos.

Von allem Anfang an ist Margaret seine Lieblingstochter. Wahrscheinlich von ihrer frühesten Kindheit an zeigt sich bei ihr sehr rasch ein positives Ergebnis der Erwartungen und der Fürsorge ihres Vaters, der übrigens allen Kindern, seinen eigenen – drei Mädchen und einem Knaben – und der Tochter seiner zweiten Frau, die besten Lehrer zur Verfügung stellt. Als überzeugter utopischer Humanist hatte er auch seine junge Frau Jane die lateinische Sprache (und das Geigenspiel) lernen lassen. Alice Middleton, die zwar als launenhaft, aber auch als gute Hausfrau gilt, lehrt er die Harfe, die Laute und das Monochord zu spielen. Vor allem aber gelingt es ihm, seinen Kindern jene Bildung mitzugeben, an der ihm so viel liegt. Die Mädchen sind offenbar williger und gelehriger als der kleine John. Erasmus macht die Bemerkung, daß in diesem Haus niemand faul oder weiblicher Eitelkeit erlegen sei. Die Mädchen, sagt er, befaßten sich mit Livius und beherrschten die lateinische Sprache so gut, daß sie ihn fließend lesen könnten. Seine leidenschaftliche Liebe zur Bildung und der Wunsch, sie auch seinen Töchtern mitzugeben, dürfte Morus einiges Kopfzerbrechen bereitet haben. So schreibt er in einem Brief an ihren Lehrer:

> Da die Erziehung der Frauen etwas Neues und gewissermaßen ein Vorwurf an die geistige Trägheit der Männer ist, werden viele mit Freude darüber herfallen und der Literatur etwas in die Schuhe schieben, was vielmehr ein Irrtum der Natur ist. Angesichts der – wie sie glauben – Fehler der Gelehrten soll unsere persönliche Unwissenheit als Tugend betrachtet werden. Wenn nun eine Frau (und mit Euch als Lehrer meiner Töchter hoffe und wünsche ich es) zusätzlich zu großer Tugend noch ein bescheidenes literarisches Wissen erwerben kann, nützt es ihr meiner Meinung nach mehr als alle Reichtümer des Krösus oder die Schönheit Helenas ...
> Wenn Ihr sie diese Dinge lehrt ... – Margaret und Elisabeth sind bereits weiter als John und Cecily –, werden ich und sie Euch noch mehr verbunden sein. So macht Ihr es möglich, daß meine Kinder, die ich von Natur aus liebe, mir durch den Fortschritt ihres Wissens und ihres guten Benehmens noch lieber werden.

Obwohl Mores Laufbahn immer steiler bergan führt und er die Gunst Heinrichs VIII. gewinnt, führt er in Chelsea, am Ufer der Themse, in einem nach seinen eigenen Plänen erbauten Haus ein Leben wie in einem Kloster. Heute erinnert an den Ort, an dem sich sein Wohnsitz befand, nur noch der Name eines Wohnturms, der sich elegant an andere, ähnliche reiht. In diesem Haus, wo er seine Töchter in der lateinischen und griechischen Sprache unterrichtet, hört er ihnen zu, wenn sie des Abends aus den Schriften der Kirchenväter vorlesen, und betet mit ihnen; und bei Tisch liest dann eine von ihnen nach klösterlichem Brauch feierlich aus der Bibel vor. Durch diesen Unterricht wird Margaret zu einer perfekten Kennerin der klassischen Sprachen, so daß sie darauf brennt, in lateinischer Sprache an Erasmus zu schreiben, der ihr auch antwortet. Alle, die sie kennen, bestätigen, daß sie so gebildet war und so gute Sprachkenntnisse besaß, daß sie für den griechischen Text Cyprians Verbesserungsvorschläge machen konnte, auf die nicht einmal die Gelehrten der damaligen Zeit gekommen waren. Was ihre Klugheit betraf, so war sie das *alter ego* ihres Vaters: sanft und freundlich zu allen, herzlich und liebevoll zu ihren Verwandten, und ihren Freunden treu ergeben. Kardinal Pole schreibt, daß sie es auch verstand, gute Ratschläge zu erteilen, „eine bei Frauen seltene Gabe“. So wächst Margaret, wie es ihr Vater gewünscht hat, in der kultivierten und einfachen Atmosphäre in dem weitläufigen ländlichen Gebiet um London auf, in diesem

Haus, in dem sich Fröhlichkeit und Studium so harmonisch miteinander verbinden.

Es gibt eine kuriose Geschichte über eine Krankheit Megs, wie sie zärtlich genannt wurde, die möglicherweise von einer Seuche befallen wurde, die damals viele Menschen dahinraffte, dem sogenannten „Schweißfieber". Während die Ärzte das Mädchen bereits aufgeben, erinnert sich Sir Thomas an ein Heilmittel, und er beschwört die Ärzte, es doch einmal damit zu versuchen. Die Therapie ist erfolgreich, und Margaret bleibt am Leben.

Es sind verschiedene Briefe von Morus an seine Tochter erhalten geblieben. Einige stammen aus der Zeit ihrer Ausbildung, andere sind geschrieben worden, als sie bereits erwachsen war. Das Fragment eines Briefes, den er ihr schreibt, während sie ihr erstes Kind erwartet, enthüllt die Gedanken, die Sir Thomas More sich über das Geschlecht des Ungeborenen macht. Offenbar fällt es dem gebildeten Humanisten schwer, sich von dem Vorurteil der *imbecillitas sexus* zu lösen, wenn auch schlußendlich die Vorstellung einer Enkeltochter, die ihrer Mutter in allem ähnlich ist, das bessere Ende für sich hat.

> In Deinem Brief erzählst Du mir von der bevorstehenden Geburt. Wir alle beten inständig, daß alles glücklich verläuft und ein gutes Ende für Dich nimmt. Mögen der Herrgott und seine geheiligte Mutter uns das Glück eines gesunden kleinen Knaben gewähren, der abgesehen von seinem Geschlecht in allem seiner Mutter gleicht. Sollte es jedoch ein Mädchen sein, dann hoffe ich, daß es die Unterlegenheit seines Geschlechts überwinden kann, indem es der Tugend und dem Wissen seiner Mutter nacheifert. Ein solches Mädchen würde ich drei Knaben vorziehen ...

König Heinrich VIII. kommt selbst oft in das freundliche Haus in Chelsea, um seinen Lordkanzler zu besuchen. Und er ist nicht der einzige. Vor allem Erasmus ist hier ein häufiger und gerngesehener Gast. Das Haus erinnert an die Idee von der Familie als Kloster, die er selbst in seiner *Utopia* entwickelt hat. Das Haus ist aber auch ein Treffpunkt jener Menschen, um die Sir Thomas sich aus Mitleid gekümmert hat, einer bunten Gesellschaft von Kindern, Enkeln und Adoptivkindern: Zunächst schließt sich Margaret Giggs, eine rechtmäßige Adoptivtochter, der Familie an; später, als die Kinder nach und nach erwachsen werden und sich verheiraten, kommen die Schwiegersöhne und Schwiegertöchter, die Enkelkinder und Diener hinzu sowie alle anderen, für die Morus auf die eine oder andere Weise zum Wohltäter geworden ist.

Margaret ist zu dieser Zeit bereits mit William Roper verheiratet, der später zum ersten Biographen ihres Vaters wird. Gerade mit dem Gatten seiner Lieblingstochter, der in einen Fall von Häresie verwickelt ist, muß sich Sir Thomas in Geduld üben: Als auch lange Diskussionen zu nichts führen, beschließt er, diese zu beenden und ihn der Gnade Gottes zu überlassen.

Als Sir Thomas am 25. Oktober 1529 das Amt des Lordkanzlers antritt, hat er den Gipfel seines Erfolges und der Gunst des Königs erreicht. Doch sein

Glück ist nicht von langer Dauer. Heinrich hat beschlossen, Katharina von Aragon zu verlassen, und da die Kirche sich wiederholt weigert, seiner Scheidung zuzustimmen, fordert er im Jahr 1532 das Parlament auf, die jährliche Zahlung an Rom einzustellen. Gleichzeitig bringen die Abgeordneten des Unterhauses einen Antrag gegen die Bischöfe ein, um zu erreichen, daß die Kirchensynode das Recht verliert, in Glaubensfragen unabhängig von König und Parlament zu entscheiden. Der Lordkanzler kann sich damit nicht einverstanden erklären und dankt ab. Ein Jahr danach wird Anne Boleyn, die mit Heinrich bereits heimlich vermählt ist, zur Königin gekrönt. Das Leben im Haus von Thomas Morus erfährt nun eine einschneidende Änderung. Er ist gezwungen, seine Dienerschaft zu entlassen. Margaret leidet wie ihre Geschwister indirekt unter dieser Entwicklung.

Für Sir Thomas nimmt das Schicksal seinen Lauf. Der König verlangt, daß der einstige Freund sein Handeln öffentlich billige, was dieser mit seinem Gewissen nicht vereinbaren kann. Das Osterfest des Jahres 1534 ist das letzte, das er im Kreis seiner Familie verbringt. Auch Roper, der Gatte Megs, ist gekommen. Und er ist auch dabei, als More in der Woche darauf den Befehl erhält, in Lambeth zu erscheinen, um vor den Kommissären des Königs den Treueeid abzulegen. Daß More sich entschieden weigert und weder Druck noch Schmeicheleien seine Meinung ändern können, obwohl er darunter leidet, einem Herrscher, als dessen treuer Untertan er sich fühlt, seine Unterstützung verweigern zu müssen, bringt ihn in den Tower von London, und in diesem Szenarium beginnt nun der intensivste Gedankenaustausch zwischen ihm und Margaret.

Zunächst schreibt er ihr aus dem Kerker einen langen Brief. Er berichtet ihr, was geschehen ist und daß er wegen Hochverrats angeklagt und eingekerkert worden sei. Er teilt ihr auch mit, daß für seinen Aufenthalt im Gefängnis fünfzehn Shilling zu bezahlen seien, zehn für ihn und fünf für seinen Diener John, der den Auftrag hat, über ihn zu wachen. Für Meg und ihre Familie beginnt eine Zeit großer Sorgen. Sie pocht an alle Türen in der Hoffnung auf Hilfe, die ihr niemand zu geben wagt. Nach einem Monat erhält sie von Cromwell – der hofft, den widerspenstigen Gefangenen dadurch zur Vernunft zu bringen – die Erlaubnis, ihn zu besuchen. Es ist eine berührende Begegnung. Nachdem Sir Thomas sie umarmt hat, bittet er sie, mit ihm zu beten. Vorschriftsmäßig hält er jedes ihrer Treffen schriftlich fest. Meg vertraut er an, daß er sicher nicht so lange gewartet hätte, sich in eine Kerkerzelle einzuschließen, wenn es nicht sie, die übrigen Kinder und seine Frau gäbe. Er sagt ihr auch, daß er sich wie zu Hause fühle, weil Gott ihm auch an diesem Ort beistehe und ihn aufrichte. Margaret, die ihn um jeden Preis retten will, ist von dieser religiösen Ergebenheit natürlich nicht begeistert. Und so beginnt sie ihren hartnäckigen Dialog, den verzweifelten Versuch, seine Meinung zu ändern und ihn dazu zu bringen, dem König den Treueeid zu leisten. Doch Thomas More bleibt auch seiner Tochter gegenüber unnachgiebig, die er zärtlich „kleine verführerische Eva" nennt. Nun ist es der Vater, der sie tröstet und ihr Mut zuspricht. Zwischen den beiden beginnt ein intensiver Briefwechsel. Meg schreibt ihm lange und ausführliche Briefe, die er ebenso liebevoll und fürsorglich beantwortet. Vater und Tochter kommen sich so nahe wie nie zuvor, so daß sie aufgrund ihres Gedankenaustausches über die „Letzten Dinge" beschließen, gemeinsam eine Abhandlung darüber zu schreiben. Jener Teil, den Margaret verfaßt hat, ist leider verlorengegangen, und der Beitrag Thomas Mores ist nur zur Hälfte erhalten geblieben.

Die Situation seiner Frau ist inzwischen unerträglich geworden, und auch sie sucht ihn im Kerker auf, um ihn umzustimmen. Alle ihre Geldmittel sind inzwischen erschöpft, und um ihren Zahlungsverpflichtungen nachkommen zu können, muß sie schließlich ihre Tochter Meg bitten, sie bei sich aufzunehmen.

Der König läßt sich mit Sir Thomas Zeit, vielleicht weil er hofft, er würde früher oder später doch nachgeben. Tatsächlich gibt es immer wieder den einen oder anderen Gefangenen, der bereit ist, den Treueeid zu leisten. Auch der Erzbischof von Rochester soll darunter sein. Meg beeilt sich, dem Vater davon zu berichten, damit auch er seinem Beispiel folge. Thomas weigert sich auch jetzt noch, und schließlich stellt sich heraus, daß die Nachricht falsch ist. Erzbischof Fisher ist seinem Gewissen treu geblieben. Er wird zwei Wochen vor More hingerichtet.

Im Kerker hat More genug Zeit gehabt, um einen *Dialog of Comfort in Tribulation* zu verfassen. Er hat lange Briefe an Meg geschrieben, solange es ihm möglich war, Tinte und Tintenfaß zu erhalten. Doch schließlich wird ihm auch das verweigert, und da er sich nun mit einem Stück Kohle behelfen muß, schreibt er ihr nur mehr sehr kurze Briefe:

> Meine liebe Tochter! Gott sei Dank bin ich bei guter Gesundheit, und meine Seele hat Frieden gefunden: Ich wünsche mir nicht mehr an irdischen Gütern, als ich bereits besitze. Ich flehe zum Herrn, er möge Euch alle in der Hoffnung auf das Paradies froh stimmen. Und die Dinge, über die mit Euch zu sprechen ich mir zuweilen brennend wünsche und die das künftige Leben betreffen, möge unser Herr in Eure Seelen legen, und mit seinem Heiligen Geist wird es ihm sicher besser gelingen als mir: Er möge Euch segnen und beschützen. Geschrieben mit Kohle von Eurem Vater, der Euch zärtlich liebt und keinen von Euch in seinen armseligen Gebeten vergißt, nicht die Kinder und Ammen, nicht Eure guten Gatten und nicht deren tapfere Frauen, nicht die tapfere Frau Eures Vaters und auch nicht unsere anderen Freunde.
>
> Und nun von Herzen Lebewohl, da ich kein Papier mehr habe.

Von Margaret sind einige Briefe erhalten, die sie dem Vater geschrieben hat, und vor allem ein langer Brief als Antwort auf ein Schreiben ihrer Halbschwester Alice Arlington. Darin berichtet sie ausführlich über ihre Gespräche mit dem

Vater und über seine Antworten auf ihre wiederholten Versuche, ihn zu bewegen, den Treueeid doch zu unterzeichnen. Aber die drängenden Bitten seiner Familie und vor allem Megs können Sir Thomas nicht einen Augenblick von seinem seit langem, wie er selbst schreibt, in vielen schlaflosen Nächten an der Seite seiner ahnungslosen Gattin gefaßten Entschluß abbringen. So sehr er auch unter Druck steht, er teilt niemandem, nicht einmal seiner geliebten Meg, die Gründe seiner schwerwiegenden Entscheidung mit. Wahrscheinlich fürchtet er, es könnte damit auch seine Ablehnung publik werden, Heinrich VIII. in seiner neuen Rolle als Oberhaupt der Kirche von England anzuerkennen, was ihm eine weitere Anklage wegen Hochverrats einbringen würde.

So neigt sich das Geschehen seinem Ende zu. Nach einer letzten Unterredung mit Cromwell wird er dem Tribunal vorgeführt; der Generalprokurator des Königs erhebt in einer falschen Zeugenaussage die Beschuldigung, er habe ihn eindeutig die Suprematie des Königs leugnen gehört. Thomas More wird des Hochverrats für schuldig befunden und zum Tod durch Vierteilen verurteilt. Auf seinem Rückweg in den Tower, auf der Straße in der Nähe des Landungsstegs, eilt Margaret ihm entgegen und wirft sich ungeachtet der Menschenmenge und der Wachen in seine Arme. Er tröstet sie und sagt ihr Lebewohl, doch sie kehrt nochmals zurück, um ihn wieder zu umarmen, selbstvergessen schmiegt sie sich an den Vater. In seinem letzten Brief schreibt er ihr:

> Nie hat mir Dein Verhalten soviel Freude bereitet wie beim letzten Mal, als Du mich geküßt hast. Denn ich bin glücklich, daß die Liebe einer Tochter und ihr süßes Mitleid nicht mehr darauf achten, sich nach den üblichen Maßstäben menschlicher Umgangsformen zu richten.

Und im selben Brief heißt es weiter:

> Ich bereite Dir großen Kummer, meine gute Margaret; doch es wäre mir nicht recht, wenn es noch länger dauerte als bis morgen. Es ist die Vigil des heiligen Thomas und die Oktav des heiligen Petrus, und darum wünsche ich mir, morgen zu Gott zu gehen: Es wäre für mich ein so schöner und geeigneter Tag.

Mores Wunsch erfüllt sich: Am 6. Juli 1553 wird ihm mitgeteilt, daß sein Todestag gekommen sei; in Anbetracht seiner Verdienste hat der König die Strafe in Enthauptung umgewandelt. Thomas Pope, der ihm die Nachricht überbringt, bittet More, es möge seiner Tochter Margaret gestattet werden, ihn zu begraben.

So wird es der letzte Liebesdienst Margarets, den Leichnam ihres Vaters zu bestatten. Bei einer anderen Gelegenheit hatte der Vater sie gebeten, daß sie ihm einmal das Büßerhemd ausziehen sollte, das er seit jeher trug, da er den respektlosen Spott seiner anderen Töchter fürchtete, die seinem Empfinden und seiner Frömmigkeit nicht so nahestanden. Während sie ihre letzte Pflicht als Tochter erfüllte, hörte die blonde Margaret vielleicht noch einmal die Stimme des Vaters:

> Der Herr möge Dich segnen, meine gute Tochter, und auch Deinen Gatten und Euren kleinen Sohn, und alle Eure und meine Kinder ... und auch Eure Freunde ... Leb wohl ... bete für mich, wie auch ich für Dich und alle Deine Freunde beten werde, auf daß wir uns voll Freude im Himmel wiedersehen ...

Es gibt keine weiteren Berichte über Meg, doch wir wissen, daß andere Mitglieder der Familie, wie ihr Gatte Roper und ihr Bruder John, gefangengenommen und später wieder freigelassen wurden. Wir können Margaret More zu Recht als eine Gestalt betrachten, die nur ihr familiäres Band vor der Vergessenheit bewahrte. Auch wenn alle Berichte ein positives Bild von ihr zeichnen, liegt ihre Bedeutung für uns vor allem in der Beziehung zu ihrem Vater, die sie in den Schlußworten ihrer Briefe selbst am besten zum Ausdruck bringt:

> Deine Dich über alles liebende und gehorsame Tochter Margaret Roper, die für Dich betet und mehr als alles andere wünschte, an John Woods Stelle zu sein, um Dir zu dienen. Doch wir leben in der Hoffnung, Dich bald wiederzusehen, worum ich Gott inständig bitte, wenn es sein heiliger Wille ist.

> Deine Dich über alles liebende und gehorsame Tochter Margaret Roper, die jeden Tag und jede Stunde für Dich betet und Gott in seiner unendlichen Barmherzigkeit darum bittet, Dir Trost zu spenden und Dir in seiner großen Gnade beizustehen, auf daß Du niemals gegen seinen heiligen Willen verstößt, sondern als sein treuer und ergebener Diener lebst und stirbst.

Mehr als eine Mutter:
Jeanne de Lestonnac (1556 – 1640)

Das Leben von Jeanne de Lestonnac umfaßt eine Zeitspanne, die mit der zweiten Hälfte des 16. Jahrhunderts beginnt und dann noch etwa vierzig Jahre in das 17. Jahrhundert hineinreicht. In gewisser Weise ist ihre Geschichte neuartig, obwohl auch sie jene weibliche Kreativität aufweist, die für das kirchliche Leben zwischen Reform und Gegenreformation kennzeichnend ist. Wenn eine Angela Merici, wie wir noch sehen werden, einer Teresa von Avila sehr ähnlich ist, so kommt Jeanne de Lestonnac Mary Ward äußerst nahe, die wie sie unter dem Einfluß der charismatischen ignatianischen Bewegung steht. Doch zum Unterschied von Mary Ward erfährt sie ihre Berufung als Ordensgründerin erst nach einem langen weltlichen Leben: nach Ehe, Mutterschaft und Witwendasein. Gerade weil sie die Grenzen ihrer familiären Aufgaben und vor allem ihrer Pflichten als Mutter überschreitet, wollen wir sie in das „Netz der Beziehungen" aufnehmen.

Als erstgeborene Tochter von Richard de Lestonnac und seiner Frau Jeanne Eyquem de Montaigne wird Jeanne im Jahr 1556 in Bordeaux in eine adelige und gebildete Familie hineingeboren. Ihre Mutter, eine Schwester von Michel de Montaigne, ist um einige Jahre jünger als ihr Bruder und erhält wie dieser eine humanistisch geprägte Bildung. Doch die Kenntnis der lateinischen und griechischen Sprache, ihr Leben inmitten eines literarischen Künstlerkreises, der wie der gesamte französische Humanismus den Menschen mit einem gesunden Optimismus betrachtet, können nicht verhindern, daß plötzlich die religiöse Frage zu einem zentralen Thema für sie wird und sie schließlich zum Calvinismus übertritt. Obwohl der Vater Katholik bleibt, führt diese Entscheidung der Mutter dazu, daß Jeanne de Lestonnac während ihrer Kindheit und in ihrer frühen Jugend unter protestantischem Einfluß steht. Diese Erfahrung – sie besucht auch protestantische Schulen – bewirkt, daß sie die große Bedeutung der Schule für die Erziehung zum Glauben verstehen lernt.

Als sie dreizehn Jahre alt ist, ändert sich die Situation. Die Anwesenheit der Jesuiten in der Stadt und die Tatsache, daß auch ihr Bruder François deren Versammlungen besucht, bringt sie mit den Werten jenes Glaubens in Berührung, dem sie durch die Taufe angehört. Die neue Erkenntnis entzweit sie ernstlich mit ihrer Mutter und prägt ihren Charakter. Zu diesem Zeitpunkt möchte sie ihr Leben ganz Gott weihen. Doch ihr Vater hat andere Pläne und gibt sie mit siebzehn Jahren dem Baron von Landiras, Gaston de Montferrand, zur Frau. Vierundzwanzig Jahre lang ist sie mit ihm verheiratet; von ihren sieben Kindern bleiben nur vier am Leben.

Nachdem sie sieben Jahre lang als Witwe gelebt und die Pflichten ihren Kindern gegenüber erfüllt hat, beschließt Jeanne, in das Zisterzienserkloster von Toulouse einzutreten. Man schreibt das Jahr 1603, und sie ist bereits sechsundvierzig Jahre alt. Ihr Gesundheitszustand und vielleicht auch ihre Erwartungen sind mit der dort geübten strengen Askese nur schwer zu vereinbaren. Nach kaum sechs Monaten sieht sie sich gezwungen, das Kloster zu verlassen, und sie kehrt wieder auf ihr Schloß zurück, wo sie zurückgezogen und ins Gebet versunken lebt. Tatsächlich unterscheidet sich ihr Leben nicht sehr von der Idealvorstellung der Humanisten von einem Leben in Einsamkeit, das ganz der Literatur, den Wissenschaften und der Freundschaft gewidmet ist. Die Zurückgezogenheit Jeannes hat zweifellos asketische Komponenten, zeigt aber auch humanistischen Einfluß. Im Unterschied zu der von Montaigne vertretenen Auffassung ist ihr Rückzug nicht so sehr eine Flucht vor der Gesellschaft als vielmehr eine Vorbereitung darauf, sich wirksam in den Dienst Gottes zu stellen.

In der Einsamkeit ihres Schlosses, als die bereits im Zisterzienserkloster erwachte Vorstellung immer deutlicher Gestalt annimmt – nämlich einen Orden unter der Schirmherrschaft der Jungfrau Maria zu gründen, dessen Aufgabe die Erziehung junger Mädchen sein soll –, beginnt Jeanne de Lestonnac, die Gesellschaft ihrer Zeit zu analysieren. Die Problematik der Auseinandersetzung zwischen Katholiken und Hugenotten, der Verfall der Sitten, der auf eine unzulängliche ethisch-religiöse Erziehung zurückzuführen ist, regen sie dazu an, ein pädagogisches und apostolisches Programm zu entwickeln, das die Persönlichkeitsentfaltung in den Mittelpunkt stellt, die katechetische Unterweisung bevorzugt und vor allem eine Verlängerung der Schulzeit zum Ziel hat.

Im selben Jahr bricht in Bordeaux eine schreckliche Pestepidemie aus und veranlaßt Jeanne, sich gemeinsam mit anderen Frauen der Pflege der Kranken zu widmen. Etwa zur selben Zeit kommt der Jesuit Jean de Bordes in die Stadt, der davon überzeugt ist, man könne den Vormarsch des Calvinismus nur durch entprechende Erziehungsarbeit aufhalten. Er denkt daran, zu diesem Zweck einen Frauenorden zu gründen. Jeanne de Lestonnac, die derselben Ansicht ist, wird durch die Begegnung mit ihm ermutigt und setzt sich für die Entstehung der neuen religiösen Institution ein. Gemeinsam mit de Bordes arbeitet sie die *Regel* aus, die in erster Instanz dem Kardinal von Bordeaux vorgelegt wird. Den drei Gelübden Keuschheit, Armut und Gehorsam werden jene der Lehrtätigkeit und der Klausur hinzugefügt. In dem Projekt de Lestonnacs müssen notwendigerweise kontemplatives Leben und Unterricht miteinander verbunden werden. In gewisser Hinsicht entspricht die Übernahme der Klausur den *deliberata* des Konzils von Trient, welches sie jetzt für alle Fraueninstitute fordert. Dem Kardinal de Sourdis entgeht das Problem der Unvereinbarkeit der beiden Dinge natürlich nicht. Dennoch gibt er eine zustimmende Stellungnahme ab und ermöglicht so den zweiten Schritt, das Ansuchen um die definitive Approbation in Rom.

Unterdessen sieht Jean de Bordes seine Aufgabe als abgeschlossen an und überläßt Jeanne de Lestonnac die Durchführung des Projekts. Die Idee eines Fraueninstituts nach jesuitischem Vorbild – Lestonnac will ein Institut, das ganz der Gesellschaft Jesu gleicht, zumindest soweit es der Geschlechtsunterschied und die Klausur gestatten – findet in Bellarmin und Baronius prominente Befürworter, zumal die Neugründung die Bestimmungen des tridentinischen Dekrets *De Regularibus et Monialibus* nicht in Frage stellt. Die Bischofskongregation erteilt am 27. Januar 1607 schließlich ihre Zustimmung, allerdings unter der Voraussetzung einiger grundlegender Abänderungen. So werden die beiden zusätzlichen Gelübde abgelehnt, und man beschränkt die Gründung auf ein einziges Kloster, das einem bereits bestehenden Orden angeschlossen werden soll. Der Bischof von Bordeaux, dem in dieser Angelegenheit die Entscheidung überlassen wird, schließt das Kloster vom „Orden der Töchter Unserer Lieben Frau", das durch ein päpstliches Schreiben Pauls V. approbiert wird, dem Benediktinerorden an. Es handelt sich allerdings um eine rein formale Angliederung, da hier die Ordensregel des heiligen Ignatius befolgt wird und die Nonnen vom Chorgebet befreit sind, das ja ein wesentliches Merkmal benediktinischen Lebens darstellt. Alles scheint sich ausgezeichnet zu entwickeln. Im Jahr 1615 ist man im Begriff, ein zweites Haus zu eröffnen, als der Bischof von Bordeaux plötzlich seine Vorbehalte – oder besser gesagt seine Ablehnung – dagegen äußert. Da er entschlossen ist, die Ursulinen in seine Stadt zu bringen, beabsichtigt er nun, die „Töchter Unserer Lieben Frau" ihnen anzugliedern. Dazu muß gesagt werden, daß für die Ursulinen zu dieser Zeit die Klausur noch nicht wieder eingeführt worden ist, was jedoch sehr bald geschieht, und zwar auf Betreiben des Erzbischofs von Paris, der vorhat, die Weisungen des Konzils von Trient in allen Punkten zu befolgen.

Jeanne, die den Vorschlag des Kardinals bereits abgelehnt hat, wird nochmals dazu aufgefordert, sich mit den Ursulinen, die nun in Klausur leben, zu vereinigen. Natürlich weigert sie sich wieder, und damit geraten Gründung und Gründerin in ernste Schwierigkeiten. Statt der Jesuiten werden die Zisterzienser zu ihren Beichtvätern bestellt, und Kardinal de Sourdis ersucht Rom, das Institut dem Kloster der Ursulinen anzugliedern; er mischt sich sogar in interne Angelegenheiten der Gemeinschaft ein. 1622 wird Lestonnac nicht nur abgesetzt, sondern verliert auch ihren Titel als Ordensgründerin. Sie muß ihr Kloster verlassen und zieht sich nach Pau zurück, wo sie ihre apostolische Arbeit fortsetzt. Zehn Jahre später rufen ihre ersten Gefährtinnen sie nach Bordeaux zurück, damit sie sich der *Konstitutionen* annimmt, die schließlich 1632 fertiggestellt sind. Es existieren bereits mehr als dreißig Klöster, als Jeanne de Lestonnac im Jahr 1640 in ihrer Heimatstadt stirbt.

Die „Gesellschaft Mariens", wie die „Töchter Unserer Lieben Frau" auch genannt werden, nimmt eine Besonderheit für sich in Anspruch – ein Charisma der Lehrtätigkeit –, die jedoch deutlich ihre Herkunft von den Jesuiten erkennen läßt. Von Bedeutung ist vor allem, daß hier eine Verschmelzung von aktivem und kontemplativem Leben in einer Form stattfindet, die man als das wesentliche Merkmal der Neugründung bezeichnen kann. Die Konstitutionen sind also von jenen der Gesellschaft Jesu abgeleitet, die so zum ersten Mal auch auf Frauen Anwendung finden. Jeanne, die in der Schule der Ignatianischen Exerzitien erzogen worden ist, richtet das Institut auf einen sehr weitgefaßten kirchlichen Dienst aus. Der Einfluß der Jesuiten zeigt sich auch in der Befürwortung der Askese, in der Rationalisierung der Arbeit und in der Bedeutung, die dem Studium, der Ausbildung sowie der zentralen Rolle des Gemeinschaftslebens beigemessen wird. Abgesehen von den typischen Eigenheiten einer Regel, die das Ergebnis einer schöpferischen Bemühung ist, respektiert Jeanne die herrschenden Normen und bleibt gleichzeitig so weit wie möglich der jesuitischen Idee treu. Sie verbindet aktives und kontemplatives Leben, indem sie sich an die Klausur hält, ohne jedoch auf ihr spezifisches Charisma zu verzichten. Dabei bedient sie sich einer baulichen Neuerung, durch die mit Hilfe der Kapelle die beiden normalerweise getrennten Blöcke des Klosters und der Erziehungsanstalt miteinander verbunden werden.

Die Anlehnung an die Ordensregel des heiligen Ignatius bedeutet eine wirkliche Erneuerung für das Ordensleben der Frauen: Die Mitglieder der Gesellschaft Mariens sind vom Chorgebet befreit; die mit ihrem Charisma der

Erziehung verbundenen Anforderungen implizieren eine Verlängerung ihrer Ausbildungszeit; die Gewohnheiten körperlicher Askese werden zugunsten einer geistigen Askese aufgegeben, die es ihnen möglich macht, ihre Aufgabe zur Ehre Gottes zu erfüllen; schließlich bildet die Aufnahme externer Schülerinnen ein Korrektiv zur Klausur, weil dadurch die Anwesenheit weltlicher Mitarbeiterinnen nötig wird, die der Gemeinschaft bei der Durchführung des Erziehungsprogramms behilflich sind.

Dieser letzte Punkt ist wohl der vielleicht interessanteste Aspekt des Erneuerungswerkes von Jeanne de Lestonnac. Ihre pädagogischen Prinzipien streben auf weibliche Art und Weise nach der Verwirklichung eines vollständigen Humanismus. In diesem Projekt fließt eine harmonische Interpretation des Menschen und des Universums zusammen. Es geht darum, in den Möglichkeiten des Menschen alles das zu erkennen, was ihn zu guten Taten befähigt. Diesem pädagogischen Plan folgt auch das Kloster, dessen Nonnen zwar nicht in der Schule arbeiten, das aber selbst eine große Schule ist, in der die zukünftigen Lehrerinnen ausgebildet werden. Sowohl das Kloster als auch die Schulen sind daher auf eine umfassende geistige Bildung ausgerichtet, um so auch der Frau die Möglichkeit einer harmonischen intellektuellen und moralischen Entwicklung zu bieten. So findet der Ausspruch Montaignes „Nichts ziemt sich für den Menschen mehr, als seine Pflichten gut und anständig zu erfüllen" auch für die Frau Anwendung, die nun dazu erzogen wird, ihre weibliche Aufgabe so gut wie möglich zu erfüllen. Zweifellos stehen die pädagogischen Grundsätze Montaignes in engem Zusammenhang mit der *ratio studiorum* der Jesuiten, obwohl Lestonnac sie nicht vollständig für die Frau umsetzen kann. Es gelingt ihr zum Teil auf dem Gebiet der elementaren Bildung in den Schulen und Erziehungsanstalten. Von den Jesuiten (wie von den calvinistischen Schulen) und von Montaigne übernimmt sie untrennbare Begriffspaare wie „Frömmigkeit und Studium" oder „Tugend und Wissen", die sicher Ausdruck eines globalen Bildungsbewußtseins sind.

Abgesehen von Einzelheiten des Lehrplans muß betont werden, daß die Existenz von öffentlichen Schulen oder Pensionaten – die alle gebührenfrei sind – eine grundlegende Neuerung im Vergleich zu den bisherigen Modellen klösterlicher Erziehung darstellt. Ähnlich wie Mary Ward erkennt auch Lestonnac, daß es nicht möglich ist, den Schülerinnen die Regeln des klösterlichen Lebens aufzuzwingen, und noch weniger, sie der Obhut einer bestimmten Ordensschwester anzuvertrauen. Alle Mädchen, ob interne oder externe Schülerinnen, bilden eine Gruppe, deren Lebensweise und Ausbildung gleich ist.

Dieser gebildeten, starken und hartnäckigen Frau gelingt es also, eine neue Form geistlichen Lebens zu finden, das in seiner besonderen Ausrichtung auf die weibliche Bildung bereits auf jene aktive Lebensweise hindeutet, die dann im Verlauf der folgenden Jahrhunderte verwirklicht wird.

Das Netz der kirchlichen Dienste

Ihre Pflicht im Dienst der Kirche erfüllen in dem nun folgenden Zeitabschnitt drei „Gründerinnen". Die erste bekleidet ein Lehramt und verkörpert damit eine Diakonie des Wortes, die eine fälschliche Interpretation der „paulinischen" Worte über das Lehrverbot für Frauen so wirksam entkräftet hat, daß sie dank Papst Paul VI. heute zu den Kirchenlehrern zählt.

Wir haben uns mehrmals und auf verschiedene Weise die Frage gestellt, ob es für Frauen statthaft sei, ein Lehramt auszuüben, und ob sie ein Recht hätten, aktiv und passiv zum Wort Zugang zu erhalten. Teresa von Avila ist ein sehr gutes Beispiel für dieses Recht und diesen Dienst, der umso höher einzuschätzen ist, weil es ihr gelingt, ihn unter entschieden ungünstigen Bedingungen auszuüben. Auf andere Weise, aber analog zu ihr ist auch Angela Merici um eine Diakonie zur Durchsetzung der notwendigen Reformen bemüht. Als eindrucksvolles Beispiel der katholischen Reform in ihrer Anfangsphase führt sie uns zur ersten religiösen Institution der Neuzeit zurück, die klar und deutlich auf die Abschaffung der Klausur abzielt. Auch Mary Ward ist gewissermaßen eine Prophetin dessen, was für die Zukunft des Glaubens unbedingt getan werden muß. Dadurch, daß sie sich in den Dienst des Wortes als Mittel der Erziehung und Glaubensverkündigung stellt, findet sie einen Weg, in einer Zeit der religiösen Krise, die England am Übergang zum Anglikanismus erschüttert, den Glauben zu bezeugen und hochzuhalten. Neben dem streng klösterlichen Horizont vertreten Teresa von Avila, Angela Merici und Mary Ward auch einen weltlichen Bereich, weil sie ihre Aufmerksamkeit jungen Mädchen zuwenden, die dazu bestimmt sind, ein Leben außerhalb des Klosters zu führen. Die beiden ersten erleben noch die Verwirklichung ihres Planes, auch wenn diese mit verschiedenen Schwierigkeiten verbunden ist. Die dritte erleidet hingegen eine vollkommene Niederlage, ja sogar eine Demütigung als Frau, obwohl auch sie wie Teresa eine gehorsame Tochter der Kirche ist.

Unsere Frauengestalten zeigen ein sehr klares und reflektiertes Bewußtsein für die Situation der Frau. Vor allem die Betrachtungen Teresas oder die leidenschaftliche Verteidigungsrede Mary Wards beweisen, daß Frauen als solche apostolisch tätig sein können. Wie andere Vertreterinnen der katholischen Reform wird auch Angela Merici zu einer Fürsprecherin des Laientums.

Herausgefordert von den Nöten der Zeit: **Angela Merici (1474 – 1540)**

Wie Caterina Fieschi entscheidet sich auch Angela Merici für den Laienstand. Sie führt in aller Freiheit, wenn auch mit religiöser Zielsetzung ein Leben in freiwilliger Ehelosigkeit. Mit ihr kehrt das emanzipatorische Modell der christlichen Jungfräulichkeit in seiner weltlichen Dimension wieder, das außerhalb der Klausur und ohne Einengung durch Bräuche, Kleidung und sonstige Vorschriften gelebt wird. Sie ist eine aktive Persönlichkeit, deren Aufmerksamkeit der Förderung der Frauen gilt und die als Vermittlerin des Friedens auch im politischen Geschehen ihrer Zeit in Erscheinung tritt.

Sie wurde zwischen 1470 und 1475 in Desenzano del Garda als Kind von Bauern geboren und hatte bereits als kleines Mädchen ein Leben in Gebet und Buße begonnen, dessen Einzelheiten jedoch schwer zu beurteilen sind. Handelt es sich dabei um fromme Spiele, deren Bedeutung später im Hinblick auf ihre Heiligkeit überbewertet worden ist, oder um tatsächliche Begebenheiten? Sicher ist, daß sich bei ihr eine frühzeitige Hinwendung zum Gebet, zur Meditation, zum geistlichen Leben und zu Bußübungen gezeigt hat. Obwohl die genauen Umstände nicht bekannt sind, wissen wir, daß sie bereits in jungen Jahren ihre Eltern und ihre größere Schwester verliert. Vermutlich war sie fünfzehn Jahre alt, als ihr Vater starb. Besondere Folgen hat für sie der Tod ihrer Schwester, die ihr in einer Vision ihr Schicksal vorhersagt und sie ermuntert, den begonnenen Weg fortzusetzen.

Nach dem Tod ihrer Eltern lebt das junge Mädchen in der Gegend zwischen Salò und Desenzano. Abgesehen von hagiographischen Ausschmückungen berichtet die Legende, daß sie typische Hausfrauenarbeiten verrichtet. Doch Angela kann auch lesen. Wir wissen nicht, ob sie schon in Desenzano eine Grundausbildung erhalten oder erst in der aufgeschlosseneren Umgebung von Salò mit dem Lesen begonnen hat; ein Schulbesuch im eigentlichen Sinn ist jedenfalls auszuschließen. Dank ihrer Intelligenz hat sie das, was ihr zu Hause geboten wurde, offenbar zu ihrem Vorteil genützt. Inzwischen setzt sie ihr strenges Leben mit Fastenübungen und Entbehrungen fort, zunächst mit dem Ziel, in den Dritten Orden der Minderbrüder der Observanten einzutreten. Letztlich reift in ihr der Entschluß, Jungfrau zu bleiben und sich ganz Gott zu weihen, dabei jedoch ein weltliches Leben zu führen.

Wir wissen nicht genau, wann Angela ihre Verwandten in Salò verläßt und nach Desenzano zurückkehrt, wo wahrscheinlich einer ihrer Brüder verheiratet ist und lebt. Jedenfalls fällt in diese Phase ihres Lebens die Vision der „Himmelsleiter", die für die Ikonographie von Angela Merici charakteristisch wird. Wahrscheinlich findet die Vision zur Erntezeit im Sommer statt, während der Nachmittagsruhe, in der Angela sich für gewöhnlich zum Gebet zurückzieht. In Gott entrückt glaubt sie zu sehen, daß der Himmel sich öffnet und eine Prozession von Engeln und Jungfrauen paarweise herniedersteigt: Die Engel spielen Instrumente, und die Jungfrauen singen. Unter letzteren befindet sich auch ihre verstorbene Schwester, die ihr sagt, welche Aufgabe auf sie wartet: die Gründung einer Gemeinschaft von Jungfrauen. Natürlich stellt sie diese Vision vor Probleme.

In Desenzano lebte Angela so, wie man es von einer unverheirateten Frau erwartete. Sie arbeitete auf den Feldern, soweit es für ihren Lebensunterhalt erforderlich war, und hatte stets ein offenes Ohr für die Nöte der Nachbarn und für gegenseitige Hilfeleistungen. Ihr Bekenntnis zu einem Leben im Sinne des Evangeliums verpflichtete sie zu den leiblichen und geistigen Werken der Barmherzigkeit: Almosengeben, Krankenbesuche, Teilnahme an Begräbnissen ... Man nennt sie bereits „Sur Anzola", und sie genießt den Ruf einer heiligmäßigen Frau, die verehrt wird und an die man sich um Rat und Hilfe wendet. Die Lebensweise Angelas wird von verschiedenen Seiten als „apostolisch" im vortridentinischen Sinn bezeichnet. Angela lebt die Nachfolge Christi nach Art der Apostel und der Urkirche, indem sie aktives Leben und Gebet miteinander verbindet. In den Berichten über sie wird betont, daß sie sich ihr tägliches Brot mit ihrer Hände Arbeit verdient, daß sie als Jungfrau völlig unabhängig lebt und dennoch mit den Schwierigkeiten und Gefahren der Welt vertraut ist, und daß sie ihr Leben der Buße widmet. Dem muß hinzugefügt werden, daß Angela die einzigartige Fähigkeit besitzt, ihre „guten Werke" in jeder noch so schwierigen und mißlichen Situation zu vollbringen und dadurch Frieden zu stiften und zu fördern. Man darf diesen Dienst des Wortes nicht vergessen, durch den es ihr gelingt, die Herzen der Menschen zu erreichen und sie zu trösten. Einer von denen, die sich an sie wenden, um Trost zu erhalten, ist Francesco II. Sforza, der im Mai 1534 nach Brescia kommt, um sie zu treffen. Übereinstimmend wird von der außergewöhnlichen „Weisheit" berichtet, die ihr der Heilige Geist hinsichtlich der Bibelauslegung gegeben hat, wozu ihr nach menschlichem Ermessen alle Voraussetzungen fehlen.

Als Angela sich um das Jahr 1516 in Brescia niederläßt, ist sie eine Frau im besten Alter. Zu dieser Zeit unternimmt sie Pilgerreisen nach Rom und ins Heilige Land, nach Genua und Varallo. Wir sind dem Phänomen der Pilgerreisen bereits mehrmals begegnet. Angela erlebt sie noch ganz im Sinne der Spiritualität des Mittelalters. Wahrscheinlich reist sie im Jahr 1524 auch nach Jerusalem. Sie schifft sich in Venedig ein, wo jedes Jahr mit Genehmigung der türkischen Behörden ein Schiff zu diesem Zweck bereitgestellt wurde. Knapp ein Jahr vor ihr war Ignatius von Loyola zur gleichen Pilgerfahrt aufgebrochen, deren Schwierigkeiten uns ja hinlänglich bekannt sind. Der „Serenissima" war vom Sultan von Ägypten ein Sonderrecht eingeräumt worden, das später auch von den Türken anerkannt wurde. Auf der Rückreise legt Angela wieder einen kurzen Aufenthalt in Venedig ein, und man bittet sie inständig, länger dort zu verweilen.

Ihre Pilgerreise nach Rom muß anläßlich des Heiligen Jahres 1525 stattgefunden haben. Aufgrund einer Pestepidemie ist die Zahl der Rompilger geringer als in anderen Jubeljahren. Angela nimmt die Beschwerlichkeiten dieser Reise auf sich und besucht in Rom voll Andacht die dortigen Reliquien. Über Vermittlung des Petrus von Apulien, der schon mit ihr als Pilger in Jerusalem gewesen war, wird sie vom Papst in Audienz empfangen; es sind jedoch keine Einzelheiten über diese Begegnung bekannt. Wir wissen nur, daß man sie auch in Rom bittet, länger zu bleiben. Doch sie zieht es vor, zu „flüchten", und kehrt nach Brescia zurück.

Man kann Angela Merici und ihre Tätigkeit nicht verstehen, ohne sie mit dem weiteren Kreis der Erneuerungsbewegung der katholischen Reform in Verbindung zu bringen. Obwohl es keine direkte Übereinstimmung gibt, so ist sie doch zumindest ideell mit der Spiritualität der „Gesellschaften der Göttlichen Liebe" verbunden ist. Wie wir bereits gesehen haben, kümmerten sich diese Gemeinschaften seit Beginn ihrer Verbreitung vor allem um die „Unheilbaren", um die an Syphilis Erkrankten, einer Seuche, die im Gefolge Karls VIII. und seiner Truppen unaufhaltsam um sich greift. Zu den Aktivitäten der „Gesellschaften der Göttlichen Liebe" gehört auch die Errichtung von Spitälern für die Unheilbaren, Einrichtungen, die die Gesellschaft selbst überleben sollten. In Brescia gibt es noch keine solche Gesellschaft, zumindest nicht vor der Errichtung des Spitals, doch sicher gehören verschiedene Bürger Brescias ihr an. Ein Hospital für die Unheilbaren ist vermutlich ab 1525 in Betrieb, doch die „Gesellschaft der Göttlichen Liebe", die fünf Jahre später in Brescia entstanden ist, hat mit ihm nicht direkt etwas zu tun, weil das Hospital bereits eine eigene Bruderschaft hat. Jedenfalls ist diese Einrichtung – die im Jahr 1536 zu einem Hospital für Frauen wird – eine besondere Anlaufstelle für Frauen, vor allem aber werden hier Frauen aufgenommen, die – auch ohne an Syphilis erkrankt zu sein – Beistand und Schutz benötigen. Angela und ihre Mitarbeiterinnen kümmern sich um die Frauen, die in drei verschiedenen „Häusern der Barmherzigkeit" aufgenommen werden: im „Ospedal Maggiore", wo auch uneheliche Kinder betreut werden; in der „Pietà", wo Vollwaisen Aufnahme finden; und in den „Cittelle", Heimen für gefährdete junge Mädchen. Ob nun eine direkte oder indirekte Beziehung des Kreises um Angela Merici mit den „Gesellschaften der Göttlichen Liebe" oder jenem Sinn für die Bedürfnisse der Menschen, der sich vor allem in Form von Hilfeleistungen äußert, besteht oder nicht – die unsicheren Zeiten und die Gefahren, die jungen Mädchen drohen, sind sicher ausschlaggebend dafür, daß Angela einen völlig neuartigen Plan für die Erziehung und Förderung der Frau entwickelt.

Bereits im Jahr 1532 leitet Elisabetta Prato, eine geistige Tochter Angelas, ein Waisenhaus. Es gibt einfach zu viele hilfsbedürftige junge Mädchen, und so denkt Angela an eine offene Erziehung innerhalb der Familien. Überzeugt von ihrer Idee gründet sie, ohne dafür um Approbation anzusuchen, eine Gemeinschaft zur Ausbildung junger Mädchen. Das Ungewöhnliche dieses Hilfswerks besteht vor allem darin, daß es kein gemeinschaftliches Leben vorsieht. Diese „Gesellschaft der heiligen Ursula" ist eine fromme Vereinigung, die sich die Erziehung verlassener junger Mädchen zum Ziel setzt. In ihr sind offenbar jene Mädchen tätig, denen von Angela und anderen geholfen worden ist. So bietet Angela den jungen Mädchen ihrer Zeit angesichts der vielleicht nicht immer realisierbaren Alternative zwischen Ehe und Klausur eine neue und unerwartete

Chance. Die Gesellschaft entsteht im Jahr 1535, etwa ein Jahr darauf werden ihre Statuten durch den Generalvikar von Brescia und 1544 auch von Papst Paul III. approbiert.

Doch weshalb eine Gesellschaft der heiligen Ursula? Hier handelt es sich offenbar um eine Anknüpfung an die phantasievolle mittelalterliche Vorstellung, die aus elf Jungfrauen und Märtyrerinnen, die zwischen dem 3. und 4. Jahrhundert gelebt haben sollen, eine kühne Schar von gut elftausend gemacht hat ... Ursula, die Tochter des Königs von Britannien, soll vermählt werden und gibt ihre Zustimmung nur unter der Bedingung, daß ihr Vater und ihr Verlobter zehn Gefährtinnen für sie auswählen, und weitere tausend für jede einzelne von ihnen, dazu elf Schiffe, und daß sie ihnen gestatten, ihre Jungfräulichkeit drei Jahre lang zu bewahren. Ursula weiß, daß es ihr bestimmt ist, Märtyrerin zu werden. Nachdem sie mit den Schiffen in See gestochen sind, bemüht sie sich, ihre Gefährtinnen für die Jungfräulichkeit und das Martyrium zu begeistern. So stellt Ursula ein Heer von Jungfrauen auf, die sich gleichsam mit einem Fahneneid Gott weihen. Im Verlauf der drei Jahre treibt ein Sturm sie an die Mündung des Rheins. Im Traum wird Ursula verkündet, daß sie mit ihren Gefährtinnen nach Rom pilgern solle und bei ihrer Rückkehr nach Köln das Martyrium erleiden werde. Und wirklich treibt ein günstiger Wind sie bis nach Basel, von wo sie zu Fuß weiter nach Rom marschieren. Bei ihrer Rückkehr nach Köln fallen die Hunnen über sie her und richten unter ihnen ein Blutbad an.

Wir wollen hier weder auf die weitere Entwicklung der Legende noch auf ihre Bedeutung vom Mittelalter bis in die Neuzeit näher eingehen. Wir möchten nur darauf hinweisen, wie sehr sich bei Angela die Idee ihrer „Gesellschaft“ mit dem Ideal dieser Jungfrauen verbindet, die gleichsam Christus geweihte Kriegerinnen sind. Sicher hatte sie die Geschichte der heiligen Ursula gelesen, und es war wohl auch eine *Vita* der Katharina von Alexandrien in ihre Hände gelangt, deren Unbeugsamkeit sie ebenfalls in gewisser Weise inspiriert haben dürfte.

Die jungen Mädchen in der „Gesellschaft“ legen keine Gelübde ab, verpflichten sich jedoch, Christus in Jungfräulichkeit, Armut und Gehorsam zu folgen. Nach antikem Vorbild leben sie zurückgezogen als Jungfrauen in ihrem eigenen Haus. Sie weihen sich gleichzeitig Gott und dem Dienst am Nächsten. Man darf jedoch nicht glauben, daß die Gesellschaft völlig amorph und unstrukturiert war oder daß die Jungfrauen gewissermaßen ein Vagabundendasein führten. Alle fünfzehn Tage kommen die sogenannten „Lehrerinnen“ zu ihnen, deren Aufgabe es ist, sie zu betreuen, anzuleiten und zu kontrollieren. Sie unterrichten sie in der christlichen Lehre und machen sie mit der *Regel* vertraut, die Angela für sie verfaßt hat. Die Superiorinnen, ausgewählte Witwen, sammeln die Jungfrauen vor allem an Feiertagen zu religiösen Zusammenkünften um sich. Alle zwei Monate findet unter der Leitung Angelas eine Plenarversammlung statt.

Angela gründet die Gesellschaft während ihrer letzten Lebensjahre, die sie in Brescia in einem kleinen Haus in der Nähe von S. Afra gemeinsam mit einer Freundin verbringt. Zwischen 1539 und 1540 erkrankt sie schwer. Aus dieser Zeit stammen das *Geistliche Vermächtnis*, das sie ihrem Sekretär diktiert, und die *Erinnerungen*. Als Datum ihres Todes gilt der 27. Januar 1540.

Die Gesellschaft wächst, und Angela folgen geistige Töchter nach. Doch die völlige Freiheit, mit der sie sich dank ihres persönlichen Charismas und ihres Einflusses im weltlichen und kirchlichen Bereich bewegt hat, wird nun am Übergang zur zweiten Generation mit Argwohn betrachtet. Kritik wird laut, und es wird mit Nachdruck gefordert, daß alle der Einführung der Klausur zustimmen sollten. Diesem Wunsch schließt sich auch Lucrezia Lodrone an, die neue Superiorin, die den einstigen Sekretär der heiligen Angela und Kanzler der Gesellschaft, Gabriele Gozzano, entläßt, viele Jungfrauen entfernt und die übrigen verpflichtet, einen Gürtel aus schwarzem Leder zu tragen. Die Rückkehr zu einem äußerlich sichtbaren Kennzeichen, was auch immer es ist, zerstört aber Angelas Idee der absoluten Weltlichkeit, durch die es der Gesellschaft möglich wurde, sich ganz der Erziehung junger Mädchen zu widmen, an der ihr so viel gelegen war.

Man darf jedoch nicht vergessen, daß die katholische Reform, vor allem was die Laien betrifft, die religiöse und die soziale Erneuerung niemals getrennt betrachtet. Obwohl sie von denen, die nach ihrem Tod ihre Inspiration und ihre Regel in Frage stellen, als Analphabetin angesehen wurde, stand Angela mit den höchsten religiösen Kreisen Brescias in engster Verbindung, besonders mit denen, die geistig von Erasmus beeinflußt waren. Ihr Vorhaben entsprang der wohldurchdachten Überlegung einer Förderung des Laientums und der Frau in Kirche und Gesellschaft.

Schließlich nimmt sich Karl Borromäus der Gesellschaft an, als er 1566 nach Mailand kommt und dort den Grundstein für ihre grundlegende Reform legt. Er bittet die „Töchter" der heiligen Angela um ihre Mithilfe, und ein Jahr später veröffentlicht er die erste Ordensregel der Ursulinen in Mailand, in der er eine klare Unterscheidung zwischen Jungfrauen und Witwen trifft. Letztere gründen später die Gesellschaft von S. Anna. Anläßlich einer Visitation in Brescia entscheidet er, daß auch in dieser Stadt die Führung der Gesellschaft von den Jungfrauen übernommen werden solle. Die neue Regel (*Regola riformata*) datiert aus dem Jahr 1580.

Unterdessen hat eine erste Gruppe von Erzieherinnen ganz ungezwungen ein gemeinsames Leben begonnen. Dieser Gruppe, die das Waisenhaus von Elisabetta Prato übernimmt, schließen sich weitere an, und sie nehmen auch arme, verwaiste und alt gewordene Jungfrauen auf. Das Gemeinschaftsleben bewährt sich vor allem für Frauengruppen mit sozialen Problemen. Doch die meisten Jungfrauen leben auch weiterhin in ihren eigenen Häusern. Karl Borromäus setzt sich weiter für die Verbreitung dieses gemischten Modells ein.

Wie wir wissen, entspricht das nicht den Beschlüssen des Konzils von Trient, das für alle Nonnen die Klausur und die feierlichen Gelübde fordert. Obwohl das formell auch für die Ursulinen gilt, gelingt es ihnen zunächst noch, eine gewisse Autonomie zu bewahren: Sie sind nicht zur Ablegung der Gelübde verpflichtet und können aus verschiedenen Gründen ihr gemeinsames Haus auch verlassen. Während diese Regelung diejenigen betrifft, die in Gemeinschaft leben, bleibt das Modell derer, die in ihren eigenen Behausungen leben nicht nur aufrecht, sondern erfährt sogar eine starke Expansion. Die Gesellschaften werden immer zahlreicher, und jede einzelne ist völlig autonom. Was sie verbindet, ist die gemeinsame Aufgabe der Erziehung und Ausbildung junger Mädchen.

Zu einem Orden mit strenger Klausur und feierlichen Gelübden werden die Ursulinen schließlich 1610 mit dem Beginn ihrer Verbreitung in Frankreich. Damit vollzieht sich endgültig die Vereinheitlichung dieser, wie viele meinen, absolut neuartigen Institution des 16. Jahrhunderts, die so bedeutend ist, daß die Gesellschaft der heiligen Ursula als eine Art vorweggenommenes Säkularinstitut angesehen wird. Sie verbindet das dezentrale Modell der ersten Jungfrauen mit der Forderung nach Katechese und christlicher Erziehung der jungen Mädchen und verfolgt damit ein doppeltes Ziel: das Heiligwerden als Jungfrau innerhalb der Familie und die religiöse Erneuerung durch die Erziehung junger Mädchen.

Eine bedeutende Reformatorin: Teresa von Avila (1515 – 1582)

Das Leben der Teresa von Avila ist untrennbar mit der katholischen Reform und ganz besonders mit der Reform des Karmelitenordens verbunden. In ihrer Heimatstadt Avila wurde kaum eine Woche nach ihrer Geburt am 28. März 1515 das neue Karmelitenkloster „Incarnación" eröffnet. Seine Errichtung war von einer Gemeinschaft um Elvira Gonzales 1497 angeregt worden, und nun erfolgte die Übersiedlung in das neue Gebäude, das Doña Beatriz Guiera hatte erbauen lassen. Aus ehemals vierzehn Schwestern waren hundertachtzig geworden, und sie begingen schwere Verstöße gegen das geforderte kontemplative Leben: Die Klausur wurde nicht eingehalten, und die Nonnen verbrachten die meiste Zeit in einem stets überfüllten Sprechzimmer.

Teresa ist die älteste Tochter von Don Alonso Sanchez de Cepeda und seiner zweiten Frau Doña Beatriz de Ahumada. Sie wächst in einer großen Familie auf, führt schon als Kind ein frommes Leben und hat ein begeisterungsfähiges und offenes Wesen, sie ist redegewandt und beherrscht die Kunst des Schreibens ebenso gut wie die Hausarbeit. Der Tod der Mutter ist ein schwerer Schlag, der sie mitten in ihrer Jugendzeit trifft:

> Ich erinnere mich, daß ich ungefähr zwölf Jahre alt war, als meine Mutter starb. Als ich zu verstehen begann, was ich verloren hatte, begab ich mich in meiner Angst zu einer Statue der Muttergottes und flehte sie unter Tränen an, eine Mutter für mich zu werden ...
> Als ich etwas älter wurde, erkannte ich die – wie man sagte zahlreichen – Gaben der Natur, die der Herr mir geschenkt hatte. Doch statt ihm dafür dankbar zu sein, begann ich, sie gegen ihn zu verwenden ...

Die junge Teresa ist hauptsächlich an weltlichen Dingen interessiert. Sie denkt daran, zu heiraten (sie verliebt sich in einen Vetter), und findet solchen Gefallen an Liebesromanen, daß sie sogar selbst welche schreibt. Einige Jahre später heiratet ihre ältere Schwester, und der Vater vertraut sie den Augustinerinnen an. Dort findet sie wieder zum Leben ihrer frühen Kindheit zurück. Sie ist nun sechzehn Jahre alt. Obwohl sie sich ihrer religiösen Berufung bewußt ist, kämpft sie zunächst vehement dagegen an. Als sie sich einmal zur Erholung bei ihrer Schwester aufhält, besucht sie dort ihr Onkel Don Pedro de Cepeda, und sie liest seine Bücher. Die Lektüre der *Briefe* von Hieronymus führt dazu, daß sie sich endgültig für das Kloster entscheidet. Es ist das Jahr 1532. Doch Don Alonso ist damit nicht einverstanden. Teresa muß bis zum 2. November 1535 warten, dem Tag, an dem sie ihr Zuhause fluchtartig verläßt. Noch am selben Tag tritt sie in das Kloster „Incarnación" ein. Letzten Endes erhält sie doch noch den väterlichen Segen und eine ansehnliche Mitgift und gibt sich ganz der Wonne des Klosterlebens hin. Sie übertreibt ihre Bußübungen jedoch so sehr, daß sie schwer erkrankt. Schließlich fällt sie in ein tiefes Koma, und man glaubt sie dem Tode nahe. Im Kloster ist bereits ein Grab geöffnet worden, und im nahen Mönchskloster wird die Totenmesse für sie gelesen. Während Don Alonso völlig verzweifelt ist, kehrt Teresa ins Leben zurück. Doch es ist eine qualvolle Rückkehr. Gut drei Jahre lang bleibt sie gelähmt an das Bett gefesselt, unfähig, mit den anderen in Gemeinschaft zu leben, normal zu essen oder aufzustehen. Doch sie erholt sich wieder. Eines Tages fühlt sie sich durch die Fürsprache des heiligen Josef plötzlich geheilt. Man schreibt das Jahr 1542, und sie ist nun siebenundzwanzig Jahre alt. Viele kommen, um sie zu ihrer Genesung zu beglückwünschen. Sie verbringt einen Großteil ihrer Zeit im Sprechzimmer, ist nur noch mit oberflächlichen und sinnlosen Unterhaltungen beschäftigt und verliert zunehmend ihre Fähigkeit zum Gebet.

Später verläßt sie das Kloster, um ihren kranken Vater zu pflegen. Sie harrt bei dem Kranken bis zu seinem Tode aus. Doch innerlich bleibt sie weiter schwankend, ist voller Bedenken und Unsicherheit. Das Beten bereitet ihr ungeheure Anstrengung. Sie ist innerlich zerrissen und unfähig, ihre Bindung an die Welt endgültig zu lösen. Sie selbst berichtet darüber in ihrer *Vita*. In der Fastenzeit des Jahres 1554, als sie bereits fast vierzig Jahre alt ist, fällt dann die Entscheidung.

Meine Seele war bereits müde ... Doch als ich eines Tages in die Kapelle trat, sah ich eine Statue, die für eine bevorstehende Feierlichkeit hierher gebracht worden war ... Es war eine Christusfigur, und sie war über und über mit Wunden bedeckt. Als ich sie betrachtete und so schrecklich zugerichtet sah, weckte sie in mir solche Andacht, daß ich völlig aufgewühlt war, so lebensecht stellte sie dar, welches Leid er für uns ertragen mußte. Ich fühlte solche Reue über die Undankbarkeit, die ich für seine Wunden gezeigt hatte, daß mein Herz zu zerspringen schien, und ich warf mich ihm in heißen Tränen zu Füßen und flehte ihn an, mir die Kraft zu geben, ihn nicht mehr zu verletzen.

Weiter schreibt sie: „Ich glaube, daß er mich erhört hat, denn von da an besserte ich mich ganz entschieden." Die Lektüre der *Bekenntnisse* des heiligen Augustinus vervollständigt das Wunder. In ihnen findet Teresa sich wieder: Diese Seiten bewirken ihre Bekehrung. Nun freut sie sich über die Gabe des Gebetes. Doch das Urteil über das, was ihr geschieht, ist unterschiedlich. Die Beichtväter glauben an ein Werk des Teufels. Von diesen Ängsten befreit sie ein junger Jesuit, Diego de Cetina, der mit ihr darüber zu sprechen beginnt. Auch Francesco Borgia, der sich auf der Durchreise nach Avila befindet, beruhigt sie und richtet sie auf. Doch Pater Diego verläßt sie nach etwa zwei Monaten wieder, und Teresa ist verzweifelt. An seine Stelle tritt ein anderer Jesuit, Juan de Prádanos, der sie bis an die Schwelle ihrer „geistlichen Verlobung" begleitet. Teresa berichtet darüber in ihrer *Vita*:

Eines Tages ... erfaßte mich eine so unerwartete Verzückung, daß ich völlig außer mir war ... Zum ersten Mal gewährte der Herr mir die Gnade einer Verzückung. Ich hörte folgende Worte: „Ich will, daß du nicht mehr mit den Menschen, sondern mit den Engeln sprichst ..."
Von diesem Tag an fühlte ich mich so gestärkt, daß ich alles für die Liebe Gottes aufgab, der in einem einzigen Augenblick ... seine Dienerin so völlig verwandelt hatte, daß keine weitere Anweisung nötig war ...
Ewig gepriesen sei Gott, der mir in einem einzigen Augenblick die Freiheit gegeben hat, die ich allein nie hätte gewinnen können ...

Wieder wechselt Teresa den Beichtvater, doch die widersprüchlichen Deutungen ihrer mystischen Erfahrungen finden kein Ende. Man rät ihr sogar zu Exorzismen, damit die „teuflischen" Visionen von ihr weichen. Als sie in ihrer Verzweiflung bereit ist, jeden Rat zu befolgen, erlebt sie jene Verzückung, die später Bernini, ihrer eigenen Schilderung folgend, in Marmor gemeißelt hat. Es ist das Erlebnis des flammenden Pfeils, der sich wieder und wieder in ihr Herz bohrt und ihr gleichzeitig größten Schmerz und höchstes Entzücken bereitet.

In dieser Vision hat es dem Herrn gefallen, daß ich ihn so sehen sollte: Er war nicht groß, sondern klein und sehr schön, mit einem so leuchtenden Gesicht, als wäre er einer der Engel ... die alle aussehen, als wären sie in göttlicher Liebe entbrannt ... In

> seinen Händen sah ich einen langen goldenen Pfeil, und mir schien, als wäre an seiner eisernen Spitze eine kleine Flamme. Mir war, als bohrte er ihn mehrere Male in mein Herz, so tief, daß ich es bis in meine Eingeweide fühlte, und als er ihn herauszog, schien er ihn fortzunehmen und ließ mich in Flammen der Liebe zu Gott zurück. Der Schmerz der Wunde war so heftig, daß ich stöhnen mußte ... und doch war das Entzücken, mit dem dieser ungeheure Schmerz mich erfüllte, so groß, daß ich hoffte, er würde nie enden ...

Die Wiederholung dieser ekstatischen Verzückungen verwirrt nicht nur sie selbst, sondern läßt rund um sie eine Flut von Gerüchten entstehen. Wir sind nun im Jahr 1560. Teresa findet Trost bei Petrus von Alcántara, der für sie Verständnis hat und sie beruhigt. Doch ihr spiritueller Weg erfordert nochmals eine Wende. Den Anstoß dazu gibt vermutlich die berühmte Höllenvision, die sie im selben Jahr hat.

> Ich befand mich an einem Ort des Verderbens, ohne jede Hoffnung auf Trost, ohne die Möglichkeit, mich zu setzen oder zu bewegen, weil ich in einer Art Loch in der Mauer eingeschlossen war. Die Wände, schrecklich anzusehen, umschlossen mich, und ich hatte das Gefühl, zu ersticken. Es gab kein Licht, nur tiefste Finsternis ...

Sie erkennt nun klar, daß sie vor die schwierige Aufgabe gestellt ist, den Karmelitenorden zu reformieren.

> Als ich daran dachte, was ich für Gott tun könnte, sah ich es als das Wichtigste an, meiner religiösen Berufung zu folgen und meine Ordensregel so genau wie möglich zu beachten ...

Die päpstliche Bulle, mit der Eugen IV. im Jahr 1432 eine Milderung der Regel gestattete, hat dazu geführt, daß die Nonnen die ursprüngliche Strenge ihres Lebens aufgegeben haben. Verschiedene Gründe, die nicht immer verwerflich sind, führen dazu, daß sie ihr Kloster sehr oft verlassen; das behagliche und komfortable Leben innerhalb des Klosters scheint Teresa besonders weit von der ursprünglichen Strenge entfernt zu sein. Der Plan einer Reform beginnt in ihr Gestalt anzunehmen, und sie fühlt sich dabei vom Herrn selbst unterstützt. Doch es ist nicht so einfach, ein Kloster wie das der „Unbeschuhten" zu gründen – so werden die auf Initiative des Petrus von Alcántara reformierten Franziskanerinnen genannt. Eine Witwe und Freundin Teresas bemüht sich, die nötigen Mittel zu beschaffen. Doch obwohl sie sehr nützlich sind, sichern sie allein den Erfolg des Projektes noch nicht; die Durchführung der „Reform" liegt beim Herrn, und er sagt Teresa, was zu tun ist. So beginnt die einzigartige Geschichte ihrer „Gründungen". Wir wollen hier nicht auf die Einzelheiten eingehen, die sie in ihrem gleichnamigen Buch (*Libro de las Fundaciones*) beschrieben hat, das allerdings in dem schicksalhaften Augenblick abbricht, als der neue Zweig der „Unbeschuhten" sich vom alten Karmelitenorden abspaltet. Dieses Werk wird erst nach ihrem Tod von anderen abgeschlossen. Auf jeden Fall stellt die Geschichte der Gründungen Teresa als eine entschlossene und aktive Frau dar, die ständig von einem Kloster zum anderen unterwegs ist und völlig von ihrem Erneuerungs- und Gründungswillen beherrscht wird.

Wir dürfen hier zwei Männer nicht vergessen, die ihre Mitstreiter bei der Gründung des Ordens der Unbeschuhten sind: Johannes vom Kreuz, der sich als einer der ersten ihrer Reform anschließt, und Hieronymus Gracián, den sie 1575 kennenlernt und der in ihren letzten Lebensjahren zu ihrer treuen Stütze wird.

Bevor wir uns dem kritischen Zeitpunkt zuwenden, als Johannes vom Kreuz eingekerkert wird, wollen wir das Ereignis ihrer „mystischen Hochzeit" erwähnen, jene Vision, in der Christus ihr einen der Nägel seines Kreuzes gibt und ihr sagt, daß sie von nun an seine Braut sei. Nach dieser Erfahrung führt Teresa ihr weiteres Leben mit der Zufriedenheit eines Menschen, der seine innere Ruhe gefunden hat. Und so bleibt es bis zu ihrem Ende.

Die Reform der Unbeschuhten hat inzwischen auch auf die Männer übergegriffen. Doch die Zunahme der reformierten Klöster ruft Ablehnung und Verstimmung hervor. Teresa ersucht um die Erlaubnis, den neuen Orden vom alten zu trennen. Und als 1576 der Sturm losbricht, schreibt sie in der Abgeschiedenheit des Klosters von Toledo auf Wunsch von Hieronymus Gracián ihr Hauptwerk *Die Seelenburg*. Als sie im Jahr darauf nach Avila zurückkehrt, muß sie im Verlauf der weiteren Verschärfung des Streits miterleben, wie Johannes vom Kreuz eingekerkert und damit gewaltsam aus dem Kloster „Incarnación" entfernt wird, dessen Beichtvater er war. Noch komplizierter wird die Geschichte, als sich der neue Nuntius, Filippo Sega, einmischt. Er nennt Teresa

> ein ruheloses, vagabundierendes, ungehorsames, trotziges Frauenzimmer, das sich unter dem Deckmantel des Glaubens üble Lehren ausgedacht hat. Gegen die Anordnungen des Konzils von Trient und ihrer Oberen verließ sie die Klausur und spielte sich als Lehrerin auf, obwohl der heilige Paulus geschrieben hat, daß es den Frauen verboten ist, zu lehren.

Doch schließlich ändert der Nuntius seine Meinung und unterstützt vor dem König das Ansuchen der Unbeschuhten um ihre Separation. Im Jahr 1580 errichtet Papst Gregor XIII. für sie eine eigene, autonome Ordensprovinz; und Pater Gracián wird ihr erster Provinzial.

In ihren letzten Lebensjahren ist Teresa von ihrer Gründungsarbeit voll in Anspruch genommen. Als die Heilige im Oktober 1582 nach Alba de Tormes kommt, um dort der Herzogin Trost zu spenden, erleidet sie mehrere Blutstürze. Sie stirbt am Abend des 14. Oktober und ist voll Freude über ihre Heimkehr zu Gott und voll Dankbarkeit darüber, daß er sie zu einer Tochter der Kirche gemacht und ihr vergönnt hat, als solche zu sterben.

Es würde den Rahmen dieses Buches überschreiten, sich eingehender mit ihren Schriften zu befassen, die zu den bedeutendsten der christlichen Mystik gehören. Sie kommen unserem kulturellen Empfinden sehr nahe und zeigen uns

Teresa als eine Frau, deren Beharrlichkeit überzeugend ist. Liebenswürdig und gewandt versteht sie es, ihre Gespächspartner auf gewinnende Weise zu tyrannisieren, wenn sie ein bestimmtes Ziel verfolgt.

Es ist bekannt, daß sie nicht nur die Konstitutionen für die Nonnen, sondern auch für die Mönche der Unbeschuhten entwirft. In gewisser Weise durchbricht sie damit ein System, das den Frauen fast aller Jahrhunderte Regeln und Konstitutionen vorgeschrieben hat. Teresa ist im tiefsten und wahrsten Sinne Mutter jener Männer und Frauen, die ihre reformierte Regel miteinander verbindet. Vor allem aber ist sie eine Frau, die sich bewußt als solche fühlt und nicht im Traum daran denkt, ihre Weiblichkeit zu verleugnen, auch wenn sie deshalb angefeindet wird. Unvergeßlich ist jene Stelle aus dem *Weg der Vollkommenheit*, die trotz Zensur und Streichungen erhalten geblieben ist:

> O Herr meiner Seele, als Du hier auf Erden gewandelt bist, hast Du die Frauen nicht verabscheut, sondern ihnen immer Deine besondere Zuneigung geschenkt. Immer hast Du bei ihnen große Liebe gefunden und oft größeren Glauben als bei den Männern ... Kann es denn sein, daß es uns nicht gelingen sollte, in aller Öffentlichkeit etwas für Dich zu leisten, das Bestand hat, oder daß wir nicht wagen können, offen jene Wahrheiten auszusprechen, über die wir heimlich weinen, oder daß Du uns nicht erhörst, wenn wir Dir eine so gerechte Frage stellen? Ich glaube es nicht, o Herr, denn ich vertraue auf Deine Güte und Gerechtigkeit. Ich weiß, daß Du ein gerechter Richter bist und nicht wie die Richter der Welt, die Söhne Adams und vor allem Männer sind und für die es keine weibliche Tugend gibt, die sie nicht mit Argwohn betrachten. O mein König, möge einst der Tag kommen, an dem alle nach ihrem wahren Wert beurteilt werden. Ich spreche nicht für mich, da doch die ganze Welt mein Elend kennt ... Doch ich weiß, daß die Zeiten kommen werden, in denen es keinen Grund mehr geben wird, tugendhafte und starke Seelen nur deshalb geringzuschätzen, weil sie Frauen gehören.

Die Schriften Teresas beweisen, daß sie sich ihrer Weiblichkeit voll bewußt ist. In ihrer Jugend weiß sie, daß sie nicht nur einnehmend, sondern auch schön und bezaubernd ist, und als alte Frau ärgert sie sich beim Anblick des Gemäldes, auf dem sie weit von ihrer jugendlichen Frische entfernt dargestellt ist:

> Gott möge Dir verzeihen, Pater Juan, daß Du mich, nachdem Du mir so lange lästig gefallen bist, auch noch häßlich und triefäugig gemalt hast.

Doch auch sie sieht die Schwachheit als ein typisches Merkmal der Frau an. Sagt sie doch selbst: „Es gibt keine Frau ohne Gebrechen." Vielleicht kommt es daher, weil sie die Krankheit in der einen oder anderen Weise ihr Leben lang selbst erlebt hat; oder es ist die Erinnerung an ihre Mutter, die auch von zahllosen Leiden geplagt wurde. Wahrscheinlicher ist aber, daß sie mit Aussprüchen wie „schwach sind wir Frauen" oder „die Frauen sind von Natur aus schwach" entweder ihre eigenen Grenzen entschuldigen möchte oder auch nur

Geschmack an jener Selbstironie findet, die ein Merkmal aller ihrer Werke ist. Auf jeden Fall fordert sie ihre Nonnen auf, stark zu sein, nicht alberne Frauen, sondern „Männer“.

> Ich hoffe, meine Töchter, daß ihr in nichts wie Frauen seid oder zu sein scheint, sondern in allem den starken Männern gleicht. Und wenn ihr selbst alle eure Fähigkeiten nützt, wird euch unser Herr einen so männlichen Mut geben, daß ihr selbst die Männer in Staunen versetzt.

Man kann nicht sagen, daß ihre Zeit Verständnis für Frauen beweist. Sie werden im Gegenteil angefeindet und ausgegrenzt, und jede Frau riskiert heftige Angriffe, wenn sie sich an die Bibel heranwagt, sich für Literatur interessiert oder in irgendeiner Weise „Lehrerin“ sein möchte. Man denke nur an die zahllosen Verdächtigungen aufgrund ihrer außergewöhnlichen mystischen Erfahrung. Daß sie in dem Bestreben, Klöster zu gründen, durch Spanien reist, veranlaßt einen Theologen aus Salamanca zu dem Ausspruch, ein solches Vagabundieren sei einer Prostituierten würdig und sie hätte besser daran getan, zu Hause zu bleiben, um zu spinnen und zu beten.

Teresa wagt es, sich mit der Heiligen Schrift auseinanderzusetzen. Obwohl sie nicht ganz ungebildet ist, leidet sie darunter, keine Möglichkeit zum Studium gehabt zu haben. Daher bereitet es ihr ein unverhohlenes Vergnügen, Gelehrte und Theologen auch dann um Rat zu fragen, wenn ihr gesunder Menschenverstand sich schließlich als zuverlässiger herausstellt als deren Sophisterei.

So führt sie ein gefährliches und konfliktreiches Leben, wird verhöhnt und in Verruf gebracht, aber auch geliebt und unterstützt. Obwohl sie, wenn nötig, wohlüberlegten Widerstand leistet, zeigt sie im Grunde einen ehrerbietigen Gehorsam, der auch in ihren letzten Worten zum Ausdruck kommt. Und eben weil sie so ganz eine „Tochter“ der Kirche ist, wird Teresa von Avila 1970 als erste Frau der Geschichte unter die „Kirchenlehrer“ aufgenommen. Papst Paul VI. bestätigte durch seine Entscheidung ihre große Bedeutung als theologische und spirituelle Lehrmeisterin; er bestätigte sie aber auch als Frau. Sie ist „Lehrer“ nicht „trotz ihres Geschlechts“, sondern gerade wegen ihres expressiven, herzlichen und mitteilsamen Wesens als Frau.

Eine verkannte Prophetin: Mary Ward (1585 – 1645)

Zu den Frauen dieser Kirche im Wandel, auf dem Weg von der katholischen Reform zur Gegenreformation, gehört Mary Ward, eine ganz einzigartige Persönlichkeit, deren geographisches und kulturelles Umfeld ihre Ausgrenzung aus dem Verband der Kirche womöglich noch tragischer macht, eine Ausgrenzung, die damit endet, daß sie exkommuniziert, der Ketzerei und des Ungehorsams gegen die Kirche beschuldigt, eingekerkert und verfolgt wird. Die Lebensgeschichte der Gründerin der „Englischen Fräulein" fällt mit der Zeit der Religionskämpfe zusammen, die das Entstehen der Anglikanischen Kirche begleiten, und mit den erregten, nicht immer friedlichen Auseinandersetzungen der Katholiken untereinander.

> Sie hatte nichts mit den Irrtümern und den Verwirrungen zu tun, doch durch ihre Beziehungen sowohl zu den Jesuiten als auch zum weltlichen Klerus fand sie sich mitten in deren Auseinandersetzungen wieder. Viele Menschen, denen es an Urteilsvermögen fehlte, brachten sie mit den religiösen Kontroversen in Zusammenhang und setzten sie durch falsche Vorstellungen in ein schiefes Licht. In Wirklichkeit wurde sie, die außerhalb beider Lager stand, in das Geschehen ihrer Zeit hineingezogen und gehörte zu den wenigen überragenden Persönlichkeiten, die klar erkannten, was zu tun war, um dem kleinen Rest der verbliebenen englischen Katholiken zu helfen.

So schreibt W. Nigg in seiner Biographie über Mary Ward. Sie wurde am 23. Januar 1585 in Yorkshire in eine Adelsfamilie hineingeboren, die ihre Vorfahren bis zu Wilhelm dem Eroberer zurückverfolgen konnte. Glaubensunterricht erhielt Mary von ihrer Großmutter, die als treue Katholikin vierzehn Jahre im Gefängnis verbracht hatte. Ihr Vater hatte es vorgezogen, sie aus seinem Haus an einen abgelegenen und sicheren Ort zu bringen. Es ist die Regierungszeit von Elisabeth I. und der Höhepunkt der antikatholischen Bewegung. Wieder zu Hause, wuchs sie gemeinsam mit ihren vier Geschwistern auf und wurde bereits mit zehn Jahren dem Brauch der Zeit entsprechend verlobt. Doch der Verlobte starb; da sich in der Zwischenzeit die Verfolgung der Katholiken wieder zuspitzte, wurde sie einer strenggläubigen Familie anvertraut, und dort erwachte ihr Interesse für das Kloster. Mit fünfzehn Jahren lehnt sie eine neuerliche Verlobung (und auch alle weiteren Bewerber) ab, nicht – wie sie selbst schreibt – weil sie Nonne werden wollte, sondern weil sie für keinen von ihnen Zuneigung empfand. Als sie zwanzig Jahre alt ist, rät der Vater ihr neuerlich zu einer Heirat und nennt als einen von vielen Gründen die unsichere Lage der Katholiken. Doch Mary hat sich bereits für den Weg ins Kloster entschieden. Ihre Eltern sind damit nicht einverstanden. Doch als der Vater unter dem Verdacht der Teilnahme an der sogenannten Pulververschwörung eingekerkert wird, gibt er Mary schließlich seine Zustimmung. Im Jahr 1606 fährt sie nach Saint-Omer in Flandern. Sie sucht Pater Keynes auf, einen Jesuiten, und sagt ihm, daß sie die Absicht habe, in ein Kloster einzutreten. Er schickt sie zu den Klarissen, deren Kloster zwar schon mit Chorschwestern überfüllt ist, die aber noch eine Laienschwester brauchen können. Das Leben einer Bettelnonne, das sich ihr dort bietet, entspricht nicht ihren Erwartungen, doch sie akzeptiert es, da sie überzeugt ist, auch so ihrer Berufung gerecht zu werden. Bei einer kanonischen Visitation fällt dem bischöflichen Visitator die junge Adelige im Gewand der

Laienschwestern auf, die so gar nicht hierher paßt, und er redet ihr ins Gewissen, daß dieses Leben für sie nicht geeignet sei. Sie solle sich für einen anderen religiösen Orden entscheiden. Ein Jahr nach ihrem Eintritt verläßt Mary das Kloster, und nachdem sie wieder weltliche Kleider angelegt hat, macht sie sich auf die Suche nach einem Haus. Es beginnt eine Zeit der Ungewißheit. Doch sie hat sich bereits einen Plan zurechtgelegt. Sie möchte ein Kloster für die englischen Klarissen eröffnen, die in diese Region geflüchtet waren, um der Verfolgung in ihrer Heimat zu entgehen. So wendet sie sich an den ortsansässigen Bischof. Von ihm erhält sie die Approbation und – was noch wichtiger ist – auch die des Erzherzogs. Kurz darauf wandelt sie ein Haus in Gravelines in ein Kloster um. Es folgen die Häuser in Aire, Rouen und Dünkirchen, die sie ebenfalls als ihre Gründerin ansehen. Zu Beginn wird noch traditionell die Klausur eingehalten. Mary ist von Klara, von ihrer Ausstrahlung und ihrer Spiritualität, tief beeindruckt. Dennoch wird ihr plötzlich und ohne daß sie es erklären kann, bewußt, daß ihre Berufung eine andere ist. Sie weiß nicht genau, worum es sich dabei handelt, doch es wird ihr klar, daß es ihr weder bestimmt ist, Klarissin zu bleiben, noch in einen anderen bestehenden Orden einzutreten. Sie kehrt daher nach England zurück, und die Situation, die sie dort vorfindet, zeigt ihr endgültig ihre Berufung.

So beginnt ihr unermüdliches aktives Apostolat. Als sie eingekerkert wird, kauft ihre Familie sie um ein hohes Lösegeld frei. Der anglikanische Bischof Abbot, der den Befehl erteilt hatte, sie zu verfolgen, sagt später, sie schade der anglikanischen Kirche mehr als sechs Jesuiten zusammen. Doch die Erfahrung des Kerkers hält sie nicht auf, sondern bestärkt sie nur noch.

Sie kehrt nach Saint-Omer zurück und zieht mit fünf Gefährtinnen in ein einfaches Haus, wo sie mit Einwilligung des Bischofs an ihrem Projekt zu arbeiten beginnt. Modern, wenn auch etwas naiv denkend, faßt sie den Plan, einen religiösen Orden für englische Frauen zu gründen, der dem Papst direkt unterstellt sein soll. Es ist offensichtlich, daß die Liebe zu ihrem Land und zu seinem schwer geprüften Christentum sie auf so ungewöhnliche Gedanken bringt. Und wo andere sich unterwerfen, ist sie überzeugt, ein Modell gefunden zu haben, das als einziges den Problemen ihrer Zeit gerecht werden kann. Davon geht sie nicht mehr ab, was schließlich dazu führt, daß sie des Ungehorsams beschuldigt wird.

Sie hat etwas Ungewöhnliches vor, will eine neue Institution zum Zweck der Erziehung gründen, indem sie die traditionellen Wege des Klosters verläßt. Nicht weil sie um jeden Preis eine Erneuerung will, sondern aus tiefstem Glauben heraus und weil sie erkennt, wohin die Entwicklung der Kirche führt, begreift sie, daß in so schwierigen Zeiten wie den ihren der Klerus in seiner Arbeit von Laien unterstützt werden muß; und daß auch die Frauen sich aktiv daran beteiligen müssen. Sie schreibt, ihre Schwestern sollten die einsame Meditation der Eremiten mit dem Eifer der Apostel verbinden; daher lehnt sie auch weltliche Kleidung und gesellschaftliche Veranstaltungen nicht ab. Je nach Gelegenheit ist sie entweder Dame von Welt, die unter der Seide ihren Bußgürtel trägt, oder bescheidene Dienerin. Im Hinblick auf die Situation der Verfolgung hält sie eine einheitliche Kleidung für sinnlos. Nur innerhalb der Gemeinschaft kleiden sich die Schwestern gleich, d. h. schlicht und einfach.

Ihre ganze Aufmerksamkeit, ihr Charisma gilt der Erziehung junger Mädchen. Es geht ihr darum, die innere und äußere Leere der jungen Mädchen auszufüllen, die das passive Warten auf einen Ehemann geistig träge werden läßt; es geht ihr darum, ihnen das Erbe des Glaubens einzuprägen, um seine Weitergabe an künftige Generationen zu sichern. Durch die Nähe von Pensionat und Kloster waren die jungen Mädchen bisher dazu gezwungen, die Klausur der Nonnen zu teilen. Sie wurden dadurch zur Einhaltung einer Regel und einer Lebensweise verpflichtet, die von ihrem späteren Leben völlig verschieden war und sie jener Realität des Familienlebens entfremdete, das die meisten von ihnen erwartete.

Mary Ward glaubt an die Notwendigkeit, einen anderen Weg gehen zu müssen. Die Aufhebung der Klausur entspricht ihrem Bedürfnis nach einer neuen Art von Pädagogik. Der freie Ausgang aus dem Kloster bringt es auch mit sich, daß jede Schwester außerhalb der Gemeinschaft autonome Entscheidungen treffen muß. Das alles widerspricht den Vorgaben des Konzils von Trient und den Verfügungen des bereits zitierten Dekrets *De Regularibus et Monialibus* sowie der Konstitution *Circa pastoralis*, die von Papst Pius V. am 29. Mai 1566 erlassen wurde und in der die Verpflichtung zur Klausur und zu den feierlichen Gelübden für alle Frauenklöster bestätigt wird.

Soweit wir wissen, hat Ignatius von Loyola neben der Gesellschaft Jesu niemals einen Frauenorden ins Leben gerufen. Sicher fehlte es ihren Mitgliedern nicht an aufrichtiger Achtung vor den Frauen. Hugo Rahner hat bei seinen Nachforschungen über Ignatius und die Frauen seiner Zeit sogar eine Frau entdeckt, die ein heimliches Mitglied der Gesellschaft war. Bis in unser Jahrhundert hinein haben die Jesuiten immer die Notwendigkeit und die Bedeutung der Frau betont. Wenn wir das hier in Verbindung mit Mary Ward wiederholen, dann deshalb, weil sie wie Jeanne de Lestonnac (und später im 19. Jahrhundert in Italien Paola Frassinetti) sich das Ziel setzt, die Konstitutionen der Gesellschaft Jesu für ihre Ordensgemeinschaft zu übernehmen, soweit der Geschlechtsunterschied es erlaubt. Mit seiner Mobilität, seinen apostolischen Zielsetzungen, dem Primat des aktiven Lebens über das kontemplative Leben und dem Verzicht auf das gemeinsame Gebet, das bisher von den weiblichen und männlichen Ordensgemeinschaften gepflegt worden war, eignete sich das Modell der Gesellschaft Jesu sehr gut für ihre Zwecke, d. h. für die Mission, die ihre „Fräulein" zu erfüllen hatten. Mary Ward denkt an eine zentralisierte Organisation, die fähig ist, sich immer und überall im Dienst der Kirche der Erziehungsarbeit zu widmen.

Nach dem Haus in Saint-Omer wird 1614 eines in London gegründet, dem die Häuser in Lüttich, Köln und Trier folgen. Neben dem Unterricht für junge Mädchen kümmern sich die Englischen Fräulein auch um die Familienfürsorge.

Die neue Ordensgemeinschaft weckt eher Ablehnung als Zustimmung. Obwohl Mary Ward zunächst vom zuständigen Bischof, dann vom Bischof von Lüttich, von Maximilian von Bayern und schließlich von Kaiser Ferdinand II. unterstützt wird, hat sie mit immer größeren Schwierigkeiten zu kämpfen. Sie beschließt daher, an den Papst zu schreiben und ihm über die Zielsetzung und die finanziellen Mittel ihrer Stiftung zu berichten. Die Antwort aus Rom gibt ihr Mut. Fünf Jahre später entschließt sie sich, durch ihre Erfolge bestärkt, selbst nach Rom zu reisen, um die päpstliche Approbation zu erhalten.

Damit beginnt ein tragisches Geschehen. Dazu muß man wissen, daß ihre Beziehung zu den Jesuiten die Situation noch verschlimmert. Nicht nur wegen der Solidarität der einen oder des Mißtrauens der anderen, sondern weil sie die Konstitutionen der Jesuiten als Vorbild gewählt hat, richten sich nun die Verdächtigungen und Streitigkeiten, mit denen der Orden zu kämpfen hat, auch gegen Mary Ward. Zwei Monate dauert ihre Reise – oder besser ihre Pilgerfahrt – nach Rom, wo sie mit Papst Gregor XV. zusammentrifft. Seine Ermutigungen haben nicht viel zu bedeuten, da er kurz darauf stirbt. Ohne Ergebnis bleibt hingegen ihre Unterredung mit dem Generaloberen der Gesellschaft Jesu. Inzwischen ist Urban VIII. zum Papst gewählt worden. Ein ganzes Jahr lang wartet sie darauf, von ihm in Audienz empfangen zu werden. Doch der Papst äußert sich nur unverbindlich und betraut seine Kardinäle mit der Angelegenheit. Nach fünf Jahren ist sie gezwungen, nach Flandern zurückzukehren, jedoch nur für kurze Zeit – dann muß sie wieder nach Rom. Die neuerliche Audienz bei Urban VIII. führt zur Einsetzung einer Kardinalskommission, die ihren Fall prüfen soll. Mary Ward begegnet den Kardinälen mit großer Naivität. Ohne die vielfachen Anklagen zu widerlegen, beschränkt sie sich darauf, ihre Stiftung leidenschaftlich zu verteidigen. Von den vier Zuhörern steht nur einer auf ihrer Seite. Sie erhält keine unmittelbare Antwort, doch als sie nach Deutschland zurückkehrt, ahnt sie bereits, daß sie nichts Gutes zu erwarten hat. Am 13. Januar 1631 unterzeichnet Urban VIII. die Bulle *Pastoralis Romani Pontificis*: Es ist die endgültige Verurteilung der Englischen Fräulein.

So wird Mary Ward von einer Gemeinschaft abgelehnt, die unfähig ist, ihre prophetische Aufgabe, ihre optimistische und klare Spiritualität zu verstehen, die man sehr gut mit den folgenden aufmunternden Worten an die Schwestern wiedergeben kann: „Dient Gott mit großer Liebe und in geistiger Freiheit!" Sie war sich ihrer Weiblichkeit bewußt, kannte die Vorurteile und Angriffe, denen die Frauen ausgesetzt waren, und wußte auch, daß es ihre Pflicht war, Einfluß auf das Leben der Kirche zu nehmen. Nicht rein zufällig hatte sie an Papst Paul V. geschrieben:

Auf ihre Weise können und müssen auch die Frauen in dieser Zeit allgemeiner geistiger Bedrängnis eine außergewöhnliche Leistung vollbringen.

Doch ihre leidenschaftlichen Petitionen, ihre Verteidigung einer neuartigen Gemeinschaft im Zeichen innerer Freiheit, die rein äußerliche und formelle Fesseln ablehnt, haben solchen Widerstand, solche Abneigung und Verleumdung gegen sie geweckt, daß man ihr mit der Bulle Urbans VIII. den vernichtenden Schlag versetzte, indem man sie anklagte, sich mit Dingen beschäftigt zu haben, die ihr aufgrund der Schwäche ihres Geschlechts nicht zustünden und weder mit weiblicher Bescheidenheit noch mit jungfräulicher Sittsamkeit in Einklang zu bringen seien. Obwohl Mary Ward sich fügt, gibt sie in ihrem Herzen diesen Plan nicht auf, von dem sie weiß, daß er von Gott stammt. Doch ihr Leidensweg ist noch nicht zu Ende. Am 7. Februar 1630 wird sie als Ketzerin, Schismatikerin und Rebellin gegen den Heiligen Stuhl eingekerkert. Auch wenn sie sich von diesen Anklagen durch eine Berufung an Urban VIII. reinwaschen kann und nach ihrer Feilassung noch einmal nach Rom fährt, so ist das Ende ihres Instituts doch unwiderruflich. Es kann zwar auf Betreiben ihrer Gefährtinnen der ersten Stunde wiedererrichtet werden, muß jedoch seine Struktur ändern und darf sie nicht mehr als Gründerin anerkennen. Und so bleibt es bis in unser Jahrhundert. Trotz der Auflösung des Instituts wird seine Bildungsarbeit jedoch nicht verurteilt. Damit bleibt die Möglichkeit bestehen, die Gründung in Form einer Bildungsvereinigung weiterzuführen. Obwohl der Papst ihr gestattet, das Haus in Rom wiederzueröffnen, zwingen andauernde Krankheiten sie dazu, nach England zurückzukehren, wo sie ihre Schulen in London und York eröffnet. Dort stirbt sie am 20. Januar 1645. Drei Jahrhunderte später sorgt Papst Pius XII. für ihre endgültige Rehabilitierung.

Das Modell und die Abweichung

Zwei weltliche Frauen und eine Ordensschwester verkörpern das Modell und die Abweichung. Gostanza, die Hexe von San Miniato, kann aufgrund ihrer Tätigkeit nur dem Laienstand angehören: Sie ist Hebamme und Heilpraktikerin. Caterina Cibo, eine der zahllosen Frauen der Reformbewegung, ist ebenfalls Laie, auch wenn sie ihr Leben in der einladenden Stille eines Klosters beschließt. Jeanne de Chantal wird als Ordensgründerin zu unserem „Modell“, jedoch nicht so sehr in dieser Eigenschaft, sondern vor allem aufgrund der Freundschaft, die sie mit einem anderen Vertreter der Gegenreformation verbindet: mit Franz von Sales.

Martyrium der hl. Katharina von Alexandrien.
Schwäbischer Meister, um 1450, Holzschnitt.
Foto: Archiv für Kunst und Geschichte Berlin

Theodolinde mit Agilulf, Sohn und Tochter bringt dem hl. Johannes Weihgeschenke dar. Relief im Dom zu Monza, um 595.

Venantius Fortunatus liest seine Gedichte der hl. Radegunde vor. Gemälde von Sir Lawrence Alma-Tadema im Museum von Dordrecht, 1862.

Fotos: Archiv für Kunst und Geschichte Berlin

Roswitha von Gandersheim überreicht Otto dem Großen und dem Erzbischof Wilhelm von Mainz ihre Werke.
Holzschnitt von Albrecht Dürer, Nürnberg 1501.
Foto: Archiv für Kunst und Geschichte Berlin

Hildegard von Bingen.
Gemälde, unbez.
Foto: Archiv für Kunst und Geschichte Berlin

Die hl. Elisabeth von Thüringen verteilt Almosen.
Detail aus dem Elisabethschrein zu Marburg, um 1235.
Foto: Archiv für Kunst und Geschichte Berlin

Die hl. Birgitta von Schweden im Gebet vor dem Altar.
Miniatur im Gebetbuch für Herzog Wilhelm IV. von Bayern, Nürnberg 1535.
Foto: Bildarchiv der Österr. Nationalbibliothek

Jeanne d'Arc zieht in Orleans ein (8. Mai 1429).
Lithographie von R. Weibezahl, 1832.
Foto: Archiv für Kunst und Geschichte Berlin

Pietà von Michelangelo.
Kreidezeichnung für die von ihm besonders geliebte Marchesa von Pescara, Vittoria Colonna.
Foto: Bildarchiv Verlag Styria

Vittoria Colonna.
Gemälde eines anonymen Malers aus dem frühen 17. Jahrhundert.
Rom, Palazzo Colonna.
Foto: Bildarchiv Verlag Styria

Thomas More (Morus).
Stich von Robert Boissard, um 1570.
Foto: Bildarchiv der Österr. Nationalbibliothek

Thomas More im Kreise seiner Familie (zweite von rechts: Margaret More).
Stich nach einem Gemälde von Hans Holbein d. J. (London 1530).
Foto: Bildarchiv der Österr. Nationalbibliothek

Die Verzückung der hl. Teresa von Avila.
Marmorskulptur von Gianlorenzo Bernini, 1644/47.
Rom, S. Maria della Vittoria, Cappella Cornaro.
Foto: Archiv für Kunst und Geschichte Berlin

Mary Ward.
Stich von Johann Jakob Lidl.
Foto: Bildarchiv der Österr. Nationalbibliothek

Marie-Angélique Arnauld, Äbtissin von Port-Royal.
Gemälde von Philippe de Champaigne, 1654. Paris, Louvre.
Foto: Bildarchiv Verlag Styria

Nonnenchor in Port-Royal.

Port-Royal des Champs. Zisterzienserinnen-Abtei in der Nähe von Versailles.

Port-Royal de Paris im 17. Jahrhundert.

Fotos: Bildarchiv Verlag Styria

Juana de la Cruz.
Gemälde, anonym, 17. Jahrhundert. Madrid, Museo de America.
Foto: Archiv für Kunst und Geschichte Berlin

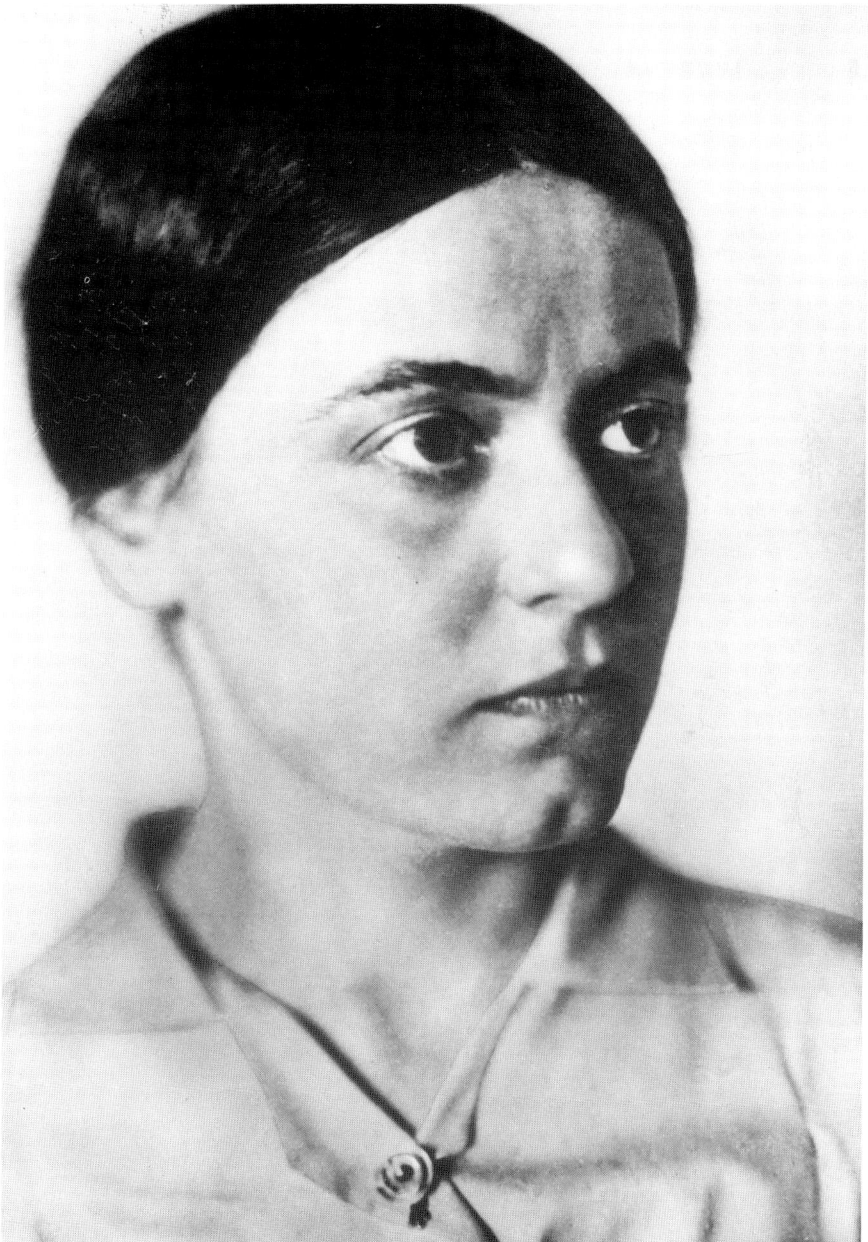

Edith Stein.
Porträtaufnahme, um 1930.
Foto: Archiv für Kunst und Geschichte Berlin

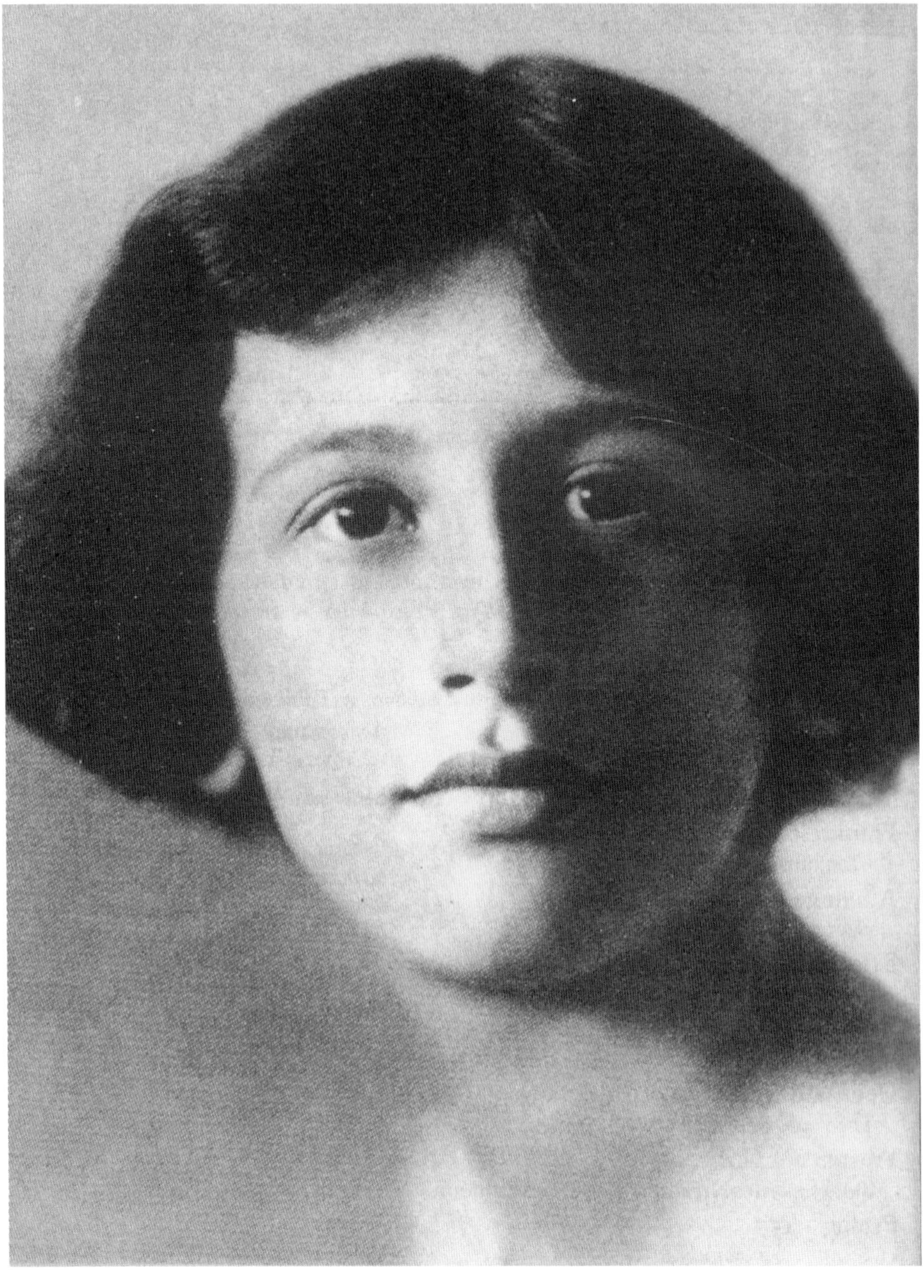

Simone Weil.
Porträtaufnahme, um 1922.
Foto: Bildarchiv Verlag Styria

Eine Frau der Reform:
Caterina Cibo (1501 – 1557)

In einem eindrucksvollen Werk hat R. H. Bainton einige für die Spiritualität der Reformbewegung besonders bedeutsame Gestalten beschrieben: Katharina von Bora, Ursula von Münsterberg, Katharina Zell, Wilbrandis Rosenblatt, Argula von Grumbach, Elisabeth von Brandenburg, Elisabeth von Brunzwick, die Frauen der Wiedertäufer sowie Margarethe von Navarra, Jeanne d'Albret, Charlotte de Bourbon, Louise de Colily – sie alle sind Frauen, die sich der Reform in Deutschland und Frankreich anschließen. In Italien ist die Diskussion darüber komplexer und differenzierter. Zu ihren Fürsprecherinnen zählt beispielsweise eine Vittoria Colonna, doch ihre eindringliche und schmerzliche Verknüpfung mit den religiösen Problemen ihrer Zeit führt sie, wie wir bereits gesehen haben, nie vom Katholizismus weg. Dasselbe kann man, wenn auch gewisse Unterschiede bestehen, von Giulia Gonzaga sagen. Die vom Botschafter Rabbi wiedergegebene Behauptung Papst Pauls V., er „hätte sie lebend verbrannt", wenn er den Inhalt ihrer Briefe an Carnesecchi gekannt hätte, ist jedoch keinesfalls als posthumes Verdammungsurteil zu werten, obwohl sie mit einigen Freunden, die zum Protestantismus übergetreten waren, weiter in Verbindung stand und ihnen sogar Hilfe anbot. Auch Giulia Gonzaga stirbt am 19. April 1566 als gläubige Katholikin.

Wir haben diese gesellschaftlichen Kreise und ihre Persönlichkeiten bereits erwähnt. Es sind dieselben, mit denen auch Vittoria Colonna geistig verbunden war. Die Frauen Italiens, die der Reform mehr oder weniger nahestehen, stammen vorwiegend aus höchsten Adelskreisen und sind sehr vermögend. Es gibt aber auch weniger mächtige Frauen, die ebenfalls alle sehr gebildet sind und sich, wie zum Beispiel Isabella di Bresegna und Olimpia Morato, vielleicht noch offener als Renata di Ferrara, eine Briefpartnerin und Freundin Calvins, zum Protestantismus bekannt haben.

Wir haben Caterina Cibo, die Herzogin von Camerino, einerseits wegen ihrer einzigartigen Bildung ausgewählt – sie beherrschte die lateinische Sprache ebenso wie Griechisch und Hebräisch und war sowohl in den Geisteswissenschaften als auch in der Theologie bewandert –, vor allem aber, weil sie eine Enkelin bzw. Nichte von drei Päpsten war. Ihr Vater Francesco war ein illegitimer Sohn von Innozenz VIII., dem Renaissancepapst, der wegen seiner Findigkeit bei der Steuereintreibung in die Geschichte eingegangen ist und der zu einem Kreuzzug gegen die Waldenser und einem weiteren – wenn man ihn als solchen bezeichnen kann – gegen die Hexen aufgerufen hat. Auch durch ihre Mutter, eine Tochter von Lorenzo de' Medici, war Caterina mit den Päpsten verwandt. Leo X. war ihr Onkel mütterlicherseits und Clemens VII. ihr Großonkel. Diese Verflechtung gestattete ihr einen gewissen Einfluß am päpstlichen Hof, den sie vor allem im Fall des Kapuzinerordens zu nützen wußte.

Sie wurde im Jahr 1501 geboren und bereits im Alter von zwölf Jahren mit Giovanni Maria da Varano, dem Herzog von Camerino, verlobt. Die Hochzeit fand statt, als sie neunzehn Jahre alt war; ihre einzige Tochter Giulia wurde 1523 geboren. Man kann nicht behaupten, daß die Herzogin von Camerino ein leichtes Leben hatte. Ihre kleine Stadt lag in ständigem Streit mit Urbino, obwohl beide päpstliche Lehen waren. Nach dem Tod ihres Gatten mußte sie das Herzogtum allein regieren, und um den Frieden zu sichern, entschloß sie sich, ihre Tochter dem Herzog von Urbino zur Frau zu geben. Damit zog sie sich den Zorn der Päpste zu, die diese Verbindung als eine Gefahr für die Abhängigkeit und Fügsamkeit der beiden Lehen betrachteten. Daß Caterina wußte, was sie wollte, und entschlossen war, ihren Plan durchzusetzen, beweisen die wiederholten Ablehnungen verschiedener Heiratspläne des päpstlichen Hofes. Die Hochzeit der Tochter fand statt, doch sie brachte nicht den erhofften Frieden, sondern weitere Kriege und ihr selbst sogar die Gefangenschaft. Gerade in dieser erbitterten Konfliktsituation reifte in ihr eine Religiosität, die durch die Begegnung mit Matteo da Bascio zwar nicht erst geweckt, sicher aber verstärkt wurde.

Die Reform des Franziskanerordens fand dieselbe Beachtung wie die der anderen Orden auch. Obwohl er jünger als die anderen war, hatte der Orden sich schon bald nach dem Tod des heiligen Franziskus in die Konventualen und Spiritualen gespalten. Das Ideal der allerhöchsten Armut, das der „Poverello" praktiziert und von seinen Anhängern gefordert hatte, war nur mit Mühe aufrechtzuerhalten. Die Auseinandersetzung war alles andere als friedlich. Die starre Haltung der Spiritualen gegenüber Papst Johannes XXII. hatte zur Folge, daß sie immer mehr zurückgedrängt wurden. An ihre Stelle traten die Observanten und die Fraticelli, die noch viel radikaler waren. Letztere wurden als Schismatiker und Ketzer angesehen und von der Inquisition liquidiert. Zu Beginn des 16. Jahrhunderts bestand kein sehr großer Unterschied zwischen Konventualen und Observanten, die inzwischen ebenfalls ein weniger strenges Leben führten. Angesichts der allgemeinen Lockerung des religiösen Lebens war es nur natürlich, daß die Forderung nach Erneuerung bei den Observanten größte Zustimmung fand.

Das Interesse Caterinas für die Kapuziner wird durch ihre Begegnung mit Matteo da Bascio geweckt, der sich während der Pestepidemie des Jahres 1523 in Camerino aufopferungsvoll der Kranken annimmt. Die Erfahrung, daß seine Mitbrüder dem Leid anderer völlig gleichgültig gegenüberstehen, erschüttert ihn. Nach dem Sieg über die Plage macht er sich auf den Weg nach Rom, um den Papst um Erlaubnis zu bitten, die Lehren des heiligen Franziskus buchstabengetreu befolgen zu dürfen. Obwohl der Papst ihm seine mündliche Erlaubnis erteilt, ist der Ordensgeneral der Observanten völlig anderer Meinung, da er fürchtet, sein Beispiel könnte den Orden in Unruhe und Verwirrung stürzen. Als Caterina davon Kenntnis erhält, setzt sie sich natürlich für Matteo ein. Wie vorhergesehen, wollen ihm andere Brüder nacheifern und mit ihm einen neuen

Orden gründen. Die Herzogin erreicht, daß die Angelegenheit dem Papst vorgetragen und positiv erledigt wird. Einige Jahre später bestätigt Clemens VII. die Konstitutionen des reformierten Ordens der Kapuziner. Das Geschehen nimmt einen wechselhaften Verlauf. Der Ordensgeneral selbst und Bernardino Ochino treten in den neuen Orden ein. Doch Clemens VII. ändert plötzlich seine Meinung und zwingt die Kapuziner, zu ihrer früheren Observanz zurückzukehren. Man schreibt den 15. April 1534. Caterina Cibo eilt nach Rom und erreicht die Aufhebung dieser Verfügung. Doch mit dem Tod von Clemens VII. endet ihr Einfluß am päpstlichen Hof.

In diesen Jahren beginnt ihre Freundschaft mit Bernardino Ochino, der in der katholischen Reform eine komplexe und tragische Rolle spielt und später, wie wir bereits wissen, zum Protestantismus übergetreten ist. Dem Stil der Zeit entsprechend und wie fast alle anderen Vertreter dieser Bewegung bringt der Freund und Gesprächspartner ihre Freundschaft und die Grundgedanken, die sie beflügeln, in literarischen Dialogen zum Ausdruck, die abgesehen von ihrem formalen Stil jenen Unterhaltungen entsprechen, in denen er seine Ansichten über Religion und Reform mit ihr bespricht und untermauert. Wie Giulia Gonzaga und Juan de Valdés stehen auch Caterina Cibo und Bernardino Ochino Seite an Seite. In Neapel bietet sich ihr die Gelegenheit, ihn kennenzulernen. Später trifft sie ihn in Florenz wieder. Mindestens vier der Dialoge, die Ochino schreibt, finden zwischen ihm und Caterina statt. Besondere Bedeutung haben die folgenden Worte, die er Caterina im letzten der Dialoge, dem siebenten, sprechen läßt, weil sie ihrem geistigen Vermächtnis gleichkommen.

> Allen, die diese Zeilen lesen, sei kundgetan und bestätigt, daß ich, Caterina, Herzogin von Camerino, durch die Gnade Gottes und seinen himmlischen Ratschluß im Vollbesitz meiner geistigen Kräfte, im Bewußtsein um die große Güte Gottes und die Liebe, die Er mir entgegenbringt, aber auch im Bewußtsein der Schlechtigkeit dieser Welt und aller meiner Schwächen, mich mit all meiner Liebe Gott hingeben will und nun für immer meinen Willen festlege und bekräftige. Ich bin entschlossen, alles Gute, das von ihm kommt, anzuerkennen und in all seinen Werken seine übergroße Güte, seine unendliche Macht, seine Weisheit, Liebe, Barmherzigkeit, Erhabenheit, Gerechtigkeit und all seine Vollkommenheit zu sehen ... und vor allem will ich nie aufhören, ihm mit meinem Herzen, meinen Werken, meinem Leben, meinen Worten und auf jede mir mögliche Weise zu danken ... Ich will ihn immer preisen, rühmen und ehren, so gut es mir möglich ist; meine Gedanken sollen für immer bei Gott sein ...
>
> Ich will mir kein Lebewesen vorstellen, in dem nicht die göttliche Liebe ist, will mich und alle meine seelischen Kräfte von der Welt abwenden und Gott weihen ... Ich wähle nicht nur alle Martyrien, Strafen, Verleumdungen, Exile, Kerker, Verfolgungen, Kreuze, Tode und Zerstörungen, ja alle Strafen der Hölle und ewiger Höllenqualen, falls ich dazu fähig bin, sie zu ertragen; und da alle diese Strafen als Buße für meine Sünden nicht genügen, wünsche ich mir, vernichtet und in Christus

verwandelt zu werden, um all das zu erleiden, was er dreiunddreißig Jahre lang ertragen hat ... Es ist mein Wille, jetzt und für immer den Verführungen des Bösen zu entsagen und das Gute zu suchen; ich vergebe alle Ungerechtigkeiten, die ich nur für meine wahre Liebe zu Christus erlitten habe ... und in Christus verwandelt vergebe ich mit ihm allen, will sie sogar über alles lieben, und mit Christus bin ich bereit, für sie zu leiden, mein eigenes Blut zu vergießen und ewigen Tod zu ertragen ... Mit Christus bete ich und empfehle sie dem Vater, ich bekenne meinen Glauben und lege ein öffentliches und feierliches Gelübde ab, indem ich Armut, Gehorsam und Keuschheit gelobe. Zuerst gelobe ich, immer in Armut zu leben, d. h. ohne Liebe zu weltlichen Dingen und immer im klaren Bewußtsein, daß ich nichts habe, nichts kann, nichts will, nichts weiß und nichts vollbringe. So gelobe ich Gott, in höchstem Gehorsam und mit all meinen Kräften immer allen göttlichen Erleuchtungen ohne Zögern zu folgen; dies zu tun, bin ich jetzt und immer bereit ... Und so entsage ich völlig der Welt und wähle Gott zu meinem einzigen und ausschließlichen Vater, ihn, der mich geschaffen hat, und zu meinem Bruder seinen Sohn, der mich erlöst hat, und zu meinem Bräutigam den Heiligen Geist, und ich gebe ihm meine ganze Liebe als Mitgift und verspreche, immer und überall seinem Willen zu gehorchen ... Und so will ich es für immer halten und bekenne bis zu meinem Tode und in Ewigkeit, daß ich eine große Sünderin bin und meine ganze Hoffnung in Gott gesetzt habe. Ich glaube, daß ich nur durch Christus gerettet werden kann, und rufe als Zeugen die allerheiligste Dreifaltigkeit und die Muttergottes an, alle Heiligen, jede Kreatur und auch mein eigenes Gewissen, und um davon Zeugnis abzulegen, habe ich, Herzogin von Camerino, diese Zeilen selbst geschrieben, anno 1539.

Ochino erkennt seine aussichtslose Lage und schließt sich der Reformbewegung Calvins an. Auf seiner Flucht nach Genf wechselt er wahrscheinlich im Palast Caterinas in Florenz seine Kleider. Wie andere seiner Vertrauten verurteilt Caterina Ochino nicht offen, obwohl sein Handeln sie sicher betrübt hat. Tatsache ist, daß es nur sehr wenige Berichte über ihre letzten Lebensjahre gibt. Ihr Geprächspartner zu dieser Zeit ist Marcantonio Flaminio, der dem Kreis um Giberti, Carnesecchi und Kardinal Pole angehört, die sich alle, ohne deshalb der Reformation zuzustimmen, aufopfernd für einen Friedensdialog mit der Gegenpartei einsetzen, deren Sehnsucht nach einer Reform der Kirche sie teilen. Caterina Cibo stirbt im Jahr 1557.

Geschichten rund um die Hexen: **Gostanza (zweite Hälfte des 16. Jhs.)**

Hexe! Diese Bezeichnung kann für eine Frau sowohl eine Beleidigung als auch ein Kompliment bedeuten. Die Tatsache, daß es bis heute so geblieben ist – Hexen und Magier kommen in anderem Sinne immer wieder vor –, kennzeichnet den weit in der Vergangenheit verwurzelten Glauben, der den Frauen und ihrem Wesen im doppelten Sinn eine geheimnisvolle und daher okkulte Kraft zuschreibt. Das Hexenwesen ist ein weitverbreitetes und vor allem vom 15. bis zum 18. Jahrhundert erbittert bekämpftes Phänomen. In dieser Zeit finden in ganz Europa und später auch in Amerika in großem Umfang Hexenprozesse statt. Und in den meisten Fällen sind davon Frauen betroffen. Das beweisen die juristischen Traktate am Ende des 15. Jahrhunderts, die zum Gebrauch der Inquisitoren verfaßt wurden. Doch der Mythos der Hexen als einer Sekte, die sich dem Teufelskult verschrieben hat, ist noch älter. Ihre gewaltsame Unterdrückung mit den ersten Massenprozessen beginnt schon Ende des 14. Jahrhunderts.

Anfangs sind es Kirchenrichter, die Inquisitoren, die eingesetzt werden, um über sie zu urteilen, später folgen die weltlichen Tribunale. So seltsam es auch erscheinen mag, auf diesem klar vorgezeichneten Weg gibt es keinen Versuch einer Rationalisierung, so stark hat die Gestalt der Hexe die allgemeine Vorstellung geprägt. Die kirchliche Rechtsprechung verfolgt die Hexerei zunächst wegen der logischen Verbindung mit Apostasie und Ketzertum. Wenn dieser Anhaltspunkt wegfällt, ist das kirchliche Gericht für die Angelegenheit nicht mehr zuständig, auch wenn das Delikt bestehen bleibt.

Wir haben bereits auf Papst Innozenz VIII. hingewiesen, den Großvater von Caterina Cibo, der mit seiner Bulle *Summis desiderantes affectus* (1484) den Auftrag zur Jagd auf die Hexen erteilt; gleichzeitig ernennt er *ad hoc* zwei Inquisitoren, Jakob Sprenger und Heinrich Institoris, die den berühmten *Malleus maleficarum* („Hexenhammer") verfassen, der im Jahr 1486 in Straßburg veröffentlicht wird und bereits um das Jahr 1500 seine zehnte Auflage erreicht hat.

Es ist schwer zu sagen, wie sich der Mythos der Hexe in der allgemeinen Vorstellung so tief verwurzeln konnte. Er wird zu einem sieghaften und dauerhaften Mythos, dessen Verschwinden den Frauen auch nicht weiterhilft, wenn man bedenkt, daß die ihn begleitenden Phänomene noch im 19. Jahrhundert als „Hysterie" bezeichnet werden. Es herrscht die weitverbreitete Ansicht, daß es gewisse Menschen gibt, die einen Pakt mit dem Teufel geschlossen haben. Sie besitzen aus diesem Grund besondere Kräfte, durch die sie in der Lage sind, Naturkatastrophen für Mensch und Tier oder Krankheiten heraufzubeschwören, die über einzelne Personen hereinbrechen und sich auf ihr persönliches Leben, vor allem aber auf ihre Sexualität und Fruchtbarkeit auswirken. Man glaubt, daß die Hexen sich in nächtlichen Versammlungen treffen, um den Teufel anzubeten. Bei diesem „Sabbat" soll ein Festmahl stattfinden, bei dem angeblich kleine Kinder verspeist werden, und eine Orgie, in deren Verlauf eine körperliche Vereinigung mit den Dämonen erfolgt. Es handelt sich also offensichtlich um Apostasie, um den Abfall vom christlichen Glauben, an dessen Stelle der Glaube an den Teufel tritt. Kurz gesagt, es handelt sich um Ketzerei, sogar um die gefährlichste aller Ketzereien.

Die beiden Inquisitoren, die wir bereits erwähnt haben, bringen in ihrem Werk Hexerei und Ketzertum ausdrücklich miteinander in Verbindung, vor allem aber knüpfen sie ein offensichtliches und naturbedingtes Band zwischen Frau und Hexerei und bedienen sich zu diesem Zweck sämtlicher Gemeinplätze der altbekannten Frauenfeindlichkeit. Die Frau besitze eine innerliche Verderbtheit, eine natürliche Veranlagung zum Bösen. Aus der Rippe des Mannes geschaffen, einem gekrümmten Knochen, habe sie einen entstellten und verdorbenen Geist. Von Natur aus rebellisch und schwach, sei die Frau für die Zauberkunst des Teufels besonders empfänglich. Als Beweis nennt der *Hexenhammer* ihre besondere Leichtgläubigkeit, ihre große Erregbarkeit und ihre außergewöhnliche Gesprächigkeit. Lauter schlechte Angewohnheiten, deren sich der Teufel bedient, um sie zur Hexerei und deren Verbreitung zu verführen. Wir können den Hexenmythos als eine Art Versinnbildlichung der weiblichen Identität ansehen, die der Identität des Mannes ganz offensichtlich unterlegen ist. Doch das ist nicht der einzige Gesichtspunkt. Wahrscheinlich sucht man in der Hexe, die in der Regel alt, häßlich und arm ist, einen Sündenbock für die unzähligen Schicksalsschläge und Katastrophen, die sich der Mensch nicht erklären kann und für die er daher jene verantwortlich macht, die am Rande der Gesellschaft stehen. Die Hexen sind in der Mehrzahl alleinstehende und schutzlose Frauen ... Man darf jedoch nicht vergessen, und auch bei Gostanza ist dies der Fall, daß es sich auch um Frauen handelt, die in die Geheimnisse der empirischen Heilkunde eingeweiht sind und sie weitergeben. Viele der Hexerei angeklagte Frauen sind Hebammen oder Heilkundige, besitzen also eine Kraft, die zu Recht oder zu Unrecht für ambivalent gehalten wird. Wer heilt, kann auch Krankheiten entstehen lassen, und da es sich um eine geheimnisvolle Kraft handelt, kann sie im Fall ihrer negativen Anwendung sehr wohl ein Werk des Teufels sein.

So können wir – auch wenn es sich um eine ganz andere Ebene handelt – die quälende Sorge der Beichtväter einer Teresa von Avila irgendwie verstehen, ihre wunderbaren Erscheinungen könnten teuflischer Natur sein, zumal gerade in diesen Jahren in Spanien eine Visionärin als Hexe verbrannt worden war. Die Trennungslinie zwischen Spiritualität und Dämonie scheint so verwischt zu sein, daß selbst Ignatius von Loyola und Juan de Valdés in Unruhe versetzt werden, die beide fürchten, man könnte sie irrtümlich für „alumbrados" halten, Anhänger einer etwas zweifelhaften paramystischen Reformbewegung.

Wir können genau beobachten, wie mit der Bewußtseinsbildung und der Forderung nach Anerkennung, die für die Frauen zwischen Reform und Gegenreformation kennzeichnend ist, das Mißtrauen, die kritische Einstellung und das mangelnde Verständnis für das weibliche Charisma wachsen und in der Folge zur Behauptung ihrer Minderwertigkeit führen. Daß sie als besonders anfällig für die Einflüsterungen des Teufels dargestellt werden, ist eine noch deutlichere Formulierung ihrer Unterlegenheit.

Auf diese Weise wird die Hexenjagd auch zu einem Mittel, den Forderungen der Frauen entgegenzuwirken, indem man ihnen zumindest auf kirchlicher Ebene eine Verbindung zum Ketzertum nachsagt. Noch direkter wird die Macht der Frau auf sozio-politischer Ebene bekämpft, vor allem dann, wenn sie in einem Randbereich ausgeübt wird, der sie noch beunruhigender und verdächtiger macht. So stellt man der gelehrten und aristokratischen Magie der Männer, die nach dem Elixier für ein langes Leben oder nach dem Stein der Weisen suchen oder die Konjunktionen der Gestirne erforschen, als sozialen Gegenpol die volkstümliche Zauberei der „mulierculae", der albernen Frauen, gegenüber. Sie kennen die geheimen Kräfte der Kräuter, richten gebrochene Knochen ein, heilen – wie es schon zur Zeit der Römer üblich war – vor allem Frauen und Kinder. Sie besitzen ein Wissen, das von Frau zu Frau weitergegeben wird. Zu ihnen gehört Gostanza, die Hexe von San Miniato.

Eigentlich müßte man sie als „heilkundige Frau" bezeichnen, denn eine Hexe ist sie sicher nicht, auch wenn sie sich unter der Folter als solche bekennt. Ihre Geschichte haben wir den Prozeßakten entnommen, die F. Cardini in Buchform herausgegeben hat.

Gostanza ist eine Tochter von Michele da Firenze und die Ehefrau von Francesco da Vernio. Von Ghizzano di Volterra, wo sie mit ihrem Mann gewohnt hatte, übersiedelte sie nach seinem Tod mit ihren Kindern zunächst nach Libbiano und dann nach Bagno, wo sie zur Zeit des Geschehens lebt. Gostanza ist vor allem Hebamme; sie hilft den Gebärenden, ohne dabei „Kunstgriffe" anzuwenden. Sie stellt ihnen eine der weißen Kerzen auf den Bauch, wie sie am Karsamstag verwendet werden. Wenn sie gebeten wird, Kranke zu heilen, übt sie keine Zauberei aus, sondern verwendet Heilkräuter, oder sie empfiehlt eine für die damalige Zeit erfolgreiche Diät, bestehend aus Huhn, Eiern und Kräutern. Bekanntlich wird die Toskana am Ende des 16. Jahrhunderts von Hungersnöten, Kriegen und Epidemien heimgesucht, von denen die Schwächsten der Bevölkerung, vor allem die Kinder, am meisten betroffen sind. Die Heilmethoden Gostanzas schließen Mißerfolge nicht aus, und so, wie man zunächst eilfertig ihre Geschicklichkeit gelobt hat – sie wurde sogar zu Pferd zu den Kranken gebracht –, schreibt man nun ihr Versagen dämonischen und geheimnisvollen Künsten zu.

Das nun folgende Geschehen beginnt offenbar mit einer Anzeige, auf die – nach der Einvernahme der Kläger am 3. November 1594 – am 4. November die Verhaftung Gostanzas und der Beginn des Gerichtsverfahrens folgen. Sie wird angeklagt, den ungeklärten Tod einiger Kinder verschuldet zu haben und die „Medizin" zu betreiben. Nicht alle Zeugenaussagen beschuldigen sie der Hexerei, vielmehr wird ihre Fähigkeit zu heilen bestätigt. Sie selbst sagt aus, daß sie seit mehr als dreißig Jahren Hebamme sei und man sie öfter gerufen habe als irgendeine andere Frau. Mit Stolz weist sie darauf hin, daß ihr nie eine Frau bei der Geburt gestorben sei, und zwar ohne geheimnisvolle Mittel. Auf gleiche

Weise berichtet sie über die Heilung von Kranken. Die Heilmittel bestünden nur aus Kräutern. Es handelt sich also um die typische Beschreibung einer Populärmedizin, die sie so ausübt, wie sie es gesehen oder von kundigen Frauen gelernt hat. Und alles geschehe im Namen Gottes, denn nur er habe die Macht, zu heilen.

Der Landdechant, der sie verhört, fragt ausdrücklich, ob sie Zauberei betrieben oder Kleidungsstücke der Kranken präpariert und dadurch deren Heilung erreicht habe. Doch die abwechselnde Befragung der Zeugen führt zur Annahme, sie sei eine Hexe und Zauberin. Und so verurteilt man sie am 7. November zur Folter durch den Strick, als sie leugnet, den Sohn von Madonna Maddalena durch Zauberei geheilt zu haben. Das Verhör führt nicht nur Tommaso Roffia, der Landdechant des Bischofs von Lucca, sondern gemeinsam mit ihm der Franziskaner Mario Porcacchi, der Stellvertreter des Inquisitors. Aus Furcht vor der Folter gesteht sie, die Kleider von verschiedenen Kranken „verwendet" und „mit der Gnade Gottes die meisten geheilt" zu haben. Ihre Aussage wird für unzureichend gehalten und daher der Strick angewendet. Doch auch unter der Folter klingen die Worte, von denen sie sagt, sie habe sie bei der Heilung verwendet, nicht wie ein Zauberspruch, sondern eher wie ein Gebet. Unter dem wachsenden Druck der Folter bekennt sie sich nach und nach zu den Hauptanklagepunkten: Sie habe Schadenzauber vor allem gegen Personen verübt, die ihre Kinder und Enkel belästigten, doch sie habe später alle wieder geheilt. Sie gesteht schließlich, den Tod von vielleicht zwei oder drei Menschen verschuldet zu haben, und nennt nach und nach deren Namen. Sie wird gefragt, ob sie sich jemals nachts mit anderen Hexen getroffen habe. Und sie gesteht, einmal in der Nacht auf einem Esel geritten zu sein, doch in der Dunkelheit habe sie sich Gott anbefohlen und sei daher allein im Dickicht zurückgeblieben. Sie leugnet, zu wissen, wo die anderen hingegangen seien, als sie ihnen nicht folgen konnte. Das Geschehen liege zwanzig oder dreißig Jahre zurück, sie sei damals ein junges Mädchen gewesen. Was nun beginnt, könnten wir als die phantastische Schilderung eines Erlebnisses bezeichnen, das niemals stattgefunden hat und das sie unter Mitwirkung der Inquisitoren so darstellt, wie diese es sich von einer Hexe erwarten. Nun erscheint auch der Teufel auf der Bildfläche. Obwohl die anderen Hexen ihr raten, Jesus nicht anzurufen, tut sie es dennoch und bleibt im Dunkeln allein auf einem Feld unter einem Nußbaum zurück. Sie gesteht, daß sie noch sechsmal dorthin zurückgekehrt sei, um den „kleinen Hahn" zu beschwören, offenbar den Teufel in Tiergestalt, der sie an einen märchenhaften Ort führte, an dem getanzt und musiziert wurde und an dem alle im Überfluß lebten. Auf die drängenden Fragen hin beflügelt Gostanza ihre Phantasie, so gut sie kann. Und so ist dann auch wirklich der Teufel der Mittelpunkt des Festmahls, bei dem über alles, nur nicht über Gott gesprochen wird. Der Teufel sitzt auf einem Thron, sie und die anderen Hexen, die gerade erst angekommen sind, erweisen ihm ihre „Reverenz". Doch selbst bei dieser unglaublichen Schilderung beteuert

Gostanza, sie habe nie den Befehl befolgt, ungetaufte Neugeborene sterben zu lassen, und sie sagt zu ihrer Verteidigung, daß sie nur wenige Male an dieser phantastischen Reise teilgenommen habe. Obwohl sie immer genauere Einzelheiten berichtet, erscheint es immer unwahrscheinlicher, daß es diese Hexen, die sich in der Hölle dem Teufel verschreiben und sich dann, nach der Rückkehr in ihre Häuser, wieder Gott empfehlen, wirklich gegeben hat.

Als Gostanza am 9. November über ihre Aussagen befragt wird, gibt sie an, sie habe sie nur unter den Qualen der Folter gemacht. Sie schwört, daß sie gelogen habe, nur damit man sie nach Hause gehen läßt. Was sie ausgesagt habe, kenne sie lediglich vom Hörensagen.

Das Verhör beginnt von neuem, und als sie abermals leugnet, wird sie wieder gefoltert. Sie versucht standhaft zu bleiben, doch als man ihr droht, sie bis zum nächsten Morgen am Strick hängen zu lassen, erklärt sie sich schließlich bereit, alles zu sagen. Sie gesteht, daß auch sie geweihte Hostien in das Reich des Teufels mitgenommen habe und daß sie mehr als alle anderen die Aufmerksamkeiten des Oberteufels genossen habe.

Bei der nächsten Vernehmung am 15. November beginnt sie über Einzelheiten ihrer Heilmittel zu sprechen. Nun wird sie beschuldigt, bei sich zu Hause jenen Stein in Form eines Pfeils aufzubewahren, der nach dem Volksglauben dazu dient, Blitze abzulenken. Doch die Phantasie der Inquisitoren ist ganz auf die unwahrscheinliche Reise in das Reich des Teufels gerichtet. Als sie neuerlich mit der Folter bedroht wird, gesteht sie, kurz vor dem Allerheiligentag dort gewesen zu sein. Doch in ihrem ganzen Leben habe sie keine sechsmal am Hexensabbat teilgenommen, der für gewöhnlich zwölfmal im Jahr stattfindet. Und sie erzählt den Inquisitoren eine noch phantastischere Geschichte: Sie gesteht, Hostien entwendet zu haben; sie habe sich in eine schwarze Katze verwandelt; weiters habe sie Kindern aus dem Bauchnabel Blut entnommem und es dem Teufel gegeben, der ihr einen Tropfen davon auf einem magischen Blatt Papier zurückgab, das sie dann für ihre Zaubereien verwendet habe.

Am 15. November bestätigt Gostanza den Inhalt der bisherigen Protokolle, und am folgenden Tag werden die Vernehmungen fortgesetzt. Obwohl sie niemand bedroht, läßt sie sich nun endgültig von der Phantasie leiten. Sie erzählt von ihrem ersten Flug in das Reich des Großteufels und beschreibt seine von Gold und Reichtum überfließende Stadt, die noch viel schöner sei als Florenz. Die Liebe des Teufels zu ihr wird nun zur körperlichen Vereinigung, auf die ein reiches und opulentes Mahl folgt: mit einem Berg von Köstlichkeiten ... Sie berichtet von ihrer Anbetung des Teufels und dem Gehorsamseid, den sie ihm leistet. Was die Teufel betrifft, so könnten sie sich nach Belieben in Menschen oder Tiere verwandeln und in menschlicher Gestalt seien sie wunderschön. Als sie Details über ihre körperliche Vereinigung berichtet, behauptet sie, daß es ganz ähnlich gewesen sei wie einst mit ihrem Mann, doch der Samen des Teufels sei kalt und flüssig wie Wasser ...

Am 19. November betritt der Inquisitor von Florenz, Dionisio Costacciaro, selbst die Szene. Gostanza erfindet zunächst neue Geschichten und wiederholt, um sich aus der Schlinge zu ziehen, auch all die Lügen, die ihr die Angst eingegeben hat. Doch es sind so viele, und sie sind so widersprüchlich, daß der Inquisitor zur Überzeugung gelangt, daß sie reine Erfindungen sind. Gostanza aber wiederholt ständig denselben Satz: „Wenn Ihr mir versprecht, meine Seele zu retten, will ich Euch die Wahrheit sagen."

Wie es denn möglich sei, daß der körperlose Teufel sich mit einer Frau vereinigen könne, wird sie gefragt. Gostanza weiß darauf keine Antwort, bleibt jedoch bei ihrer Version, ja sie fügt noch weitere Einzelheiten hinzu:

> Ich hatte das Gefühl, daß die Vereinigung mit dem Teufel mir größere Freude bereitete als mit meinem Mann, denn er war zärtlicher zu mir ...

Der Inquisitor hält die Erzählungen Gostanzas für Hirngespinste, doch sie bleibt dabei. Auf die grundlegende Frage, ob sie je Zauberei gegen sich selbst oder andere betrieben habe, antwortet sie:

> Nie und nimmer habe ich mich gesalbt, und ich habe darüber auch nichts gehört, bevor Ihr begonnen habt, mich zu befragen, und ich wiederhole, daß ich von dieser Salbung erst weiß, seit ich hier im Gefängnis bin.

Die Angst Gostanzas, ihre Bereitschaft, alles zu tun, nur um sich zu retten, erkennt man auch an der Vernehmung vom 20. November, bei der sie bedauert, sich an den Tag und die Stunde, an dem sie zum Hexensabbat ging, nicht mehr genau genug zu erinnern, um die „Wahrheit" sagen zu können. Auf den Einwand des Inquisitors, wie denn eine Frau von sechzig Jahren die Aufmerksamkeit und sogar die Liebe des Teufels auf sich ziehen könne – sie selbst hat angegeben, sie sei beim ersten Mal den anderen vorgezogen worden, weil sie die Jüngste war –, antwortet sie, daß sie den Teufel nicht in ihrer wahren Gestalt besuche, sondern als blühendes junges Mädchen.

Gostanza ist nun von einem Wahn der Selbstzerstörung erfaßt. Sie verkompliziert ihre Geschichte durch weitere Einzelheiten immer mehr. Grundsätzlich ändert sich ihre Schilderung aber nicht, sie wird nur immer unwahrscheinlicher, je mehr Einzelheiten hinzukommen.

Gegen Ende des langen Verhörs am 22. November erzählt Gostanza eine neue Geschichte über ihre Geburt und ihre früheste Kindheit. Sie behauptet, die Tochter von Agnolo Niccolini zu sein, bei dem ihre Mutter in Diensten stand. Doch diese Neuigkeit ändert im wesentlichen nichts am Sachverhalt, daß sie durch und durch verdorben und eine Dienerin des Teufels ist.

Am 24. November ändert sie ihre Darstellung völlig und sagt, sie habe alles nur erlogen: Man solle ihr Leben überprüfen und dann würde man feststellen, daß sie lauter Lügen erzählt habe; sie bittet inständig, Nachforschungen über die Wahrheit anzustellen, sie wolle auch die Kosten dafür übernehmen, und wenn man die Wahrheit herausgefunden habe, könne man sie verurteilen; nur aus Angst vor der Folter habe sie bisher alles zugegeben. Auch im Verhör vom 27. November hält Gostanza an dieser Aussage fest. Zu diesem Zeitpunkt übergibt Tommaso Roffia den Fall an Mario da Castiglione, den Inquisitor von San Miniato und der Diözese Lucca, die Florenz untersteht. Man schreibt den 29. November. Der Fall liegt nun gänzlich in den Händen des Vikars des Heiligen Offiziums Mario Porcacchi. Doch er muß die Weisungen befolgen, die er aus Florenz von Dionisio Costacciaro erhält. Dieser befiehlt ihm, Gostanza aus der Haft zu entlassen, das Verfahren zu beenden und sie bedingungslos freizulassen. Er macht ihm Vorwürfe, die Verantwortung für diesen Prozeß übernommen zu haben, und fügt hinzu:

> Am Ende hat sich herausgestellt, daß diese arme Frau alles nur aufgrund der Folter gesagt hat und nichts davon wahr ist ...

Der Vikar des Heiligen Offiziums richtet daher folgendes Schreiben an den großherzoglichen Vikar von San Miniato:

> Möge Euer Hochwohlgeboren geruhen, Frau Gostanza aus Libbiano unverzüglich aus dem Kerker in die Freiheit zu entlassen, im Auftrag und auf Wunsch von R. P. M. Dionisio Costacciaro, dem Generalinquisitor von Florenz, und auch auf meinen eigenen Wunsch ...

Gostanza wird nur befohlen, sich an einem anderen Ort niederzulassen. Kaum fünfzehn Jahre zuvor hatten in derselben Gegend andere Hexenprozesse noch mit dem Scheiterhaufen geendet. Doch inzwischen überwiegt vor allem in den katholischen Ländern eine rationalere und gemäßigtere Haltung. Vermutlich bezieht sich Gostanza auf diese früheren Ereignisse und Geschichten, und vielleicht mußte sie als Kind den Feuertod der Frauen Nanna, Ulivetta, Cecca und Diamante mitansehen. Aus diesen phantastischen und allgemein verbreiteten Erinnerungen entstehen ihre unglaublichen Geschichten, die zu ihrem Glück so unwirklich sind, daß selbst der Inquisitor sie als solche erkennt.

Gostanza kann dem Scheiterhaufen entgehen, doch es gibt viele Hexen, die überall in Europa bei lebendigem Leib verbrannt werden, mehr noch in den protestantischen Ländern des Nordens als in den katholisch gebliebenen südlichen Ländern. Der Argwohn gegenüber Frauen sorgt weiter für Unruhe, macht sie weiter zu Sündenböcken und betrachtet sie als Gefahr und als negatives Element. Die Neuzeit ist noch immer voll von diesen Trugbildern, und paradoxerweise dienen die Hexen dazu, die realen und konkreten Gespenster wie Krieg, Hungersnot und Pest zu beschwören, jene Geißeln der Menschheit in einem Europa, das religiös und politisch zerrissener ist denn je, ohne daß sich am Horizont der Hoffnungsschimmer eines dauerhaften Friedens zeigt.

Eine Wahlverwandtschaft: Jeanne de Chantal (1572 – 1641)

Wie nicht wenige andere heilige Frauen ist auch Jeanne de Chantal Witwe. Doch diese fromme und wohltätige Frau hat eine glückliche Ehe hinter sich. Sie wurde am 23. Januar 1572 in Dijon geboren und hat bereits mit achtzehn Monaten ihre Mutter verloren. Ihr Vater hat dann für ihre Erziehung Sorge getragen. Mit kaum zwanzig Jahren heiratet sie und lebt in glücklicher Ehe mit dem Baron de Chantal, dem sie sechs Kinder schenkt, von denen vier am Leben bleiben. Durch einen Jagdunfall verliert sie 1601 ihren Gatten. Sie ist über diesen Verlust untröstlich und lehnt es ab, noch einmal zu heiraten. Sie widmet sich ihren Pflichten als Mutter, Tochter und Schwiegertochter und lebt in einem Zustand freiwilliger Keuschheit, dem sie schließlich einen neuen Sinn zu geben vermag.

Der Spiritualität der Zeit verhaftet und durch eine viel zu strenge Selbstbeurteilung bedrückt, hätte sie ihre Zweifel wahrscheinlich nie überwunden, wenn nicht Franz von Sales ihren Weg gekreuzt hätte. Ihre Freundschaft mit dem Bischof von Genf ist eine der bedeutendsten in der Geschichte der sogenannten „Wahlverwandtschaften". Als gebildeter und feinsinniger Humanist respektiert Franz von Sales uneingeschränkt die „weltlichen" Bindungen seiner Gesprächspartnerin, die für ihn zur geistigen Tochter und engsten Seelenfreundin wird. Die Briefe, die ihre Beziehung bestätigen, stellen in der Geschichte der christlichen Spiritualität das Manifest einer zweifachen Utopie dar: Zunächst und vor allem ist es die Utopie der Wechselbeziehung zwischen Mann und Frau – und dann, was nicht weniger wichtig ist, die Utopie eines aktiven Lebensmodells auch für die Frau, nämlich die Möglichkeit, ihr Prophetentum mit einer bestimmten Aufgabe zu verbinden, einen Dienst zu finden, durch den ihre Entscheidung für ein geistliches Leben dazu führt, daß sie auf die Kirche und die Gesellschaft Einfluß nehmen kann.

Franz von Sales wurde 1567 geboren und stammte aus einer adeligen und praktizierenden katholischen Familie. Er war mit der Philosophie, der Heiligen Schrift, den Kirchenvätern und der Theologie vertraut und hatte sich bereits als Student einen genauen Lebensplan zurechtgelegt, in dem Studium, Meditation und Gebet eine Einheit bildeten. Er gab dieses Modell niemals auf, sondern stimmte es immer auf die Erfordernisse seines Amtes, zunächst als Priester und später als Bischof, ab.

In einer Zeit ebenso heftiger und schwerer wie unnützer und unwirksamer Kontroversen entfaltet er seine Tätigkeit als Seelsorger mit einer für diese Zeit seltenen Ausgeglichenheit und Rücksichtnahme. Er ist ein eindrucksvoller und vielseitiger Schriftsteller, der jede Übertreibung vermeidet. Für ihn ist es klar, daß die Heiligkeit für alle Menschen erreichbar ist, auch auf einem „weltlichen" Weg.

Als Bischof setzt er jenes unermüdliche und gewissenhaft-eifernde Modell in die Tat um, das für die nachtridentinische Reform typisch ist. Ob als Priester oder als Bischof – immer steht die Tätigkeit als Seelsorger für ihn im Vordergrund, was auch seine Briefe beweisen. Bei einer solchen Gelegenheit findet seine erste Begegnung mit Jeanne de Chantal statt, während einer Fastenpredigt, die er 1604 in Dijon hält. Unter den Zuhörern fällt ihm diese andächtige und aufmerksam zuhörende Adelige in ihrem schwarzen Trauergewand auf, in deren Gesicht und Augen er die Zeichen eines tiefen inneren Schmerzes erkennt.

> Mir scheint, Gott hat mich zu Euch gesandt. Von Stunde zu Stunde bin ich mir dessen sicherer. Das ist alles, was ich Euch sagen kann. Empfehlt mich Eurem Schutzengel an.

So schreibt er ihr am 26. April. Sechs Monate später ersucht sie ihn darum, ihr Beichtvater zu werden.

Wie bereits angedeutet, betreibt Franz das, was man „eine außerliturgische Erweiterung des Bußsakramentes" genannt hat, und zwar in der Überzeugung, daß es für den Fortschritt im inneren Leben wichtig ist, sich einer sicheren Führung anzuvertrauen. Mit liebenswürdiger Festigkeit weist er seinen Schutzbefohlenen einen befreienden und tröstlichen Weg, ohne in ihnen schädliche oder unnötige Ängste zu wecken. Ein klares Manifest der Methoden, des geistlichen Programms, das Franz verfolgt, hinterläßt er uns mit seinen Werken *Philothea* und *Theotimus*.

> Ich übersende Euch ein Werk über das vollkommene Leben aller Christen. Ich habe es nicht für Euch, sondern für viele andere geschrieben; dennoch werdet auch Ihr Mittel und Wege finden, Euch seiner zu bedienen.

So schreibt er in einem seiner ersten Briefe an Chantal. Es handelt sich hier nicht um verworrene und komplizierte Andachtsübungen, sondern um eine Form des einfachen Gebetes, das die weltlichen Aufgaben und Pflichten im Verlauf eines Tages auf natürliche Weise begleiten soll.

Die Begegnungen und der Briefwechsel des Bischofs mit Chantal lassen in ihr langsam den Wunsch reifen, ein geistliches Leben zu beginnen; und sie findet bei Franz darin Unterstützung und Ermutigung. Er arbeitet für sie eine Ordensregel aus, die es ihr erlauben soll – ohne sich in die Klausur einzuschließen –, ihr Charisma der Wohltätigkeit und des Dienstes an den Armen und Leidenden mit Hilfe eines eigens dafür gegründeten Ordens weiterzutragen. Er kennt Jeannes geistige Größe genau, vor allem aber kennt er ihre heldenhafte Nächstenliebe im Dienst an den Armen und Kranken, von der weder Lepra noch Epidemien sie abhalten konnten.

Der Plan von Jeanne und Franz von Sales scheitert jedoch an der Kurzsichtigkeit des Bischofs von Lyon. Paradoxerweise sollte diese Gemeinschaft, die gegründet wurde, um die mittellosen Kranken in ihren Wohnungen zu besuchen, nach dem Vorbild Marias, die ihre Base Elisabeth besuchte – daher der Name „Orden von der Heimsuchung Mariä“ –, sich nur aus klausurierten Nonnen zusammensetzen, die der Ordensregel des heiligen Augustinus unterworfen sind.

Jeanne erklärt sich bereit, die kanonische Verpflichtung zur Klausur einzuhalten. Wir wissen nicht, ob wir dieses Abgehen vom ursprünglichen Plan ihr als Unfähigkeit und Schwäche auslegen sollen oder ob dieser Entscheidung eine Art unbedingte Treue zur Kirche und ihren Gesetzen zugrunde liegt, die so weit geht, daß sie dafür sogar ihren eigenen Plan opfert.

Unsere Aufmerksamkeit richtet sich bei Jeanne de Chantal nicht so sehr auf die Einzelheiten ihrer Spiritualität und auch nicht auf die außergewöhnlichen Umstände, die ihren Weg zu Gott begleiten. Ihre Gestalt dient uns vielmehr dazu, eine in ihrem Fall noch unerfüllte Forderung nach einer seelsorglichen Funktion der Frauen aufzugreifen. Feinsinnig und gebildet, sorgt sie eigenhändig für die Veröffentlichung der Briefe ihres Freundes und Beichtvaters. Den von ihr gegründeten Orden leitet sie in der Phase seines Entstehens und während seiner weiteren Entwicklung mit starker Hand. Als Franz von Sales im Jahr 1622 stirbt, gibt es bereits dreizehn aktive Klöster. Beim Tod Chantals 1641 sind es nicht weniger als sechsundachtzig.

Obwohl Jeanne erlebt, wie ihre Klostergemeinschaften, die sie mit Ausgeglichenheit, Klugheit und Liebenswürdigkeit leitet, sich vermehren, hinterläßt ihre Geschichte einen gewissen bitteren Nachgeschmack, vor allem wenn wir bedenken, daß dieses Modell, das Franz von Sales für sie entworfen hat, nicht zur Gänze ihr eigenes ist. Andere Gründerinnen haben gekämpft und gelitten, sie waren Prophetinnen eines von Gott inspirierten Planes ...

Jeanne erleidet so gesehen eine Niederlage, doch sie bezeugt uns etwas anderes: eine vollkommene Beziehung und einzigartige Freundschaft. Diese geistige Verbindung, die Übereinstimmung, mit der beide sie erleben, verleiht ihrer Geschichte eine beispielhafte Bedeutung.

Wir sind bereits einmal einem analogen Lebenslauf begegnet, einer ähnlichen Freiheit, mit der zwei Menschen aufeinander zu- und gemeinsam zu Gott gegangen sind. Wie im Fall von Franz von Assisi und Klara enthüllt uns auch die Lebensgeschichte von Franz von Sales und Jeanne de Chantal eine einzigartige Beziehung. Ich möchte sicher nicht die Verdienste schmälern, die sich jede der beiden Personen in der Kirchengeschichte erworben hat, doch die Ergebnisse ihres Gründungscharismas zeigen sie uns „gemeinsam“, mit der warmen Herzlichkeit, die sie verbindet und die, über das Geschenk ihrer „Wahlverwandtschaft“ hinaus, in dem prophetischen Projekt eines kirchlichen Dienstes mündet.

Wir können sagen, daß ihre Freundschaft trotz der starren Regeln ihrer Zeit und obwohl die Frauen noch immer für minderwertig gehalten werden, stärker ist als das herrschende kulturelle System. Es ist eine Freundschaft, die an eine geistige Gemeinsamkeit anknüpft und die sich der gesamten Problematik eines schwierigen Augenblicks der Geschichte widmet. Es ist Freundschaft im Zeichen der Unerschrockenheit und des Freimuts, der *parrhesia* des Evangeliums, und daß sie höfliche und gefühlvolle Züge annimmt, ja sogar Zärtlichkeit und „Liebe" ausdrückt, steht weder mit den übernommenen Aufgaben noch mit den persönlichen Pflichten in Widerspruch. Die Briefe, die Franz von Sales schreibt, beweisen es, nicht die Jeannes, die auf ihren Wunsch hin verbrannt worden sind. Hier hat einmal nicht die Gedankenlosigkeit oder Frauenfeindlichkeit anderer ein schriftliches Zeugnis vernichtet, sondern der Wunsch der Schreiberin selbst, und niemand weiß, ob Skrupel oder irgendein anderer Grund sie dazu bewogen hat. Doch es sind andere schriftliche Dokumente erhalten geblieben, die ihre geistigen Töchter und Mitschwestern gesammelt haben und die über die Sensibilität und Bedeutung Jeannes Zeugnis ablegen. Sie wurden im letzten Jahrhundert veröffentlicht und warten noch immer darauf, besser verstanden und genauer erforscht zu werden.

Von der Briefsammlung des Bischofs von Genf, von der mehr als zweitausend Briefe erhalten geblieben sind, sind etwa dreihundert – verglichen mit der Gesamtzahl sind es nur wenige – an Jeanne gerichtet, und sie erstrecken sich über die gesamte Zeit ihrer Freundschaft. Das erste „Brieflein" – wir haben es bereits zitiert – ist das Ergebnis ihrer Begegnung in Dijon; der letzte Brief stammt aus dem Jahr 1622 – Franz schreibt ihn wenige Monate vor seinem Tod. Sie alle zeigen deutlich den Verlauf ihrer menschlichen und seelischen Verbindung.

Eine Wende erfolgt mit ihrem Eintritt ins Kloster. Es versteht sich von selbst, daß seine Führungsrolle sich von diesem Zeitpunkt an immer mehr zu einer freundschaftlichen Beziehung wandelt. Zu Beginn verhält sich Franz zurückhaltend. Jeanne hat einen anderen Seelenführer und fürchtet, ihre Pflichten ihm gegenüber vernachlässigt zu haben. Franz beruhigt sie und bezieht sich auf „die gerechte Freiheit, die der Geist Gottes denen gewährt, in denen er wohnt". Bereits in den ersten Briefen kann man die Freude erkennen, die sie ihm bereiten. Erdrückt durch lästige und schwierige „Geschäfte", bezeichnet er ihre Briefe als „Tröstung", und er fügt hinzu:

> Wenn ich mich auf diese Weise auslasse, möchte ich Euch zeigen, wie sehr es meine Seele freut, sich mit Eurer zu unterhalten. Gott läßt uns in seiner Liebe leben und sterben und – wenn es ihm gefällt – auch aus Liebe zu ihm.

Die Beziehung zwischen Chantal und dem Beichtvater, der er eigentlich noch nicht ist, vertieft sich. Regt sich in ihr Zweifel über die Art ihrer Beziehung? Franz beruhigt sie:

> Ich muß Euch noch etwas anderes sagen, um jedem Einwand Eures Herzens zuvorzukommen. Ich habe nie verlangt, daß es zwischen uns eine Bindung geben soll, die irgendeine Verpflichtung mit sich bringt, mit Ausnahme der Pflicht zur Nächstenliebe und zur wahren christlichen Freundschaft, die bereits der heilige

> Paulus als *Band der Vollkommenheit* bezeichnet hat; und das ist sie von dem Augenblick an, wo sie unauflösbar ist und durch nichts mehr zerstört werden kann. Jede andere Bindung ist vergänglich ... die Nächstenliebe aber wächst mit der Zeit ... Die Liebe ist stark wie der Tod und überdauert die Hölle, sagt Salomo. Das also, meine gute Schwester (gestattet mir, Euch den Namen zu geben, mit dem die Apostel und die ersten Christen ihre tiefe Liebe zueinander zum Ausdruck brachten), ist unser Band, das sind unsere Fesseln: Je enger sie uns umschließen, umso mehr Freude und Freiheit geben sie uns ... Es gibt nichts, das so nachgiebig und gleichzeitig so fest ist. So bindet mich getrost fest an Euch und seid sicher, daß diese Bindung zu keiner anderen in Widerspruch steht, weder zu einem Gelübde noch zur Ehe ...

Später fügt er hinzu:

> ... Ich bin nichts ohne Euch: Kurz gesagt, ich gehöre Euch so sehr, wie Ihr es Euch nur wünschen könnt ...

Einige Monate später erinnert er sie an den Inhalt seines ersten „Brieflein" und stellt dazu fest:

> Ich habe Euch geschrieben, daß Gott mich zu Euch gesandt hat, ohne dabei zu denken, daß zu dem Gefühl, das ich in meiner Seele spürte, etwas anderes hinzukommen könnte ...
> Nun aber, meine teure Tochter, ist etwas hinzugekommen, das man nicht benennen kann, wie mir scheint; doch es weckt in mir eine große Erleichterung ... Jedes Gefühl unterscheidet sich in bestimmter Weise von anderen; mein Gefühl für Euch hat die besondere Eigenschaft, mich über alle Maßen zu trösten ...

Es ist unmöglich, in diesem Rahmen beispielsweise auf den Übergang von der Anrede „Hochgeehrte Frau" zu „Hochgeehrte Frau und teuerste Schwester", dann „Liebe Tochter" und schließlich „Mutter" näher einzugehen. Es sind Ausdrucksweisen, die in keinem kausalen Zusammenhang mit der Intensivierung bzw. Umwandlung ihrer Beziehung stehen.

Franz lenkt seine Seelenfreundin nicht nur mit viel Gefühl, sondern vertraut ihr auch alles an, angefangen von einem Unglück, das sich in der Gegend ereignet hat – ein armer Teufel, der in eine Felsspalte gestürzt ist –, bis zu Berichten über den Religionsunterricht für Kinder – in scherzhaftem Ton ... um die Zuhörerin zum Lachen zu bringen – und sogar, daß man versucht hat, ihn zu bestechen. Er berichtet über den „spirituellen Verlust" eines „Freundes", den er lange Zeit gekannt hat, oder auch, daß er vor der Königin und ihrem Hofstaat gepredigt hat: Er teilt ihr alle diese Begebenheiten mit.

So gewähren uns die Briefe einen tiefen Einblick in das private Leben von Franz von Sales und zeigen uns gleichzeitig, wie er sich immer enger an die Freundin anschließt. So eng, daß oft schwer zu sagen ist, wer von den beiden der „Vater" und wer die „Mutter" ist. Doch die Bezeichnung „Mutter", die er ihr am Ende gibt, ist für uns nicht nur ein Beweis dafür, daß er von ihr abhängig ist. In dieser wechselseitigen Vaterschaft und Mutterschaft überwiegt ihr Zusammengehörigkeitsgefühl, die biblische Erkenntnis, füreinander geschaffen zu sein.

> Ich versichere Euch – meine teuerste Mutter –, daß dieser arme Vater Euch wie seine eigene Seele im Herzen trägt. Möge Gott immer unsere Liebe sein, meine liebste Mutter, und möge er Euch mit seiner heiligen Tröstung erfüllen. Amen. In ihm gehöre ich ganz und gar Euch, wie Eure Seele, wie ihr selbst, denn so hat es ihm gefallen.
> Meine Mutter, möge Gott Euer Herz segnen, denn ich liebe es wie mein eigenes. Ich gehöre für immer Euch, in Ihm, der durch seine Barmherzigkeit – wenn es ihm gefällt – in Ewigkeit uns gehören wird.

Dieser Abschiedsgruß beendet das Fragment eines undatierten Briefes, der vermutlich aus dem Jahr 1622 stammt und den Franz kurz vor seinem Tod geschrieben hat. Der letzte kurze Brief, der uns vorliegt und mit Oktober desselben Jahres datiert ist, schließt mit den beruhigenden, aber ungewöhnlichen Worten:

> Hier läuft alles bestens, und ich bin mehr denn je Euer demütigster und unerschütterlicher Vater, Sohn und Diener.

Es ist eine Art Epigraph zum Andenken an die Geschichte zweier Seelen und ihres gemeinsamen Weges zum Gipfel der göttlichen Liebe.

5. Kapitel

VOM BAROCK ZUR ROMANTIK

Der Beginn des 17. Jahrhunderts bringt einen besonderen Aufschwung für jenes typische Kennzeichen der katholischen Reform und der Gegenreformation, das ich als „Sinn für die Bedürfnisse der Menschen" bezeichnet habe. Das Erziehungswesen und die Caritas bilden den Horizont jener Frauen, mit denen wir uns nun befassen und die in der Mehrzahl Gründerinnen neuer Ordensgemeinschaften sind. Im Gegensatz zu den Ordensschwestern vor ihnen wird ihr Modell der Emanzipation Realität: ohne Klausur, ohne Gitter und ohne besondere Ordenstracht. Auch wenn der ursprüngliche Plan nicht restlos respektiert wird, haben die Gründerinnen doch weniger zu leiden und zu kämpfen; schlimmstenfalls sind es die Schwestern nach ihnen, die schließlich dafür sorgen, daß ihre Vorstellungen sich durchsetzen.

Trotz dieser tiefgreifenden Erneuerung des geistlichen Lebens bestehen und verschärfen sich auch weiterhin leidvolle und schwierige Situationen. Die Venezianerin Arcangela Tarabotti beispielsweise bezeugt das tragische Schicksal einer Frau, die von ihrem Vater gegen ihren Willen zu einem Leben im Kloster gezwungen wird. Trotzdem verkörpert sie eine kulturelle Liberalität, die sie nur deshalb erreicht, weil sie eine Nonne ist. Daß der Weg ins Kloster die einzige Möglichkeit darstellt, zu Literatur und Bildung Zugang zu finden, beweist Juana de la Cruz, deren dichterisches Schaffen – ein Musterbeispiel kastilischen Barocks – uns noch heute tief berührt. Eine komplexere Gestalt ist aufgrund ihrer Verflechtung mit dem Jansenismus eine andere Nonne, Mère Marie-Angélique Arnauld, die Äbtissin von Port-Royal.

Es ist bekannt, daß an der Wende vom 16. zum 17. Jahrhundert eine lebhafte Diskussion über die Identität der Frau geführt wird, über ihre Talente, über ihre Rolle, ob sie dem Mann gleichgestellt oder unterlegen ist. In gewisser Weise wird Elena Lucrezia Cornaro Piscopia Gegenstand einer solchen Untersuchung, die in Venedig – wie wir noch sehen werden – zu ganz besonderen Ergebnissen führt. Die Tatsache, daß sie im 17. Jahrhundert dort lebt, gibt ihr nämlich die Möglichkeit, sogar die Doktorwürde zu erlangen. Doch auch ihre Geschichte wird zur Niederlage, und zwar nicht so sehr, weil sie nur in der Philosophie Lorbeeren erntet, sondern weil sie sich letzten Endes weniger von ihrer unzweifelhaften Intelligenz als von ihrem übermächtigen Vater leiten läßt.

Das 18. Jahrhundert steht wie schon das 17. Jahrhundert ganz im Zeichen eines großen Interesses der Frauen an Bildungsmöglichkeiten. Es handelt sich jedoch um einen Wunsch, der die kirchlichen Grenzen bereits überschritten hat. Die Forderung der Frauen dehnt sich speziell auf Gebiete aus, die wir als „laikal" im Sinne von „weltlich" bezeichnen können. Die Wege der Frauen, ihre Suche nach einer Alternative zur Ehe, die Reflexion über ihre Rechte und ihre Freiheit berühren den Glauben mit der Zeit nur noch am Rande. Erst die Französische Revolution wird im Katholizismus wieder jene heldenhaften Vorbilder hervorbringen, die ein fester Bestandteil jeder leidvollen Epoche der Geschichte sind. Aus den Tagen der Revolution, in denen viele Frauen ihr Bestes geben – wir beziehen uns dabei nicht auf die Vorläuferinnen der Feministinnen, deren *Cahiers de doléance* auf breites Interesse stoßen – , haben wir Marie Adelaide Champion de Cicé ausgewählt. Gegen Ende des 18. und zu Beginn des 19. Jahrhunderts lebt die Italienerin Maddalena Frescobaldi, die ihre Aufmerksamkeit dem Übel der Prostitution zuwendet; Vertreterinnen des 19. Jahrhunderts sind Elisabetta Canori Mora, Jeanne Jugan und Margherita Occhiena Bosco.

Es bedarf eigentlich keiner nochmaligen Erwähnung, daß hinter diesen Frauengestalten Jahrhunderte tiefgreifender Veränderungen stehen. Die Religionskriege, das Zeitalter der Aufklärung, die Französische Revolution, die Restauration, die industrielle Revolution ... Die Kirche hat zwar die schmerzliche Spaltung durch die Reformation überwunden, doch trotz übertriebener Siegessicherheit und unmittelbarer Erfolge im Süden Europas ist ihr Ansehen durch die Krise schwer untergraben. Neue philosophische Strömungen, politische und soziale Umwälzungen führen zu Veränderungen, ohne daß der kirchliche Apparat sie bemerkt und sich darauf einstellt. Die Kluft zwischen Kirche und Kultur wird immer tiefer, und unsere Frauengestalten, sofern sie der Kirche dienen, unternehmen den nicht immer erfolgreichen Versuch, das Volk Gottes zu Würde und Ansehen zurückzuführen.

Durch unsere begrenzte Auswahl muß hier leider eine ganze Reihe weiblicher Gestalten unberücksichtigt bleiben, die nach und nach die Veränderungen in der Geschichte der Frauen verkörpern. Ob es sich nun um das neu erwachte Interesse an der Erziehung handelt, die noch immer ein Verbindungselement zwischen der kirchlichen Aufgabe und einem rein „weltlichen" Wirkungsfeld darstellt – man denke zum Beispiel in Frankreich an Madame de Maintenon, die Gemahlin Ludwigs XIV., die sich um junge Mädchen kümmert und für das Pensionat Fénelon ihren *Traktat über die Erziehung junger Mädchen* verfaßt. Nicht vergessen darf man an dieser bereits breiten Front jenes „feministische" Schaffen *ante litteram*, das in den Broschüren von Mademoiselle de Gournay zum Ausdruck kommt. Man denke in England an die Philosophin und Pädagogin Mary Astell, deren utopische Zitadelle der Frauen in der anglikanischen Welt auf Ablehnung stößt, weil sie mit Situationen und Modellen des Katholizismus in zu nahem Zusammenhang steht. Diese und andere Frauen scheinen in unserer

Galerie nicht auf: die Vertreterinnen der philosophischen Salons des Barock, die kartesianischen Philosophinnen, die *femmes philosophes* der Aufklärung sowie schließlich die Frauen der Revolution, deren Namen zu zitieren wir kaum Gelegenheit haben werden. Das Ende des 18. Jahrhunderts wird zweifellos durch die Gestalt von Mary Wollstonecraft geprägt, deren Werk *Die Rechte der Frau* 1792 in England erscheint, während in Frankreich die Revolution wütet. Wollstonecraft, die 1796 heiratet, weil sie glaubt, dies wegen ihres unehelichen Kindes tun zu müssen – obwohl sie der Institution der Ehe ablehnend gegenübersteht –, und später im Kindbett stirbt, ist die erste Frau, die der Frauenfrage politische Prägnanz und Klarheit verleiht.

Zur selben Zeit sind in Italien andere Frauen, wenn auch auf unterschiedliche Weise, aktive Vorkämpferinnen des sozialen Wandels. Eleonora de Fonseca Pimentel und Luisa Molines Sanfelice, die beide auf dem Schafott enden, müssen ihre Beteiligung an einem Plan zur politischen Erneuerung mit dem Leben bezahlen. Es wäre unpassend, wollten wir diese Frauen mit religiösen Anliegen in Verbindung bringen. Dennoch gibt es auch am äußersten Rand der Aufklärung in Europa Gestalten, die in gewisser Weise von religiöser Erfahrung geprägt sind, wie Giulia Beccaria Manzoni und Henriette Blondel, von denen die erste die Mutter, die zweite die Ehefrau von Alessandro Manzoni ist; beide hinterlassen ihre unauslöschlichen Spuren in seiner Geistesgeschichte. Während die Frauen der Romantik ihren Beitrag zur kulturellen Entwicklung des Abendlandes leisten, die nun auch auf die beiden Amerika übergreift, kommt hingegen gerade aus diesen Ländern die ungewohnte Forderung, der religiösen Frage feministische Inhalte zu verleihen. Es ist Elizabeth Cady Stanton, die mit ihrer *Bibel der Frauen* eine neue Problematik aufwirft, indem sie die Forderung erhebt, politische Verantwortung und religiöses Bewußtsein miteinander zu verknüpfen. Als sich diese Verbindung bereits abzeichnet, die während des gesamten 20. Jahrhunderts Teil der Glaubensbetrachtung der Frauen sein wird, folgen andere Frauen, die auf ihre Weise zu zentralen Gestalten des kulturellen Wandels werden. Unter ihnen Eleonora Marx, Anna Kulishoff, Anna Maria Mozzoni. Die letzen beiden überschreiten bereits die Schwelle zum 20. Jahrhundert.

Das Netz der familiären Beziehungen

Wir kehren nun in die Zeit des 17. bis 19. Jahrhunderts zurück. Wie entwickelt sich in diesem Zeitraum das Netz der familiären Beziehungen? Was bedeutet es für die christlichen Frauen, Mutter, Witwe, Gattin oder Schwester zu sein? Nur einer der Frauen, die wir ausgewählt haben, bereitet es Mühe, auf dem ihr zugewiesenen Platz zu bleiben: Louise de Marillac. Das „Privileg“, Witwe zu sein, gibt ihr die Möglichkeit, ihrer wahren und innersten Berufung zu folgen und sich ganz Gott und den Armen zu widmen. Würden wir uns heute noch an

Elena Lucrezia Cornaro Piscopia erinnern? Wie wir noch sehen werden, wäre ihr Leben sicher anders verlaufen, hätte ihr Vater sich nicht so vehement für die akademischen Bestrebungen seiner Tochter eingesetzt. Elisabetta Canori Mora steht zwar nicht im Schatten ihres Mannes, hat aber sicher seinetwegen eine so schwere Prüfung zu bestehen, daß sie zu einer Heiligen wird – was bei verheirateten Christen eine Ausnahmeerscheinung ist. Auch Margherita Occhiena Bosco lebt im Schatten ihres Sohnes, doch wir könnten uns sein Leben ohne eine solche Mutter an seiner Seite nicht vorstellen. Gerade auf dem Gebiet der familiären Beziehungen kann man die starke Betonung der Mutterschaft in der allgemeinen Vorstellung bemerken. Es handelt sich um eine Art Schutzwall, der vom romantischen Gefühl errichtet und von der Kirche während des ganzen 19. Jahrhunderts und darüber hinaus aufrechterhalten wird. Die Verherrlichung der mütterlichen Gestalt ist ein neuer Weg, die Frau wieder in das Gefängnis jener Körperlichkeit zu sperren, aus dem sie sich unter allen Umständen zu befreien versucht hatte, was auch zu einer besonderen Aufwertung des Klosters führte. Die Mutterschaft gilt als die „natürliche" Rolle der Frau; als der einzige Weg, in Erscheinung zu treten und Bedeutung zu erlangen. Die Gestalt der Mutter Giovanni Boscos ist diesbezüglich ein sehr gutes Beispiel, ein noch besseres als Elisabetta Canori Mora. Obwohl ihr Sohn mit großer Zärtlichkeit ihre Vorzüge preist, mißt er sie in Wahrheit an den Regeln der bürgerlichen Gesellschaft. Und wir dürfen nicht vergessen, daß weder die Landbevölkerung noch die Arbeiterklasse der Mutterrolle eine besondere Bedeutung beimessen. Der Mythos der Mutter kann nur in einer sozialen Schicht entstehen, die keine Not leidet und nicht ausgebeutet oder an den Rand der Gesellschaft gedrängt wird. Nur die Armen und Ausgegrenzten wissen, was es in Wirklichkeit bedeutet, ein Kind in die Welt zu setzen, das in den meisten Fällen weder geliebt noch gewollt ist und eine Last bedeutet, von der sie entweder ein „gütiges Schicksal" oder die hohe Sterblichkeitsrate befreit.

Eine hochherzige Witwe:
Louise de Marillac (1591 – 1660)

Wir haben bereits gesehen, daß das Streben der katholischen Reform und der religiösen Orden, ob neu oder reformiert, während des gesamten 16. Jahrhunderts vor allem der Caritas gilt. Nicht weniger sensibel für die Probleme der Bildung und der Evangelisierung als die Männer, kümmern die Frauen des 17. Jahrhunderts sich vor allem um die Armen und Notleidenden. Vinzenz von Paul ist der erste, der sie ganz bewußt an dieses neue Modell heranführt. Den Weg dorthin weist ihnen weitgehend sein einzigartiges Charisma, mit dem er bereits die Männer, Laien wie Kleriker, auf die Probleme der Ärmsten und Ausgestoßenen hinweist. Auch ist er empfänglich für das Problem der religiösen

Erziehung und ruft eigens für die Landbevölkerung eine Kongregation ins Leben, die sie mit Hilfe von Volksmissionen zum Glauben zurückführen und aus ihrer Unwissenheit befreien soll. Dieser Auftrag zur Neuevangelisierung klammert auch die Ausbildung der Kleriker und Laien nicht aus, sondern fördert sogar ein bisher unbekanntes gemeinschaftliches Leben und Arbeiten von Klerikern und Laien. Verschiedene Frauen stehen mit Vinzenz in persönlichem Kontakt. Wie in anderen glücklichen Augenblicken der Geschichte steht eine ganze Reihe „heiliger Gründerinnen" mit ihm und auch mit Franz von Sales in Verbindung. Bei dem Projekt, aus dem dann die „Dames de la Charité" hervorgehen, unterstützen ihn beispielsweise Madame Pollaion, die spätere Begründerin der „Töchter der Göttlichen Vorsehung", Madame de Villeneuve, die Gründerin der „Filles de la Croix" (Kreuzschwestern), einer Institution, die 1624 geschaffen wird, um die Mädchen aus dem Volk im Lesen, Schreiben und Nähen zu unterrichten, Madame Miramion, die Gründerin der „Töchter der Heiligen Familie" und Louise de Marillac, die Mitbegründerin der „Filles de la Charité" (Vinzentinerinnen oder Barmherzige Schwestern).

Louise de Marillac wurde am 12. August 1591 in Paris als Tochter von Louis de Marillac, der als hoher Beamter bei Hof gedient hatte, geboren. Nach dem Tod ihrer Mutter war sie den Dominikanerinnen in Poissy anvertraut worden, in deren Kloster sie Kost und Quartier erhielt. Ihr Jugendtraum, sich zur Gänze Gott zu weihen und in den Orden der Kapuzinerinnen einzutreten, hatte sich aus familiären Gründen nicht verwirklichen lassen. Gesundheitliche Gründe und dann der Tod des Vaters hatten sie von ihrer ursprünglichen Berufung abgebracht. So wurde sie am 5. Februar 1613 die Gattin von Antoine Le Gras, dem Staatssekretär von Maria de' Medici. Auch in den Jahren ihrer Ehe – die Verbindung war mit einem Sohn gesegnet worden – hatte sie sich weiter im Dienst an den Armen und Kranken aufgeopfert, und andere Frauen folgten ihrem Beispiel. Selbst als Ehefrau behielt sie ihre gewohnten asketischen Praktiken bei, wie Nachtwachen, Gebete und lange Meditationsübungen, wozu sie durch die religiöse Literatur ihrer Zeit angeregt wurde, zum Beispiel durch die Schriften eines Franz von Sales. Ihm war sie zwischen 1618 und 1619 in Paris begegnet, und als sie erkrankte, hatte er sie besucht und ihr Trost gespendet. Auch für sie galt die Regel, daß erst der Tod des Gatten ihr die Freiheit gab, sich ganz in den Dienst ihrer Mitmenschen zu stellen. Ganz so war es jedoch nicht, und zwar wegen der Sorgen, die ihr einziger Sohn ihr bereitete. Wie Jeanne de Chantal wird auch sie in der Hagiographie als ein von Zweifeln geplagter Mensch beschrieben. Besonders betrübte sie, daß sie den Plan ihrer Jugend, Kapuzinerin zu werden, aufgegeben hatte. Sie befürchtete, diesem Treuebruch könnte die Strafe des Herrn folgen, und als solche betrachtete sie schließlich die angegriffene Gesundheit ihres Gatten. Eines Tages, während sie betete, hatte sie das Gefühl, sie sei zum Dienst an den Armen berufen worden. In ihrer Verzükkung erschien ihr undeutlich eine Gestalt, um sie dabei zu führen.

Ihre Begegnung mit Vinzenz von Paul fand vermutlich in der Nähe des Klosters der Heimsuchung Mariä statt. Auf jeden Fall handelte es sich um eine entscheidende Begegnung. Die bestimmte und ausgeglichene Art, mit der er sie führte, entsprach ihren inneren Bedürfnissen und gab ihr seelischen Halt, vor allem nach dem Tod ihres Gatten am 21. Dezember 1625. Louise, die beschlossen hatte, nicht mehr zu heiraten, wartete von 1626 bis 1628 geduldig darauf, daß Vinzenz ihr den Weg zu ihrer endgültigen Bestimmung wies. Wie die anderen adeligen Frauen, die wir bereits aufgezählt haben, war sie von seiner Idee der aktiven Nächstenliebe fasziniert. Vinzenz von Paul, der sah, daß sie bereit war, den Armen zu dienen, bat sie, die von ihm gegründeten Vereinigungen der Nächstenliebe zu besuchen. Marillac willigte ein und begann durch das Land zu reisen, wobei sie ihren Aktionsradius immer weiter ausdehnte. Ihre Kutsche war stets angefüllt mit Kleidung und Medikamenten; in ihrer Begleitung befanden sich Bedienstete und Freundinnen, die ihren wohltätigen Eifer mit ihr teilten. Sie reisten tagelang, um die Schwestern der Vereinigungen zu treffen, Kranke zu besuchen, Kinder und Bauern zu unterrichten. Sie selbst hatte zu diesem Zweck einen kleinen, volkstümlichen Katechismus verfaßt. Vinzenz von Paul, der sich wegen ihres wachsenden religiösen Eifers und ihrer schwachen Gesundheit Sorgen machte, verfolgte ihre Entwicklung mit Zuneigung und ängstlicher Sorge. Diese Lehrzeit bereitete sie auf die ihr bestimmte Aufgabe vor.

Im Jahr 1630 gründet Louise in ihrem eigenen Haus eine „Charité". Vinzenz ermutigt sie und macht sie darauf aufmerksam, sie selbst solle die Gemeinschaftskasse verwalten und sich nicht auf andere verlassen. Er schreibt ihr, es sei von größter Wichtigkeit, daß die Frauen in dieser Angelegenheit völlig unabhängig von den Männern seien. Ebenso fordert er sie auf, die adeligen Damen nicht von niedrigeren Arbeiten zu befreien. Ihr Vorbild wirkt ansteckend, und in Paris vermehren sich die Einrichtungen der „Charité": Allein im Jahre 1630 entstehen etwa zehn von ihnen.

Eine kuriose Begebenheit aus diesen Jahren ist das peinliche Mißgeschick von Beuvais. Vinzenz war vom lokalen Bischof gebeten worden, etwas gegen die Welle der Armut und das Bettlerunwesen zu unternehmen. Daraufhin gründete er in jeder der achtzehn Pfarren eine Vereinigung, was natürlich zu einer Ansammlung von Menschen führte. Daß man sich in einer Zeit totalen Desinteresses für den Nächsten versammelte, um anderen Menschen zu helfen, erschien der örtlichen Behörde verdächtig, umso mehr, als eine polizeiliche Verfügung Versammlungen jeder Art verbot; in unserem Fall aber waren es noch dazu Frauen, die sich ohne Genehmigung zusammentaten, was noch viel verdächtiger und aufrührerischer erschien. Die Angelegenheit wurde dem königlichen Prokurator zur Anzeige gebracht. Und es ist Louise, der Vinzenz die Aufgabe überträgt, das Problem zu lösen. Es herrscht ein sehr strenger Winter, und obwohl sie Probleme mit ihren Lungen hat, bringt sie die Sache zu einem guten Ende und wird von der Bevölkerung begeistert gefeiert.

Marillacs ständige Verfügbarkeit, ihre Reisetätigkeit zur Unterstützung, Ermunterung und Gründung der Vereinigungen stellt ein Modell von ungewöhnlicher Mobilität dar. Doch den eigentlichen Anstoß, eine neue und noch unbekannte religiöse Gemeinschaft ins Leben zu rufen, erhält Vinzenz von Paul dadurch, daß sich einfache Frauen den Damen anschließen, von Geburt Mägde, die beschließen, sich zu Dienerinnen der Armen zu machen. Sie sind zuverlässiger als ihre reichen Herrinnen und zeigen daher auch größere Einsatzbereitschaft. Als Treffpunkt dieser jungen Mädchen dient Vinzenz das Haus Marillacs, das am 29. November 1633 zu einer Art Noviziat wird. Genau darauf hat Louise im Grunde genommen gewartet. Nachdem ihre familiären Probleme gelöst sind, übernimmt sie diese Aufgabe, ohne Vinzenz deshalb sklavisch ergeben zu sein. Sie hat in der Führung, Ausrichtung und bei allen Entscheidungen völlig freie Hand. Im Jahr 1634 verfaßt sie einen kleinen Leitfaden, in dem sie alles zusammenfaßt, was sie von ihrem Lehrer und Inspirator gelernt hat.

Die Neuerung, die er anstrebt, ist ein Modell weltlichen und aktiven Lebens. Um dem materiellen und moralischen Elend seiner Zeit entgegenzutreten, kann Vinzenz von Paul die Frauen, die sich ihm anschließen, nicht in ein Kloster sperren, und noch weniger kann er sie zur Klausur verpflichten; er braucht im Gegenteil ganz gewöhnliche Frauen, die durch nichts behindert werden und stets verfügbar sind, die keine bestimmte Tracht tragen, an keinen Ort gebunden und durch keine Gitter abgeschirmt sind. Für die Barmherzigen Schwestern soll es weder Tracht noch Schleier und auch keine Klöster geben. Vinzenz von Paul schließt damit die Gründung eines neuen Ordens eindeutig aus. Und als er schließlich ein Mindestmaß an Institutionalisierung zugestehen muß, wählt er für seine Schwestern die einfachen Gelübde. Ihre Tracht soll das Gewand der Armen sein, auf ihrem Kopf sollen sie die Flügelhaube der Landfrauen tragen.

Zunächst sind es nur die privaten Versprechen, die ihre religiöse Verbundenheit ausdrücken, später die jährlichen Gelübde. Doch diese Gewohnheit ist zeitlich bereits weit von den Absichten des heiligen Gründers entfernt. Die Barmherzigen Schwestern entstehen, wie bereits gesagt, im Jahr 1633, während die jährlichen Gelübde erst 1718 eingeführt werden. Die Formulierung, die Vinzenz seinen Schwestern vorgeschlagen hatte, lautete:

> Ich gelobe und verspreche, mein Leben lang Armut, Keuschheit und Gehorsam zu bewahren und unseren Herren, den Armen, zu dienen.

In einem Frankreich, das sich dem Höhepunkt seines Einflusses auf Europa nähert, zu einer Zeit, als Hungersnöte, Epidemien und Elend geballt auftreten und der Glaube vor allem in den ländlichen Gebieten darniederliegt, stellen die Barmherzigen Schwestern eine Herausforderung, ein Gegengewicht dar und legen ein Zeugnis ab, mit dem sie den Normen einer Gesellschaft entgegentreten, deren Vertreter von ihnen völlig verschieden sind: Abgeschlossen, engstirnig, egoistisch, sind sie unfähig, sich für andere, vor allem für die Schwächsten, einzusetzen. Im kirchlichen Bereich rufen Vinzenz und Louise außerdem etwas ins Leben, das völlig unannehmbar erscheint: eine Frauenkongregation in weltlichem Gewand.

> Ihre Klöster sollen die Krankenhäuser sein; ihre Zellen gemietete Zimmer; ihre Kapellen die Pfarrkirchen; ihre Kreuzgänge die Straßen der Stadt; ihre Klausur der Gehorsam; ihr Gitter die Gottesfurcht und ihr Schleier die heilige Barmherzigkeit.

So beschreibt sie Vinzenz selbst. Bei einer anderen Gelegenheit erinnert er die Schwestern daran, daß sie dieselbe Aufgabe zu erfüllen hätten wie einst die Diakoninnen in den Zeiten der Alten Kirche. Von ihrem Mutterhaus in Paris schwärmen die Schwestern – die sich zunächst um die Caritas in den Pfarren kümmern – in ganz Frankreich aus. Von 1638 an finden wir sie überall, und 1652 sind sie bereits bis nach Polen gelangt. Es sind keine großen Gemeinschaften; höchstens zwei oder drei Schwestern leben gemeinsam in gemieteten Wohnungen oder auch bei der „Dame de la Charité", die sie gerufen hat. Ihre Hauptaufgabe ist die Betreuung der Obdachlosen. Wo sie auch hinkommen, arbeiten sie als Dienerinnen, Krankenschwestern oder Katechetinnen; manche werden auch von Krankenhäusern angefordert. Doch ihre Tätigkeit dort sieht Vinzenz gar nicht gern, weil er angesichts des großen Bedarfs befürchtet, sie könnten ihre ursprüngliche Aufgabe, den Dienst an den Obdachlosen, vernachlässigen. Es gibt keine Form von Leid, Krankheit, Verwahrlosung, Armut oder sozialer Benachteiligung, um die sich die Schwestern nicht kümmern.

Vinzenz stirbt im Jahr 1660. Nach dem Westfälischen Frieden (1648) bis zur Volljährigkeit König Ludwigs XIV. war er der Beichtvater von Maria de' Medici. Sein unermüdliches Wirken – seiner Prophetengabe verdanken wir Werte und Einrichtungen, die sich weitgehend bis heute erhalten haben – macht ihn zu einer wirklichen Ausnahmeerscheinung am Ende des 16. Jahrhunderts und noch während des größten Teils des 17. Jahrhunderts. Louise de Marillac, die acht Jahre nach ihm stirbt, verkörpert ebenso autonom dasselbe Charisma wie er.

Eine geniale Tochter: Elena Lucrezia Cornaro Piscopia (1646 – 1684)

Eine schlichte Gedenktafel am Eingang der Kapelle, in der sich ihre Grabstätte befindet, in der Abteikirche S. Giustina in Padua, erinnert an Elena Lucrezia Cornaro Piscopia, die als erste Frau der Welt die Doktorwürde erlangt hat. Man könnte dagegen natürlich einwenden, sie sei nicht die erste Frau in der Geschichte gewesen, die in die elitären Kreise der Akademiker aufgenommen wurde. Andere Frauen vor ihr sind als Philosophinnen, als Ärztinnen in die Geschichte eingegangen, als Frauen, die nicht nur Nutznießerinnen der Wissenschaft ihrer Zeit waren, sondern selbst unterrichtet, geschrieben und in Institutionen gewirkt haben, die mit unseren heutigen Universitäten vergleichbar sind. Man denke etwa an Hypatia, die Philosophin und Mathematikerin im 5. Jahrhundert, oder an Trotula, eine Ärztin der Schule von Salerno im 6. Jahrhundert und Autorin einer Abhandlung über Gynäkologie.

Elena Cornaro ist weder eine legendäre Gestalt noch ein Mythos. Sie ist eine ganz reale Frau aus dem Venedig des 17. Jahrhunderts. Wenn wir wollten, könnten wir sie sicher als Mythos bezeichnen, doch nur in symbolischem Sinn, denn geschichtlich ist sie greifbar und konkret, wie die Manuskripte über sie beweisen, die im Archiv des Vatikans aufbewahrt werden. Bereits im Jahr 1688 wird von B. Baccini in Parma das Werk *Helenae Lucretiae Corneliae Piscopiae opera quae quidem haberi potuerunt* in Druck gegeben. Genau drei Jahrhunderte nach ihrer Promotion erscheint ihre Monographie von F. C. Maschietto.

Am 5. Juni 1646 in Venedig geboren, ist Elena die erste Frau der Welt, die einen Doktortitel erlangt. Wohlgemerkt in Philosophie und nicht in Theologie, wie es ihr Wunsch (und noch mehr der Wunsch ihres Vaters) war. Zu diesem Zeitpunkt ist sie zweiunddreißig Jahre alt. Sie stirbt sechs Jahre später, verhältnismäßig jung selbst für ihre Zeit, in der das Durchschnittsalter gewiß nicht hoch ist. Doch wie sieht ihr kulturelles Umfeld aus, welche Ansichten herrschen über die Frau, ihre Fähigkeiten, ihr eventuelles Recht auf Gleichberechtigung auch auf dem Gebiet der Bildung?

Ich habe bereits wiederholt darauf hingewiesen, daß der Humanismus und später die Renaissance vor allem in den mittleren und höheren Gesellschaftsschichten den Frauen bis zu einem gewissen Grad Zugang zur Bildung ermöglichten. Erasmus hat sogar theoretische Überlegungen über die Gleichberechtigung von Frau und Mann auf diesem Gebiet angestellt. Und wie wir gesehen haben, förderte Thomas Morus gleichfalls Frau und Kinder und zögerte nicht, der Tochter, die seinen Erwartungen besonders entsprach, die intimsten Geheimnisse seiner Seele anzuvertrauen. Zu jener Zeit entsteht eine ganze Reihe von Abhandlungen über die Erziehung der Frau. Auch königliche Erziehungspläne nach dem Vorbild der *paideia* fehlen nicht, wie zum Beispiel der, den J. L. Vives für Maria erstellt, die Tochter der unglücklichen Katharina, die zu dieser Zeit noch die Gemahlin König Heinrichs VIII. ist.

Einem jungen Mädchen, das einen der mächtigsten Aristokraten Venedigs zum Vater hat, genauer gesagt, einer Dogenfamilie entstammt, werden aus Adelsstolz oder auch aus Überzeugung natürlich die besten Lehrer zur Verfügung gestellt. Die Zuneigung des Vaters oder Vormunds denkt oft nicht an die Zartheit des Geschlechts – erinnern wir uns nur an die Nachgiebigkeit, die Fulbert gegenüber der jungen Héloise zeigte. Elena gehört einem auserlesenen und gebildeten Kreis an, und unter denen, die im kosmopolitischen und multikonfessionellen Venedig ihre Begabung zu würdigen wissen, gehören Alvise Gradenigo von Kreta, der Rabbiner Samuel Aboaf aus Hamburg sowie die Jesuiten und Dominikaner und die gelehrten Professoren der nahen Universität

Padua. Elena hatte also außergewöhnliche Lehrer, deren Ansprüchen sie auf ebenso außergewöhnliche Weise gerecht wurde, indem sie Griechisch und Hebräisch, die Naturwissenschaften, Musik, Philosophie und Theologie studierte.

Sie war sehr fromm und zu einem Leben in Keuschheit, jedoch außerhalb des Klosters, entschlossen – als „Oblatin" der Benediktinerinnen wurde sie in S. Giustina begraben –, und sie hätte von sich aus das ehrgeizige Ziel eines Doktorats vermutlich nicht angestrebt, wenn nicht der Minoritenpater Felice Rotondi, ein Professor der Universität Padua, sie dazu ermutigt hätte. Ihr Ansuchen weckte Erstaunen und Verblüffung. Es gab keine Präzedenzfälle. Noch nie hatte eine Frau das Doktorat in Theologie angestrebt oder daran gedacht, auch nur irgendein Doktorat erreichen zu können. Es beginnt nun – wie konnte man bei einer so bekannten Familie von vornherein nein sagen? – ein aufwendiges Bemühen um Stellungnahmen: Autoritäten der Stadt, Kollegen, Theologen in Paris und Löwen, der Kanzler der Universität von Padua, selbst der Bischof von Padua, Kardinal Gregorio Barbarigo, der sich zu diesem Zeitpunkt in Rom aufhält, werden konsultiert.

An die Theologen in Paris und Löwen wurden offiziell zwei Fragen gestellt: Ob eine Frau die akademischen Grade und die damit verbundenen Würden erreichen könne und ob jeder Doktorant der Theologie die niederen Weihen oder die Tonsur erhalten und unter die „Geistlichen" aufgenommen werden müsse. Die Antwort ist ein übereinstimmendes Ja in der ersten Frage und ein ebensolches Nein, was den zweiten Punkt betrifft. Grundsätzlich ausgeschlossen wird die Eignung der Frau für den geistlichen Stand, nicht aber die Möglichkeit, die Theologie als Beruf auszuüben oder akademische Grade zu erreichen. Diese wohldurchdachte und maßgebende Antwort ist dem Empfinden der Zeit vielleicht etwas voraus. Da sich die Öffentlichkeit bisher noch nie mit einer solchen Hypothese befaßt hat, fällt es schwer, die Möglichkeit einer so ungewöhnlichen Situation zu akzeptieren. Es beginnt daher eine leidenschaftliche Diskussion, an der sich die Hochschule von Padua und die Öffentlichkeit in Padua und Venedig beteiligen. Klerus, Ordensangehörige, Adel und Obrigkeit dikutieren über nichts anderes. Man geht – leider mit zu großem Optimismus – daran, die Bedingungen zur Erlangung des Doktorats in Theologie den weiblichen Erfordernissen anzupassen. Es werden die durch die ungewöhnliche Situation erforderlichen Änderungen geprüft. Elena sollte nicht den Titel „Lehrer und Doktor", sondern nur den Titel „promovierter Lehrer" erhalten; sie sollte in den Genuß von Ehren, Indulten und Vergünstigungen gelangen, „soweit es aufgrund ihres Geschlechtes möglich ist", nicht aber Exemtion, Immunität und Sonderrechte genießen; man würde ihr nicht das Barett mit dem Kreuz überreichen, sondern einen Ring als Ausdruck ihrer Glaubenstreue, der sie jedoch nicht berechtigt, das Lehramt auszuüben. Kurz gesagt, die Verfasser vergessen bei ihrem sorgenvollen Werk eines nicht, können es nicht vergessen, daß die Frau ein untergeordnetes Wesen ist: Das Doktorat kann an dieser Tatsache nichts ändern. Wenn auch die Gewohnheit oder das Recht die Frau nicht davon ausschließen kann, akademische Titel zu erlangen, sich ihrer zu bedienen und sie zu besitzen, so bleibt doch die feste Überzeugung aufrecht, daß sie aufgrund ihres Geschlechts nicht die notwendigen Fähigkeiten hat und ihre sogenannte *imbecillitas sexus* bestehen bleibt. Analog zum Mann wird auch der Frau das Buch der Bücher, die Bibel, überreicht; damit sind beide dazu bestimmt, die gleiche Tätigkeit auszuüben. Doch während das Wirken des Mannes der „Förderung" des katholischen Glaubens dient, stellt die Tätigkeit der Frau bloß eine „Zierde" des Katholizismus dar. Wie C. Valenziano treffend bemerkt, wird eine Frau durch das Doktorat nur ästhetisch, der Mann aber beruflich qualifiziert: Beide wahren die Ehre der Universität, sie „auf dem Weg" zum himmlischen Lorbeerkranz, er „auf der Brust" als Vorbild für die anderen und „auf dem Haupt" zu seiner Selbstbestätigung. Die eigens für Elena abgefaßte Formel lautet:

> Mit der mir vom allmächtigen Gott übertragenen Autorität ... ernenne und erkläre ich dich zum promovierten Lehrer der heiligen Theologie mit allen Ehren, Indulten und Vergünstigungen, die dir entsprechend den anderen Doktoren der heiligen Theologie aufgrund des Geschlechtes verliehen werden können. Empfange den Kranz als die heilige Krone zum Zeichen der Würde eines Lehrers der Göttlichen Weisheit, die du auf deinem Weg bewahren sollst, bis du die Stimmen der Engel hörst, die rufen: „Komm, du Braut Christi, empfange die Krone, die der Herr dir für die Ewigkeit bestimmt hat." Mit diesem Ring der Treue vermähle ich dich der Weisheit Christi, auf daß du eine treue Braut und Jungfrau des wahren Glaubens in der Kirche Gottes seist, zur Zierde des katholischen Glaubens. Ich überreiche dir das geschlossene und offene Buch [die Bibel], damit du über die göttlichen Mysterien nachdenken und sie beschreiben kannst, die du jedoch nicht öffentlich verkünden oder lehren darfst, denn schon der Apostel hat gesagt, daß es den Frauen nicht gestattet sei, in der Kirche zu lehren. Und es ist der himmlische Bräutigam, der zu seiner mystischen Braut spricht: „Deine Linke ruht unter meinem Haupt, und deine Rechte umarmt mich." Möge er dich fest in seine Arme schließen.

Das Hauptproblem ergibt sich durch die Worte des Apostels Paulus im ersten Timotheusbrief 2,12. Man versucht auch gar nicht, ihnen zu widersprechen, wenn man das Bild von der Vermählung der Promoventin mit der Weisheit Christi gebraucht, weil auch dieser Akt die kulturelle Vormachtstellung des Mannes dokumentiert. Wenn man schon eine Metapher benötigte, so war diese sicher die geeignetste, um der Frau auch weiterhin demütige Unterwerfung nahezulegen.

Als Kardinal Barbarigo mit dem befürwortenden Ansuchen und der beigelegten neuen Formel konfrontiert wurde, antwortete er ohne Umschweife:

> ... Es ist eine Torheit, was hier gefordert wird, und ein schwerer Fehler, eine Frau zu promovieren ... Es wäre leicht, auf alles eine Entgegnung zu finden, doch es lohnt sich nicht ... Man muß dieses Vorhaben aufgeben, wenn wir uns nicht vor aller Welt

lächerlich machen wollen. Ich glaube nicht, daß es gut ist, Schleichwege für die Verleihung der Doktorwürde zu suchen, weil wir dadurch eher eine Komödie als eine Promotion veranstalten werden.

Die Worte des Bischofs, der übrigens ein Freund des Hauses Cornaro war, bedeuteten kein persönliches Vorurteil gegenüber Elena, die er eines jeden Doktorats für würdig hielt, „wenn nicht das Geschlecht dagegen spräche, das die Besetzung eines Lehrstuhls ausschließt". Man darf nicht glauben, daß er sich das Ganze nicht gründlich überlegt und sich nicht mit anderen beraten hat. Doch es gab keinen Ausweg. Warum sollte man eine Frau promovieren, wenn man ihr dann die Ausübung ihres Berufs verbieten mußte, weil sie eine Frau war? So entschloß man sich zu einem Kompromiß: Zustimmung zum Doktorat in Philosophie, nicht aber in Theologie.

Nachdem Rotondi von der Bühne abgetreten war, lag es an Rinaldini, der in Padua Philosophie lehrte, sich Gedanken über den Ablauf der Promotion zu machen. Da er das hohe Niveau der Studentin kannte, riet er ihr, nicht länger mit dem Ansuchen um das Doktorat zu warten. Es wurde gemäß den Bestimmungen der freien Universität Padua angenommen und beschlossen, das Ereignis in einem würdigen Rahmen zu feiern, der dem Wissen und der Tugend der jungen Adeligen entsprach und den die Ehre der Republik verlangte. Der 15. Juli wurde als Prüfungstag festgesetzt, und zwei Tage davor wurden die „puncta" ausgelost, über die sie geprüft werden sollte. Beide gezogenen Fragen betrafen Aristoteles, die erste stammte aus seiner *Metaphysik*, die zweite aus der *Physik*. Der Andrang der Bevölkerung anläßlich der öffentlichen Verteidigung der Thesen war so gewaltig, daß die Prüfungskommission und die Versammelten in die Kathedrale ausweichen mußten, da es keine Säle gab, die eine solche Menschenmenge fassen konnten. Cornaro löste ihre Aufgabe so ausgezeichnet, daß die Kommission daran dachte, sie durch Akklamation statt auf dem üblichen Weg der geheimen Abstimmung zu promovieren.

Am 25. Juni 1678, als sie nach der Schlußrede Rinaldinis die Insignien der Doktorwürde empfing, gewannen somit die Frauen eine Schlacht. Doch der Kampf sollte weiter schwierig und hart bleiben. Im folgenden Jahrhundert erhielten nur vier Frauen die Doktorwürde – die zweite 1732 in Bologna. Die erste Promotion einer Theologin fand erst drei Jahrhunderte später, im Jahr 1963, in Salzburg statt.

Eine treue Ehefrau: Elisabetta Canori Mora (1774 – 1825)

Für Elisabetta Canori Mora gilt eindeutig ein anderer religiöser und kultureller Kontext. Sie entspricht dem Klischee der unglücklich verheirateten Frau, die gerade durch ihr Unglück zur Heiligen wird. In den Biographien, die anläßlich ihrer vor kurzem erfolgten Seligsprechung erschienen sind, wird ihr Bild fast schon zu sehr durch das Muster der Hagiographie verklärt. Man muß jedoch ihre mystische Erfahrung und auch ihr Leben in Rom, wo die weltliche Macht des Papsttums im Schwinden begriffen war, mit anderen Mitteln untersuchen.

Elisabetta wird am 21. November 1774 als Tochter von Teresa Primoli und Tommaso Canori in Rom geboren und ist das siebente Kind eines wohlhabenden und kinderreichen Paares, das mit wichtigen Persönlichkeiten Umgang pflegt, Feste und Bälle besucht und dennoch ein tiefreligiöses Leben führt. Aufgrund finanzieller Probleme werden Elisabetta und ihre Schwester Benedetta den Augustinerinnen in Cascia anvertraut, bei denen sie etwa drei Jahre bleiben und alles lernen, was für ihr zukünftiges Leben als Ehefrauen nützlich erscheint. Die Zeit bei den Nonnen weckt in beiden den Wunsch nach einem geistlichen Leben. Doch welche Absichten sie auch haben mögen, die beiden Mädchen müssen schließlich nach Rom zurückkehren. Die junge Elisabetta widmet sich hier, im Zentrum eines völlig anderen Lebens, ganz den weltlichen Vergnügungen. In der Zwischenzeit hat sich die wirtschaftliche Lage der Familie weiter verschlechtert, und ein befreundeter Prälat schlägt den Eltern vor, beide Mädchen sollten Nonnen werden. Auch hier können wir wieder sehr gut sehen, wie der übliche Weg aussieht, Töchtern in schwierigen Situationen eine „Position" zu sichern. Benedetta ist einverstanden, Elisabetta weigert sich. Sie glaubt, daß eine vorteilhafte Ehe die wirtschaftliche Situation der Familie verbessern würde. Und so heiratet sie am 10. Januar 1796 Cristoforo Mora, einen jungen und vielversprechenden Advokaten.

Diese Ehe, die aufgrund des Standes der beiden jungen Leute, aufgrund ihrer Erziehung und ihrer gesicherten wirtschaftlichen Lage die besten Voraussetzungen bietet, wird nach wenigen Jahren zur Hölle. Cristoforo mangelt es an Reife, er ist besitzergreifend und eifersüchtig und macht das Leben für Elisabetta, die das tragische Ende ihrer ersten beiden Schwangerschaften erleben muß, unerträglich. Wahrscheinlich bemerkt sie die Veränderung ihres Gatten, noch ehe sie den Grund dafür kennt: Er hat sich leidenschaftlich in eine andere Frau aus bescheidenen Verhältnissen verliebt; für sie ruiniert er sich und seine Familie. Auch eine offene Aussprache bringt nicht die erhoffte Wende. Der Gatte leugnet und beschuldigt sogar seine Frau der Untreue. Die Tochter Marianna wird geboren, doch nichts ändert sich. Jeder Vorwand, seine Geliebte zu treffen, ist ihm recht, und die Beziehung wird nun auch öffentlich bekannt. Cristoforo benötigt immer mehr Geld, doch das ist erst der Beginn. Die Situation gerät immer mehr außer Kontrolle, und Elisabetta gibt sich selbst alle Schuld, da sie glaubt, unfähig zu sein, ihren Gatten an sich zu binden. Die junge Frau schweigt und überhört seine ungerechten Anschuldigungen. Würde und heldenhafte Treue kann man ihr sicher nicht absprechen; doch die Wahrheit ist, daß sie keine andere Wahl hat. Sie kann nicht nach Hause zurückkehren; ihren Mann kann sie nicht fortjagen; sie ist völlig von ihm abhängig. Trotz allem bringt sie ihm unverkennbar weiterhin Zuneigung, vielleicht sogar Liebe entgegen und beweist es auch, als sie ihm während einer langen Krankheit beisteht, als wäre er der beste Ehemann. Cristoforo scheint zur Besinnung zu kommen.

Zu diesem Zeitpunkt beschließen die Schwiegereltern, die kleine Familie bei sich aufzunehmen, um sie zu unterstützen oder vielleicht auch besser beaufsichtigen zu können. Elisabetta ist von dieser Lösung nicht begeistert, obwohl sie scheinbar bereitwillig zustimmt. Sie fühlt sich der Neugierde und dem Willen der anderen ausgeliefert. Eine zweite Tochter wird geboren. Alles scheint sich zum Besten zu wenden. Cristoforo hat seine Geliebte zwar nicht verlassen, doch es gelingt ihm inzwischen, seine Beziehung besser zu verbergen. Elisabetta ist völlig erschöpft und erkrankt lebensgefährlich. Doch entgegen aller Erwartung wird sie wieder gesund. Wie es zuweilen nach einer schweren Krankheit geschieht, scheint es ihr, als führe sie ein Leben, das nicht ihr eigenes ist, sondern ihr von Gott geschenkt wurde. Und sie beschließt, dieses neue, unvermutete Leben ganz Ihm zu widmen, der es ihr so großzügig zum Geschenk gemacht hat.

In diesem Augenblick beginnt sie gewissermaßen ein Leben auf zwei Gleisen zu führen. Auf der einen Seite geht für sie das tägliche Leben weiter, in dem die junge Frau in einem geregelten Tagesablauf ihre gewohnten Pflichten erfüllt; auf der anderen Seite macht sie eine immer stärkere und intensivere Glaubenserfahrung. Im übrigen sind die beiden Bereiche nicht voneinander getrennt. Es ist ein und dieselbe, keineswegs schizophrene Frau, die gleichzeitig ihren Weg zu Gott geht und ihren nicht immer leichten täglichen Pflichten nachkommt. Obwohl man ihre Andachtsübungen klösterlich nennen kann, bleibt Elisabetta Canori Mora vor allem und ganz bewußt ein „Laie".

Für ihre Ehe gibt es keine Hoffnung. Sie glaubt – und damit hat sie recht –, daß es ihr unmöglich sein wird, jemals wieder ein Leben inniger Verbundenheit mit ihrem Gatten zu führen. Dennoch macht sie auf den Rat eines Beichtvaters hin einen letzten Versuch. Die Zurückweisung Cristoforos verletzt sie tief. Dennoch lehnt sie das Ansinnen ab, seiner außerehelichen Beziehung stillschweigend zuzustimmen.

Dazu muß gesagt werden, daß die eheliche Treue im päpstlichen Rom nicht nur eine private Angelegenheit ist. Ehebruch wird hier mit Gefängnis bestraft. Bei Cristoforo handelt es sich zudem um einen erwiesenen Ehebruch. Nicht alle Familienmitglieder sind sich über die weitere Vorgangsweise einig, ihre Meinungen sind geteilt. Elisabetta stimmt schließlich der Einschaltung des Kirchengerichts zu. Cristoforo wird im Kloster der Passionisten interniert, und es wird ihm der Prozeß gemacht. Die Predigten und die aufgezwungenen Exerzitien sollten ihn auch zum Glauben zurückführen, doch der Zorn darüber, daß er vor der Gesellschaft Roms bloßgestellt worden ist, überwiegt alles andere. Er schreibt seiner Gattin einen wütenden Brief. Sein Ton ist so drohend, daß die Eltern, nachdem sie ihn gelesen haben, beschließen, auf eine rasche Beendigung des Verfahrens zu drängen. Cristoforo wird freigelassen, doch ihm und seiner Geliebten droht das Gefängnis, falls bekannt wird, daß sie ihre Beziehung fortsetzen.

Die nächste Zeit wird besonders hart und dramatisch. Elisabetta riskiert dabei sogar ihr Leben. Doch eine himmlische Quelle gibt ihr die Kraft, ihr seelisches Gleichgewicht zu bewahren. In einer Beziehung jedoch bleibt sie unnachgiebig: Einer Auflösung der Ehe stimmt sie nicht zu. Nicht, weil sie es für möglich hält, die Liebe ihres Gatten zurückzugewinnen, bleibt sie bei ihm, sondern weil sie alles tun möchte, um sein Seelenheil zu retten. Daß sie ihm treu ist und nicht nur der Form halber mit ihm vereint bleibt, wird für ihn zu einem Appell, sich auf jene Werte zu besinnen, die er verraten hat und die sie nicht zu ihrem persönlichen Vorteil einfordert, sondern wegen der Zuneigung, die sie für ihren ungetreuen Gatten und ihre Töchter empfindet. Daher verlangt sie, daß Cristoforo seine Pflichten der Familie gegenüber erfüllt. Sie führt diesen Kampf ganz bewußt, damit er sich gebunden und verpflichtet fühlt, gebührend für sie zu sorgen. So gelingt es ihr, den Ungetreuen an sich zu binden, indem sie ihm eine Treue beweist, die größer ist als seine Ablehnung und die Verletzung seiner Pflichten gegenüber der Familie und der Ehe.

Natürlich sind wir nicht der Meinung, daß dieser Weg unbedingt der beste sein muß. Wir könnten diese grenzenlose Liebe fast schon als Erpressung bezeichnen. Doch wie bereits gesagt, gibt es für Elisabetta zu ihrer Zeit keinen anderen Ausweg; wir dürfen annehmen, daß ihr Entschluß nicht so sehr darauf abzielt, ihn mit ihrer Liebe zu erpressen, sondern daß sie aufrichtige Zuneigung für ihren Gatten empfindet und ihm seine Rolle als verantwortungsvoller Vater um jeden Preis in allen ihren Facetten vor Augen führen will.

Wie wir gesehen haben, steht das Leben Elisabettas auch im Zeichen ihrer besonderen Begegnung mit Gott. Sie erlebt die „mystische Hochzeit" nicht als Ersatz für die in ihrer Ehe versäumte Liebe, sondern weil sie sich voll und ganz Gott zuwendet. Vermittler dieser Hochzeit ist nicht wie bei Teresa von Avila ein kleiner Engel, sondern die Taube, die eine prächtig gekleidete Dame in ihren Händen hält. Von den Flügeln der Taube, die von den Nägeln der Kreuzigung durchbohrt sind, lösen sich feurige Pfeile, die ihr Herz durchbohren.

Ihre wachsende mystische Erfahrung, ihre Visionen und Verzückungen bewahren Elisabetta aber nicht vor den Gläubigern. Tatsächlich beginnt damit ein neues, bitteres Kapitel ihres Lebens. Um den Gatten vor dem Gefängnis zu bewahren, geht sie selbst zu ihnen, um sie zu bitten, nichts gegen ihn zu unternehmen. Von seiner Mutter gedeckt und vermutlich von seiner Geliebten verführt, setzt Cristoforo sein angenehmes Leben fort. Inzwischen hat ihre Schwägerin Maria die Führung des Haushalts übernommen, und Elisabettas Leid und Elend verschlimmert sich, da sie von ihrer Schwägerin nur als eine Belastung angesehen wird. Sie läßt sie die niedrigsten und schwersten Arbeiten verrichten und schreckt auch nicht davor zurück, ihre Nichten zu demütigen.

Elisabetta findet in ihrem Inneren Trost, in ihrer Zwiesprache mit dem himmlischen Bräutigam. Doch auch das stiftet Verwirrung. Es ist offenkundig, daß sie in einer anderen Welt lebt. Es entspricht nicht ihrer gesellschaftlichen Stellung, sich so nachlässig zu kleiden, so abgeschieden zu leben, sich so wenig um die herrschenden Wertvorstellungen zu kümmern. Immer wieder gibt man ihr zu verstehen, wie „unangebracht" das alles sei. Ein Beichtvater verbietet ihr sogar, in Trance zu fallen. Doch es liegt nicht in ihrer Macht, ihrer Liebe zu Gott Einhalt zu gebieten.

Als die Situation im Haus der Schwiegereltern immer unerträglicher wird, bittet Elisabetta die Schwägerin, ihr bei der Suche nach einer Arbeit zu helfen. Sie wird Hemdennäherin und wendet so ihre Nähkenntnisse nutzbringend an. In ihrem unversöhnlichen Groll beschließt die Schwägerin ohne Wissen der Schwiegereltern, die Familie ihres Bruders vor die Tür zu setzen. Damit erhält Elisabetta eine gewisse Unabhängigkeit zurück. Sie kann sich nun frei ihrer Arbeit, dem Gebet und der Wohltätigkeit für Menschen widmen, die noch ärmer sind als sie. Nach dem Tod ihres Schwiegervaters, der als einziger zu ihr gehalten hat, kümmert sich ein adeliger und reicher Gönner um sie, Giovanni Cherubini, der sich aus Wertschätzung und Bewunderung dazu entschließt, sie zu unterstützen

Cristoforo widmet sich inzwischen auch der Politik – es sind die Jahre der Carbonari-Unruhen – und entgeht nur wie durch ein Wunder dem Attentat eines politischen Gegners. Er erleidet einen Schock, ist krank, und wieder ist es Elisabetta, die an seinem Krankenbett weilt. Es ist der geeignete Augenblick, sich um sein Seelenheil zu kümmern, und sie erreicht seine Bekehrung. Doch seine Reue hält nicht lange an.

Inzwischen wachsen die Probleme, gleichzeitig wächst aber auch die Bedeutung Elisabettas, die diese Übergangszeit ganz bewußt und mit Würde durchlebt.

Ihre mystischen Erlebnisse sind nun auch mit Wundertaten verknüpft, die durch ein Miniaturbild bewirkt werden, das Jesus von Nazaret darstellt. Es ist dem Zeitgeschmack entsprechend gemalt, und der Priester Andrea Felici hatte es ihr geschenkt. Sie ist von diesem Bild tief beeindruckt und mit ihr die Besucher ihres Hauses, das gewissermaßen zu einem Oratorium geworden ist.

Elisabetta, die ihren spirituellen Weg fortsetzt, tritt nun mit dem Trinitarierorden in Verbindung, in den sie als Terziarin eintritt. Ihre letzten Lebensjahre sind von mysteriösen Krankheiten gekennzeichnet. Wirtschaftlich scheint sich die Familie erholt zu haben, und auch Cristoforo hat sich scheinbar eines Besseren besonnen. Er zeigt größere Achtung vor seiner Frau, deren wahre Bedeutung ihm bewußt wird, und kommt auch seinen Töchtern näher.

Elisabetta fühlt sich dem Tode nahe. Nur sie kennt den Tag und bereitet sich darauf vor: Sie erhofft sich eine Seligkeit, die das höchste Entzücken ihrer mystischen Erfahrungen noch übertrifft. Ihre Töchter bereitet sie auf den Abschied vor und vertraut ihnen vor allem die Sorge um den Vater an. Dann stirbt sie friedlich in den Armen ihrer Tochter Lucina.

Cristoforo beweint nun diese Frau, die er so oft gekränkt hat. Als die Töchter ihn nach einiger Zeit dazu bewegen wollen, die Beziehung zu seiner Geliebten zu regeln, gesteht er, daß sie bereits vor einiger Zeit gestorben sei. Auch für ihn ist die Zeit der Bekehrung gekommen. Elisabetta erreicht damit das Ziel ihrer Treue, zu der sie sich verpflichtet fühlte: die Rettung seiner Seele. Auch er wird Terziar des Trinitarierordens, und einige Jahre später tritt er unter dem Namen Antonio in den Orden der Konventualen des heiligen Franziskus ein. Er stirbt als Priester und im Ruf, ein Heiliger zu sein. Von den Töchtern, für die Elisabetta sich in der schweren Zeit ihrer Kindheit und Jugend aufgeopfert und um die sie sich so geängstigt hat, nimmt die eine den Schleier und die andere heiratet – so wie ihre Mutter es ihnen vorausgesagt hat.

Elisabetta Canori Mora, die im Jahr 1994 seliggesprochen wurde, scheint zur Ehre der Altäre erhoben worden zu sein, weil sie einem bestimmten Frauenideal entspricht, das in Wahrheit heutzutage aber wenig glaubwürdig ist. Welchen Sinn hat es angesichts der Krise der Familie, die ihrerseits auch auf das veränderte Bewußtsein der Frau zurückzuführen ist, eine gedemütigte, gleichsam entwürdigte Ehefrau zur Ehre der Altäre zu erheben? Doch wie so oft richtet sich die Heiligkeit auch hier nicht nach politischen Erwägungen. Letzten Endes ist Elisabetta eine unabhängige und selbstbewußte Frau, die voll und ganz zu ihrer Entscheidung steht und Ehe und Mutterschaft in ihrer ursprünglichen Form zu leben versucht. Ihre Autobiographie und vor allem die Berichte ihrer Tochter Lucina beweisen, daß es eine grobe Vereinfachung wäre, sie als schwache Frau abzutun, die unfähig ist, ihre Rechte geltend zu machen, und die noch dazu von religiösen Wahnvorstellungen verfolgt wird.

Obwohl man sie nicht als gebildet bezeichnen kann und sie auch keine theologischen Kenntnisse besitzt, verwundert es dennoch nicht, daß im Mittelpunkt ihrer mystischen Erfahrung das schwierigste Geheimnis des Glaubens steht, das Mysterium der Dreifaltigkeit. Es ist der Dreieinige Gott, in den sie sich versenkt, seine Gegenwart und sein Anblick sind ihr vergönnt. Und obwohl sie gewiß nicht die Worte der Theologen verwendet, spricht aus ihr die lebendige und wichtige Erfahrung eines verwandelnden Lichtes, das sie am göttlichen Mysterium teilhaben läßt. Sie begreift, daß Gott sich selbst hingibt in der Gestalt des Vaters, des Sohnes und des Heiligen Geistes, und sie versteht die gütige und unerschöpfliche Barmherzigkeit, mit der er seine Kreaturen an seinem göttlichen Leben teilhaben läßt.

Eine mitfühlende Mutter: Margherita Occhiena Bosco (1788 – 1856)

Die Mutter von Giovanni Bosco (Don Bosco) wird am 1. April 1788 in Sierra di Capriglio, einem kleinen Vorort einer Gemeinde im Gebiet von Asti, geboren. Sie entstammt einer Familie wohlhabender Bauern, die ein Haus und angrenzende Felder besitzen. Es ist eine kinderreiche Familie, obwohl von der Säuglingssterblichkeit heimgesucht, die ein ganz allgemeines Phänomen der damaligen Zeit ist. Arbeitsam und fromm, lebt sie in einer Zeit großer politischer und sozialer Umwälzungen.

Ihre Kindheit und Jugend verläuft vor dem Hintergrund der Französischen Revolution und vor allem der napoleonischen Kriege mit einem ständigen Kommen und Gehen von Truppen und Machthabern – bis die Region schließlich unter französischer Herrschaft steht.

Margherita erhält keine Ausbildung. Daß sie nicht lesen und schreiben lernt, hat einen einfachen Grund: Es gibt in ihrem Gemeindegebiet keine Schulen. Doch sie erwirbt ein anderes, nicht weniger bedeutendes „Wissen“, eine Lebensweisheit, die in der Familie erlebt und durch sie gefördert wird. Sie ist ein starkes und resolutes junges Mädchen, und wir können uns lebhaft vorstellen, wie sie die österreichischen Soldaten, die mit ihren Pferden gekommen sind, um auf ihrem Kornfeld Rast zu machen, mit einer Mistgabel verjagt. Da sie liebenswürdig und hübsch ist, beginnen die jungen Burschen sie zu umwerben, allerdings ohne Erfolg; ihre Altersgenossinnen hätten gerne, wenn sie an den Sonntagnachmittagen mit ihnen an den Tänzen und Spielen teilnehmen würde. Doch Margherita scheint andere Interessen zu haben. Hagiographisches Klischee? Das ist nicht unbedingt gesagt.

Ihre Abneigung gegen die Ehe kann nicht so tief gewesen sein, denn mit etwa dreiundzwanzig Jahren nimmt sie die Werbung Francesco Boscos an, eines wohlhabenden Bauern, der seit kurzer Zeit Witwer ist. So tritt die junge Frau in eine neue Familie ein, in der sie Aufgaben erwarten, die sie ganz in Anspruch nehmen; sie muß sich um ihren Gatten, seinen Sohn, die alte Schwiegermutter und die Dienstboten kümmern.

Das Eheleben verläuft glücklich. Ihr Gatte ist liebevoll, fromm, klug und fleißig. Zwei Söhne werden zur Freude der Familie geboren. Der zweite, Giovanni Melchiorre, wird 1815 geboren; in diesem Jahr ahnt Europa den nahen Frieden, nachdem Napoleon 1814 seine endgültige Niederlage erlebt hat und in die Verbannung geschickt wurde. Der König von Piemont ist auf seinen Thron zurückgekehrt. Im selben Jahr 1815 empfängt Turin im Triumph Papst Pius VII., den Napoleon zu seinem Gefangenen gemacht hatte.

Das Glück der Familie Bosco wird durch den plötzlichen Tod Francescos im Jahr 1817 jäh zerstört. Obwohl Giovanni noch keine zwei Jahre alt ist, erinnert er sich an die Worte seiner Mutter: „Jetzt hast du keinen Vater mehr!“ Er erinnert sich an ihre Tränen und daß er, ihrem Beispiel folgend, selbst zu weinen beginnt, obwohl er nicht verstehen kann, was geschehen ist.

Mit nicht einmal dreißig Jahren muß Margherita eine schwierige Situation meistern. Sie erfüllt die Verpflichtungen, die ihr Gatte als Pächter gegenüber der Familie Biglione eingegangen ist. Doch im Spätherbst löst sie den Pachtvertrag und zieht in das Haus ihres verstorbenen Gatten, das sie so gut wie möglich hergerichtet hat. Man kann sich die wirtschaftlichen Schwierigkeiten leicht vorstellen, die der jungen Witwe zu schaffen machen und die durch eine schreckliche Hungersnot, ausgelöst durch eine ungünstige klimatische Entwicklung, noch verschärft werden: Frost und Trockenheit machen jede Hoffnung auf eine Ernte zunichte. Giovanni Bosco erinnert sich daran, daß sie in einer besonders kritischen Situation, nachdem sie gemeinsam mit ihren Söhnen um den Segen Gottes gebetet hat, beschließt, ein Kalb zu schlachten, um deren Hunger zu stillen.

Eine neue Ehe könnte ihre Lage verbessern, doch es wird ihr die Bedingung gestellt, alle drei Söhne in die Obhut eines Vormunds zu geben. Margherita lehnt das kategorisch ab. Sie empfindet es als ihre wichtigste Aufgabe, für ihre Kinder zu sorgen. Deren Entwicklung und Erziehung ist der Inhalt ihres Lebens. Sie gibt ihnen weiter, was sie selbst in ihrer Kindheit kennengelernt hat: den Katechismus, die Geschichten der Bibel. Das Leben der Familie folgt dem Rhythmus von Morgengebet, abendlichem Rosenkranz und dem dreimaligen Gebet des Angelus. An Sonn- und Feiertagen besuchen sie die Messe in der nahen Ortschaft Murialdo, deren Kaplan die Predigt hält und ein wenig Religionsunterricht erteilt. Während der Woche bemüht sich Margherita, das an den Feiertagen Gehörte in den Herzen der Kinder zu verankern und weiter wachsen zu lassen. Sie erzieht sie dazu, sich Gott anzuvertrauen, und bringt ihnen auch die Wunder der Schöpfung nahe.

Obwohl sie sich ganz ihrer Familie widmet, hat sie stets auch ein offenes Ohr für die Bedürfnisse anderer Menschen. Sie erzieht ihre Kinder nicht nur zu Fleiß, zu Rechtschaffenheit und zum Glauben, sondern auch zur Nächstenliebe. Niemandem verweigert sie ihre Gastfreundschaft, ob es sich nun um einen verirrten Wanderer, einen jungen Wehrdienstverweigerer oder um Gendarmen auf ihren Erkundungsgängen handelt. Für alle hat sie einen Happen zu essen oder ein Nachtlager bereit. Vor allem aber eilt sie an das Bett jedes Kranken und versteht es, jeden Sterbenden zu trösten. Giovanni begleitet sie dabei, bereit, ihr behilflich zu sein, so gut er kann.

Ihren Kindern gegenüber wendet sie keine Zwangsmaßnahmen an, sondern setzt ganz auf ihre Überzeugungskraft und vor allem auf das Gespräch. Obwohl sie nur eine einfache Bauersfrau ist, entwickelt Margherita eine Erziehungsmethode, die zweifellos Einfluß auf die Pädagogik hat, die Giovanni später genauer formulieren wird. Doch ihre drei Söhne sind sehr verschieden. Besonders der älteste betrachtet sie zu Unrecht als „Stiefmutter“. Ihn stört es, daß Giovanni studieren möchte. Nach dem Tod der Großmutter wird Antonio, der nun achtzehn Jahre alt ist, immer jähzorniger und gewalttätiger. Margherita beginnt mit der Aufteilung ihres Hab und Gutes. Antonio heiratet bald darauf und wird ein guter Vater.

Die beiden Söhne Margheritas sind nun ebenfalls erwachsen. Mit ihrem Jüngsten fühlt sie sich besonders eng verbunden. Seine phantasievollen Zukunftsträume fallen ihr auf. Vielleicht wird ihr bewußt, daß sie etwas zu bedeuten haben. Es erhebt sich die Frage, ihn studieren zu lassen, seine Neigung zu unterstützen. Es wird nicht leicht sein. Auch nicht die darauffolgende Entscheidung über seine Zukunft.

Giovanni ist zwanzig Jahre alt, als er das Klerikergewand anlegt. Obwohl seine Mutter stolz und zufrieden ist, kann sie nicht umhin, ihm folgenden Rat zu geben:

> Mein Giovanni, du trägst nun das kirchliche Gewand; ich empfinde dabei die reine Freude, die eine Mutter nur für das Glück ihres Sohnes fühlen kann. Doch denke immer daran, daß nicht das Kleid deinem Stand zur Ehre gereicht, sondern die Tugenden dessen, der es trägt. Solltest du jemals an deiner Berufung zweifeln, dann entweihe um Gottes willen nicht dieses Kleid. Leg es sofort ab. Ich habe lieber einen armen Bauern zum Sohn als einen Priester, der seine Pflichten vernachlässigt. Bei deiner Geburt habe ich dich der seligen Jungfrau geweiht; als du angefangen hast, zu studieren, habe ich dir empfohlen, sie, die unsere Mutter ist, zu verehren; nun bitte ich dich, ihr ganz zu gehören: Liebe die ergebenen Diener Marias! Und wenn du Priester wirst, setze dich immer für die Verehrung Marias ein.

Wir dürfen zweifeln, daß es sich hier um den genauen Wortlaut ihrer Ermahnung handelt, nicht aber an ihrem Inhalt. Auf jeden Fall schildert Don Bosco auf diese Weise die Sorgen, die sich seine Mutter um ihn macht. Es ist auch nicht das erste oder letzte Mal, daß Margherita sich einschaltet. In der entscheidenden Zeit, als Giovanni auch aufgrund seiner bescheidenen finanziellen Mittel der Weg ins Kloster vernünftiger zu sein scheint und er von ihr erwartet, daß sie ihn davon abbringt, weil letzten Endes die Stellung des Diözesanpriesters einträglicher ist und er dann auch für seine Mutter sorgen kann, ermutigt sie ihren Sohn, einzig und allein seiner Berufung zu folgen, und fügt hinzu:

> Mach dir keine Sorgen um mich. Ich will nichts von dir, und ich erwarte auch nichts. Glaube mir: Ich bin in Armut geboren, in Armut habe ich gelebt, und in Armut möchte ich sterben. Und eines versichere ich dir: Solltest du dich für ein weltliches Leben entscheiden und zu deinem Unglück noch reich werden, so werde ich dich kein einziges Mal besuchen kommen. Denke immer daran!

Sechs Jahre später sagt sie zu ihrem Sohn noch in der Woche vor seiner Priesterweihe:

Du bist nun Priester und liest die Messe ... Doch denke daran, die Messe zu lesen bedeutet, Leid auf sich zu nehmen. Es wird dir nicht sofort bewußt werden, doch nach und nach wirst du verstehen, daß deine Mutter die Wahrheit gesagt hat. Ich bin sicher, daß du jeden Tag für mich beten wirst, solange ich lebe und auch nach meinem Tod; das genügt mir. Du aber denke von nun an nur an das Heil der Seelen und verschwende keinen Gedanken mehr an mich.

Margherita möchte auf keinen Fall eine Belastung für ihren Sohn sein. Und so scheinen ihre Wege sich zu trennen. Giovanni lebt in Turin, wo er sein Studium abschließt und sein Apostolat für die Jugend beginnt. Bis zu dem Zeitpunkt, da die Anstrengung zuviel für ihn wird. Er erkrankt lebensgefährlich. Nach seiner Genesung kehrt er zur Mutter zurück, um sich zu erholen. Doch er beabsichtigt, wieder nach Turin zurückzugehen, um dort seine Arbeit fortzusetzen. Zweifellos hat er Schwierigkeiten, von denen ihn die Anwesenheit seiner Mutter befreien könnte. Doch wie kann er verlangen, daß sie ihr Haus verläßt, ihre Enkel, ihr gewohntes Leben, um mit fast sechzig Jahren in eine völlig unbekannte Umgebung zu ziehen? Mit ihr an seiner Seite wäre es aber sicher viel leichter, in dem verrufenen Stadtviertel Valdocco zu leben, in dem es nicht ratsam ist, allein zu wohnen. Als er schließlich den Mut findet, sie zu fragen, zögert Margherita nicht: Sie ist bereit, sofort abzureisen. So kommt sie also in ein unbekanntes Haus, in dem es an allem fehlt. Don Bosco berichtet darüber:

Beim Anblick dieser armseligen Kammern sagte meine Mutter scherzend: „Zu Hause hat es mir große Sorgen bereitet, alles zu verwalten und zu leiten: Hier bin ich viel unbeschwerter, denn ich habe nichts mehr zu organisieren und niemandem etwas zu befehlen."

Und Don Bosco fährt fort:

Doch wie sollten wir leben, was essen, wie die Miete bezahlen und für die vielen Knaben sorgen, die ständig Brot, Schuhwerk, Anzüge oder Hemden benötigten, ohne die sie nicht zur Arbeit gehen konnten? Wir ließen uns von zu Hause etwas Wein, Mais, Bohnen, Getreide und dergleichen kommen. Um die dringendsten Kosten decken zu können, hatte ich etwas Land und einen Weingarten verkauft. Meine Mutter ließ sich ihre Aussteuer schicken, die sie bisher nicht angetastet hatte. Einige ihrer Kleider dienten dazu, Meßgewänder herzustellen, aus den Weißwaren wurden Schultertücher, Kelchtücher, Chorhemden, Hemden und Tischtücher genäht. Alles kam durch Margherita in Gang, die von nun an für die Bedürfnisse des Oratoriums mitsorgte. Meine Mutter besaß einen Ring und eine dünne goldene Halskette, die sie sofort verkaufte, um Borten und Verzierungen für die heiligen Paramente zu besorgen ...

In den folgenden zehn Jahren – von 1846 an – teilt Margherita in allem das Leben ihres Sohnes. Man kann sie als Mitbegründerin seines Werkes bezeichnen, so nahe steht sie ihm in jeder Hinsicht. Wie auch andere Frauen in der

Geschichte christlicher Heiliger es getan haben, öffnet sie ihr Herz für eine weitere und größere Mutterschaft. Die Knaben Don Boscos sind ihre neue Familie. Im Jahr 1854 sind es etwa hundert an der Zahl. Mutter Margherita muß sich um alle leiblichen Bedürfnisse kümmern: Sie kocht, räumt auf, näht, erledigt Ausbesserungsarbeiten, pflegt Kranke, hört zu, tadelt ... Es ist kein sorgenfreies Leben, und es kommt der Zeitpunkt, an dem sie glaubt, es nicht mehr zu schaffen. Doch es ist nur eine kurze Phase. Dennoch wird dem Sohn klar, daß sie Unterstützung braucht, und schließlich kommen andere Frauen, um ihr zu helfen. Inzwischen sind die ersten Knaben erwachsen; einige von ihnen sind bereits Geistliche geworden.

Doch nicht nur ihre materielle Leistung macht Mutter Margherita für die Gemeinschaft der Salesianer unvergeßlich. Noch wichtiger ist ihre Gesprächsfähigkeit, ihr Talent, zu gegebener Zeit liebevoll und beratend einzugreifen. Sie ist eine kluge Frau, die imstande ist, das Vertrauen der Knaben zu gewinnen. Ihr genügt zum Leben ein einziges Gewand, das immer abgetragener wird; und vor allem das Glück, Liebe schenken zu können. Jedes Jahr kehrt sie für kurze Zeit zur Erholung nach Hause zurück, und immer begleiten sie die Kinder, die keine eigene Familie haben. Jahrelang hält sie ungebrochen daran fest, bis sie im Herbst 1856 an Lungenentzündung erkrankt. Die Söhne stehen an ihrem Krankenlager, und sie spricht ganz sachlich und natürlich zu ihnen. Als sie ihren Tod nahen fühlt, bittet sie Giovanni, der seine Tränen nicht zurückhalten kann, sie allein zu lassen, weil es sie bedrückt, ihn leiden zu sehen. Sie möchte Ruhe finden. Ihr Sohn Giuseppe ist bei ihr, als sie in der Nacht des 24. November stirbt. Alle Knaben nehmen an der Begräbnisfeier teil. Auch wenn es so scheint, ist es nicht wirklich ein großes Begräbnis. Sie wird in einem Massengrab beigesetzt und stirbt so arm, wie sie gelebt hat, ohne irdische Reichtümer, aber reich an inneren Werten.

Auch wenn wir uns noch so große Mühe geben, das Bild von Mutter Margherita bleibt mit dem hagiographischen Klischee verbunden, das dem Empfinden ihrer Zeit und dem ihres Sohnes entspricht. Wir wollen es nicht noch mit den Träumen verstärken, in denen ihm seine selige Mutter erscheint. Dennoch halten wir diese kurze Anmerkung für wichtig, damit andere, die sich ihrerseits methodisch mit den Quellen befassen, alles weglassen, was sie dort an süßlicher und naiver Sentimentalität finden, die ihre Bedeutung nur schmälert. Dann erhalten wir nicht nur das Bild einer authentischen, tief mit der bäuerlichen Kultur verwurzelten Frau, sondern auch einer Frau, die in einer Zeit des Umbruchs das Werk ihres Sohnes unterstützt und mit ihm für das Wohl der sozial benachteiligten und gefährdeten Jugendlichen Sorge trägt. Das Wirken von Giovanni Bosco gehört zu jenem besonderen Sinn für die Bedürfnisse der Menschen, der in seinem Fall die ausgebeuteten und verlassenen Kinder und Jugendlichen betrifft. Keine Gesetzgebung schützt in dieser Zeit die Frauen oder die Kinder der Arbeiterklasse. Sie leben in jener ungeheuren Armut, die mit tiefgreifenden sozialen Änderungen Hand in Hand geht. Es ist kein Zufall, daß Giovanni Bosco sich nicht der bäuerlichen Jugend, sondern dem Elend jener Jugendlichen zuwendet, die, angelockt von der Fata Morgana des Wohlstands und der Arbeit, in die Stadt kommen, wo sie ohne Bindungen und ohne Schutz leben und in Versuchung geraten, sich kleinen und großen Verbrecherbanden anzuschließen. Die bedeutende Aufgabe der Erziehung, die Giovanni Bosco erfüllt, ist nicht für die Mittelklasse oder die Wohlhabenden gedacht. Mutter Margherita warnt ihn noch auf ihrem Totenbett vor der Gefahr, daß die von ihm gegründete Institution sich von ihrer ursprünglichen Zielsetzung entfernen könnte. So bleibt sie bis zu ihrem Ende eine konsequente Fürsprecherin dieser ärmsten aller Kinder.

Das Netz der kirchlichen Dienste

Wir wenden uns nun wieder der Ebene der „Dienste" zu. Zu welchen Diensten wird die Frau in diesen Jahrhunderten berufen? Welche Hoffnungen und Erwartungen hat sie? Nachdem die Forderung eines Dienstes, den man als „Lehramt" im eigentlichen Sinn bezeichnen kann, wieder in weite Ferne gerückt ist, scheint das Charisma der Frauen nur noch der Nächstenliebe zu dienen. Die Diakonie der Frauen ist eine solche der Tat, sie ist vielseitig und verschiedenartig, stets auf andere Menschen gerichtet. Die drei Frauen, mit denen wir uns hier befassen, leben alle zwischen dem 18. und 19. Jahrhundert. Mit ihnen beginnt eine Blütezeit von Ordensgründungen. Die erste ist unmittelbar in die Geschichte Frankreichs, von der Revolution bis zur Restauration, involviert. Was sie tut, ist unüblich, obwohl es den geänderten Verhältnissen sehr gut entspricht. Auch für die Aktivitäten der Gräfin Frescobaldi besteht keine zwingende Notwendigkeit. Daß sie für reuige Prostituierte sorgt, geschieht absolut aus eigenem Antrieb, obwohl es nicht neu ist. Seit den Zeiten der „Frauen der Wüste" haben die Dirnen in der Geschichte christlicher Heiligkeit immer eine besondere Rolle gespielt. Und auch schon früher, wenn wir an Jesus von Nazaret denken, dem vorgeworfen wird, ihnen mehr Beachtung zu schenken als anderen. Jeanne Jugan ist auf ihre Aufgabe am wenigsten vorbereitet und auch die ungebildetste von den dreien. Doch auch eine Bauersfrau kann ihre Begabung nutzen, und ihre besondere Gabe berührt uns noch heute.

Ein alternatives Modell: Marie Adelaide Champion de Cicé (1749 – 1818)

Marie Adelaide Champion de Cicé wird am 5. November 1749 auf dem Schloß ihrer Familie in Bruz, in der Nähe von Rennes, geboren. Sie ist das zwölfte Kind von Jerôme, einem Hauptmann des Dragonerregiments der Bretagne, und Marie Rose Françoise, die ebenfalls einer Adelsfamilie entstammt. Bei ihrer Mutter, die nicht mehr ganz jung und kränklich ist, ruft diese letzte Schwangerschaft große Bestürzung hervor. Ein Geistlicher und Freund der Familie beruhigt sie jedoch und sagt ihr voraus, daß dieses ungeborene Wesen einst ihr Trost sein werde. Doch in welchem Heiligenleben gibt es solche Episoden nicht?

Obwohl sie zur Zeit einer Mary Wollstonecraft lebt und vor allem in denselben Kreisen verkehrt, wie Olympe de Gouges, Theroigne de Méricourt, Claire Lacombe und die holländische Jakobinerin Etta Palm, kann man nicht sagen, daß sie mit der aufkommenden „Frauenfrage" in Zusammenhang steht. Und man kann sie auch nicht als eine geistige Erbin der philosophischen Salons der Aufklärung betrachten. Wie bereits erwähnt, zeigt sich bereits die Kluft zwischen Glauben und kulturellem Leben, und wenn sie im Zusammenhang mit der Revolution eine „weltliche" Form geistlichen Lebens entwickelt, so geschieht dies ohne Rücksicht auf die kulturellen Veränderungen, von denen auch sie betroffen ist.

Ihr Vater stirbt, als sie noch ein kleines Mädchen ist. Die Berichte aus ihrer Kindheit bezeichnen sie als überaus geduldig: Sie liebt geradezu das Leiden. Sie besucht den Kommunionunterricht der Visitantinnen (Salesianerinnen) in der nahen Stadt Rennes, übernimmt deren Spiritualität und teilt ihren Tagesablauf nach den Regeln der *Vita devota* ein, die Franz von Sales ein Jahrhundert zuvor verfaßt hat. Sie, die in ihrer Kindheit also in sich gekehrt und fromm ist, geht als junges Mädchen weltlichen Vergnügungen nach. Doch es handelt sich bloß um eine vorübergehende Verirrung, die wir in allen Beschreibungen von Heiligen finden. Sehr bald wird sie Novizin der Visitantinnen in Rennes. Schweigen, Besinnung, Gebet, Meditation sind jedoch nicht das, was sie sucht: Zu sehr vermißt sie ihre Armen und ihre Werke der Nächstenliebe; sie sehnt sich nach dem aktiven Leben, das sie als ihre Bestimmung ansieht. Nachdem sie zu ihrer Mutter zurückgekehrt ist, gibt sie alle Heiratspläne auf. Sie sucht zunächst vergeblich einen Ausweg aus einer Situation, die unabänderlich zu sein scheint. Abbé Boursoul, ein mit der Familie befreundeter Priester, ist ihr behilflich, zu sich selbst zu finden. Fünf Jahre lang führt er sie zu einer Selbsterkenntnis, die ihr hilft, das Gelübde der Jungfräulichkeit und die Pflege der Armen und Kranken miteinander zu verbinden. Der Tod ihres Beichtvaters trifft sie zutiefst. Doch Ende des Jahres 1776 entwirft sie nach dreitägigen Exerzitien schließlich ihren „Plan": eine „religiöse Gemeinschaft", die zusammenlebt und nur an das einfache Gelübde von Keuschheit, Armut und Gehorsam gebunden ist. Kein

Kloster also, keine Gitter und auch keine Ordenstracht. Ein Leben, das wie im Kloster streng dem Rhythmus des Gebetes folgt, aber auf die Pflege der Kranken abgestimmt ist: derer, die in den künftigen Häusern der „Schwestern" betreut werden wollen, und der anderen, die von jenen Schwestern, die von der Oberin dazu bestimmt werden, zu Hause besucht werden sollen.

> Das einfache Gelübde der Armut verbietet keiner der Frauen die Nutznießung ihrer Mitgift, doch das Gelübde des Gehorsams bindet deren Verwendung an die Erlaubnis der Oberin, der alle ihre Einkünfte, die sie sich nach und nach erwirbt, zur Gänze übergeben werden, damit sie die Lebenskosten für alle bestreiten kann. Der Rest soll nach ihren Anweisungen für die Armen verwendet werden ... So soll ihnen, wie einst den ersten Christen, ihr Vermögen gemeinsam gehören und für die Bedürfnisse der notleidenden Brüder und Schwestern verwendet werden.

Wie man sieht, handelt es sich um lockere Bestimmungen, die den jeweiligen Umständen leicht angepaßt werden können. Der Plan allein bedeutet jedoch noch nicht seine Verwirklichung.

Adelaide ist fünfundzwanzig Jahre alt. Zu dieser Zeit ist sie ihrer kranken Mutter verpflichtet, die sie mit aller Hingabe pflegt. Nach deren Tod ist sie ungebunden und beginnt mit der Pflege der Kranken und Armen in allen Spitälern der Stadt. Dieses Leben ist jedoch viel zu anstrengend für sie, und sie erkrankt selbst. Einer ihrer Brüder, der Bischof von Auxerre, überredet sie, zur Erholung das Thermalbad von Dinan aufzusuchen. Dort, im Kloster der Ursulinen, das sie beherbergt, lernt sie Picot de Clorivière kennen, einen Jesuiten, der aber formell keiner mehr ist, da die Gesellschaft Jesu im August 1773 aufgelöst wurde. Cicés Projekt erscheint ihm interessant zu sein, er gibt ihr jedoch den vernünftigen Rat zu einer Art Einführung in das geistliche Leben bei den Kreuzschwestern von Saint-Servant.

Frankreich und die Bretagne werden bereits von Unruhen erschüttert, die den Ereignissen des Jahres 1789 vorausgehen. Adelaide – deren älterer Bruder, der Erzbischof von Bordeaux, bereits die politische und soziale Veränderung kommen sieht – zögert. Sie fürchtet, bei ihrer Familie auf Widerstand zu stoßen; sie ahnt wohl den Sturm, der in der Luft liegt. Doch Pater de Clorivière drängt sie, und unter dem Vorwand einer Thermalkur macht sie sich im Herbst 1788 von Dinan aus auf den Weg in das Kloster von Saint-Servant. Während ihres besonderen Noviziats verbindet sie die Regeln und Gebräuche der Gemeinschaft, die sie aufgenommen hat, mit der Freiheit, die es ihr gestattet, sich intern und extern der Pflege der Armen und Kranken zu widmen. In der Oberin der Kreuzschwestern, Mutter Maria von Jesus, findet sie verständnisvolle Unterstützung. In dieser Periode der Unentschlossenheit versucht sie auch, ihr Äußeres zu verändern, womit sie einige Verwirrung stiftet. Pater de Clorivière selbst rät ihr davon ab, ihre standesgemäße Kleidung abzulegen. Die größten Zweifel erhebt ihr ehemaliger Beichtvater in Rennes, der von ihr die Obödienz der Kreuzschwestern verlangt: Wie kann man nur daran denken, weltliches und geistliches Leben miteinander zu verbinden?

Man schreibt das Jahr 1789. Am 23. Oktober werden die Ordensgelübde als Verstoß gegen Freiheit und Menschenwürde abgeschafft. Pater de Clorivière würdigt sie jedoch in einer Predigt. Er wird daraufhin festgenommen und dem Rat der „Kommune" vorgeführt. Doch es gelingt ihm, seine Loyalität zur Revolution glaubhaft zu machen. Marie Adelaide hat selbst allen Grund zur Sorge: Ihr älterer Bruder hat den Revolutionsthesen in allen Punkten zugestimmt. Pater de Clorivière hat inzwischen seine Arbeit verloren, weil das Kloster von Dinan der „Kommune" unterstellt worden ist. Er möchte als Missionar nach Amerika auswandern. Da die Gesellschaft Jesu nicht mehr existiert, beginnt er, einen Plan für ihre Neugründung zu entwickeln. Seiner Vorstellung nach sollten die Jesuiten nach Art der Apostel und der Urkirche unter den Menschen leben. Es ist die gleiche Idee, die Adelaide de Cicé schon seit langem erwogen hat. Doch es wird ihm erst später bewußt, daß sein Plan sich auch für die Frauen eignet. In Frankreich, wo die religiösen Orden aufgelöst worden sind, soll seine Stiftung allen dienen, die ihr Leben Gott weihen wollen. Alle Menschen ohne eheliche Bindung sollen hier Aufnahme finden können, ungeachtet ihres Ranges oder Standes: Arme und Reiche, Gesunde und Kranke, Junge und Alte. Sie müssen nur ehelich geboren sein, in den Augen der Welt ein untadeliges Leben führen und die nötige Unabhängigkeit besitzen, um die Pflichten der Gesellschaft zu erfüllen, ohne ihre persönlichen Verpflichtungen zu vernachlässigen.

Wir sind im Jahr 1790. Pater de Clorivière hat inzwischen den Entwurf zur Gründung der „Société des Filles du Cœur de Marie" (Gesellschaft der Schwestern vom Herzen Mariens) fertiggestellt. Nichts weist darauf hin, daß es sich dabei um das Ergebnis einer Zusammenarbeit handelt. Adelaide de Cicé schreibt in einem Brief an ihn nur, daß sein Vorschlag seit langem schon auch ihr Wunsch sei. Die Zeit ihres Noviziats ist nun beendet. Adelaide läßt sich in Dinan nieder, um ihren Gründungsplan zu verwirklichen. Um sie versammeln sich die ersten Gefährtinnen, die Pater de Clorivière ihr schickt. Man sollte meinen, daß in so schweren Zeiten die prophetische Bedeutung der Neugründung besonders großes Verständnis findet. Doch wie zu allen Zeiten gibt es auch hier Widerstände, und Pater de Clorivière denkt erneut daran, nach Amerika zu gehen. Wie viele andere Adelige sind auch Mitglieder der Familie de Cicé ausgewandert. Letzten Endes entschließen sich aber beide freiwillig dazu, in der Heimat zu bleiben. Am 2. Februar 1791 weihen sie ihr Leben endgültig Gott, er mit sechs anderen Priestern in Paris, sie zunächst allein in Dinan und elf ihrer Mitschwestern an verschiedenen anderen Orten. Adelaide bemüht sich, in der Bretagne Gefährtinnen zu finden. Zwischendurch kümmert sie sich um das Wohl der Armen – in Jahren bitterster Not. Die Gesellschaft verbreitet sich über das ganze Land, nicht aber in Paris. Dort wird jemand gebraucht, der es versteht, Frauen anzuwerben und auszubilden, die bereit sind, „Schwestern vom Herzen Mariens" zu werden. Es ist nicht einfach, diesem Ruf zu folgen, besonders in dieser schweren Zeit. Adelaide zögert weniger aufgrund der Gefahr, als vielmehr wegen der Verantwortung, die ihr übertragen wird. So finden wir sie zur Zeit der Schrekkensherrschaft in Paris. Ihre Treffen mit dem Pater sind nicht leicht zu organisieren. Beide sind gezwungen, sich zu verstecken, und müssen äußerste Vorsicht walten lassen. Durch ihre Anwesenheit festigt sich die Gesellschaft, und am 15. August 1792 legen die Schwestern feierlich ihre Gelübde ab. Ihre Nächstenliebe gilt den „standhaft gebliebenen Priestern" und den Ordensfrauen, die gewaltsam aus ihren Klöstern vertrieben worden sind. Adelaide wird freiwillige Pflegerin im Hospital für die Unheilbaren, vermutlich, um eine ehemalige Karmelitin zu unterstützen. Ebenfalls im Jahr 1792 schreibt ihr Bruder, der nach Belgien geflüchtet ist, einen Brief an seine Diözese, in dem er um Vergebung für sein skandalöses Verhalten bittet.

Für die Gesellschaften von Pater de Clorivière und Adelaide de Cicé beginnt eine leidvolle Zeit der Verfolgung und des Martyriums. Dennoch gelingt es ihr, eine Oase des Friedens zu finden, in einer Nähwerkstätte, die offiziell den Namen „Pension" trägt und in deren Räumen sich die Schwestern treffen können, ohne Verdacht zu erregen. Zwischen Adelaide de Cicé und ihren Mitschwestern entsteht ein eifriger Briefwechsel. Zuweilen verbrennen sie aus Vorsicht diese Briefe, die ihnen immer wieder Mut geben. Auch mit Pater de Clorivière steht sie bis zum Dezember 1792 hauptsächlich in brieflicher Verbindung. Doch von diesem Zeitpunkt an wohnt sie nicht weit von dem Ort entfernt, an dem er sich versteckt hält.

Mit dem Direktorium scheint sich das Leben wieder zu normalisieren. Die Gesellschaft bleibt zunächst im verborgenen, doch bereits im Jahr 1799 gibt es 259 „Schwestern vom Herzen Mariens". Es ist das Jahr, in dem Cicé verhaftet wird, da rund um ihre Wohnung ein allzu reges Kommen und Gehen Verdacht erregt. Die Vernehmung, von der die Protokolle erhalten sind, ergibt, daß ihre Papiere in Ordnung sind, daß sie nie versucht hat, außer Landes zu gehen und auch noch nie verhaftet worden ist. Nichts bestätigt also die Verdachtsmomente. Sie wird als Glaubensfanatikerin und Kranke eingestuft, und man beschließt, sie wieder freizulassen. Doch diese Freiheit wird natürlich streng überwacht. Diese Tatsache bedrückt sie, weil sie dadurch in ihrer Arbeit behindert wird. Pater de Clorivière tröstet sie in seinen Briefen.

Während die politische Entwicklung dem Konsulat zusteuert, wird auf Napoleon ein Attentat verübt. Mit einem Empfehlungsschreiben des Paters kommt ein Mann zu Cicé, der in die Verschwörung verwickelt ist, ohne daß sie es weiß. Sie kann ihm ihre Hilfe nicht verweigern. Doch er wird gefangengenommen und gesteht, wer ihm Zuflucht gewährt hat. Adelaide de Cicé kommt wieder in den Kerker, und diesmal schwebt sie in Lebensgefahr. In den drei Monaten ihrer Gefangenschaft lebt sie unter gestrandeten Frauen. Ihnen schenkt sie ihre

Nächstenliebe: Sie behandelt sie liebenswürdig und teilt alles mit ihnen, als wären sie ihre Schwestern; sie gewinnt ihre Achtung und erreicht sogar, daß sie schweigen, während sie sich dem Gebet widmet. Bei ihrem Prozeß leugnet sie natürlich jede Verbindung mit dem Attentat, kann aber nicht leugnen, daß sie einen Hilfesuchenden bei sich aufgenommen hat; sie weigert sich jedoch, zu sagen, wer ihn zu ihr geschickt hat. Auch von diesem Prozeß sind die Protokolle erhalten: Aus ihnen geht hervor, mit welcher Standhaftigkeit sie dem Gericht die Gründe ihres Handelns entgegenhält. Sie bleibt dabei, daß sie einem armen Teufel dieselbe Hilfe gewährt hat wie vielen anderen auch. Ihr Verteidiger sagt vor Gericht, daß seine Mandantin sich stets für das Wohl anderer Menschen eingesetzt habe, und fügt hinzu: Der gesamte Justizpalast würde die vielen Menschen nicht fassen, die zu ihrer Verteidigung aussagen könnten; es sei richtig, die Verantwortlichen für ein Verbrechen, das Leid und Tod verursacht hat, zu verurteilen, nicht aber eine Frau, die ihr ganzes Leben in den Dienst der Kranken und Verwundeten gestellt hat.

Es ist klar, daß Cicé mit ihrem Schweigen Pater de Clorivière gedeckt hat. Es folgt wieder eine schwere Zeit. Beide werden von der Polizei überwacht und beschließen deshalb, Paris zu verlassen. Die Gesellschaft selbst wird von ihren Schwierigkeiten nicht berührt, weil Papst Pius VII. eine Art Bürgschaft für sie übernommen hat. In der Zwischenzeit wurde das Konkordat zwischen Staat und Kirche abgeschlossen, und der ältere Bruder Adelaides, der nun Erzbischof von Aix ist, lädt sie ein, zu ihm zu ziehen. Pater de Clorivière begrüßt diesen Vorschlag. Da die Gesellschaft so weit gefestigt ist, daß sie durch ihre Abwesenheit keinen Schaden erleidet, reist Adelaide zu ihrem Bruder in die Provence. Das Leben dort unterscheidet sich sehr von der Zurückgezogenheit, in der sie in Paris gelebt hat. Doch bald verbindet sie ihre neuen Pflichten auch hier mit jener karitativen Tätigkeit, die ihrem Wesen weit mehr entspricht. Nach einiger Zeit zieht es sie nach Paris zurück. Dort erwarten sie neue Sorgen. Gemeinsam mit Pater de Clorivière wird sie zu Unrecht der Beteiligung an einem monarchistischen Komplott bezichtigt und soll wie er neuerlich eingekerkert werden. Sie entgeht aber ihrem Schicksal, weil sie zu diesem Zeitpunkt schwer krank ist. Pater de Clorivière bleibt mindestens fünf Jahre lang in Haft. Während dieser Zeit übernimmt sie nicht nur größere Verantwortung für die „Schwestern vom Herzen Mariens", sondern auch für die „Prêtres du Cœur de Jésus", wie die Gemeinschaft der Männer sich nennt. Unterdessen kann die Gesellschaft ihre Auflösung durch Napoleon verhindern, während Pius VII. gerade einem Gesuch von Pater de Clorivière wohlwollend stattgegeben hat. Adelaide de Cicé empfängt persönlich in Saint-Sulpice den Segen des Papstes als Gründerin der Gesellschaft.

Nach vier Jahren im Temple-Gefängnis wird Pater de Clorivière in eine weniger strenge Haftanstalt verlegt. Endlich kann Adelaide ihn wiedersehen. Im April 1809 wird der Pater freigelassen. Es beginnt nun eine aktive und fruchtbare

Zeit, in der Adelaide mit großer Entschlossenheit ihre Aufgabe als Generaloberin erfüllt. In ihren letzten Lebensjahren teilt sie ihre Zeit streng zwischen Gebet und Korrespondenz am Vormittag und ihren Armenbesuchen am Nachmittag ein. Als sie sich dem Tode nahe fühlt, verfaßt sie eine Art geistliches Vermächtnis:

> Ich ersuche euch inständig: Bleibt einander stets liebevoll und innig verbunden, was nur gelingen kann, wenn alle bereit sind, der Nächstenliebe jegliches Opfer zu bringen. Wenn wir fest im Glauben sind, wird der Herr selbst unter uns sein, wie er es versprochen hat ... Er wird uns immer sagen, daß wir ihn in unserem Nächsten und besonders in jeder unserer Schwestern finden können ... Diese gegenseitige Liebe darf aber nicht die Liebe beeinträchtigen, die wir unserem Nächsten schulden und die rein und selbstlos sein muß ...
>
> Nie dürfen wir vergessen, was für uns in besonderer Weise gilt: In der Welt zu leben, ohne ihr anzugehören, niemals einem Leben zuzustimmen, das wir mit unserem Gewissen nicht vereinbaren können ... Was unser äußeres Verhalten betrifft, so soll jede sich um Gehorsam bemühen, so gut sie kann. Gott wird nie zulassen, daß ihr dadurch Schaden erleidet ...

Sie unterzeichnet mit: „Marie Adelaide, die sich euren Gebeten anvertraut".

Am 26. April 1818 stirbt sie heiter und getröstet. Pater de Clorivière, der selbst krank und alt ist, weicht in der letzten Phase ihrer Krankheit nicht von ihrer Seite.

Adelaide de Cicé ist eine der ersten Frauen der Kirchengeschichte, die dem „weltlichen" Ordensleben eine genaue und klar umrissene Form gegeben hat. Dieses alternative Modell ist der Grund, weshalb wir sie in unsere Galerie aufgenommen haben. Daß dieses Modell sich im Dienst für die Armen konkretisiert, ist von großer Bedeutung, weil es beweist, wie richtig diese Suche nach neuen Wegen gewesen ist. Wie für die Barmherzigen Schwestern ist auch für die „Schwestern vom Herzen Mariens" Weltoffenheit die Voraussetzung für ihre Tätigkeit. Es handelt sich letztlich um ein Laientum, das die „Evangelischen Räte" befolgt und doch weltlich bleibt, weil es die Freiheit besitzt, Bedürftige aufzunehmen und ihnen zu helfen. Das ist nicht zuletzt der Grund, weshalb die Schwestern von Adelaide de Cicé, die noch immer unter uns wirken, im Gegensatz zu den Barmherzigen Schwestern auch heute noch ihr weltliches Gewand tragen.

Die Gräfin und die Büsserinnen: Maria Maddalena Frescobaldi (1771 – 1839)

Die Geschichte von Maria Maddalena Frescobaldi handelt von dem typischen, wenn auch leidvollen Schicksal einer Adeligen, die in den letzten Jahrzehnten des 18. Jahrhunderts bis zur Mitte des 19. Jahrhunderts lebt und Seelenadel, Loyalität zu ihrer Familie und christliche Frömmigkeit in sich vereint. Man kann sagen, daß sie die Freuden und Leiden der Ehe kennengelernt hat, die für die Familie zunächst nicht wegen interner Probleme, sondern aufgrund der politischen Entwicklung dieser Jahre entstehen. Persönliche Schicksalsschläge sind der frühzeitige Verlust ihrer drei Töchter, der Tod ihrer Schwiegermutter und vor allem die Krankheit ihres Gatten, die für sie zu einem Martyrium wird. Als Witwe macht sie das von ihr begonnene Werk schließlich zu einer religiösen Institution. Meiner Meinung nach wäre es jedoch falsch, im Sinne der Hagiographie zu behaupten, daß erst der Witwenstand ihr die Freiheit dazu gegeben habe. Tatsache ist, daß sie ein Werk zu Ende führt, das sie bereits begonnen hat. Und sicher hat sie aufgrund ihres Alters zu dieser Zeit auch die entsprechende innere Reife. Das geistliche Leben war jedoch nie ihr persönliches Ziel. Sie blieb auch als „Gründerin" einer neuen Ordensgemeinschaft ein Laie.

Es gibt zahlreiche Berichte über sie. Nicht nur aufgrund ihrer öffentlichen Funktionen – als eine davon können wir ihre Stellung als Hofdame betrachten – oder der ihres Gatten, sondern auch, weil ihr Sohn Gino Capponi mit den bedeutendsten Vertretern des kulturellen Lebens im Italien des 19. Jahrhunderts befreundet ist. Wie es zu dieser Zeit üblich ist, schreibt auch er seine Memoiren, von denen uns als Beweis seiner persönlichen Beziehungen eine reichhaltige Briefsammlung erhalten geblieben ist. Das Leben von Maria Maddalena Frescobaldi ist beispielhaft, vor allem aber geordnet, normal und ohne Pathos. Diese Tatsache macht sie in gewisser Weise zu einem Sinnbild.

Die Spuren der Familie Frescobaldi lassen sich in Florenz bis ins 13. Jahrhundert zurückverfolgen. Obwohl sie nicht mehr so mächtig ist wie in der Vergangenheit, hat sie nichts von ihrem Adel eingebüßt. Die drittgeborene Tochter von Giuseppe und Maria Giuseppa Quaratesi erblickt am 11. November 1771 das Licht der Welt. Wahrscheinlich kommt sie bereits als kleines Mädchen in ein Kloster, um dort erzogen zu werden. Sie selbst sagt später zu ihren Enkelinnen, daß dies der geeignetste Ort sei, um Fehler abzulegen und soziales Verhalten zu lernen. Mit etwa achtzehn Jahren kehrt sie zu ihrer Familie zurück. Ihre Schwester Virginia, die Erstgeborene, ist inzwischen in das Kloster der Kapuzinerinnen eingetreten. Sie hat damit eine unpopuläre Wahl getroffen. In der Toskana kommt es zur Zeit Leopolds I., der ein Bruder des österreichischen Kaisers Josef II. ist, zu einer zwangsweisen Reform des Ordenslebens, die das Ziel hat, die Klöster und Konvente in Stätten umzuwandeln, die der Öffentlichkeit zugänglich sind. Die radikale Spiritualität der Kapuzinerinnen ist von diesen Vorstellungen weit entfernt, doch die Familie Frescobaldi respektiert die Entscheidungsfreiheit dieser Tochter ebenso wie die ihrer anderen Kinder.

Im November 1789 hält Graf Pier Roberto Capponi um die Hand Maria Maddalenas an. Die Werbung ist hochwillkommen, wird jedoch zunächst geheimgehalten, da die Zweitgeborene zuerst versorgt werden muß. Im September 1790, nachdem Maria Maddalena ihre Einwilligung gegeben hat, wird der Ehevertrag geschlossen und bald darauf Hochzeit gefeiert. Der junge Ehemann verfügt als Nebenerbe über ein ansehnliches Vermögen, während ihm von seinem Vater nur Schulden geblieben sind, deren Bezahlung mit großen persönlichen Einschränkungen verbunden ist. Er ist sehr religiös, äußerst pflichtbewußt und introvertiert. Der Altersunterschied zwischen den Gatten beträgt mehr als achtzehn Jahre.

Zur Zeit ihrer Heirat wütet in Frankreich die Revolution. In der Toskana folgt Ferdinand III. dem aufgeklärten Leopold nach. Die Ehegatten werden an den Hof berufen. Eine erste Tochter, die zu Ehren der Großherzogin Luisa Amalia genannt wird, stirbt noch vor dem Ende ihres ersten Lebensjahres. Ein Knabe, Gino, wird geboren, dann wieder zwei Mädchen, die jedoch bald sterben.

Inzwischen beginnen die Truppen des revolutionären Frankreich mit der Eroberung Italiens. 1799 wird auch die Toskana besetzt. Pier Roberto folgt dem Großherzogspaar in das Exil, Gattin und Sohn bleiben in Florenz zurück. Maria Maddalena muß tatenlos der Besetzung ihres Palastes und ihrer Landhäuser zusehen. Nach dem Sieg über die Franzosen macht Graf Capponi sich auf den Weg nach Florenz. Seine Gattin reist ihm mit ihrem kleinen Sohn nach Venedig entgegen. Vermutlich lernen sie auf dieser Reise Kardinal Chiaramonti kennen, den späteren Papst Pius VII.

In Florenz verbringen sie zunächst einen ruhigen Winter. Im Frühling des Jahres 1800 reist die Familie nach Wien, im Glauben, wenig später mit dem Großherzogspaar nach Florenz zurückzukehren. Doch in der Zwischenzeit hat Napoleon in Frankreich die Macht an sich gerissen, und im Oktober nehmen die Franzosen erneut Florenz ein. Etwa drei Jahre lebt die Familie Capponi im Exil.

Nach dem Tod Ludwigs von Bourbon, dem seine Gattin als Großherzogin nachfolgt, wird Maria Maddalena an den Hof zurückgerufen. Pier Roberto zieht es trotz allen Drucks, der auf ihn ausgeübt wird, vor, sich um seine Landgüter zu kümmern.

Die Familie Capponi nimmt ihr früheres gesellschaftliches Leben nicht wieder auf. Luxus und überflüssige Ausgaben werden aus ihrem Haus verbannt. Ihre finanziellen Mittel stellen sie großzügig in den Dienst der Nächstenliebe: Sie kümmern sich um Klöster und Konvente, helfen den Armen, die Tag für Tag an ihre Tür klopfen, sie unterstützen auf vielerlei Weise die unterschiedlichsten

Personen, auch durch die Bezahlung ihres Studiums. Viele Menschen behalten ihre Hilfe in Erinnerung. Ihr Leben könnte heiter und beschaulich sein, ist es aber letzten Endes nicht. Der Graf hat beschlossen, seinen Sohn zu verheiraten. Diese Verbindung wird mit zwei Töchtern gesegnet, doch nach der zweiten Geburt stirbt die junge Ehefrau völlig unerwartet. Gino überläßt die Kinder der Obhut seiner Mutter, um sich dem Studium und seinen Reisen zu widmen. Maria Maddalena bleibt allein an der Seite eines Gatten zurück, der immer mehr zum Hypochonder wird und sich nur noch mit seinen eingebildeten Krankheiten beschäftigt. Auch die Rückkehr des Großherzogs Ferdinand kann seinen einstigen Lebensmut nicht mehr wecken. Die folgenden Jahre sind für die Gräfin nicht leicht, und sie kann nichts tun, um die tatsächlichen oder eingebildeten Leiden ihres Gatten zu lindern, der sich immer mehr von der Wirklichkeit entfernt und dem die Anregungen und Ermutigungen seiner Gattin nur unangenehm sind. Er stirbt am 5. August 1826.

In diesen Jahren hat die Gräfin eine große Religiosität entwickelt. Sie hat in Wien die „Christliche Freundschaft" kennengelernt, und als diese Gruppe plant, sich auch in Florenz niederzulassen, unterstützt sie die Grafen Ricasoli, so gut sie kann. Sie ist es auch, die andere Damen der Gesellschaft dazu überredet, die Spitäler aufzusuchen, um den Kranken materiellen und geistlichen Beistand zu leisten. Sie tritt den Servitinnen Mariens bei und wird auch Mitglied des Dritten Ordens der Franziskaner. Mit diesen vielen religiösen Aufgaben steigert sich auch ihre Verehrung des Gekreuzigten und der schmerzensreichen Jungfrau Maria. Sie wird die Grundlage ihrer späteren Verbindung mit der Gemeinschaft der Passionisten. Obwohl es seltsam erscheint, daß ihre Tätigkeit als „Gründerin" gerade in diesen schweren Jahren ihren Höhepunkt erreicht, weisen alle Quellen darauf hin, daß die Gründung der „Dienerinnen" am Karfreitag des Jahres 1815 erfolgte.

Doch was veranlaßt Maria Maddalena Frescobaldi dazu, sich für die Prostituierten einzusetzen? Entscheidend ist vermutlich der Zusammenhang zwischen Barmherzigkeit und Sünde, zwischen dem Wesen Christi und dem Wesen des Sünders. Sie fühlt sich dazu verpflichtet, denen beizustehen, die in Sünde leben, und mit der göttlichen Barmherzigkeit solidarisch zu werden, die sich vor allem den Sündern zuwendet. Sie kennt die Probleme ihrer Heimatstadt sehr gut. Die Prostitution ist in diesen Jahren ein weitverbreitetes Phänomen, wie immer, wenn Kriege sich verschärfen. Nicht zum ersten Mal bemüht sich die Stadtverwaltung um ein Hilfsprogramm für reuige Sünderinnen. D. Merlo legt in seiner Biographie von Maria Maddalena Frescobaldi ein Verzeichnis dieser Frauen und ihrer Geschichte vor. Nachdem man sie zuvor ausgegrenzt, schuldig gesprochen und bestraft hat, beginnt man die Prostituierten nun zu „tolerieren". Doch die Freudenhäuser sind kein geeignetes Mittel, um das Problem zu lösen, denn durch sie bleibt die paradoxe Situation bestehen, daß nicht nur Menschen dazu gezwungen sind – was für die Mehrzahl von ihnen gilt –, ihren Körper zu verkaufen, sondern andere sich für berechtigt halten, ihn zu kaufen und zu benützen. Wahrscheinlich kommt Frescobaldi mit diesem Problem im Hospital für die Unheilbaren in Berührung, wie Lucrezia Ricasoli berichtet:

> Als wir das genannte Hospital besuchten, hatten wir Gelegenheit, etliche Frauen von ihrem sündhaften Leben abzubringen, und so entschlossen wir uns, dieses Werk fortzusetzen. Wir machten uns daran, eine Schule zu errichten, doch da wir kein eigenes Haus bekommen konnten, wie wir hofften, wurde das, was wir bei Tag erreichen konnten, am Abend, wenn sie nach Hause zurückkehrten, wieder zunichte gemacht. So dachten wir schließlich daran, sie in Verwahrung zu nehmen; und da es zu dieser Zeit in Florenz zwei Wohltätigkeitsanstalten gab, wollten wir sie dort unterbringen ...

Zunächst denken die Gräfin und ihre Mitarbeiterinnen an die Gründung einer Gesellschaft mit dem Namen „Dienerinnen der Barmherzigkeit". Ihr besonderes Kennzeichen sollte die Verehrung des Gekreuzigten und der Schmerzensmutter sowie die Betreuung gefährdeter Mädchen sein. Man bemüht sich darum, sie zu unterrichten und zu beraten; und in Ergänzung dazu eine Art von Heim zu errichten, damit ihre Ausbildung nicht vergeblich ist; schließlich wird vorgeschlagen, sie in Wohltätigkeitsanstalten unterzubringen, um sie so dauerhaft zu bekehren.

Im Jahr 1812 erwirbt Maria Maddalena für die Straßenmädchen Räumlichkeiten in der Via S. Gallo in Florenz und bemüht sich, sie dort zu betreuen. Wahrscheinlich ist sie nicht allein, sondern arbeitet mit freiwilligen Laienhelferinnen zusammen. Nichts deutet zunächst auf eine Ordensgründung hin. Im Jahr 1814 reist sie mit ihrem Sohn nach Imola, um dort Papst Pius VII. zu treffen, der sich auf dem Rückweg nach Rom befindet. Gino Capponi schreibt darüber:

> Ich glaube, daß sie bereits den Plan zu jenem wohltätigen Werk gefaßt hatte, das später zu einer festen Einrichtung wurde, für die nicht wenige der unglücklichsten unter den Frauen sie einst preisen werden.

Ein Jahr darauf, am 17. März 1815, werden die „Dienerinnen vom Leiden Christi" in ihrer ursprünglichen Form gegründet. Ihr Ziel und Zweck besteht darin, für eine bestimmte Anzahl gefährdeter junger Mädchen Sorge zu tragen und sie aufzunehmen, wenn sie zur Buße bereit sind. So etwa steht es in einer der ältesten schriftlichen Quellen.

Zwei Jahre später schreibt Maria Maddalena Frescobaldi an den Ordensgeneral der Passionisten, sie habe ein Haus für bekehrte Frauen gegründet, das den Namen „Heilige Maria Magdalena, die Büßerin" trägt. Und da durch die Barmherzigkeit Gottes ihre besondere Verehrung dem Leiden des Herrn gilt, bittet sie ihn, dem genannten Haus die in seiner Macht stehenden geistlichen Hilfen zu gewähren. Weiters ersucht sie ihn um eine Reliquie des heiligen Paulus vom Kreuz. Wir können mit Sicherheit annehmen, daß ihr der Heilige, sein Wirken und der von ihm gegründete Orden bekannt waren. Unter anderem war auch Marie Louise von Bourbon, deren Hofdame und Freundin sie war, eine Verehrerin des heiligen Paulus vom Kreuz .

Maria Maddalena erreicht damit ihr Ziel, die ausdrückliche Verbindung mit der Ordensgemeinschaft der Passionisten. Immerhin hatte zu den Anliegen des heiligen Ordensgründers auch die Betreuung der reuigen Sünder gehört. Größere Schwierigkeiten bereitet die zivilrechtliche Anerkennung ihrer Institution. Sie erhält die königliche Approbation im Jahr 1819. Etwa zur selben Zeit erfolgt auch die Approbation durch Papst Pius VII. Noch handelt es sich zur Gänze um eine weltliche Institution, obwohl es bereits Anzeichen für die bevorstehende Umwandlung gibt, die im Jahr 1825 erfolgt. Maddalena, die inzwischen verwitwet ist, erhält auf ihr Ansuchen hin die Erlaubnis, eine Zeitlang im Kloster der Passionistinnen in Tarquinia zu leben, um deren Spiritualität und Lebensweise kennenzulernen. Nach Florenz zurückgekehrt, verfaßt sie die Konstitutionen der inzwischen als religiöser Orden anerkannten Institution. Im Jahr 1830 ist diese Arbeit abgeschlossen. Die *Konstitutionen und Regeln der Dienerinnen vom Leiden unseres Herrn Jesus Christus und der allerheiligsten Schmerzensmutter Maria für das unter dem Namen „Heilige Maria Magdalena, die Büßerin“ errichtete Haus der Einkehr in der Stadt Florenz* werden veröffentlicht. In Wahrheit verfaßt sie jedoch nur die Konstitutionen, während sie die Ordensregel des heiligen Paulus vom Kreuz so getreu übernimmt, daß sie eine zusätzliche kirchliche Approbation nie für erforderlich gehalten hat. Der Name „Dienerinnen“ gilt für die Bekehrten ebenso wie für die Helferinnen – gemeinsam bilden sie die neue Ordensgemeinschaft. Wie sie selbst in den Satzungen schreibt, ist das Ziel ihrer Gründung

> ein „Haus der Einkehr“ und der Zuflucht für jene jungen Mädchen, die sich freiwillig dazu entschlossen haben, der Sünde zu entsagen, und sich für immer von der Welt zurückziehen wollen ... um das ewige Seelenheil zu erlangen ...

Neben den Bekehrten werden auch junge Mädchen aus gutem Hause aufgenommen, die tugendhaft sind und sich dazu berufen fühlen, die Bekehrten zu unterrichten und ihnen zu helfen. Entsprechend kürzer ist daher die Zeit ihres Noviziats. Das Gemeinschaftsleben erfordert Takt und Mitgefühl, gegenseitiges Verständnis, Respekt und Geduld mit denen, die mehr Zeit brauchen, vor allem aber Entschlossenheit, um jeden Verstoß gegen die Regeln zu verhindern. Die Liebe verlangt völlige Gleichheit und Eintracht zwischen den Bekehrten und ihren Helferinnen. Es gibt weder Unterschiede noch Privilegien. Die Gründung Frescobaldis ist nicht als Institution zur Resozialisierung zu verstehen, sondern als eine Ordensgemeinschaft, deren besonderes Kennzeichen das „Andenken an das Leiden des Herrn“ ist.

Maria Maddalena wendet ihre Aufmerksamkeit jedoch nicht nur den Prostituierten zu. Auch die Gründung einer Schule in San Romano ist ihr zu verdanken. Der Anblick von der Straße überlassenen jungen Mädchen macht ihr schmerzlich bewußt, daß die fehlende Erziehung einer der Gründe ist, weshalb sie Prostituierte werden. Man schreibt den November des Jahres 1832. Die Gräfin verfolgt mit ihrem Erziehungsprogramm ein zweifaches Ziel: Vorbeugung und Besserung. Wie viele andere Frauen zur Zeit der Aufklärung weiß auch sie, wie wichtig es ist, die Bildung der Frauen zu fördern. Und sie ist nicht die einzige, denn diese Erkenntnis wird auch in diesem Jahrhundert zu einem immer wichtigeren und vorherrschenden Merkmal der Ordensgründungen.

Es folgen nun ihre letzten Lebensjahre. Im Jahr 1837 kommt eine junge Frau von knapp achtzehn Jahren als Mitarbeiterin in das Haus der Einkehr zur „Heiligen Maria Magdalena“: Luisa Tognoni, später als Ordensfrau Schwester Crocifissa. Trotz ihrer Jugend übernimmt sie nach dem Tod Frescobaldis die Leitung des Ordens, und sie ist es auch, die ihn nach seiner Auflösung im Jahr 1866 wieder errichtet.

Maria Maddalena Frescobaldi ist bereits von Krankheit gezeichnet; möglicherweise ist es Asthma, zumindest weist die Beschreibung ihres Sohnes darauf hin. Im Frühjahr 1838 führt eine entzündliche Erkrankung rasch zu ihrem Tod. Die Trauer um sie ist ungeteilt. Wie die Aufschrift, die ihr Sohn auf ihrem Grabstein anbringen läßt, es ausdrückt, wird sie an jenem Ort begraben, „wo sie ein Refugium für jene Tugenden errichtet hat, die durch die Buße noch veredelt werden“.

Die „Buße“, von der wir sprechen, bedeutet vor allem innere Umkehr und Reue des Herzens. Als kluge und ausgeglichene Frau plante Maria Maddalena Frescobaldi für ihre „Dienerinnen“ kein Leben, dessen Strenge sie abschrecken sollte. Nur durch das Gebet und die Arbeit sollten die reuigen Sünderinnen ihre Würde und die Liebe zu Christus, dem Gekreuzigten, wiederfinden.

Ein Leben für die Ärmsten: Jeanne Jugan (1792 – 1879)

Wir haben schon mehrmals gesehen, wie Einzigartigkeit und Charisma mit einer privilegierten Stellung Hand in Hand gehen: Geburt, Bildung oder Reichtum. Die Lebensgeschichte der Gründerin der „Kleinen Schwestern der Armen“ unterscheidet sich völlig von diesem Bild. Sie wird in der Nacht vom 24. zum 25. Oktober 1792 als Kind armer Leute in einem kleinen Bauernhaus in der Bretagne, an der Straße zwischen Cancale und Saint-Malo, geboren. Ihr Vater Joseph ist Fischer. Jedes Jahr im Frühling bricht er zum „Großen Fischfang“ auf. In den Wintermonaten arbeitet er als Taglöhner auf einem nahen Gutshof, wo auch ihre Mutter Maria Horel als Hausangestellte tätig ist. Die beiden haben im Jahr 1784 geheiratet. Von ihren sieben Kindern bleiben nur vier am Leben, einschließlich Jeanne. Die Revolution erleben sie nur am Rande mit. Jeanne erhält die Taufe durch den „konstitutionellen" Pfarrer von Cancale.

Im Herbst des Jahres 1798 kehrt der Fischer Jugan nicht mehr nach Hause zurück. Offiziell steht er im Dienst der Republik. Tatsächlich hören seine Frau und die Kinder nichts mehr von ihm, auch dann nicht, als fünfundzwanzig Jahre nach Beendigung des Krieges die Gefangenen der Engländer freigelassen werden. Die Abwesenheit des Vaters macht das Leben für die Familie besonders schwer, zumal die wirtschaftliche Lage zu dieser Zeit sehr schlecht ist.

Es gibt keine besonderen Berichte über die Kindheit Jeannes. Wahrscheinlich empfindet sie wie alle Bewohner des Ortes Freude über die Wiederzulassung des Kultes in der Dorfkirche, wo sie die Erstkommunion und später auch die Firmung empfängt. Als Jeanne etwa achtzehn Jahre alt ist, wird um ihre Hand angehalten. Das Angebot ist nicht übel, doch das Mädchen bittet um Bedenkzeit. Im Jahr 1810 geht sie von zu Hause fort und tritt in den Dienst einer adeligen Familie aus der Umgebung. Als im Jahr 1816 in Cancale eine Volksmission abgehalten wird, beginnt sie eingehend über ihr weiteres Leben nachzudenken. Sie fühlt sich zum geistlichen Leben berufen, doch so seltsam es klingt, keine der Möglichkeiten, die sich ihr bieten, scheint ihr geeignet zu sein. Geistlich ja, aber auf ihre Weise. So weicht sie zunächst sozusagen auf ein Abstellgleis aus und tritt einer Vereinigung frommer Mädchen bei, „Schwestern, die zu Hause leben". Ihre Weigerung, zu heiraten, begründet sie ihrer Mutter gegenüber damit, daß sie sagt, Gott habe sie für ein Werk ausersehen, das erst gegründet werden soll.

Etwa fünfundzwanzig Jahre lang verdient Jeanne ihren Lebensunterhalt als Dienstbotin. Es wechseln die Plätze, die Arbeitgeber und mit ihnen die Aufgaben. Manche sind angenehm, andere weniger. Was stets gleich bleibt, ist die Mühsal einer niedrigen und schweren Arbeit. Doch sie wartet weiter auf etwas anderes, auf das, wozu sie sich berufen fühlt.

Sie ist bereits sechsundvierzig Jahre alt – sie lebt in Saint-Servan – und hat dem Vorschlag einer Freundin, Françoise Aubert, zugestimmt, mit ihr gemeinsam ein Haus zu mieten. Sie arbeiten beide; ihr Leben ist fromm und einfach. Sie sind für ihre Ehrlichkeit bekannt, und vor allem Jeanne zeigt große Opferbereitschaft und viel Geschick bei der Betreuung notleidender und kranker Mitmenschen. Ein Bürger des Ortes macht ihr den Vorschlag, sein junges Mündel bei sich aufzunehmen. Virginia Trédaniel hat keinen Menschen auf der Welt. Jeanne stimmt unter der Bedingung zu, daß sie für ihren Lebensunterhalt selbst aufkommt, indem sie arbeiten geht.

Die Zeiten sind äußerst hart, und das Amt für öffentliche Wohlfahrt muß eine ungeheure Zahl von Armen mit dem Nötigsten versorgen. Dennoch bleiben immer wieder besondere Grenzfälle auf der Strecke. Als Jeanne eines Abends von ihren gewohnten Besuchen in den Häusern der Ärmsten nach Hause kommt, kann sie nicht anders und erzählt ihrer Freundin, sie habe eine alte, halbblinde Frau getroffen, die sich in einer verzweifelten Lage befindet: Man könne sie nicht einfach sich selbst überlassen. Sie bittet die Freundin darum, sie mitbringen zu dürfen, und diese ist damit einverstanden. Diese kranke Frau wird die erste in einer langen Reihe, und Jeanne ahnt, daß sie nun ihren Weg gefunden hat. Inzwischen schließen sich ihr andere Frauen an; Virginia, deren Freundin Marie Jamet und etwas später Madeleine Brouges. Nach ihrem besten Wissen und Können haben sie damit eine Art Kongregation gegründet, in der das Gebet und die Pflege kranker, armer und alleinstehender alter Frauen einander abwechseln.

Die Initiative stiftet einige Verwirrung. Wie kann man nur auf den Gedanken kommen, diese menschlichen Wracks aufzulesen? Das Werk findet jedoch die Zustimmung des Pfarrers, der seinem Stellvertreter, Rev. Augustin Le Pailleur, die Verantwortung für Jeanne und ihre Gruppe überträgt. In seinem Beisein beschließen am 15. Oktober 1840 die ersten drei der künftigen „Kleinen Schwestern", ihr gemeinsames Leben zu beginnen. Sie haben die Vorschriften jener Kongregationen, denen Jeanne Jugan bereits angehört, auf ihren Dienst an den Armen und Notleidenden abgestimmt und beginnen sich gegenseitig „Schwester" zu nennen.

Das Haus von Jeanne und Françoise – die sich für zu alt hält, um der Kongregation beizutreten – ist inzwischen zu klein geworden. Die Gruppe macht sich auf die Suche nach einer geeigneten Unterkunft. In ihrem neuen Haus können sie zwölf alte Frauen aufnehmen. Zu den ersten drei und Françoise, die ihre Hilfe „von außen" nicht ablehnt, gesellt sich noch Madeleine Brouges, eine Wäscherin. Das Hilfswerk verschlingt immer mehr Geld. Jeanne sucht nach Lösungen, und es kommt der Zeitpunkt, an dem sie diejenigen ihrer Schützlinge, die am ehesten dazu in der Lage sind, ausschickt, um zu betteln. Es ist leider ein unbefriedigender Versuch. Von da an wird sie selbst zur Bettlerin.

Das Hilfswerk wird immer umfangreicher. Man entschließt sich dazu, ein ehemaliges Kloster zu erwerben, das nicht nur mehr Platz bietet, sondern es auch möglich macht, alte Männer aufzunehmen. Nach der Unterzeichnung des Vertrages erhebt der Pfarrer die Tätigkeit der „Dienerinnen der Armen" zu einer pfarrlichen Einrichtung und bestätigt Rev. Le Pailleur als ihren geistlichen Beistand.

Der Entschluß zu einem so groß angelegten Werk ruft Zustimmung, aber noch mehr Ablehnung hervor. Was ist Jeanne Jugan da in den Sinn gekommen? An Mitteln fehlt es ihr offenbar nicht. Dafür sorgen schon ihre Alten. Das Wohlfahrtsamt beschließt, ihr die Hilfsmittel zu entziehen, auf die ihre Schützlinge Anspruch haben. Es bleibt ihr daher nichts anderes übrig, als noch mehr zu betteln. Es wird während der kommenden Jahre sozusagen zu ihrer Hauptbeschäftigung. Sie bittet so freundlich und nachdrücklich, daß es schwer ist, nein zu sagen.

Bevor sie in ihr neues Heim übersiedeln, wählen die vier Frauen Jeanne zu ihrer Oberin. Sie nennen sich bereits „Dienerinnen der Armen". Und als solche widmen sie sich der Pflege der armen und kranken alten Leute, aber auch anderer Kranker jeden Alters und Geschlechts. Unterdessen erhält sie eine „Urkunde der Vereinigung im Gebet, in Verdiensten und guten Werken" mit dem Hospitalorden des heiligen Johannes von Gott (Barmherzige Brüder), mit dessen Provinzial Jeanne bereits in Verbindung steht. Dieses Schreiben ist das älteste historische Dokument, das sich auf ihre Urheberschaft bei der Gründung des Instituts bezieht.

Das weitere Wachsen des Werkes und auch den Weg bis zu seiner kanonischen Errichtung wollen wir hier nicht weiter verfolgen. Wir möchten nur anmerken, daß Jeanne zwei Wochen nach ihrer dritten Wahl zur Oberin – das Werk ist zu dieser Zeit de facto noch eine weltliche Kongregation – am 23. Dezember 1843 von Rev. Le Pailleur ihres Amtes enthoben wird. Er beschließt, sie durch die jüngere und gebildetere Marie Jamet zu ersetzen. Jeanne nimmt die Entscheidung in aller Demut hin und leistet der neuen Oberin Gehorsam. Von diesem Augenblick an betrachtet Rev. Le Pailleur sich als einzigen Begründer des Werkes, und Marie Jamet gilt als seine erste Oberin.

Außerhalb der Gemeinschaft weiß niemand etwas von diesem Wechsel in der Hierarchie der „Schwestern der Armen". Die Stadt Saint-Servan freut sich über dieses blühende Werk. Der Bürgermeister beschließt, es für eine öffentliche Ausschreibung zu nominieren, mit der auf nationaler Ebene ein verdienstvolles Werk geehrt wird. In einer Eingabe werden die dafür benötigten Angaben gemacht. Im Herbst des Jahres 1845 erhält Jeanne von der Académie Française den Montyonschen Preis und 3000 Francs. Die Zeitungen berichten über sie, und – so seltsam es auch scheint – selbst die Freimaurer zeichnen sie schließlich mit einer goldenen Verdienstmedaille für ihre „Philanthropie" aus und bezeichnen sie als eine „große Frau".

Doch weder diese Tatsachen noch die öffentliche Meinung, die das Werk so sehr mit Jugan identifiziert, daß die Schwestern einfach mit dem Plural ihres Namens bezeichnet werden, können die interne Situation ändern. Jeanne ist zum Gehorsam verpflichtet. Sie führt das Leben einer findigen und schrulligen Almosensammlerin, die ihre „Rundreisen" immer weiter ausdehnt. Wo immer sie als Bittstellerin auftritt, entstehen schließlich durch ihre Initiative neue Heime, wie zum Beispiel in Rennes oder Dinan. Trotz aller Schwierigkeiten wächst das Werk. Und wenn die Almosen einmal ausbleiben, dann ruft man sie, weil ihr mit Leichtigkeit gelingt, was für andere unmöglich ist. Dennoch kein Wort der Anerkennung für Jeanne. Die jungen Mädchen des Instituts, das inzwischen im Volksmund den Namen „Kleine Schwestern der Armen" trägt – man schreibt das Jahr 1849 –, wissen nicht, daß sie seine eigentliche Begründerin ist. Es ist unverständlich, daß ihre einstige Freundin Marie Jamet die Thesen von Rev. Le Pailleur unterstützt und der Ordensgründerin, wie ein Brief aus dem

Jahr 1846 beweist, sogar gute Ratschläge erteilt. Zu dieser Zeit zählt Jeanne bereits dreiundfünfzig Jahre, die „Oberin“ knappe sechsundzwanzig!

Im Jahr 1852 erfolgt die Approbation durch den Bischof von Rennes, und Rev. Le Pailleur wird zum Generaloberen des Instituts ernannt. In der Ordensregel, die unter seiner Anleitung bereits sechs Jahre zuvor verfaßt worden war, steht, daß der Generalobere dieselben Rechte haben soll wie die Generaloberin und daß sie ihm in allem unterstellt werden muß.

Als das Institut im Jahr 1854 endgültig approbiert wird, bezeichnet Rom ihn nur noch als „Promotor des Instituts“, doch er zieht es vor, diesen Titel nicht zu führen. Im gesamten Briefwechsel zur Erlangung der päpstlichen Approbation scheint der Name Jeannes nur einmal in der Eingabe des Bischofs von Rennes auf; er schreibt dort über die Initiative von vier Frauen aus niedrigem Stand, „unter denen Jeanne Jugan erwähnt werden muß“. Für die Ordensgründerin folgt eine Zeit des Schweigens, der Vergessenheit und der Ruhe, zu der ihr Alter sie zwingt. Abgeschieden lebt sie in dem neuen Internat der Novizinnen, das in Rennes wegen der starken Expansion des Ordens errichtet worden ist (im Jahr 1856 gibt es neben dem Mutterhaus bereits 37 Heime allein in Frankreich; weitere Heime entstehen in England und in Belgien). An diesem Ort verbringt Jeanne, von allen vergessen, ihre letzten Jahre, doch von den jungen Novizinnen wird sie aufgrund ihrer Ausstrahlung verehrt und geliebt. Man hält sie von jeder wichtigen Tätigkeit fern, sogar von hohen Festen wird sie ausgeschlossen. Obwohl sie zur „Ratgeberin“ ernannt worden ist und mit der Generaloberin und ihren Stellvertreterinnen gemeinsam an der Führung des Instituts beteiligt sein sollte, wird ihr Dienst in Wirklichkeit nie in Anspruch genommen; ein einziges Mal findet man ihre Unterschrift, was jedoch kein sicherer Beweis dafür ist, daß sie an der entsprechenden Versammlung auch tatsächlich teilgenommen hat. Ihr Schweigen dauert siebenundzwanzig Jahre. Doch in der Welt erinnert man sich weiter an sie, und noch zu ihren Lebzeiten wird eine Straße in Saint-Servan nach ihr benannt. Als sie davon erfährt, ist sie bestürzt und will die Stadtväter von dieser Entscheidung abbringen. So verbringt sie die Zeit, die sie noch lebt, in Schweigen und Gebet, mit Nachdenken und scheinbar unwichtigen Begegnungen mit den jungen Mädchen, die an diesem Ort ständig wechseln. Sie stirbt am 29. August 1879 im Alter von über sechsundachtzig Jahren.

Weshalb haben wir uns die Mühe gemacht, diese ganz gewöhnliche Frau, eine Dienstbotin, in unsere Galerie aufzunehmen? Wegen ihres Gehorsams, der in seinem Heroismus jedem gesunden Menschenverstand zu widersprechen scheint? Weil sie entschieden hat, durch erlittenes Unrecht heilig zu werden, und sich eine Idee wegnehmen läßt, für die sie praktisch bis zu ihrem fünfzigsten Lebensjahr in bitterer Armut gelebt hat? Sicher nicht. Wir wollen nicht einen Heroismus rühmen, der für uns unvertretbar ist, weil er die überspitzte Egozentrik eines Kirchenmannes, der sich für etwas brüstet, was nicht sein Werk ist, und einer Freundin, als die man sie eigentlich nicht betrachten kann und die sich der

Autorität dieses Geistlichen völlig unterwirft, geradezu unterstützt. Was sie geleistet hat, ist ohne Frage verdienstvoll und heroisch. Die radikalen Grundregeln des Christentums sind nun einmal nicht die der Welt, auch wenn sie ungerecht zu sein scheinen ...

Wir aber haben den verschiedenen Frauen, die im wahrsten Sinne des Wortes starke Persönlichkeiten waren, diese ungebildete Bauersfrau zur Seite gestellt, weil sie auf eine neue und schöpferische Weise zur Prophetin menschlicher Bedürfnisse wird. Jeanne Jugan widmet sich nicht den Armen allgemein, sondern denen, die einsam und krank sind. Denen, die keiner haben will. Jenen gestrandeten Männern und Frauen, denen jede Menschenwürde abgesprochen wird. In der heutigen Zeit, in der die Frage der „Alten" wieder zu einem Problem geworden ist, bedeutet die Nächstenliebe, die Jeanne Jugan den Ärmsten der Armen schenkt, ebenso eine Herausforderung für uns wie die Hartnäckigkeit dieser Bauersfrau, die nicht aufgibt, sondern zielstrebig die Verwirklichung ihres Planes – den sie selbst nicht genau kennt – verfolgt. Für sie war nur wichtig, daß sie ihr Ziel erreicht hat. Für Jeanne ist die Erinnerung an sie selbst nicht von Bedeutung.

Das Modell und die Abweichung

Zur Darstellung des Modells und der Abweichung müssen wir das Rad der Zeit noch einmal weit zurückdrehen. Wieder haben wir Frauen gewählt, die im Kloster leben, so umstritten das auch sein mag. Ihr soziales und politisches Umfeld ist jedoch völlig verschieden. Die Nonne, die uns als Modell dient – dessen Grenzen wir noch erläutern werden –, ist eine Vertreterin der Neuen Welt, der das Abendland nach der Entdeckung Amerikas im Jahr 1492 gegenübersteht. Juana de la Cruz ist Mexikanerin und die einzige Nichteuropäerin unter unseren Frauen. Sie, die nicht so berühmt ist wie etwa Rosa von Lima, die als erste Frau der Neuen Welt heiliggesprochen wurde, ist von den Gewalttaten der Eroberer verschont geblieben. Sie gehört nicht zu den Tausenden und Abertausenden vergewaltigten Frauen, doch sie ist eine ihrer Nachkommen. Aufgrund ihrer Sprache, ihrer Interessen, ihrer Familie und ihrer Bildung kann man sie eigentlich als „Europäerin" und Vertreterin des „Barock" bezeichnen. Arcangela Tarabotti und Angélique Arnauld bestätigen die Problematik des klösterlichen Lebens. Die eine dadurch, daß sie dazu gezwungen wird, Nonne zu werden, die andere durch die Anziehungskraft, die für das Empfinden der damaligen Zeit mit ihrer religiösen Spiritualität ein Ort ausüben kann, der Schutz vor den Unbilden der Zeit verspricht. Im Grunde bestätigen aber beide, daß Klöster alles andere als abgeschiedene Orte sind. Daß man sich hier den „Freidenkern" anschließen oder Anhänger von Jansenius werden kann, ist unbedeutend. Was zählt, ist die Tatsache, daß diese Frauen über die Grenzen der

Klausur hinweg Einfluß auf die Kultur ihrer Zeit nehmen und so auf ihre Weise „Kultur schaffen“.

Der Einfluss des „Jansenismus“: Angélique Arnauld (1591 – 1661)

Viele Äbtissinnen des 17. Jahrhunderts sind darum bemüht, ihre Klöster zu reformieren. Im Fall von Mère Angélique handelt es sich um das Zisterzienserinnenkloster Port-Royal des Champs in der Ebene von Chevreuse.

Jacqueline-Marie Arnauld entstammt einer Adelsfamilie. Als Tochter von Antoine Arnauld, einem Anwalt und Parlamentarier, und Cathérine Marion wird sie am 8. September 1591 in Paris geboren. Bereits mit siebeneinhalb Jahren wird sie zur Stellvertreterin der Äbtissin von Port-Royal, Jeanne Boulehart, nominiert mit dem Recht der Nachfolge. Ihr Großvater mütterlicherseits erreicht ihre Bestellung durch Rom, weil er offenbar ihren Namen und die persönlichen Daten fälscht. Am 2. September 1599 wird sie zur Einkleidung in das Kloster Saint-Antoine gebracht, und sechs Wochen später kommt sie zu ihrer Schwester, die im Kloster von Saint-Cyr ein hohes Amt bekleidet. Am 24. Juni des folgenden Jahres bringt man sie in das Kloster Maubuisson, um ihre Ausbildung abzuschließen.

Hier bringt die Äbtissin Angélique d'Estrées Schande über ein Haus, das nur noch den Mauern nach ein Kloster ist. Sie ist Mutter von zwölf Kindern und läßt jedes von ihnen entsprechend dem Stand seines Vaters erziehen. Während die Äbtissin von Port-Royal sich auf einer Reise in die Pikardie befindet, empfängt ihre junge Stellvertreterin in Amiens die Firmung, bei der sie den Ordensnamen Marie-Angélique de Marie Madeleine erhält. Am 29. Oktober 1599 legt sie die Gelübde ab und tritt ihr Amt als Äbtissin am Tag ihrer Erstkommunion an. Es ist der 5. Juli 1602.

So absurd die Umstände auch sind, durch die sie Nonne wird und zu ihrem Amt gelangt – sie selbst sagt später, daß nicht Gott, sondern die Menschen sie zur Äbtissin gemacht haben –, die junge Mère Angélique widmet sich im wahrsten Sinne des Wortes dem geistlichen Leben. Im Kloster herrschen unglaubliche Zustände. Der Beichtvater ist für seine Aufgabe völlig ungeeignet und ungebildet, die Nonnen, etwa zwölf, sind sich selbst überlassen. Angélique beginnt mit ihrer Reform im März des Jahres 1608. Ohne sich um die Feindseligkeit der Priorin, ihrer Angehörigen und der Nonnen selbst zu kümmern, beschließt sie die Gütergemeinschaft, führt die Klausur wieder ein, befiehlt Schweigen und ständige Enthaltsamkeit. Das deutlichste Zeichen ihrer strengen Anwendung der Ordensregel setzt sie am 25. September 1609, als sie sich weigert, ihren Vater anders als hinter dem Gitter des Sprechzimmers zu empfangen. Auf die Vorhaltungen der Eltern hin antwortet sie, daß sie selbst keine Bedenken gehabt hätten, sie mit neun Jahren Nonne werden zu lassen, während sie sich nun über die Tatsache entrüsteten, daß sie die Ordensregel einhalten möchte. Das Kloster kehrt also zu seinem traditionellen Lebensrhythmus zurück; die Nonnen müssen wieder ihre strenge Ordenstracht anlegen; die einst geübte Wohltätigkeit und Gastlichkeit wird wieder gebräuchlich.

Nachdem ihr Kloster reformiert ist, erklärt Mère Angélique sich bereit, ihr Werk auch in anderen Klöstern fortzusetzen. Vor allem geht es um die Reform von Maubuisson, dessen Äbtissin nur mit Mühe zur Einsicht gebracht werden konnte. Nachdem es dieser jedoch gelungen war, wieder in ihr Amt eingesetzt zu werden, verläßt Mère Angélique mit dreißig Postulantinnen die Abtei. Aber nur für kurze Zeit, dann kehrt sie im Triumph als Oberin zurück.

Im selben Jahr befindet sich Franz von Sales in Paris. Er besucht Maubuisson am 5. April und wahrscheinlich noch weitere Male. Der Briefwechsel zwischen den beiden ist überliefert. Franz von Sales stimmt ihr zu und lobt sie, versucht aber auch, seinem Wesen entsprechend, ihre Härte etwas zu mildern. Angélique möchte den Visitantinnen beitreten. Franz versucht Zeit zu gewinnen; auf den in Rom eingebrachten Antrag erfolgt keine Antwort; nach seinem Tod setzt Angélique ihren Briefwechsel mit Jeanne de Chantal fort.

Fünf Jahre später wird in Maubuisson nach kanonischer Vorschrift eine neue Äbtissin gewählt; als sie abgelehnt wird, verläßt Mère Angélique das Kloster und mit ihr dreißig Novizinnen. Sie kehrt nach Port-Royal zurück, wo sie eine eifrige Gemeinschaft antrifft, die ein äußerst strenges Leben führt. Angélique und ihre Schwestern werden von verschiedenen Seiten um Hilfe angerufen, und sie willigt ein, ihre Reformarbeit fortzusetzen. Sie setzt auch durch, daß ihr Kloster von seinem klimatisch ungünstigen Standort in einen Vorort von Paris verlegt wird, in jenes Haus, das später als Port-Royal de Paris bezeichnet wird. In der Zwischenzeit führt sie die Reform des Klosters von Poissy zu Ende.

Der Tod der Äbte von Clairveaux und Citeaux bringt ihre Reformtätigkeit zum Stillstand. Angélique erhält von Rom die Erlaubnis, aus der Jurisdiktion der Zisterzienser in die des Diözesanbischofs überzuwechseln. Nachdem sie ihr Ziel erreicht hat, schreibt sie einen vernichtenden Bericht über die Mönche, gibt die Ordensregel der Benediktiner und die Gebräuche der Zisterzienser auf und übernimmt die Ordensregel des heiligen Augustinus. Während sie den Plan verfolgt, die Häuser von Port-Royal und Tard zu vereinigen, und darauf wartet, von Rom aus der Jurisdiktion der Zisterzienser entlassen zu werden, erhält sie im Jahr 1630 die Erlaubnis der Königin, ihr Amt als Äbtissin in einer Wahl zur Verfügung zu stellen. Da sie nicht wiedergewählt wird, überläßt sie Port-Royal der Führung von Genovefa Le Tardiff. Sie selbst wird Oberin des Hauses vom Heiligsten Sakrament, in das ein Teil der Schwestern wegen der Malaria übersiedelt ist. Hier trifft Angélique 1634 Saint-Cyran, der ihr Beichtvater und Spiritual des Ordens wird. Ihre strengen Anschauungen machen sie zu einer überzeugten Anhängerin der Thesen Saint-Cyrans, zu dessen Verteidigung sie eigens ein

Memorandum verfaßt. Da es ihr nicht gelingt, sich in der folgenden Polemik durchzusetzen, kehrt sie schließlich nach Port-Royal zurück, wo sich ihr die Nonnen vom Heiligsten Sakrament anschließen, deren Institut 1638 aufgelöst wird. Im Jahr 1642 wird sie neuerlich zur Äbtissin ernannt, dann noch viermal hintereinander und schließlich noch einmal bis zu ihrem Tod.

Das Leben Angélique Arnaulds ist eng mit der Geschichte des Jansenismus verbunden, jener Reformbewegung, die in der ersten Hälfte des 17. Jahrhunderts in Frankreich ihren Ausgang nimmt. Es handelt sich um den Versuch, den Glauben von den Einflüssen der Scholastik zu befreien und an die Kirchenväter, vor allem an Augustinus, anzuknüpfen. Jansenius und Saint-Cyran übernehmen von ihm bestimmte anthropologische Ansichten, indem sie die vollkommene Verdorbenheit der menschlichen Natur nach der Erbsünde vertreten, die Willensfreiheit leugnen und die wesentliche Bedeutung der göttlichen Gnade betonen; eine weitere wichtige These des Jansenismus ist die Prädestinationslehre. Das Werk *Augustinus* von Jansenius, das im Jahr 1640 posthum erscheint, ist eine Zusammenfassung dieser Thesen, die sich gegen das Freidenkertum und die Jesuiten richten. Gegen die Jesuiten richten sich auch die *Lettres provinciales* von Blaise Pascal, dessen Schwester Jacqueline nicht zufällig in Port-Royal aufgenommen wird, obwohl sie keine Mitgift besitzt. Sie ist eine kluge und gebildete, feinsinnige und sensible Dichterin, die wie ihr Bruder die Anschauungen der Jansenisten mit noch größerer Begeisterung übernimmt. Dennoch wird es für sie nicht leicht, die Zustimmung ihrer Familie zum Eintritt in Port-Royal zu erhalten, wo sie zur Novizenmeisterin bestellt wird. So wird Mère Angélique in das komplizierte Netz dieser Spannungen verstrickt. Die Ansichten der Jansenisten kommen ihrer extremen und unerbittlichen Strenge entgegen. Sie nimmt eindeutig Partei für Saint-Cyran. Sie ist über seine Gefangennahme bestürzt und freut sich, als er wieder freigelassen wird. Scharf und unnachsichtig kritisiert sie jeden, der von ihren Ansichten abweicht. Zu ihrem Vertrauten wird ihr Bruder Antoine, der ebenfalls ein Anhänger von Jansenius ist. Als wegen der Fronde-Unruhen verschiedene Mönche aus ihren Klöstern fliehen müssen, nimmt Angélique sie in Port-Royal auf und verbreitet so weit wie möglich die jansenistischen Ansichten. Sie ändert ihre Einstellung auch nicht, als im Juni des Jahres 1653 Jansenius offiziell verurteilt wird, sondern spottet über den Papst und die Kardinäle als die Schuldigen an diesem Urteil, in der Überzeugung, daß sie die Lehre des Jansenius falsch interpretieren. In diesen Jahren entwickelt sie eine beispiellose Härte. Unbewegt und ohne Schmerz zu zeigen, erlebt sie den Tod ihrer Mutter und ihrer Schwestern. Doch ihre Angst wächst. Kurz vor ihrem Tod ist sie von der Furcht vor Gott geradezu besessen. Sie stirbt am 6. August 1661 mit den Worten: „Hab Erbarmen mit allen, ich bitte dich, mit allen, mein Gott!" Das Kloster von Port-Royal wird im Jahr 1709 aufgelöst, und 1713 werden die Anschauungen der Jansenisten durch die Bulle *Unigenitus* endgültig verurteilt.

Mère Angélique Arnauld, eher Ketzerin als Rebellin, beweist, daß auch Frauen in die religiösen Konflikte ihrer Zeit verwickelt sind. Als Reaktion auf die während des gesamten 17. Jahrhunderts übliche Praxis, Frauen zum Eintritt in das Kloster zu zwingen, entsteht ein strenger und extremistischer Kreis, der sich gegen die Freizügigkeit des Libertinismus wendet. Es ist schwer, darüber objektiv zu urteilen. Sicher ist, daß sie viele Gesprächspartner hatte. Diese Äbtissin verkörpert in höchstem Maße die gespannten Erwartungen und Sehnsüchte eines Christentums, das radikale Strenge fordert, die besonders unbeliebt ist, weil sie in einer Welt, die das religiöse Leben zu den Pflichten und Gewohnheiten des sozialen Lebens zählt und es völlig von seinen ursprünglichen Forderungen getrennt hat, als unbequem und beunruhigend empfunden wird.

Das Inferno des Klosters:
Arcangela Tarabotti (1604 – 1652)

Arcangela Tarabotti führt uns wieder in die Republik Venedig zurück, wo aus verschiedenen Gründen bereits in der zweiten Hälfte des 16. Jahrhunderts eine Art literarischer „Feminismus“ entsteht. Es ist allgemein bekannt, daß Venedig durch seine bekannt kritische Einstellung zum Papsttum Raum für einzigartige Persönlichkeiten bietet – man denke nur an Fra Paolo Sarpi. Was die Frauen betrifft, so gibt es für ihren Zugang zur Bildung bereits in den vorangehenden Jahrhunderten berühmte Beispiele: Cristina de Pizan beispielsweise ... Doch auch Gaspara Stampa, Lucrezia Marinelli, Veronica Gambara, Isabella Morra, alles Dichterinnen, können sich zwischen dem liberalen Venedig und dem benachbarten und kultivierten Padua voll entfalten. Die Frauen beteiligen sich sogar an der Diskussion über ihre „Unterlegenheit“, die praktisch das gesamte 17. Jahrhundert hindurch andauert. Zu den Vertretern dieser Unterlegenheit gehören G. Passi, der Abt B. Tondi und G. B. de Luca. Ihre in Mailand, Venedig und Rom veröffentlichten Schriften sind als Antwort auf die veränderte sozioökonomische Situation gedacht, die es den Frauen ermöglicht, sich in gewisser Weise aktiver als bisher am politischen, künstlerischen und kulturellen Leben zu beteiligen. Die Verfasser verbreiten die klassischen und im Grunde niemals aufgegebenen Ideen einer kulturbedingten Frauenfeindlichkeit. Die unsinnigste These stammt aber von Alcidalius Valens: *Disputatio periucunda qua anonimus probare nititur mulieres homines non esse* („Willkommener Disput, in dem ein Ungenannter den Beweis antritt, daß Frauen nicht wie Männer sind“). Das Werk wurde von Orazio Plata übersetzt. Neu ist hingegen, daß die Frauen nun selbst ins Feld ziehen, um diese Thesen und Schriften zu widerlegen und zu Fall zu bringen, deren satirischer Charakter nicht über ihre andauernde und erklärte Frauenfeindlichkeit hinwegtäuschen kann, die mit dem *Malleus maleficarum* (dem „Hexenhammer“) ein Gegenstück auf kirchlicher Ebene hat.

Wir haben uns gefragt, ob das Entstehen einer solchen Frauenfeindlichkeit das Ergebnis der tridentinischen Reform sein kann. Es muß nicht unbedingt damit in Zusammenhang stehen, sicher ist jedoch, daß die Vormachtstellung Spaniens mit seinem arabischen Kulturgut in weiten Teilen Europas die Anschauungen über die „Ehre" der Frau bestimmt, die nun de facto abgesondert ist. Die Frauen sind wieder weit von jenen kulturellen Entfaltungsmöglichkeiten entfernt, die sich ihnen noch im 15. und 16. Jahrhundert geboten haben. Am wahrscheinlichsten ist wohl die Vermutung, daß die Männer der Entwicklung eines neuen weiblichen Selbstbewußtseins grundsätzlich mißtrauisch gegenüberstehen. Das 17. Jahrhundert zeigt eine einschneidende kulturelle Veränderung, deren Dynamik die Männer dazu veranlaßt, ihre eigenen Wertvorstellungen, die ihrer Meinung nach mit den weiblichen Werten nicht zu vergleichen sind, um jeden Preis zu erhalten und zu verteidigen.

Es sind vor allem die venezianischen Schriftstellerinnen, die sich der Verteidigung der Frauen widmen. Moderata Fonte mit ihrem Dialog *Das Verdienst der Frauen* ist eine von ihnen. Darin läßt sie eine ihrer drei Protagonistinnen folgendes sagen: „Ich diene keinem und gehöre keinem anderen als mir selbst." Eine sarkastische und tragische Behauptung, wenn man die Lebensgeschichte der Verfasserin kennt: Moderata Fonte stirbt mit siebenunddreißig Jahren bei der Geburt ihrer vierten Tochter. Auch Lucrezia Marinelli schreibt im Rahmen ihres dichterischen Schaffens eine Abhandlung über *Adel und Vollkommenheit der Frauen im Vergleich zu den Fehlern und Mängeln der Männer*. In dieser Schrift aus dem Jahr 1601 prüft sie streng philosophisch die Zeugnisse der Vergangenheit, die sich auf die ontologische Unterlegenheit der Frauen beziehen; sie untersucht die verschiedenen Mythen; vor allem schreibt sie eine Gegengeschichte, mit einer ganzen Galerie außergewöhnlicher Frauen, offenbar angeregt durch die bereits von den Humanisten gesammelten Frauenbilder.

In Verbindung mit dieser Diskussion und dieser Erwartungshaltung muß auch Arcangela Tarabotti betrachtet werden. Wir kennen das Datum ihrer Geburt und ihres Todes, vor allem aber das Datum ihres Eintritts ins Kloster. Auch Arcangela Tarabotti hinterläßt uns ein Pamphlet zur Verteidigung der Frauen: *Die Frauen sollen wie die Männer sein. Eine Verteidigung der Frauen*. Die Thematik dieses Werkes, ihres letzten, ist überaus komplex, nicht nur, weil ihre Verteidigung der Frauen von einer speziellen Art der Unterdrückung ausgeht – nämlich von Verrat und Betrug –, sondern vor allem, weil sie die erste ist, die einem bisher vor allem in der Literatur erhobenen Protest einen politischen Inhalt gibt.

Arcangela – ihr Taufname lautete Elena Cassandra – wurde im Jahr 1604 in Venedig, im Stadtbezirk Castello, geboren. Sie stammte aus einer wohlhabenden Familie, die dem Bürgerstand oder dem reichen Handwerkergewerbe angehörte. Ihr Vater Stefano Bernardino mußte für fünf Töchter sorgen. Er beschloß, nur die beiden jüngsten zu verheiraten und die Erstgeborene ins Kloster zu schicken; die anderen beiden lebten weiter unverheiratet im Haushalt der Eltern. Die kleine Elena dürfte hübsch gewesen sein, hinkte aber. Abgesehen von anderen Überlegungen, zu denen wir noch kommen, eignete sie sich durch diesen Fehler nicht für den Heiratsmarkt. Tatsache ist, daß man ohne eine entsprechende Mitgift nicht heiraten konnte, und es war sehr schwierig, die Mittel für fünf Töchter aufzubringen. Der Vater entschied also, seine jüngsten Töchter zu verheiraten, weil er dadurch am längsten über die Zinsen ihrer Mitgift verfügen konnte. Da er das Kapital nur an zwei auszahlen mußte, konnte er für beide eine für das Ansehen der Familie günstige Ehe arrangieren.

Es gab für die jungen Venezianerinnen im 16. und 17. Jahrhundert nur die Wahl zwischen dem Kloster und der Ehe. Doch eine Heirat stellte für die Familien eine viel größere Belastung dar als die „geistliche" Mitgift, wenn man sie in ein Kloster sperrte. Die religiöse Berufung spielte bei einer solchen politisch und sozial motivierten Entscheidung keine Rolle. Tatsächlich ging es darum, das soziale Gleichgewicht Venedigs zu sichern; man wollte die Expansion des Adels und die damit verbundene Schmälerung ihres Vermögens verhindern, das so ungeteilt in den Händen weniger verbleiben konnte. In ihrem Buch *Inferno des Klosters* schreibt Tarabotti:

> Wenn ihr es schon für gut erachtet, die Mehrzahl der jungen Mädchen der Staatsräson zu opfern, weil der Adel, wenn alle sich verheiraten, zu zahlreich würde und die Familien wegen der Kosten für die Mitgift verarmten, so betrachtet wenigstens die euch von Gott geschenkte Gemeinschaft ohne Habsucht.

Es ist unnötig, zu betonen, daß der Vorschlag, die Mitgift abzuschaffen, völlig unrealistisch war, ja Venedig den Preis trotz anderslautender Gesetze sogar erhöhte, um seine Absichten durchzusetzen. Wie es der Brauch war, entschied daher der Vater Elenas, sie ins Kloster zu geben. Sie schreibt:

> Nicht die Schönsten und Besten geben sie Jesus zur Braut, sondern die Häßlichsten und Entstelltesten, und was sie in ihren Familien an Lahmen, Buckligen, Hinkenden und Dummen finden, verdammen sie, als wären die Fehler der Natur ihre Schuld, zu lebenslangem Gefängnis.

Und doch war die Entscheidung vom menschlichen Standpunkt nicht die schlechteste. Eine Nonne hatte eine würdige und ehrenhafte Stellung im Gegensatz zu unverheirateten Frauen, die zu Hause lebten und in ihrer Jugend eine ständige Bedrohung für die Ehre der Familie darstellten, während sie im Alter zu einer Belastung wurden. Auch die Schwestern Arcangelas lebten nach dem Tod des Vaters von der Gnade ihrer beiden Brüder.

Elena tritt im Jahr 1617 als Schülerin in das Benediktinerinnenkloster Sant'Anna im Stadtbezirk Castello ein. Sie wird dort 1620 Novizin und erhält den Namen Arcangela. Das Kloster gehört nicht zu den vornehmsten, obwohl es auch dort nicht an Nonnen adeliger Herkunft mangelt. Auf jeden Fall leidet sie wie der Großteil ihrer Kameradinnen unter der Strenge des Klosters, über die sie sich in den meisten ihrer Schriften beklagt. Ganz Venedig weiß, daß die jungen Mädchen in den Klöstern wie in einem „öffentlichen Gewahrsam" eingesperrt sind. Auch dem Patriarchen Tiepolo ist dieser Umstand bekannt, der aus diesem Grund verfügt, die Ordensregeln zu mildern, damit die Ärmsten dort „wenn nicht zufriedener, so zumindest weniger unzufrieden" leben können. Dieser redliche Mann schreibt, daß es sich um adelige Mädchen handelt, die, wären sie anderen Geschlechts, „die Welt regieren und beherrschen könnten". Die strengen Richtlinien der tridentinischen Reform dürften nicht für jene gelten, die unfreiwillig Nonnen werden. Die Verschärfung der Regeln wäre eine Unmenschlichkeit diesen Frauen gegenüber, die durch den Zwang zum Eintritt in das Kloster bereits verletzt und beunruhigt sind.

Diese notwendige Erleichterung führt dazu, daß Arcangela Briefe schreiben und erhalten kann und ihre gebildeten Gesprächspartner empfangen darf, wenn auch nur im Sprechzimmer, das so zu einer Art literarischem Salon wird. Besuche zu empfangen ist eine der kleinen Freuden des Klosterlebens, eine Gelegenheit, die Langeweile zu unterbrechen, die das Zusammenleben mit Frauen bedeutet, die durch kein gemeinsames Interesse und durch keine Berufung miteinander verbunden sind. Gewiß kann es in einem Kloster zu weit weniger harmlosen Dingen kommen, nicht nur aus mangelnder Religiosität, sondern durch schwere Verletzungen der Regel und der Gelübde. Es sind Dinge, die Arcangela verurteilt, gleichzeitig aber dem erzwungenen Eintritt ins Kloster zuschreibt. Er ist der Grund, weshalb es das Paradies und das Inferno des Klosters gibt. Das Paradies ist es für den, der das geistliche Leben frei gewählt hat. Ein Inferno bedeutet es für alle, die durch die „Tyrannei der Väter" verraten und betrogen worden sind.

Der intellektuelle Kreis Tarabottis ist zweifellos das genaue Gegenteil des Kreises von Mère Angélique Arnauld. Die vornehmen Herren, mit denen sie sich trifft und die ihr helfen, ihre Manuskripte zu verbreiten oder drucken zu lassen, sind vor allem „Freidenker" und in der Mehrzahl Mitglieder der freien „Accademia degli Incogniti".

Was veranlaßt Schwester Arcangela dazu, Schriftstellerin zu werden und ihr Schweigen zu brechen? In ihren Werken bezeichnet sie sich als Autodidaktin und bedauert, daß sie keine reguläre Bildung erhalten konnte, obwohl es ihr sehnlichster Wunsch gewesen sei. Es ist nicht anzunehmen, daß sie in ihrem Kloster etwas anderes als jene Grundkenntnisse im Lesen und Schreiben erworben hat, die eine Chorschwester zum Unterschied von einer Laienschwester haben mußte. Das Chorgebet verlangt von den ersteren, daß sie lesen können. Den anderen nützt diese Fähigkeit nichts, weil sie nur die Aufgabe haben, den reicheren Nonnen zu dienen. Es ist möglich, daß Arcangela indirekt von den Hauslehrern ihres Bruders profitiert hat. Das kann jedoch nur während ihrer Kindheit geschehen sein, und daher ist es wahrscheinlicher, daß sie im Kloster die Gelegenheit ergreift, sich mit Literatur zu befassen. Doch in ihrem Fall ist das Kloster kein sehr geeigneter Ort dafür. Es ist nämlich nicht so einfach, dort Zugang zur Literatur zu finden. Es gibt zwar eine gewisse Anzahl von Büchern, auch mit weltlichem Inhalt, doch weder ihre Zahl noch ihre Art entspricht denen, die sie offensichtlich kennt und zitiert. Die Diskussion über ihre literarischen Quellen ist noch im Gange, und man fragt sich, ob ihr Anthologien oder Texte aus erster Hand zur Verfügung gestanden sind. Doch da sie sich der Literatur verschrieben hat, wird sie sich sicher die geeigneten Vorlagen beschafft haben. Und wie auch immer sie ausgesehen haben mögen, es hindert sie nichts daran, zu schreiben. Sieben Werke hat sie uns hinterlassen. Von weiteren sind nur noch die Titel bekannt, wobei es nicht sicher ist, ob sie wirklich alle von ihr stammen.

Im Mittelpunkt ihres gesamten Werkes steht die Situation der Frau. Ihre ausdrückliche und politische Betrachtung der Frau macht sie, wie gesagt, auf neue Weise zu einer bedeutenden Persönlichkeit. Vor allem, weil sie die Kultur ihrer Zeit und deren Regeln ablehnt. Ihre Prosa ist nicht deshalb so einzigartig, weil sie Autodidaktin ist, was man ihr vorwirft und was sie auch selbst gesteht, sondern weil sie sich klar von einem rein „männlichen" Schaffen distanziert. So schreibt sie:

> ... Wen wundert es ... daß von Philosophen, Gesetzgebern, Rednern und Dichtern und auch durch Verzerrungen der Heiligen Schrift schlecht über Frauen gesprochen wird, wenn alle, die schreiben und geschrieben haben, Männer sind?

In ihren Werken, deren zeitliche Zuordnung umstritten ist, befaßt sie sich mit der schwierigen Situation der Frau. Vermutlich hat sie die Absicht, eine Art Trilogie nach dem Vorbild Dantes zu verfassen, wenn es stimmt, daß sie neben dem *Paradies* und dem *Inferno des Klosters* auch über das *Fegefeuer der unglücklichen Ehefrauen* geschrieben hat, von dem aber jede Spur verlorengegangen ist. Ihr Interesse gilt allen Frauen, auch den verheirateten, deren Sklaverei nicht geringer ist als die im Kloster. Für diese Unglücklichen, die dafür zahlen, um einen Herrn zu kaufen, während es logischer wäre, daß ihr Erwerber für sie zahlen müßte, endet der Vergleich unentschieden. Der einzige Unterschied besteht darin, daß ihre Situation nicht so endgültig und unabänderlich ist wie die einer Nonne: Eine Ehe kann man auflösen!

Daß die Frauenfrage das Hauptthema ihres Schaffens ist, beweist auch ihre *Antisatire als Antwort auf den „Luxus der Frauen"*. Dieses Werk, das sogar zwei Auflagen erreicht, hat sie vermutlich im Auftrag adeliger Venezianerinnen geschrieben, als Replik auf Buoninsegnis Werk *Gegen den Luxus der Frauen*. Für Tarabotti ist es die Gelegenheit, seine ungerechten Anschuldigungen zu widerlegen. Die Männer können die Frauen nicht verleumden, weil sie selbst die Urheber dessen sind, was sie an ihnen verurteilen. Nur sie haben der Frau den Zugang zur Bildung verweigert, den Unterricht, der sie hätte verändern können. Auf jeden Fall sei die Polemik gegen den Luxus der Frauen der Beweis für die

Kleinlichkeit und die Habsucht der Männer. Nicht nur weil sie selbst eitel sind, sondern weil ihre Klage über den Luxus ihren Geiz gegenüber den Frauen zeigt, die sie wie Sklavinnen in ihrem Haus eingeschlossen halten. Kurz gesagt, wenn die Frauen nichts im Kopf hätten, dann nur deshalb, weil die Männer jahrhundertelang alles getan haben, damit es so bleibt. So kann man verstehen, weshalb sich unter den Werken Tarabottis auch das bereits genannte findet: *Die Frauen sollen wie die Männer sein*. Dieses Werk richtet sich gegen eine Übersetzung von Orazio Plata und gehört als ihr einziges zur Gattung der theologischen Disputation. Tarabotti verteidigt darin die Existenz der weiblichen Seele. Nachdem in der Schmähschrift, gegen die sie schreibt, die Behauptung aufgestellt wird, daß es die Gleichberechtigung von Mann und Frau erst seit kurzem gäbe, fügt sie hinzu, daß jeder ein Ketzer sei, der diese echt christliche Anschauung leugnet.

Von Tarabotti kennen wir auch ihre *Briefe an die Familie*. Sie kann sich ihre Veröffentlichung erlauben, weil sie inzwischen zu Recht die Qualifikation und den Ruf einer Schriftstellerin besitzt. In diesen letzten Schriften zeigt sie nicht so sehr ihre Verwurzelung im Kloster, sondern vielmehr ihre Verbundenheit mit dem weltlichen Geschehen ihrer Zeit. Trotz der Frauenfeindlichkeit der „Freidenker" kann man aus verschiedenen ihrer Äußerungen sogar eine gewisse Übereinstimmung mit deren Forderungen herauslesen.

Ob es sich um das *Paradies des Klosters*, die *Tyrannei der Väter* (die nach ihrem Tod überarbeitet, unter dem Titel *Betrogene Einfalt* veröffentlicht und schließlich auf den Index der verbotenen Bücher gesetzt worden ist) oder um das *Inferno des Klosters* handelt – sie alle haben die Situation des Klosterlebens zum Inhalt. Letzteres Buch durfte vermutlich nicht gedruckt werden. Tatsächlich ist es ihr umstrittenstes und revolutionärstes Werk. Es hat autobiographischen Charakter, und Arcangela verurteilt darin das Leben, zu dem man sie gezwungen hat. Wie bereits in der *Tyrannei der Väter* greift sie nicht so sehr die Glaubenslehre als vielmehr das Modell des bürgerlichen Lebens an. Zu einem ihrer Gesprächspartner sagt sie:

> Ich weiß, daß es sich um ein schwieriges Thema handelt, doch es richtet sich gegen die Politik, nicht gegen den Katholizismus.

Dem Leser enthüllt sich die Tragödie ihres Lebens, ihre Rebellion, ihre Anklage, die Untersuchung eines Übels, das zunächst kein religiöser, sondern ein sozialer Mißstand ist. Man kann ihre Beschreibung über die Entkleidung des gewaltsam zur Nonne gemachten jungen Mädchens lesen: Man nimmt ihr den Schmuck weg, kleidet sie in eine einfache und enge Kutte, legt ihr einen groben Gürtel aus Leder um und setzt ihr die Witwenhaube auf. Ohne Rücksicht auf ihre Herkunft wird sie von sadistischen Ordensschwestern zu niedrigsten Arbeiten gezwungen. Angesichts von Eltern, die so willkürlich die eine Tochter für die Annehmlichkeiten und den Prunk der Welt bestimmen und die andere zu einem Kerker der Entbehrungen und des Unglücks verurteilen, fragt sich Arcangela, weshalb es ihnen nicht bewußt wird, daß sie damit die gerechte Strafe des Himmels herausfordern. Denn

> mit lautem Klagen muß man die Unglücklichen beweinen, die mit den Seelen vergleichbar sind, die nicht nur im Gefängnis eines Körpers jedes menschliche Unglück erleiden, sondern als besondere Qual den Kerker eines Klosters erleben, in dem sie gewaltsam und unschuldig dazu verdammt sind, ein ewiges Martyrium zu erdulden, das man zu Recht als Inferno bezeichnen kann.

Wie der Titel beweist, vergleicht sie in diesem Buch – das sie der Republik Venedig gewidmet hat – den erzwungenen Eintritt ins Kloster mit dem Inferno der Hölle und die feierlichen Gelübde mit dem Begräbnisritus. Nichts anderes als ein Gefängnis, eine lebenslängliche Haft ist dieses Kloster, in dem ohne ihre Zustimmung junge Mädchen, die für das Klosterleben nicht geschaffen sind, eingeschlossen und lebend begraben werden. Im ersten Buch des *Inferno des Klosters* schreibt sie:

> Sie sind dort nicht in einem heiligen und religiösen Kloster eingeschlossen, sondern in den Eingeweiden eines Wales, der sie nie mehr ausspeit, und erreichen nicht den Hafen der Seligkeit, sondern sind in der Verzweiflung versunken, in die ihre gewissenlosen Väter sie gebracht haben. Und statt sich die kleinen Sünden der Jugend abzugewöhnen, beteiligen sie sich an den weltlichen Händeln und Ränken, werden schlecht oder beleidigen ihren unfreiwillig empfangenen „Bräutigam".

Und am Beginn des zweiten Buches heißt es:

> Der Betrug ist eine der schrecklichsten Möglichkeiten, den Frieden und das Glück der armen Sterblichen zu vernichten ... Genau das geschieht den unglücklichen Nonnen, die sich durch falsche Versprechungen und listige Täuschungen ihrer tyrannischen Väter und nicht von der Stimme des Heiligen Geistes in den Kerker eines Klosters bringen lassen, das für sie die Hölle bedeutet. Wenn jede Hoffnung versiegt ist, sehen sie, in welchem Netz sie gefangen sind. Durch Vorspiegelungen falscher Tatsachen, getäuscht und verspottet, sind sie zu Sklavinnen tausender Pflichten geworden ...

Das Schaffen Tarabottis beweist, daß sie von ihrem Sendungsbewußtsein überzeugt ist. In einem ihrer Briefe zeichnet sie das Bild einer himmlischen Berufung, bei der Gott ihr gleichsam als einem neuen Mose befiehlt:

> Verkünde in meinem Namen die Wahrheit und laß dich nicht von denen abhalten, die sie nicht hören wollen ...

So macht sie es zu ihrer Aufgabe, die Situation der Frauen anzuprangern, die durch die Männer von der Bildung ferngehalten werden und sich daher nicht verteidigen können; sie klagt die Berechnung an, die Staatsräson, die mit Zynismus so viele junge Töchter opfert. Sie ist der Meinung, daß eine bessere

Erziehung den Frauen ganz andere Möglichkeiten eröffnen würde. So setzt sie sich schließlich leidenschaftlich für eine Emanzipation der Frau ein, für ihren Zugang zu Studium und Bildung, durch die allein sie ihrer Rolle als Opfer entkommen kann.

Arcangela Tarabotti stirbt am 28. Februar 1652 in ihrem Kloster, wahrscheinlich an jenem Herzleiden, über das sie wiederholt klagt. Ihr größtes Verdienst ist es, daß sie sich auf das Gebiet der politischen Abhandlung vorwagt, das bisher nur den Männern vorbehalten war. Trotz ihrer klaren und treffenden Anklage vermag sie den geistigen Horizont ihrer Zeit nicht zu überwinden. Tarabotti entwickelt keine neuen Perspektiven. Und sie hat sich auch nicht, wie angenommen, zu irgendeinem Zeitpunkt ihres Lebens gleichsam „bekehrt". Die Schwierigkeiten bei der Datierung ihrer Werke beweisen, daß in ihrem Leben kein „Vorher" und kein „Nachher" zu erkennen ist. Selbst wenn es ihr tatsächlich gelungen sein sollte, jene religiösen Werke, deren Titel erhalten geblieben sind, zu vollenden, so findet sie zwar keinen Ausweg aus einer Situation, deren Ungerechtigkeit ihr schmerzlich bewußt ist, doch sie hört nie auf, dies laut und deutlich zu beklagen.

Eine Mystikerin der Neuen Welt: **Juana de la Cruz (1648 – 1695)**

Ein „Vorher" und ein „Nachher" gibt es hingegen im Leben von Juana Inés de la Cruz, die ebenfalls Nonne ist. Zum Unterschied von Tarabotti ist es ihr freier Wille, ins Kloster zu gehen, und aus diesem Grund führt die Auseinandersetzung mit der kirchlichen Autorität zu einer radikalen Änderung ihres Lebens.

Juana Inés de Asbaje y Ramírez de Santillana wird im Jahr 1648 in einem kleinen Ort unweit der Hauptstadt Mexikos geboren. Sie ist die uneheliche Tochter eines baskischen Hauptmanns, der sich stets auf der Suche nach dem großen Glück befindet, und einer Kreolin, einer Analphabetin, die von zwei Männern, mit denen sie nie verheiratet war, sechs Kinder hat. Wahrscheinlich sucht Juana im Studium einen Ersatz für mangelnde Liebe. Denn weder ihr Vater noch ihre Mutter, noch ihr Stiefvater schenken ihr Beachtung. Vermutlich ist es ihr Großvater mütterlicherseits, der ihr seine ganze Zuneigung widmet und in ihr die Liebe zu den Büchern weckt. Nicht ihr Stand, sondern eine unstillbare Leidenschaft öffnet Juana den Weg zum Studium und zur Literatur.

> Es ist wahr, und ich leugne es nicht (erstens, weil es allen bekannt ist, und außerdem, weil Gott mir, auch wenn es vielleicht ein Nachteil für mich ist, in seiner Gnade eine besondere Liebe zur Wahrheit gegeben hat): Seit ich denken kann, fühle ich eine so starke und unbezwingbare Zuneigung zur Literatur, daß weder Vorwürfe anderer ... noch meine eigenen Überlegungen ... diesen natürlichen Impuls, den mir Gott gegeben hat, wirksam unterdrücken konnten. Gott allein kennt den Grund und das

Ziel dieser Berufung; und er weiß, daß ich ihn angefleht habe, mir meine Klugheit zu nehmen und mir nur soviel zu lassen, um sein Gesetz zu befolgen, weil alles andere in den Augen mancher Menschen für eine Frau Verschwendung ist und oft sogar für schädlich gehalten wird.

So schildert Schwester Juana den Beginn dessen, was sie selbst als ihre Berufung bezeichnet. Sie erzählt, wie sie mit nicht einmal drei Jahren den Lehrer ihrer Schwester überredet hat, ihr Unterricht zu geben, so daß sie in diesem ungewöhnlich frühen Alter bereits lesen und schreiben lernte, ohne daß ihre Mutter es wußte. Als sie herangewachsen war, wollte sie in die Stadt Mexiko gehen und begann ihre Mutter zu bedrängen, damit sie ihr gestatte, dort als Mann verkleidet die Universität zu besuchen. Als sie ihr die Erlaubnis verweigerte, begann sie zum Ausgleich die vielen verschiedenen Bücher zu lesen, die ihrem Großvater Pedro Ramírez gehörten, dessen Bibliothek sie später wahrscheinlich erbte.

Als kleines Mädchen kommt Juana in die Stadt Mexiko, und die Bildung, die sie in einem Alter besitzt, in dem Kinder gerade erst zu lernen beginnen, weckt überall großes Erstaunen. Alles in allem ist Juana Autodidaktin. Nur wenige Unterrichtsstunden erhält sie von Lehrern aus Fleisch und Blut – sie sagt später, daß einzig und allein das stumme Buch ihr Lehrmeister gewesen sei, und bedauert, daß sie sich nie mit Lehrern oder Mitschülern habe messen können und statt dessen ihren Weg einsam und ohne Vergleichsmöglichkeiten gehen mußte. Im Vergleich zu gleichaltrigen Mädchen scheint sie von weiblicher Eitelkeit weit entfernt zu sein. Sie, die als kleines Kind keinen Käse mehr aß, nachdem sie gehört hatte, daß er den Verstand schwächen soll, schneidet sich nun die Haare ab und beschließt, sie zur Strafe wieder zu schneiden, wenn sie innerhalb eines bestimmten Zeitraums nicht erreicht hat, was sie sich vornimmt.

In der Stadt Mexiko wird sie nach ihrer Einführung bei Hof eine der Kammerzofen der Vizekönigin, der Marchesa von Mancera. In Spanien ist auf Philipp IV. bereits Karl II. gefolgt, als Juana entsprechend der Sitte ihrer Zeit die Entscheidung für ihr künftiges Leben treffen muß. Soll sie in eine Heirat einwilligen oder lieber Nonne werden? Es ist ihre Entscheidung, wie es die tridentinische Reform verlangt, durch die es den Eltern ausdrücklich verboten worden ist, ihre Töchter zum Eintritt ins Kloster zu zwingen. Juana weiß genau, zu welcher Sklaverei eine verheiratete Frau verurteilt ist. Die Privilegien der Venezianerinnen, falls man sie als solche bezeichnen kann, sind der portugiesischen Kultur, die der spanischen nahesteht, fremd. Und die Zeit der philosophisch-literarischen Salons der Aufklärung liegt noch in weiter Ferne. Andererseits weiß Juana, daß ihre uneheliche Geburt nicht gerade eine Empfehlung für eine passende Heirat ist. Auch das fällt wahrscheinlich ins Gewicht, doch unabhängig davon kommt sie zur Überzeugung, daß nur der Weg ins Kloster ihr wirklich Freiheit geben kann, und so ersucht sie um Aufnahme bei den Unbeschuhten Karmelitinnen. Man schreibt das Jahr 1667. Doch diese Entscheidung erfüllt ihre Erwartungen nicht. Nach einem Jahr entschließt sie sich, es bei den Schwestern des heiligen Hieronymus zu versuchen, deren Ordensregel weniger streng ist. Ob in der Tradition dieses Ordens die Erinnerung an die adeligen und gebildeten Vertreterinnen jenes biblischen und philosophischen Frauenkreises fortlebt, der von dem Heiligen angeregt worden war? Wie auch immer, für Juana ist es jedenfalls die richtige Entscheidung, durch die sie ihrer wahren „Berufung" folgen kann. Letzten Endes hat sie die Klausur gewählt, um zum Schutz vor den Sorgen des Alltags jenen „Raum für sich allein" zu haben, zu dem bereits lange vor Virginia Woolf kein Geringerer als Hieronymus vor allem seinen verheirateten Briefpartnerinnen geraten hat.

> Ich wurde Ordensfrau, obwohl ich wußte, daß dieser Stand Dinge verlangte ... die im Gegensatz zu meinem Wesen standen, und weil ich eine tiefe Abneigung gegen die Ehe hatte und es mir daher passender erschien, mich für die Gewißheit meiner Erlösung zu entscheiden ...
> Ich dachte, ich könnte so vor mir selbst fliehen, doch (weh mir!), ich habe „mein Ich" mitgenommen, meinen schlimmsten Feind, diese Berufung zum Studium ... Statt zu erlöschen ... ist sie wie ein Vulkan in mir ausgebrochen.

In der Abgeschiedenheit des Klosters kann Juana sich endlich ganz dem Studium widmen:

> Ich nahm mein Studium wieder auf, besser gesagt, ich setzte es fort, denn ich hatte nie aufgehört (war es doch meine Erholung in jeder freien Minute, die mir neben meinen Pflichten blieb), zu lesen und wieder zu lesen, zu studieren und wieder zu studieren, ohne einen anderen Lehrer zu haben als meine Bücher.
> Da ich Nonne war ... machte es der geistliche Stand zu meiner Pflicht, mich mit dem Schrifttum zu befassen, umso mehr, als ich ein Kind des heiligen Hieronymus und der heiligen Paula war und so gelehrte „Eltern" durch meine Unwissenheit enttäuscht hätte.

Auch ihr Sprechzimmer wird zu einem literarischen Salon, doch zum Unterschied von Tarabotti kann sie der Leidenschaft nachgeben, die der Großvater in ihr geweckt hat, und so viele Bücher wie möglich ansammeln. Ihre Bibliothek umfaßt schließlich gut 4000 Bände. Es sind so viele Bücher, daß ihre Zelle zu klein für sie wird. Man stellt ihr größere Räume zur Verfügung, in die sie sich zum Studium zurückziehen kann, wenn sie ihre religiösen Pflichten erledigt hat. Wie schon für Hildegard gibt es auch für sie kein Wissensgebiet, dem sie sich nicht zuwendet. Nicht nur die Literatur, auch die Wissenschaften sind Gegenstand ihres Interesses. Neben den Büchern bewahrt sie in ihren Räumen auch wissenschaftliche Geräte und Musikinstrumente auf, mit denen sie ebenfalls gerne ihre Zeit verbringt.

Die Gegenreformation und ihre Interpretation in Amerika hat zur Folge, daß nicht allen das Leben gefällt, das Juana de la Cruz sich erwählt hat. Ihre Mitschwestern und vor allem ihre Beichtväter erheben dagegen Einspruch. Während im Kloster die Bestürzung und Verärgerung wächst, genießt Juana außerhalb des Klosters einen berechtigten und verdienten guten Ruf. Unter dem persönlichen Schutz der Vizekönigin Maria Luisa Gonzaga Mandrique de Lara führt sie ihr bisheriges Leben weiter, schreibt Komödien und Gedichte. Es sind durchwegs anspruchsvolle Werke und besonders gute Beispiele barocker Kultur. Ihren ästhetischen und moralischen Grundsätzen entsprechend dominiert die religiöse Thematik über die weltlichen Komödien und Gedichte. Der komplexe Satzbau, die kühnen Metaphern dienen im Grunde – oder sollen es zumindest – einem besseren Verständnis religiöser Werte. Ihre Komödien *Los empeños de una casa* und *Amor es màs laberinto* sind profanen Inhalts. *El divino Narciso* und *Neptuno Alegórico* sind hingegen gewichtigere Lehrstücke. Im Jahr 1690 erscheint eine Sammlung ihrer Dichtkunst unter dem Titel *Poemata de la Unica Poetisa americana y la Musa Décima* („Werke der Einzigartigen Dichterin Amerikas und Zehnten Muse"). Hätte sie weiterhin Verse gedichtet und ihre Leser mit Komödien unterhalten, nichts hätte vermutlich ihr Leben verändert. Doch Juana de la Cruz wagt weit mehr, und das wird ihr schließlich zum Verhängnis.

> ... Ich versuchte, so gut es ging, mein Studium anspruchsvoller zu gestalten und es ... in den Dienst Gottes zu stellen. Meine Absicht war es, Theologie zu studieren, da es mir töricht und unangebracht erschien, als Katholikin nicht alles, was in diesem Leben möglich ist, über die göttlichen Mysterien zu verstehen, und zwar mit Hilfe der natürlichen Fähigkeiten ...
> Doch es erschien mir unerläßlich, die Stufen der Wissenschaften und der menschlichen Künste zu erklimmen, um (zur Theologie) zu gelangen ...

Sie schreibt tatsächlich ein kleines theologisches Werk mit dem Titel *Crisis de un Sermón.* Nicht sie selbst veröffentlicht es, sondern der Bischof von Puebla, Mons. Manuel Fernandez de Santa Cruz, der einen Brief an die Verfasserin vorausschickt. Diese *Carta Atenagorica*, so lautet der Titel, unter dem er erschienen ist, stellt eine Kritik am *Sermao do Mandato*, einem zu dieser Zeit sehr bekannten Werk des portugiesischen Jesuiten Antonio Vieyera dar. Der Bischof, der seinen Brief mit „Schwester Philothea" unterzeichnet, äußert sich darin lobend über Schwester Juanas Arbeit, rät ihr jedoch gleichzeitig davon ab, weitere theologische Werke zu veröffentlichen. Es sei künftig besser, wenn schon nicht ganz zu schweigen, so doch nur kleine erbauliche Sachen zu schreiben.

Dem Brief von „Schwester Philothea" folgt die *Antwort an Schwester Philothea.* Juana de la Cruz erzählt darin die Geschichte ihres Lebens, von ihrer Berufung zur Nonne und Schriftstellerin. Sie betont, daß sie ihre Studien immer als ein Mittel betrachtet habe, um zur „Heiligen Weisheit" zu gelangen. Doch nun, schreibt sie, habe sie beschlossen, ihre Forschungen zu beenden. Sie werde nicht mehr über Theologie schreiben. Sie werde überhaupt nicht mehr schreiben. Sie wolle „allein sein mit dem himmlischen Bräutigam".

Das ist die Wende. Im Jahr 1691 trennt sich Schwester Juana von ihrer Bibliothek und ihren wissenschaftlichen Geräten; den Erlös bestimmt sie für wohltätige Zwecke – es gibt auch die Version, daß sie gezwungen wird, alles zu verbrennen. Tatsache ist, daß sie ein Leben strenger Buße beginnt, sich den Anordnungen ihrer Beichtväter fügt und sich zunehmend Werken der Nächstenliebe widmet. Es heißt, sie habe im Jahr 1694 eine Erklärung ihres bedingungslosen Gehorsams gegenüber Gott mit ihrem eigenen Blut unterzeichnet. Im Jahr darauf wird sie ein Opfer der Pestepidemie, die in der Stadt Mexiko ausgebrochen ist. Sie steckt sich mit der Krankheit an, als sie mit Hingabe ihre Mitschwestern pflegt.

Das Leben von Juana de la Cruz ist beispielgebend. Auch wenn uns etwas weniger Beispielhaftigkeit lieber gewesen wäre. Als typische Vertreterin einer zu Ende gehenden Epoche wird sie, die nur dem Ideal der Wissenschaft folgt, die sie – wenn auch nur indirekt – als eine Form der Sacra Doctrina ansieht, dazu gezwungen, öffentlich davon abzuschwören, weil sie eine Frau ist. Das Wissen, das diese Schwester sich erwerben kann, ist sicher außergewöhnlich. Auch wenn sie ein Laie gewesen wäre, würde es Verwunderung hervorrufen. Doch sie ist es nicht, sondern hat sich auf ihre Weise – teilweise zu Recht – dazu entschieden, sich über den Weg ins Kloster zu emanzipieren. Es war ihr sicher bewußt, daß mit dem Ordensleben die Nachfolge der christlichen Jungfräulichkeit als der einzig wahren und authentischen Möglichkeit weiblicher Emanzipation verbunden war. Andererseits hatte sie keine andere Möglichkeit, als die einzige Form von Freiheit zu ergreifen, die sich ihr bot. Doch während im Mittelalter diese Entscheidung oft zum Sieg geführt hat, erleidet sie eine Niederlage. Zumindest von unserem Gesichtspunkt aus. Es kann gut sein, daß Schwester Juana zum entscheidenden Zeitpunkt ihres Lebens ganz bewußt einen Weg gewählt hat, der ihr als der beste erschienen ist. Vielleicht hat sie sich trotz ihres Schweigens weiterhin jener reinen Mystik hingegeben, die sie früher mit den Worten und Stilmitteln des Barock zum Ausdruck gebracht hat. Wie Tarabotti und andere Frauen, die ihr Streben nach Wissen mit einer Art mystischer Askese verbinden, beruft auch sie sich auf jene, die es vor ihr gewagt haben, als Frau kreativ zu sein. In der *Antwort an Schwester Philothea*, als sie bereits beschlossen hat, sich zurückzuziehen, ruft sie die Namen aller großen Frauen in Erinnerung, die ihre Schicksalsgefährtinnen sind, von der Antike bis in ihre Zeit, von den Heidinnen bis zu den Christinnen. Indem sie die Sibyllen, Aspasia, Hypatia und später von Gertrud der Großen bis zu Christina von Schweden alle aufzählt, will sie auch zeigen, daß gerade die Kirche den Eifer der Frauen und ihre Liebe zur Weisheit verteidigt und zu ihrer eigenen Sache gemacht hat.

> ... Obwohl meine geistige Berufung so klar ist, daß sie keine Vorbilder nötig hat, haben mir die vielen Beispiele von Frauen geholfen, über die ich gelesen habe und die sowohl in der religiösen als auch in der weltlichen Literatur Großes geleistet haben. Da sehe ich zum Beispiel eine Debora ... Ich sehe eine weise Königin von Saba ... Ich sehe viele große Frauen: Einige besitzen die Prophetengabe einer Abigail; andere die Überzeugungskraft einer Ester; andere sind fromm wie Rahab; wieder andere sind standhaft wie Anna, die Mutter Samuels ... Wenn ich auf die nichtchristlichen Frauen zurückblicke, fallen mir zunächst die Sibyllen ein ... Ich sehe sie, die Minerva als Göttin der Wissenschaft anbeteten, die Tochter des Göttervaters Zeus und Lehrmeisterin der allwissenden Athene ... Ich sehe eine Polla Argentaria ... die Tochter des Sehers Theresias ... Eine Aspasia von Milet ... Eine Hypatia ... Eine Leontia ... Eine Julia, eine Corinna, eine Cornelia ... Nach den unzähligen, die ich nicht alle nennen kann ... sehe ich die berühmte Katharina von Ägypten ... eine Gertrud ... Und um ein Beispiel aus meiner nächsten Umgebung zu nennen, eine meiner heiligen Mütter, Paula, die in der hebräischen, lateinischen und griechischen Sprache gebildet und in der Auslegung der Heiligen Schrift besonders erfahren war ...

Gerade das Recht, die Heilige Schrift zu interpretieren, führt zu betrüblichen Auseinandersetzungen. Gelehrte ihrer Zeit diskutieren darüber, ob es Frauen erlaubt sein kann, die Bibel zu studieren und zu interpretieren. Verschiedene von ihnen berufen sich auf das Verbot des Apostels Paulus, doch wenn sie sich auch einig sind, daß Frauen nicht von der Kanzel predigen dürfen, so soll es ihnen doch „nicht nur gestattet sein, sondern als nützlich und vorteilhaft angesehen werden“, daß sie privat studieren, schreiben und unterrichten. Gewiß sind dafür Tugend und Klugheit, Talent und besondere Fähigkeiten nötig, doch das, wendet Schwester Juana ein, gilt auch für Männer. Es hätte in der Geschichte der Kirche nicht so viele Fälle von Ketzertum gegeben, wenn es den vielen, die sich für weise hielten, nur weil sie Männer waren, verwehrt worden wäre, sich ohne entsprechende Kenntnisse mit der Heiligen Schrift zu befassen.

Diese Einwände und die Einforderung des Rechtes auf Wissen und „Weisheit“ sind die wesentlichen Punkte der *Antwort an Schwester Philothea*. Vielleicht entscheidet sich Juana zu ihrem endgültigen Schweigen, um die einzige Weisheit, die sie begeistert und mitgerissen hat, auf diese Weise deutlich zu machen: In ihrer inneren Konsequenz gewinnt auch diese letzte Entscheidung ihres Lebens einen besonderen Sinn.

Wenn wir nun von ihr und ihrer Zeit Abschied nehmen, wollen wir sie nicht als Verliererin in Erinnerung behalten, sondern als eine Frau, die gesiegt hat. Ihre leidvolle Geschichte zeigt sie uns trotz allem als unbeugsame Heldin einer Zeit und Kultur, in der Frauen mit Sicherheit kein leichtes Leben hatten.

6. Kapitel

DAS 20. JAHRHUNDERT

Im 20. Jahrhundert finden Frauen neue Freiräume innerhalb der Kirche, und wenn auch verschiedene von ihnen nach wie vor Ordensfrauen sind, so zeigen sie uns doch eine neue, betontere Autonomie und ein weltlicheres Bewußtsein. Zwei bedeutende Frauen treten – seltsamerweise beide – als Konvertitinnen in den Karmel ein: Edith Stein und Alessandra di Rudinì. Ebenfalls eine Nonne, wenn auch unter außergewöhnlichen Umständen, ist „Schwester Maria", eine Frau, die nur wenige kennen, die aber durch ihre Beziehungen zu berühmten Persönlichkeiten unserer Zeit besondere Bedeutung erlangt. Vertreterinnen der neuen Säkularinstitute sind Armida Barelli und Adrienne von Speyr. Ebenfalls Laien, an der Schwelle zum Glauben oder aktive Christinnen, sind Simone Weil, Raissa Maritain, Gianna Beretta Molla, Madeleine Delbrêl und Adelaide Coari.

Es sind Philosophinnen, Dichterinnen, Mystikerinnen, Ordensgründerinnen, bedeutende Konvertitinnen, die an der religiösen und weltlichen Front kämpfen, ganz gewöhnliche Frauen, die dennoch besondere Konsequenz und großen Heldenmut beweisen. Sie alle sind eng mit Ereignissen unserer jüngsten Geschichte verbunden. Mit dem Ersten und Zweiten Weltkrieg etwa oder mit der schwierigen sozialen und politischen Lage zwischen den beiden Kriegen. Da jedoch alle von ihnen vor dem als Wende geltenden Jahr 1968 lebten, können wir sie nicht mit den Kämpfen und Slogans der Frauenbewegung in diesem letzten Viertel unseres Jahrhunderts in Verbindung bringen. Diese Frauen haben zur Theologie als einer akademischen Disziplin noch keinen Zutritt. Dennoch beschreiten viele von ihnen instinktiv bereits jene neuen Wege, die das Bild der Frau in der Kirche am Ende des zweiten Jahrtausends unwiderruflich prägen.

Das Netz der familiären Beziehungen

Schwester, Ehefrau, Witwe, Mutter ... Wenn wir die familiären Beziehungen betrachten, entdecken wir, daß der Name „Schwester" eine neue Bedeutung gewonnen hat, die nicht zufällig zweimal als charakteristische Bezeichnung für unsere Frauen wiederkehrt. Wir können darin gewissermaßen eine Vorwegnahme jenes verbreiteten Gefühls schwesterlicher Verbundenheit (*sisterhood*) erblikken, die eine der Errungenschaften unseres Jahrhunderts darstellt, die für ein neues Selbstverständnis der Frau entscheidend sind.

Aus diesem Grund halten wir es für legitim, unser „familiäres" Schema zu durchbrechen und Armida Barelli in unser Netz der familiären Beziehungen aufzunehmen. Eine Schwester war sie für ihre fünf Geschwister, sie war aber auch zu Recht die „ältere Schwester" für eine bedeutende Anzahl italienischer Frauen und – ohne es zu wollen – die Vertreterin einer der bedeutendsten Strömungen des „weiblichen" Katholizismus.

Ehefrau, Witwe und Mutter sind der Reihe nach Raissa Maritain, Adrienne von Speyr und Gianna Beretta Molla, die als einzige von ihnen so vollkommen in ihrer Rolle aufgeht, daß sie dafür sogar ihr Leben opfert. Raissa Maritain und Adrienne von Speyr lösen sich von ihrer Rolle, die erste, weil sie einer Beziehung in Enthaltsamkeit zustimmt, die einem nie aufgegebenen christlichen Modell entspricht, die zweite als zweifache Witwe, die ihre Ehe nie wirklich vollzogen hat.

EINE „ÄLTERE SCHWESTER":
Armida Barelli (1882 – 1952)

Es gibt in meiner Generation keine Frau, die in der katholischen Jugend aufgewachsen ist und Armida Barelli nichts zu verdanken hat. Wenn man jedoch ihre Gestalt kritisch und frei vom kirchlichen Pathos ihrer Zeit betrachtet, ist es problematisch, sie als Vorbild der Frauenbefreiung zu bezeichnen. Nicht zu leugnen ist hingegen ihr Engagement für die Frauen, das sich allerdings eher aus dem Gefühl christlicher Verbundenheit als aus einem bestimmten und bewußten Plan entwickelt.

Sie wurde im Dezember 1882 in Mailand als Tochter von Silvia Candiani und Napoleone Barelli geboren. Ihr Vater, ein etwas sonderbarer Industrieller mit dem Wesen und der Empfindsamkeit eines Künstlers, führte eine harmonische Ehe mit seiner um fünfzehn Jahre jüngeren Frau, die einen weit stärkeren Willen und einen praktischeren Sinn hatte als er. Ida war die zweite von vier Schwestern, nach deren Geburt erst die ersehnten Knaben folgten. Angesichts der übertriebenen Feiern anläßlich der Geburt ihres ältesten Bruders fragte sie sich, warum die Geburt eines Sohnes so viel freudiger begrüßt wurde. Als Mädchen verletzte sie dieses Verhalten.

Da ihre Familie die nötigen finanziellen Mittel besaß und Bildung schätzte, wurde sie entgegen den Gebräuchen ihrer Zeit in die Schweiz geschickt, um dort ihre Ausbildung abzuschließen. Mit achtzehn Jahren kehrte sie nach Hause zurück. Es war ihr nicht leicht gefallen, sich der Disziplin und den religiösen Praktiken des Internats anzupassen, die der weltlichen Einstellung ihrer Familie fremd waren; doch gerade diese Umgebung hat wohl ihre Religiosität gefördert, die in der Familie lange Zeit beanstandet worden ist.

Doch auch nach dem Tod ihres Vaters im Jahre 1906 kann sie ihren Neigungen nicht folgen; sie muß bei ihrer Mutter bleiben, die sie braucht. Andererseits wird gerade diese Tatsache zur Bewährungsprobe für ihren Glauben: Es belastet sie, daß ihr Vater gestorben ist, ohne die Sakramente empfangen zu haben; sie fragt sich, wie es möglich ist, daß ihre Gebete nicht erhört worden sind. Nachdem sie diese Krise überwunden hat, lebt sie die nächsten Jahre im Kreis der Familie: Es gibt Verwandtentreffen, Urlaube, Reisen, die Hochzeit ihrer jüngsten Schwester.

In diesen Jahren, nach der Auflösung der „Opera dei Congressi", entwirft Cristina Giustiniani Bandini die Grundlinien der weiblichen Sektion der Katholischen Aktion in Italien. Pius X., dem sie ihren Plan vorlegt, antwortet erwartungsgemäß mit einem venezianischen Sprichwort: „Die Frau soll gefallen und schweigen und zu Hause bleiben." So also stellt dieser Papst sich die wahre Aufgabe der Frau vor! Trotzdem approbiert er schließlich im Jahr 1902 die Union Katholischer Frauen Italiens.

Im selben Jahr besucht Armida Barelli im erzbischöflichen Palais in Mailand einen religiösen Bildungslehrgang und freundet sich dort mit Rita Tonioli an. Als Tochter eines Arztes und Lehrerin widmet sich Tonioli dem Problem verlassener Kinder und gründet das „Kleine Hilfswerk zur Rettung des Kindes". Ida, wie sie zu Hause genannt wird, erweitert in dieser Zeit den Horizont ihres Glaubens und arbeitet an der Seite der Freundin mit, wobei sie sich als klug und durchaus tüchtig erweist, sie, die sich in ihrer Familie nicht durchzusetzen vermag.

Tonioli stellt sie dem Jesuiten Guido Mattiussi vor, einem leidenschaftlichen und unnachgiebigen Neuscholastiker, der gemeinsam mit Francesco Olgiati, Ludovico Necchi und Agostino Gemelli die *Zeitschrift für neuscholastische Philosophie* gegründet hat. Mattiussi weist ihr schließlich ihren künftigen Weg: Jungfräulichkeit und weltliches Apostolat.

Tonioli hat inzwischen ein Institut gegründet. Sie möchte, daß Ida ihre Mitarbeiterin wird. Doch diese wendet ein, daß die Spiritualität ihrer Freundin „ignatianisch" sei, ihre eigene hingegen „franziskanisch", was sie nicht ändern wolle. Obwohl es nicht an Schwierigkeiten und Zweifeln fehlt, ist ihre Begegnung mit Agostino Gemelli für diese Entscheidung bestimmend. Der Arzt und Atheist befindet sich auf dem Weg zu einer großen Karriere, als er im Jahr 1903 zum großen Erstaunen der intellektuellen Kreise Mailands seinen Beruf aufgibt, um Mönch zu werden. Ida wendet sich an ihn, weil ihr die indifferente religiöse Einstellung ihres Bruders Sorge bereitet. Es ist der Beginn einer Beziehung, die ein Leben lang andauert. Obwohl Gemelli sehr vorsichtig vorgeht, bestimmt er ihren Entschluß zu einem jungfräulichen Leben in der Welt entscheidend mit. Ida zögert zunächst noch; bis zu ihrem dreißigsten Lebensjahr bieten sich ihr verschiedene günstige Gelegenheiten, zu heiraten; sie, die sich nach ihrer

Internatszeit ernstlich vorgenommen hatte, entweder Mutter von zwölf Kindern oder Missionsschwester in China zu werden, hat Mühe, sich mit der Rolle eines „späten Mädchens“ abzufinden. Doch letzten Endes wird sie sich der Bedeutung einer weltlichen Aufgabe in Verbindung mit jener franziskanischen Spiritualität bewußt, die Agostino Gemelli auf so einzigartige Weise verkörpert.

Sie wird Terziarin und erhält den Namen Elisabetta; an der Seite Gemellis, der die Notwendigkeit einer neuen Art von Seelsorge für die steigende Zahl arbeitender Frauen und ihre wachsenden Ansprüche erkannt hat, ist sie für das „Hilfswerk der weiblichen Angestellten“ tätig. In diesen Jahren adoptiert Armida ein Waisenkind aus ihrer Verwandtschaft, obwohl ihre Familie, vor allem die Mutter, darüber nicht sehr glücklich ist.

Am 30. Mai 1913 entschließt sich Armida endgültig zu einem jungfräulichen Leben in der Welt, wobei sie von Arcangelo Mazzotti unterstützt und ermutigt wird, der ihr eigener und auch der Beichtvater Gemellis ist. Ihre Freundschaft mit Gemelli vertieft sich, und mit Recht wird sie in die enge Freundschaft miteinbezogen, die Gemelli bereits mit Ludovico Necchi und Francesco Olgiati verbindet. In ihren Gesprächen kommen sie zur Überzeugung, daß die Welt nur durch eine Verbesserung der Bildung zu ändern sei. Zum erstenmal beschäftigen sie sich mit dem Gedanken der Gründung einer Katholischen Universität.

Das Jahr 1914 stürzt Barelli in ernste finanzielle Schwierigkeiten. Europa befindet sich bereits im Krieg, und Italien steht kurz vor dem Eintritt. In dieser unsicheren Zeit verliert die Familie ihr Unternehmen und ihr Kapital. Dann wird Armida auch noch krank. Schon Jahre zuvor mußte sie wegen einer komplizierten Brustfellentzündung behandelt werden. Diesmal streckt sie ein Nierenleiden nieder. Gerade zu dieser Zeit denken Gemelli und seine Freunde an die Gründung einer Zeitschrift, die für ein breiteres Publikum zugänglich sein sollte als die *Zeitschrift für neuscholastische Philosophie*. Das erste Heft von *Vita e Pensiero* („Leben und Denken“) erscheint noch im Dezember desselben Jahres. Während Ida bewegungsunfähig darniederliegt, führen Gemelli, Necchi und Olgiati über die Zeitschrift einen Kampf, der sowohl eine polemische Auseinandersetzung mit den Neutralisten als auch mit den Interventionisten ist.

Der Krieg führt die Freunde an die Front. Es ist für uns schwierig, die verwirrende Mischung von Vaterlandsliebe und Religiosität dieser Jahre zu verstehen, die Gemelli – und in der „Etappe“ auch Barelli – dazu veranlaßt, die kämpfenden Truppen dem Heiligsten Herzen Jesu zu weihen. Wir haben nicht die Absicht, eine gelehrte Ausrede zu suchen, um diese Haltung zu rechtfertigen, zu der in jüngerer Vergangenheit auch Karl Rahner seinen Beitrag geleistet hat. Wie auch immer, größere Bedeutung als der Krieg hat für Gemelli die Gründung der Katholischen Universität. Die Herz-Jesu-Weihe bedeutet einen Schritt in diese Richtung.

Nach dem Sommer des Jahres 1917 reist Ida nach Assisi. Unter dem Eindruck dieses Ortes beginnt sie sich neuerlich zu fragen, ob ihre Entscheidung richtig war. Doch wieder lautet die Antwort: Jungfräulichkeit in der Welt. Sie kehrt also nach Mailand zurück und engagiert sich immer mehr im Komitee für die Herz-Jesu-Weihe. Noch im Herbst werden die Büros von *Vita e Pensiero* in ihr Haus am Corso Venezia verlegt, wo bereits das Komitee seinen Sitz hat. Das Leben Barellis ist nun enger den je mit den Projekten Gemellis verknüpft.

Ende September lädt Cristina Giustiniani Bandini Barelli nach Rom ein, wo sie anläßlich der „Woche der sozialen Studien" ein Referat halten soll. Trotz eines gewissen Widerstandes gelingt es ihr, sie zur Mitarbeit zu bewegen. Um die Zeit der verlorenen 12. Isonzo-Schlacht (bei Karfreit), als gerade die jungen Männer des Jahrgangs 1889 an die Front eingezogen werden, regt Kardinal Ferrari in Mailand die Gründung des „Bundes der katholischen Jugend Mailands" an. Gleichzeitig gibt er zu verstehen, daß es nötig sei, anstelle des wenig homogenen Frauenbundes eine „weibliche Jugend" zu gründen. Es kommt zu verschiedenen Realisierungsversuchen, während bereits befürchtet wird, daß die Österreicher die Front durchbrechen könnten. In dieser alles andere als ruhigen Atmosphäre ruft Kardinal Ferrari Ida Barelli zu sich und bittet sie um ihre Unterstützung bei der Gründung einer neuen weiblichen Jugendbewegung. Als sie ihn gezielt fragt, antwortet ihr der Kardinal, es handle sich dabei weder um Schreibtischarbeit noch um Wohltätigkeit. Sie sollte die Pfarren der Diözese bereisen und dort Versammlungen für junge Mädchen abhalten. Ein derartiger Vorschlag klingt für Barelli undurchführbar, entspricht er doch überhaupt nicht ihrer Erziehung und Ausbildung: Eine öffentliche Rede halten? Niemals! Ferrari bemerkt dazu: „Von den Reichen kann man sich eben nichts erwarten." Während Ida noch mit Bitterkeit an die Worte des Kardinals zurückdenkt, ereignet sich ein unerfreulicher Zwischenfall: In einer Mailänder Schulklasse können die Mädchen, von ihrer Lehrerin provoziert, ihren Glauben nicht verteidigen; wohl aber die Knaben der katholischen Jugend. Das gibt Ida zu denken, und sie ändert ihre Meinung, stellt sich dem Kardinal zur Verfügung und wird von ihm in das Gründungskomitee der neuen Organisation berufen. Die feierliche Inauguration findet am 17. Februar 1918 statt, und sie wird die erste Präsidentin.

Der Bund hat offiziellen kirchlichen Charakter – die schmerzlichen und heroischen Zeiten des „christlichen Feminismus" sind längst vorbei – und vergrößert sich unaufhaltsam. Francesco Olgiati erhält den Auftrag, die kleine Schar der Mitarbeiterinnen einzuschulen. Die Unterrichtsstunden, die auch Barelli selbst eifrig besucht, sind von ihrem Inhalt her völlig neu; wir können sie am ehesten mit den heutigen Kursen für „Basistheologie" oder besser noch mit den früher üblichen Kursen der „Laientheologie" vergleichen. Die Ausbildung der Führungskräfte beschränkt sich jedoch nicht auf fromme Andachtsübungen, sondern verlangt eine authentische und reflexive Vertiefung des Glaubens.

Diese Arbeit, die Ida voll in Anspruch nimmt und von Gemelli nicht sonderlich begeistert aufgenommen wird, ist jedoch nicht ihre letzte. Um die Verwirklichung der Katholischen Universität zu beschleunigen, kommt es gemeinsam mit Necchi, Gemelli und Olgiati zu einem letzten Treffen mit Prof. Toniolo, das kurz vor seinem Tod stattfindet. Der berühmte Soziologe, eine zentrale Gestalt während der Krisenjahre der „Opera dei Congressi" und ein bedeutender Vertreter der Erneuerungsbewegung, einer der Mitbegründer der Christdemokraten in Mailand, sagt ihr voraus, daß die weibliche katholische Jugend die aktiven Marthas stellen werde, die für die gelehrten Marias die erforderlichen Mittel auftreiben. So wird die Katholische Universität in den Köpfen der vier Freunde spätestens seit jenem 9. September 1919 Realität.

In der Zwischenzeit berichtet Kardinal Ferrari Ida in Mailand über die von Rom approbierten Statuten des Bundes der katholischen Jugend. Das Alter der Mitglieder wird mit 18 bis 25 Jahren festgelegt. Mit ihren 35 Jahren muß Ida folglich außerhalb des Bundes bleiben, den sie mitbegründet hat. Doch siehe da, sie wird nach Rom gerufen, wo sie zu ihrem Erstaunen erfährt, daß sie zur Vizepräsidentin der Katholischen Frauen ernannt worden ist und die Jugendarbeit übernehmen soll. Nicht mehr die Diözese Mailand, sondern ganz Italien wartet nun darauf, daß die neue Vereinigung mit ihrer Arbeit beginnt.

Wir wollen auf diesen Beginn nicht weiter eingehen, es genügt zu erwähnen, daß es entgegen den Traditionen tausendjähriger Absonderung bald keine kleine oder große Pfarrei im gesamten Süden und Norden mehr gibt, in der die Frauen sich nicht aktiv an der neuen Vereinigung beteiligen. Keine Tätigkeit zur Förderung der Frau hätte eine umfassendere oder einschneidendere Wirkung auf das religiöse und soziale Gefüge der gesamten Halbinsel haben können. Auch auf die Errichtung der Katholischen Universität wollen wir nicht näher eingehen. Es genügt uns, zu erwähnen, daß die Katholische Universität vom Herzen Jesu am 7. Dezember 1921 feierlich eröffnet wird und die Beziehung von Barelli und Gemelli mit Kardinal Ratti, dem späteren Pius XI., dabei von entscheidender Bedeutung ist. Barelli wird Kassierin der Universität (sie übt diese Tätigkeit bereits bei der Zeitschrift *Vita e Pensiero* aus).

Doch die Tätigkeit Barellis verläuft nicht nur unbeschwert und glücklich. Die Geschichte der katholischen Jugend ist mit der Geschichte Italiens eng verknüpft. Der Faschismus nimmt zwar die unterbrochenen Gespräche zwischen Staat und Kirche wieder auf, doch auch gegenüber der Kirche zeigt er schließlich sein wahres Gesicht. Das Heer junger Männer und Frauen, die in den kirchlichen Organisationen tätig sind, weckt trotz ihrer vorherrschend „religiösen" Ausrichtung die Ängste des Diktators, der schließlich im Jahr 1931 die zwangsweise Auflösung der katholischen Verbände anordnet. Barelli befindet sich gerade in Warschau, als ein Telegramm sie auffordert, sofort zurückzukommen. Als sie auf der Durchreise in Wien eintrifft, weiß sie bereits aus den Zeitungen, was geschehen ist. Die Jahre der Unterdrückung und die Notmaßnahmen, die für das Überleben der Vereinigung und ihres Pressewesens ergriffen werden, bringen Barelli auf neue Möglichkeiten für das Apostolat. Sie verlegt sich auf das Gebiet der Liturgie und baut das „Werk des Königtums unseres Herrn Jesus Christus“ aus, das zwischen 1927 und 1929 gegründet wurde.

Nicht weniger hart sind die Jahre während des Krieges. Die Bombenangriffe auf Mailand im August 1943 zerstören die Büros der Katholischen Universität, die Lagerräume des Verlags von *Vita e Pensiero*, der katholischen Jugend und des „Werkes des Königtums“. Auch der Sitz des nationalen Zentrums der katholischen Jugend wird völlig zerstört.

Nach dem Krieg erhalten die italienischen Frauen das Wahlrecht. Wieder beginnt eine schwere Arbeit der Bewußtseinsbildung. Von den Deputierten der konstituierenden Versammlung kommen 25 von der Katholischen Universität und immerhin 8 von der katholischen Jugend. Armida Barelli tritt 1946 von der Präsidentschaft des Bundes zurück, wird aber zu seiner Vizepräsidentin ernannt.

Noch ein bemerkenswerter Aspekt der Arbeit Barellis muß erwähnt werden. Es ist ihre Bemühung um die Anerkennung eines weltlichen Instituts, das sich jedoch wie ein religiöser Orden an den Evangelischen Räten orientiert. Die Idee stammt von Gemelli und wird von Barelli weitgehend geteilt; doch es wird für sie alles andere als einfach, eine Erneuerung in einem Bereich zu erzielen, der in dieser Beziehung zu den restriktivsten gehört (das Geschehen wird von Maria Sticco in ihrer umfassenden Biographie über Barelli ausführlich dokumentiert). Letzten Endes werden aufgrund der Verdienste der beiden auch die Säkularinstitute in der Kirche Realität. Die definitive Anerkennung des „Säkularinstituts der Missionarinnen vom Königtum unseres Herrn Jesus Christus“ erfolgt im Jahr 1948. Das Modell der Weltlichkeit im Rahmen der Evangelischen Räte verleiht der religiösen Hingabe eine neue Vitalität; es bringt grundlegende Lösungen für jene Forderungen nach weltlicher Beteiligung und Mitarbeit, die seit der Zeit der katholischen Reform den Kernpunkt jeder Reform geistlichen Lebens bilden.

Armida Barelli stirbt am 15. August 1952. Die Todesursache ist eine fortschreitende Hirnlähmung, die sich bereits im Jahr 1949 manifestiert hat. Sie hat in beispielhafter Weise ihr Leiden ertragen und ihr Leben in den Dienst ihrer Werke gestellt. Ihr Tod bedeutet eine schwere Prüfung für ihre vielen Freunde, vor allem für Gemelli. Mit ihm hatte sie eine perfekte geistige Übereinstimmung erlebt. So viel hatten sie gemeinsam: Intelligenz, Willenskraft, ungewöhnliches Organisationstalent. Und mehr als alles andere hatte die franziskanische Idee sie miteinander verbunden. Gemelli ist mit gutem Recht ihr „Seelenfreund“. Und doch beweisen nicht wenige Einzelheiten, daß sie seiner Persönlichkeit nicht sklavisch ergeben war, sondern ganz im Gegenteil stets die Unabhängigkeit für sich selbst und ihre Werke bewahrte. Wie wir es schon wiederholt gesehen haben, erfährt am Ende auch ihre Beziehung eine Umkehr. In ihrem Abschiedsbrief an den gemeinsamen Beichtvater schreibt sie:

> Ich lege Ihnen besonders Pater Agostino ans Herz; möge mein Tod ihn beflügeln, aber steht ihm bei, steht ihm bei!

Und an Gemelli selbst schreibt sie in dem Testamentsbrief, den sie im Januar 1935 verfaßt hat:

> Gestatten Sie, Pater, daß ich Ihnen für die mir erwiesene Güte danke: Erlauben Sie mir, dem Priester meine tiefe Verehrung, verbunden mit übernatürlicher Liebe, auszusprechen. Seien Sie versichert, daß ich auch im Jenseits über Sie wachen und für Ihre Heiligung beten werde ... Möge mein Tod diese Heiligung beflügeln. Ich möchte Sie auch um Verzeihung für all das bitten, was Ihnen an mir mißfallen hat ... Doch Sie wußten, daß Sie auf mich zählen konnten, so wie ich auf Sie ...

Maria Sticco schreibt:

> Ida bewunderte und liebte Pater Gemelli, verstand ihn aber nicht wirklich, weil der Pater die Intuition des schöpferischen Geistes mit einer laikalen Mentalität von großem Weitblick verband ... Seine Art, zu denken und sich zu geben, entsprach nicht den traditionellen Formen, die Barelli kannte ...

Vielleicht hat sie recht. Persönlich kann ich nur sagen, daß ich die Bedeutung erahne, die in dieser traditionell-religiösen Mischung von Herz-Jesu-Verehrung und eher theokratischer als theologischer Auslegung des Königtums Christi liegt. Ich habe nicht die geeigneten Unterlagen, um zu unterscheiden, wieviel von dieser Mischung ihm und wieviel ihr zuzuschreiben ist. Doch es gibt keine Spiritualität, die nicht im Zusammenhang mit ihrer Zeit steht: Jeder Christ muß seiner unmittelbaren Gegenwart Tribut zollen. Wie dem auch sei, sie bleibt die „ältere Schwester" in der Geschichte der Frauenbewegung Italiens und bleibt zutiefst auch „Schwester" für Gemelli in der unumschränkten Freiheit einer „Wahlverwandtschaft", die in der Vollendung eines gemeinsamen Weges ihren Ausdruck findet.

Die Frau eines Philosophen: Raissa Maritain (1883 – 1960)

Bei Raissa und Jacques Maritain handelt es sich um eine einzigartige kulturelle Verbindung zweier Menschen. Ihre Geschichte ist untrennbar mit der neuscholastischen Richtung der christlichen Philosophie verknüpft. Doch die beiden bringen in diesen gemeinsamen kulturellen Kampf die grundlegenden Merkmale ganz verschiedener Welten ein. Sie die Spiritualität der *Hassidim*, die sich aus der leidvollen russischen Tradition entwickelt hat; er eine ganz andere Glaubenswelt, nämlich die des Protestantismus in Frankreich zu Beginn des Jahrhunderts. Daraus entwickelt sich eine gemeinsame Utopie, in der die mystische und ästhetische Dimension vorherrschen. Raissa bringt diese mit besonderer Leidenschaftlichkeit zum Ausdruck.

Sie wurde 1883 in Rostow, einer Kleinstadt am Don in der Ukraine, als Tochter der jüdischen Familie Oumançoff geboren. Zehn Jahre später treffen wir sie und ihre Angehörigen in Frankreich wieder, wohin sie angesichts des drohenden Pogroms geflüchtet sind. Nach ihrer 1898 erfolgten Einbürgerung in Frankreich erwirbt sie noch im selben Jahr die Befähigung als Grundschullehrerin und zwei Jahre später das Bakkalaureat in moderner Philosophie, obwohl sie erst knapp siebzehn Jahre alt ist. Sie begegnet Jacques Maritain an der Sorbonne, wo sie an der philosophischen Fakultät inskribiert ist. Mit Jacques besucht sie Vorlesungen über Philosophie und später Bergsons Seminare am „Collège de France". Später schreibt sie in ihr *Tagebuch*:

> An der Sorbonne war ich von den Geisteswissenschaften enttäuscht, weil sie nicht objektiv waren. Bedrückt durch den Determinismus, enttäuscht vom Relativismus, fühlte ich mich durch die Kritik Bergsons an allen diesen Theorien befreit. Mich tröstete die Behauptung einer möglichen Erkenntnis des Absoluten. Von diesem Augenblick an war ich von der göttlichen Wahrheit überzeugt.

Jacques, der ein Jahr älter ist als sie, wird 1882 in Paris geboren. Die beiden lernen in ihren Studienjahren neben Bergson auch Charles Péguy und Léon Bloy kennen. Es sind wegweisende Begegnungen im Leben der beiden jungen Studenten auf der Suche nach der Wahrheit und dem Absoluten. Im Jahr 1904 heiraten sie. Ihre Gefährtin bei dem wagemutigen Schritt ihrer Konversion und in ihrem weiteren Leben wird Vera, die um drei Jahre jüngere Schwester Raissas. Die für alle einschneidende Wende erfolgt im Jahr 1906. Von da an führen die beiden, vielmehr die drei, ein neues Leben, das ganz dem Studium, intensiven freundschaftlichen Beziehungen, dem Gebet und einem immer engagierteren und tieferen Suchen nach Gott gewidmet ist. Raissa zieht in ihrem *Tagebuch* darüber eine Art Bilanz:

> Ich war begierig nach dem wahren Wissen, doch ich wußte nicht, wo ich es finden konnte. Mit zwölf Jahren vermutete ich es in der Medizin; mit achtzehn in den Geisteswissenschaften; mit zwanzig in der Metaphysik; mit zweiundzwanzig in der Theologie. Daß es in ihr zu finden ist, weiß ich nun, und auch, daß die Heiligkeit, wenn sie noch hinzukommt, es unendlich steigert. Ich weiß, daß die Erkenntnis, die in ihr wohnt, alles andere entbehren kann.

Aus der Aufstellung über „unsere wichtigen Lebensdaten bis zum heutigen Tag", die sie am 26. November 1914 für ihr *Tagebuch* verfaßt, geht hervor, daß sie und ihr Mann am 2. Oktober 1912 ihr Leben endgültig Gott weihen. Es ist schwer nachzuvollziehen, was die beiden jungen Eheleute zu diesem entscheidenden und radikalen Schritt veranlaßt hat. Möglicherweise bedeutet er für beide die letzte Konsequenz ihrer Konversion.

In den Jahren von 1909 bis 1916 leben Jacques, Raissa und Vera zunächst in Heidelberg, dann in Paris und schließlich in Versailles. Der Erste Weltkrieg raubt ihnen einige bedeutende Freunde, darunter Ernest Psichari, dessen Konversion sie miterlebt haben, und Charles Péguy, der an der Marnefront fällt. Im Jahr 1915 lernen sie Dehau kennen, den Lehrer von Garrigou-Lagrange, der ihr geistlicher Begleiter wird, nachdem Clérissac gestorben ist, der bisher diese Funktion ausgeübt hatte. Die Begegnung mit Dehau ist entscheidend für Raissa, die sich auf seinen Rat hin entschließt, künftig alle ihre Vormittage dem Gebet zu widmen.

Nach dem Jahr 1916 leben Jacques und Raissa wieder in Versailles; sie beschäftigen sich beide mit Thomas von Aquin und beginnen mit ihrem Projekt der „thomistischen Zirkel"; gemeinsam publizieren sie *Vom Leben des Gebetes*. Ab 1923 lassen sie sich in Meudon nieder, wo sie bis 1939 bleiben. Hier arbeitet Raissa eine ihrer *Lebensregeln* aus. Es ist eine schwierige und verworrene Zeit. Aus diesen Jahren datieren nach der von Jacques verfaßten Chronologie auch etliche Dichtungen Raissas. Die beiden schreiben und arbeiten weiter gemeinsam; sie publizieren *Die Stufen des Wissens* und *Situation der Poesie*. Doch Raissa schreibt auch selbst einige religiöse Abhandlungen: *Der Herr dieser Welt* und die *Geschichte Abrahams*. In *Der Engel der Schule* schreibt sie in einer für Kinder verständlichen Sprache über das Leben des heiligen Thomas. In den Jahren vor dem Ausbruch des Zweiten Weltkriegs unterhält das Ehepaar intensive Beziehungen zu Schriftstellern und Künstlern und erlebt auch die Konversion einiger von ihnen mit. Raissa ist sehr in Anspruch genommen, doch gleichzeitig ist es für sie eine Zeit besonderer Gnade. So schreibt Olivier Lacombe nach der Lektüre einiger Schriftproben des *Tagebuches* an Jacques Maritain:

> ... Ich denke an den üblichen und „normalen" Verlauf Eures Lebens in Meudon. Raissa setzte ihre Arbeit als Dichterin und Schriftstellerin fort ... Sie war mit ihrem reichen Schaffen eine aktive Mitarbeiterin an Ihrer Seite ...
> Eine außergewöhnliche Gastfreundschaft mit einer perfekten Hingabe an den Besucher, den von Gott gesandten Gast, wurde tagtäglich unter Eurem Dach geübt. An den Sonntagen in Meudon – und oft auch an den Abenden unter der Woche – waren Eure Tür und Eure Herzen weit geöffnet. Und wer auch immer von Euch fortging, war tief bewegt, als Mensch empfangen und anerkannt worden zu sein, mit einer so aufmerksamen Freundschaft, die ihn im Innersten berührte. Doch es ist verständlich, daß diese Fähigkeit, dem anderen zuzuhören, ihn auf seine Art zu verstehen, speziell Raissa ... eine wahre Selbstaufgabe und Selbstverleugnung ihrem Nächsten gegenüber abverlangte. Und dann (ohne die vielen anderen philosophischen oder „ökumenischen" Versammlungen zu erwähnen) gab es einmal im Monat die Zusammenkünfte der thomistischen Zirkel ... Es war die unermüdliche Suche nach allem, was der historische Augenblick an Gutem, Schönem und Wahrem hervorbrachte ... die Bemühung, mit dem intellektuellen und künstlerischen Leben der Zeit verbunden zu bleiben. Die Reisen nach Paris, um sich über Musik, Malerei und Dichtung

auf dem laufenden zu halten, um den verschiedenen Denkrichtungen folgen zu können ... An allen diesen Aktivitäten ... nahm Raissa aktiv und sehr eingehend Anteil. Wenn ich diese Dinge in Erinnerung rufe ... geschieht es, um die harmonische Einheit von Aktion und Kontemplation hervorzuheben, einer intensiven Aktion und einer intensiven Kontemplation im Leben Raissas während der Zeit in Meudon.

Am Vorabend des Krieges bietet sie ihr Leben an für den Frieden der Welt; im selben Jahr 1939 formuliert Edith Stein unter dem Eindruck der drohenden Gefahr dasselbe Gebet.

Die Welt steht in Flammen und Jacques befürchtet, Raissa könnte womöglich von den Rassenverfolgungen betroffen werden. Sie stimmt schließlich zu, in die Vereinigten Staaten zu übersiedeln. Bis 1944 bleiben sie in New York. Die Lebensbedingungen von Meudon – schreibt Jacques – boten sich ihr hier nicht. Es war ihr aus materiellen Gründen unmöglich, die Zeit für jene innere Sammlung zu finden, die so wichtig für sie war. Sie litt sehr darunter, doch sie akzeptierte die veränderte Situation, ohne ihren inneren Frieden zu verlieren. Während dieses ersten Aufenthalts in Amerika schreibt Raissa eines ihrer berühmtesten Bücher: *Die großen Freundschaften*.

Im Jahr 1945 – der Krieg ist gerade erst zu Ende gegangen – wird Jacques zum Botschafter Frankreichs beim Heiligen Stuhl ernannt. Drei Jahre lang leben die beiden in Rom, in der Nähe des „Palazzo Taverna“. Es ist für Raissa eine Zeit kraftraubender Verpflichtungen. Dennoch setzt sie ihre dichterische Tätigkeit fort und widmet Chagall, der (neben Rouault und Severini) zu ihren Lieblingsmalern gehört, eine Monographie. In ihrem *Tagebuch* hinterläßt sie uns unter anderem die amüsante Beschreibung der Gabenprozession anläßlich der Heiligsprechung von Francesca Cabrini im Petersdom:

> Eine Prozession mit Vögeln, Brot, Wein, Getreide. Der Papst auf seinem Thron. Vom Hauptaltar näherten sich langsam Kardinäle in weißen Gewändern ... Der erste trug mit ehrfurchtsvoller Würde einen vergoldeten Käfig, in dem unbeweglich und vollkommen ruhig zwei Kanarienvögel standen. Er schritt die Stufen zum Thron hinauf und bot sie dem Heiligen Vater dar, der sie segnete. Ebenso langsam und würdevoll trug der zweite einen weißen Käfig, in dem aufrecht und als wären sie erstaunt, zwei kleine Turteltauben standen. Der dritte schließlich bot in tiefer Andacht zwei weiße Tauben dar, zwei aufgeblähte Federbälle – und nachdem die Vögel entgegengenommen und gesegnet worden waren, reihten alle sich wieder in die Prozession ein ...

Im Jahr 1948 nimmt Jacques einen Lehrauftrag für Moralphilosophie an der Universität von Princeton an. Raissa lebt hier in völliger Zurückgezogenheit, während Jacques ganz von seiner Arbeit in Anspruch genommen wird. Er schreibt, daß sie erst in Princeton, bevor Krankheit und physische Schmerzen ihr alles abforderten, mit einer gewissen Regelmäßigkeit die Zeit für ihre innere Sammlung finden konnte ...

Doch selbst in diesen Jahren versiegt ihre poetische Ader nicht. 1959 stirbt ihre Schwester Vera. Im Sommer 1960, den Raissa wie jedes Jahr in Frankreich, im Elsaß, verbringt, erkrankt sie schwer und stirbt schließlich am 4. November. Nach ihrem Tod veröffentlicht Jacques das *Tagebuch* und einen Band mit Gedichten und Aufsätzen. Er bemerkt dazu:

> ... Ich sehe in Raissas spirituellem Leben drei bedeutende Perioden. Raissa, bei deren Konversion das Vorbild der Heiligen und der großen Denker eine wichtige Rolle spielte, beschritt bereits kurz nach ihrer Taufe die Wege des Gebetes. Im ruhigen Frieden mit Gott las sie zum ersten Mal Werke des heiligen Thomas von Aquin und erfaßte die intuitiven Gewißheiten, die ihren Verstand für immer erleuchteten. Eine erste Periode war also die Zeit der Vorbereitung und der Anfänge, gleich der Morgenröte eines kontemplativen Lebens (1906–1916). Eine zweite Periode begann im Mai 1916, als Raissa beschloß, die von Gott geforderte Zeit dem Gebet zu widmen. Daran hielt sie bis Ende 1939 fest. Anfangs, als ihr Zeitplan noch nicht voll ausgelastet war, fiel es ihr noch leicht. Doch ab 1920/21 und vor allem, nachdem wir uns 1923 in Meudon niedergelassen hatten, mußte Raissa – zu welchem Preis, das haben nur ich und Vera gewußt! – die hohen Ansprüche, die ihr Leben im Gebet an sie stellte, mit einer ständig wachsenden Zahl anderer Aufgaben teilen ... Eine dritte Periode umfaßte die Jahre von 1940 bis 1960.
> Mit unserem Aufbruch nach Amerika ... sind wir zu Entwurzelten geworden. Raissa hatte den einzigen Platz verloren ... an dem sie sich auf dieser Erde ein klein wenig geschützt fühlte und wo sie ... trotz allem ideale Bedingungen für ihre innere Sammlung vorfand ... In den Jahren in New York, als uns die Verzweiflung packte, während in Europa das Hakenkreuz triumphierte, mußten wir uns bemühen, den Mut nicht zu verlieren ... Es folgten die Jahre in Rom, in denen sie viele Pflichten zu erfüllen hatte ... Dann die Jahre in Princeton, wo sie am Ende etwas Ruhe gefunden hat, obwohl bereits der physische Schmerz begonnen hatte, die Krankheit und die Angst, mich und Vera krank werden zu sehen; Jahre, in denen Raissa mit bitterer Isolation den Preis für die Arbeit zahlen mußte, die mich aufzehrte. Während dieser Zeit war sie vollkommen abgeschlossen, alleingelassen und unbeachtet; und während sie Kraft und Frieden, Rat und eine Art beflügelnder Heiterkeit verbreitete, versenkte sie sich gleichzeitig immer tiefer in die Einsamkeit mit ihrem Gott; und es war ihr auf dieser Erde nicht mehr als ein schmaler Pfad geblieben, den sie entlanggehen konnte ...

Ich habe hier bewußt Jacques zu Wort kommen lassen, denn obwohl man Raissa ihren eigenen Weg nicht absprechen kann, verwirklicht sie sich trotz ihres Charismas des Gebetes vollkommen in der Symbiose mit ihrem Gatten, Freund und Gefährten, mit dem sie gemeinsam den Weg zum Glauben gegangen ist und mit dem sie den Glauben gemeinsam gelebt hat:

> Alles, was im Werk von Jacques enthalten ist, haben wir zuvor durch die Schwierigkeiten des Lebens erfahren – die Fragen der Kunst und der Moral, der Philosophie, des Glaubens, des Gebetes, der kontemplativen Betrachtung. All das mußten wir vor allem *erleben* ...

An Jacques schreibt sie:

> Liebe mich weiter so, denn ich brauche viel Liebe zum Leben, und ich weiß, daß ich dazu verurteilt bin, „als Nicht-Liebende" zu lieben ... Was für eine schreckliche Berufung! Aus diesem Grund hat Gott Dich mit Deiner wunderbaren Zärtlichkeit an meine Seite gestellt. An wessen Seite außer an Deiner hätte ich mit einer solchen Berufung leben können? ...
> Mein Liebster, wie Du glaube ich, daß „es bezeichnend für Gott ist, daß man sich durch die Beschäftigung mit ihm immer weiter von den menschlichen Vorstellungen entfernt. Seine Gedanken sind nicht wie unsere Gedanken ..." Doch, Jacques, so zu leben ist das Martyrium, es bedeutet, nichts mehr zu haben, wohin man sich wenden kann ...
> Das Wunderbare ist, daß ich an Deinem Herzen ausruhen kann, ohne das Wirken Gottes in uns zu stören. So sehr ist Gott in Dir. Und Du bist meine ganze Freude in dieser Welt.

Es fehlt zwar auch in seinem Schaffen nicht eine mystische Note, doch sicher ist, daß Raissa ihn durch die Methodik und Leidenschaft ihrer absoluten Suche nach Gott überflügelt. Nicht zufällig ist die Ästhetik auf reflexiver und expressiver Ebene der wesentliche Berührungspunkt der beiden. Nicht zufällig ist Raissa Maritain Mystikerin und Dichterin in absoluter Verschmelzung der beiden Bedeutungen und erst an zweiter Stelle Denkerin und Gefährtin eines Denkers. Ihre Dichtkunst ist das geeignetste Ausdrucksmittel, mit dessen Hilfe wir die Entwicklung ihrer Hingabe an Gott verfolgen können. Diese Hingabe ist nach den Worten von Jacques

> ... eine Melodie, deren Rhythmus, so ungewöhnlich er auch sein mag, für den Zuhörer immer eine außerordentliche Präzision besitzt; sie kommt aus einer größeren Tiefe, als es die rein psychische Welt der Eindrücke und Vorstellungen ist. Das Unbewußte, das frei macht, ist das Unterbewußtsein der Seele in ihrem ursprünglichen Zustand. In ihr ist alles notwendig und erlaubt. Nicht irgendein abstraktes Perfektionsmodell, sondern eine feinfühlige Treue, eine liebevolle Beachtung dieser unsichtbaren Hände, von denen die Seele alles empfängt, verlangt eine Transparenz, eine Präzision und ein besonderes Gefühl für die Melodie, die eine Stimme des Blutes und der Seele ist. Was mir dafür typisch zu sein scheint, ist einerseits die Musikalität, die ausdrücklich als wesentliches Element der Dichtkunst gilt, andererseits die Klarheit, mit der die Ausdrucksform in jedem Gedicht ihre Einheit mit dem Leben zeigt.

Raissa selbst liefert uns einen wertvollen Schlüssel zur Interpretation ihrer Poesie, indem sie schreibt:

Wenn deine Seele, o Dichter, nicht von Begeisterung und Liebe erfüllt ist,
von Leidenschaft, Frömmigkeit und Verständnis,
dann bedeuten mir deine akrobatischen Fähigkeiten nichts
oder deine Raffinessen.
Notwendig ist die Weisheit,
gesegnet die Vorstellungskraft,
und mehr noch,
in der Stille,
 die Erfahrung
  und das völlige Einssein
mit der Schöpfung.

Und sie schreibt weiter:

Die Dichtkunst scheint mir ... das Ergebnis der Berührung des Geistes mit der unsagbaren Wirklichkeit schlechthin und mit ihrem Ursprung zu sein, der in Wahrheit Gott selbst ist ...
Der Dichter hat sich dem Strom des Geistes hingegeben ... er hat die Berührung mit dieser Realität, die keine Formeln kennt, mit jener außergewöhnlichen und fruchtbaren inneren Sammlung gefühlt, die man erst verdienen muß, und er geht neu belebt und mit reichen Gaben beschenkt daraus hervor ...
Die wirkliche und tiefe innere Sammlung ist das bedeutendste Geschenk an den Dichter ... Der Dichter hat die Sehnsucht, in sich selbst einzudringen ... So, wie Gott diejenigen anzieht, die nach Ihm streben, so zieht die Dichtkunst jene an, die sie suchen, und läßt sich von denen finden, die sie lieben.
Gott und die Dichtkunst. Eine absolut aufrichtige und rein geistige Tätigkeit führt sowohl zu ihm als auch zu ihr und zuweilen auch von ihm zu ihr. Die Konzentration auf das Göttliche bricht in Psalmen aus, und zuweilen entdeckt der innere Frieden des Dichters Gott ...

Eine ungewöhnliche Witwe: Adrienne von Speyr (1902 – 1967)

Es ist nicht einfach, die Lebensgeschichte der Adrienne von Speyr zu interpretieren. Wie bei anderen Frauen, die eine außergewöhnliche Bedeutung in der Geschichte der Frauen und der Kirche erlangen, wird auch bei ihr alles gebilligt. Sie ist zweimal verheiratet und wird zweimal Witwe, ist Begründerin eines Säkularinstituts und Inspiratorin eines großen Theologen. Urs von Balthasar erklärt unmißverständlich, daß er seine Theologie ihr verdankt. All das ist Teil eines ruhigen und gelassenen Weges der Bekehrung, der später in jene schwärmerische mystische Erfahrung übergeht, die Urs von Balthasar uns bezeugt.

Adrienne von Speyr wird am 20. September 1902 im schweizerischen La Chaux-de-Fonds als Kind wohlhabender Eltern geboren. Ihr Vater Theodor, ein

Augenarzt, und ihre Mutter, Louise Girard, sind Protestanten. So betrachtet ist die seltsame Begegnung, die sie im Alter von sechs Jahren auf der Straße gehabt haben soll, nur schwer vorstellbar. Sie begegnet Ignatius von Loyola, dem Heiligen, der ihr später in einer Vision, in der sie Maria umgeben von Engeln und Heiligen erblickt, wieder erscheint. Man schreibt das Jahr 1917. Von diesem Augenblick an bleibt ihr ein kleines Wundmal unterhalb der linken Brust (es ist die erste in einer Reihe körperlicher Begleiterscheinungen, die ihr Leben kennzeichnen). Die Vision hat für ihren Glauben allerdings keinerlei Auswirkungen: Sie ist und bleibt Protestantin. Als kleines Mädchen pflegt sie regelmäßig Umgang mit der Heilsarmee; sie besucht das Gymnasium, obwohl ihre Mutter es für eine Frau unpassend findet. Dazu muß erwähnt werden, daß die Beziehung Adriennes zu ihrer Mutter nicht die beste ist; das Verhältnis zur Tochter ist durch die Leiden einer Schwangerschaft und Geburt vorbelastet, die viel größer waren als bei ihren anderen Kindern – Hélène, der Ältesten und Lieblingstochter, gefolgt von Willi, der drei Jahre jünger ist als Adrienne, und dem um elf Jahre jüngeren Theo. Frau Girard neigt dazu, ihre Tochter oft zu Unrecht zu tadeln. Es ist also eine schwierige Beziehung, die sich auch mit den Jahren nicht ändert.

Nach dem Tod ihres Vaters muß Adrienne das Gymnasium verlassen und eine Hauswirtschaftsschule besuchen, die nach Meinung der Mutter für ein Mädchen geeigneter ist. Darüber hinaus hat sie sich auch um den Haushalt zu kümmern. Jedenfalls eine schwierige Situation, die zu einer so tiefen Depression führt, daß sie sogar an Selbstmord denkt.

Im Sommer des Jahres 1918 erkrankt Adrienne. Die Ärzte geben ihr nur noch ein Jahr zu leben. Sie fährt nach Leysin, wo sie zwei Jahre bleibt und von Dr. Charlotte Olivier, einer entfernten Verwandten, liebevoll betreut wird. Im Jahr 1920 – sie ist inzwischen geheilt – besucht sie als Volontärin einen Kurs für Krankenpflege am Diakonissenspital von Saint-Loup und beginnt erstmals an ihrer eigenen Glaubenswelt zu zweifeln. Im Jahr darauf kehrt sie zu ihrer Mutter nach Basel zurück; sie besucht wieder das Gymnasium und nimmt auch Klavierunterricht. Es ist eine Zeit inniger Freundschaften, unter anderem mit Heinrich, dem Bruder von Karl Barth. Nach dem Abitur beschließt sie, Medizin zu studieren. Es ist eine für Frauen ungewohnte Entscheidung, für die sie bei ihrer Mutter keine Zustimmung findet. Es gelingt ihr sogar, den Boykott eines Professors durchzusetzen, der irrtümlich durch eine Injektion den Tod eines Patienten herbeigeführt und versucht hat, die Schuld daran einer Schwester seiner Abteilung zuzuschieben. Am Ende muß der Professor seinen Lehrstuhl aufgeben. Um ihr Studium zu finanzieren, gibt sie Privatunterricht, und mit ihrer medizinischen Erfahrung wächst auch die Freude daran, sich für andere aufzuopfern.

Während ihres Urlaubs im Jahr 1927 lernt sie in San Bernardino Prof. Emil Dürr, einen Ordinarius für Geschichte, kennen. Der Witwer und Vater zweier Kinder verliebt sich in sie. Adrienne nimmt seine Werbung an. Doch im Jahr 1934 stirbt Emil an einer Verletzung, die er sich beim Sturz aus einer Straßenbahn zuzieht. Adrienne ist geschockt; wieder denkt sie an Selbstmord. Prof. Merke, ein Freund und Katholik, steht ihr bei. Es vergehen knapp zwei Jahre, dann heiratet sie Werner Kaegi, der den Lehrstuhl von Prof. Dürr übernommen hat.

Im Jahr 1940 konvertiert sie zum Katholizismus. Noch während desselben Jahres begegnet sie Urs von Balthasar an der Universität Basel im Rahmen eines Kurses, den er dort für Konvertiten hält. Bereits nach kurzer Zeit tritt sie auch mit anderen bedeutenden Theologen unserer Zeit in Verbindung: mit Romano Guardini, Henri de Lubac, Gabriel Marcel ...

Ihre Konversion bedeutet auch den Beginn außergewöhnlicher mystischer Gnaden, die bis zu ihrem Tod andauern und ein Ausmaß annehmen, das uns gleichsam in die Zeit des Mittelalters mit seiner Liebe zum Außergewöhnlichen und Wunderbaren zurückversetzt. Als ihre Gabe des Gebetes und ihre Visionen zunehmen, werden die Jungfrau Maria, der heilige Ignatius, die kleine heilige Therese, der Pfarrer von Ars zu ihren Vertrauten. Ihr seelischer Erregungszustand gipfelt in der charismatischen Pflege der Kranken, in der Gabe, zu heilen. Von 1941 an nimmt sie physisch am Leiden des Herrn teil, ein Ereignis, das sich jedes Jahr wiederholt. 1942 empfängt sie auch die Stigmata, deren sichtbare Zeichen durch ihr Gebet wieder verschwinden.

Die Intensität der mystischen Erfahrung wird nun zum weisheitlichen Verstehen des Wortes Gottes, vor allem des Johannesevangeliums. Ab 1954 gibt sie ihre ärztliche Tätigkeit aus gesundheitlichen Gründen auf. Sie liest, betet, unterstützt und leitet das Säkularinstitut, das sie zusammen mit Urs von Balthasar gegründet hat. Nach einem langen und schmerzvollen Siechtum stirbt sie am 17. September 1967, am Gedenktag der heiligen Hildegard, die ihr aufgrund ihrer gemeinsamen Liebe zur Medizin besonders viel bedeutet hat.

Bei näherer Betrachtung finden wir in der Persönlichkeit der Adrienne von Speyr verschiedene Ungereimtheiten: Da sind vor allem ihre beiden Ehen innerhalb so kurzer Zeit. Die Frage, was sie dazu veranlaßt, Prof. Dürr zu heiraten, und weshalb Kaegi an seine Stelle tritt. Und warum sie, was Urs von Balthasar bestätigt, trotz zweier Eheschließungen Jungfrau bleibt. Welchen Sinn hat eine solche Entscheidung, die für eine Konversion gar nicht verlangt ist? Soll das Wundmal unter ihrer Brust etwa das Zeichen ihrer Zugehörigkeit zu Christus sein? Doch wie kann man sie und ihre Visionen rechtfertigen, wenn sie gar nicht mit einer bewußten Glaubensentscheidung verbunden sind? Und außerdem, was veranlaßt sie dazu, Urs von Balthasar gleichsam zu ihrem *alter ego* zu machen? Er betont, daß er ihr als Theologe alles verdankt; ihretwegen verläßt er die Gesellschaft Jesu; und mit ihr verwirklicht er jenes Säkularinstitut (die Johannesgemeinschaft), dessen direkte Einbindung in die ignatianische Tradition ihm die Regeln der Gesellschaft verboten haben. Urs von Balthasar sagt selbst, er habe diese Entscheidung, die schmerzlichste seines Lebens, treffen müssen, um an ihrer Seite bleiben zu können. Er sagt sogar, daß sein Werk und das Adriennes zwei Seiten derselben Medaille seien. Noch einmal: Wie und warum ist ein Theologe seines Kalibers, der mit den grundlegenden Entwicklungen unserer Zeit eng verbunden ist, ein wahrer Erneuerer der Theologie dieses Jahrhunderts, bei einer Frau in die Schule gegangen und hat ihr Gehör geschenkt, die zwar gebildet war, aber kein theologisches Instrumentarium besaß und deren Wissen sich gänzlich auf die mysteriöse und real nicht faßbare mystische Erfahrung gründet? Inwiefern unterscheidet sich Adrienne von Speyr von den vielen anderen Frauen, die ihren religiösen Phantasien wie einem Fieberanfall erliegen?

Wie auch immer, der gebildete Ex-Jesuit glaubt, ihr folgen zu müssen, und sieht es als seine Aufgabe an, ihre Botschaft und ihre Erfahrung zu verbreiten. Zwei Schriften Urs von Balthasars klären uns über diese Entscheidung und ihre Gründe auf. In *Mein Werk – Durchblicke* verteidigt er mit Leidenschaft ihre große Bedeutung für sein eigenes theologisches Schaffen. Und in dem Buch *Erster Blick auf Adrienne von Speyr* versucht er eine umfassende Interpretation ihrer Theologie nicht nur essentiell, sondern auch empirisch zu formulieren.

Wir waren in Estavayer am Neuenburgersee, ich gab jene Exerzitien, die als Gründungsakt unserer Gemeinschaft galten. Am Abend des 9. August, nachdem Adrienne lange in Angst gewesen war, sagte sie mir vor einem Vortrag: „Kommen Sie nachher gleich auf mein Zimmer." Ich fand sie in großer Verwirrung. Sie sagte immer nur: „Ich kann sie nicht mehr halten, ich kann sie nicht mehr halten ...!" Ich bat sie, der Reihe nach zu berichten ... Sie tat es, so gut sie konnte ... Hie und da unterbrach sie sich und fragte: „Hat denn das noch Vernunft? Sagen Sie's mir, wenn Sie mich für verrückt halten." Sie erzählte, daß plötzlich ein fürchterliches Gewitter eingesetzt habe ... Sie trat auf die Terrasse hinaus, um sich zu vergewissern, was los sei, aber sie wurde nicht naß. Da begriff sie, daß dieses Gewitter keines der äußeren Natur war ... Dann sah sie plötzlich den Himmel aufgehen (ich gebrauche im Folgenden streng die Worte, mit denen sie schilderte) und sah in der Öffnung eine Frau. Diese war so strahlend, daß sie Adrienne ... ganz blendete ... Die Frau hatte zwölf Sterne um den Kopf; Adrienne hatte sie gezählt; sie sagt: „Ich bin fast ganz sicher, daß es zwölf sind. Sie ist ganz in Feuer eingehüllt und steht auf einer Kugel. Sie war schwanger und schrie die ganze Zeit. Hören Sie nicht, wie sie schreit? Hören Sie wirklich nicht?" Ich frage sie: „Was ist denn das für eine Kugel, auf der sie steht?" Adrienne ist wie in einer Entrücktheit; sie steht auf, zieht einen Schuh aus und betastet prüfend den Boden mit ihrem Fuß. „Es ist der Mond", sagt sie, „ja, es ist wirklich sicher der Mond." Dann sieht sie einen Drachen erscheinen, er ist rot, hat sieben Köpfe, zehn Hörner und sieben Diademe auf den Köpfen. Ich frage sie, was es mit diesem Drachen für eine Bewandtnis habe. „Ich weiß nicht", sagt sie, „er ist einfach wütend, und er ist sehr mächtig. Er ist das Böse, der Teufel." Dann blickt sie um sich: „... Und sagen Sie mir doch: Was hat denn Johannes mit all dem zu tun? Irgendwie ist er dabei, aber er ist auf dem Bild nicht sichtbar." Sie schaut mich auf einmal tödlich erschrocken an: „Wer ist diese Frau? Ist sie ... die Mutter?" Adrienne kommt auf mich zu und hält mir die Hände hin: „Ich verspreche Ihnen Gehorsam, absoluten Gehorsam, ich will nur noch eine Sache sein für Gott. Aber man muß dieser Frau helfen, man muß sie stützen."

Adrienne weiß nicht, was für eine Szene sie erlebt. Während sie zusammenhanglos und von einer unerklärlicher Schwäche erfaßt sagt, was getan werden muß, um der Gebärenden beizustehen – und sie weiß, wovon sie spricht, hat sie es doch selbst viele Male getan –, schlägt Urs von Balthasar das Neue Testament auf und liest aus der *Apokalypse* vor, Kapitel 11,19 bis 12,13.

Sie war völlig starr. „Was ist das?" Ich sagte: „Johannes." Sie: „Mein Gott, die Apokalypse!" Nach einiger Zeit: „Die habe ich nie gelesen. Ich hatte einmal angefangen vor Jahren, aber ich kam über das erste Kapitel nicht hinaus. Es war einfach zu groß, zu unfaßbar für mich ... Aber wer ist denn das Weib?" Ich sagte: „Maria und die Kirche in Einheit." Sie sagte: „Da haben Sie recht. Das ist wahr. Jetzt verstehe ich ..." Damit begann dieses einzigartige, wahrhaft apokalyptische Diktat ... Adrienne sah die Bilder genau vor sich, und sie konnte mir jeweils den entsprechenden Text, ohne ihn gelesen zu haben, hersagen; ich habe diese rezitierten Texte mitgeschrieben und aufbewahrt ... Was die Exegeten zu alldem sagen mögen, ist eine Frage, die mich hier nichts angeht; für eines kann ich einstehen: Was Adrienne gesehen, aufs genaueste geschildert und dann ausgelegt hat, ohne den Schrifttext zu kennen, waren keine subjektiven Einbildungen.

Wir zitieren ihn hier als Interpreten eines Geschehens, das uns wenig Klarheit bringt. Für dieses Nacherleben der Botschaft und der Schilderung der Apokalypse kann es zahllose Gründe geben, von denen nicht alle mystisch sein müssen. Was man jedoch deutlich sehen kann, ist, daß zwischen den beiden nicht mehr eine sogenannte „professionelle" Distanz besteht, sondern Übereinstimmung und freundschaftliche Verbundenheit vorherrschen. Außerdem öffnet sich hier die Theologie dem unerklärlichen Phänomen der Erfahrung und verläßt die streng abstrakten Wege einer deduktiven Methodik. Zweifellos ist das mit Risiken verbunden und erfordert eine strenge Beurteilung. Die tausendjährige Erfahrung der mystischen Sprache, verkörpert durch Hildegard, Bernhard, Gertrud die Große, Teresa von Avila, Johannes vom Kreuz und alle ihre anderen bedeutenden Vertreter innerhalb und außerhalb der Kirche, bringt immer auch eine gewisse Andersartigkeit mit sich, eine eigene phantasievolle Wahrnehmung des höchsten und letzten Zieles. Andererseits ist gerade die Erfahrung von besonders großer Bedeutung, auch wenn sie auf ihrem Weg von dem, der sie erlebt, zu dem, der sie aus der Distanz betrachtet oder später daraus Nutzen zieht, ihren Reiz verliert. Das alles umgeht Adrienne von Speyr mit ihrer (oder von Balthasars?) Theorie einer „objektiven Mystik".

Die Grundhaltung, auf die Urs von Balthasar die Botschaft Adriennes zurückführt, ist vor allem der Gehorsam, den Maria von Nazaret mit ihrem *Fiat* zum Ausdruck bringt: „Indem sie sich völlig Gott hingibt, wird sie in Gott frei."

Wenn von seiten Gottes diese Bereitschaft zur höchsten Gnade wird, ist sie seitens des Menschen eine endgültige, bedingungslose Hingabe. Es ist die Einheit von Glaube, Hoffnung und Liebe. Gerade Maria zeigt uns die volle Konvergenz von Liebe und Gehorsam. Es sind Thesen, die Adrienne von Speyr in ihrem ersten Buch *Die Magd des Herrn* (1948) entwickelt und in anderen, die darauf folgen, bis hin zu ihrem *Buch vom Gehorsam*, einem ihrer letzten Werke.

Diese Theologie der Bereitschaft entsteht als Antwort auf das Wort Gottes. Laut Urs von Balthasar unterscheidet sie das von vielen anderen Verkündern von „Privatoffenbarungen". So wird sie zur Protagonistin eines authentischen und charismatischen Dienstes: Durch die mystische Erfahrung dringt sie bis zum Kern des Glaubens vor, so wie die vielen echten Mystiker der Vergangenheit auch. Wenn etwas für ihr Werk und ihr Leben bestimmend ist, dann ist es laut Urs von Balthasar diese zentrale Verlebendigung der christlichen Offenbarung.

In ihrem Denken erfährt das Thema des Gehorsams eine überwiegend christologische Neubearbeitung, die natürlich auch die Kirche betrifft, die in den menschlich-göttlichen Gehorsam Christi einbezogen ist. Der Gehorsam ist auch der Schlüssel für die Interpretation des Mysteriums der Dreifaltigkeit: Im Gehorsam des Sohnes erfüllt sich der Wille des Vaters auf Erden, während der Heilige Geist den Sohn als „Normprinzip" des Vaters begleitet. Das Eindringen in das Mysterium der Dreifaltigkeit erfolgt durch das Gebet, wie sie in verschiedenen ihrer Werke schreibt, in denen sie auf besondere Weise gewöhnliche und mystische Erfahrung vermischt. Von Balthasar schreibt, daß die gesamte Mystik Adriennes trinitarisch sei, obwohl sie niemals eine Lehre über die Dreifaltigkeit entwickelt hat. Diese Erfahrung führt dazu, daß sie die Mysterien des Leidens und des Todes des Herrn unmittelbar miterlebt und auch die Art und Weise der mystischen Erfahrungen aller ihrer Vorgänger versteht:

> Zu Beginn war es so, daß Adrienne nachts in ihren Gebetsstunden einen Heiligen sah, der ihr seine Gebetshaltung zeigte; sie erzählte mir in den nächsten Tagen davon, und ich notierte es auf. Nicht immer wußte sie den genauen Namen ... So wurde die Auswahl der Gestalten ... weitgehend durch mich bestimmt. Ein kurzes Gebet „versetzte" Adrienne in die „Gehorsamsekstase", ein kurzes Gebet brachte sie am Schluß wieder auf diese Welt. Alles vollzog sich in der größten Ruhe und Schicklichkeit. Zwischen zwei solchen Schilderungen konnte sie am Telephon die Haushaltsbestellungen erledigen, Tee trinken, Besuche empfangen usw. Übrigens war es möglich, noch während der Ekstase selbst, wenn Adrienne ihre Schilderung abgeschlossen hatte, ergänzende Fragen zu stellen, die beantwortet wurden ...

Urs von Balthasar schreibt auch, daß ihre Nähe zu verschiedenen anderen Erfahrungen eine Bestätigung dafür sei, daß ihre Spiritualität sich eben über diese Erfahrungen manifestiert und überwiegend marianische und johanneische Züge trägt. Nach seinen Worten hat Adrienne die Mystik wieder in den Mittelpunkt der Heilsgeschichte gerückt und sie einem Schattendasein entrissen, in dem sie immer weniger verstanden, ja sogar verachtet wurde, ausgeschlossen und ignoriert von der offiziellen Theologie und von der Verkündigung des Glaubens.

EINE HELDENHAFTE MUTTER: Gianna Beretta Molla (1922 – 1962)

Eine „normale", absolut normale Frau! Auch in der Erinnerung ihres Mannes, der schreibt:

> Gianna war eine wunderbare und doch eine ganz normale Frau. Sie war schön, intelligent, ein guter Mensch. Sie war aber auch eine moderne Frau, war elegant, fuhr selbst mit dem Auto. Sie liebte die Berge und war eine ausgezeichnete Schifahrerin. Sie liebte Blumen und die Musik ... Sie reiste auch gerne ...

Es gibt nichts Außergewöhnliches im Leben von Gianna Beretta Molla, wenn man von den Umständen ihres Todes absieht. Ein klares Zeichen dafür, daß Heiligkeit nicht immer mit auffallenden und außergewöhnlichen Erscheinungen verbunden sein muß. Eine Gefahr besteht jedoch auch in ihrem Fall, daß nämlich ihre Gestalt für eine „ideologische" Botschaft mißbraucht wird. Gianna wurde 1993 gemeinsam mit Elisabetta Canori Mora seliggesprochen. Es ist nicht zu übersehen, daß man damit offenbar zeigen wollte, was von einer Frau erwartet wird, daß sie nämlich zu einer „demütigen" ehelichen Treue und zur radikalen Bejahung einer Mutterschaft um jeden Preis verpflichtet ist. Mit anderen Worten, wenn eine Frau heiratet, dann hat sie vor allem Kinder zu gebären und muß – koste es, was es wolle – ihrem Mann treu und ergeben bleiben. So ist zumindest diese zweifache Seligsprechung gedeutet worden. Zwar hat diese These eine gewisse Grundlage, doch die Heiligkeit entzieht sich auch den kirchlich-sozialen Kräften, die ihre Anerkennung betreiben.

Wir haben die Anomalie der Treue um jeden Preis schon bei Elisabetta Canori Mora gesehen. Nun sehen wir, daß der Wunsch nach einem vierten Kind, obwohl er sie in Lebensgefahr bringt, für Gianna Beretta Molla nichts anderes bedeutet als die Konsequenz ihrer unendlichen Liebe zum Leben. Für sie gab es keine Wahl, keine Alternative; sie hat sich nicht passiv ihrem Schicksal ergeben, sondern bis zuletzt gehofft, mit ihrem Kind überleben zu können. Andererseits liebte sie das Leben, das in ihr wuchs, viel zu sehr, um daran zu denken, es zu zerstören, als Frau und als Ärztin, die sie war. In seltsamer Übereinstimmung mit Adrienne von Speyr ist auch Gianna Beretta eine Ärztin, die ihren Beruf ausübt; auch sie ist verheiratet. Doch was für ein Unterschied! Gianna heiratet, wie übrigens auch ihr Mann, erst in reifem Alter und erlebt die Ehe in ihrer ganzen Erfüllung. Ihre vier Kinder sind das Ergebnis dieses vollkommenen und freudigen Erlebens der christlichen Ehe. So problematisch es für das heutige Empfinden auch ist, diese Frauen zur Ehre der Altäre zu erheben, so besteht doch kein Zweifel, daß durch sie – vor allem durch Gianna – das Modell der Heiligkeit in der Ehe langsam Anerkennung findet.

Gianna wird am 4. Oktober 1922 in Magenta als Kind einer tiefreligiösen Familie geboren. Ihr Vater Alberto und ihre Mutter Maria De Micheli – beide gehören dem Dritten Orden der Franziskaner an – haben im Jahr 1908 geheiratet. Als Gianna geboren wird, hat sich die Ehe bereits zwölf Jahre lang bewährt. Es ist eine große Familie, obwohl nur acht der insgesamt dreizehn Kinder das Erwachsenenalter erreichen. Alle absolvieren ein Studium: Vier entscheiden sich für die Medizin, und drei beschließen nach erreichtem Doktorat, sich ganz Gott zu weihen. Das Leben der Familie Beretta verläuft in einem Rhythmus von Gebet und Arbeit: Täglicher Messebesuch, nicht als Pflicht, sondern liebevoll empfohlen; allabendliches Rosenkranzgebet. So schreibt Virginia, eine der Schwestern Giannas:

> Nie stören Geschrei oder Wutausbrüche den Frieden der Familie; wenn die Mama einen Verweis erteilen muß, pflichtet Papa ihr bei und umgekehrt; übereinstimmend verfolgen sie bei der gesamten und strengen Erziehung ihrer Kinder dieselben Grundsätze. Die häusliche Atmosphäre ist ausgeglichen und friedvoll, obwohl es durchaus zur rechten Zeit und am rechten Ort auch gerechten Tadel und die erforderlichen Strafen gibt.

Trotz ihrer eigenen Freuden und Leiden – durch den frühzeitigen Tod von fünf Kindern etwa – lebt die Familie nicht von der Welt abgeschlossen. Die jungen Beretta werden dazu erzogen, andere Menschen zu respektieren, sich ihrer Probleme anzunehmen, sich in der Gemeinde nützlich zu machen. So nehmen sie jeden Winter einen alten Mann bei sich auf, wenn es im Altenheim zu kalt wird. Die Ersparnisse im Haushalt werden nicht gedankenlos ausgegeben, sondern an Bedürftige verteilt. Die ganze Familie beteiligt sich aktiv am Leben der Pfarrei: am Oratorium, an den Versammlungen und Aktivitäten der Katholischen Aktion, am Vinzenzverein ...

Ihre ersten Lebensjahre verbringt Gianna in Mailand, doch schon bald übersiedelt die Familie nach Bergamo, um der Erstgeborenen Amalia, die an einer Lungenkrankheit leidet, bessere Lebensbedingungen bieten zu können. Der Vater fährt weiterhin jeden Tag zur Arbeit nach Mailand. Die anderen leben ständig in Bergamo. Und hier beginnt Giannas Weg zu einem Leben im Glauben: zu einem aktiven, gemeinschaftsbezogenen Glauben, wie sich ihre Freundinnen aus dieser Zeit erinnern. Zu Giannas Ausbildung gehören neben dem Besuch des Gymnasiums auch Malerei und Klavierunterricht. Eine starke Prägung erfährt sie in diesen Jahren durch die Weibliche Jugend der Katholischen Aktion. Sie ist eines der vielen jungen Mädchen, die auf diesem Weg beginnen, sich im kirchlichen und zivilen Leben zu engagieren. Mit zwölf Jahren tritt sie der Vereinigung bei, und einer der Slogans, die Armida Barelli für die weibliche katholische Jugend aufgestellt hat – nämlich „Gebet, Arbeit, Hingabe" –, wird für ihr weiteres Leben bestimmend.

Im Jahr 1937, nach dem Tod Amalias, besteht für die Familie kein Grund mehr, weiter in Bergamo zu bleiben; sie kehrt jedoch nicht nach Mailand zurück, sondern läßt sich aufgrund einer Krankheit des Vaters in Quinto, wenige Kilometer von Genua entfernt, nieder. Dieser Umstand erleichtert später den Kindern den Besuch der Universität. Gianna ist zunächst Schülerin bei den Schwestern von der heiligen Dorothea. Ein wichtiges Ereignis sind für sie die Exerzitien im März 1938. Es sind Tage, die tiefen Eindruck auf sie machen und die Richtung ihres Lebens bestimmen. Wir sind im Besitz ihrer Aufzeichnungen mit allen guten Vorsätzen, die sie mit dieser Glaubenserfahrung verbindet.

Während ihres zweiten Jahres am humanistischen Gymnasium wird sie krank und muß den Schulbesuch unterbrechen, den sie 1939 fortsetzt. Der Kriegsausbruch und die Bombenangriffe auf Genua veranlassen die Familie, nach Bergamo zurückzukehren. Im Jahr 1942 stirbt die Mutter. Gianna, die zum Studium in Genua geblieben ist, wird nach Hause zurückgerufen. Kaum vier Monate später stirbt auch der Vater. Die sieben Kinder bleiben allein zurück: Einige haben ihre Ausbildung bereits beendet, die übrigen studieren noch. 1942 ist auch das Jahr, in dem Gianna ihr Abitur macht und an der Universität Mailand mit dem Studium der Medizin und Chirurgie beginnt. Mit dem Waffenstillstand im September 1943 beginnt auch für ihre Familie eine unruhige Zeit: Einer der Brüder wird von den Deutschen verhaftet, aber später wieder freigelassen; zwei Brüder sind Sanitätsoffiziere und suchen in der Schweiz Zuflucht, um sich nicht den Deutschen anschließen zu müssen. In diesen dramatischen Jahren studiert Gianna unbeirrt und fleißig weiter. Es stellt jetzt für Frauen kein Problem mehr dar, Medizin zu studieren, dennoch leidet sie unter dem allzu groben Ton eines Professors, den sie schließlich gemeinsam mit anderen Kolleginnen dazu bringt, sie respektvoller zu behandeln. 1949, mit siebenundzwanzig Jahren, erhält sie das ersehnte Doktorat.

Die Jahre, die zwischen Studium und Heirat liegen, sind die Zeit, in der sie sich apostolisch besonders engagiert. 1942, nach dem Tod des Vaters, ist die Familie wieder nach Magenta übersiedelt. Hier findet Gianna eine Anstellung im Oratorium der Canossianerinnen. Sie zeichnet sich durch ihre Aktivität und Fröhlichkeit aus und stellt ihren Freundinnen stets gern das Haus zur Verfügung, das die Familie in den Bergen besitzt. Bis 1948 ist sie Interessensvertreterin und treibende Kraft einer Gruppe von Studentinnen innerhalb des Vinzenzvereins. Vor allem aber betätigt sie sich auch nach ihrer Promotion noch in der Weiblichen Jugend: als Delegierte der Kinder, dann der Aspirantinnen, schließlich als Präsidentin. 1951 wird sie Jugendvertreterin, und von 1952 bis 1955 ist sie erneut Präsidentin und Gebietsdelegierte. Sie ist also aktiv in der Erziehungsarbeit tätig; mit viel Einfühlungsvermögen erfüllt sie die jeweils vom Jahresprogramm vorgegebenen Aufgaben; sie hält öffentliche Vorträge, die nach

Aussage ihrer Schwestern einfach und spontan sind. Die jungen Mädchen sind von ihr fasziniert: Sie vermag ihr Vertrauen zu gewinnen, ihre Fragen zu beantworten und ihnen gute Ratschläge zu erteilen. 1950 wird sie auch Mitglied der Vereinigung Katholischer Ärzte.

Dennoch verläuft ihr Leben nicht nur in ernsten Bahnen. Sie ist nicht nur in der Lage, die Jugend ihrer Kameradinnen sinnvoll zu gestalten, sondern liebt auch die Berge – sie ist Mitglied des Italienischen Alpenvereins –, wo sie sich als Schifahrerin und erfahrene Bergsteigerin sportlich betätigt.

1952 erhält sie das Fachdiplom als Kinderärztin. Sie eröffnet eine Praxis in Mesero, nicht weit von Magenta. Von 1950 bis zu ihrem Tod gibt sie ihre Praxis nie auf, obwohl auch andere Aufgaben hinzukommen: So übernimmt sie die medizinische Betreuung der örtlichen Kinderkrippe und der Mütterberatungsstelle in Ponte Nuovo di Magenta; sie wird außerdem Schulärztin am Institut der Canossianerinnen und in der Elementarschule der Stadt.

Es ist nicht schwer zu verstehen, weshalb sie sich dazu entschlossen hat, Kinderärztin zu werden: Es ist eine besondere Liebe zu Kindern, der Wunsch, den Müttern bei der Betreuung der Kleinen und bei der Lösung von Problemen, die sich nach der Geburt und während ihres Heranwachsens ergeben, zur Seite zu stehen. Man kann sie nicht als eine geschäftstüchtige Ärztin bezeichnen, denn sie unterstützt die Kranken auch finanziell und versucht, Arbeit für sie zu finden. Sie versteht ihren ärztlichen Beruf als „Dienst". Sie selbst beschreibt, was den von ihr gewählten Beruf so schön macht:

> Auf irgendeine Weise arbeiten wir alle auf der Welt im Dienst der Menschen. Doch wir Ärzte arbeiten direkt am Menschen. Er ist Gegenstand unserer Wissenschaft, vor uns spricht er über sich selbst und sagt zu uns: „Hilf mir!" Und er erwartet von uns die volle Bewahrung seines Lebens. Jesus würde sagen: Der Mensch (in dessen Körper es einen Geist gibt) kann durch seinen Willen gegen das Leiden ankämpfen. Im Körper befindet sich eine unsterbliche Seele. Doch Körper und Seele trennt ein Abgrund voneinander: Es sind zwei ganz verschiedene Wesensformen, und doch sind sie miteinander vereint. Was würde Jesus sagen? Ihr sollt alles für diesen Körper tun. Gott hat Menschliches mit Göttlichem verbunden, und so gewinnt alles, was wir für den Menschen tun, einen höheren Wert.

Kein geschäftliches Denken also, sondern eine gewissenhafte Anwendung der Wissenschaft im bereitwilligen Dienst an den Kranken, in denen jenseits des leidenden und kranken Körpers die Begrenztheit der Kreatur und das kostbare Geschenk einer göttlichen Berufung auf geheimnisvolle Weise miteinander verbunden sind.

Doch was ist Giannas innere Berufung? Wird sie nur von dieser ihrer Aufgabe in Anspruch genommen? Ist sie damit völlig zufrieden? Hat sie keine anderen Wünsche? Andere Hoffnungen? Sie hat das Beispiel ihrer Schwester Virginia vor Augen, die als Missionarin in Indien lebt, und das ihrer Brüder

Enrico und Francesco, die beide als Ärzte in jenem Krankenhaus arbeiten, das sie im fernen Brasilien errichtet haben. Wird sie es ihnen gleichtun? Ihr ganzes Leben verlassenen und leidenden Menschen widmen? Vielleicht betrachtet Gianna sich als Laienmissionarin. Tatsächlich ist sie sich nicht im klaren; sie ist noch auf der Suche nach ihrer endgültigen Bestimmung. Der Beichtvater rät ihr, zu heiraten: Frauen wie sie würden als Mütter gebraucht! Doch wo sollte sie den geeigneten Partner finden?

Und dann lernt Gianna am 8. Dezember 1954 Ing. Pietro Molla kennen. Die Gelegenheit ergibt sich anläßlich der Primiz eines Kapuzinerpaters in der Pfarrkirche von Mesero. Dort hat sie ihre Praxis, und dort lebt auch die Familie von Pietro Molla, der selbst einen Betrieb in Ponte Nuovo di Magenta leitet. Die beiden fühlen sich sofort zueinander hingezogen, und bereits am 31. Dezember besuchen sie gemeinsam in der Mailänder Scala das Konzert zum Jahresabschluß. Pietro schreibt in seinem Tagebuch:

> Je besser ich Gianna kenne, umso überzeugter bin ich, daß Gott mir kein größeres Geschenk als diese Begegnung machen konnte.

Ihre gegenseitigen Briefe sind Zeugnisse ihrer wachsenden Zuneigung, die dazu führt, daß sie sich im folgenden Jahr zu Ostern offiziell verloben. Einige Tage danach schreibt Gianna in einem Brief:

> Mein liebster Pietro! Gerade heute, an einem Tag, an dem ich ohne die Freude Deiner Anwesenheit hätte sein müssen, bist Du dennoch bei mir: Ich habe Deinen Brief bekommen, Pietro, Du bist wirklich so lieb und nett, und ich danke Dir. Deine Worte haben mich gerührt, und ich bin froh, daß Du auf meine Frage „Wie müßte ich sein, um Dich glücklich zu machen?" antwortest, ich solle weiterhin lieb, gut und verständnisvoll sein. Das werde ich, liebster Pietro, und es fällt mir nicht schwer, weil Du so gut zu mir bist. Ich wußte zwar, daß Du mich sehr gern hast, doch ich bin überglücklich, daß Du es mir in Deinem Brief bestätigt hast. Glaub mir, Pietro, der Herr hat uns diese große Gnade geschenkt, dafür müssen wir ihm immer dankbar sein! ...

Gefühlvolle Briefe, wie Liebende sie sich zu allen Zeiten schreiben. Briefe, in denen ein tiefer Glaube sichtbar wird, die freudige Bereitschaft zu einer Liebe, die zugleich ihre gemeinsame Aufgabe ist, mit Gott und für Gott. Am Vorabend ihrer Hochzeit schreibt sie:

> Mein Pietro! Es fehlen nur noch wenige Tage, und mich berührt der Gedanke, daß ich bald das Sakrament der Liebe empfangen werde. Wir werden zu Mitwirkenden an der Schöpfung Gottes und können ihm Kinder schenken, die ihn lieben und ihm dienen sollen. Pietro, werde ich die Frau und Mutter sein können, die Du Dir immer gewünscht hast? Ich will es wirklich, weil Du es verdienst und ich Dich von ganzem Herzen liebe ...

In Erinnerung an die Zeit ihrer Verlobung schreibt Pietro Molla später:

> In jenem strahlend schönen Sommer unserer Verlobungszeit warst Du für mich jeden Tag mehr das wunderbare Wesen, das seine Lebensfreude auf mich übertragen hat, die Freude, Berggipfel zu erklimmen und rasch über schneebedeckte Hänge abzusteigen, die Freude am Wunder der Schöpfung und an Deinem unvergleichlichen Lächeln, die Freude über unsere junge, schon nahe Familie, die Freude über die Gnade Gottes.

Am 25. September 1955 heiraten Gianna und Pietro. Sie ist dreiunddreißig Jahre alt, er um zehn Jahre älter. Sie sind erwachsene Christen, die genau wissen, was sie wollen. Nach ihrer Hochzeitsreise beziehen sie in Ponte Nuovo die kleine Villa, die man ihm als Direktor des Betriebes zur Verfügung gestellt hat. Das Zusammenleben zweier in unterschiedlichen Berufen voll ausgelasteter Menschen ist nicht leicht. Pietro ist aufgrund seiner Arbeit zu ausgedehnten Reisen gezwungen, die ihn auch ins Ausland führen. Gianna wird von ihrer Arbeit ebenfalls völlig in Anspruch genommen. Viel zu oft sind sie in den sechseinhalb Jahren ihrer Ehe voneinander getrennt!

Es ist ihr gemeinsamer Wunsch, Kinder zu haben, und zwar möglichst bald, denn schließlich sind sie nicht mehr jung. Und so wird im November 1956 Pierluigi geboren, im Dezember 1957 Maria Zita und schließlich Laura im Juli 1959. Gianna freut sich, sie heranwachsen zu sehen, und es gelingt ihr einfach nicht, streng mit ihnen zu sein. Einer Freundin sagt sie einmal, so, als würde sie ahnen, was ihr bevorstand:

> Vielleicht werden die Kinder ihre Mutter nur wenige Jahre um sich haben; ich möchte nicht, daß sie diese Zeit in schlechter Erinnerung behalten.

Trotz Mutterschaft und Beruf vernachlässigt sie ihre täglichen Andachtsübungen nicht. Und sie wünscht sich noch ein weiteres Kind. Im August 1961 ist sie erneut schwanger. Im zweiten Monat der Schwangerschaft fühlt sie seitlich am Uterus eine rasch wachsende Geschwulst, die das Leben des Kindes gefährdet. Sie muß sich operieren lassen und weiß genau, welches Risiko sie damit eingeht. Einer Freundin vertraut sie an, sie sei zu allem bereit, wenn nur dem Kind nichts geschehe. Offenbar betet sie viel: Sie fleht um das Leben des ungeborenen Wesens. Und das ist auch ihre Bitte an den Chirurgen, der sie operiert: die Schwangerschaft nicht zu unterbrechen und das Leben ihres Kindes nicht in Gefahr zu bringen. Ihr Bruder, der Arzt ist, und ihr Gatte sind Zeugen dieser Entscheidung. Ihr Arzt beruhigt sie, er werde ihre Bitte respektieren. Die Schwangerschaft bleibt aufrecht, ist jedoch ein großes Risiko; nicht nur für das Leben des Kindes, auch für das Leben der Mutter besteht Gefahr. Um ihr Überleben mit Sicherheit garantieren zu können, hätte der Uterus entfernt werden müssen. Er wird hingegen nur genäht und kann jeden Moment reißen, was Lebensgefahr für das Kind und für sie selbst bedeutet. Als Ärztin weiß sie das alles ganz genau. Von allen Möglichkeiten hat sie also die konsequenteste und gleichzeitig für sie riskanteste gewählt. So beginnt das Warten auf das Ende dieser dramatischen Schwangerschaft. Obwohl Gianna körperlich und seelisch leidet, unterbricht sie ihre Tätigkeit als Ärztin nicht. Sie verbirgt ihren Kummer vor allen und hofft, daß ihr das Schlimmste erspart bleibt. Und sie beruft sich auf den Willen Gottes: Sein Wille soll geschehen. Ihre Haushälterin erinnert sich:

> Nie habe ich ihr die Sorge über ihre Schwangerschaft angemerkt. Ich habe sie immer nur zufrieden gesehen. Auch in den letzten Monaten ihres Lebens. Sie beklagte sich nie. Ich erinnere mich, daß man sie oft zu einem kranken Kind gerufen hat, nachdem sie gerade erst aus ihrer Praxis gekommen war: Niemandem hat sie je abgesagt. Auch wenn sie noch so müde war. Jeden Morgen ging sie zur heiligen Messe in Ponte Nuovo. Dann weckte sie die Kinder und frühstückte mit ihnen. Sie unterstützte mich auch in den letzten Wochen der Schwangerschaft noch bei der Hausarbeit ...

Ihr Gatte, der sieht, wie sie alles im Haus ordnet, schreibt:

> Ich war besorgt über die Stille, mit der Du Tag für Tag jeden Winkel des Hauses in Ordnung brachtest, jede Schublade, das Gewand und persönliche Gegenstände, wie vor einer sehr langen Reise ...
> All die langen Monate kein Wort zu mir darüber, daß Du als Ärztin genau wußtest, was Dich erwartete. Erst einige Tage vor der Geburt hast Du mir in bestimmtem und zugleich gelassenem Ton, mit einem unergründlichen Blick, den ich nie vergessen werde, erklärt: „Wenn ihr zwischen mir und dem Kind entscheiden müßt, zögert nicht: Entscheidet euch – darauf bestehe ich – für das Kind, rettet es!"

Wenn sie ihrem Mann auch nichts sagt, den Freundinnen gegenüber gibt sie ihre Befürchtung zu erkennen. Sie möchte, daß sie für sie beten, weil sie Angst hat. Als sie am Karfreitag, dem 20. April 1962, auf die Entbindungsstation des Krankenhauses von Monza kommt, sagt sie zur Krankenschwester:

> Hier bin ich also, und ich bin hier, um zu sterben. Hauptsache, es geht für das Kind gut aus, ich bin nicht so wichtig.

Die Geburt verläuft alles andere als leicht. Am nächsten Tag wird Gianna durch Kaiserschnitt von einem kräftigen Mädchen entbunden. Und auch als sie es zum ersten Mal in ihren Armen hält, sagt sie dem Gatten nichts von ihrer Angst – von der Gewißheit? –, mit der sie ahnt, was sie erwartet. Und es steht tatsächlich schlecht um sie; sie leidet fürchterliche Schmerzen; willig befolgt sie alle Anordnungen, in der Hoffnung, sie könnte doch noch gerettet werden. Sie lehnt jedoch jedes Beruhigungsmittel ab: Sie will unter allen Umständen bei klarem Bewußtsein bleiben. Zu ihren Schmerzen kommt die quälende Sorge um ihre vier Kinder hinzu, die sie ohne ihre Liebe und Anleitung zurücklassen muß. Die Familie versammelt sich an ihrem Krankenbett. Ihr Mann läßt sie keinen

Augenblick allein. Sie leidet entsetzlich; der Schmerz überwältigt sie. Einige Tage später sagt sie in einem schmerzfreien Augenblick zu ihrem Gatten:

> Ich bin geheilt, Pietro. Ich war schon hinüber, Pietro, und Du sollst wissen, was ich gesehen habe. Eines Tages werde ich es Dir erzählen. Doch da wir zu glücklich waren und es mit unseren wunderbaren Kindern, die so gesund und reizend sind, zu gut hatten, wurde ich vom Himmel zurückgeschickt, um weiter zu leiden, weil es nicht recht ist, vor den Herrn zu treten, wenn man nicht genug gelitten hat.

Ihr Gatte schreibt dazu:

> Von diesem Augenblick an – davon bin ich überzeugt – hat Gianna trotz ihrer Schmerzen und ihrer Agonie nicht mehr aufgehört, mit Gott Zwiesprache zu halten ...

Sie bittet ihren Gatten, sie nach Hause zu bringen. Doch es ist nicht möglich, noch nicht. Erst in den frühen Morgenstunden des Samstags, acht Tage nach der Geburt der kleinen Gianna Emanuela, bringt man sie nach Hause zurück. Um acht Uhr morgens stirbt sie. Ihr Mann, zwei ihrer Brüder und ihre Schwestern sind bei ihr.

Heute würde Giannas Leben nicht mehr so tragisch enden, dank der Fortschritte der Medizin hätte man ohne Gefahr für das Kind wohl auch sie retten können.

Einer so heroischen Mutterschaft ist nicht mehr viel hinzuzufügen. Niemand kann sich anmaßen, eine Entscheidung zu kritisieren, die so eng mit ihrer Persönlichkeit und ihrem Glauben verbunden ist und – davon sind wir überzeugt – mit ihrer unendlichen und unerschöpflichen Liebe zum Leben.

Ihr Mann und drei ihrer Kinder sind heute noch am Leben. Die kleine Mariolina ist noch vor ihrem sechsten Geburtstag gestorben. Gianna Emanuela hat die Nachfolge ihrer Mutter angetreten und ist wie sie Ärztin geworden.

Das Netz der kirchlichen Dienste

Das Netz der familiären Beziehungen hat uns bereits ganz in die Nähe jenes bewußten Modells des Dienens geführt, das eines der wesentlichen Merkmale des weiblichen Gewissens in unserem Jahrhundert darstellt. Die Verbindung von Beruf und Apostolat bei Gianna Beretta, die Mystik im Dienst der Kirche bei Adrienne von Speyr, das mystisch-ästhetische Empfinden einer Raissa Maritain, auch hier im Dienst des Glaubens, das schwesterliche Dienen von Armida Barelli: Das alles bildet, auch wenn für diese Dienste weit öfter die Bezeichnung „Apostolat“ verwendet wird – nicht zufällig ist es Urs von Balthasar, der es bei Adrienne von Speyr im spezifisch kirchlichen Sinne deutet –, bereits den lebendigen Horizont für die künftige Tätigkeit der Frauen in der Kirche. Die Gestalten von Edith Stein, Madeleine Delbrêl und Schwester Maria sollen uns helfen, dieses weitläufige Modell besser zu verstehen. Die erste ist ohne Frage eine der faszinierendsten Persönlichkeiten auf dem Gebiet des Denkens und der Spiritualität unserer Zeit. Als gelehrte, schöpferische, vor allem kulturell schöpferische Frau wird sie von den traurigen Ereignissen, deren Zeugin sie ist, veranlaßt, eine radikale und gegen den Strom der Zeit gerichtete Entscheidung zu treffen und schließlich einen Dienst der Hingabe zu wählen, den wir als Aufopferung zu bezeichnen wagen. Auch die zweite unserer Frauen ist eine Denkerin. Doch die Entscheidung, die sie trifft, der von ihr gewählte Dienst, hat nichts mit dem Kloster zu tun. Delbrêl nimmt die weltliche Herausforderung an, kämpft ihr Leben lang an der Front der sozialen Konflikte. Auch sie versucht auf dem Weg der Mystik zwei zerrissene und gespaltene Welten, die einander fremd geworden sind, zu verbinden: die Welt des Glaubens und die Welt der Arbeiter. Schwester Maria weist die Richtung für eine neue Art des Dienens, sie steht für einen neuen prophetischen Sinn für die Bedürfnisse der Zeit. Ihr Wirkungsbereich ist wieder das Kloster – oder besser noch: die Einsiedelei –, doch ihre Gesprächspartner gehören bereits zu den Vertretern des Dialogs, vor allem auch des interreligiösem Dialogs. Als eine Frau, die mit unglaublicher Konsequenz ihrer persönlichen Berufung folgt, ist Schwester Maria ein Beispiel für Transparenz und Begegnung. In ihrem Herzen gibt es keine Grenzen. Sie öffnet es dem fernen Bruder Gandhi, der zwar Christus, aber nicht die Christen liebt, ebenso wie dem verfolgten und exkommunizierten Buonaiuti, für den es bis zu seinem Tod kein Wort der Versöhnung und Vergebung gibt. Daß Priestertum, Königtum und Prophetentum durch den Heiligen Geist vielfältig und immer neu verbreitet werden, zeigt sich am Beispiel dieser drei Frauen. Nur die erste von ihnen befaßt sich in ihrem Denken mit der Frage nach der Identität der Frau, nach ihrer Aufgabe und ihrer Mission. Die beiden anderen stellen sich ganz einfach und konkret in den Dienst des Dialogs und der Begegnung.

Von der Philosophie ins Kloster:
Edith Stein (1891 – 1942)

Edith Stein gebührt aus verschiedenen Gründen ein besonderes Andenken unter den Frauen unserer Zeit. Als Jüdin konvertiert sie zum Christentum, ohne damit ihre Gefühle und ihren Respekt für die lange Tradition ihres Volkes aufzugeben. So ist es kein Zufall, daß sie schließlich ihre Abstammung in den Krematorien von Auschwitz mit dem Leben bezahlen muß. Würde man ihre Lebensgeschichte nur von dieser einen Seite betrachten, dann wäre sie nur eines der zahllosen Opfer des Holocaust. Edith Stein ist jedoch noch etwas anderes: Sie ist eine Frau, die Philosophie studiert; eine Frau, die eine akademische Laufbahn in einer Zeit anstrebt, in der dies nicht üblich ist; eine Frau, für die es ein elementares, ich möchte sagen, angeborenes Bedürfnis ist, über die Situation der Frau nachzudenken. Als sie schließlich, nach den Jahren ihrer Bekehrung, Nonne bei den Karmelitinnen wird, setzt sie ihr gesamtes intellektuelles Instrumentarium auf ihrem Weg zur Mystik ein. Anders als bei Adrienne von Speyr ist ihr Schaffen reflexiv, obwohl sie von der Persönlichkeit und den Werken einer Teresa von Avila oder eines Johannes vom Kreuz tief beeindruckt ist. In gewisser Hinsicht ist Edith Stein mit Raissa Maritain vergleichbar, doch obwohl sie sich ab und zu als Dichterin versucht, bleibt sie „Philosophin" im wahrsten Sinne des Wortes, die nach ihrem Übertritt zum Christentum ganz natürlich zu einer streng „theologischen" Betrachtungsweise übergeht.

Sicher zeigt sie in ihrer persönlichen Forschungsarbeit und ihrem kulturellen Schaffen die fundamentalen Probleme unserer Zeit auf (das Gesamtwerk Edith Steins umfaßt zehn Bände, die seit 1950 im Verlag Nauwelaerts–Herder, Löwen–Freiburg, erschienen sind). Doch vor allem wird sie durch ihr Leiden in den Vernichtungslagern zu einer Zeugin der abartigen Ideologie des Nationalsozialismus, der wie ein Gespenst bis heute in den Köpfen der Menschen spukt.

Edith wird am 12. Oktober 1891 in Breslau als jüngstes von elf Kindern einer wohlhabenden jüdischen Familie geboren. Mit knapp drei Jahren verliert sie ihren Vater, der einen Holzgroßhandel betreibt. Die Mutter führt mit großer Energie das Familiengeschäft fort, ohne dabei die Erziehung ihrer Söhne und Töchter zu vernachlässigen. Die Ausbildung, die Edith erhält, entspricht der einer gläubigen jüdischen Familie, die sich streng an die Regeln des Talmud und an den Besuch der Synagoge hält. In ihrer Heimatstadt besucht sie die Volksschule, das Realgymnasium und vier Semester lang auch die Universität, wo sie Vorlesungen in Psychologie und Germanistik bei den Professoren Stern und Hönigswald hört. Von 1913 bis 1916 studiert sie an der Universität Göttingen; dort besucht sie vier Semester lang die Kurse über Phänomenologie bei Edmund Husserl und tritt in seinen „phänomenologischen Kreis" ein; sie lernt auch Max Scheler kennen und hört bei ihm die Vorlesungen über den *Formalismus in der Ethik und eine materiale Wertethik.* In Göttingen schreibt eine etwas jüngere Mitstudentin folgendes über sie:

> Edith war in unserer Mitte völlig unauffällig, und abgesehen vom Ruf ihrer überragenden Intelligenz machte sie auf uns einen geradezu altmodischen Eindruck ... Sie hatte glatte, dunkle Haare, die straff gekämmt und im Nacken zu einem dicken Knoten gebunden waren. In ihrem krankhaft blassen Gesicht wirkten die großen Augen durch ihren eindringlichen Blick streng, gleichsam distanziert, so als wollte sie unerwünschte Neugier von sich fernhalten. Kam man ihr jedoch freundschaftlich näher, dann brachte eine unaussprechliche Zärtlichkeit ihre Augen zum Leuchten, ein bezauberndes Lächeln verschönte ihr Gesicht, dessen Züge noch die Unschuld und Scheu der Kindheit widerspiegelten. Man kann nicht sagen, daß sie schön oder hübsch war, sie besaß auch nicht jenen weiblichen Charme, der auf der Stelle

verführen kann. Und doch hatte dieses Gesicht mit seiner breiten Stirn und seinem weisen Ausdruck eine unerklärliche Ausstrahlung ...

Die junge Studentin führt ein zurückgezogenes und strenges Leben. Ihr einziges Interesse gilt der Suche nach der Wahrheit. Sie kennt keine andere Leidenschaft als das Studium. Von Max Scheler ist sie besonders fasziniert. Sie beschreibt ihren Eindruck von dem Philosophen folgendermaßen:

Er faszinierte mich sofort. Nie wieder ist mir an einem Menschen das „Phänomen der Genialität" so rein entgegengetreten ... Mit seiner überzeugenden, manchmal dramatischen Art zu sprechen gelang es ihm stets, seine Zuhörer zu fesseln ...

In den Jahren, in denen sie seine Vorlesungen besucht, wird sie zur Katholikin. Sie schreibt dazu:

Ich weiß nicht, in welchem Jahr Scheler Katholik wurde, doch es konnte nicht lange her sein, denn er war durchdrungen von christlichen Ideen, die er mit seinem brillanten und überzeugenden Geist vortrug. Mir eröffnete sich eine bisher völlig unbekannte Welt, die mich zwar noch nicht zum Glauben führte, mir aber Phänomene enthüllte, denen ich mich nicht länger entziehen konnte ... So ist das Gebäude des Rationalismus, in dem ich, ohne es zu wissen, aufgewachsen bin, eingestürzt, und ich stand plötzlich der Welt des Glaubens gegenüber. Vor meinen Augen sah ich in ihr Menschen leben, die ich respektierte und mit denen ich ständig in Verbindung stand ... Es war noch nicht die systematische Untersuchung der Glaubensfrage ... Doch ich akzeptierte rückhaltlos die Ideale der Menschen, die mich umgaben, und erlag, ohne es zu wissen, ihrem Einfluß.

Im Jahr 1915 erwirbt sie mit dem Staatsexamen das Lehramt für philosophische Propädeutik, Geschichte und Deutsch. In diesem Jahr befindet Deutschland sich im Krieg, und Edith meldet sich als freiwillige Helferin zum Roten Kreuz. 1916 kehrt sie nach Breslau zurück, wo sie als Aushilfslehrerin an der Viktoria-Schule unterrichtet, deren Schülerin sie selbst lange Zeit war. Doch im Sommer folgt sie E. Husserl nach, der inzwischen von Göttingen nach Freiburg berufen worden ist. Sie wird seine Assistentin. Am 3. August 1916 promoviert sie „summa cum laude" zum Doktor der Philosophie. Ihre Dissertation – die von Husserl selbst betreut wird – behandelt das „Problem der Einfühlung". Im folgenden Jahr wird die Arbeit zum Teil veröffentlicht. Die Beziehung zu ihrem Lehrer gestaltet sich während der langen Zeit der Arbeit an ihrer Dissertation nicht immer reibungslos. Das führt dazu, daß sie im Jahr 1918 ihre Zusammenarbeit formell lösen. Edith verläßt die Universität Freiburg, an der sie sich nicht mehr wohlfühlt. Es handelt sich nicht um eine spontane, sondern um eine langsam gereifte und schmerzliche Entscheidung. Die Bilanz ihrer zwei Assistentenjahre ist nicht befriedigend. Die Schwerarbeit, die sie leisten muß, um die Gedanken und Manuskripte ihres Lehrers zu katalogisieren und zu ordnen, läßt ihr kaum Zeit, eigene Forschungen zu betreiben und vor allem – was ihr sehnlichster Wunsch ist – etwas Eigenständiges zu schaffen. Als der Lehrer ihr zu Beginn des Jahres 1918 wieder einmal den Auftrag gibt, seine Manuskripte neu zu ordnen, erklärt sie ihm klipp und klar, daß dies eine unlösbare Aufgabe sei: Nur er selbst könne das tun. Einem Freund schreibt sie, daß eine solche Mühe für sie nur dann erträglich wäre, wenn ihr auch für ihre eigene Arbeit Zeit bliebe:

> Was ich im Grunde nicht ertrage, ist der Gedanke, einem anderen zur Verfügung stehen zu müssen. Ich kann mich in den Dienst einer Sache stellen, ich kann viel aus Zuneigung tun. Was ich aber nicht kann, ist, jemandem zu dienen oder einfach gesagt, zu gehorchen.

Man muß nicht weiter betonen, wie genau sie sich selbst, ihre Fähigkeiten, ihre Rechte und Pflichten kennt. In scheinbar krassem Widerspruch dazu stehen ihre späteren Entscheidungen, ihre Hingabe an Gott, das Schweigegelübde der Karmelitinnen.

Von Husserl, dem es nicht gelungen war, sie zu seiner ständigen Mitarbeiterin zu machen, erhält sie schließlich die Erlaubnis, ihre Kündigung einzureichen. Nun kann sie frei über sich und ihre Zeit verfügen. Sie schreibt die *Beiträge zur philosophischen Begründung der Psychologie und der Geisteswissenschaften*, die 1922 in der von ihrem Lehrer herausgegebenen Zeitschrift erscheinen. In ihr werden auch zwei weitere Beiträge aus den Jahren 1915 und 1929 veröffentlicht. Vor allem der zweite Beitrag, eine Festgabe zum siebzigsten Geburtstag des Philosophen, behandelt die Zusammenhänge zwischen der Phänomenologie Husserls und der Philosophie des Thomas von Aquin. Die Publikation der Arbeiten Steins in der Zeitschrift Husserls beweist ihre ungebrochene gegenseitige Achtung, an der auch ihre Meinungsverschiedenheiten nichts ändern. Der Philosoph bedauert im Grunde genommen die Kündigung seiner Assistentin, die ihn ihrerseits weiter als ihren Lehrer betrachtet und ihn, als er plötzlich erkrankt, wie eine Krankenschwester pflegt. Es ist also unrichtig, den mühsamen Weg ihrer Bekehrung auf die Unstimmigkeiten mit Husserl zurückzuführen, die einzig und allein mit ihrem Wunsch, selbständig zu arbeiten, zusammenhängen. Wir dürfen nicht vergessen, daß Edith Stein während der Arbeit an ihrer Dissertation, als ihr Lehrer sich zu einem bestimmten Punkt unzufrieden äußerte und damit seine frühere Meinung änderte, zu ihm sagte:

> Herr Professor, es liegt mir nichts daran, mit irgendeiner Arbeit einen Titel zu erlangen. Ich möchte herausfinden, ob ich fähig bin, in der Philosophie etwas Eigenständiges zu schaffen!

Wenn es etwas gab, daß sie Husserl entfremdete, dann waren es seine Bedenken, die übrigens auch von anderen geteilt wurden, eine Frau für die frei gewordene Dozentenstelle vorzuschlagen. Stein reichte selbst ein Ansuchen an die Universität ein und erhielt einen positiven Bescheid.

Das entscheidende und grundlegende Ereignis im Leben Edith Steins ist ihre Bekehrung zum Katholizismus. Wie schon Raissa und Jacques Maritain und andere Denker dieses Jahrhunderts findet sie auf ihrer Suche nach der Wahrheit in den Naturwissenschaften und in der Philosophie trotz ihrer gewissenhaften intellektuellen Anstrengung keine zufriedenstellende Antwort; doch gerade diese Gewissenhaftigkeit weckt in ihr den Wunsch, weiterzusuchen. Im August des Jahres 1921 stößt Edith auf die *Vita* der Teresa von Avila. Nach Aussage ihrer Freundin Pauline Reinach, die später ebenfalls zum katholischen Glauben übertritt, findet sie dieses Buch durch Zufall und ist davon so beeindruckt, daß sie die ganze Nacht damit verbringt, es zu lesen. Edith selbst schreibt dazu:

> Ich war von dem Buch so gefangengenommen, daß ich erst aufhören konnte, als ich es ausgelesen hatte. Als ich damit fertig war, sagte ich mir: Das ist die Wahrheit.

Sie besorgt sich einen Katechismus und ein kleines Meßbuch; dann besucht sie die Messe in einer katholischen Kirche, sucht dort einen Priester auf und bittet ihn, sie zu taufen. Sie empfängt die Taufe am 1. Januar 1922 in der Pfarrkirche von Bergzabern. Doch sie wagt es nicht, ihrer Mutter von diesem überstürzten Entschluß zu berichten. Und so erlebt ihre Mutter alle, auch ihre späteren Entscheidungen nur in der Rolle einer betrübten Zuschauerin. Elisabeth de Miribel, der wir eine Biographie Edith Steins verdanken, beschreibt die klärende Aussprache zwischen Mutter und Tochter:

> Die Mitteilung war geeignet, ihrer alten Mutter einen schweren Schlag zu versetzen ... Was sollte sie tun? Edith dachte nicht im Traum daran, einen erklärenden Brief als Ausweg zu wählen. Sie steuerte ihr Ziel direkt an, fuhr nach Breslau zu ihrer Mutter, und dort, vor ihr kniend ... sagte sie leise ...: „Mama, ich bin Katholikin geworden." Und ihre tapfere Mutter, die so viele Jahre hindurch jeder Prüfung standgehalten hatte ... diese starke Frau fühlte, wie sie der Mut verließ, und sie weinte. Das hatte Edith nicht erwartet. Noch nie hatte sie ihre Mutter weinen gesehen. Sie hatte an Vorwürfe gedacht, an einen heftigen Streit, sogar an einen Bruch zwischen ihnen. Statt dessen weinte ihre Mutter; und bald mischten sich Ediths Tränen mit den ihren. In diesem Augenblick ... wurde ihnen bewußt, daß sie den Scheideweg erreicht hatten ... Auf ihre Weise fand jede von ihnen durch den eigenen Glauben den Mut, Gott das geforderte Opfer zu bringen.

Ediths Mutter starb, dem Glauben ihrer Väter treu, im Jahr 1937. Die Tochter schreibt in einem Nachruf:

> Der unerschütterliche Glaube, der ihr ganzes Leben bestimmte, hat sie sicher auch im Augenblick ihres Todes nicht verlassen. Ich denke, daß dieser Glaube ihr geholfen hat, die Todesangst zu überwinden, und daß er ihr die ganze Barmherzigkeit eines Richters geschenkt hat, bei dem sie nun meine wichtigste Fürsprecherin ist. Vielleicht kann sie erreichen, daß auch ich ans Ziel komme!

Der Übertritt zum katholischen Glauben entfremdet sie ihrer Familie nicht; obwohl sie es nicht verstehen, akzeptieren ihre Brüder und auch die Mutter ihre Wandlung; auch an der Universität wendet man sich nicht von ihr ab, und sie verliert auch nicht die Wertschätzung Husserls. Zwei Jahre vor seinem Tod schreibt der Lehrer an sie:

> Das Leben des Menschen ist nichts anderes als eine Reise zu Gott. Ich habe versucht, das Ziel ohne die Hilfe der Theologie zu erreichen, ohne ihre Beweise und Methoden: Mit anderen Worten, ich wollte Gott ohne Ihn selbst erreichen. Ich war gezwungen, Gott aus meinem wissenschaftlichen Denken zu verbannen, um denjenigen den Weg zu weisen, die, wie Sie selbst, Gott nicht kannten, jenen sicheren Weg des Glaubens, den die Kirche weist ... Ich bin mir der Gefahr einer solchen Methode bewußt und auch des Risikos, das ich selbst eingegangen bin, doch immer habe ich mich mit Gott tief verbunden und in meinem Innersten als Christ gefühlt ...

Trotz ihrer völligen Hingabe an den Glauben vergißt Edith Stein das intellektuelle Instrumentarium, das sie sich erworben hat, nicht. Im Gegenteil, sie beweist uns die geglückte Verbindung der mystischen mit der logischen Dimension. Auch das Überwiegen der Mystik trübt die Schärfe ihres Verstandes nicht, wie ihre radikale Entscheidung für den Karmel beweist. Sie bleibt bis zum Ende Philosophin, mit aller Konsequenz und in der Klarheit ihres Denkens.

Sie verläßt jedoch die Universität und unterrichtet etwa neun Jahre lang, von 1922 bis 1930, an der Schule der Dominikanerinnen von St. Magdalena in Speyer. Von 1928 bis 1931 wird sie auch zu einer anerkannten und gefragten Vortragenden, vor allem als Referentin bei pädagogischen Studientagungen und bei verschiedenen Kongressen innerhalb und außerhalb Deutschlands.

In der Karwoche des Jahres 1928 besucht sie die Abtei von Beuron. Hier begegnet sie Erzabt Raphael Walzer, dem sie sich anvertraut. Er sagt später, er habe selten eine Frau wie sie kennengelernt, entschlossen wie ein Mann und zugleich vollkommen weiblich: Trotz ihrer wachsenden mystischen Erfahrung war sie keineswegs fanatisch, war bescheiden im Umgang mit einfachen Menschen und zeigte ihre Klugheit, wenn sie mit Gelehrten zusammentraf.

Einen großen Erfolg feiert Edith Stein 1930 in Salzburg bei den Internationalen Hochschulwochen. Im gleichen Jahr trifft sie Husserl in Freiburg wieder. 1932 kehrt sie an die Universität zurück, und zwar an das Institut für wissenschaftliche Pädagogik in Münster. Doch es droht bereits der Erlaß der Rassengesetze, und kaum ein Jahr später wird ihr die Tätigkeit als Hochschullehrerin untersagt.

Edith ist nun im Begriff, einem neuen Einfluß zu erliegen, der sie vollkommen in Beschlag nimmt: dem des Karmels. Die Schatten, die sich über Deutschland verdichten, wahrscheinlich aber vor allem ihre innere Entwicklung bringen sie zu dieser radikalen Entscheidung. Bei der Machtübernahme Hitlers ahnt Edith sicher bereits den Ozean des Leidens, in dem ihr Volk versinken wird. Es wäre jedoch nicht richtig, ihre letzten Entscheidungen als Flucht vor den in Deutschland bevorstehenden Greueln zu deuten. In ihren Augen ist es „das Kreuz Christi, das nun auf die Schultern des Volkes Israel gelegt worden ist", und als Christin ist sie bereit, sich für ihr Volk aufzuopfern. Zudem ist die Entscheidung, in den Karmel einzutreten, das Ergebnis eines Prozesses, der sich etwa zwölf Jahre lang hingezogen hat. Bisher hat sie bei Erzabt Walzer noch keine Unterstützung gefunden, und er nannte ihr zwei stichhaltige Gründe für seine Skepsis: die ablehnende Haltung ihrer Mutter sowie den Einfluß, den sie auf die deutsche katholische Intelligenz ausübt und weiter ausüben kann. Doch schließlich erhält Edith doch die ersehnte Zustimmung und fährt nach Breslau, um sich von ihrer Mutter und ihrer Familie zu verabschieden.

Ihr letzter Tag zu Hause, der 12. Oktober, fällt mit dem letzten Tag des jüdischen Versöhnungsfestes zusammen und ist außerdem ihr Geburtstag. Edith möchte diesen Tag mit ihrer Mutter in größtmöglicher Vertrautheit verbringen. Sie begleitet sie in die Synagoge; mit ihr hört sie die Worte des Rabbiners, die sie dann mit ihr bespricht ... Doch die beiden Glaubenswelten bleiben einander fremd. Die Mutter hält alle Vorbehalte gegenüber der Tochter aufrecht, die sich entschieden hat und im Begriff ist, in den Karmel einzutreten. Doch sie willigt ein, den Tag auf besondere Weise zu begehen, läßt die Arbeit ruhen und bleibt bei ihr, als die anderen Verwandten kommen, um sie zu begrüßen. Am Abend ist die alte Dame in Tränen aufgelöst. Edith bleibt an ihrer Seite. Dann trennen sie sich, doch weder die eine noch die andere findet Schlaf. Am nächsten Morgen dann wieder Tränen bei ihrem letzten schmerzlichen Abschied.

Zwei Jahre später, am 15. April 1934, es ist ein Sonntag, empfängt Edith das Kleid des Karmels und ihren neuen Namen: Schwester Theresia Benedicta a Cruce. Viele Menschen, Freunde und Kollegen, sind zu diesem Anlaß gekommen. Im Frühling 1938 legt sie die feierlichen Gelübde ab. Die Mutter ist ein Jahr zuvor gestorben, und Ediths Schwester Rosa, die bis zum Schluß an ihrer Seite stand, kann nun ebenfalls um die Taufe bitten und in den Orden der Schwester eintreten.

In Nazi-Deutschland hat die Judenverfolgung inzwischen ihren Höhepunkt erreicht. Etliche Mitglieder der Familie Stein sind in die Vereinigten Staaten ausgewandert. Nach dem Brandanschlag auf die Synagoge von Köln im Jahr davor hat die Priorin den Karmel von Echt gebeten, Edith und ihre Schwester aufzunehmen. In der Nacht des 31. Dezember 1938 werden beide nach Holland gebracht, doch das sollte nicht ausreichen, um sie zu retten.

Wir haben bereits erwähnt, daß die Stille des Klosters Edith nicht daran hindert, ihr Denken weiterzuentwickeln und sich weiter der Philosophie zu widmen. Im Jahr 1936 nimmt Edith sogar mit ausdrücklicher Erlaubnis der Oberin ihre Studien wieder auf: Das Ergebnis sind *Endliches und Ewiges Sein* sowie die *Kreuzeswissenschaft*.

Inzwischen ist auch Holland besetzt worden. Aus Deutschland erreichen

Edith inoffiziell dramatische Nachrichten über das Schicksal ihrer Familienangehörigen: Ihr Bruder Paul mit seiner Frau und Tochter sowie auch ihre Schwester Eva sind deportiert worden. Die geistliche Obrigkeit nimmt neue Verhandlungen auf, damit Edith und ihre Schwester in den Karmel von Le Pâquier in der Schweiz verlegt werden können. Doch sie sollten nie dort ankommen. Aller Wahrscheinlichkeit nach unterschätzen die Oberen die Dringlichkeit des Falles. Vielleicht geben sie sich auch der Illusion hin, der Karmel würde verschont bleiben. Am Nachmittag des 2. August 1942 werden Edith und ihre Schwester von der Gestapo verhaftet. Man findet sie betend in der Kapelle des Klosters, und sie wird vorübergehend im Konzentrationslager Westerbork interniert. Ein Zeuge berichtet:

> Unter den am 4. und 5. August im Lager angekommenen Gefangenen fiel Schwester Benedicta sofort durch den Frieden und die heitere Ruhe auf, die sie ausstrahlte. Die Schreie, die Tränen und die angstvolle Verwirrung der Neuangekommenen waren unbeschreiblich. Unter den Frauen wirkte Schwester Benedicta wie ein tröstender Engel, der die einen beruhigte und die anderen umsorgte. Viele Mütter schienen in eine Art Depression verfallen zu sein, die dem Wahnsinn nahekam: Sie wirkten vor Schmerz wie betäubt, vernachlässigten ihre eigenen Kinder. Schwester Benedicta nahm sich dieser Kleinen an, wusch und kämmte sie, versorgte sie mit Nahrung und den nötigsten Dingen. Während der kurzen Zeit, die sie im Lager verbrachte, half sie allen in ihrer Umgebung mit einer Liebe, die unfaßbar war.

Im Lager befanden sich mehr als tausend katholische Juden, unter ihnen auch zahlreiche Ordensschwestern. In der Nacht vom 6. zum 7. August, in der sie nach Auschwitz gebracht wurde, gelang es ihr, folgende Nachricht an den Karmel von Echt schicken zu lassen:

> Ich bin mit allem zufrieden. Man kann sich nicht eine *scientia crucis* erwerben, wenn man nicht beginnt, wirklich unter dem Gewicht des Kreuzes zu leiden. Ich war vom ersten Augenblick an davon überzeugt und habe aus tiefstem Herzen ausgerufen: *Ave crux, spes unica!*

Edith und ihre Schwester bleiben etwa zwei Tage in dem polnischen Lager. Am 9. August werden sie gemeinsam in die Gaskammer gebracht; ihre Leichen werden in ein Massengrab gelegt. Noch während sie unterwegs nach Auschwitz sind, erreicht folgendes mit Bleistift geschriebene Zettelchen die Benediktinerinnen von Freiburg: „Auf dem Weg nach Polen, Freunde von Schwester Theresia Benedicta." Die Todesnachricht folgt erst viel später; am 16. Februar 1950 erscheint sie in der „Amtlichen Zeitung" in Holland. Es gibt jedoch den Bericht eines Überlebenden von Auschwitz auch über ihre letzten Tage:

> Was sie von den anderen Schwestern unterschied, war ihre Schweigsamkeit. Ich hatte den Eindruck, daß sie tieftraurig war, aber keine Angst hatte. Ich weiß nicht, wie ich es sagen soll, aber ihr Schmerz schien ungeheuer zu sein, er schien sie zu

erdrücken; wenn sie lächelte, dann zeigte ihr Lächeln einen so tiefen Schmerz, daß es weh tat. Sie sprach nur mühsam und betrachtete oft ihre Schwester mit einem Ausdruck unbeschreiblicher Traurigkeit. Zweifellos ahnte sie, welches Schicksal allen bevorstand ... Ja, ich glaube, sie erwog im voraus das Leid, das sie erwartete, nicht ihr eigenes – was sie betraf, war sie sehr ruhig, ich möchte sagen, geradezu unheimlich ruhig –, sondern das der anderen ...

Der philosophische Weg Edith Steins würde die Grenzen dieses Buches sprengen. Ihre Begegnung mit der Phänomenologie Husserls drückt ihr einen unauslöschlichen Stempel auf und begleitet ihre Reflexionen, auch nachdem sie Katholikin und Karmelitin geworden ist. Wir halten es jedoch für unsere Pflicht, einige Worte über ihren Beitrag zur Frauenfrage anzufügen. Die verschiedenen Aufsätze dazu, die im 5. Band ihrer Werke gesammelt und unter dem Titel *Die Frau. Ihre Aufgabe nach Natur und Gnade* erschienen sind, geben ihre Überlegungen in den Jahren zwischen 1928 und 1932 wieder. Sie ist der Meinung, daß die Weimarer Verfassung die Forderungen der deutschen Frauenbewegung voll anerkannt hat. Es ginge nun nicht mehr darum, für die Anerkennung bereits erworbener Rechte zu kämpfen, sondern darum, diese Rechte zu verteidigen und künftigen Generationen zu erklären, unter welchen Kämpfen sie erreicht wurden. Diese wichtige Aufgabe hätten auch die christlichen Frauen zu erfüllen. Sie empfindet sich in erster Linie als Lehrende und Forscherin auf dem Gebiet der Pädagogik. Ihre Abhandlungen sind das Ergebnis dieser Tätigkeit und der Vorträge, die sie in jenen Jahren hält. Sie schenkt ihre Aufmerksamkeit zu gleichen Teilen der Frauenfrage und der Glaubenserfahrung. Ihre Verbindung ergibt sich durch die phänomenologische Kategorie des Bewußtseins, die für sie mit der Glaubenserfahrung vergleichbar ist. Für Edith Stein hat die Frau eine ontologische Realität, die der des Mannes gleichwertig und doch von ihr verschieden ist. Eine Realität, die jede Frau bei sich selbst suchen muß, und zwar viel umfassender, als es geschieht, wenn auf dieselbe Weise der Mann erforscht wird. Darüber hinaus wird die Kategorie des Bewußtseins beim Übergang von der phänomenologischen zur christlichen Bedeutung als weibliches Bewußtsein zur Grundlage für eine neue Art, Pädagogik und Philosophie zu betreiben, und zum Ausgangspunkt für ein neues religiöses und ziviles Engagement. Natürlich kann man nicht alle ihre Ansichten teilen, vor allem weil sie unterschwellig eine Mystik des Weiblichen vertritt, die von der Polarität *virgo – mater* ausgeht. Letztlich bestimmt die Mutterschaft die Stellung und Aufgabe der Frau. Von ihrem Interesse an der Frauenfrage darf man deren theoretische Betrachtung nicht ausklammern, die sie in ihrer reifsten Form in dem Werk *Endliches und Ewiges Sein* zum Ausdruck bringt. In diesem Werk setzt sie sich mit der klassischen christlichen Philosophie und ihren zeitgenössischen Deutungsversuchen auseinander.

In ihrer letzten Zeit arbeitet Edith Stein über Johannes vom Kreuz, an einer Systematisierung seiner mystischen Erfahrung. Ihre Absicht ist es, die Erfahrung dieses großen spanischen Mystikers mit der zeitgenössischen Philosophie über den Menschen zu vergleichen.

In den langen Jahren ihrer wissenschaftlichen Tätigkeit übersetzt Edith Stein auch verschiedene Werke des Thomas von Aquin ins Deutsche, wie auch von Dionysios Areopagites und John Henry Newman, dessen Briefe und dessen Tagebuch sie einer breiteren Öffentlichkeit bekannt macht. Im Jahr 1987 würdigte die Kirche den Heldenmut ihrer Nachfolge Christi durch die Seligsprechung (ihre Heiligsprechung ist für die nächste Zeit angekündigt). Wir glauben, daß diese Anerkennung nicht nur ihr Martyrium, sondern ihre gesamte leidenschaftliche Suche besiegelt.

Die weltliche Herausforderung: Madeleine Delbrêl (1904 – 1964)

Wieder eine Gestalt des Übergangs – eine Frau, die mit aller Deutlichkeit die Gegensätze und Herausforderungen unserer Zeit zum Ausdruck bringt. Zweifellos eine prophetische Gestalt, vor allem was das bedeutendste kirchliche Ereignis dieses Jahrhunderts betrifft: das Zweite Vatikanische Konzil. Madeleine Delbrêl nimmt seine Forderungen vorweg, obwohl sie stirbt, noch während seine Arbeitssitzungen im Gange sind. Und sie steht nicht allein da. Auf seiten der Frauen verkörpert sie jene ausgewählte Schar von Christen, die auf eigene Gefahr in ungünstigen Zeiten, in Zeiten absoluten und erbitterten Mißtrauens einen offenen und ernsten Dialog mit allen versuchen, die sich gegen den Glauben stellen. Delbrêl nimmt die Herausforderung des Säkularismus in einem dem Christentum entfremdeten Frankreich an, das sich ihr plötzlich als „Missionsland" offenbart. Es geht ihr um den notwendigen und dringenden Dialog mit der Stadtbevölkerung, mit der Welt der Arbeiter, die von der marxistischen Ideologie überzeugt sind und daher der christlichen Gemeinschaft feindlich und ablehnend gegenüberstehen, die sich ihrerseits, statt die Herausforderung anzunehmen, in den sicheren Hafen ihrer eigenen Überzeugung zurückzieht. Madeleine hingegen entschließt sich zum Kampf, sie wählt den Dialog und ist bereit, die Probleme und Schwierigkeiten persönlich mitzutragen. Die Zeit ihres missionarischen Apostolats ist die Zeit der „Mission de France", die Zeit der Arbeiterpriester. Ihren Entschluß könnte man als eine bewußte Entscheidung für die Sozialarbeit mit dem Ziel der Befreiung der katholischen wie auch der marxistischen Arbeiterklasse bezeichnen. Doch weder sie noch ihre informelle Gruppe verletzen durch ihre praktische Tätigkeit die Grundsätze des Glaubens. Es sind im Gegenteil der Glaube und das Gebet, die ihre Lebensgrundlage darstellen. Mit keiner ihrer Handlungen oder Initiativen löst sie ihre enge Bindung an die Kirche. Angesichts der steigenden Gefahr, die Hypotheken, die der Marxismus dem Glauben anlastet, anzuerkennen, um sie so zu beseitigen, ist es gerade diese Verbundenheit, die ihr Zeugnis so wertvoll macht. Beispielhaft an Delbrêl ist die besondere Ausgewogenheit, mit der es ihr gelingt, zwei Welten miteinander zu verbinden; sie achtet die grundsätzlichen Positionen beider, ohne jemals ihren Glauben zu verleugnen oder sich von der Kirche zu distanzieren. Sie nennt sich „von Gott geblendet", und ihr Lebensmodell ist ein laikales Mönchtum, dessen „Wüste" die Stadt mit ihren Straßen ist, ohne daß sie deshalb ihr inneres Schweigen, das unaufhörliche Zwiegespräch mit Gott aufgibt.

Sie wurde im Jahr 1904 in Mussidan in Burgund im Haus der Großeltern väterlicherseits geboren. Doch schon bald führte der Beruf ihres Vaters, eines Eisenbahners, sie von hier fort. Die Wanderschaft von einer Stadt zur anderen und ihre schwächliche Konstitution verhinderten einen regelmäßigen Schulbesuch. In ihrer Familie gab es keine Anzeichen von Religiosität. Dennoch hatten bestimmte Begegnungen in ihrer Kindheit, die im Zusammenhang mit dem Privatunterricht standen, den sie selbst als etwas anarchistisch bezeichnet, ihr Herz für den Glauben und die Frömmigkeit geöffnet. Besonders ihre Erstkommunion, die sie mit etwa zwölf Jahren empfängt, bewegt sie tief. Die Familie Delbrêl läßt sich schließlich in Paris nieder. Hier verliert Madeleine endgültig den Glauben ihrer Kindheit. Durch die Menschen in ihrer Umgebung, vor allem aber unter dem Einfluß ihres Vaters und seiner intellektuellen Freunde wird sie zur Agnostikerin. Sie selbst sagt: „Mit fünfzehn Jahren war ich überzeugte Atheistin, und die Welt erschien mir von Tag zu Tag sinnloser."

Für die junge Madeleine beginnt nun ein glänzendes Leben. Sie widmet sich der Dichtung, der Kunst und der Musik, und später besucht sie die Vorlesungen von Léon Brunschvicg an der Sorbonne. Es sind Jahre, die von dem unbändigen Wunsch nach ewiger Jugend erfüllt sind. Dazu gehören natürlich auch Ballveranstaltungen und Freunde sowie ein Beinahe-Verlobter. Immer wieder tauchen bei ihr die Worte „Tod" und „Sinnlosigkeit" auf. Im Alter zwischen siebzehn und zwanzig Jahren beginnt sie einen harten Kampf, um die „Sinnlosigkeit" zu entlarven, hin und her gerissen zwischen der Überzeugung, daß Gott tot ist, und der unerträglichen Angst, daß der „Tod" das Ende allen Seins bedeuten könnte. Später, nach ihrer Bekehrung, schreibt sie, sie hätte in diesen Jahren die ganze Welt dafür gegeben, um den Sinn des Lebens zu begreifen. Doch mit siebzehn Jahren lautet die Parole ihres Lebens: „Gott ist tot ... es lebe der Tod!" Später schreibt sie:

> Man hat sich gesagt: „Gott ist tot." Wenn das wahr ist, muß man die Ehrlichkeit besitzen, nicht so zu leben, als ob er lebte. Das Problem mit ihm ist gelöst: Wir müssen nur noch mit uns ins reine kommen ...

Und über sich sagt sie:

> ... Es gibt Menschen, die sich amüsieren, die ihre Zeit totschlagen und warten, daß die Zeit sie umbringt ... Ich bin eine von ihnen. Die ernsthaften Menschen aber

verachten uns im Namen ihrer ernsthaften Beschäftigungen. Doch über die Nachfolge Gottes ist die Entscheidung noch nicht gefallen ...

Die Antwort erhält sie, als sie eine Gruppe von Christen kennenlernt, die dasselbe Leben führen wie sie, dieselben Interessen pflegen und ihr doch etwas voraus haben: Sie arbeiten mehr, haben eine bessere Ausbildung, haben politische Überzeugungen, für die sie sich einsetzen. Das Zusammentreffen mit ihnen überzeugt sie davon, daß sie Gott nicht länger als sinnlos bezeichnen kann. Man schreibt das Jahr 1924: das Jahr ihrer Bekehrung, das Jahr, in dem sie zwanzig wird. Damit endet ein Suchen, das wenige Jahre zuvor begonnen hat. Später schreibt sie in ihrem Buch *Ville marxiste terre de mission* (deutscher Titel: „Christ in einer marxistischen Stadt“):

> Wenn ich ehrlich sein wollte und Gott nicht mehr eine ganz unmögliche Vorstellung war, durfte er nicht behandelt werden, als ob es ihn nicht gäbe. Ich entschloß mich daher, etwas zu tun, das mir geeignet schien, meine geänderte Meinung deutlich zu zeigen: Ich entschloß mich, zu beten ... Später habe ich durch ständiges Nachdenken Gott gefunden, doch im Gebet habe ich geglaubt, daß Gott mich findet, daß er lebendige Wirklichkeit ist und man ihn wie einen Menschen lieben kann.

Zu den Faktoren, die zweifellos ihren Weg zum Glauben bestimmen, gehört auch eine Familientragödie, über die sie nicht viel spricht, die sie aber dennoch sehr belastet: die Erblindung ihres Vaters. Die Verbitterung verändert sein Wesen; er wird immer wirrer und eigenwilliger und zu einer schweren Last für Frau und Tochter. Dieser Zustand dauert bis 1955. Dann sterben beide Eltern im Abstand von nur wenigen Monaten. Aus Solidarität zu ihrer Mutter unterdrückt Madeleine ihren ersten Impuls nach der Bekehrung: in den Karmel einzutreten. Sie entscheidet sich endgültig für den Laienstand: Sie wird Gott auch in der Welt dienen können.

In diesen Jahren, um 1927, kommt sie zur Pfadfinderbewegung und begegnet dort Père Laurent, deren geistlichem Assistenten in ihrer Pariser Pfarrei. Er regt sie dazu an, die Bibel zu lesen mit dem Ziel einer *metanoia*, einer inneren Umkehr. Dadurch ermutigt beschließt sie, ihrer persönlichen Berufung zu folgen, und entscheidet sich dazu, in Ivry-sur-Seine zu arbeiten, einer vom christlichen Glauben abgefallenen Arbeitergemeinde, die zu ihrem „Missionsland“ werden sollte. Um sich darauf vorzubereiten, besucht sie Kurse, in denen sie zur Sozialarbeiterin ausgebildet wird. Um sie herum bildet sich eine kleine Gruppe von Frauen, die den Wunsch haben,

> ausschließlich und endgültig Jesus Christus anzugehören und sich mit Hilfe seiner Gnade zu einem Leben der Nächstenliebe im Sinn des Evangeliums zu verpflichten.

In ihrer Gemeinschaft lebt sie etwa dreißig Jahre lang in Ivry, in einem Haus, in dem die unterschiedlichsten Menschen aus verschiedenen Schichten und mit verschiedenen Ideologien zusammentreffen. Die kleine Schar lebt ohne bestimmte Regeln zusammen; es gibt keine Gelübde, keinen festgelegten Tagesablauf; einmal in der Woche trifft man sich zu einer Bibelstunde.

Madeleine ist noch nicht dreißig Jahre alt, als sie nach Ivry kommt. Die meisten Bürger der Stadt sind militante Marxisten. Dreißig Jahre lang leistet sie eine dem Sozialdienst vergleichbare Arbeit, zunächst privat – im Auftrag des Sozialen Zentrums der Pfarrei –, später öffentlich. Delbrêl und ihren Gefährtinnen präsentiert sich eine völlig gespaltene und durch ihre gegensätzlichen Anschauungen verfeindete Stadt:

> Im Jahr 1933, als ich nach Ivry kam, herrschte zwischen der Kirche und der Stadt eine aggressive Feindschaft. Die Christen wurden von der Obrigkeit ganz offen unterdrückt. Auf der Straße wurden sie von den Jugendlichen angepöbelt, und die Priester wurden mit Steinen beworfen ...

Die Christen reagieren auf die lautstarken Kundgebungen dieser Gottlosen mit einer Art kaltem Krieg. Die beiden Lager scheinen jede Möglichkeit einer Verständigung und des Dialogs abzulehnen. Im Jahr 1935 ergreift Maurice Thorez die Initiative der „ausgestreckten Hand" und fordert alle Organisationen der Stadt ungeachtet ihrer Ideologie dazu auf, ein Komitee zur Unterstützung der Arbeitslosen zu gründen, deren Zahl zu dieser Zeit besonders groß ist. Père Laurent, der jetzt Pfarrer von Ivry ist, schickt mit Zustimmung anderer Pfarrer einige Vertreter der katholischen Kirche zu dieser Versammlung und nimmt selbst daran teil.

Etwa fünfzig Christen kommen. Es ist der Beginn einer enormen Arbeit; doch es ist auch eine erste Begegnung zwischen der Kirchengemeinde und den Ungläubigen.

Madeleine arbeitet aktiv im Komitee mit, eine Arbeit, die nach dem Ausbruch des Krieges noch intensiver wird, als sie und ihre Gefährtinnen in den öffentlichen Sozialdienst übernommen werden. Obwohl die Regierung die Leute der Stadtverwaltung durch von der Präfektur ernannte Beamte ersetzt hat, bleibt in Ivry der Großteil der Ämter in der Hand der Kommunisten. In dieser schwierigen Situation gelingt es Madeleine, ein Klima der Zusammenarbeit und des gegenseitigen Vertrauens zu schaffen. Gleichzeitig wird ihr die Aufgabe übertragen, alle sozialen Dienste und Tätigkeiten im Umkreis von Ivry zu koordinieren. Als Delegierte des nationalen Hilfswerks organisiert sie die Errichtung von Kantinen, sorgt für Kleidung und richtet Seminare für Hilfskräfte und Sozialarbeiter aus; sie kümmert sich um die Familien Gefangener, um die Opfer der Okkupation, um die Mütter, die Alten und die Jugendlichen ... Auch als die Gemeinde nach der Befreiung wieder kommunistisch wird, erfüllt Madeleine diese Aufgaben. Sie meistert Notsituationen mit außergewöhnlicher Kompetenz und hat die Fähigkeit, den richtigen Zeitpunkt zu nutzen. Es gelingt ihr, in kürzester Zeit jede erforderliche Hilfe auf die Beine zu stellen. Ihre Helfer sind ebenso tüchtig, wie sie es ist, wenn es darum geht, sie auszuwählen und ihre Tätigkeit zu koordinieren.

Im Jahr 1944 erlebt sie etwas, was man als ihre „Versuchung" bezeichnen könnte. Hätte sie nicht ihre Freunde Atheisten bleiben lassen, dabei ihren eigenen Glauben weiter bekennen und sich dennoch ganz an ihrem Kampf für Gerechtigkeit beteiligen können? Ihr Weg aus dieser Krise zeigt uns, wie tief und fest Madeleine Delbrêl mit der Kirche verbunden ist, da sie dieser Versuchung schließlich widersteht, weil sie sagt: „Ein Leben ohne Gott ist für den Menschen das größte Unglück, das ihm widerfahren kann." Diese „religiöse" Entscheidung schildert ihr erstes Buch, das einzige, das sie persönlich in Druck gegeben hat: *Ville marxiste terre de mission*. Sie schreibt es in Ivry und faßt in ihm ihre Erfahrungen und Gedanken der Jahre von 1933 bis 1957 zusammen. Sie sagt, daß eine Vermittlung zwischen zwei scheinbar unvereinbaren Dingen, zwischen der Kirche und Gott einerseits und denen, die gegen die Kirche sind und nicht an Gott glauben, andererseits, möglich ist, und zwar durch

> Menschen, die tief religiös und wie die Apostel sind und ihr Leben freiwillig in den Dienst ihrer Liebe zu Gott stellen.

Man kann die Macht dieser „Versuchung" Madeleines nicht verstehen, wenn man neben dem verheerenden Krieg nicht auch die Situation der Kirche in diesen Jahren in Betracht zieht. Père Laurent war es, der ihr Interesse für die Mission geweckt hat. Er ist einer der vielen Priester, die sich der Tragweite der Entchristlichung und Verweltlichung Frankreichs bewußt sind, eines Landes, das einmal katholisch war. Während der Kriegsjahre fassen einflußreiche Kreise – mit Unterstützung von Kardinal Suhard – den Plan zur Gründung eines Priesterseminars der Mission de France. Im Jahr 1940 ersucht Kardinal Suhard den Karmel von Lisieux, diese Idee durch das Gebet zu unterstützen. 1941 beschließt die heute als Französische Bischofskonferenz bekannte Versammlung die Gründung der Mission de France und betraut Msgr. L. Augros mit der Verwirklichung eines ihren Vorstellungen entsprechenden Seminars. Madeleine wird eingeladen, über ihre beinahe zehnjährigen Erfahrungen in Ivry zu berichten. Gegen Ende desselben Jahres besucht Père Jacques Loew, ein Arbeiterpriester, der früher Docker im Hafen von Marseille war, die Gemeinde von Ivry und begründet damit eine dauerhafte Freundschaft und ein ausgedehntes Netz von Beziehungen. Im Oktober 1942 treten die ersten Alumnen in das Priesterseminar der Mission de France in Lisieux ein. Père Laurent wird einer seiner Leiter.

Im folgenden April wird Kardinal Suhard das Manuskript eines Buches übergeben, das noch Aufsehen erregen sollte: Die Autoren sind H. Godin und Y. Daniel, und sein Titel lautet: *Ist Frankreich ein Missionsland?* Im Jahr 1943 begründet Kardinal Suhard die „Mission de Paris", und Msgr. Delay, der Bischof von Marseille, wird aufgefordert, seinem Beispiel zu folgen. Ende 1944 gibt es bereits Arbeiterpriester in Paris und in der Provinz; und im Jahr 1947 veröffentlicht Kardinal Suhard den Hirtenbrief *Essor ou déclin de l'Église?* (deutsch: „Die Entscheidungsstunde der Kirche"). Es ist ein Bild, in das Bewegung kommt, ein Bild des Miteinander, eine Erneuerung der Mission. Doch nicht das traditionelle Muster der *missio ad gentes*, sondern eine spontane Verbundenheit, die dem Glauben fremd geworden ist, bildet den Hintergrund für die Veränderungen in der französischen Kirche, an denen Delbrêl direkt und unmittelbar beteiligt ist durch ihr persönliches Einfühlungsvermögen, durch die Wahl ihrer Lebensaufgabe und durch ihre freundschaftlichen Beziehungen zu einigen Propheten dieser neuen Missionstätigkeit. Delbrêl hat eine klare Vorstellung von ihrer Aufgabe. Eine ihrer programmatischen Schriften wird später unter dem Titel *Nous autres, gens des rues* (deutsch: „Wir Nachbarn der Kommunisten") veröffentlicht. Sie schreibt darin:

> Es gibt Menschen, die Gott nimmt und absondert. Doch es gibt auch andere, die er in der Gemeinschaft leben läßt, die er nicht „der Welt entrückt". Es sind Menschen, die einer gewöhnlichen Arbeit nachgehen, eine gewöhnliche Familie haben oder unverheiratet ein gewöhnliches Leben führen ... alltägliche Menschen also. Menschen, wie man ihnen überall auf der Straße begegnet. Sie lieben es, auf die Straße hinauszugehen, so, wie ihre unsichtbaren Brüder die Pforte lieben, die sich endgültig hinter ihnen geschlossen hat. Wir anderen, die Menschen der Straße, glauben ganz fest daran, daß diese Straße, diese Welt, in die Gott uns gestellt hat, der Ort ist, an dem wir heilig werden können. Wir glauben, daß uns nichts Notwendiges fehlt, denn wenn es so wäre, hätte Gott es uns bereits gegeben.

Und am Schluß, nachdem sie das Schweigen, die Einsamkeit, den Gehorsam und die Liebe als Gaben und Talente im Leben jener Menschen, die „auf den Straßen" leben, aufgezählt hat, schreibt sie:

> Wir, die Menschen der Straße, sind sicher, daß wir Gott so sehr lieben können, wie er es von uns wünscht. Wir glauben, daß die Liebe nicht strahlend, sondern verzehrend ist; wir glauben auch, daß Gott uns für die kleinen Dienste, die wir ihm erweisen, ebenso liebt wie für ruhmreiche Taten ... Da wir die Liebe für eine geeignete Beschäftigung halten, haben wir keine Zeit damit vergeudet, unser Handeln in Gebete und Werke zu gliedern. Wir sehen das Gebet als Werk und das Werk als Gebet an; es scheint uns, daß ein wahrhaft gutes Werk von Licht erfüllt ist ...
> Es ist nicht wichtig, was wir tun: ob wir einen Kehrbesen oder eine Füllfeder in die Hand nehmen. Ob wir sprechen oder schweigen, einen Vortrag verbessern oder halten, einen Kranken heilen oder Schreibmaschine schreiben. Das alles ist nichts anderes als das Äußere der strahlenden Wirklichkeit, der Begegnung der Seele mit Gott. Einer Seele, die sich ständig erneuert, die mit der Gnade wächst und für ihren Gott immer schöner wird ...

In einem anderen Werk beschreibt sie die Bestimmung der Menschen, die sie als „Missionare ohne Boot" bezeichnet. Sie sagt: „Der Heilige Geist selbst führt uns zu neuen Wüsten ..."

Während Madeleine die Bedeutung dieser Mission klar wird, weckt der Gegensatz zwischen Ost und West die Ängste der christlichen Welt. Die Radikalisierung der Blöcke, das Schreckgespenst des atheistischen Kommunismus führt dazu, daß 1949 in einem Dekret des Heiligen Offiziums den Katholiken die Zusammenarbeit mit den Kommunisten verboten wird. Einige Monate zuvor, im Mai, stirbt in Paris Kardinal Suhard. Madeleine berichtet mit tiefer Trauer von den Begräbnisfeierlichkeiten, von denen aus Kurzsichtigkeit des Klerus und aufgrund des strengen Zeremoniells die Bevölkerung von Paris ausgeschlossen bleibt. Ausgeschlossen – schreibt Madeleine –, obwohl Nôtre Dame leer steht.

Wenn man ihre eindeutige und bekümmerte Bemerkung liest, wird die Erinnerung an ein kirchliches Modell wachgerufen, das mit dem Zweiten Vatikanischen Konzil endgültig aufgegeben wird. Diese Tatsache bedeutet, daß wir seinen Propheten noch mehr Beachtung schenken sollten. Einige Jahre vorher hat der Kardinal zu M. D. Chenu, der wegen verschiedener Behauptungen, die im Gegensatz zur herrschenden Lehrmeinung standen, von der kirchlichen Zensur beanstandet wurde, gesagt, er solle sich nicht kränken, denn das, wofür er eintrete, werde spätestens in zwanzig Jahren in der Kirche allgemein anerkannt sein.

Nach dem Tod Suhards, in dem ganz besonderen Klima kurz vor dem Ende des Pontifikats Pius' XII., werden von Rom immer strengere Vorschriften hinsichtlich der Fabriksarbeit von Priestern und Ordensleuten erlassen, bis schließlich 1953 die Entscheidung gefällt wird, das Experiment zu beenden. Mit Erlaubnis ihrer Bischöfe führen einige Priester ihr Apostolat fort, wenn auch nur in Teilzeitarbeit. Auch die Mission de France erhält im August 1954 eine neue Positionierung im Rahmen der Prälatur von Pontigny. Diese Ereignisse bilden den Hintergrund für das Denken und die Arbeit Delbrêls. Sie steht im Mittelpunkt eines Netzes freundschaftlicher Beziehungen, in dem sie so aktiv wie in der Anfangszeit der Mission, nun auch in der Zeit der Krise und der Enttäuschung zur Gesprächspartnerin derjenigen wird, die mit den Entscheidungen Roms nicht einverstanden sind. Gerade in diesem Augenblick zeigt sich, wie sehr sie mit der Kirche verbunden ist. Ein Kurzbesuch, der sie nach Rom führt, gibt ihr die Möglichkeit, in den zwölf Stunden, die sie im Petersdom verbringt, in aller Offenheit das Wort zu ergreifen. Dieser von den Umständen her seltsamen Reise nach Rom – eigenartigerweise fehlt sie beim Treffen mit Pius XII., bei dem sie sich brieflich entschuldigt – verdankt Madeleine ihre Beziehungen zum Vatikan. Hier lernt sie unter anderem Msgr. Veuillot kennen, den späteren Kardinal von Paris, der sie in höchstem Maße schätzt. Sie schreibt später, daß sie mit einer ganz bestimmten Absicht nach Rom gefahren sei:

– um zu bitten, daß die Gnade des Apostolats, die Frankreich gewährt worden ist, uns nicht verlorengeht, aber die Einheit erhalten bleibt;
– um zu bitten, daß diese Gnade von der Kirche anerkannt und unterstützt wird.

Nach dieser Reise ist sie noch enger mit dem Apostolat der Kirche verbunden und überzeugt,

> daß die Kirche von den Menschen anerkannt werden muß, von allen Menschen, so wie auch sie, die Kirche, die Menschen liebt. Petrus ist ein Fels, von dem verlangt wurde, zu lieben. Ich habe verstanden, welche Liebe nötig ist, um alle von den Zielen der Kirche zu überzeugen.

Was die Beziehung zum Marxismus betrifft, so unterscheidet sie ganz klar und deutlich zwei mögliche Verhaltensweisen: „Bündnisstreben" und „Heilsstreben". Während letzteres die eigentliche Berufung der Mission ist, bedeutet das Bündnisstreben für sie eine besondere Gefahr:

> Da das Ziel und die Gefahr der Mission so nahe beieinander liegen, erfordert es einen so außergewöhnlichen Mut, dieses Problem zu bewältigen, daß die Versuchung groß ist, entweder auf das eine zu verzichten oder das zweite zu leugnen ... Wir sind dorthin gegangen, wo wir hingehen mußten, doch als wir angekommen waren, haben wir aus dem Missionar etwas anderes gemacht als einen Apostel ... Ich glaube, wir müssen das Wort „Apostolat" mit der heutigen Bedeutung des Wortes „Missionar" gleichsetzen, damit wir das Gefühl für das Heilsstreben wiedergewinnen.

Die Jahre von 1956 bis 1959 ebnen den Weg für die „Arbeitermission der heiligen Petrus und Paulus", die vom Bischof von Aix-en-Provence approbiert wird. Im März des Jahres 1957 gründet die Französische Bischofskonferenz das „Nationale Sekretariat der Arbeitermission". Es ist die Zeit nach dem Tod Pius' XII. und der Wahl Johannes' XXIII. Am 25. Januar 1959 schlägt dieser vor, ein Konzil einzuberufen. Die harten Zeiten scheinen endgültig der Vergangenheit anzugehören. Da verbietet plötzlich eine weitere Verfügung aus Rom den Priestern und Ordensleuten die Fabriksarbeit auch in Form von Teilzeitbeschäftigung. Madeleine ist in dieser Zeit aus gesundheitlichen Gründen in ihrer Tätigkeit eingeschränkt. Dennoch erscheint im Jahr 1957 – wir haben es bereits erwähnt – ihr Buch *Ville marxiste terre de mission*. In diesen Jahren setzt sie sich verstärkt für die Weiterentwicklung jener „Équipes" ein, die sie gemeinsam mit Père Laurent gegründet hat und die sich inzwischen bis nach Longwy, Abidjan und Algerien verbreitet haben. 1958 stabilisiert sich ihre Gesundheit, und sie nimmt mit großem Einsatz ihre Arbeit wieder auf.

Es sind ihre letzten Lebensjahre, wichtige Jahre, die für die Kirche viele Neuerungen bringen. Es ist die Zeit der Enzyklika *Pacem in terris*, des Konzils, des Todes von Johannes XXIII. und der Wahl Pauls VI. In dieser Zeit intensiviert sie ihre Begegnungen, Vorträge und Reisen. Sie löst sich in ihrer seelsorgerischen Tätigkeit nun vom Marxismus, um sich mit der Bedeutung der verschiedenen Formen des modernen Atheismus zu beschäftigen. Das Ergebnis dieser Tätigkeit ist ihre Abhandlung über *Atheismen und Evangelisierung*, die sie 1962 im Zusammenhang mit einer Dokumentation für das Konzil schreibt und der eine Studie über *Atheismen unserer Zeit* vorangeht. Während ihrer letzten Lebensjahre steht Madeleine ganz im Einklang mit den Veränderungen innerhalb der Kirche und arbeitet noch immer aktiv in den Frauengruppen mit, die nach ihrem Tod den Namen „Équipes Madeleine Delbrêl" tragen.

Sie stirbt, eigentlich unerwartet, am 13. Oktober 1964. Noch vor dem Ende des Konzils und zu früh, um mitzuerleben, wie die Kirche ohne Einschränkung die Freuden und Hoffnungen, die Angst und die Trauer der Menschen unserer Zeit auf sich nimmt. Die Option für die Armen, die Kirche der Armen im weitesten Sinn des Wortes bleiben einer Zukunft vorbehalten, die sie nur vorhergesagt hat. So wie sie auch, wenn dies in der Praxis auch nicht immer schmerzlos und ohne Schwierigkeiten, Mißverständnisse und Leid geschieht, den Dialog zwischen Christentum und Marxismus vorhergesagt hat oder den Kampf gegen jede Form von Ausgrenzung, die der angeborenen Würde des Menschen widerspricht. Obwohl die Mission nicht mehr jene ursprüngliche und schöpferische Kraft besitzt, die sie zur Zeit der *plantatio ecclesiae* hatte, weist sie immer und überall darauf hin, daß die Kirche „weltoffen" sein muß. Madeleine Delbrêl war eine Prophetin und Zeugin dieser „Weltoffenheit".

Eine Prophetin des Dialogs:
Schwester Maria (1875 – 1961)

Diese Frau, deren Leben erst noch genauer erforscht werden muß, wird am 24. Januar 1875 in Turin als Tochter von Bartolomeo Pignetti und Maria Valerio geboren. Bei der Taufe erhält sie den Namen Valeria-Paola. Ihre Kindheit wird ganz von ihrer Großmutter geprägt, der „nonna santa", wie sie von ihr genannt wird, und von ihrem Vater, zu dem sie eine besonders enge Beziehung hat und der stirbt, als sie gerade zehn Jahre alt ist. Die ersten Jahre ihres Lebens verlaufen ganz normal, obwohl sie bereits ein besonderes Interesse für andere Menschen zeigt. Als ihr jüngerer Bruder lebensgefährlich erkrankt, zögert sie nicht, ihr eigenes Leben anzubieten, um ihn zu retten. Schwester Jacopa, die später ihr Leben als Einsiedlerin teilt, berichtet, daß sie bereits seit ihren ersten Lebensjahren eine Nächstenliebe entwickelte, die sich auf einen starken und ursprünglichen Glauben gründete. Am Ende ihrer Kindheit und vor allem während ihrer Jugendzeit zieht sie sich oft tagelang zurück, weil sie sich nach Stille und Kontemplation sehnt.

Im Mai 1901 verläßt sie ihr Elternhaus, um in den franziskanischen Orden der Missionsschwestern Mariens einzutreten. 1904 legt sie die ersten Gelübde ab. Obwohl sie noch jung und unerfahren ist, vertraut man ihr in Florenz die Leitung eines Mädchenheimes an. Hier kommt sie mit den verschiedensten Frauen in Kontakt. Auch später in Rom werden ihr wieder junge Mädchen anvertraut – diesmal handelt es sich um Arbeiterinnen. In diesen Jahren nützen ihr die positiven Erfahrungen des Ordenslebens sehr: Manche ihrer Vorstellungen findet sie bestätigt und anerkannt, andere hingegen bleiben unerfüllt. Dennoch hält sie sich achtzehn Jahre lang an die „zermürbende Disziplin", übt einen religiösen Gehorsam, der sich auf Liebe und Respekt gründet. Diese Erfahrung bereitet sie auf die große Wende vor, nicht weil sie ihr früheres Leben ablehnt oder verurteilt, sondern weil sie bereit ist, das, was sie als ihr „neues Leben" bezeichnet, tiefer, endgültiger und mit mehr Risiko auf sich zu nehmen.

Die Entscheidung, die Missionsschwestern zu verlassen, reift während des Ersten Weltkriegs, als sie Oberin des Anglo-Amerikanischen Spitals in Rom ist. Wieder berichtet Schwester Jacopa, daß jeder, der sie zu dieser Zeit kannte, über ihre Widerstandskraft angesichts der Anstrengungen und der vielen Dinge und Personen, um die sie sich kümmern mußte, staunte. Sie entwickelte dabei eine für diese Zeit unübliche Geisteshaltung:

> In ihrem tiefen Respekt vor der Persönlichkeit des Menschen nützte sie niemals eine Schwäche oder das verminderte Bewußtsein aus, um von einem Sterbenden etwas zu verlangen oder ihm etwas zu verweigern. Indem sie auch die kleinste Bereitschaft der Seele, sich Gott zuzuwenden, unterstützte, erzielte sie eine viel größere Wirkung als durch direktes und offensichtliches Drängen.

So scheut sie sich nicht, an das Krankenbett eines Sterbenden dessen Geliebte kommen zu lassen oder sich an der Pflege und den orthodoxen Gottesdiensten für die serbischen Offiziere aktiv zu beteiligen.

In dieser Zeit lernt sie Ernesto Buonaiuti kennen, dem sie eine fürsorgliche und mütterliche Zuneigung entgegenbringt. Sie drückt es so aus:

> Wenn Ginepro und ich einmal nicht mehr am Leben sind, müßt ihr euch in Erinnerung an unsere Freundschaft niederknien, so groß war sie – im Herrn.

Ginepro ist der Name, den Buonaiuti bei seinem Eintritt in den Dritten Orden der Franziskaner erhält. Wir wissen leider nicht, wie es zu ihrer ersten Begegnung kam. Wir hoffen aber, daß diejenigen, die sich mit ihrer Geschichte befassen, uns in der einen oder anderen Weise bald Näheres darüber berichten können und wollen. Von Buonaiuti wissen wir, daß er eine der führenden Persönlichkeiten des italienischen Modernismus ist. Er fällt den von Kardinal Merry del Val unter dem Pontifikat Pius' X. begonnenen Säuberungen zum Opfer. Der antimodernistische „Bildersturm" hinterläßt nichts als verbrannte Erde rund um ein theologisches Suchen, das Zeit gebraucht hätte, um reifen zu können. Ob zu Recht oder zu Unrecht, der ruhelose Geist dieses Denkers wird wie andere und mehr noch in ein Geschehen verwickelt, das wie eine „Hexenjagd“ anmutet. Buonaiuti, der bis an das Ende seiner Tage seine Aufgabe als die eines Priesters versteht und bis in die Zeit von Pius XII. darum bittet, wieder in die Kirche aufgenommen zu werden, wird zumindest dreimal exkommuniziert. „Schwester Maria“ und ihrer Einsiedelei schenkt er später jenen Kelch, den er aufgrund der kanonischen Sanktion nicht mehr verwenden darf. Doch Schwester Maria denkt nicht daran, ihre Freundschaft zu Ginepro wegen seiner Exkommunikation aufzugeben. Und sie ist nicht die einzige. Einen seltsamen, etwas widersprüchlichen Beweis seiner Achtung für Don Ernesteo – den er stets so nennt und dem er nie seine Priesterwürde abspricht – liefert auch Papst Johannes XXIII., der über die Umstände seines Todes berichtet, er habe am Ostersonntag, dem 26. April 1946, als er sich dem Tode nahe fühlt, darum gebeten, die Fenster zu öffnen, um die Glocken klar und deutlich hören zu können.

> So starb er mit 65 Jahren *sine luce et sine cruce*. Seine Bewunderer schrieben, daß er ein durch und durch religiöser Mensch gewesen sei, der mit allen Fasern seines Herzens am Christentum hing und mit seiner geliebten katholischen Kirche durch unzerreißbare Bande verbunden war. Doch kein Geistlicher segnete ihn ein, und kein Gotteshaus gewährte ihm das Begräbnis. Aus seinem geistlichen Vermächtnis, geschrieben zwischen dem 18. und 19. März 1946, stammen die folgenden Worte: „Es kann sein, daß ich Fehler gemacht habe. Doch am Wesentlichen meiner Lehre finde ich nichts, was ich leugnen oder widerrufen müßte.“ *Dominus parcat illi.*

Buonaiuti hatte gemeinsam mit Johannes XXIII. das Römische Seminar besucht, und als junger Priester hatte er vor neunundvierzig Jahren Roncalli bei dessen Primiz assistiert ...

Im Jahr 1917, als Schwester Maria, nicht ohne darunter zu leiden, klar erkennt, daß sie ihrem Leben eine neue Richtung geben muß, ist es Buonaiuti – auch davon berichtet Schwester Jacopa –, der ihr bei dieser schweren Entscheidung zur Seite steht. Zwei Jahre lang muß sie warten, bis Papst Benedikt XV. ihr die Erlaubnis erteilt, das Kloster zu verlassen und den „Ring des Glaubens“ zu behalten. Der Austritt aus dem Kloster stellt ihre Weihe an Gott nicht in Frage. Sie verläßt das Kloster am Abend des 24. April 1919; ihr Bruder begleitet sie zum Bahnhof. Dort warten Ginepro und der ehemalige Direktor des Spitals, um sich von ihr zu verabschieden. Zwei Frauen begleiten sie: Die eine von ihnen verläßt nach vierzehn Jahren die Klausur, die andere ist eigentlich eine unverhoffte Begleiterin, eine Mitschwester, die sich nicht von ihr trennen möchte.

Schwester Maria, die Jüngere, wie sie sich später gerne nennen läßt, hat keine festen Pläne, keine finanziellen Mittel und nicht einmal eine besonders stabile Gesundheit. So bricht sie ins Ungewisse auf, mit der Belastung, daß sie sich auch noch um zwei Gefährtinnen kümmern muß. Zunächst fährt sie zu ihrer Mutter nach Turin; dort beginnt sie jenes Suchen, das sie immer mehr in Richtung Einsiedlertum führt. Sie will ganz im Geist der charismatischen Idee des heiligen Franziskus leben und wendet sich daher nach Umbrien, dessen Landschaft so eng mit dem Leben des Heiligen verbunden ist.

Als sie am 2. Februar 1923 die Einsiedelei von „Campiello sul Clitunno" zum ersten Mal sieht, bietet sie ein Bild völligen Zerfalls. Von Benediktinern gegründet, wurde sie später von den Minoriten übernommen. Auch hier lebt die Erinnerung an Franziskus fort, denn obwohl es keinen Beweis dafür gibt, wird erzählt, er habe sich oft an diesen Ort zurückgezogen. Mit Hilfe von Freunden gelingt es Schwester Maria, das Anwesen zu kaufen, und im Jahr 1924 beginnt sie mit seiner Instandsetzung.

Welche Absicht verfolgt Schwester Maria damit? Ihr Ziel ist es, sich mit den Schwestern an einem Ort niederzulassen, an dem jeder willkommen ist, der im Namen des Herrn kommt. Ihr gemeinsames Leben mit den Schwestern beginnt hier im Jahr 1926 in völliger Armut und im Vertrauen auf Ihn, der die Lilien auf dem Feld wachsen läßt und die Vögel des Himmels ernährt. Im Juli 1924 waren sich Schwester Maria und Schwester Jacopa zum ersten Mal begegnet. Maria nennt sie später „mein Herz und meine Seele", um die perfekte und völlige Übereinstimmung zwischen ihnen auszudrücken. Sie sagt:

> Ich danke Gott immer mehr dafür, daß er mir Jacopa geschickt hat. Als Gefährtin unsichtbarer und unbeschreiblicher Mühen, stets wunderbar mütterlich und immer auch kindlich, bereit, alles für mich zu tun, errät sie mit rührender Treue meine Gedanken, hilft mir, meine Schwächen zu überwinden, und zweifelt nie an meiner Bestimmung im Herrn. Jacopa ist ein wesentlicher Teil von mir, Teil meiner Bestimmung auf Erden und darüber hinaus.

Sie leben in der Einsamkeit, im Schweigen, im Gebet und mit ihrer Arbeit, inmitten einer Natur, die zur Besinnung einlädt, und sie übertragen ihre Liebe auf die ganze Welt und auf jeden, der bis zu ihnen heraufkommt, um sie zu besuchen. 1932 beschließen sie, für ihre Gäste ein kleines Hospiz zu errichten, in einem verfallenen Haus, das etwa sieben Minuten von der Einsiedelei entfernt ist. So wird es für sie einfacher, anderen ihre Gastfreundschaft zu gewähren, und sie müssen niemanden mehr aus Gründen der Klugheit abweisen.

Es ist eine heterogene Gemeinschaft, die sich um Schwester Maria schart: eine englische Schwester, die ihren anglikanischen Glauben nie aufgegeben hat; eine Amerikanerin, die der Episkopalkirche angehört, eine Diakonissin der Lutherischen Kirche und eine andere, die Mitglied der evangelischen hochkirchlichen Bewegung ist. Diese ungewöhnliche Gruppe von Frauen, die nicht einmal um einen eigenen Kaplan bitten – sie gehen zur Messe und zu den Sakramenten in die nahe Pfarrkirche –, ruft bei der kirchlichen Obrigkeit Ratlosigkeit hervor. Schwester Marias Ziel ist jedoch weder eine religiöse Institution noch eine ökumenische Gemeinschaft. Sie öffnet einfach ihr Herz, ohne Einschränkungen. Das Mißtrauen gegen sie aber wächst, und es dauert Jahre, bis es völlig verschwindet.

Trotz dieser internen und externen Schwierigkeiten gibt es für Schwester Marias Herz keine Grenzen. Zu den verschiedensten Persönlichkeiten unterhält sie freundschaftliche und herzliche Beziehungen: zu Pastor G. Luzzi, F. Heiler, zu Gandhi, Primo Mazzolari und Albert Schweitzer. Weiters zu Girolamo Mele, einem Franziskaner, den sie „Kleiner Bruder der Fioretti" nennt und mit dem sie seit ihrer ersten Begegnung im Anglo-Amerikanischen Spital freundschaftlich verbunden ist; zu André Baron, dem „Bruder Monsignore"; zu Giovanni Vannucci von den Serviten, den sie als „Bruder, Freund, Diener und Kaplan der Einsiedelei" bezeichnet. Sie lernt ihn im Jahr 1948 kennen und sagt, daß „die Bekanntschaft mit diesem christlichen Mönch das größte Geschenk Ginepros" an sie gewesen sei.

Schwester Maria stirbt am 5. September 1961. Schwester Jacopa wird ihre Nachfolgerin, und als auch sie stirbt, bleibt die Einsiedelei den übrigen Schwestern und ihren Freunden anvertraut. B. Antonini schreibt, die Einsiedelei vermittle dem Besucher auch heute noch das Gefühl, etwas Neues zu sein, das ihn bessert und läutert und ihm den Geist einer transparenten und einfachen *koinonia* (Gemeinschaft) vermittelt; man fühlt sich von einer tiefen Liebe umfangen, die immer respektvoll bleibt und jedem gilt, ob er es will oder nicht. Schwester Maria, schreibt Giovanni Vannucci, ist eine geborene Mystikerin; sie fühlt die Gegenwart Christi in sich selbst, in jedem Lebewesen, in der gesamten Schöpfung. Man muß sich nicht fragen, wie man diese innere Gewißheit beweisen kann, sie ist einfach da, und sie ist ein Mysterium. Sie bestätigt es auch selbst (wie Schwester Jacopa im Juli 1925 in ihrem Tagebuch vermerkt):

> Ich halte ständig Zwiesprache mit dem Herrn ... andere Menschen haben eine Mutter, einen Beichtvater, der ihnen den Willen Gottes verkündet. Ich habe Jesus, und Jesus weiß, daß ich nur Ihn habe ... Und wie Jesus mich tadelt, wenn ich nicht bereit bin! Ein Mensch, auch ein Beichtvater, würde gewisse mildernde Umstände gelten lassen; nicht aber Jesus.

Von ihren vielen Aussprüchen übernehmen wir diesen Satz, weil er uns ein charakteristisches Merkmal von Schwester Maria zeigt, ihre völlige Autonomie und Freiheit. Sie verzichtet auf jede Vermittlung auf dem Weg der Erkenntnis und vertraut sich allein dem Herrn und seiner Autorität an, doch gerade aus diesem Grund bleibt ihr ganz allein die Qual der Wahl überlassen. Wieder bemüht sich hier eine Frau auf ungewöhnliche Weise, den Weg ihrer Bestimmung zu gehen, dieses Risiko um jeden Preis auf sich zu nehmen. Dazu wieder eine Notiz von Schwester Jacopa:

> Wir kennen heilige Priester und Mönche, die aufgeklärt und brüderlich sind und denen all unsere Verehrung und Anerkennung gilt. Doch unzählige andere Priester und Mönche sind ignorant, oberflächlich, Störenfriede ohne Respekt, Aufrichtigkeit und religiösen Geist. Wie soll man sich ihnen gegenüber verhalten? Vor allem muß man doch stets ihr Amt in Ehren halten, ihnen grenzenlos dankbar sein für das,

> was sie uns geben ... Doch wir dürfen uns niemals durch ihren Geist unterdrücken, verderben oder verwirren lassen: Daher bleiben wir ihnen gegenüber bescheiden, respektvoll, unbeirrbar und stets aufrichtig und bestimmt ...

Vannucci ist der Auffassung, daß das Leben von Schwester Maria sich nur in einem „Kloster“ in diese Richtung entwickeln konnte, in dem sie zu einer Lebensform fand, die ihrem religiösen Suchen entsprach, und das zum Ort der Begegnung mit den Menschen wurde. In der Einsiedelei im Tal von Spoleto, oberhalb der Quellen des Clitunno, verwirklichte Schwester Maria ihr Ideal des einfachen, ganz dem Gebet gewidmeten Lebens. Wieder schreibt Schwester Jacopa:

> Der Boden der Einsiedelei ist heilig, aber auch unfruchtbar, karg, ohne Wasser. Hier gibt es hundertjährige Zypressen, verkrüppelte Olivenbäume, aromatische Kräuter und in diesem Juni die schönsten Lilien, so rein wie die Tauben.

Schwester Maria selbst beschreibt die Einsiedelei als einen ruhenden Pol in der Welt und fügt hinzu:

> Solange es diese ruhenden Pole des Gebetes, der Brüderlichkeit und der Bemühung um Frieden gibt, wird das Gute nicht untergehen.

Dieser Satz stammt aus Aufzeichnungen, die sie 1941, mitten im Krieg, diktiert hat.

Das Leben in der Einsiedelei folgt keiner bestimmten Regel; es wird auch kein bestimmter Weg der Kontemplation vorgeschrieben. Unter den Schwestern, die hier leben, gibt es keine Hierarchie. Die Einsiedelei selbst ist der strahlende Mittelpunkt:

> Wo immer sich eine Gruppe mit dem Ziel der Läuterung und im brüderlichen Dienst für die Kirche vereint, dort entsteht ein neuer Geist: der Geist der Gemeinschaft, den jedes Mitglied Stunde um Stunde neu schafft, indem es den besten Teil von sich einbringt; es ist der Geist aller. Hier erfüllt sich das „conventum facere“. Eine Einheit von Herzen mit ihrem freien Willen, die heute mehr als gestern verwirklicht werden muß.

Und Schwester Jacopa schreibt:

> Jede von uns hat ihre Aufgabe, jede steht im Dienst der anderen und alle im Dienst unserer Gemeinschaft, doch wenn wir nur deshalb hier wären, würde es nicht genügen ... Es ist der Wunsch, sich in die göttlichen Wahrheiten zu vertiefen, der unserem Leben hier Ziel und Kraft gibt.

Sie übernehmen das Modell der Urchristen, wie schon Franziskus es verwirklicht hat. So folgt das Leben in der Einsiedelei dem Rhythmus von Stille, Einsamkeit, Gebet, Kontemplation, Frieden, Freude, Gastfreundschaft ... Der Gast, der in die Einsiedelei kommt, wird hier wie ein Bote des Unsichtbaren empfangen, wie der Freund, der seine Geschenke bringt und dafür Frieden erhält. Der Gast nimmt an den wichtigsten Augenblicken im Leben der Einsiedelei teil: am Gebet, am Mahl und an der Nachtwache. Schwester Maria schreibt:

> Einsamkeit, Stille und Natur sind mein Leben, ohne diese Schätze könnte ich mir den Gedanken, Gastfreundschaft zu gewähren, nicht vorstellen.
> Unsere Gastfreundschaft darf keine Einschränkungen kennen: Sie bedeutet, den Bruder mit Respekt und Freude aufzunehmen. Ob arm oder reich, ob jung oder alt, einfach oder gelehrt, Freund oder Feind, ob Mann oder Frau, ob er unserem Glauben angehört oder nicht, ob er uns fremd oder vertraut ist – er ist für uns „Christus, der kommt".
> Nie werde ich an unserer Verpflichtung zur Gastfreundschaft zweifeln; ich fühle sogar immer stärker, daß sie Segen und Gnade bedeutet. Und glaubt nicht, daß es mir immer leicht fällt ... Weggefährtin zu sein für eine Stunde! Für Stunden! Für Tage! Welche Gnade! Welcher Segen! ...

Wir haben Schwester Maria als eine „Prophetin des Dialogs" bezeichnet. Diese Frau, die ihr Ordensgewand ablegt und ihr Leben von den radikalen Impulsen franziskanischen Geistes bestimmen läßt, bezeugt uns vor allem eine grundlegende und revolutionäre Öffnung für jede andere Glaubenserfahrung, und es ist geradezu eine Herabwürdigung, in ihrem Fall von „Ökumenismus" zu sprechen, wenn damit nur die Bemühung um die Einheit der Christen gemeint ist. Schwester Maria fühlt sich als treue Tochter der römisch-katholischen Kirche, doch sie wagt es, an einen weiteren Begriff von Kirche zu denken, der jeden gläubigen Menschen einschließt. Im Jahr 1924 schreibt sie in einem Brief:

> Die Kirche ist für mich die Gemeinschaft der Gläubigen. Jeder wahre Gläubige verkörpert den Geist der Kirche – das ist die katholische Auffassung schlechthin. Ich fühle mich daher nicht nur mit einem christlichen Bruder geistig verbunden, sondern auch mit einem jüdischen Bruder oder einem Nichtchristen, wenn er nur glaubt, hofft und liebt. Ich fühle, daß wir gemeinsam mit allen Brüdern und Schwestern, die Christus aufrichtig und sehnsüchtig suchen, „ein einziger Leib in Ihm sind", und ich glaube, daß wir umso bessere Christen sind, je mehr wir eins sind, ja das ist eine unabdingbare Voraussetzung ...
> Ich kann daher gar nicht anders, als mich aus tiefster Seele jedem ernsten Hoffen und Bemühen anzuschließen, damit eine größere Einheit unter den Christen erreicht wird.
> Das soll aber nicht bedeuten, daß ich keine tiefe kindliche Liebe für die Mutter Kirche empfinde ... doch aus demselben Grund, aus dem ich die Mutter liebe, liebe ich in ihr alle ihre wahren Kinder ... alle, die Christus wahrhaft suchen, und ich hoffe sehnsüchtig, daß ihre Zahl steigt und bald die volle Zahl der Erwählten erreicht wird ...

Wie weit Schwester Maria über die Grenzen ihrer Zugehörigkeit zur Kirche hinausgeht, beweist ihr Briefwechsel mit Gandhi. Die Sammlung enthält etwa fünfzig Briefe und einige Anmerkungen und erstreckt sich über den Zeitraum von 1928 bis 1960. Dieser Briefwechsel wird Schwester Maria von Schwester Amata (Amy Turton) vermittelt, die ihrerseits über den anglikanischen Pastor E. Verrier mit Gandhi in Verbindung steht.

> Bruder Gandhi! Eine kleine Nonne wendet sich heute an Dich. Mein Leben gehört Christus, und ich bin Italienerin. Mit zwei Schwestern lebe ich in einer alten Einsiedelei auf einem Berg: Hier war schon immer ein Ort des Gebetes ... Wir sind arm und arbeiten mit unseren eigenen Händen. Wir kultivieren den Boden, spinnen, weben und sticken. Mit Freude und Respekt nehmen wir jeden auf, der zu uns kommt, um Frieden zu finden in der Einfachheit und Einsamkeit, in der nur das Schweigen spricht. Von unserer Freundin und Schwester in Christus, Miss Turton, höre ich oft von Dir und den indischen Brüdern. Für Dich, für Euch bete und liebe ich. Durch Dich, durch Euch, durch Eure Welt wird mein Leben bereichert. Ich bin durch Christus ein unabhängiges und freies Geschöpf, und mit Ihm, mit Dir und jedem Bruder, der Gott sucht, möchte ich den Weg der Wahrheit gehen und mich für die Wahrheit bis zum äußersten einsetzen. Ich erlaube mir, Dir ein Stück Stoff zu schicken, das wir selbst gewebt haben ... Wenn Du einmal hierher kommst, was ich glaube und hoffe, dann vergiß uns kleine Bewohnerinnen der Einsiedelei nicht, denn wir sind bereit.

Dieser Brief mit der Unterschrift „Schwester Maria, die Jüngere" ist mit 24. August 1928 datiert. Gandhi antwortet ihr, und im Dezember 1931 trifft sie ihn zu ihrer großen Freude in Rom:

> Ein strahlender Morgen; habe Gandhi eine halbe Stunde lang gesehen, saß neben ihm auf der Erde ... Wir waren wie alte Freunde. Heute abend reisen sie ab ... Heute, nach der Mittagsruhe und dem Tee bringen wir ihn zu Ginepro.

Dank der gemeinsamen Freunde wird ihre Beziehung immer enger. Schwester Maria nennt Gandhi liebevoll Bapu, und bald gehört sie zu dem kleinen Kreis derer, die sich jeden Abend versammeln, um für ihn, den Gefangenen der Engländer, zu beten. Es wird zu einer Gewohnheit, daß Schwester Maria und ihre Gefährtinnen jeden Freitag um 19 Uhr 40 den gleichen Hymnus anstimmen, der auch im fernen Indien gesungen wird; Mahatma hat „O sanftes Licht" ausgewählt, jenen Hymnus, den Newman am 16. Juni 1833 auf der Reise von Sizilien nach Sardinien (und von dort nach Marseille) verfaßt hat, gleichsam am Ziel seiner „Bekehrung" .

Im Juli 1932 schreibt sie einen Brief an Gandhi, in dem sie ihm sich selbst und ihre Gemeinschaft vorstellt:

> Auch ich ... war Angehörige einer Kongregation, die ich noch immer achte und anerkenne. Doch vor dreizehn Jahren hat der Herr mir einen Weg größerer Einfachheit und christlicher Freiheit gewiesen. Trotz großer Schwierigkeiten und Leiden und trotz des Unverständnisses der Kirche hat der Herr mir die Gnade und

den Mut gegeben, diesem neuen Weg zu folgen, und er hat mich von allen Fesseln befreit, nur von der Liebe nicht ... Wir wohnen in einer alten Einsiedelei im Gebirge ... die verfallen war, als wir sie entdeckten. Ihre Lage ist wunderschön und einzigartig, mit einem phantastischen Blick auf die schönen Berge und die Ebene Umbriens, die durch den heiligen Franziskus gesegnet ist, der ein armer, einfacher und freier Mensch war, ein Spielmann Gottes. Wie er wollen auch wir sein, bescheidene Geschöpfe, die seinem Beispiel folgen ...
Aus aller Welt kommen Freunde und Pilger in die Einsiedelei, bringen ihre Erfahrung mit, und wir geben ihnen unsere ganze Sympathie, haben den Wunsch, von jedem zu lernen und jedem unser Brot und unser Herz anzubieten.
Wir Schwestern befolgen eine Regel der Entsagung, des Schweigens und des Gebetes. Das Schweigen gilt für die Stunde vor Sonnenuntergang und vor dem Gebet und von zehn Uhr abends bis neun Uhr am nächsten Morgen. Jeden Abend zur Zeit des Sonnenuntergangs ... versammeln wir uns im Freien unter den Bäumen, betrachten den Sonnenuntergang und beten. Auch unsere Gäste nehmen daran teil. Es ist eine Stunde voller Freude und Frieden, und wir fühlen uns mit allen verbunden, die wir lieben und die fern von uns sind, und mit der gesamten Schöpfung ...
Ich möchte auch von unserer Arbeit berichten. Wir verrichten die einfachsten Arbeiten ... Wir backen unser Brot mit einem Gefühl tiefer Ehrfurcht. Wir bebauen den Garten und arbeiten im Wald. Wir spinnen und weben unseren Stoff, unsere Kleider, die Dinge, die wir verkaufen. Wir bemühen uns, immer gastfreundlich zu sein und allen Armen der Umgebung zu dienen ...
Mit demütiger Entschlossenheit bewahre ich meinen kleinen Platz in Eurem Herzen und Eurer Freundschaft, weil ich etwas von Euch gelernt habe und Euch dafür dankbar bin, und ich glaube, daß ich mit meinen Gefährtinnen für das Geschenk Eurer Brüderlichkeit bereit bin. Im Gebet denke ich an Euch ...
Ich bitte Euch, denkt auch Ihr manchmal an die alte Einsiedelei in Italien, an eine kleine Schar von Schwestern, die über die Grenzen Italiens, des Meeres und der Welt hinweg dem hellen Licht der ewigen Wahrheit folgen wollen.

Der Briefwechsel mit Gandhi wiederholt sich jedes Jahr. Die „Lerchen des heiligen Franziskus", wie er sie nennt, schreiben ihm an jedem 2. Oktober zu seinem Geburtstag. Schwester Maria ist sich der Kraft und starken Persönlichkeit Gandhis bewußt, vor allem aber sieht sie in ihm einen „Mann Gottes". Am 24. Oktober 1938 schreibt sie ihm:

Lieber Bapu! Bevor ich Dir schreibe, habe ich immer das Bedürfnis, Buße zu tun und mich zu läutern, erst dann kann ich mich dem Mann Gottes nähern, als den ich Dich betrachte. So kannst Du uns, die wir Dich lieben, besser segnen ...

Am Abend der Ermordung Gandhis, bei Einbruch der Dämmerung, bemerkt sie ein außergewöhnliches Licht, das sich am Horizont ausbreitet. Am Tag darauf spürt sie seine Anwesenheit, so als ob er ihr etwas mitteilen wollte. Sie schreibt im September 1970 einer Freundin von diesem Erlebnis:

Schwester Jacopa hatte Mitleid mit mir und wollte seinen Opfertod vor mir verborgen halten. Doch er selbst kam und teilte mir das Unglaubliche mit. *Domine non sum digna.* Zitternd denke ich an die Heiligen. Sie verlangen von uns Liebe und Opfer.

Auf ihre Weise war Schwester Maria diesem Gottesmann wirklich ähnlich, so sehr, daß sie ihre Einsiedelei praktisch in ein Ashram verwandelte. Ihre Grundregeln waren die Gewaltlosigkeit, das Schweigen, das *sacrum facere*, die *agape*, die Armut, fortgesetztes Dienen, Strenge, reine Einfachheit, Bescheidenheit, die Aufnahme des Pilgers (gleich, ob Freund oder Feind) und die Achtung vor jeder Religion. Diese elf Gelübde der Anhänger Bapus wurden jeden Abend beim gemeinsamen Gebet wiederholt. So überwand das Herz dieser kleinen Frau alle Grenzen, weil es sich wärmte am „Sakrament der Freundschaft" und weit geöffnet war für jene Kirche der Gerechten, der ungeachtet ihrer Religion alle angehören, die mit Leidenschaft und Hingabe die Wahrheit suchen.

Das Modell und die Abweichung

Unserem Darstellungsschema folgend haben wir unter den vielen Frauen unseres Jahrhunderts die Marchesa Alessandra di Rudinì, Simone Weil und Adelaide Coari ausgewählt. Die erste von ihnen, eine reiche, unabhängige und verwöhnte Frau, die Geliebte von Gabriele D'Annunzio, flüchtet sich unter dem Eindruck ihrer Trennung von dem Dichter in die völlig entgegengesetzte Welt des Karmels. Alessandra erinnert uns an den Mythos der Sünderin, die Vergebung findet, „weil sie viel geliebt hat" (vgl. Lk 7,47). Sie ist nicht die einzige in diesem Jahrhundert. Die Gnade in ihrer Freiheit und Großzügigkeit richtet sich nicht nach unseren Meinungen und Vorurteilen.

An der Grenze zwischen Philosophie und katholischem Glauben steht Simone Weil, die an ihrem Schmerz über die Widersprüche unserer Zeit zugrunde geht. Eine außergewöhnliche Philosophin, die sich selbst treu ist und an der Schwelle der Kirche stehen bleibt, zu der sie geistig keinen Zugang finden kann – wozu ihre Zeit ihr keine Möglichkeit gibt – und deren Wesen als universales Heilssakrament sie nicht versteht. Es muß betont werden, daß Simone Weil wie Edith Stein eine Frau ist, die es versteht, die Philosophie praktisch anzuwenden. Die Herausforderungen reflexiven Denkens hat es von Diotima über Hypatia und Héloise hinaus in der Geschichte der Frauen immer gegeben. Doch es ist unser Jahrhundert, das den Frauen Zutritt zu akademischen Studien ermöglicht und sie unter die Protagonisten in der Geschichte des Denkens einreiht.

Adelaide Coari schließlich, eine positive und beispielhafte Gestalt, eine Frau, die kritisch und konsequent für ihren Glauben lebt, sich an den ersten Kämpfen des christlichen Feminismus beteiligt und bis in ihr hohes Alter eng mit Angelo Giuseppe Roncalli befreundet ist, muß erst noch genauer entdeckt und erforscht werden, obwohl ihre geistige Freundschaft mit Roncalli bereits verschiedentlich Beachtung gefunden hat. Wie Edith Stein arbeitet auch Coari auf dem Gebiet der Pädagogik. Es handelt sich dabei aber nicht um die traditionelle Aufgabe der Ausbildung junger Mädchen und Frauen. Ihr geht es vielmehr darum, eine eigene Methode zu entwickeln, einen besonderen und sehr persönlichen Zugang zur Vermittlung von Pädagogik zu finden. Coari steht damit im Einklang mit den vielen Frauen, die ähnliche Wege gehen, etwas, das – wie ich nochmals betonen möchte – nur durch den Zutritt der Frauen zu einer Bildung möglich geworden ist, die nicht länger ein elitäres Phänomen darstellt.

Eine verzweifelte Suche nach Liebe: Alessandra di Rudinì (1876 – 1931)

Das Leben von Alessandra Starabba aus dem Hause Rudinì gleicht in gewisser Weise jener stürmischen Nacht des 5. Oktober 1876, in der sie das Licht der Welt erblickt. Ihre Mutter befindet sich auf der Fahrt von Sizilien nach Rom, als das Einsetzen der Wehen sie zwingt, den nächsten sicheren Hafen, es ist Neapel, anzulaufen. Hier wird Alessandra geboren. Doch die Unruhe des Meeres und des von Blitzen zerfurchten Himmels trägt sie für immer in sich. Ihre Familie gehört zu den wenigen, die den Großgrundbesitz Siziliens unter sich aufgeteilt haben. Ihr Vater Antonio mußte als junger Revolutionär nach dem mißglückten Aufstand von 1860 nach Genua flüchten, wenige Monate vor dem „Zug der Tausend“. Dort lernte er 1861 Marie de Barral de Montauvrard kennen, eine adelige Piemontesin, die durch ihre Mutter mit dem russischen Hochadel verwandt war. Es sind die Jahre des Sturzes der Bourbonen und der Annexion Süditaliens durch das Haus Savoyen, um das Antonio di Rudinì sich Verdienste erworben hat. So kommt es, daß seine Hochzeit im Jahr 1864 mit seiner Ernennung zum Bürgermeister von Palermo zusammenfällt. Weder auf der Insel noch in der Stadt herrschen Ruhe und Frieden. Die Angliederung an das Königreich Italien hat den Zwist und die Unzufriedenheit nicht beenden können; und der junge Rudinì geht bei der unerbittlichen Niederschlagung des Aufstandes in der Stadt im Jahr 1866 mit aller Härte vor. Als Lohn erfolgt seine Ernennung zum Präfekten. Eine steile Karriere also, die ihn schließlich bis ins Parlament führt. Im Geburtsjahr Alessandras führt er dort die Opposition an: Die Regierung des Landes liegt nach dem Sturz der Rechten in den Händen von Francesco Crispi, ebenfalls einem Sizilianer und Rudinìs größtem Widersacher.

Die Kindheit und Jugend Alessandras stehen ganz im Zeichen ihres impulsiven und unruhigen Temperaments. Sie liebt und bewundert ihren Vater, auch wenn sie nach und nach seinen Mythos schwinden sieht. Die Verschlechterung in der Beziehung ihrer Eltern bedeutet für sie einen schweren Schlag. Den größten Teil ihrer Zeit verbringt sie entweder auf dem Schloß ihrer Mutter in

Piemont oder auf den Ländereien des Vaters in der Nähe von Pachino. An beiden Orten, vor allem aber auf Sizilien, führt sie ein unbeschwertes Leben, das sie mit der Zeit immer mehr ihren geliebten Pferden und Hunden widmet. Die Bauern des Gutes von Pachino sind seit Alessandras Jugendzeit daran gewöhnt, sie jeden Morgen zur Jagd ausreiten zu sehen. Nichts stört ihre Ruhe; auch nicht das Elend und die Ausbeutung derer, die ihre Diener sind. Als kleine und stolze Lehensherrin genießt sie völlig gedankenlos ihre Privilegien.

Inzwischen scheint sich der Zustand ihrer Mutter aufgrund der ständigen Untreue des Gatten immer mehr dem Wahnsinn zu nähern. Es kann aber durchaus sein, daß es sich dabei um eine böswillige Erfindung des Marchese handelt, der sich so seiner Frau entledigen will. Di Rudinì ist ein herzloser Mensch, der ohne zu zögern sein Ziel verfolgt. Nachdem er die Gattin in einer Klinik untergebracht hat, bringt er Alessandra in das schickste Pensionat, das es zu dieser Zeit in Rom gibt. Doch Alessandra bleibt nicht lange in „Sacro Cuore a Trinità dei Monti“; sie, die nicht weniger entschlossen ist als ihr Vater, schafft es, daß man sie wegen schlechter Führung hinauswirft. Dieses schwierige junge Mädchen bereitet dem Marchese einiges Kopfzerbrechen, zumal er inzwischen Ministerpräsident geworden ist. Unterdessen werden auch in politischen Kreisen Stimmen zur Verteidigung seiner Gattin laut, die davon sprechen, daß sie nicht krank, sondern dem Egoismus ihres Gatten zum Opfer gefallen sei. Ihr selbst wird folgender Ausspruch zugeschrieben: „Nicht ich bin verrückt! Italien ist verrückt, weil es sich von ihm regieren läßt!“ Er ist klug genug und verlangt ein öffentliches Konsilium. Der Schiedsspruch lautet zu seinen Gunsten: Seine Gattin darf nicht nach Hause zurückkehren. So kann er in aller Ruhe seine Romanze mit Leo Incisa fortsetzen, die er nach dem Tod seiner Gattin heiratet. Alessandra verbringt diese Jahre in Sizilien. Alleingelassen auf den Ländereien ihres Vaters, führt sie ein ungezügeltes Leben: Sie kleidet sich wie ein Mann, reitet wie der Teufel und lehnt sich gegen alles und jeden auf. Doch der Vater bringt sie schließlich zurück nach Rom. Nach einem Urlaub auf dem Schloß der Mutter in Piemont kommt sie an das Institut „Santissima Annunziata a Poggio Imperiale“ in Florenz, wo sie ihre Ausbildung abschließt. Diese Jahre und die Beziehungen, die sie in dieser Zeit anknüpft, bleiben ihr in unbeschwerter Erinnerung. Doch offenbar kann nichts und niemand ihre Unruhe dämpfen. Ihre grundlegenden Fragen bleiben unbeantwortet. Später sagt sie, daß sie ihre zehn besten Jahre fern von Gott vergeudet habe, mit sinnlosen Gedankenspielereien und noch sinnloseren Beschäftigungen.

Mit sechzehn Jahren kehrt Alessandra nach Hause zurück. Ihr Vater, der Ministerpräsident, ist stolz auf seine Tochter, auf ihre Schönheit und ihr selbstbewußtes Auftreten. Sie widmet sich nur noch dem Gesellschaftsleben: dem Reiten, der Jagd, Theateraufführungen und Bällen. Sie kümmert sich nicht im geringsten um die Herzen, die sie bricht, sondern scheint sogar Gefallen daran zu finden. Doch eines Tages gelingt es dem Marchese Marcello Carlotti di

Garda, sie in Staunen zu versetzen, als er sich besorgt über ein gestürztes Pferd neigt und dem Kutscher hilft, es wieder auf die Beine zu bringen. Auf sie, die es gewohnt ist, daß Männer nur ihre Kraft zeigen, macht das Gefühl, das dieser junge Mann einem Pferd gegenüber zeigt, tiefen Eindruck. Der Marchese Carlotti ist ein vornehmer, sensibler, zart gebauter und feinfühliger Mensch. Daß er im Mittelpunkt von Alessandras Interesse steht, versetzt ihn in Unruhe. Aus welchem Grund sollte sie ihm ihre Aufmerksamkeit schenken? Trotz dieses Gefühls der Unzulänglichkeit und Unterlegenheit, das er ihr gegenüber stets beibehält, entschließt er sich, um ihre Hand anzuhalten. Die Hochzeit wird mit großem Prunk in Palermo gefeiert, in einem der Familie Rudinì, ihrem Reichtum, ihrer wirtschaftlichen und politischen Macht angemessenen Rahmen. Palermo, der Schauplatz dieses Ereignisses, ist am Ende des 19. und zu Beginn des 20. Jahrhunderts eine glückliche und weltoffene Stadt. Von dem Palast, den sie hier geerbt hat, bricht Alessandra zu ihrer ausgedehnten Hochzeitsreise auf. Nach ihrer Rückkehr läßt sie sich in der Villa ihres Gatten am Gardasee nieder.

Die überschäumende Lebenslust Alessandras steht in krassem Gegensatz zu dem verschlossenen und einzelgängerischen Wesen des Marchese, der jedoch ihrer Vitalität keine Schranken auferlegt. Im Februar 1896, wenige Tage nach der Hochzeit, stirbt Alessandras Mutter. Im selben Jahr übernimmt der Vater wieder das Amt des Ministerpräsidenten – nach der Niederlage von Adua und dem Rücktritt Crispis. Er bleibt bis 1898 an der Regierung, bis die auf Befehl von General Bava-Beccaris auf die Volksmenge in Mailand abgefeuerten Gewehrsalven den Umsturz herbeiführen. Im Jahr 1896 bringt Alessandra ihren ersten Sohn zur Welt. Die Schwangerschaft hat sie sehr mitgenommen, besonders in ihrem letzten Abschnitt. Und dann taucht plötzlich das Schreckgespenst der Krankheit auf. Der sanfte Marcello, der sich nur an den Tasten seiner Orgel wirklich glücklich fühlt, erkrankt an Schwindsucht. Alessandra steht ihm zur Seite und läßt ihn nicht im geringsten spüren, daß sie seinetwegen auf ihr gewohntes Leben verzichten muß. Sie wird wieder schwanger, doch diese zweite Schwangerschaft ist völlig von der Verschlechterung im Zustand ihres Gatten überschattet. Der Marchese Carlotti ist ein überzeugter Atheist. Seiner Frau bereitet es großen Kummer, zu sehen, daß er ohne jede Hoffnung dem Tod entgegensieht. Sie versucht ihm geistlichen Trost zu verschaffen und ruft daher Francesco Serenelli zu ihm, einen Prälaten, dem der Marchese eine gewisse Hochachtung entgegenbringt. Der Briefwechsel Alessandras mit Msgr. Serenelli bringt zum Ausdruck, welche Gefühle sie in dieser Zeit bewegen. Ohne daß es ihr gelingt, ihm den Weg zum Glauben zu weisen, muß Alessandra mitansehen, wie ihr junger Gatte mit stoischer Ruhe dem Tod entgegengeht. An seinem Sarg, ohne Tränen, wortlos, wiederholt sie stumm die Gebete ihrer Kindheit. Sie ist erst vierundzwanzig Jahre alt und bereits eine Witwe mit zwei Kindern.

Die junge Frau ist schwer geprüft und vor allem völlig verstört. Ihr Vater hält es für ratsam, sie nach Rom zu bringen, wo sie schließlich langsam zu neuem

Leben erwacht. Sie empfindet eine tiefe und schmerzende innere Leere. Sie ist reich, schön, frei, klug und temperamentvoll ... doch das allein genügt ihr nicht. Auch die Mutterrolle kann ihre innere Leere nicht ausfüllen. Sie hat eine seltsame, alles andere als zärtliche Beziehung zu ihren Söhnen. Sie beginnt nun ständig ihren Aufenthaltsort zu wechseln, ist unruhig und innerlich zerrissen wie immer. Sie kommt sogar bis nach Marokko – auf einer wahrhaft abenteuerlichen Reise, die sie in Gesellschaft einer englischen Herzogin unternimmt. Als sie nach Italien zurückkehrt, beginnt eine schwere Zeit für sie. Neben ihrem gesellschaftlichen Leben versucht sie auch einen Weg der Besinnung und des Studiums zu gehen. Dabei steht ihr als Gesprächspartner wieder Msgr. Serenelli zur Seite. In Wahrheit ist sie zwischen gegensätzlichen Bedürfnissen hin und hergerissen, und es gelingt ihr nicht, eine Entscheidung zu treffen. Ihre Suche nach Gott ist wahrscheinlich von einem gewissen Stolz und auch von Geringschätzung begleitet, die es ihr unmöglich machen, sich zu unterwerfen und den Glauben als ein Geschenk anzunehmen. Immer ruheloser reist sie von einer Stadt in die andere: nach Rom, Florenz, Mailand, Paris; und wenn sie nach Garda zurückkehrt, dann sicher nicht aus Sehnsucht nach ihren Söhnen.

Am 26. Mai 1903 begegnet sie Gabriele D'Annunzio zum ersten Mal. Der Ruhm des „Poeten" weckt in ihr eine instinktive Antipathie, und bei ihren zwangsläufigen Begegnungen – D'Annunzio ist ein Freund ihres Bruders – schenkt sie ihm gerade soviel Aufmerksamkeit, wie die Höflichkeit es von ihr fordert. D'Annunzio ist von seinen Fans umlagert und befindet sich am Höhepunkt seines Ruhms. Seine Beziehung zu Eleonora Duse gibt Anlaß zu ständigem Klatsch. Die abweisende Haltung Alessandras weckt das Interesse des Dichters, der alles andere als ein schöner Mann ist und unnötigerweise eine übertriebene Eleganz zur Schau trägt. Wie kommt es also, daß Alessandra schließlich einem Mann erliegt, von dem sie weiß, daß er unmoralisch, ein Frauenheld und vor allem ein Zyniker ist? Vermutlich ist es die Faszination seiner Sprache, seine blumige und unerschöpfliche Beredsamkeit, vor der sie kapituliert. Die entscheidende Begegnung zwischen den beiden erfolgt anläßlich der Hochzeit von Carlo di Rudinì, für den D'Annunzio als Trauzeuge fungiert. Aus Ärger über seine Anwesenheit denkt Alessandra zunächst sogar daran, der Hochzeit fernzubleiben. Er fühlt ihre Ablehnung und beginnt mit einer Verführungstaktik, die sie völlig aus der Fassung bringt. Am Ende ist sein Sieg vollkommen: Sie hat ihre Voreingenommenheit plötzlich aufgegeben, und es ist ihm gelungen, die Meinung, die sie noch am Vormittag von ihm hatte, in das Gegenteil zu verwandeln. Wahrscheinlich hat Alessandra bisher niemanden gekannt, der einen stärkeren Willen hatte als sie. Sie hat ihr Leben auf ihre Weise geführt, und immer war sie es, die dabei den Ton angegeben hat. Vielleicht gefällt es ihr, daß diesmal sie geführt wird. Ihr gefällt diese stürmische Werbung, die ihr unbekannte Perspektiven eröffnet. Die Worte D'Annunzios umgarnen sie, hüllen sie ein, erregen sie, und sie versinkt völlig in diesem Strom der

Gefühle, der ihre Unruhe und ihr Verlangen stillt. Von diesem Augenblick an wird sie Nike, Vittoria. Sie haben sich kaum voneinander verabschiedet, als D'Annunzio ihr bereits schreibt:

> ... Du wirst kommen! Ich weiß, daß Du in der späten Dämmerung eines langen Wartens kommen wirst. Meine Hände sehnen sich nach Deiner Schönheit, meine Hände, die Deine Haare streicheln werden, wie sie es in Deinen Träumen getan haben, werden magische Ketten um Dich schlingen, deren Druck Dich vor Freude jubeln und vor Erniedrigung weinen lassen wird. Das Gartentor wird knarren, und während Du auf mein Haus zuschreitest, werden die Nachthyazinthen ihre Blütenblätter abschütteln, um Dich mit ihrem Duft zu umhüllen ...
> Du wirst zu mir kommen, brennend wie eine Fackel, die in der Nacht vor einem Fest entzündet wird, eine Lampe wird Deine Schritte sicher über den Pfad lenken, denn Du, ganz weiß und strahlend, wirst kommen und meine Sehnsucht stillen, und Du wirst die Geräusche der Nacht und Deine Vergangenheit als armes, ungeliebtes Geschöpf hinter Dir lassen. Und Du wirst die Liebe finden ...
> Nike, Nike, Nike: So werde ich Dich schluchzend nennen, meine Augen und mein Lächeln werden Dir die wahre Geschichte der Liebe erzählen, die in dieser Welt die einzige Brücke über den Abgrund des Nichts spannt, das zwischen dem Tod und dem Leben liegt.
> Nike, kleines Mädchen, schlafende Schwester, die Liebe hat Dich geweckt, um Dich mir zu schenken: ganz rein, ganz mein. Nike: Du selbst bist für mich der Rausch des Lebens und Leidens. Laß Dich küssen, Nike! Laß Dich küssen! Ich habe ein unstillbares Verlangen, Dich mit meinen Lippen so zu spüren, wie ich Dich jetzt mit meiner Seele spüre. Eine nach der anderen werde ich die Saiten Deiner verborgenen und vergessenen Gefühle entwirren und sie in Deiner verzückten Seele schwingen lassen. Ich werde Dich lehren, wer Du bist, Nike: Und hab keine Angst, denn wahre Liebe ist niemals schlecht ...
> Komm an mein Herz, Nike, das sich so sehr nach Deiner Zärtlichkeit sehnt, nach der zarten Berührung Deiner Finger, nach Deinen traumverlorenen Küssen ...

Um seinem Drängen zu entgehen, entschließt sich Alessandra, Florenz zu verlassen und nach Garda zurückzukehren. Sie versucht Ruhe und innere Klarheit zu finden. Gleichzeitig wird ihr die Leere ihres Lebens bewußt, ihr Bedürfnis nach Liebe und Zärtlichkeit, ihr heftiges Verlangen nach Glück. Als ihr der Dichter schreibt:

> Ich liebe Sie, Nike. Ich liebe Sie. Durch diese Liebe und in dieser Liebe bin ich rettungslos verloren,

antwortet sie ihm:

> ... Warum sagen Sie solche Dinge? ... Sind Sie denn so unerfahren in der Kunst, das Verhalten und die Wünsche der Frauen, denen Sie begegnen, richtig zu deuten? Ich sage es Ihnen ganz deutlich: Ich wünsche, daß man mir meine Einsamkeit läßt, die mir lieb ist und mir Schutz bietet.

> Nein, Maestro, ich möchte nicht Ihre große Liebe sein, ich will Ihre Seele nicht im Rhythmus meines Gesanges wiegen. Ich liebe es nicht, zu singen. Ich liebe Pferde, Hunde, die Jagd und alle anderen Dinge, mit denen ich den Männern beweisen kann, daß nicht alle Frauen Freiwild für sie sind ...
> Ich weiß zu viel über Sie, zu viele Frauen haben Sie geliebt, und zu viele haben Sie danach verwünscht ... was könnte ich für Sie sein?
> Lassen Sie mich gehen, ich bitte Sie. Ich bin keine Frau, die Betrug und Enttäuschungen kennenlernen will ...

Doch D'Annunzio ist kein Mann, der aufgibt. Ganz bestimmt nicht! Er bedrängt sie weiter mit Briefen, bestürmt sie mit seinen Worten. Mit jedem Nein Alessandras wird sein Drängen nur noch hartnäckiger. Am 13. November 1903 gibt sie dem Dichter nach. Sie treffen sich in Mailand. In einem kurzen Brief schreibt sie ihm:

> Lieber Freund! Mein Verstand, mein Herz und meine Sinne sind von Ihnen erfüllt. Sie haben mir die Liebe offenbart. Ich liebe alles an Ihnen und erwarte Sie mit Ungeduld. Auf Wiedersehen. Auf bald!

Auch die folgenden kurzen Briefe klingen nicht anders. Eine neue, unbekannte Welt tut sich vor ihr auf. Die Leidenschaft, die sie für den Dichter empfindet, ist etwas ganz anderes als das Gefühl, daß sie mit ihrem Gatten verbunden hat. Sie geht völlig in ihren Gefühlen auf; es gibt für sie nur noch Gabriele. Dennoch verschweigt sie ihre Entscheidung, als sie wenige Tage danach an Msgr. Serenelli schreibt. Sie schreibt ihm wieder von ihrem Bedürfnis nach Stille und Ruhe. Vier Jahre lang dauert ihr Schweigen. Erst nach dem Ende ihrer Liebesbeziehung zu D'Annunzio nimmt sie den Briefwechsel mit ihm wieder auf.

Alessandra lebt nun nur noch für ihre Leidenschaft. Fünf Tage verbringt sie mit dem Dichter in Mailand hinter verschlossenen Türen auf ihrem „großen einsamen Fest", wie sie es nennen. In ihrem Liebestaumel verfassen sie ein seltsames Dokument, das sich heute im Archiv des „Vittoriale" (des Palastes von D'Annunzio) befindet:

> Die Unterfertigten, wohnhaft an der äußersten Grenze der menschlichen Freiheit, im luftleeren Raum des höchsten Gipfels, haben bewußt, entschlossen und bei klarem Verstand folgendes vereinbart ...

Die sieben Artikel der Vertragsbedingungen, datiert mit 27. November 1903, erklären emphatisch die gegenseitige Abtretung ihrer Körper und ihrer Seelen. Es ist ein Delirium der Liebe, ein gegenseitiges Versprechen ewiger Treue.

Die erste brennende Leidenschaft scheint jedoch vorbei zu sein. Die Briefe Alessandras drücken nun Sorge und Unsicherheit aus, Gabrieles Briefe klingen rhetorisch. Wahrscheinlich macht eine Fehlgeburt die Dinge noch komplizierter ... Doch gerade als ihre Beziehung naturgemäß ein Ende finden müßte, überwirft Alessandra sich mit ihrem Vater. Die scheinheilige Moral der Gesellschaftskreise, denen sie angehört, kann nicht ungestraft hinnehmen, daß sie in D'Annunzios Haus lebt. Der Marchese, der die Gerüchte zunächst unterbewertet hat, vergißt nun gänzlich seinen eigenen, wenig beispielhaften Lebenswandel und weist die Tochter auf ihre Verantwortung hin: Ihre Beziehung sei unschicklich für sie und ihren Stand. Nach Drohungen aller Art kündigt er an, er werde ihr Vermögen einziehen und ihr vor allem das Sorgerecht für ihre Söhne nehmen. Alessandra hat sich zwar noch nie sehr um sie gekümmert, doch sie ist nun gezwungen, Zeit zu gewinnen.

> Inzwischen, vorläufig ... fahre ich nach Garda ... Doch schon jetzt möchte ich Ihnen sagen, daß nichts und niemand, was auch immer geschieht, mich dazu bringen wird, auf Ihre Freundschaft zu verzichten.

So schreibt sie ihm. Der Dichter, dessen Liebe wieder zu erwachen scheint, pflichtet ihr bei. Vielleicht schmeichelt es ihm, der Grund für die Auseinandersetzung zwischen Alessandra und ihrem Vater zu sein; er empfindet es als einen persönlichen Wettstreit mit dem mächtigen Marchese. Doch Gabriele D'Annunzio ist kein freier Mann. „Offiziell" ist er noch immer mit Eleonora Duse liiert. Die Beziehung zwischen dem Dichter und der Schauspielerin war kompliziert. Obwohl viel älter als er, war die Duse tatsächlich seine Muse und auch seine bedeutendste Gönnerin. Ihre harte Arbeit hat ihm jenen Lebensstil ermöglicht, den er stets zur Schau trägt. Als sein Verhältnis mit Alessandra beginnt, vergißt er völlig, was er ihr alles verdankt, und verpflichtet Emma Grammatica, die Konkurrentin der Duse, für die Hauptrolle in dem Mysterienspiel *La figlia di Jorio*. Eleonora glaubt zunächst, es handle sich bei Alessandra um eine seiner vielen Schwärmereien, doch schon bald wird ihr klar, daß diese Beziehung das Ende ihrer künstlerischen und privaten Verbindung bedeutet. Die Duse zögert nicht und wendet sich persönlich an Alessandra; sie schreibt ihr zwei leidenschaftliche und beschwörende Briefe, beruft sich auf Güte und Liebe; ein Treffen wird vereinbart. Doch Alessandra siegt über ihre bereits verblühte Rivalin, die den „tauben" Gabriele weiterhin mit Briefen und Telegrammen bestürmt.

Er gehört nun ganz Alessandra. Die beiden erleben einen zweiten Frühling ihrer Leidenschaft in der Capponcina, dem Landsitz des Dichters in Settignano. Die Ankunft Alessandras dort wird zu einem theatralischen Auftritt, wie nur D'Annunzio ihn inszenieren konnte. Der Marchesa Viviani della Robbia, die der Lärm auf die Terrasse ihres Hauses lockt, bietet sich das unglaubliche Schauspiel von Frauen, die Rosenblätter auf den Weg streuen, und von Dienstboten in Livree, die auf beiden Seiten praktisch ein Spalier bilden; schließlich erscheint D'Annunzio und an seinem Arm eine hochgewachsene, stattliche Frau, die zur Villa schreitet wie eine Braut zum Altar ...

Alessandra und der Dichter haben sich der Herausforderung gestellt. Nichts kann sie aufhalten: nicht die Gefahr, daß sie das Sorgerecht für ihre Söhne oder ihr Erbe verlieren könnte, nicht der Zorn des Marchese di Rudinì. Sie leben in großem Stil in der Villa, die Alessandra neu einrichtet, ohne dabei Kosten zu scheuen. Hunde und Pferde sind ein weiteres aufwendiges Kapitel. Alle haben ihren eigenen Namen und sind Gegenstand besonderer Pflege. Die beiden leben in einer völlig unüberlegten Verschwendungssucht, ignorieren jedes praktische Problem. Die Idylle hält auch den Sommer über an, den sie gemeinsam in Bocca d'Arno verbringen. Ende November kehren sie in die Capponcina zurück, und hier beginnen ihre finanziellen Schwierigkeiten, die immer ernster werden. Die Familie Rudinì hat Wort gehalten, wie übrigens auch die Familie Carlotti. Der Dichter ist von seiner Leidenschaft völlig in Anspruch genommen und schreibt wenig. Die Beziehung zu Alessandra ist nicht kreativ, sie zehrt ihn auf, laugt ihn aus. Woher also das nötige Geld nehmen für ihr verschwenderisches Leben ohne Maß und Ziel? Weder er noch sie haben das geringste Gefühl dafür, praktische Probleme zu lösen ... Doch nun spitzt sich die Situation zu. Beide sehen, wie sich vor ihnen der Abgrund des Leidens öffnet. Diese extreme Erfahrung, die D'Annunzio in einer totalen Selbstverleugnung erlebt, führt zu einem letzten Aufflackern ihrer Leidenschaft. Drei Eingriffe werden nötig, um bei Alessandra einen Tumor am Eierstock zu entfernen, der ihr Leben bedroht. D'Annunzio bleibt gegen allen Widerstand an ihrer Seite. Später schreibt er darüber:

> Unbeschreibliche Tage voll Kraft und Elend, am Krankenbett eines Menschen, der an der schlimmsten Krankheit leidet, die den Körper zerstören kann. Ich atme nur noch den Geruch der Verwesung. Das Leid verkürzt die Stunden und dehnt sie zu Ewigkeiten aus ...

Und in einem Brief an Emilio Treves heißt es:

> Ich, der ich weder bei Tag noch bei Nacht von ihrem Krankenbett weiche, bin körperlich erschöpft, doch von einem eisernen Willen getragen, weil ich sie retten möchte. Und auch diesmal wird der Geist über das schwache Fleisch siegen. Nie zuvor in meinem Leben habe ich ein höheres und ernsteres Gelübde abgelegt; nicht einmal wenn es um mein eigenes Schicksal gegangen ist, habe ich mit solcher Inbrunst ein Versprechen abgegeben wie heute für meine Liebe, ohne dabei an mich selbst zu denken ...

Bevor sie sich unter das Messer des Chirurgen begibt, bittet Alessandra darum, die Sakramente zu empfangen. Doch man gibt ihr zu verstehen, daß eine solche Bitte nicht erfüllt werden kann, solange sie sich nicht von D'Annunzio getrennt habe. Sie scheint nicht zu verstehen, ist erstaunt und betrübt, doch sie entscheidet, daß der Dichter bei ihr bleiben soll.

Die Heilung Alessandras bringt das Glück nicht wieder. Die Harmonie der beiden ist zerstört. Das Problem ihrer Schulden wird immer dramatischer:

Schon drohen die Gerichtsvollzieher damit, das Mobiliar der Capponcina zu pfänden. Die Familie Rudinì schlägt ihr als Lösung eine offizielle Trennung und in der Folge eine neuerliche Heirat vor. Doch D'Annunzio hat entgegen seinen Behauptungen nicht die Absicht, sich von ihr zu trennen. Nike begreift, daß sie im Begriff steht, den Geliebten zugrunde zu richten, gleichzeitig taucht ein neues Schreckgespenst auf: Morphium. Vielleicht ist Alessandra von den ihr verordneten Medikamenten abhängig geworden, vielleicht versucht sie, so ihre Angst vor der ihr bewußten und bevorstehenden Trennung von dem Dichter zu unterdrücken. Es erübrigt sich, das Ende einer Liebe in allen Einzelheiten zu schildern. Alessandra und Gabriele erleben ihr einstiges Glücksgefühl nicht mehr. Er entfernt sich innerlich immer mehr von ihr, und wie schon andere Frauen im Leben des Dichters erniedrigt sich nun auch die stolze Alessandra, beschwört ihn, fleht um seine Zuneigung und Liebe. Im Januar 1907 verläßt sie endgültig die Capponcina. Ein im Sommer 1907 an sie gerichteter Brief bedeutet den Abschied Gabrieles, der unter anderem schreibt:

> Keiner von uns beiden trägt Schuld. Der Sturmwind hat unsere Liebe fortgeweht ...

Doch noch in den Monaten vor dem Sommer versucht Alessandra mit allen Mitteln, den Dichter zu halten, der bereits zu anderen Ufern aufbricht, zu neuen Abenteuern.

> Mein Geliebter! Es kann nicht sein, daß Du mich so leiden lassen willst! Ich bete Dich an, ich liebe Dich wie nie zuvor, bin Deine kleine, treue Nike. Warum läßt Du mich in so schrecklicher Ungewißheit? Warum antwortest Du mir nicht? Ich bitte Dich, flehe Dich an, sag mir, wann ich Dich wiedersehen werde ... Wenn ich nicht mit Dir leben oder Dich zumindest sehen kann, sterbe ich lieber ... Schreib mir, wenn Du nicht willst, daß ich etwas tue, das nicht wiedergutzumachen ist.

Die Briefe im Frühling 1907 haben alle denselben Inhalt: Sie sind herzzerreißend, wie im Fieber geschrieben:

> Wenn ich nicht in Deiner Nähe sein kann, bleibt mir nur noch ... in das Kloster zu gehen oder mich umzubringen ...

Doch Gabriele ist nun endgültig fremd und fern.

Wenn etwas an Alessandra erstaunt, dann ist es ihre Selbsttäuschung, daß sie geglaubt hat, es würde ihr nicht so ergehen wie der Duse, obwohl sie es selbst erlebt hat. Doch die neun Jahre, die D'Annunzio mit der Schauspielerin verbracht hat, waren reich und fruchtbar gewesen. Im Vergleich dazu waren Alessandras Schönheit, ihre leidenschaftliche Hingabe nur von geringer Bedeutung. Es gab keine tiefen Übereinstimmungen außer diesen vergänglichen Gefühlen zwischen ihr und dem Dichter, der nun dieselben Stilmittel, dieselben Worte bei der Contessa Giuseppina Mancini anwendet und sie als schwärmerischer Frauenheld wieder und wieder verwendet haben dürfte. Vielleicht hatte Alessandra ihn gerade deshalb verloren, weil er für sie zum einzigen Inhalt ihres Lebens wurde. D'Annunzio hatte sie aus ihrer inneren Leere, aus ihrer Ruhelosigkeit geführt, hatte ihr gezeigt, wie sie wirklich war; doch ihre Beziehung war ungleich, gründete sich zur Hälfte auf Lügen und Schwüre, die nur sie für absolut verbindlich hielt.

Die Drohung, den Tod oder das Kloster zu wählen, schwebt über den folgenden Jahren. Es fällt Alessandra tatsächlich schwer, das alles zu verstehen, sich mit ihrem Schicksal abzufinden und das Wort Ende unter ihre Liebesgeschichte zu setzen. Trotz ihrer Bekehrung, der langsamen und grundlegenden Wandlung, die sie schließlich im Juli 1911 in den Karmel von Paray-le-Monial führt, kann sie sich vermutlich noch immer nicht endgültig von dem Dichter lösen, wenn es stimmt, daß sie, die nach einem ersten Aufenthalt im Karmel wieder nach Garda zurückkehrt, nichts Eiligeres zu tun hat, als dem Dichter persönlich ein Manuskript zurückzugeben, das er ihr geschenkt hatte.

Es ist nicht ganz klar, was in Alessandra vorgeht. Warum sie, wie es zu ihrer Zeit üblich war, das Dilemma zwischen Selbstmord und Kloster nicht löst, indem sie in ihr früheres Leben zurückkehrt. Oder betrachtet sie das Kloster als die einzige Möglichkeit, mit Würde auf die totale Niederlage zu antworten, die ihre Weiblichkeit erlitten hat? Mit Sicherheit steht die Entscheidung für den Karmel in krassem Widerspruch zu dem Leben, das sie bisher geführt hat. Sie, die sogar unfähig ist, sich allein zu kämmen, die noch nie selbst Milch gekocht hat und keine einfache, praktische Kleidung besitzt, erhält von der Priorin die Erlaubnis, auch in der Klosterzelle ihren prunkvollen Umhang zu tragen ... Was jedoch bei ihrer beharrlichen Selbstaufopferung besonders verwundert, ist die Gleichgültigkeit ihren Söhnen gegenüber, die sie noch als Kinder, die außerdem krank sind, verläßt. Die Schwindsucht rafft einen nach dem anderen hinweg, ohne daß sie ihre Mutterpflicht erkennt und bei ihnen bleibt. Heroismus, Heiligkeit, Überspanntheit? Schwer zu sagen. Doch nachdem sie ihre Entscheidung getroffen hat, hält sie daran fest, auch wenn es Leute gibt, die in den seltenen Briefen, die sie an die Bekannten vergangener Zeiten schreibt, eine gewisse Heuchelei bemerken wollen.

Die Zeit ihrer Lebenswende dokumentieren die Briefe, die sie vor allem an Don Gorel, den Erzieher ihrer Söhne, schreibt; über die Zeit im Karmel berichten ihre Tagebücher: das *carnet vert*, das *carnet noir*, das *carnet jaune* ... Im April 1919 schreibt sie:

> Ich werde verzehrt von dem Verlangen nach Heiligkeit in mir und den anderen ... Ich habe ein ungeheures Bedürfnis, Gott wirklich zu umarmen! Wie armselig sind die Worte und wie sinnlos erscheinen sie angesichts der göttlichen Wirklichkeit!
> Die Klarheit, das Licht Gottes, die Liebe haben mich Jahre hindurch mit heiligem Glück erfüllt und über mich selbst hinausgehoben; doch ich bin noch nicht am Ziel angekommen. Wenn das Wort Licht geworden ist, wenn der Heilige Geist die Liebe ist, führen dann nicht beide zum Vater, dem Quell des Lebens?

Wie kann ich dieses Verlangen nach Gott stillen? Wie zu ihm gelangen? Wie ihm Heilige schenken? Wie kann man sicher sein, ihm gleich zu werden? Die Übereinstimmung und die Ähnlichkeit führen zur Vereinigung.
Ein so großer Unterschied und eine so große Ähnlichkeit! Ich fühle in mir ständig den unbeschreiblichen Schmerz meiner Nichtigkeit ...
Es stimmt, und ich fühle, daß Gott mir viel gegeben hat. Er hat mir oft die Augen geöffnet ... Wir suchen Gott mit einer Kraft der Liebe, der es bisweilen gelingt, ihn zu gewinnen und seine Aufmerksamkeit auf den Menschen zu lenken ...

Nach Ansicht ihrer Mitschwestern erlebt Schwester Maria von Jesus in vollkommener Weise die mystische Erfahrung des Karmels und genießt geistliche Gnaden, die ihren Weg zu Gott kennzeichnen. Sie, die „so sehr geliebt hat", brennt nun in Liebe zu ihrem himmlischen Bräutigam. Es gibt nichts, das sie von ihrer endgültigen Entscheidung abbringen oder ablenken kann ...

Das *Feuer*, ein besonderes Merkmal des Karmels, seine Erhabenheit durch das Opfer des Elija, die Flamme, die auch die Steine verzehrt, das, was unzerstörbar ist ... *Die Flamme, das Feuer!* Mit welcher Sorgfalt müssen wir es nähren! Bewahren wir immer dieses Feuer, das ohne Unterbrechung immer höher brennen und unser Leben verzehren soll!

Der Weg, den sie eingeschlagen hat, hindert sie nicht daran, einen ebenso außergewöhnlichen Gründungseifer zu entwickeln. Mit ihren finanziellen Mitteln sorgt sie für die Fertigstellung des Karmels von Paray-le-Monial. Im Jahr 1914 wird sie hier zur Novizenmeisterin und 1917 zur Priorin ernannt. In dieser Eigenschaft gibt sie auch den Anstoß zur Gründung des Karmels auf dem Montmartre, nahe der Kirche von Sacre-Coeur, nachdem sie zuvor bereits das Kloster von Valenciennes gegründet hatte. Es gibt natürlich immer wieder Schwierigkeiten, doch es ist ihr vergönnt, alle ihre Gründungen aufblühen zu sehen. Es gelingt ihr auch, die Einsiedelei von Le Reposoir in Hochsavoyen zu erwerben, wo sie am 2. Januar 1931 stirbt.

Offenbar empfindet jemand das Bedürfnis, folgenden kurzen Nachruf in den Vittoriale zu Commandante Gabriele D'Annunzio gelangen zu lassen, der im *Giornale d'Italia* erschienen ist:

Im Frieden des Herrn ist die ehrwürdige Mutter Marie de Jésus, im bürgerlichen Leben Alessandra Starabba di Rudinì, verwitwete Marchesa Carlotti, gestorben. Die trauernden Hinterbliebenen geben davon Nachricht.
Haute Savoie im Januar 1931.

In Wirklichkeit lebt keiner ihrer Angehörigen mehr. Einsam, verzweifelt, ohne Erben zu hinterlassen, hatte sich einige Jahre zuvor auch ihr Bruder Carlo das Leben genommen. Mit dem Tod Alessandras ist die Familie di Rudinì endgültig von der Bühne der Geschichte abgetreten.

An der Schwelle zur Kirche: Simone Weil (1909 – 1943)

Wieder eine Philosophin, eine Studienkollegin von Simone de Beauvoir, die zugleich mit ihr Studentin an der Sorbonne ist und so wie Weil von Léon Brunschvicg bei ihrer Dissertationsarbeit betreut wird; beide gehören zu den ersten Frauen, die eine Professur in Philosophie erreichen, was Frauen erst seit wenigen Jahren gestattet war. Ihre intellektuelle Entwicklung verläuft jedoch völlig verschieden. Beauvoir schreibt, sie selbst habe sich während ihrer Studienzeit eher mit Metaphysik als mit sozialen Problemen beschäftigt:

> Dieses Bestreben hinderte mich daran, von der Begegnung mit S. Weil zu profitieren. Was mich an ihr verwirrte, war der Ruf ihrer hohen Intelligenz und ihre extravagante Art, sich zu kleiden. Im Hof der Sorbonne war sie von einer Schar von Anhängern Alains umringt; in einer Tasche ihrer Jacke trug sie stets eine Ausgabe von *Libres propos* und in einer anderen eine Nummer der *L'Umanité* ... Vor kurzem hatte eine große Hungersnot China heimgesucht, und man hatte mir erzählt, sie habe geweint, als sie davon hörte; diese Tränen erhöhten meinen Respekt für sie, mehr noch als ihre philosophischen Gaben. Ich beneidete sie um ein Herz, das fähig war, für das gesamte Universum zu schlagen.

De Beauvoir berichtet auch über ihre Versuche, Simone Weil näherzukommen, doch sie wurde von ihr als eine hoffnungslose Kleinbürgerin hingestellt. Die Interessen Beauvoirs stellten für sie einen Luxus dar, den sich nur jemand leisten konnte, der niemals Hunger kennengelernt hatte.

Das Besondere an Simone Weil ist ihre Fähigkeit, sich in andere Menschen zu versetzen, ihre Probleme zu verstehen, sie mit ihnen zu teilen und darunter in einer Art schöpferischer Erregung zu leiden, die sie Schritt für Schritt, von einer Erfahrung zur nächsten, schließlich an die religiöse Frage heranführt. Vom anarchistischen Sozialismus zum Glauben – wohlgemerkt: zum Glauben, nicht zur Kirche. Es ist ein Weg persönlicher Erfahrung, ein Weg intellektueller Erkenntnis, der zu ihrem qualvollen Mitleiden, zu ihrer Anteilnahme am Leid der Welt führt. Nur wenige Frauen zeigen ein solches Mitgefühl für das Leid anderer, das bei ihr dazu führt, daß sie unter dieser Last körperlich zugrunde geht. Verzweifelt, krampfhaft versucht Simone Weil, jedes Problem am eigenen Leib zu erfahren, ohne Abstraktionen oder den Hang zum Abstrakten, mit einer märtyrerhaften Konsequenz, die sie auch außerhalb der Konzentrationslager zu einem Opfer des Krieges und der Grausamkeiten des Nationalsozialismus werden läßt.

Sie wird am 3. Februar 1909 in Paris geboren und entstammt einer wohlhabenden und gebildeten bürgerlichen Familie, die verschiedene Nationalitäten und Erfahrungen in sich vereint. Ihr Vater Bernard ist Arzt und stammt aus dem Elsaß; ihre Mutter Selma ist in Belgien aufgewachsen und die Tochter eines

Ehepaares mit verschiedener Nationalität (der Vater stammt aus Galizien, die Mutter ist Österreicherin). Simone ist kaum zehn Jahre alt, als nach dem Ende des Ersten Weltkriegs die Friedensbedingungen des Vertrags von Versailles diktiert werden. Simone Weil legt bald den gläubigen und für eine kriegführende Nation unerläßlichen Patriotismus ab. Bereits damals beginnt ihr persönlicher Kampf gegen die Grausamkeiten des Krieges und den Mythos der Macht, und sie wird zu einer überzeugten Pazifistin. In einer Art spiritueller Autobiographie schildert sie Père J.-M. Perrin ihre jugendliche Krise:

> Mit vierzehn Jahren verfiel ich in eine jener grundlosen Verzweiflungen der Jugend, und ich hatte wegen der Mittelmäßigkeit meiner naturgegebenen Fähigkeiten ernstlich den Wunsch, zu sterben. Die außergewöhnliche Begabung meines Bruders, dessen Kindheit und Jugend sich mit der Pascals vergleichen läßt, zwang mich, mir dessen bewußt zu werden. Ich beneidete ihn um seine äußerlichen Erfolge nicht, doch ich litt darunter, daß ich niemals hoffen durfte, selbst Zugang zu dieser transzendenten Welt zu finden, die seit jeher den Männern vorbehalten ist und in der die Wahrheit wohnt. Nach Monaten der Verzweiflung erhielt ich plötzlich und für immer die Gewißheit, daß jeder Mensch, auch wenn er so gut wie keine naturgegebenen Fähigkeiten besitzt, in dieses dem Geist vorbehaltene Reich der Wahrheit eindringt, wenn er nur wünscht, die Wahrheit zu finden, und sich ständig darum bemüht ...

Sie besucht das Gymnasium und ist dort in den letzten Jahren eine Schülerin von Émile Chartier, einem Philosophen, der unter dem Pseudonym Alain bekannt ist. Er bereitet sie auch für die Zulassung zum Lehrerseminar vor. Er sollte einen fundamentalen Einfluß auf seine junge Schülerin ausüben.

Simone Weil hat eine schwache Gesundheit; vor allem leidet sie an schmerzhaften Migräneanfällen. Im September 1931 beginnt sie in Le Puy Philosophie zu unterrichten. Es sind harte Jahre, die Jahre der Weltwirtschaftskrise. Sie solidarisiert sich mit den Streikenden und den Arbeitslosen. Damit folgt sie einer Neigung, die bereits ihre Jugendjahre charakterisiert hat: die Partei derjenigen zu ergreifen, die leiden, die in Schwierigkeiten sind. Es handelt sich dabei nicht um ein romantisches oder philanthropisches Gefühl. Sie möchte das Leben der Armen, der Arbeitenden teilen. Sie hält es für notwendig, diese praktische Erfahrung und ihre intellektuelle Arbeit miteinander zu verbinden. Nie mehr gibt sie diese Lebenseinstellung auf, die stets Gegenstand ihrer Forschung und ihres Studiums bleibt. Es handelt sich um eine Grundsatzentscheidung, die jedoch nicht zur Bindung an eine bestimmte Partei führt. Sie engagiert sich vor allem in der revolutionären Gewerkschaftsbewegung. Dieser Einsatz Seite an Seite mit den Streikenden, die Teilnahme an ihren öffentlichen Kundgebungen, bereitet ihr im konservativen Bereich der Schule so manche Schwierigkeiten. Mit Sarkasmus protestiert sie gegen die akademischen Autoritäten und verurteilt ihr unverbesserliches Klassendenken. Mit logischer Konsequenz studiert Simone Weil in den frühen dreißiger Jahren die Arbeiterbewegung, den wissenschaftlichen Sozialismus, den Marxismus; sie schreibt Arbeiten über Leo Trotzki und Rosa Luxemburg. Auch in den folgenden Jahren unterrichtet sie; neben dem öffentlichen Unterricht gibt sie Privatstunden für die Bergarbeiter. Wieder handelt es sich nicht um Philanthropie, wenn sie betont:

> Es ist nötig, den Arbeitern vor allem die Beherrschung der Sprache, besonders der Schriftsprache, beizubringen.

Schließlich sucht sie „aus persönlichen Gründen zum Zweck des Studiums" um Urlaub an. Diese bürokratische Formulierung verschweigt, daß es sich hier um die Verwirklichung ihres bereits seit 1925 gehegten Wunsches handelt, Arbeiterin in einer Fabrik zu werden. Am 14. Dezember 1934 beginnt sie als Hilfsarbeiterin in der „Société de constructions élettriques et mecaniques". Ihre Erfahrung in der Fabrik ist aufreibend und prägt sie für ihr ganzes weiteres Leben. Später sagt sie, daß sie auf diese Weise das Brandmal der Sklaverei erhalten habe. Nach späteren Aussagen ihrer Freunde ist die Mühsal, die sie in diesem Jahr auf sich nimmt, tatsächlich unerträglich. Nicht nur aufgrund der objektiven körperlichen Anstrengung, auf die sie nicht vorbereitet und an die sie nicht gewöhnt ist, sondern auch wegen der schlaflosen Nächte, die sie damit verbringt, ihre Gedanken niederzuschreiben und ihre Erfahrungen auszuwerten. Polemisch schreibt sie in einem Brief an eine Freundin:

> Wenn ich daran denke, daß die großen Bolschewiken sich einbildeten, eine freie Arbeiterklasse zu schaffen, und daß keiner von ihnen – Trotzki ganz gewiß nicht, und ich glaube, auch Lenin nicht – jemals einen Fuß in eine Fabrik gesetzt hat und daher auch nicht die leiseste Idee von den tatsächlichen Zuständen hatte, die für die Sklaverei oder die Freiheit der Arbeiter ausschlaggebend sind, betrachte ich die Politik als eine traurige Posse.

Und an Père J.-M. Perrin schreibt sie:

> Nach einem Jahr in der Fabrik ... war ich körperlich und seelisch gebrochen. Die Begegnung mit dem Unglück dort hat meine Jugend zerstört. Bis dahin hatte ich kein anderes als mein eigenes Unglück gekannt, und da es nur mich betraf, erschien es mir von geringer Bedeutung ... Ich wußte, daß es auf der Welt viel Unglück gab, und es bedrückte mich, doch nie hatte ich es längere Zeit aus solcher Nähe miterlebt. In der Fabrik, in den Augen aller und in meinen eigenen Augen mit der anonymen Masse verschmolzen, hat das Unglück der anderen von meiner Seele und meinem Körper Besitz ergriffen. Es gab nichts, was mich davon befreien konnte ... Was ich hier erlebt habe, hat mich bis heute so dauerhaft geprägt, daß ich, wenn ein Mensch ... freundlich mit mir spricht, den Eindruck habe, es müßte sich um ein Mißverständnis handeln ... Von da an habe ich mich stets als Sklavin betrachtet.

Mit dem Ausbruch des Spanischen Bürgerkriegs im Jahr 1936, als Franco seine faschistischen Soldaten gegen die Regierung der Volksfront führte, die frei und rechtmäßig gewählt worden war, beschließt Simone Weil, als Kriegsberichterstatterin nach Spanien zu gehen. Ohne zu zögern, ergreift sie die Partei der Volksfront. Sie hält es für ihre Pflicht, sich auf die Seite eines Volkes zu stellen, das einen Befreiungskampf führt. Ihre Mitwirkung an der „Internationalen Brigade" ist nicht von langer Dauer: Ein Unfall, eine Brandwunde, die sie sich am Fuß zuzieht, zwingt sie, nach Paris zurückzukehren, von wo sie mit ihren Artikeln die Sache, der sie nicht mehr aktiv dienen kann, weiter unterstützt. Sie schreibt an George Bernanos, den Verfasser von *Die großen Friedhöfe unter dem Mond*, einem dramatischen und gespenstischen Resümee des Spanischen Bürgerkriegs:

> Ich liebe den Krieg nicht, doch was mich dabei noch mehr entsetzt hat, ist die Situation derer, die sich in der Etappe befinden. Als ich verstanden hatte, daß ich trotz meiner Bemühungen nicht aufhören konnte, moralisch am Krieg Anteil zu nehmen, mir also jeden Tag, jede Stunde den Sieg der einen und die Niederlage der anderen zu wünschen, habe ich mir gesagt, daß Paris meine Etappe war, und bin in den Zug nach Barcelona gestiegen, um mich als Freiwillige zu melden.

Sie schreibt G. Bernanos auch, daß sie Spanien in dem Augenblick verlassen habe, als der Krieg sich ihr nicht mehr, wie sie zunächst gedacht hatte, als eine Revolution der armen und hungernden Bauern gegen reiche Grundbesitzer und den mit ihnen verbündeten Klerus zeigte, sondern nur noch als ein auf Distanz geführter Kampf zwischen Rußland, Deutschland und Italien, zwischen Faschismus und Marxismus, oder besser gesagt: Stalinismus. In diesen Jahren beginnt ihre harte Kritik an der Passivität, mit der die kommunistischen Parteien die Parteilinie Moskaus übernehmen. Mit besonders harten Worten kritisiert sie die Deutsche Kommunistische Partei, die ein Organ des stalinistischen Bürokratismus und nicht mehr eine Bannerträgerin der Unterdrückten sei. Sie schreibt, daß eine solche Partei zwar Revolutionsgedanken verbreiten, aber keine Revolution vorantreiben könne. Gleichzeitig wird ihre ideologische Kritik am Marxismus immer schärfer. Im Jahr 1937, als sie gerade an dem Artikel *Gegensätze des Marxismus: Eine kritische Untersuchung von Revolutionsideen und Fortschritt* arbeitet, reist Simone Weil in die Schweiz. Sie besucht das Kloster von Einsiedeln und ist von der Schönheit des Gregorianischen Choralgesanges tief berührt. Im selben Jahr besucht sie in Italien Assisi, und zum ersten Mal in ihrem Leben fühlt sie das Bedürfnis, niederzuknien, so sehr beeindruckt sie die Erhabenheit der Kirche von S. Maria degli Angeli. Im folgenden Jahr befindet sie sich während der Karwoche in Solesmes. Es wird zu ihrer endgültigen Begegnung mit dem Mysterium, nicht zuletzt durch einen jungen Engländer, von dem sie ein Gedicht mit dem Titel „Liebe" erhält. Als sie es liest, erkennt sie, daß Christus von ihr Besitz ergriffen hat. Sie, die aus einer nichtpraktizierenden jüdischen Familie stammt und sogar als Agnostikerin erzogen worden ist, beginnt von diesem Augenblick an, sich mit der Frage der Religion zu befassen, mit der Herausforderung der Mystik und des Christentums. Nach dieser Erfahrung steht die Religion im Mittelpunkt ihrer Überlegungen und Interessen. Über ihre Erfahrung in Solesmes schreibt sie an Père J.-M. Perrin:

> In meinen Betrachtungen über die Unlösbarkeit der Gottesfrage hatte ich nicht an die Möglichkeit einer direkten Begegnung gedacht, von Angesicht zu Angesicht, hier unten, zwischen Mensch und Gott. Ich hatte zwar vage über solche Dinge zu sprechen versucht, doch ich hatte nie wirklich daran geglaubt ... Im übrigen waren weder meine Gefühle noch meine Vorstellungskraft im geringsten an dieser plötzlichen Erkenntnis Christi beteiligt; nur durch das Leid habe ich eine Liebe gespürt, wie man sie auch aus dem Lächeln eines geliebten Menschen ablesen kann.

Der Ausbruch des Zweiten Weltkriegs, der Irrweg des Nationalsozialismus, auf den sie immer wieder aufmerksam gemacht hat und der ihr auf ihren Reisen nach Berlin zwischen 1932 und 1933, zu Beginn der Diktatur, bewußt wird, führt dazu, daß sie sich von der pazifistischen Bewegung distanziert, der sie seit ihrem achtzehnten Lebensjahr angehört. Während eines Urlaubsaufenthalts in Nizza erfährt sie, daß Frankreich Deutschland den Krieg erklärt hat. Der Krieg erscheint ihr nun notwendig und wichtig als die einzige reale Möglichkeit, den Greueln des Nationalsozialismus ein Ende zu bereiten. Als logische Konsequenz macht sie sich auf die Suche nach einer aktiven und persönlichen Aufgabe. Sie schreibt, daß es der Einmarsch Hitlers in Prag gewesen sei, der ihre Einstellung, vielleicht zu spät, verändert habe. Gegen Ende des Jahres 1939 wird ihr Bruder unter dem Verdacht, ein Spion Finnlands zu sein, verhaftet. Die Nazitruppen stehen nun kurz vor dem Einmarsch in Paris, und die Familie Weil macht sich auf den Weg nach Marseille. Simone ist auf der Suche nach einer aktiven Einsatzmöglichkeit, und um sich De Gaulle anschließen zu können, der in Algerien die Résistance organisiert, ersucht sie, als Lehrerin dorthin geschickt zu werden. Ihre Beziehung zum General sollte sich dort allerdings als nicht gerade einfach herausstellen. Auch die Zeit in Marseille ist mit Forschung und Studium ausgefüllt. Simone schreibt hier die Aufsätze über die *Ilias* und das griechische Denken. Vor allem aber begegnet sie in Marseille Père J.-M. Perrin, mit dem sie eine tiefe und fruchtbare Freundschaft verbindet.

Zu ihrer größten Sorge wird für sie in diesen Jahren die Lage der Gefangenen und der Flüchtlinge. Wieder einmal setzt sie sich so selbstlos für sie ein, daß die Polizei auf sie aufmerksam wird. Im Jahr 1941 gelingt es ihr endlich, sich von den ständigen Verhören zu befreien, und sie erhält die Erlaubnis, auf das Landgut von Gustave Thibon zu übersiedeln, um dort in der Landwirtschaft mitzuarbeiten. Sie bleibt während der gesamten Zeit der Weinlese auf dem Gut, von Père Perrin ermutigt, der erkannt hat, daß ihr Wunsch keine plötzliche Laune, sondern ein tiefes seelisches Bedürfnis ist. Diese Rückkehr zur Mutter Erde schenkt ihr innerlich Ruhe und Frieden. In dieser Zeit studiert sie mit Thibon die griechische Sprache, übersetzt für ihn wörtlich das „Vater unser“, und sie verprechen einander, es auswendig zu lernen. Es gelingt ihr nicht gleich, doch sie will ihr Versprechen einhalten, und als sie den Text wieder liest, bemerkt sie, daß sie betet. Sie erzählt Père Perrin, daß sie es während der Zeit der Weinlese jeden Morgen vor der Arbeit aufsagte, sich dabei auf den Text konzentrierte und wieder von vorn begann, wenn sie die Konzentration verließ. Wenn sie es von neuem aufsagte, merkte sie, daß es ein Bedürfnis für sie war. Dieses Nachbeten des „Vater unser" wird eine Art mystische Erfahrung:

> Die Wirkung dieser Übung ist außerordentlich und überrascht mich jedes Mal, denn obwohl ich sie jeden Tag wiederhole, übertrifft sie immer wieder meine Erwartung. Manchmal lösen bereits die ersten Worte den Geist von meinem Körper und versetzen ihn an einen Ort außerhalb des Raumes, wo es weder Perspektiven noch Blickpunkte gibt. Der Raum tut sich auf. Die Unendlichkeit des Raumes, die wir wahrnehmen können, wird durch eine Unendlichkeit zur zweiten und manchmal zur dritten Potenz ersetzt. Gleichzeitig füllt sich diese Unendlichkeit zur Gänze mit Stille, doch es ist keine tonlose Stille, sondern eine tatsächliche Empfindung, die wirklicher ist als ein Ton ... Während ich das „Vater unser" spreche – oder auch in anderen Augenblicken –, ist manchmal Christus selbst anwesend, doch seine Gegenwart ist unendlich realer und berührender, klarer und liebevoller, als ich sie beim ersten Mal erlebt habe ...

In dieser Zeit setzt sie ihr religiöses Suchen fort. Sie wendet sich der Mystik zu, liest Johannes vom Kreuz, die Upanischaden, das Tao-te-king. Ihrem Bruder schreibt sie, daß die Mystik in allen Ländern gleich sei. Doch diese Beschäftigung genügt ihr nicht, stellt sie nicht zufrieden. Sie fühlt sich noch immer in der „Etappe", ihr Wunsch, auf offenem Feld zu kämpfen, wird übermächtig. Sie will ihr Leben im Kampf gegen den Nationalsozialismus einsetzen. Nach Algerien kann sie nicht zurück, und so fährt sie mit ihren Eltern nach Amerika und glaubt, daß sie die dort im Exil lebenden Franzosen unterstützen kann. Schon bald fühlt sie sich als Deserteurin; sie bemüht sich, nach England zu gelangen, um dann mit dem Fallschirm über Frankreich abzuspringen und aktiv am Partisanenkampf teilzunehmen. Simone Weils Zustand gleicht einem quälenden Fieberwahn. Sie ist vom verzweifelten Wunsch besessen, ihr Leben im Kampf gegen den Nationalsozialismus zu opfern. Dieses fieberhafte Verlangen kommt in den Briefen an Maurice Schuman zum Ausdruck:

> Ich bitte Sie, lassen Sie mich nach London kommen, lassen Sie nicht zu, daß ich mich hier vor Kummer verzehre!
> Ich wende mich an Sie, damit Sie mich aus meiner unerträglichen moralischen Lage befreien.
> Ich flehe Sie an, lassen Sie mich, wenn es Ihnen möglich ist, das Leid und die Gefahren erleben, denn nur sie können mich davor bewahren, daß der Schmerz, nichts tun zu können, mich verzehrt. Ich kann in diesem Zustand nicht weiterleben. Ich bin am Rande der Verzweiflung.

Ebenfalls an M. Schuman schreibt sie:

> Das Leid, das sich über die ganze Erde verbreitet hat, bedrückt und quält mich in einem Maß, das meine Fähigkeiten zunichte macht, und ich werde sie weder zurückgewinnen noch mich von dieser Qual befreien können, wenn nicht auch ich meinen Teil der Gefahr und des Leidens auf mich nehmen kann. Das ist die Grundvoraussetzung für meine Arbeit.

In der Zwischenzeit wandert sie durch die Straßen von Harlem; sie besucht dort die Kirchen, in denen sie die einzige Weiße ist; sie lädt die farbigen Mädchen so oft zu sich nach Hause ein, daß einer ihrer Freunde sagt, sie wäre selbst zu einer Farbigen geworden, wenn sie in Amerika geblieben wäre.

Schließlich gelingt es ihr, nach London zu reisen, wo sie Ende November 1942 ankommt. Doch sie erlebt weitere Enttäuschungen. Trotz wiederholter Bitten wird ihr die gefährliche Mission nicht übertragen, die ihrem Leben, das ihr so nutzlos erscheint, Sinn geben könnte. Obwohl sie darauf brennt, zu kämpfen (genauer gesagt, sich zu opfern), darf nicht vergessen werden, daß sie den Plan hatte, eine Einheit von Krankenschwestern für den Fronteinsatz aufzustellen. Es sollte sich um ein Korps freiwilliger Frauen handeln, die einen einwandfreien moralischen Ruf genießen und bereit sind, zu sterben und den Verwundeten während der Kämpfe Hilfe zu leisten. Sie wollte damit den deutschen SS-Soldaten eine nicht offensive Truppe gegenüberstellen, die vom Prinzip wirksamer Gewaltlosigkeit und einer gegenteiligen Wertordnung geleitet ist. Diese pazifistische Utopie findet jedoch kein Verständnis. Als De Gaulle von ihrem Plan erfährt, nennt er sie eine Verrückte. Es bleibt ihr keine andere Möglichkeit, als in London in der Redaktion des Rundfunksenders „La France Libre" mitzuarbeiten. Natürlich genügt ihr das nicht. Während der Zeit, in der sie darum bittet, daß ihr die ersehnte Mission übertragen wird, schreibt sie:

> Schon bald werden sich meiner Bemühung drei Hindernisse in den Weg stellen. Ein moralisches, weil ich fürchte, daß der ständig wachsende Schmerz, nicht auf meinem Posten zu sein, mich schließlich um den Verstand bringen wird. Das zweite ist ein intellektuelles Hindernis: denn es ist eine Tatsache, daß mein Geist, sobald er sich dem Konkreten zuwendet, blockiert ist, weil er kein Ziel findet. Das dritte Hindernis ist physisch, denn meine Erschöpfung nimmt zu.

Es zeigt sich, daß ihre Selbstdiagnose stimmt. Die Qual wird zu körperlichem Leiden, zur Erschöpfung, zu einem Schwächezustand. Ihre Gesundheit ist ernsthaft untergraben, und die Folge davon ist, daß sie sich eine akute Form der Tuberkulose zuzieht. Im April 1943 wird sie in ein Sanatorium in London gebracht. Dort stirbt sie noch am 24. August desselben Jahres. Zum Schluß verweigert sie jegliche Nahrungsaufnahme, Zeichen einer krankhaften Appetitlosigkeit, doch es ist vermutlich diese schwere Krankheit, die sie am Essen hindert, und nicht der Wunsch, zu sterben.

Stirbt Simone Weil, ohne die Taufe empfangen zu haben? Bekanntlich gibt es darüber zwei „Traditionen“. Eine, die ihre Überzeugung, die sie gegenüber Père Perrin wiederholt geäußert hat, für endgültig hält:

> ... Bis heute habe ich keinen Augenblick das Gefühl gehabt, daß Gott mich in die Kirche ruft, obwohl ich mich das während des Betens oft gefragt habe und auch während der Messe oder in dem Zustand seelischer Läuterung nach der Messe. Doch niemals, nicht ein einziges Mal, hatte ich ein Gefühl der Unsicherheit. Tatsächlich glaube ich heute, daraus schließen zu können, daß Gott mich nicht in die Kirche ruft ... Zumindest bis heute nicht. Ich kann mich irren, doch es scheint mir sein Wille zu sein, daß es auch in Zukunft so bleibt, außer vielleicht im Augenblick des Todes ...

Eine zweite, etwa fünfzehn Jahre später bekannt gewordene Version besagt, sie sei kurz vor ihrem Tod getauft worden, wenn auch nicht feierlich. Nicht ein Priester, sondern eine Freundin, die ihr während ihrer letzten Tage beistand, habe damit ihren ausdrücklichen Wunsch erfüllt. Sie selbst habe gebeten, es niemandem zu sagen, und so sei es viele Jahre lang ein Geheimnis geblieben.

Die Geschichte mit der Taufe, dieses hartnäckige Verharren an der Schwelle, zeigt deutlich die intellektuelle Ehrlichkeit Simone Weils. Wir wollen ihre intellektuellen Vorbehalte gegenüber der Institution Kirche, ihrer Geschichte und ihren Dogmen nicht im Detail behandeln. Es genügt uns, den Widerspruch zu erwähnen, der darin liegt, daß sie Christus (und sein Kreuz) erlebt und dennoch aus intellektuellen Gründen einem Gott Widerstand leistet, der ihr begegnet ist und von ihr Besitz ergriffen hat:

> Das Christentum muß ausnahmslos allen Menschen offenstehen, weil es katholisch ist. Dasselbe gilt für die Kirche. Doch in meinen Augen ist das Christentum zwar de jure, nicht aber de facto katholisch. So viele Dinge bleiben davon ausgeschlossen, die ich liebe und nicht aufgeben möchte, so viele Dinge, die Gott liebt und die sonst sinnlos wären: die unendliche Reihe der vergangenen Jahrhunderte, wenn man von den letzten zwanzig Jahren absieht; alle Länder mit ihren verschiedenen Rassen; das gesamte weltliche Leben in den Ländern der weißen Rasse; und in ihrer Geschichte alle als Häresien verurteilten Traditionen, wie die der Manichäer und der Albigenser; alles, was die Renaissance hervorgebracht hat und das zu oft verurteilt worden ist, ohne wertlos zu sein. Da also das Christentum de jure, aber nicht de facto katholisch ist, halte ich es für legitim, de jure und nicht de facto Mitglied der Kirche zu sein, und das nicht nur für eine gewisse Zeit, sondern gegebenenfalls ein Leben lang. Und es ist nicht nur legitim: Solange Gott mir nicht das Gegenteil beweist, halte ich es für meine Pflicht ...
>
> Es hieße, die Wahrheit, so wie ich sie sehe, zu verraten, würde ich einen Platz verlassen, an dem ich seit meiner Geburt stehe, nämlich den Schnittpunkt zwischen dem Christentum und allem anderen, das außerhalb des Christentums steht. Ich bin ... an der Schwelle der Kirche stehengeblieben, unverrückbar, unbeweglich,

en hypomoné (das ist ein viel schöneres Wort als *Geduld*): Doch nun befindet sich mein Herz im Allerheiligsten auf dem Altar.

Es ist schwer, eine so ehrliche und gleichzeitig so widersprüchliche Überzeugung zu beurteilen, doch es ist das Paradoxon Simone Weils, „den Widerspruch zu leben".

Zwischen Emanzipation und Freundschaft: Adelaide Coari (1881 – 1966)

Am 25. November 1959 schreibt Papst Johannes XXIII. aus dem Vatikan folgenden Brief:

> Meine liebe Signorina Adelaide Coari! Seien Sie mir nicht böse, wenn das Leben, das die Vorsehung für mich bestimmt hat, mir nicht die Zeit läßt, Ihnen öfter zu sagen, wie viele schöne Erinnerungen ich von Ihrem Wirken während der letzten fünfzig Jahre bewahrt habe ... Dem Willen des Herrn zu dienen: das ist unser Frieden. So hat es der heilige Gregor von Nazianz ausgedrückt, und ich möchte diesen Satz wiederholen: *Voluntas Dei pax nostra*. Dieser Satz begleitet mich wie der Stern die Heiligen Drei Könige. In seinem Schein zu Christus zu gehen, mutig und mit reinem Herzen, gibt uns die ewige Seligkeit. Ich schreibe Ihnen dies in der Nacht des Festes der heiligen Katharina, an der Schwelle zwischen meinem 77. und 78. Lebensjahr, in guter Gesundheit, doch immer zu allem bereit: für die Kirche hier unten zu leben und ihr zu dienen oder in der triumphierenden Kirche weiterzuleben, die mit allen Heiligen auf uns wartet.
> Ich habe mit Freude Ihre treue Verehrung für den verewigten Pater Rebora von den Rosminianern verfolgt, so wie ich an der Verehrung für Monsignore Radini festhalte. *Sancti tui, Domine, nos ubique laetificant*. Sie erfreuen und beschützen uns: bis zu dem Tag, an dem wir sie endgültig wiedersehen werden. Beten Sie weiter für mich, ich segne Sie dafür von ganzem Herzen. Mögen die heiligen Petrus und Paulus mir wohlgesinnt sein, und möge ich mich der beiden Johannes würdig erweisen, die das Licht der beiden Testamente miteinander verbinden: *Lumen et pax Christi*.

Die Empfängerin dieses Schreibens, die ebenfalls achtundsiebzig Jahre alt ist, verdient es, daß ein Papst ihr seine Achtung erweist. Sie ist vermutlich die bedeutendste Vertreterin der christlichen Frauenbewegung zu Beginn unseres Jahrhunderts, jenes „Feminismus", der aus dem Jahr 1900 datiert. Zu dieser Zeit erweckte dieser Ausdruck noch nicht das Gefühl, überholt oder lästig zu sein, das ihm heute anhaftet, und es war auch keine Blasphemie, ihn mit dem Adjektiv „christlich" in Verbindung zu setzen. Papst Johannes blickt also zu Recht auf ein halbes Jahrhundert zurück, wenn er an sie und an jene Persönlichkeiten denkt, die sie miteinander verbinden – an Msgr. Radini und Clemente Rebora (Coari lernt ihn 1905 kennen und ist eine der Ursachen für seine Bekehrung). Wir finden diese Zwiesprache berührend, die ein Papst in fortgeschrittenem Alter mitten in der Nacht – in der Nacht des Festes der heiligen Katharina von Alexandrien – mit einer alten, unverheirateten Dame hält, deren Leben alles andere als einfach gewesen ist. In der schwierigen Zeit zwischen dem Pontifikat Leos XIII. und Pius' X. mußte Adelaide Coari ihr Engagement in der Frauenbewegung teuer bezahlen.

Wir haben die katholische Bewegung in Italien und die Geschichte der Frauenbewegung bereits in dem Kapitel über Armida Barelli und ihre Freunde, wie Necchi, Toniolo und Kardinal Ferrari, angesprochen, und in gewisser Hinsicht haben wir am Beispiel von Schwester Maria die Entwicklung des Modernismus gestreift. Die Tätigkeit von Adelaide Coari verbindet sich mit beidem, mit der katholischen Bewegung (und in ihr mit dem christlichen Feminismus) und mit dem Modernismus; der Verdacht des Modernismus ist es auch, der ein außergewöhnliches und faszinierendes Kapitel, vielleicht das außergewöhnlichste in der Geschichte der Frauenfrage, beendet. Wenn Johannes XXIII. an Adelaide Coari schreibt, dann geschieht es nicht, weil er nach so langer Zeit das Bedürfnis hat, ihr seine Solidarität zu zeigen, sondern weil ein gemeinsamer Freund sie seit einem halben Jahrhundert in Freundschaft verbindet: Monsignore Radini Tedeschi. Er ist für beide ein geistiger Vater. Auch als Papst betrachtet Roncalli ihn noch als „seinen" Bischof. Adelaide hat er den Weg zu einem neuen weiblichen Bewußtsein gewiesen.

Die katholische Bewegung am Ende des vorigen Jahrhunderts findet ihren Ausdruck in den „Opera dei Congressi", die nun ganz von den neuen Forderungen und Ansprüchen geprägt sind, die dem Interesse Leos XIII. an der „sozialen Frage" entsprechen. Von den Katholiken wird dabei ein klares Engagement verlangt, das über den rein religiösen Bereich hinausgeht, mit dem die „Opera dei Congressi" und alle anderen laikalen Gruppierungen sich bisher befaßt haben. Die Kirche kann nicht länger abseits der schweren Konflikte stehen, die mit dem modernen Leben verbunden sind. Msgr. Radini Tedeschi erkennt die Bedeutung der sozialen Frage und vertritt gemeinsam mit Coari die Meinung, daß ein aktives Auftreten der Frau bzw. ein „Beitrag der Frau" zum religiösen und kulturellen Leben unbedingt notwendig sei. Diese seine Ansichten zeichnen sich schon 1898 in Verona ab, als die Regierung Rudinì durch ihre Präfekten die katholischen Organisationen als ebenso subversiv bezeichnet wie die sozialistischen und revolutionären Vereinigungen und sie damit in große Schwierigkeiten bringt. Radini Tedeschi ist einer der ersten, denen bewußt wird, daß die Frauenfrage ein innerkirchliches Problem ist. Er wird zum Vermittler in der Debatte, die innerhalb der „Opera dei Congressi" zwischen den „Alten" und den Vertretern einer gemäßigten christlich-demokratischen Richtung geführt wird. Vor allem im Jahr 1900 bezieht er in Rom eindeutig Position, als er die Unzulänglichkeit der bisherigen assoziativen Formen anprangert und die Funktion und Rolle der Frau innerhalb der neuen, „sozial" ausgerichteten Vereinigungen befürwortet. Für Msgr. Radini steht außer Zweifel, daß die Frau sich engagieren muß,

> egal, ob man die Sache ganz allgemein betrachtet oder im Hinblick auf die Rolle, die Gott ihr bestimmt hat ... in ihrer Eigenschaft als Frau. Und wenn ich sage, daß sie fähig ist, dann spreche ich nicht von ihrer physischen oder materiellen Möglichkeit, denn jede Diskussion darüber wäre lächerlich, sondern daß sie die moralische Möglichkeit hat, ohne dadurch ihre Pflichten als Tochter, Ehefrau, Mutter oder auch als Nonne zu vernachlässigen ...
> Prinzipiell sind Mann und Frau soziale Wesen, haben also beide ganz bestimmte soziale Verpflichtungen ... Es gibt kein menschliches Wesen, das nicht direkt oder indirekt seinen Beitrag zum obersten Ziel der Gesellschaft leisten sollte; und man kann wohl sagen ... daß das *Sollen* vom *Können* abhängt. Vom *Können* ist niemand ausgeschlossen und daher auch nicht vom *Sollen* ...
> Wann erschuf Gott die Frau? Als er wollte, daß der Mann faktisch und von Rechts wegen ein soziales Wesen sein sollte. *Non est bonum hominem esse solum.* Warum also hat Gott sie geschaffen? Als Stütze des Mannes*: Faciamus adiutorium simile sibi.* Wie hat Adam sie bezeichnet, als er sie sah und von Gott in Empfang nahm? Als seine Gefährtin: *quam dedisti mihi sociam.* Mit welchen Einschränkungen wurde sie ihm zur Stütze und als Gefährtin gegeben? Ohne jede Einschränkung: Denn es heißt, wo der Mann ist, soll die Frau ihm Stütze und Gefährtin sein.

Der christliche Feminismus gründet sich auf eben diese Offenbarung. Ihre Erkenntnis wird von der jungen Adelaide Coari vollinhaltlich übernommen.

Adelaide wurde am 4. November 1881 in Mailand geboren. Ihre Familie war nicht wohlhabend, und daher besuchte sie auch keine exklusive Privatschule, sondern eine öffentliche Schule in der Via Solari in Mailand, wo sie auch das Diplom als Lehrerin erwarb. Die weltliche Erfahrung in den Jahren ihrer Ausbildung und der religiöse Einfluß ihrer Familie ließen sie sehr bald die Bedeutung der Bildung verstehen und die Notwendigkeit, daß die Frauen daran mitarbeiten. Seit ihrer Jugend hat sie ein ausgeprägtes Gefühl für das Problem der religiösen Erziehung – sie ist Religionslehrerin in ihrer Pfarrei – und für die Probleme der Arbeiterinnen; die Situation der jungen Mädchen, die in den Spinnereien beschäftigt sind, ist ihr genau bekannt. Es ist daher nicht erstaunlich, daß sie jede Initiative in beiden Bereichen befürwortet.

Und nicht nur sie allein. Die jüngsten historischen Untersuchungen über den christlichen Feminismus zu Beginn des Jahrhunderts zeigen uns eine ganze Reihe von engagierten Frauen, die gemeinsam mit einer beachtlichen Zahl von Arbeiterinnen, Angestellten und Lehrerinnen, ohne sich um finanzielle Mittel oder Genehmigungen zu kümmern, für die „Aufwertung" der Frau kämpfen. Sie gründen Zeitschriften und Vereine und halten Versammlungen ab. Der christliche Feminismus entsteht aus ähnlichen Beweggründen wie der weltliche Feminismus. Er geht von derselben kulturellen Gleichberechtigung aus, die das Erbe der Französischen Revolution darstellt, und von denselben sozio-ökonomischen

Kräften wie schon die Industrielle Revolution. Dennoch sind die beiden Bewegungen grundverschieden: Während sich die sozialistische Bewegung vom Mann lossagt, sehen die christlichen Feministinnen in der Gleichheit von Mann und Frau, abgesehen von ihrer gemeinsamen und vollständigen Beteiligung am Leben der Kirche, nichts anderes als die Erfüllung ihrer ursprünglichen und grundlegenden göttlichen Berufung.

Zwei Philosophien kennzeichnen den christlichen Feminismus: Die eine hält den Dialog mit der sozialistischen Bewegung für absolut notwendig und stellt die gemeinsamen Anliegen in den Vordergrund, die zweite hingegen glaubt, sich um jeden Preis von ihr fernhalten zu müssen. Von diesen beiden Positionen, die wir als „dialogisch" und „intransigent" bezeichnen könnten, ist es, wie wir noch sehen werden, sehr einfach, die erste des „Modernismus" zu bezichtigen.

Der Kampf für die „Aufwertung" der Frau mag uns heute lächerlich erscheinen. Doch hinter diesem Schlagwort steht, wie auch hinter anderen, der Protest gegen die traditionelle Erziehung, die eitel und inhaltsleer ist, beherrscht von Sentimentalität und religiösem Formalismus. Noch vor Coari setzt sich bereits die dreißigjährige Luisa Anzoletti für diese „Aufwertung" ein. Es ging um die Einleitung einer großen Bildungsreform, die eine „neue Frau" zum Ziel hatte, die nach dem Vorbild der starken Frauen in der Bibel aktiv an der Erneuerung der Gesellschaft und an dem vom neuen Jahrhundert erwarteten kulturellen Fortschritt mitarbeiten sollte. Zwei Zeitschriften bilden die Grundlage für diesen Kampf: *L'Azione muliebre* („Die Aktion der Frau") und *La Donna del Popolo* („Die Frau aus dem Volk"). Die erste erscheint monatlich und richtet sich an eine gebildete Leserschicht, die zweite, die vierzehntägig erscheint, soll ein breites Publikum ansprechen.

Im Jahr 1901 wird Adelaide Coari, mit knapp zwanzig Jahren, Redaktionsassistentin bei *L'Azione muliebre*, deren Herausgeber Maria Baldo Maggioni und Msgr. Radini Tedeschi sind. Hier durchläuft sie jene Schule, die sie auf die bevorstehenden Kämpfe für den christlichen Feminismus vorbereitet. Im selben Jahr beginnt sie auch als Lehrerin in einer Landschule in der Nähe von Mailand zu arbeiten, in einer Klasse mit unvorstellbaren 105 Schülern. Wie P. Gaiotti schreibt, ist *L'Azione muliebre* von Beginn an eine äußerst seriöse Zeitschrift, gut geschrieben, mit einem hohen kulturellen Niveau; es gibt generell nur wenige, aber gründlich recherchierte Artikel und keine Konzessionen an seichte Unterhaltung; erzählende Literatur spielt nur eine untergeordnete Rolle. Man befaßt sich vor allem mit theologischen und kulturellen Fragen sowie mit Problemen der Bildung und mit sozialen Untersuchungen. Die Gesellschaftskritik steht deutlich im Vordergrund.

Coari wirkt daran mit, daß die Zeitschrift diese Richtung beibehält. In gewisser Weise steht sie für die soziale katholische Bewegung der Zeit und bildet ein Sammelbecken für Publikationen über die Probleme der Frau.

Im folgenden Jahr unterstützt die Zeitschrift das „Italienische Komitee zur Förderung junger Mädchen“, die erste nationale katholische Frauenorganisation. Gemeinsam mit Adele Colombo und Pierina Corbetta gehört Coari zu den Begründerinnen des Bundes christlich-demokratischer Frauen, der sich an Romolo Murri orientiert und von Don Carlo Giugni, dem Arbeiterseelsorger und geistlichen Assistenten von *L'Azione muliebre*, angeregt wird.

Im Jahr 1903 erfolgt anläßlich des Kongresses von Bologna die Gründung der Frauensektion der „Opera dei Congressi“. Coari ist eine der sieben Frauen, die Msgr. Radini Tedeschi mit der Ausarbeitung der Statuten beauftragt. Sie kämpft für die Loslösung der Organisationen der Arbeiterinnen vom Patronat, also für deren Autonomie, findet dafür bei der Redaktion von *L'Azione muliebre* jedoch nur wenig Verständnis. Während des gesamten Jahres 1903 bemüht sie sich um die Gründung von Vereinigungen für Arbeiterinnen, von Hauswirtschaftsschulen und Studienkreisen, um Kampagnen für eine gerechtere Entlohnung und um eine Sozialgesetzgebung zum Schutz der arbeitenden Frauen und deren Kinder.

Das Jahr 1904 bringt nicht nur für Adelaide Coari große Veränderungen. Es ist das Jahr, in dem Papst Pius X., der im Jahr zuvor auf Leo XIII. gefolgt ist, die „Opera dei Congressi“ auflöst. Das bedeutet einen schweren Schlag für ihren Präsidenten, den Conte Giovanni Crosoli, und auch für den Vizepräsidenten, Msgr. Radini Tedeschi. Pius X. hatte kein Interesse an einer Sozialdoktrin und noch weniger an der Demokratie. In seinen Augen waren die „Opera dei Congressi“ nichts anderes als ein sozialer Ausdruck des Modernismus, den er während seines gesamten Pontifikats als jenen Dämon ansah, den es auszutreiben galt. Die „Opera dei Congressi“ mußten verschwinden, und mit ihnen mußte auch Msgr. Radini Tedeschi gehen. Als im Oktober desselben Jahres der Bischof von Bergamo starb, wurde der aus Rom entfernte Radini Tedeschi zu seinem Nachfolger bestimmt. Dieser ernannte den jungen Geistlichen Don Angelo Roncalli aus Bergamo zu seinem Sekretär.

In der Redaktion von *L'Azione muliebre* wird die Situation für Adelaide Coari durch die Ernennung eines neuen kirchlichen Assistenten und die Entlassung der Direktorin, die durch Elena de Persico ersetzt wird, unerträglich. Die Ausrichtung der Zeitschrift ist inzwischen aristokratisch und konservativ. Coari beschließt, zu kündigen und sich mit allen ihren Kräften dem Team der katholischen Wochenzeitschrift *La Donna* und dem Bund christlich-demokratischer Frauen zur Verfügung zu stellen. Als das Blatt dann Murris *Il Domani d'Italia* („Das Italien von morgen“) angegliedert wird, dem Organ der christlich-demokratischen Vereinigungen Mailands, erhält Adelaide Coari dort eine Rubrik mit dem Titel *La Palestra della donna* („Die Schule der Frau“).

Inzwischen ist sie zur persönlichen Überzeugung gelangt, daß die „Aufwertung“ der Frau zur Forderung neuer Rechte führen muß. Sie sieht es als notwendig an, eine neue Zeitschrift zu gründen, die eindeutig den christlichen Feminismus vertritt. Am 8. Dezember desselben Jahres, fünfzig Jahre nach der Verkündigung des Dogmas der Unbefleckten Empfängnis, gründet Coari gemeinsam mit Pierina Corbetta und Angiolina Dotti in Mailand *Pensiero e Azione* („Denken und Handeln"). Sie wird dabei von Kardinal Ferrari und dem Bund christlich-demokratischer Frauen unterstützt. Sie leitet das Blatt bis zu dessen Einstellung im Juli 1908.

Das Rundschreiben, mit dem die neue Zeitschrift angekündigt wird, informiert bereits über ihre Aufgabenstellung: Sie soll dazu beitragen, daß die Frau in der Familie und in der Gesellschaft nie aufhört, jenes *adiutorium hominum* zu sein, zu dem Gott sie bestimmt hat; sie soll sich auf Tatsachen stützen, kein Ergebnis des moralischen und kulturellen Fortschritts ablehnen und sich um die Konfrontation mit anderen Weltanschauungen bemühen. Es ist ihr erklärtes Ziel, die wechselhafte geschichtliche und soziale Entwicklung mit den ewigen Prinzipien des Evangeliums in Einklang zu bringen.

> Alle sozialen Probleme verlangen die Mitwirkung der Frau: Zwei von ihnen haben heute eine besondere Dringlichkeit und erfordern eine spezielle Untersuchung – die Frage des Proletariats und das Problem der Erziehung.

Pensiero e Azione ist nach Gaiotti vor allem eine Kampfschrift, eine Plattform der wissenschaftlichen Debatte, die eng mit dem dichten Netz von „Werken", Initiativen und Institutionen verbunden ist, das von derselben Gruppe, welche die Zeitschrift gegründet hat, in Mailand und darüber hinaus immer mehr erweitert wird. Im März 1905 regt *Pensiero e Azione* ein Treffen an, auf dem der Frauenverband Mailands gegründet wird, der bereits nach wenigen Monaten zwanzigtausend Mitglieder zählt. Das Treffen befaßt sich mit organisatorischen Fragen, widmet sich ausführlich gewerkschaftlichen Problemen, wie dem vor kurzem verabschiedeten Gesetz über Frauen- und Kinderarbeit, und anderen allgemeinen Frauenfragen. Man diskutiert über die Frauen an der Universität, über die Berufsausbildung und das Wahlrecht. Obwohl das Treffen extreme Positionen ablehnt, wird eine Wahlberechtigung der Frauen verlangt und auf die Notwendigkeit hingewiesen, sie darauf vorzubereiten. Im großen und ganzen wächst das Bewußtsein für die Frauenfrage, die ein immer deutlicheres politisches und organisatorisches Gewicht erhält. So zumindest sieht es Don Giugni, der bereits an eine regionale und nationale Strukturierung der Bewegung denkt, wenn er sagt:

> Es ist an der Zeit, die Frauenbewegung nicht nur als ein Hilfswerk im Dienste des menschlichen Elends anzusehen. Sie muß vor allem eine demokratische Bewegung mit dem Ziel der Besserstellung ihrer Mitglieder sein.

So nimmt im Geist Adelaide Coaris jenes „feministische Minimalprogramm" Gestalt an, das – auch ohne auf Details einzugehen – die Behauptung zuläßt, daß die Ziele der Bewegung erreicht sind, wenn der individuellen und sozialen Erziehung der Frau und der Organisierung der großen Masse der Arbeiterinnen Bedeutung beigemessen wird. Coari sagt:

> Wir können heute das feministische Minimalprogramm auf zwei wesentliche Punkte reduzieren. Für die Frau verlangen wir den *aktiven Einsatz* ihrer Energien, was die nötige Ausbildung zur Freisetzung ihrer Kräfte voraussetzt, sowie *Reformen*, die ihren Einsatz möglich machen und die Ergebnisse und gesetzlichen Errungenschaften festschreiben ... Mit ihrem aktiven Einsatz wollen wir die Persönlichkeit der Frau bilden und gleichzeitig ihre ursprüngliche Bestimmung aufrechterhalten ... Wir wollen erreichen, daß die Bildung einer öffentlichen Meinung und eine Erneuerung der Sitten den Frauen ... verschiedene notwendige Reformen zugestehen, die ihr mehr direkte Verantwortung im öffentlichen Leben übertragen, ihren guten Einfluß vergrößern und ihr die Möglichkeit geben, ihre natürlichen Fähigkeiten voll zu entfalten.

Ebenfalls im Jahr 1905 wird Coari beauftragt, der vom Erdbeben heimgesuchten Bevölkerung Süditaliens die Solidarität des Mailänder Komitees zu übermitteln (diesen Beitrag zum Wiederaufbau des Südens leistet Coari vor allem in den Jahren zwischen 1908 und 1913, nach dem Erdbeben von Messina).

Die Positionen von *Pensiero e Azione* und *L'Azione muliebre* weichen immer mehr voneinander ab. Wie wir bereits erwähnt haben, entzündet sich die Polemik an der unterschiedlichen Einstellung zum Patronat, das nach Aussage von Don Giugni schon von Natur aus nicht die Grundlage einer starken Arbeiterorganisation sein könne, die notwendigerweise autonom und eigenverantwortlich sein müsse. *Pensiero e Azione* legt immer größeres Gewicht auf die Lösung der Probleme arbeitender Frauen; die Forderung nach Bildung und Kultur wird immer enger mit dem inzwischen erkannten gewerkschaftlichen Problem verknüpft. Doch die Auseinandersetzung verschärft sich noch, als es um das Thema des Wahlrechts geht. Am 26. November 1905 beschließt der Rat des Frauenverbandes, das Frauenwahlrecht in seinen Forderungskatalog aufzunehmen und alle Mittel zur Verfügung zu stellen, um die Frau auf die Ausübung des Wahlrechts vorzubereiten. Gerade in diesem Bereich kommt es zu einer weitreichenden Übereinstimmung zwischen dem christlichen Feminismus und dem Feminismus im weitesten Sinn. Wie Gaiotti feststellt, sieht man es nicht nur als Illusion an, sondern glaubt allen Ernstes, der christliche Feminismus könnte eine Führungsrolle in der gesamten Frauenbewegung übernehmen. 1906, als gleichzeitig die Forderung nach dem Stimmrecht der Frau und die sozialistische Forderung nach einem allgemeinen Wahlrecht erhoben werden, nimmt *Pensiero e Azione* eine konträre Position ein, die immer deutlicher formuliert wird und bei Pius X., einem Gegner des Frauenwahlrechts, Unterstützung zu finden scheint:

> Die Frau soll nicht wählen, sondern sich einem hohen Ideal menschlichen Wohlergehens widmen. Es stimmt, daß am Feminismus nichts verwerflich und sogar vieles

bewundernswert ist, wie seine Absicht, die Frau intellektuell und sozial zu fördern, doch Gott bewahre uns vor dem politischen Feminismus!

Vergeblich beharrt Coari darauf, daß die Äußerungen des Papstes sich auf die Zweckmäßigkeit und nicht auf den Rechtsanspruch beziehen. Die Polemik geht weiter und wird immer erbitterter.

Doch es gibt einen zweiten und noch komplexeren Bereich, über den die beiden Zeitschriften und die Kreise, die sie repräsentieren, verschiedener Auffassung sind. Es handelt sich um die religiöse Bildung, ein Thema, auf das *Pensiero e Azione* seit jeher äußerst sensibel reagiert. Verglichen mit *L'Azione muliebre* zeigen Adelaide Coari und ihre Gruppe eine instinktive und natürliche Offenheit für Anliegen, die später nur zu leicht als modernistisch gebrandmarkt werden können. Noch dazu erscheint *Pensiero e Azione* ausgerechnet zu einem Zeitpunkt, als sich die Krise des Modernismus verschärft, und auf ihre Weise gibt die Zeitschrift seine Sehnsucht nach einem reicheren kulturellen Leben, nach einer tieferen Frömmigkeit, nach einem Dialog mit der Gegenwartsgesellschaft wieder, auch mit denen, die zwar nicht entgegengesetzte, aber doch verschiedene Wege gehen. Sie billigt die Wahl einer offenen Religiosität, die sich für soziale Gerechtigkeit einsetzt. Die religiösen Beiträge in *Pensiero e Azione* stammen sowohl von unverdächtigen Personen als auch von jenen, die im Verdacht des Modernismus stehen, wie Newman, Laberthonnière, Lambruschini, Semeria ... In der regelrechten Hexenjagd, die auf die Enzyklika *Pascendi* folgt, fällt es nicht schwer, Feminismus und Modernismus aufzudecken und die Gruppe um Coari als ein Nest von Häretikerinnen zu bezeichnen.

Bei ihrer Rückkehr aus Kalabrien hatte Adelaide Coari vorgeschlagen, ein Treffen auf nationaler Ebene einzuberufen. Es sollte eine Reaktion auf die Pattstellung sein, die unter den Christen Italiens mit der Auflösung der „Opera dei Congressi" und der Gründung der Volksunion durch Toniolo, Medolago und Pericoli 1905 entstanden war. Das Treffen fand im April 1907 in Mailand statt. An ihm nahmen alle katholischen Gruppierungen teil, mit Ausnahme der Gruppe von *L'Azione muliebre* und einiger anderer integralistischer Kreise. Im übrigen begann das Treffen mit dem Segen von Kardinal Ferrari. Auch Frau Giustiniani Bandini, die spätere Präsidentin der Union katholischer Frauen, nahm an der Zusammenkunft teil. Luisa Anzoletti hielt das erste Referat über „Zivile Zielsetzungen und Feminismus". Das Referat Adelaide Coaris befaßte sich mit dem „feministischen Minimalprogramm", mit dem sie sich ausdrücklich auch an jene Frauen wenden wollte, die ihre Glaubensansichten nicht teilten. Ihre Vorschläge lauteten:

1. Im Bereich der Arbeit: a) gleicher Lohn für gleiche Arbeit; b) Freiheit der Frau, ihren persönlichen Neigungen zu folgen; c) das Recht, ihre Interessen in allen jenen sozialen Institutionen zu vertreten, die dem Schutz und der Regelung der Rechte und Pflichten der Arbeiterinnen dienen.

2. Im Bereich der Schule: a) eine praxisorientiertere Ausrichtung der Mädchenschulen und die Errichtung spezieller Schulen für Bäuerinnen und Arbeiterinnen; b) die Möglichkeit der Mütter, direkter auf die allgemeine Weiterentwicklung der öffentlichen Schulen Einfluß zu nehmen.
3. Im sozialen Bereich: a) das Recht der Frau, sich an allen öffentlichen Institutionen zu beteiligen, die der Bildung und wohltätigen Zwecken dienen.
4. Im Bereich der Gesetzgebung soll gefordert werden: a) Freiheit der verheirateten Frau, ihre Güter selbst zu verwalten; b) Vaterschaftsfeststellung; c) Ausweitung der Strafsanktionen bei Verführung, wenn die Betroffene noch nicht 21 Jahre alt ist; d) Einsetzung bezahlter Inspektorinnen zur Überwachung der Einhaltung des Gesetzes über Frauen- und Kinderarbeit; e) administratives Stimmrecht.

Angesichts des harten Kampfes, der auf das Treffen folgte, schrieb Kardinal Ferrari an Adelaide Coari:

Sehr geehrte Signorina! Hiermit antworte ich auf Ihr Schreiben. Doch was wollen Sie? Sie haben in allen angeführten Punkten recht, doch mir erscheint es besser, im Augenblick zu schweigen. In nicht wenigen Fällen – und dieser ist ein solcher – ist das Schweigen die stärkste Waffe, um schließlich ehrenvoll zu siegen. Ich muß wohl nicht wiederholen, wie sehr ich Ihre Arbeit schätze, weil ich überzeugt bin, daß Sie sich für das Gute einsetzen und viel Opfergeist zeigen. Sie haben viel Gutes getan und werden es weiter tun und aus Liebe zu Gott durchhalten; vor Gott werden wir mehr Anerkennung finden. Haben Sie also Mut: Ich wünsche Ihnen ein frohes Osterfest und segne Sie. Ihr ergebenster Diener in Christus. Kard. Andrea Ferrari.

Die Polemiken entzünden sich von neuem anläßlich des ersten italienischen Frauenkongresses, der vom Nationalen Rat der Frauen Italiens veranstaltet wird und im April 1908 in Rom stattfindet. Trotz des Echos in der katholischen Presse war die Beteiligung der Katholikinnen sehr schwach, und einige von ihnen, darunter auch Adelaide Coari, nahmen als Privatpersonen daran teil. Ein unerfreulicher Zwischenfall machte deutlich, wie vergänglich die Illusion eines Zusammenwirkens aller Frauen über ideologische und konfessionelle Grenzen hinweg war. Nachdem mit großer Mehrheit einem Antrag gegen den Religionsunterricht in den Schulen zugestimmt worden war, distanzierte sich Coari, deren Gegenantrag abgelehnt wurde, vergeblich von dieser Entscheidung. Es genügte nicht, und die katholischen Frauen, die an dem Kongreß teilgenommen hatten, wurden als Modernistinnen abgestempelt. Zu ihren schärfsten Gegnerinnen gehörte natürlich wieder Elena de Persico. Nun waren die Frauen der Gruppe um Coari, die überzeugt waren, man müsse sich mit dem Sozialismus auf einer Ebene auseinandersetzen, endgültig isoliert; über der gesamten Diözese und auch über Kardinal Ferrari schwebte drohend die Anklage des Modernismus. *Pensiero e Azione* war gezwungen, sein Erscheinen einzustellen, und die katholische Frauenbewegung Mailands mußte sich der Frauenunion angliedern, die in ihren ideologischen Ansichten und in ihrem Wirken weit gemäßigter war.

Der neue Abschnitt in der Geschichte der katholischen Frauen hatte keinen Platz mehr für jene vitale Kraft von Initiativen, für jene Betonung der sozialen Dimension des Apostolats und für jene Forderung nach den Rechten der Frau, die für die Arbeit Coaris charakteristisch waren. Die Union der katholischen Frauen Italiens entstand unter einem religiösen Vorzeichen, und sie war weder sozial noch politisch aktiv; es gab hier keinen Platz für die Rechte, sondern nur für „die Pflichten, die den Frauen von der göttlichen Vorsehung auferlegt sind".

Adelaide Coari gibt daher ihre soziale Tätigkeit auf und kehrt in den Schuldienst zurück. Sie arbeitet an einem Projekt für „integrale Pädagogik". Im Jahr 1909 veröffentlicht sie eine *Vita di Nicolò Tommaseo* mit einem Vorwort von A. Fogazzaro. Im Jahr 1911 lernt sie Don Orione kennen. Während des Ersten Weltkriegs steht sie Pater Semeria bei der Truppenbetreuung und der Hilfe für die Zivilbevölkerung in den Kampfgebieten zur Seite. 1919 wird sie eines der ersten Mitglieder der Italienischen Volkspartei. Zwischen 1926 und 1934 bekleidet sie das Amt einer Inspektorin für die siebenhundert ländlichen Schulen der Lombardei. Viele Vorträge, die sie hält, werden in der Zeitschrift *Il Gruppo d'Azione per le Scuole del Popolo* veröffentlicht. Ihre Erfahrung und ihre Aktivität führen dazu, daß sie im Jahr 1925 die Gründung des „Cenacolo" von Lentate anregt, eines Didaktikseminars für Lehrerinnen an Landschulen, das im September 1934 von den Faschisten eingestellt wird.

Im Jahr 1939 geht Adelaide Coari in Pension. Sie übersiedelt in den Geburtsort ihrer Eltern in der Nähe von Genua und lebt dort ungefähr zehn Jahre lang. Dann kehrt sie nach Mailand zurück und widmet sich dort den „Opera dei Figli di Don Orione" und ihrer Korrespondenz: Sie steht unter anderem in Briefwechsel mit Pater Semeria und Primo Mazzolari. Als Ergebnis ihrer langjährigen didaktischen Arbeit entsteht 1962 ihr Buch *Ho cercato la Sua scuola. Spirito e Tecnica* („Auf der Suche nach Seiner Schule. Geist und Methode"). Im Februar 1966 stirbt Adelaide Coari im Alter von über achtzig Jahren.

Doch in all diesen Jahren hat sie ihre Verbindung zu Angelo Roncalli aufrechterhalten, auch nach seiner Wahl zum Papst, wie der anfangs zitierte Brief beweist, einer von den zweiundfünfzig Briefen ihrer Sammlung. Über ihre Beziehungen informieren uns ihre Notizen, gelegentliche Aufzeichnungen, mit denen sie zeitweise eine Art Bilanz zieht oder einfach Eindrücke und Werturteile festhält. So beschreibt sie beispielsweise eine Audienz bei Roncalli, der zu dieser Zeit noch Patriarch von Venedig ist; auch ihre Eindrücke von ihm als Bischof von Rom notiert sie. Sie schreibt:

> Ich glaubte, einen Menschen vor mir zu sehen, der aus Liebe zu Gott sein Kreuz trug: Doch mit keinem Wort verriet er diesen tragischen Umstand ...

Coari zitiert seine Worte:

> Ich muß noch die Rede für morgen vorbereiten. Wissen Sie, in der Nacht stehe ich oft auf, schaue um mich, und dann sage ich mir: Hier ist also Pius X. gestorben, und

gleich hier Pius XI., und in dieser Ecke Pius XII. Ich glaube, ich bin stets bereit, ans andere Ufer gerufen zu werden ... und so denke ich an den Tod ... Manchmal schlafe ich mit diesem Gedanken ein, doch wenn ich nicht einschlafen kann, beschäftigt mich der Gedanke an das Paradies. Es wird wirklich Zeit, daß ich mich auf das Paradies vorbereite ... Ich muß bei Migne nachlesen, wissen Sie? Diese ganze große Bibliothek enthält nichts anderes als Migne. Ich habe sie hierher stellen lassen: Da sind die Indexbände, ich muß mir heraussuchen, was über das Paradies schon alles geschrieben worden ist ...

Wir haben diese Stelle von S. Zampa übernommen, der diese geistige Freundschaft erforscht hat. Die Aufzeichnungen Adelaide Coaris werden heute am Institut für religiöse Studien in Bologna aufbewahrt. Diese Schriftstücke und der Briefwechsel der beiden sind das Dokument einer dauerhaften Freundschaft und beleuchten die geschichtlichen Ereignisse im Verlauf von fünfzig Jahren, wie die beiden Weltkriege, den Faschismus und die Gründung der Republik.

Seit ihrer ersten Begegnung im Jahr 1911 – tatsächlich wird ihre Beziehung durch die Krankheit von Msgr. Radini Tedeschi und vor allem nach seinem Tod noch enger – sind die beiden stets miteinander in Briefwechsel gestanden, der auch durch die langen Auslandsaufenthalte Roncallis (Sofia, Istanbul, Paris) nicht unterbrochen wurde. Obwohl sie ihn zu Beginn als Beichtvater in Betracht zieht, hat Roncalli eine Beziehung auf gleicher Ebene vorgezogen. Man kann feststellen, daß die Regeln, Ratschläge und Anregungen, die er ihr gibt, seiner eigenen Erfahrung entstammen. Er sagt ihr nichts, das er nicht bereits zu sich selbst gesagt hat. Er spart auch nicht mit Aufmunterungen, die uns zeigen, wie sehr er sich mit dem mühsamen geistigen Wagnis Coaris verbunden fühlt. So lobt er beispielsweise ihr Apostolat auf dem Gebiet der Erziehung, um ihr zu zeigen, daß die Aktivität der Laien sich nicht immer an den Vorschriften der Katholischen Aktion orientieren muß. So schreibt er ihr im Jahr 1926:

Mit großer Aufmerksamkeit und lebhafter Freude habe ich alle Ausgaben der Zeitschrift *Il Gruppo d'Azione* gelesen ... Durch sie hat sich mein erster Eindruck von der Größe und Erhabenheit des Apostolats bestätigt, zu dem der Herr die einstige Seele der katholischen Frauenbewegung berufen hat. Hier zeigt sich ein wunderbares Betätigungsfeld auch außerhalb des üblichen Rahmens der Katholischen Aktion, und gleichzeitig ein Musterbeispiel für wahrhaft katholisches Wirken ... Möge alles weiter so verlaufen, wie Sie es sich seit dem Beginn der Bewegung vorgestellt haben. Auch Bruder Christophorus fiel schließlich ein wenig aus dem Rahmen ...

Roncalli weiß genau, daß seine Freundin nicht „in den Rahmen" paßt, doch er beruhigt und tröstet sie dafür auch in weiteren Briefen. Er bezeichnet es als Werk der Vorsehung, daß einige Auserwählte sozusagen auf Grenzposten gestellt sind, nicht ohne dort Erfolg und Erbauung zu erleben, und daß ihr Wirken auf jeden Fall der Kirche dient. In dem Brief aus dem Jahr 1926 schreibt er ihr auch seine ganz private Meinung:

Lesen Sie öfter die guten Vorschläge durch, die Sie zu Ostern in Umbrien gemacht haben. Wissen Sie eigentlich, daß sie auch für mich wertvoll waren und sind? Vor allem die Stelle, wo Sie sagen, daß Sie Arbeit nicht als Belastung, sondern als Meditation betrachten und daß Sie Gegensätze als eine Voraussetzung für den Fortschritt ansehen. Und dann der Vorschlag, in allem die Liebe Gottes zu suchen und sich völlig seinem Willen zu beugen ... Es freut mich sehr, alle Lehrerinnen Italiens bei Ihnen in guten Händen zu wissen. Das ist wahres Priestertum. Möge der Herr es zu einem Quell der Gnade werden lassen.

Daß Roncalli ihre Vorschläge annimmt, ist wohl der deutlichste Beweis für seinen Wunsch, ihr Weggefährte zu sein, ihr verständnisvoller und gleichberechtigter Freund, der mit ihr heiter und gelassen „den Willen Gottes erfüllen" will. Er hat dies zu seinem Grundsatz gemacht, wie sein letzter Brief an sie beweist, und sich während seines ganzen Lebens konsequent daran gehalten.

Adelaide Coari, Geprächspartnerin und Freundin von Johannes XXIII. Es steht fest, daß es in der persönlichen Geschichte dieses Papstes mit keinem Laien, ob Mann oder Frau, eine ähnlich dauerhafte und intensive Beziehung gegeben hat. Wir wollen gerne glauben, daß er, der den Eintritt der Frau in das öffentliche Leben als „Zeichen der Zeit" erkannt hat, damit die Hoffnungen, die Erwartungen und die Kämpfe seiner alten „feministischen" Freundin zu seinen eigenen und der gesamten Kirche gemacht hat. Sie war eine Frau, die mit dem Enthusiasmus der Jugend, ohne das Gefühl, dadurch „aus dem Rahmen" zu fallen, den Traum von einem Dialog über alle Grenzen hinweg geträumt hat, von einem Kampf um die Rechte, der alle Frauen ohne Hindernisse und Vorurteile miteinander verbinden sollte. Mit der Enzyklika *Pacem in terris* hat der „gute Papst" auch in der Frauenfrage, die inzwischen wie eine Flut zu einem unausweichlichen und drängenden Problem geworden ist, das zerrissene Band zwischen Kirche und Moderne neu geknüpft.

NACHWORT

Wir sind am Ende einer langen Reise angekommen. Im Lauf der Jahrhunderte ist das Bild der Frauen immer klarer und deutlicher geworden; ihre Zahl hat unaufhaltsam zugenommen, wie der Umfang der Seiten dieses Buches beweist. Es gibt nur spärliche Hinweise auf verschiedene Gestalten einer fernen Vergangenheit; zahlreiche Berichte hingegen über Frauen, die uns zeitlich näherstehen oder in unserer Zeit gelebt haben.

Der Zeitrahmen dieses Buches endet etwa um das Jahr 1970. Wir hätten darüber hinausgehen können, wollten aber den Frauen, die noch leben, Raum lassen. Es schien uns nicht angebracht, sie ohne eine gewisse zeitliche Distanz, ohne den für ein glaubwürdiges Urteil nötigen Abstand zu Vorbildern zu erheben.

Man kann natürlich einwenden, daß eine These wie die unsere nicht an zeitliche Grenzen gebunden ist. Das ist wahr. Wir behaupten, daß die Frauen in der Geschichte und in der Kirche immer eine bedeutende Rolle gespielt haben. Man muß nur die Erinnerung an sie wieder wachrufen.

Wir haben ihre familiären Beziehungen betrachtet und gesehen, daß sie sich – mit wenigen Ausnahmen – letzten Endes nie auf sie allein beschränkt haben. Wir haben gesehen, daß sie sich trotz ihrer familiären Pflichten stets in den Dienst der kirchlichen Gemeinschaft und ihrer Instanzen gestellt haben. Neben ihrer vorbildlichen Rolle als Mütter, Schwestern, Töchter, Ehefrauen und Witwen haben unsere Frauen immer auch ein kirchliches Bewußtsein bewiesen, so daß ihre Einordnung in den Bereich der familiären Beziehungen in den meisten Fällen ihnen nicht voll und ganz gerecht wird.

Das kirchliche Netz der Beziehungen hat, wie ich glaube, immer wieder bewiesen, daß die Frauen ihr Prophetentum, Priestertum und Königtum stets verantwortungsbewußt ausgeübt haben. Wenn es, abgesehen von der deutlich sichtbaren Abwandlung des Priestertums im Lauf der Geschichte, eine Konstante gibt, dann ist es ihr Prophetentum. Ein Prophetentum im engeren Sinne, eine mystische Sprache, wichtige Einsichten, ein Gespür für die Bedürfnisse der Menschen, immer in Verbindung mit einer aktiven Diakonie ... Wie man es auch betrachtet, das kirchliche Netz der Beziehungen verknüpft die Frauen eng mit dem Prophetentum und mit dem Wort. Sie überwinden die kulturellen Schranken, in die man sie aufgrund der Fruchtbarkeit ihres „Körpers“ und ihrer Abhängigkeit weisen möchte, und zeigen, daß sie mit dem „Wort“ in seiner tiefsten Bedeutung eng verbunden sind. Das kirchliche Netz der Beziehungen stellt dar, wie sich die Frauen emanzipieren, wie sie durch das gesprochene Wort oder noch öfter durch die aktive Verkörperung des Wortes Bedeutung erlangen. Sie ergreifen auf jeden Fall das Wort, und zwar mit dem gleichen Recht, das allen Christen eigen ist, die nach einem berühmten Wort von Ambrosius nicht nur „Hörer", sondern auch „Verkünder" und vor allem „Schöpfer" des wahren Wortes sind.

Dieselbe Botschaft vermitteln uns unter dem Titel „Das Modell und die Abweichung" sowohl die beispielhaften Frauen, denen es gelungen ist, ein besonderes Maß an menschlicher und kirchlicher Identität zu erreichen, als auch die ruhelosen, in Verruf geratenen Frauen, die sich darum bemüht haben, anerkannt zu werden, oder sich mit großer persönlicher Anstrengung letztlich doch dem Wirken der Gnade unterworfen haben. Die besondere Vollkommenheit einer Klara von Assisi, die vielfältigen Bemühungen einer Alessandra di Rudinì oder die paradoxe Kirche der Frauen, die Mayfreda verkörpert hat – sie alle bestätigen ein festes Band zwischen der „Frau" und dem „Wort".

Doch was besagt letzten Endes diese empirische Erfahrung, die das Vorurteil gegenüber den Frauen aufhebt und damit den untrennbaren Zusammenhang von „Körper" und „Wort" nicht fordert, sondern beweist? Ich glaube, es gibt dafür zwei theologische Beispiele: die Schöpfung nach dem Abbild Gottes und die Menschwerdung.

Unser Buch über die Frauen hat ihre Präsenz und ihr Wirken in der Geschichte unterstrichen. Es hat sich dabei deutlich gezeigt, daß die Darstellung der Geschichte der Frauen eine Notwendigkeit war und ein ihnen gebührendes Korrektiv darstellte; auf keinen Fall sollte sie ein „Exorzismus" der Männer sein; eher die Aufforderung an sie, sich gemeinsam mit den Frauen für die Versöhnung der Menschheit einzusetzen.

Wir haben über Frauen geschrieben und müssen es auch weiterhin tun, um ihre jahrhundertelange Verdrängung, ihre jahrhundertelange Ächtung zu beenden. Wenn wir gläubige Christen sind, berufen wir uns dabei notwendigerweise auf den Schöpfungsplan: „Nach seinem Abbild erschuf er sie, als Mann und Frau schuf er sie" (Gen 1,26). Die Frauen haben in der Geschichte bewiesen, daß auch sie dem „Abbild" entsprechen; sie haben es durch ihren logischen Verstand und ihre Fähigkeit zum Dialog gezeigt und verkörpern analog zum Wort Gottes das „Abbild", nach dem auch sie geschaffen worden sind.

Das Wort der Frau und das Wort des Mannes haben im Christentum gleich große Bedeutung. Andernfalls wäre die Schöpfung nach dem Abbild Gottes, deren Höhepunkt das fleischgewordene Wort Gottes ist, ohne Sinn. Das ist auch der Grund, weshalb der Leiblichkeit im Christentum eine so grundlegende Bedeutung zukommt. Und es ist nicht nur die Frau, die einen Leib hat; Mann und Frau erhalten ihre spezifische Eigenart durch die Besonderheit eines Körpers, der ihnen ihre Identität als geschlechtliche Wesen gibt. Das zu ignorieren würde bedeuten, das Prinzip der Schöpfung zu mißachten, nämlich das Wort, das Fleisch geworden ist. Die wahre Herausforderung, die wahre Pflicht des Menschen ist es daher, das Paradigma des Wortes und der Leiblichkeit gemeinsam zu verwirklichen und beide miteinander in Beziehung zu setzen.

Frau und Mann als geschlechtliche Wesen sind nach dem Willen Gottes keine stummen Antagonisten; ihre geistigen und körperlichen Voraussetzungen bestimmen ihre gegenseitige Beziehung. Der eine für den anderen, der eine im Vergleich mit dem anderen oder auch einer gegen den anderen – so stehen sie miteinander in einer Beziehung der Korrespondenz, der Gegenseitigkeit, nur mit dem einen Unterschied, daß sie spezifische geschlechtliche Wesen sind. Nicht der Mann ist der Denker und Redner und die Frau eine Gefangene ihres fruchtbaren Leibes, sondern beide beherrschen das Wort, den Dialog, die Kommunikation; beide bedienen sich dabei der Ausdruckskraft eines Körpers, die sich vor allem durch das Wort offenbart, das keine begriffliche Abstraktion ist, sondern konkreter Ausdruck eines Lebens, einer Erfahrung. Es ist sicher Ausdruck einer Reflexion, die aber kultiviert wurde und kultivierend wirkt. Sie beruht auf einer Wechselbeziehung, die über sich selbst hinausgeht und sich dem Nächsten, allen anderen und der gesamten Schöpfung öffnet und ihre Grenzen überschreitet, als Forderung und Erfahrung eines anderen Wortes, das diesem Dasein, der Notwendigkeit, in allerlei Beziehungen zu stehen, erst endgültig den höchsten Sinn gibt. Im Christentum bleibt dieses göttliche Wort nicht jenseits des Erfaßbaren. Es verkörpert sich in der Geschichte der Menschen in einer Frau, nimmt die Identität eines Mannes an, geht eine Beziehung mit dem Weiblichen ein und zeigt so vollkommen die tiefe Bedeutung, die Notwendigkeit dieser Wechselbeziehung, die dem Schöpfungsplan nach dem Abbild Gottes zugrunde liegt. Das wechselseitige und vermittelnde göttliche Wort wird in den Menschen wechselseitig, vermittelnd und auch leiblich. *Kai ho logos sarx egeneto ...* Das Wort ist Fleisch geworden!

Wenn eine Weissagung dem weiblichen Wesen entspricht, dann ist es die über die Wechselbeziehung von Mann und Frau, die eine logische, körperliche, menschliche und zwischenmenschliche Beziehung ist. Durch sie können Konflikte überwunden werden, wenn Männer und Frauen sich nur darauf besinnen und sich gemeinsam um die Vollkommenheit eines Körpers bemühen, dem die Fähigkeit der Sprache gegeben ist.

Wir können uns keine anderen Wege erlauben, Wege der Trennung oder des Grolls. Die Beziehung zwischen Mann und Frau stellt die wesentliche und unverzichtbare Herausforderung des gegenwärtigen kulturellen Aufbruchs dar. Ihre Bewältigung, die positive Nutzung der Vielfalt, die in der Verschiedenheit liegt, kann ein neues anthropologisches, soziopolitisches und kirchliches Modell begründen. Das fordert die Postmoderne, das erfordert das komplexe Szenarium des gegenwärtigen Wandels. Die Wechselbeziehung, die Vielfalt der Verschiedenheit gibt letzten Endes Männern und Frauen, Rassen und Kulturen, unserem

Planeten und dem ganzen Universum die Chance, neue und bessere Szenarien zu schaffen. Die Frauenfrage und die Bemühung der Frauen wird zur Prophetie der notwendigen Versöhnung einer Welt und einer Kirche, in denen kein Mensch mehr durch die Beschränkung auf eine bestimmte Rolle im Gegensatz zum anderen steht, sondern der Unterschied für alle ein Gewinn und ein Geschenk ist.

BIBLIOGRAPHIE

Zusammengestellt von Monika Tieber-Dorneger

1. KAPITEL

THEKLA

Albrecht, R., Das Leben der heiligen Makrina auf dem Hintergrund der Thekla-Traditionen. Studien zu den Ursprüngen des weiblichen Mönchtums im 4. Jahrhundert in Kleinasien, Göttingen 1986 (Forschungen zur Kirchen- und Dogmengeschichte 38).

Thekla – die Apostolin: ein apokrypher Text neu entdeckt, übersetzt u. kommentiert von Anne Jensen, Freiburg–Wien [u. a.] 1995, Literaturverz. S. 121–132.

Die Taten der Thekla. Geschichte einer Jüngerin des Apostels Paulus, übersetzt, mit einem Nachwort versehen u. herausgegeben von Eugen Sitarz. Mit Bildern von Beata Broczkowska, Ostfildern 1996.

BLANDINA

Eusebius von Caesarea, Kirchengeschichte. Aus dem Griech. übersetzt von Philipp Haeuser, München 1932, V, 1–2.

Ich bin Christ. Vorchristliche Martyrerakten, übertragen u. erläutert von Oda Hagemeyer, mit einem Beitrag von Basilissa Hürtgen: Die Martyrer von Lyon, Düsseldorf 1961, S. 45–72; 172–186.

Jensen, A., Gottes selbstbewußte Töchter. Frauenemanzipation im frühen Christentum? Freiburg i. Br. 1992, S. 195ff. u. ö.

PRISCILLA UND MAXIMILLA

Eusebius, Kirchengeschichte, V, 16–17.

Jensen, A., Gottes selbstbewußte Töchter, Freiburg i. Br. 1992, S. 268–336 u. ö.

Schüssler-Fiorenza, E., Zu ihrem Gedächtnis, München– Mainz 1988, S. 98, 225–231 u. ö.

EMMELIA

Gregor von Nyssa, Lebensbeschreibung seiner Schwester Makrina. Aus dem Griech. übersetzt von Eugen Stolz, München 1927 (Bibliothek der Kirchenväter 56), S. 335 bis 368, hier S. 338–348.

MARCELLINA

Ambrosius von Mailand, Über die Jungfrauen. Übersetzt u. eingeleitet von Johannes E. Niederhuber, Kempten–München 1917 (Bibliothek der Kirchenväter 32), S. 305–386.

Jensen, A., Gottes selbstbewußte Töchter, Freiburg i. Br. 1992, S. 369.

THEOSEBIA

Gregor von Nyssa, Über die Jungfräulichkeit. Hrsg. u. mit Anmerkungen versehen von Wilhelm Blum, Stuttgart 1977 (Bibliothek der griechischen Literatur 7).

KATHARINA VON ALEXANDRIEN

Williams-Krapp, W., Die deutschen und niederländischen Legendare des Mittelalters, Tübingen 1986, S. 342f., 425f.

Die Legende der Hl. Katharina von Alexandrien im Cod. A 4 der Altstädter Kirchenbibliothek zu Bielefeld, hrsg. von Siegfried Sudhof, Berlin 1959 (Texte des späten Mittelalters 10).

FABIOLA

Feichtinger, B., Apostolae apostolorum. Frauenaskese als Befreiung und Zwang bei Hieronymus, Frankfurt a. M. 1995 (Studien zur klassischen Philologie 1994).

Krumeich, Ch., Hieronymus und die christlichen feminae clarissimae, Bonn 1993.

Rebenich, St., Hieronymus und sein Kreis, Salzburg 1992.

Petersen-Szemerédy, G., Zwischen Weltstadt und Wüste, Göttingen 1993.

DIE BEIDEN MELANIEN

Griechische Liturgien. Übersetzt von Remigius Storf, Kempten [u. a.] 1912 (Bibliothek der Kirchenväter [1. Reihe] 5), Literaturangaben.

Jensen, A., Gottes selbstbewußte Töchter, Freiburg i. Br. 1992, S. 109, 429.

Melania die Ältere

Palladios, Leben der Väter. Aus dem Griech. übersetzt von Stephan Krottenthaler, Kempten–München 1912, Kap. 46, 54.

Melania die Jüngere

Gerontios, Das Leben der heiligen Melania. Aus dem Griech. übersetzt von Stephan Krottenthaler, Kempten–München 1912, Kap. 61.

Wittern, S., Frauen, Heiligkeit und Macht. Lateinische Frauenviten aus dem 4. bis 7. Jahrhundert, Stuttgart 1994.

OLYMPIAS

Jensen, A., Gottes selbstbewußte Töchter, Freiburg i. Br. 1992, S. 149ff. u. ö.

Riedel-Spangenberger, I., Die Stellung der Frau in der Kirche, in: Gott schuf den Menschen als Mann und Frau, hrsg. von Paulus Gordan, Graz–Wien–Köln 1989, S. 135.

2. KAPITEL

GENOVEFA

Barth, M., Der Kult der Heiligen Genovefa von Paris im deutschen Sprachraum, in: Freiburger Diözesanarchiv 84 (1964), S. 213ff.

Bernoulli, C. A., Die Heiligen der Merowinger, 1900, S. 191, 216.

Heinzelmann, M., Genovefa von Paris, in: LThK IV, 1995[3], Sp. 468f.

Stratmann, F. M., Die Heiligen und der Staat IV, 1952, S. 65ff.

Wittern, S., Frauen, Heiligkeit und Macht, Stuttgart 1994.

SCHOLASTICA

Wimmer, O. / Melzer, H., Lexikon der Namen und Heiligen, bearbeitet u. ergänzt von Josef Gelmi, Innsbruck–Wien 1988[6], S. 733f.

RADEGUNDE

Die heilige Radegunde. Ein Lebensbild aus der „Merowingerzeit“ von Joseph Bernhart, München 1914.

Portmann, M. L., Die Darstellung der Frau in der Geschichtsschreibung des frühen Mittelalters, Basel–Stuttgart 1958, S. 25–44.

THEODOLINDE

Wimmer, O. / Melzer, H., Lexikon der Namen und Heiligen, S. 777.

VALDETRUDE

Wimmer, O. / Melzer, H., Lexikon der Namen und Heiligen, S. 892.

EBBA

Wimmer, O. / Melzer, H., Lexikon der Namen und Heiligen, S. 227.

LIOBA

Die Heilige Lioba, von Karl Zell, Freiburg i. Br. 1873, VI. (Sammlung historischer Bildnisse 1,2).

Schiefer, Th., Winfried–Bonifatius und die christliche Grundlegung Europas, Freiburg i. Br. 1954, S. 162–166.

DUODA

Bertini, F., Dhuoda, die Mutter (von Franco Cardini), in: *F. Bertini*, Héloise und ihre Schwestern. Acht Frauenporträts aus dem Mittelalter, München 1991, S. 75–100.

CASSIA

Rochow, I., Studien zu der Person, den Werken und dem Nachleben der Dichterin Kassia (Berliner Byzantinische Arbeiten 38), Berlin 1967.

Schmalzbauer, G., Kasia, in: LThK V, 1996³, Sp. 1283.

ROSWITHA VON GANDERSHEIM

Der Hrotsvitha Gedicht über Gandersheims Gründung und die Thaten Kaiser Oddo I., hrsg. von W. Wattenbach, 2. neubearb. Aufl., Leipzig 1891 (Die Geschichtsschreiber der deutschen Vorzeit 32, Zehntes Jahrhundert, Bd. 5).

Nagel, B., Hrotsvit von Gandersheim, Stuttgart 1965.

Herosvith von Gandersheim, Werke in deutscher Übertragung, München 1973.

Hrotsvith von Gandersheim, Legenden. Vorwort u. übersetzt von Helmut Knauer, Stuttgart 1989³.

3. KAPITEL

ANNA KOMNENE

Lilie, R.-J., Anna Komnene, in: LThK I, 1993³, Sp. 692.

Ders., Der erste Kreuzzug in der Darstellung Anna Komnenes, Varia, Bd. 2, Berlin 1987, S. 49–148.

Ostrogorsky, G., Geschichte des byzantinischen Staates, München 1963 (Handbuch der Altertumswissenschaft, Abt. XII/1/2).

HILDEGARD VON BINGEN

Hildegard von Bingen, Wisse die Wege. Nach dem Originaltext vollständig und ungekürzt übertragen von Paul Holdener, Baseler Hildegard-Gesellschaft, Basel 1991.

Dies., Das Buch der göttlichen Werke (Liber divinorum operum). Nach dem Originaltext ungekürzt übertragen von Paul Holdener, Baseler Hildegard-Gesellschaft (in Vorbereitung).

Führkötter, A., Hildegard von Bingen. Briefwechsel. Nach den ältesten Handschriften übersetzt und erläutert, Salzburg 1965.

Schulz, H., Ursachen und Behandlungen der Krankheiten, Baseler Hildegard-Gesellschaft, Basel 1982³.

Leclercq, J., Bernhard von Clairvaux. Ein Mann prägt seine Zeit, München 1990.

Feldmann, Ch., Hildegard von Bingen. Nonne und Genie, Freiburg i. Br. 1995.

Gössmann, E., „Ipsa enim quasi domus sapientiae“ – Die Frau ist gleichsam das Haus der Weisheit. Zur frauenbezogenen Spiritualität Hildegards von Bingen, in: *M. Schmidt* (Hrsg.), Eine Höhe über die nichts geht – Spezielle Glaubenserfahrung in der Frauenmystik, Stuttgart- Bad Cannstadt 1986, S. 1–18.

Kerner, Ch., Alle Schönheit des Himmels. Die Lebensgeschichte der Hildegard von Bingen, Weinheim–Basel 1993.

Newman, B., Hildegard von Bingen. Schwester der Weisheit, Freiburg i. Br. 1995.

Pernoud, R., Hildegard von Bingen. Ihre Welt, ihr Wirken, ihre Visionen, aus d. Franz. von Radbert Kohlhaas, Freiburg i. Br. 1996.

Riedel, I., Hildegard von Bingen. Prophetin der kosmischen Weisheit, Stuttgart 1994.

HÉLOISE

Abaelard, P., Die Leidensgeschichte und der Briefwechsel mit Heloisa (vollständige Ausgabe samt ergänzenden Texten), Nachwort von Walter Berschin, übertragen u. hrsg. von Eberhard Brost, Gerlingen 1979[4].

Bertini, F., Héloise und ihre Schwestern. Acht Frauenporträts aus dem Mittelalter, München 1991.

Duby, G., Héloïse, Isolde und andere. Frauen im zwölften Jahrhundert, Frankfurt 1997.

Fumagalli, M., Héloise und Abaelard. Aus dem Ital. übersetzt von Ursula Knöller-Seyffarth, München– Zürich 1986.

Gilson, É., Héloise und Abaelard, Freiburg i. Br. 1955.

Moos, P. v., Mittelalterforschung und Ideologiekritik. Der Gelehrtenstreit um Héloise, München 1974.

Pernoud, R., Héloise und Abaelard. Ein Frauenschicksal im Mittelalter, München 1991.

Podlech, A., Abaelard und Heloisa oder die Theologie der Liebe, München 1990.

KLARA VON ASSISI

Bartoli, M., Klara von Assisi. Die Geschichte ihres Lebens. Aus dem Ital. von Ancilla Röttger, Werl 1993.

Bernet, E., Klara von Assisi, Innsbruck 1994.

Eßer, K., Die Briefe Gregors IX. an die Hl. Klara von Assisi, in: FranzStud 35 (1953), S. 274–295.

Grau, E., Leben und Schriften der heiligen Klara von Assisi, Werl 1980 (Franziskanische Quellenschriften 2).

Ders., Die Schriften der heiligen Klara und die Werke ihrer Biographen, in: Movimento religioso femminile e francescanesimo nel secolo XIII, Assisi 1980, S. 195–238.

Rotzetter, A., Klara von Assisi. Die erste franziskanische Frau, Freiburg i. Br. 1994[3].

Ruh, K., Klara von Assisi, in: Die deutsche Literatur des Mittelalters, Verfasserlexikon IV, Berlin–New York 1983, Sp. 1172–1183.

ELISABETH VON THÜRINGEN

Huyskens, A., Quellenstudien zur Geschichte der heiligen Elisabeth Langravien Von Thueringen, Marburg 1908.

Ohler, N., Elisabeth von Thüringen. Fürstin im Dienst der Niedrigsten. Hrsg. von Detlev Junker, Göttingen 1992[2].

Wies, E., Elisabeth von Thüringen. Die Provokation der Heiligkeit, München 1993.

Elisabeth von Thüringen: Eine Bildbiographie. Vorwort u. Essay von Justin Lang, Freiburg i. Br. 1993.

VILEMINA

Muraro, L., Vilemína und Mayfreda. Die Geschichte einer feministischen Häresie, aus d. Ital. von Martina Kempter [Übers. d. lat. Akten Ursula Salzberger], Freiburg i. Br. 1987.

BIRGITTA VON SCHWEDEN

Nyberg, T., Birgitta von Schweden, in: LThK II, 1994[3], Sp. 478f.

KATHARINA VON SIENA

Caterina von Siena, Gespräch von Gottes Vorsehung, eingeleitet von Ellen Sommer-Von Seckendorf u. Hans Urs von Balthasar, Einsiedeln 1993[4].

Katherina von Siena, Ich will mich einmischen in diese Welt. Engagierte Briefe des Glaubens, hrsg. von Manfred Baumotte, eingeleitet u. aus d. Ital. übersetzt von Ferdinand Strobel, Zürich–Düsseldorf 1997.

Strobel, F., Sammlung Menschen der Kirche V, (Einsiedeln) 1944, Caterinas Politische Briefe.

RITA VON CASCIA

Back, S. / Eberhard, E., St. Rita. Mutter – Witwe – Ordensfrau, Würzburg 1981[5].

Trapè, A., Santa Rita e il suo messaggio, Cinisello B. 1986.

JEANNE D'ARC

Cordier, J., Jeanne d'Arc, Augsburg 1996.

Jeanne d'Arc. Oder wie Geschichte eine Figur konstruiert. Beiträge von Philipp Contamine, Dagmar von Hoff, Hedwig Röckelein u. a., hrsg. von Hedwig Röckelein, Charlotte Schoell-Glass u. Maria E. Müller (Frauen – Kultur – Geschichte 4), Freiburg i. Br. 1996.

Krumeich, G., Jeanne d'Arc in der Geschichte. Historiographie – Politik – Kultur, Sigmaringen 1989.

Nette, H., Jeanne d'Arc in Selbstzeugnissen und Bilddokumenten (Rowohlts Monographien 256), Reinbek 1977 (Bibliographie).

Pernoud, R., Jeanne d'Arc. Glaube – Kraft – Vision, München 1995.

Dies., Johanna von Orleans, Bergisch-Gladbach 1991.

Schirmer-Imhoff, R., Der Prozeß Jeanne d'Arc 1431/1456. Akten und Protokolle, Mannheim 1987.

4. KAPITEL

Caterina Fieschi Adorno

Brockhusen, G. v., Katharina Fieschi von Genua, in: LThK V, 1996[3], Sp. 1332.

Angela Merici

Angela Merici (1470–1540), Maria Ward (1585–1645), Karolina Gerhardinger (1797 bis 1879): Ordensgründerinnen und Erzieherinnen, Arbeitskreis Katholischer Schulen in Freier Trägerschaft, Bonn 1985 (Materialien 6).

Angela Merici, Die Schriften. Kritische Ausgabe, hrsg. von Ansgar Faller, Einsiedeln 1988.

Conrad, A., Mit Klugheit, Mut und Zuversicht. Angela Merici und die Ursulinen, Mainz 1994.

Vittoria Colonna

Vittoria Colonna – Die Muse Michelangelos. Katalogbuch zur gleichnamigen Ausstellung im Kunsthistorischen Museum in Wien, hrsg. vom Kunsthistorischen Museum Wien, 1997.

Bainton, R. H., Women of the Reformation in Germany and Italy, Minneapolis 1971.

Hinderberger, H., Michelangelo. Lebensberichte – Briefe – Gespräche – Gedichte, Zürich 1985.

Kapp, V., Vittoria, Colonna, in: LThK II, 1994[3], Sp. 1266.

Caterina Cibo

Bainton, R. H., Women of the Reformation in Germany and Italy, Minneapolis 1971.

Margaret More

Thomas Morus, Lebenszeugnis in Briefen. Eingeleitet, hrsg. u. übersetzt von R. u. W. Schirmer, Gerlingen 1984.

Bernhart, J., Thomas Morus, Weißenhorn 1986.

Roper, W., Das Leben des Thomas Morus. Übersetzt von H. Buhr-Ohlmeyer, Gerlingen 1986.

TERESA VON AVILA

Burggraf, J., Teresa von Avila. Humanität und Glaubensleben, Paderborn 1996.

Herbstrith, W., Teresa von Avila. Lebensweg und Botschaft, München–Zürich–Wien 1993.

Dies., Teresa von Avila / Teresia „a Matre Dei et Sanctissimo Vultu", in: *M. Luther* (Hrsg.), Große Gestalten kirchlicher Reform, München 1983.

Lorenz, E., Teresa von Avila. Eine Biographie, Freiburg i. Br. 1994.

Dies. / Straub, V., Frauen der Kirche. Hildegard von Bingen, Caterina von Siena, Teresa von Avila, Maria Ward, Lucretia Marinella und Marie de Jars de Gournay, München 1986.

JEANNE DE LESTONNAC

Frank, K. S., Johanna von Lestonnac, in: LThK V, 1996[3], Sp. 859.

GOSTANZA

Cardini, F. (Hrsg.), Gostanza, la strega di San Miniato, Bari 1989.

Duby G. / Perrot M. (Hrsg.), Geschichte der Frauen, Bd. 3: Frühe Neuzeit, Frankfurt 1994.

JEANNE DE CHANTAL

Hämel-Stier, A., Johanna Franziska von Chantal. Ein Lebensbild aus der Wende des 16. Jahrhunderts, Eichstätt 1950[2].

Ravier, A., Johanna Franziska von Chantal. Ihr Wesen und ihre Gnade, aus d. Franz. von Anton Nobis und Gottfried Prinz, Eichstätt 1992.

MARY WARD

Hallensleben, B., Theologie der Sendung. Die Ursprünge bei Ignatius von Loyola und Mary Ward, Frankfurt 1994 (Frankfurter theologische Studien 46).

Peters, H., Mary Ward. Ihre Persönlichkeit und ihr Institut, Innsbruck–Wien 1991, Literaturverz. S. 938–941.

5. KAPITEL

LOUISE DE MARILLAC

Richartz, A. M., Eine ungewöhnliche Mutter: Louise von Marillac, Leutesdorf 1988.

ANGÉLIQUE ARNAULD

Ein Herz voller Stolz und Güte: Angelika Arnauld, in: *Olga Gräfin Taxis-Bordogna*, Geist und Anmut. Frankreichs Frauen im großen Jahrhundert, 1951, S. 193ff.

Krüger, M., Die Entwicklung und die Bedeutung des Nonnenklosters Port-Royal im 17. Jahrhundert (1609–1709), Beiträge zur Geschichte des Französischen Geistes, o. O. 1936.

Twickel, A. v., Angelika Arnauld und ihre Beziehungen zum Hl. Franz von Sales, in: Der Katholik 93 (1913).

Winkler, G. B., Angélique Arnauld, in: LThK I, 1993[3], Sp. 1016.

ARCANGELA TARABOTTI

Medioli, F., L'„inferno monacale" di Arcangela Tarabotti, Milano 1990.

ELENA LUCREZIA CORNARO PISCOPIA

Maschietto, F. C., Elena Lucrezia Cornaro Piscopia (1646–1684). Prima donna laureata nel mondo, Padova 1978.

Valenziano C., Premessa, in: *Militello, C.* (Hrsg.), Teologia al femminile, Palermo 1985.

JUANA DE LA CRUZ

Juana Inés de la Cruz, Die Antwort an Schwester Filotea. Autobiographischer Essay, Frankfurt a. M. 1990.

Dies., Erster Traum. Mit einer Antwort an Sor Filotea de la Cruz. Vorwort von Octavio Paz, aus d. Span. von Fritz Vogelsang, Leipzig 1993.

Dies., Der Traum. Hrsg. u. aus d. Span. übersetzt von Alberto Pérez-Amador u. Stephan Nowotnil, Frankfurt a. M. 1992.

Merkl, H., Sor Juana Inés de la Cruz. Ein Bericht zur Forschung 1951–1986 (Studia Romanica 65), Heidelberg 1986.

MADDALENA FRESCOBALDI

Merlo, D., Maria Maddalena Frescobaldi, S. Gabriele 1985.

M. ADELAIDE DE CICÉ

M. Adelaide Champion de Cicé, 1749–1818, Città del Vaticano 1966.

ELISABETTA CANORI MORA

Giovetti, P., Elisabetta Canori Mora. Sposa, madre e mistica romana, Roma 1994.

Redi, P., Elisabetta Canori Mora. Un amore fedele tra le mura di casa, Roma 1994.

MARGHERITA OCCHIENA BOSCO

Fantozzi, A., Mamma Margherita. La madre di Don Bosco, Torino 1992.

Hünermann, W., Don Bosco und seine Buben, Innsbruck 1989.

Nigg, W., Don Bosco. Ein zeitloser Heiliger, München 1987[4].

Jeanne Jugan

Trochu, F., Il primo sia l'ultimo. Giovanna Jugan, Francavilla al Mare 1970.

6. KAPITEL

Schwester Maria

Vannucci, G. / Antonini, B., Sorella Maria, Roma 1971.

Alessandra di Rudinì

Aufstieg zum Berg Karmel. Leben der Marchesa Alessandra di Rudinì-Carlotti. Dame, Geliebte, Nonne, hrsg. von Mario Nanteli, Stein am Rhein 1978.

Adelaide Coari

Ein Blick zurück – nach vorn: Johannes XXIII. Spiritualität – Theologie – Wirken. Hrsg. von G. Alberigo, Würzburg 1992.

Raissa Maritain

Maritain, R., Die großen Freundschaften. Übersetzt von B. Schlüter u. G. G. Meister, Heidelberg 1954.

Van der Meer de Walcheren, P., Alles ist Liebe. Léon Bloy – Raïssa Maritain – Christine und Pieterke, Wien 1961.

Armida Barelli

Sticco, M., Una donna tra due secoli, Milano 1983.

Edith Stein

Stein, E., Aus dem Leben einer jüdischen Familie, Louvain–Freiburg 1986[3].

Dies., Gesammelte Werke. Hrsg. von Lucy Gelber u. Michael Linssen OCD, Freiburg–Basel–Wien, 1987ff.

Apropos Edith Stein. Mit einem Essay von Ursula Hillmann, Frankfurt a. M. 1995.

Endres, E., Edith Stein. Christliche Philosophin und jüdische Märtyrerin, München-Zürich 1987[2].

Gerl, H.-B., Unerbittliches Licht. Edith Stein – Philosophie, Mystik, Leben, Mainz 1991.

Herbstrith, W., Edith Stein. Ein Lebensbild in Zeugnissen und Selbstzeugnissen, Mainz 1993.

Dies., Edith Stein – das eine Menschsein. Die Frau im Christentum, München 1993.

Miribel, E. de, Edith Stein, Paris 1954.

Neyer, A. M., Edith Stein. Ihr Leben in Dokumenten und Bildern, Würzburg 1987.

Wimmer, R., Vier jüdische Philosophinnen: Rosa Luxemburg, Simone Weil, Edith Stein, Hannah Arendt, Tübingen 1991².

ADRIENNE VON SPEYR

Speyr, A. von, Das Wort und die Mystik, Bd. II: Objektive Mystik, Einsiedeln o. J.

Adrienne von Speyr und ihre kirchliche Sendung. Akten d. römischen Symposiums, 27.–29. September 1985, 2. Internat. Kolloquium über Christl. Denken, veranstaltet vom Istituto di Studi per la Transizione, hrsg. von H. U. von Balthasar, Einsiedeln 1986.

Balthasar, H. U. von, Erster Blick auf Adrienne von Speyr, Einsiedeln 1975.

Rigger, H. J., Adrienne von Speyr, Einsiedeln 1997.

MADELEINE DELBRÊL

Boismarin, Ch. de, Madeleine Delbrêl. Mystikerin der Straße, aus d. Franz. von Mathilde Wiemann u. Stefan Liesenfeld, Zürich–München–Wien 1996².

Delbrêl, M., Frei für Gott. Über Laien-Gemeinschaften in der Welt, übertragen von Hans Urs von Balthasar, Einsiedeln 1991².

Dies., Leben gegen den Strom. Denkanstöße einer konsequenten Christin, übertragen von Katja Böhme, Freiburg i. Br. 1992.

Dies., Gebet in einem weltlichen Leben, übertragen von Hans Urs von Balthasar u. Cornelia Capol, Einsiedeln 1993⁵.

Dies., Der kleine Mönch. Ein geistliches Notizbüchlein, aus d. Franz. von Bernhard Matheis, Freiburg i. Br. 1995¹⁰.

Dies., Wir Nachbarn der Kommunisten – Diagnosen. Einführung von Jacques Loew, Einsiedeln 1975.

... in ihren Armen das Gewicht der Welt. Mystik und Verantwortung: Madeleine Delbrêl. Hrsg. von Gotthard Fuchs, Frankfurt a. M. 1995.

SIMONE WEIL

Weil, S., Cahiers. Aufzeichnungen, 4 Bände, hrsg. u. übersetzt von Elisabeth Edl u. Wolfgang Matz, München–Wien 1991ff. (Bd. 4 in Vorbereitung).

Dies., Die Einwurzelung. Einführung in die Pflichten dem menschlichen Wesen gegenüber, übersetzt von Friedhelm Kemp, München 1956.

Dies., Entscheidung zur Distanz. Fragen an die Kirche. Übersetzung u. Nachwort von Friedhelm Kemp, München 1981².

Dies., Fabriktagebuch und andere Schriften zum Industriesystem, übersetzt u. eingeleitet von Heinz Abosch, München 1978.

Dies., Schwerkraft und Gnade. Übersetzung u. Nachwort von Friedhelm Kemp, München 1981².

Dies., Unterdrückung und Freiheit. Politische Schriften. Übersetzung u. Vorwort von Heinz Abosch, München 1975.

Dies., Vorchristliche Schau, übersetzt von Fritz Werle, München 1959.

Dies., Zeugnis für das Gute. Traktate – Briefe – Aufzeichnungen, übersetzt u. hrsg. von Friedhelm Kemp, München 1990².

Cabaud, J., Die Logik der Liebe, übersetzt von Dr. Franziska Marbach, München 1968.

Beyer, D., Simone Weil. Philosophin – Gewerkschafterin – Mystikerin, Mainz 1994.

Krogmann, A., Simone Weil. Mit Selbstzeugnissen und Bilddokumenten, Reinbek 1970.

Simone Weil. Philosophie – Religion – Politik, hrsg. von Heinz Robert Schlette u. André Devaux, Frankfurt a. M. 1985.

GIANNA BERETTA MOLLA

Cappella papale presieduta dal Santo Padre Giovanni Paolo II per la beatificazione dei servi di Dio Isidore Bakanja, martire, Elisabetta Canori Mora, madre di famiglia, Gianna Beretta Molla, madre di famiglia [a cura dell'Ecclesia Catholica / Ufficio delle Celebrazioni Liturgiche del Sommo Pontifice], Roma 1994. Enthält Lebensbeschreibungen der drei Seliggesprochenen in mehreren Sprachen, u. a. dt. und engl., sowie die Liturgie des Seligsprechungsgottesdienstes in lat. und ital.

ALLGEMEINE LITERATUR

Bangerter, O., Frauen im Aufbruch. Die Geschichte einer Frauenbewegung in der Alten Kirche, Neukirchen-Vluyn 1971.

Bertini, F., Héloise und ihre Schwestern. Acht Frauenporträts aus dem Mittelalter, München 1991 (Egeria, Baudonivia, Dhuoda, Hrosvith, Trotula, Héloise, Hildegard, Katharina von Siena).

Beyer, R., Die andere Offenbarung. Mystikerinnen des Mittelalters, Bergisch-Gladbach 1989 (Hildegard v. Bingen, Katharina v. Siena, Birgitta v. Schweden, Teresa v. Avila u. a.).

Bosshart-Pfluger, C., Frauengeschichtsschreibung zwischen Tradition und Emanzipation?, in: Zeitschrift für Schweizerische Kirchengeschichte 90 (1996), S. 183–194.

Des Eusebius Pamphili Bischofs von Caesarea Kirchengeschichte (Philipp Haeuser), BKV II,1, 1932 (Neubearbeitung von Arnim Gärtner, München 1981).

Dinzelbacher, P. / Bauer, D. R., Religiöse Frauenbewegung und mystische Frömmigkeit im Mittelalter, Wien–Köln 1988.

Frauen – Literatur – Geschichte. Schreibende Frauen vom Mittelalter bis zur Gegenwart, hrsg. von Hiltrud Gnüg, Frankfurt a. M. 1989.

Goetz, H.-W., Frauen im frühen Mittelalter. Frauenbild und Frauenleben im Frankenreich, Weimar–Wien [u. a.] 1995, Literaturverz. S. [421]–440.

Gerl-Falkovitz, H.-B., Freundinnen. Christliche Frauen aus zwei Jahrtausenden, München 1994.

Gössmann, E., Archiv für philosophie- und theologiegeschichtliche Frauenforschung, München 1985.

Große Frauen der Weltgeschichte. Tausend Biographien in Wort und Bild, Klagenfurt 1987.

Heine, S., Frauen der frühen Christenheit. Zur historischen Kritik einer feministischen Theologie, Göttingen 1986.

Kruse, I., Und Priska ließ sich nicht beirren. Frauengeschichten aus dem frühen Christentum, Gütersloh 1994 (Thekla, Marina u. a.).

Neutestamentliche Apokryphen, hrsg. von Wilhelm Schneemelcher, Bd. 1: Evangelien, Tübingen 1987[5]; Bd. 2: Apostolisches, Apokalypsen und Verwandtes, Tübingen 1989[5].

Opitz, C., Frauenalltag im Mittelalter. Biographien des 13. und 14. Jahrhunderts, Weinheim 1991[3].

Pernoud, R., Leben der Frauen im Hoch- und Spätmittelalter. Aus d. Franz. von Roswitha Schmidt, Pfaffenweiler 1991.

Radford Ruether, R., Frauenbilder – Gottesbilder. Feministische Erfahrungen in religionsgeschichtlichen Texten, Gütersloh 1987.

Wimmer, R., Vier jüdische Philosophinnen. Leben und Werk von Rosa Luxemburg, Simone Weil, Edith Stein, Hannah Arendt, Tübingen 1991.

Wimmer, O. / Melzer, H., Lexikon der Namen und Heiligen, bearbeitet. u. ergänzt von Josef Gelmi, Innsbruck–Wien 1988[6].

Zimmermann, B. A., Denkmodelle von Frauen im Mittelalter, Freiburg/Schweiz 1994.

ZEITTAFEL

Frauengeschichte	*Weltgeschichte*	*Kirchengeschichte*
1. Jh.: Thekla		32: Bekehrung des Apostels Paulus 45 – 58: Missionsreisen des Apostels Paulus 50: Apostelkonzil von Jerusalem
	64: Brand Roms 70: Jüdischer Aufstand gegen Rom Eroberung durch Titus Zerstörung des Tempels 95: Verfolgung unter Domitian	64: Beginn der Christenverfolgungen Martyrium des Apostels Petrus 67: Martyrium des Apostels Paulus
160 – 170: Maximilla und Priscilla		
	161 – 180: Kaiser Marc Aurel	176: Vierte große Verfolgung
177: Blandina		
305: Katharina von Alexandrien	284 – 305: Kaiser Diokletian	303 – 305: Diokletian befiehlt die Zerstörung der christlichen Kirchen und verlangt für sich göttliche Verehrung Letzte große Verfolgung
4. Jh.: Theosebia	307 – 337: Konstantin der Große	
		313: Übereinkommen von Mailand: Konstantin gewährt den Christen Kultfreiheit 325: Konzil von Nicäa (1. Ökumenisches Konzil)
ca. 330 – ca. 400: Marcellina ca. 372: Emmelia	330: Byzanz Hauptstadt des Reiches	
	375: Die Hunnen überfallen die Krim, zerstören das Reich der Alanen und drängen die Westgoten gegen die römischen Grenzen	

Frauengeschichte	*Weltgeschichte*	*Kirchengeschichte*
		380: Theodosios erklärt das Christentum zur Staatsreligion 381: Konzil von Konstantinopel (2. Ökumenisches Konzil)
? – 410: Melania (Großmutter) 382 – 439: Melania (Enkelin) 400: Fabiola		
410: Olympias	410: Alarich dringt zum zweiten Mal in Italien ein Plünderung Roms	
415: Hypatia 422 – 466: Genovefa		
	429 – 439: Die Vandalen unter Anführung von Geiserich dringen von Spanien in das römische Afrika vor	
		431 Konzil von Ephesos (3. Ökumenisches Konzil)
	476: Ende des Weströmischen Reiches	
480: Scholastica	480: Der oströmische Kaiser verleiht Odoaker den Titel „Patricius romanorum“	
ca. 520 – 587: Radegunde		
		529: Benedikt von Nursia gründet das Kloster Montecassino
	622: Hedschra: Beginn der islamischen Zeitrechnung	
625: Theodolinde 683: Ebba 688: Valdetrude		
	771: Karl der Große König der Franken	
ca. 782: Lioba		
		787: 2. Konzil von Nicäa (7. Ökumenisches Konzil)
9. Jh.: Cassia	800 – 814: Karl der Große Kaiser des „Heiligen Römischen Reiches“	800: Papst Leo III. krönt Karl den Großen zum Kaiser des „Heiligen Römischen Reiches“

Frauengeschichte	*Weltgeschichte*	*Kirchengeschichte*
		869 – 870: 4. Konzil von Konstantinopel (8. Ökumenisches Konzil): Exkommunikation von Photios
872: Duoda		
		910: Gründung des Klosters Cluny
935: Roswitha von Gandersheim		
	936 – 973: Otto I. der Große	
		1054: Morgenländisches Schisma
1083 – 1148: Anna Komnene		1073 – 1085: Pontifikat Gregors VII.
		1095: Urban II. predigt den Kreuzzug
	1096 – 1099: 1. Kreuzzug	
1098 – 1179: Hildegard von Bingen		1098: Gründung des Zisterzienserordens
1101(?) – 1164: Héloise		
	1122: Wormser Konkordat	
		1123: 1. Laterankonzil (9. Ökumenisches Konzil)
	1187: Die Türken erobern Jerusalem	
		1189 – 1192: 3. Kreuzzug 1190: Gründung des Deutschen Ritterordens
1193 – 1253: Klara von Assisi		
		1198: Beginn des Pontifikats von Innozenz III. 1202–1204: 4. Kreuzzug
1207 – 1231: Elisabeth von Thüringen		
		1209 – 1231: Kreuzzug gegen die Albigenser
1210 – 1281: Vilemina		

Frauengeschichte	*Weltgeschichte*	*Kirchengeschichte*
		1212: Klara und ihre Schwester Agnes von Assisi beschließen, wie Franziskus zu leben
1302 oder 1303 – 1373: Birgitta von Schweden		
		1305 – 1377: Die Päpste in Avignon
1347 – 1380: Katharina von Siena	1347 – 1378: Kaiser Karl IV. von Böhmen Beginn der Pestepidemie	
		1350: Jubiläumsjahr auf Drängen Birgittas von Schweden
		1377: Mit Gregor XI. kehren die Päpste von Avignon wieder nach Rom zurück
	1378: Großes Abendländisches Schisma	1378: Doppelte Papstwahl: Päpste in Rom und Avignon
1381 – 1457: Rita von Cascia	1381: Bauernaufstand in England, inspiriert von den Gleichheitsideen John Wyclifs	
		1409: Konzil von Pisa Dreifaches Schisma
1412 – 1431: Jeanne d'Arc		
		1414 – 1418: Konzil von Konstanz Triumph des Konziliarismus
	1429 – 1431: Militärische Unternehmungen von Jeanne d'Arc	
1446 – 1510: Caterina Fieschi Adorno		
	1450: Gutenberg erfindet in Mainz den Buchdruck	
1474 – 1540: Angela Merici		
		1481 – 1498: Savonarola in Florenz
		1484: Innozenz VIII. erläßt die Bulle *Summis* und schafft damit die Grundlage für die Hexenprozesse

Frauengeschichte	*Weltgeschichte*	*Kirchengeschichte*
		1486: Veröffentlichung des Textes *Malleus maleficarum* („Hexenhammer“)
1490 – 1547: Vittoria Colonna		
	1492: Columbus entdeckt für Spanien die Seeroute nach Westen	
1501 – 1557: Caterina Cibo		
1505 – ?: Margaret More		
		1512 – 1517: 5. Laterankonzil (18. Ökumenisches Konzil)
1515 – 1582: Teresa von Avila	1515 – 1547: Franz I. König von Frankreich	
		1517: Veröffentlichung der 95 Thesen Luthers in Wittenberg
	1519 – 1556: Kaiser Karl V.	
		1520: Leo X. verurteilt die Thesen Luthers
	1521: Reichstag zu Worms	1521: Exkommunikation Luthers
	1555: Friede von Augsburg	1555 – 1559: Pontifikat Pauls IV.
1556 – 1640: Jeanne de Lestonnac		
		1564: Tridentinisches Glaubensbekenntnis
	1571: Schlacht bei Lepanto	
1572 – 1641: Jeanne de Chantal	1572: Bartholomäusnacht	
Mitte 16. Jh.: Gostanza		

Frauengeschichte	*Weltgeschichte*	*Kirchengeschichte*
1585 – 1645: Mary Ward		1585 – 1638: C. Jansen (Jansenius). Seine Ideen, enthalten im posthum erschienenen Werk *Augustinus*, entzweien ganz Frankreich. Er wird von Clemens XI. mit der Bulle *Unigenitus* auf Verlangen des französischen Königs definitiv verurteilt
1591 – 1660: Louise de Marillac 1591 – 1661: Angélique Arnauld		
	1598: Edikt von Nantes Friede von Vervins	
1604 – 1652: Arcangela Tarabotti		
		1605 – 1621: Pontifikat Pauls V.
	1643 – 1715: Absolutismus Ludwigs XIV. in Frankreich	1643 – 1654: Pontifikat Innozenz' X.
1646 – 1684: Elena Lucrezia Cornaro Piscopia		
1648 – 1695: Juana de la Cruz	1648: Westfälischer Friede 1748: Friede von Aachen Die Bourbonen erhalten das Herzogtum Parma-Piacenza	
1749 – 1818: Marie Adelaide Champion de Cicé		
	1750 – 1780: Veröffentlichung der Großen Französischen Enzyklopädie, in der die Ideen der Aufklärung ihren Ausdruck finden	
1771: Maria Maddalena Frescobaldi		
		1773: Clemens XIV. löst den Jesuitenorden auf

Frauengeschichte	*Weltgeschichte*	*Kirchengeschichte*
1774 – 1825: Elisabetta Canori Mora	1774 – 1793: Ludwig XVI. König von Frankreich 1776 – 1783: Amerikanischer Unabhängigkeitskrieg Vereinigte Staaten von Amerika	
1788 – 1856: Margherita Occhiena Bosco		
	1789: Französische Revolution	
		1791: Pius VI. verurteilt die Zivilkonstitution des Klerus
1792 – 1879: Jeanne Jugan	1792: Proklamation der Republik in Frankreich	
		1874: Dekret *Non expedit* Der Papst verbietet den italienischen Katholiken die Teilnahme an politischen Wahlen
1875 – 1961: Schwester Maria 1876 – 1931: Alessandra di Rudinì		1878 – 1903: Pontifikat Leos XIII.
	1879: Erste Maßnahmen der Dritten Republik gegen die Kirche in Frankreich	
1881 – 1966: Adelaide Coari		
1882 – 1952: Armida Barelli	1882: Dreibund	
1883 – 1960: Raissa Maritain		
	1890: Neue deutsche Politik: Pangermanismus und Weltpolitik	
1891 – 1942: Edith Stein		1891: Enzyklika *Rerum novarum*
1902 – 1967: Adrienne von Speyr		
		1903 – 1914: Pontifikat Pius' X.
1904 – 1943: Simone Weil		1904: Der Papst löst die „Opera dei Congressi“ auf

Frauengeschichte	*Weltgeschichte*	*Kirchengeschichte*
	1914 – 1918: Erster Weltkrieg	
1922 – 1962: Gianna Beretta Molla	1922: Faschismus in Italien	1922: Wahl Pius' XI. zum Papst Enzyklika *Ubi arcano:* Gründung der Katholischen Aktion
	1939 – 1945: Zweiter Weltkrieg	
		1962 – 1965: 2. Vatikanisches Konzil

NAMENREGISTER

Abbot, Robert 189
Abaelard, Petrus 114, 130–137
Aboaf, Samuel 219
Adalbert von Mainz 113
Adaloald 58
Adamnanus 76
Adelgunde 59, 60
Adorno, Giuliano 151, 152, 154
Adorno, Raffaele 151
Adorno, Tobiolina 155
Aelred von Riveaulx 80
Agilulf 57, 58
Agnes von Böhmen 95, 140, 143
Agnes von Montefeltro 157
Agnes von Poitiers 73, 74
Alarich 26
Albina 24, 26, 27
Albinus 24
Alcidalius Valens 254
Aldetrude 60
Alexander III., Papst 114, 117
Alexander VI., Papst 156
Alexios I. Komnenos 87, 89–93
Alfonso del Vasto 159
Alfons V. von Aragon 151
Alypius von Tagaste 26
Amalasuntha 58
Ambrosius von Mailand 18–21, 37, 41, 72, 107, 354
Amphilochios von Ikonion 34
Andreas II. von Ungarn 94, 95
Angela von Foligno 106, 121
Angeli, Domenico 109
Anna Komnene 88, 89–93
Anthusa 34
Anzoletti, Luisa 343, 347
Apollonios von Tyana 45
Argula von Grumbach 193
Ariovald 58
Aristoteles 222
Arlington, Alice 168
Arnauld, Antoine 251
Arnauld, Antoine (Sohn) 253
Arnauld, Marie-Angélique 211, 250, 251–254, 257
Aspasia 265, 266
Astell, Mary 212
Athanasios 72
Attila 65
Aubert, Françoise 246, 247
Augros, L. 307
Augustinus 15, 19, 22, 23, 26, 27, 72, 105, 108, 109, 183, 206, 252, 253
Augustinus von Canterbury 64
Authari, König 57

Baccini, B. 219
Baderich 71
Bainton, Roland H. 160, 193
Baldo Maggioni, Maria 343
Balthasar, Hans Urs von 280, 282, 293
Barbarigo, Gregorio 220, 221
Barelli, Armida 267, 268–274, 287, 293, 341
Barelli, Napoleone 268
Baron, André 315
Baronius, Caesar 172
Barth, Heinrich 281
Barth, Karl 281
Basilius der Ältere 13–15
Basilius der Große 13–15, 59, 72
Basilius von Seleukia 43
Baudonivia 74
Bava-Beccaris, General 323
Beccaria Manzoni, Giulia 213
Beda Venerabilis 75, 76
Beda von Jarrow 66
Bellarmin, Robert 172
Bembo, Pietro 160
Benedikt von Nursia 18, 54–57
Benedikt XV., Papst 313
Beretta, Alberto 287
Beretta, Amalia 287, 288
Beretta, Enrico 290
Beretta, Francesco 290
Beretta, Virginia 287, 289
Beretta Molla, Gianna 267, 268, 286–293
Bergson, Henry 275
Bernanos, George 335
Bernhard von Aquitanien 61, 62
Bernhard von Clairvaux 114, 115, 133, 136, 144, 284
Bernhardin von Feltre 152
Bernini, Giovanni Lorenzo 183
Berchtgitta 67
Berthar, König 71
Bertilla 59
Birger von Schweden 103
Birgitta von Schweden 88, 98–105, 111, 121, 122, 127
Blandina 12, 28, 29–30
Blondel, Henriette 213
Bloy, Léon 275
Bohemund 91–93
Boleyn, Anne 164, 167
Bonifatius von Devon 64, 66–68
Bonifaz VIII., Papst 122, 144, 147
Bonifaz IX., Papst 103
Borgia, Francesco 183
Borgia, Lucrezia 158
Borromäus, Karl 180
Bosco, Antonio 230
Bosco, Francesco 228
Bosco, Giovanni (Don Bosco) 228–233
Bosco, Giuseppe 232
Boulehart, Jeanne 251
Boursoul, Abbé 234
Brouges, Madeleine 247
Bruno von Lothringen 82
Brunschvicg, Léon 304, 332
Buonaiuti, Ernesto 294, 312, 313
Buoninsegni 258
Burchard von Schwaben 82

Cabrini, Francesca 277
Cady Stanton, Elizabeth 213
Caesaria 18, 73, 77
Caesarius von Arles 18, 73, 77
Calixtus III., Papst 128
Calvin, Johannes 193, 196
Candiani, Silvia 268
Canori, Benedetta 223
Canori, Tommaso 223
Canori Mora, Elisabetta 212, 214, 223–227, 286
Capponi, Gino 240–243
Capponi, Luisa Amalia 241
Capponi, Pier Roberto 241
Carafa, Oliviero 159
Carlotti, Marcello 322, 323
Carnesecchi, Pietro 159, 163, 193, 196
Cassia 53, 64, 68–70, 87
Castiglione, Baldassare 160
Cauchon, Pierre 128
Cavallucci, Agostino 106
Cervini, Marcello 160
Chagall, Marc 277
Champion de Cicé, Jerôme 234
Champion de Cicé, Marie Adelaide 212, 234–239
Charlotte de Bourbon 193
Chartier, Émile (Alain) 332, 333
Chenu, Marie-Dominique 309
Cherubini, Giovanni 226
Childerich 65
Chlodwig, König 65
Chlothar I., König 59, 71–73
Chlothilde 58
Christina von Schweden 265
Cibo, Caterina 160, 192, 193–196, 197
Cibo, Francesco 193
Cicero 134
Clemens VI., Papst 102
Clemens VII., Gegenpapst 124
Clemens VII., Papst 159, 193, 195
Clérissac, P. 276
Coari, Adelaide 267, 320, 321, 340–351
Coelestin I., Papst 64
Colombo, Adele 344
Colonna, Ascanio 157, 159, 160
Colonna, Fabrizio 156–158
Colonna, Vittoria 149, 150, 156–164, 193
Colt, Jane 164
Contarini, Gasparo 160
Corbetta, Pierina 344, 345
Cornaro Piscopia, Elena 211, 214, 218–222
Costacciaro, Dionisio 202, 203
Crispi, Francesco 321, 323
Cromwell, Oliver 167, 169
Crosoli, Giovanni 344
Cuthbert, Bischof 76–78, 81
Cynehild 67
Cyprian 19, 165

Dagobert, König 65
D'Albret, Jeanne 193
Damasus I., Papst 23
Daniélou, Jean 16
D'Annunzio, Gabriele 320, 324–331
Dante Alighieri 164, 258

D'Avalos, Alfonso 157
D'Avalos, Costanza 157, 162
D'Avalos, Ferrante 157, 158
De Ahumada, Beatriz 181
De Barral de Montauvrard, Marie 321
De Beauvoir, Simone 332
De Bordes, Jean 172
De Cepeda, Pedro 182
De Cetina, Diego 183
De Chantal, Jeanne 149, 192, 204–209, 215, 252
De Clorivière, Picot 235–239
De Colily, Louise 193
De Fonseca Pimentel, Eleonora 213
De Gaulle, Charles 336, 338
De Gouges, Olympe 234
De Gournay, Mademoiselle 212
De Lestonnac, François 171
De Lestonnac, Jeanne 149, 150, 170–174, 190
De Lestonnac, Richard 170
De Lubac, Henri 282
De Luca, Giovan Battista 254
De Maintenon, Madame 212
De Marillac, Louis 215
De Marillac, Louise 213
De Méricourt, Theroigne 234
De Messere Favarone, Beatrice 140
De Micheli, Maria 287
De Miribel, Elisabeth 298
De Montaigne, Michel 171, 174
De Montferrand, Gaston 171
De Persico, Elena 344, 348
De Pizan, Cristina 254
De Prádanos, Juan 183
De Sourdis, Kardinal 172, 173
De Villeneuve, Madame 215
Delannoy, J. 129
Delay, Bischof 307
Delbrêl, Madeleine 267, 294, 303–311
Dentlin 60
D'Estrées, Angélique, 251
Di Negro, Francesca 150
Didymos der Blinde 23
Dionysios Areopagites 303
Dionysius, Märtyrer 65, 100
Diotima 320
Disibod 117
Dotti, Angiolina 345
Dreyer, Carl Theodor 129
Dukas, Konstantin 90
Dukas, Michael 90
Dürr, Emil 281, 282
Duoda 53, 54, 61–63
Duse, Eleonora 324, 327, 329

Ebba 53, 70, 75–81
Ebba die Jüngere 78
Edburga 67
Egeria 41, 78
Eleonora von Aragon 103
Elisabeth von Brandenburg 193
Elisabeth von Brunzwick 193
Elisabeth von Schönau 118
Elisabeth von Thüringen 88, 89, 94–98
Elisabeth I., Königin 188
Emmelia 12, 13–15, 16, 41, 59
Epiphanios 45, 47, 48
Erasmus von Rotterdam 162, 164–166, 180, 219
Ethelfrith, König 76
Eudokia, Kaiserin 27, 39
Eugen III., Papst 115
Eugen IV., Papst 184
Euprobius 54
Eusebius von Caesarea 29, 30, 45, 46
Eustochia von Messina 106
Eustochium 19, 27, 49, 77
Eyquem de Montaigne, Jeanne 170

Fabiola 12, 40, 48–51
Felici, Andrea 226
Fénelon, François 212
Ferdinand II., Kaiser 191
Ferdinand III. von Toskana 241, 242
Fernandez de Santa Cruz, Manuel 264
Ferrari, Andrea Giacomo 271, 272, 341, 345, 347, 348
Fieschi Adorno, Caterina 149, 150–156, 175
Fieschi, Giacomo 150, 151
Fieschi, Limbania 151
Fisher, John 168
Flabianos 34
Flaminio, Marcantonio 160, 196
Fleming, Victor 129
Florentina 18
Fogazzaro, Antonio 349
France, Anatole 84
Francesco da Vernio 199
Francesco II. Sforza 177
Franco, Francisco 334
Françoise, Marie Rose 234
Franz von Assisi 98, 106, 121, 137–140, 194, 206, 227, 314, 316, 319
Franz von Sales 192, 204–209, 215, 234, 252
Franz I., König 158
Frassinetti, Paola 190
Frescobaldi, Maria Maddalena 212, 233, 240–245
Frescobaldi, Virginia 240
Friedrich Barbarossa 116
Friedrich II., Kaiser 95
Fulbert 131, 132, 135, 219

Gaetano da Tiene 153
Gaiotti, Paola 343
Gambara, Veronica 254
Gandhi, Mahatma 294, 315, 317–319
Garrigou-Lagrange, Reginald 276
Gemelli, Agostino 269–274
Genovefa 53, 63, 64–66
Georgios Monachos 68
Gerberga II., Äbtissin 81, 82
Germanus von Auxerre 64, 65
Gerontios 22
Gertrud von Andechs 94
Gertrud die Große 265, 266, 284
Gervasius, Märtyrer 20
Giberti, Gian Matteo 196
Giggs, Margaret 166
Gilbert von Gembloux 112
Gilson, Étienne 136
Giacoma dei Bassani 147
Giotto, it. Maler 142
Giovanni Maria da Varano 194
Girard, Louise 281
Giugni, Carlo 344–346
Giulia von Camerino 194
Giuliani, Veronica 106
Giustiniani Bandini, Cristina 269, 271, 347
Gonzaga, Giulia 159, 160, 193, 195
Gonzaga Mandrique de Lara, Maria Luisa 264
Gonzales, Elvira 181
Gorgonia 59
Gostanza 149, 192, 196–203
Gozzano, Gabriele 180
Gracián, Hieronymus 185
Gradenigo, Alvise 219
Grammatica, Emma 327
Gregor von Nazianz 14, 34, 59, 340
Gregor von Nyssa 13–15, 16–17, 35, 59, 72, 78
Gregor von Tours 73, 75
Gregorios Thaumaturgos 13
Gregor I. der Große, Papst 54–58, 64
Gregor VII., Papst 120
Gregor XI., Papst 103, 105, 123, 124
Gregor XIII., Papst 185
Gregor XV., Papst 191
Guardini, Romano 282
Gudmarsson, Ulf 99–101
Guiducci, Armanda 9
Guiera, Beatriz 181
Guiscard, Robert 90–92
Gunerberga 58

Hadrian IV., Papst 114
Hedwig von Bayern 82
Heiler, Friedrich 315
Heinrich von Thüringen 97
Heinrich IV., Kaiser 120
Heinrich V., König 127, 128
Heinrich VI., König 128
Heinrich VIII., König 163, 164–167, 169, 219
Héloise 126, 130–137, 141, 219, 320
Hermenefred 71
Hieronymus 19, 22–24, 27, 37, 48–51, 60, 72, 77, 84, 137, 182, 263
Hilarius von Poitiers 72, 73
Hilda von Whitby 66, 76
Hildegard von Bingen 111, 112–120, 263, 282, 284
Hippolyt von Rom 46
Hitler, Adolf 299, 336
Hönigswald, Prof. 295
Honorius III., Papst 96
Horel, Maria 245
Hugo de Beaufort 102

Ignatius von Loyola 172, 173, 177, 190, 198, 281, 282
Incisa, Leo 322
Innozenz I., Papst 25
Innozenz IV., Papst 140–142, 150
Innozenz VIII., Papst 193, 197
Institoris, Heinrich 197
Irene, Kaiserin 90, 91
Isabella, Königin 127
Isabella di Bresegna 160, 193

Jacobus de Marchia 109
Jakob von Vitry 143
Jamet, Marie 247, 248
Jansenius 250, 253
Jean von Luxemburg 128
Jeanne d'Arc 111, 112, 120, 126–129
Johanna von Orvieto 121
Johanna II., Königin 103, 150
Johannes, Apostel 56, 284, 340
Johannes Chrysostomos 25, 28, 34–40, 41, 83

Johannes der Täufer 58, 108, 109, 340
Johannes von Gott 248
Johannes von Jerusalem 23
Johannes vom Kreuz 185, 284, 295, 302, 337
Johannes II., Kaiser 89, 90, 92
Johannes XXII., Papst 194
Johannes XXIII., Gegenpapst 105
Johannes XXIII., Papst 310, 313, 340, 341, 351
Johannes Paul II., Papst 66
Josef II., Kaiser 240
Juana de la Cruz 211, 250, 261–266
Jugan, Jeanne 212, 233, 245–250
Jugan, Joseph 245, 246
Julianus von Eclanum 17
Julius II., Papst 157
Justin II., Kaiser 74
Justina, Kaiserin 20

Kaegi, Werner 282
Karl der Große 62, 90
Karl der Kahle 61, 62
Karl II., König 262
Karl IV., Kaiser 102
Karl V., Kaiser 158
Karl VI., König 127, 128
Karl VII., König 127, 128
Karl VIII. von Valois 156, 178
Karl von Schweden 103
Katharina von Alexandrien 12, 28, 29, 30–34, 127, 146, 179, 266, 340, 341
Katharina von Aragon 95, 164, 167, 219
Katharina von Bora 193
Katharina von Frankreich 127
Katharina von Schweden 102, 103, 105
Katharina von Siena 103, 110–112, 120–126, 127, 155
Keynes, Jesuit 188
Klara von Assisi 101, 121, 130, 137–143, 189, 206, 354
Klemens von Alexandrien 33
Koloman von Ungarn 95
Konrad von Marburg 94, 96, 97
Konstanze von Ungarn 143
Kulishoff, Anna 213
Kuno, Abt 113
Kynegios 16
Kyrill von Alexandrien 26

Laberthonnière, Lucien 347
Lacombe, Claire 234
Lacombe, Olivier 276
Lambruschini, Raffaello 347
Landerich 60
Laurent, Père 305–307, 310
Laurentius, Märtyrer 25
Laurentius, Presbyter 55
Leander 18
Leclercq, Jean 114, 115
Lenin, Wladimir Iljitsch 334
Le Gras, Antoine 215
Le Pailleur, Augustin 247–249
Le Tardiff, Genovefa 252
Leo X., Papst 153, 161, 193
Leo XIII., Papst 341, 344
Leopold I. von Toskana 240, 241
Libanios, Rhetor 16
Liberius, Papst 19
Lioba 53, 66–68
Livius, Titus 165
Lodrone, Lucrezia 180
Loew, Jacques 307
Lorenzo de' Medici 193
Lothar I., Kaiser 62
Ludolf von Sachsen 82
Ludwig von Bourbon 241
Ludwig der Fromme 62
Ludwig der Springer 94
Ludwig IV. von Thüringen 94–96
Ludwig XIV., König 212, 218
Luisa Amalia, Großherzogin 241
Lullus, Bischof 67
Luther, Martin 94
Luxemburg, Rosa 334
Luzzi, G. 315

Madelberta 60
Madelgarius, Vincentius 59
Makrina die Ältere 13
Makrina die Jüngere 13–15, 17, 41, 59, 77
Mancini, Giuseppina 329
Manzoni, Alessandro 213
Marc Aurel, Kaiser 29
Marcel, Gabriel 282
Marcella 22, 48, 77
Marcellina 12, 18–21
Margareta, Märtyrerin 127, 146
Margareta von Cortona 121
Margarethe von Navarra 160, 193
Maria de' Medici 215, 218
Marie Louise von Bourbon 244
Marinelli, Lucrezia 254, 255
Mario da Castiglione 203
Marion, Cathérine 251
Maritain, Jacques 274–280, 298
Maritain, Raissa 267, 268, 274–280, 293, 295, 298
Marovech, Bischof 73, 75
Martin V., Papst 105
Martin von Tours 73
Marx, Eleonora 213
Maschietto, F. C. 219
Mathilde von Canossa 120
Matteo da Bascio 194
Mattiussi, Guido 269
Maxentius, röm. Kaiser 30
Maximilian von Bayern 191
Maximilla 12, 40, 43–48
Maximinus Daja, röm. Kaiser 13, 30
Mayfreda 144–147, 354
Mazzolari, Primo 315, 349
Mazzotti, Arcangelo 270
Medardus, Bischof 73
Medolago 347
Melania die Ältere 12, 21–27, 49, 77
Melania die Jüngere 12, 21–27, 77
Mele, Girolamo 315
Meletios, Bischof 34
Merici, Angela 149, 170, 175–181
Merke, Prof. 282
Merlo, Domenica 242
Merry del Val, Raffaele 312
Michael VII., byz. Kaiser 90
Michelangelo 161–164
Michele da Firenze 199
Middleton, Alice 164
Miltiades 45
Miramion, Madame 215
Molines Sanfelice, Luisa 213
Molla, Gianna Emanuela 293
Molla, Laura 291
Molla, Maria Zita 291
Molla, Mariolina 293
Molla, Pierluigi 291
Molla, Pietro 290–293
Monika 15, 109
Montanus 44–47
Mora, Cristoforo 223–227
Mora, Marianna 223
Mora, Lucina 227
Morato, Olympia 193
More, Margaret 150, 164–170
More, Thomas 164–170, 219
Morra, Isabella 254
Mozzoni, Anna Maria 213
Muraro, Luisa 144–146
Murri, Romolo 344

Napoleon 228, 237, 238, 241
Naukratios 14, 15
Necchi, Ludovico 269, 270, 272, 341
Nektarios, Bischof 35, 38
Newman, John Henry 303, 318, 347
Niccolini, Agnolo 202
Nicolò di Toldo 123
Nigg, Walter 188
Nikephoros Botaniates 90
Nikephoros Bryennios 89–91
Nikolaus von Tolentino 108, 109

Occhiena Bosco, Margherita 212, 214, 228–233
Oceanus 50
Ochino, Bernardino 159, 160, 163, 195, 196
Odoaker 55
Olaf von Norwegen 104
Olgiati, Francesco 269–272
Olivier, Charlotte 281
Olympias, Diakonin 12, 17, 28, 34–40, 41, 78
Origenes 22–24, 33
Orione, Don 349
Orosius 72
Oswald von Northumbrien 76
Oswin, König 76
Otto von Bamberg 113
Otto I., Kaiser 81–84
Otto II., Kaiser 82
Ottokar I. von Böhmen 143
Oumançoff, Vera 275, 276, 278

Pachomios 55, 77
Palladios 22–25, 38
Palm, Etta 234
Paphnutius 84
Paul III., Papst 160, 179
Paul V., Papst 172, 191, 193
Paul VI., Papst 122, 125, 175, 187, 310
Paula die Jüngere 22, 23, 27, 49, 50, 77, 263, 266
Paula von Rom 27
Paulinus von Mailand 19
Paulinus von Nola 17, 18, 22, 24–26
Paulus, Apostel 40–43, 74, 185, 208, 221, 266, 310, 340
Paulus Diaconus 57
Paulus vom Kreuz 243, 244
Pascal, Blaise 253, 333
Pascal, Jacqueline 253
Paschasius Radbertus 62
Passi, G. 254
Péguy, Charles 129, 275, 276
Perrin, Jean-Marie 333, 334, 336, 337, 339

Petros von Sebaste 13–15
Petrus, Apostel 74, 145, 169, 310, 340
Petrus von Alcántara 184
Petrus von Apulien 177
Petrus Venerabilis 131, 133, 136
Proba, Petronia 84
Philipp IV., König 262
Philippus, Diakon 47, 48
Philon von Alexandrien 33
Pignetti, Bartolomeo 311
Pippin 62
Pius V., Papst 190
Pius VII., Papst 228, 238, 242, 243, 344
Pius X., Papst 269, 312, 341, 344, 349
Pius XI., Papst 272, 350
Pius XII., Papst 192, 309, 310, 313, 350
Plata, Orazio 254, 259
Pole, Reginald 160, 163, 165, 196
Pollaion, Madame 215
Pontikus 29
Pope, Thomas 169
Porcacchi, Mario 200, 203
Porete, Margherita 130
Prato, Elisabetta 178, 180
Preminger, Otto 129
Primoli, Teresa 223
Priscilla 12, 40, 43–48
Priska 17
Protasius, Märtyrer 20
Psichari, Ernest 276
Puricelli 145

Quaratesi, Maria Giuseppa 240
Quintilla 46, 47

Radegunde 53, 70, 71–75, 83
Radini Tedeschi, Giacomo Maria 340–344, 350
Rahner, Hugo 190
Rahner, Karl 270
Raimund von Capua 120, 123, 124
Ramírez, Pedro 262
Ratherius, Bischof 82
Rathramnus 62
Rebora, Clemente 340
Reinach, Pauline 298
Renata di Ferrara 193
Renate von Frankreich 160
Ricasoli, Lucrezia 243
Richarda von Stade, Äbtissin 118
Rinaldini, Prof. 222
Rita von Cascia 88, 89, 105–111
Roffia, Tommaso 200, 203
Romanos II., Prinz 82
Roncalli, Angelo Giuseppe 320, 321, 344, 349–351
Roper, William 166, 167, 170
Rosa von Lima 250
Rosenblatt, Wilbrandis 193
Rossellini, Roberto 129
Roswitha von Gandersheim 53, 71, 81–85
Rotondi, Felice 220, 222
Rouault, Georges 277
Rudinì, Alessandra di 267, 320, 321–331, 354
Rudinì, Antonio di 321, 322, 328, 341
Rudinì, Carlo di 324, 331
Rufinus von Aquileja 22–24, 26
Rupert von Salzburg 117

Sadoleto, Giacomo 160
Saint-Cyran 252, 253
Sanchez de Cepeda, Alonso 181, 182
Saramita, Andrea 144, 146, 147
Sarpi, Paolo 254
Satyrus 19, 20
Savonarola, Girolamo 152
Scheler, Max 295, 296
Scholastica 18, 53, 54–57
Schuman, Maurice 337, 338
Schweitzer, Albert 315
Schwester Jacopa 311–316, 320
Schwester Maria 267, 294, 311–320, 341
Sedulius 72
Sega, Filippo 185
Semeria, P. 347, 349
Serapion 45
Serenelli, Francesco 323, 324, 326
Severini, Gino 277
Sforza, Bona 156
Sigismund von Polen 156
Simplicianus, Bischof 19
Siricius, Papst 23
Speyr, Adrienne von 267, 268, 280–286, 293, 295
Speyr, Hélène von 281
Speyr, Theo von 281
Speyr, Theodor von 280
Speyr, Willi von 281
Sponheim, Jutta von 112, 113, 117
Sponheim, Stephan von 112
Sprenger, Jakob 197
Stampa, Gaspara 254
Stein, Edith 267, 277, 294–303, 320, 321
Stein, Eva 301
Stein, Paul 301
Stein, Rosa 300
Stephanus, Märtyrer 27
Stern, Prof. 295
Sticco, Maria 273, 274
Suger, Abt 133
Suhard, Emmanuel-Célestin 307–309
Symeon Logothetes 68
Symmachus, Papst 55
Synesios, Bischof 17

Tankred 92
Tarabotti, Arcangela 211, 250, 254–261, 263, 265
Tarabotti, Stefano Bernardino 255
Terenz, röm. Dichter 82
Teresa von Avila 149, 170, 175, 181–187, 198, 225, 284, 295, 298
Tertullian 19
Tiepolo, Patriarch 257
Thais 84
Thamyris 41
Thekla 12, 40–43
Theoderich 55, 57
Theodolinde 53, 54, 57–58
Theodora, Kaiserin 68
Theodosia 34
Theodosios, Kaiser 20, 27, 35
Theoklia 41
Theophanu, Kaiserin 53, 82
Theophilos von Alexandrien 34, 39
Theophilos, Kaiser 68
Theosebia 12, 16–17
Therasia 17, 18, 24
Therese von Lisieux 282
Theuderich 71

Thibon, Gustave 336
Thomas, Apostel 169
Thomas von Aquin 276, 278, 297, 303
Thorez, Maurice 306
Tognoni, Luisa 245
Tommaso della Fonte 123
Tondi, B. 254
Tonioli, Rita 269
Toniolo, Giuseppe 272, 341, 347
Totila, König 55
Trapè, Agostino 107, 110
Trédaniel, Virginia 246, 247
Treves, Emilio 328
Trotula, Ärztin 87, 219
Trotzki, Leo 334
Tryphaina, Königin 42
Turton, Amy (Schwester Amata) 318
Tzachos, Emir 92

Umiliana de' Cerchi 121
Urban II., Papst 92
Urban V., Papst 102, 103, 105, 122
Urban VI., Papst 105, 124
Urban VIII., Papst 191, 192
Ursula von Britannien 179
Ursula von Münsterberg 193

Valdés, Juan de 159, 160, 195, 198
Valdetrude 53, 54, 59–60
Valentinian III., Kaiser 27
Valenziano, Crispino 221
Valerio, Maria 311
Valerius Maximus 22
Valerius Pinian 24–27
Valerius Publicola 24, 25
Vannucci, Giovanni 315, 316
Venantius Fortunatus 70, 72–74
Vergil 84
Vermigli, Pietro 160
Vernazza, Battistina 153
Vernazza, Ettore 153, 154
Veuillot, P. 309
Vianney, Jean-Baptiste-Marie (Pfarrer von Ars) 282
Vieyera, Antonio 264
Vilemina 130, 143–148
Vilicus, Bischof 64
Vinzenz von Paul 214–218
Visconti, Galeazzo 147
Visconti, Matteo 147
Viviani della Robbia, Marchesa 327
Volkmar, Mönch 113, 114, 117, 118
Volusianus 27

Walbert 59
Walburga 66
Walzer, Raphael 299, 300
Ward, Mary 149, 170, 174, 175, 187–192
Weil, Bernhard 332
Weil, Selma 332
Weil, Simone 267, 320, 332–340
Wilfrith, Bischof 76
Wilhelm (Sohn Duodas) 54, 61–63
Wilhelm von Aquitanien 62
Wilhelm der Eroberer 188
Wilhelm von Saint-Thierry 133
Willibald 66
Wollstonecraft, Mary 213, 234
Wood, John 167, 170
Woolf, Virginia 263
Wunibald 66

Zampa, S. 350
Zell, Katharina 193

Weitere Frauen, die Geschichte machten

Karl Schnith (Hg.)

Frauen des Mittelalters in Lebensbildern

512 Seiten, 20 SW-Abb., Format: 16,5 x 23,5 cm
Leinen mit Schutzumschlag
ISBN 3-222-12467-1

20 Biographien bedeutender und einflußreicher Frauen des Mittelalters vom 10. bis zum 15. Jahrhundert: abenteuerlich, emanzipiert, skandalumwittert, informativ.

Inhalt:
Königin Mathilde, Kaiserin Adelheid und Kaiserin Theophanu, Kaiserin Kunigunde, Kaiserin Gisela, Kaiserin Agnes, Mathilde von Tuszien, Königin Urraca von Kastilien, Mathilde von England, Eleonore von Aquitanien, Elisabeth von Thüringen, Hedwig von Schlesien, Kaiserin Margarethe, Margarete Maultasch, Kaiserin Johanna I. von Neapel, Königin Isabeau von Frankreich/Baviére, Jakobäa von Bayern, Königin Margarete von Dänemark, Kaiserin Eleonora, Isabella die Katholische von Kastilien.

im Verlag Styria